거시경제학

뉴케인지언 거시경제모형과 자연율경제

윤 택 지음

박영사

머리말

 본 책에서는 1980년대 초부터 2020년대 초까지 약 40년 동안 많은 사람들이 관심을 가지고 연구한 다양한 거시경제이론을 소개하고자 한다. 중요한 연구결과들이 많이 발표되었기 때문에 하나의 책에 모두 소개하지 못하는 아쉬움이 있음을 미리 밝혀 둔다. 본 책의 내용을 한마디로 줄여서 표현할 수 있는지를 물어본다면 「뉴케인지언 거시경제모형과 자연율경제」라고 답할 수 있다. 「자연율경제」라는 용어가 생소하게 느껴질 수 있어서 먼저 설명한다. 본 책에서 자연율경제는 잠재GDP와 자연실업률이 달성되는 경제로 정의된다. 뉴케인지언 거시경제모형과 자연율경제는 어떠한 관계가 있는가? 뉴케인지언 거시경제모형의 주된 관심사는 두 개의 부분으로 구성된다. 첫 번째 관심사는 현실경제와 자연율경제의 괴리가 발생하는 경로와 거시경제정책의 적절한 대응을 통한 괴리의 제거이다. 두 번째 관심사는 자연율경제에서 주요 거시경제변수의 균형결정과 기간 간 변화이다.

 본 책은 12개의 장으로 구성되어 있지만, 내용을 기준으로 구분하면 크게 네 개의 부분으로 묶을 수 있다. 첫 번째 부분의 내용은 지난 약 20년 동안 거시경제의 현실적인 측면을 반영한다. 구체적으로 설명하면 2007년과 2008년 금융위기와 2020년 COVID-19의 발생으로 겪어야 했던 거시경제의 타격을 극복하기 위해 많은 글로벌 국가들이 공통적으로 실시했던 정책적 대응이다. 사실 경제위기가 진행되는 기간 중 다양한 정책대응이 실시되었다고 할 수 있지만, 그 중에서도 2000년대 이전의 교과서에서는 크게 강조되지 않았던 통화정책의 수단들이 두 번의 경제위기가 진행되는 과정에서 광범위하게 실시되었다. 이런 측면을 반영하여 본 책에서는 두 번의 경제위기가 진행되는 동안 실시된 통화정책의 정책수단과 이들의 실물효과를 분석하기 위해 사용될 수 있는 단순모형을 제1장에서 소개한다. 또한 금융위기의 원인을 이해하고, 금융위기로 인해 발생한 불황을 극복하는 과정에서 나타난 현상을 설명하는 데 도움이 될 것으로 판단되는 주제들을 다루고 있는 부분을 소개한다. 제11장에서는 2000년대 이후 거시경제의 변화라는 제목으로 네트워크의 거시경제적인 측면, 자산 및 소득불평등의 거시경제효과, 가계부채의 거시경제효과, 기업규모분포의 거시경제효과, 일자리

머리말

없는 경기회복 등의 이슈를 다루고 있다. 제12장에서는 자산가격의 급등과 폭락을 설명하는 내용을 다루고 있다.

두 번째 부분의 내용은 현실경제와 자연율경제의 괴리가 발생하는 경로와 거시경제정책의 적절한 대응을 통한 괴리의 제거이다. 이 부분에서 재정정책과 통화정책의 역할을 분석한다. 먼저 2000년부터 2021년까지 기간 중 서로 다른 두 개의 경제위기를 겪으면서 적절한 재정정책의 대응이 신속하게 실시되어야 한다는 점을 많은 사람들이 공감할 것으로 보인다. 2008년 하반기에 발생한 금융위기의 여파로 대불황이 진행되면서 경기회복을 위해 실시된 재정정책은 경기역행적인 재정정책의 사례라고 볼 수 있다. 이런 측면을 반영하여 제4장에서는 재정정책의 실행과 경기안정효과를 다룬다. 또한 통화정책의 역할을 분석하는 뉴케인지언 거시경제모형을 소개한다. 현실경제에서 관측되는 실제자료의 움직임을 비교적 정확하게 설명하기 위해서 필요한 복잡한 구조를 설명하기보다는 세 개의 균형조건으로 구성된 단순모형을 소개한다. 특히 제5장에서는 비록 세 개의 균형조건으로 구성되어 있더라도 인플레이션타기팅제도의 물가안정목표의 달성을 설명할 수 있는 현실적인 유용성이 있음을 설명한다.

세 번째 부분은 거시경제의 중장기적 변화를 설명하는 거시경제이론의 소개이다. 이 부분은 앞에서 설명한 자연율경제에서 주요 거시경제변수의 균형결정과 기간 간 변화를 설명하는 부분과 중첩된다. 본 책의 목차에 있는 제목으로 소개하면 제3장 자연율경제와 잠재성장률, 제7장 자연실업률의 결정, 제9장 경제성장 등이다. 제6장 총수요변화와 노동시장은 제목을 보면 자연율경제와 어떠한 관련성이 있는지에 대하여 궁금할 수 있지만 노동시장괴리와 구조개혁 등이 포함되어 있는 점을 들어 자연율경제의 상황과 관련이 있다는 점을 지적한다.

네 번째 부분은 개방경제의 거시경제모형이다. 다양한 형태의 개방거시경제이론을 모두 소개하는 것은 불가능하기 때문에 본 책에서는 하나의 중심주제에 초점을 맞추기로 한다. 구체적으로 설명하면 한국경제를 소규모개방경제로 간주하는 견해를 반영하여 「소규모개방경제의 뉴케인지언 단순모형과 자연율경제」의 주제를 중점적으로 다룬다. 제10장에서는 소규모개방경제의 뉴케인지언 단순모형을 소개한다. 제11장에서는 자연율가설을 개방거시경제모형에 적용한 자연환율의 개념을 설명한다. 현실경제에서 실제로 실시되는 외환시장개입, 외환시장규제, 외환보유액의 축적, 중앙은행의 통화스왑 등은 자연환율을 달성하기 위한 노력으로 간주할 수 있음을 보인다.

본 책의 출판에 필요한 다양한 업무를 시작해 주신 박영사의 손준호 과장님과 여러 차례 반복된 교정 및 편집작업을 도맡아 진행해 주신 배근하 과장님에게 감사드린다. 끝으로 본 책의 내용을 다듬고 아울러 본 책의 교정본을 여러 번 꼼꼼하게 읽으면서 수정을 도와준 호미영 박사의 노고에 깊은 감사를 드린다.

목차

목차

제**1**장

거시경제의
단순모형

1장 거시경제의 단순모형

　2000년대에 들어서 거시경제의 가장 중요한 이슈는 무엇인가? 여러 개의 중요한 이슈들이 있겠지만, 2007년－2008년의 기간에 시작된 금융위기와 2020년에 발생한 COVID－19로 인해 발생한 두 번의 경제위기를 글로벌 국가들이 공통적으로 경험했다는 사실을 체험적으로 인정하게 될 것으로 보인다. 이런 위기는 매우 드물게 겪는 경제현상이기 때문에 경제위기가 진행되면서 어떠한 정책대응이 실시되었는가의 분석이 중요한 주제이기는 하지만, 현실적으로 응용할 수 있는 기회가 상대적으로 적을 가능성에 대한 우려도 있을 수 있다. 이런 우려의 이면에는 경제위기의 상황을 설명하는 거시경제모형이 위기가 아닌 시기를 설명하는 모형과 근본적으로 달라야 하는 것인가의 이슈가 있을 수 있다. 본 장에서는 경제위기의 모형과 평시의 모형을 나누어 분석하는 방식을 선택하기보다는, 경제위기가 진행되지 않는 시기에서도 사용할 수 있는 거시경제모형의 이론적인 틀을 유지하면서 경제위기의 상황에서 실시된 거시경제정책의 효과를 분석한다.

　사실 경제위기가 진행되는 기간 중 다양한 정책대응이 실시되었다고 할 수 있다. 그 중에서도 2000년대 이전의 교과서에서는 크게 강조되지 않았던 통화정책의 수단들이 두 번의 경제위기가 진행되는 과정에서 광범위하게 실시되었다는 점을 지적할 수 있다. 물론 통화정책이 실물경제의 경기회복에 미치는 실효적인 효과에 관해 서로 다른 견해가 가능하지만 현실경제의 다양한 사람들이 통화정책의 신속한 대응을 요청했다는 점을 생각하면 체계적인 분석이 필요하다는 점을 부인하기는 어려울 것으로 보인다. 앞에서 언급한 2000년대의 거시경제 상황을 반영하여 본 장에서는 두 번의 경제위기가 진행되는 동안 실시된 통화정책의 정책수단과 이들의 실물효과를 분석하기 위해 사용될 수 있는 단순모형을 소개한다.

금융위기를 겪으면서 기존의 거시경제이론에서도 변화가 있어야 한다는 다양한 견해들이 제시되었다. 그 중에서도 본 장에서는 금융중개기관의 역할이 명시적으로 반영된 거시경제이론모형이 필요하다는 점을 강조한 견해를 중점적으로 다룬다. 인플레이션타기팅을 실시하는 국가에서 총수요의 결정을 설명하는 거시경제이론모형을 IS－CB모형이라고 한다면, 본 장에서는 동일한 이론적 틀 안에서 경제위기가 발생하는 시기에 중앙은행이 실시하는 양적완화와 선제적 지침의 실물효과를 분석한다. 본 장에서 소개되는 거시경제이론모형이 기존의 IS－LM모형과 비교하여 다른 점이 있다면 두 가지로 요약할 수 있다. 첫째, 금융중개기관이 존재한다. 둘째, 금융중개기관이 자금을 조달할 때 적용되는 이자율과 금융중개기관의 대출에 적용되는 이자율의 차이를 인정한다는 것이다. 양적완화정책과 선제적 지침은 앞에서 설명한 이론인 틀 안에서 이자율스프레드의 저하를 통해서 거시경제의 실물효과를 목표하는 정책이다.

금융중개기관의 명시적인 역할을 포함하는 모형의 작성이 중요하다는 견해는 본 책에서 처음 주장하는 견해가 아니라는 점을 지적한다. 금융부문과 실물거시경제의 명시적인 연결을 강조하는 금융위기 이후에 발표된 많은 연구들이 대부분 앞에서 언급한 견해를 반영한다고 볼 수 있다. 다만 이들의 연구결과를 본 장의 제한된 지면에 모두 소개하기 어렵다는 점을 지적한다.[1]

제1절 **경제위기와 통화정책의 대응**

첫 번째 경제위기에서는 2007년과 2008년에 걸쳐 발생한 글로벌 금융위기로 인해 실물경제가 장기적으로 타격을 받는다. 미국에서 2008년 말부터 시작하여 2015년 말까지 제로금리정책이 실시되었다는 사실을 보면 장기적인 영향이 있

---

1) 우드포드(Michael Woodford)는 금융위기의 정확한 이해를 위해서 금융중개기관의 실효적인 역할이 명시적으로 반영된 거시경제모형이 필요하다는 점을 2010년 미국 경제학회의 학술지인 Journal of Economic Perspectives(24권 4호, 21페이지부터 44페이지)에 게재한 「Financial Intermediation and Macroeconomic Analysis」에서 정리하고 있다.

었다는 점을 부인하기는 어렵다. 두 번째 경제위기에서는 2020년 2월부터 본격화되기 시작한 COVID-19의 대규모 감염에 대처하기 위해 각종 대책이 실시되면서 실물경제의 여러 부문에서 생산활동과 영업활동의 셧다운이 발생한다. 두 번의 경제위기가 진행되는 과정 가운데 미국의 중앙은행은 두 번의 경제위기 초반부에 공통적으로 양적완화정책을 실시한다. 한국에서도 COVID-19의 발생으로 인한 경기침체에 대처하기 위해 2020년 전반기에 기준금리를 낮추는 동시에 양적완화정책의 범주에 포함되는 것으로 해석할 수 있는 정책들이 실시된다. 유럽 중앙은행이 실시한 통화정책의 대응도 세부적인 내용에서는 미국의 경우와 차이가 있을 수 있지만, 전반적인 큰 흐름은 동일한 이론적인 틀을 사용하여 설명할 수 있다. 이런 이유로 본 장의 앞부분에서는 미국의 자료를 사용하여 경제위기와 통화정책의 대응을 설명한다. 양적완화정책(Quantitative Easing 또는 약자로 QE)은 중앙은행이 막대한 크기로 통화량을 확대하여 경제회복을 달성하는 통화정책이라고 요약할 수도 있다. 양적완화정책의 실제 내용을 보면 다양한 종류의 금융시장이 제대로 작동할 수 있도록 금융기관에게 유동성을 공급하는 정책과 실물경제에 미치는 파급효과가 큰 적절한 금융증권을 매수하는 정책으로 구성되어 있다. 따라서 양적완화정책을 양적완화라는 단어가 의미하듯이 단순하게 대규모의 통화량 증가를 통해 경기를 부양하는 정책으로 이해하는 것보다는, 중앙은행의 자산운용능력을 효율적으로 사용하여 금융중개기능의 붕괴와 실물경제의 파탄을 완화시키는 정책으로 이해하는 것이 더 적절할 수 있다는 견해를 제시해볼 수 있다.[2]

<그림 1-1>은 2006년 1분기부터 2020년 2분기까지 미국 중앙은행이 보유하고 있는 총자산, 생산갭률, 회사채 이자율스프레드의 추이를 보여주고 있다. 생산갭률은 실질GDP와 잠재GDP의 차이를 잠재GDP로 나눈 비율(백분율)이다. 정의에 의해서 생산갭률의 값이 양수이면 실질GDP가 잠재GDP보다 더 높고, 음수이면 실질GDP가 잠재GDP보다 더 낮다. 양수인 생산갭률의 값이 높아질수

---

2) 2009년 당시 미국 연방준비위원회 의장 버냉키는 이런 견해를 반영하여 미국이 금융위기가 진행되는 과정에서 실시하는 통화정책은 신용완화(credit easing)의 특성이 있다는 점을 강조하였다.

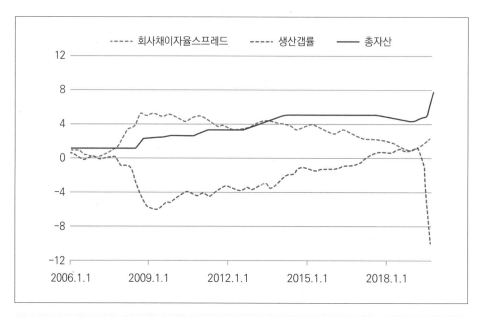

〈그림 1-1〉 경제위기와 통화정책의 대응

록 큰 폭의 경기과열을 나타내고, 음수인 생산갭률의 값이 낮아질수록 큰 폭의 경기침체를 나타내는 것으로 해석할 수 있다. 두 개의 점선 중 검은색 점선으로 표시된 미국의 생산갭률은 2008년도부터 음수의 값을 보이다가 2009년에 최저점을 기록하고 난 이후 서서히 회복한다. 2018년과 2019년도에 미국의 생산갭률은 양의 값을 기록하지만, 2020년에 들어서서 COVID-19의 발생으로 인한 경제위축이 큰 폭으로 급격하게 나타났음을 볼 수 있다. 2020년도 초반에 나타난 경기침체의 폭은 매우 큰 것으로 나타난다. 예를 들어, 2020년도 초반 잠재 GDP 대비 실질GDP의 감소는 글로벌 금융위기가 진행되는 동안 기록된 최저치보다 더 낮은 것으로 나타난다.[3]

---

3) 자료출처는 미국 세인트루이스 연방은행의 데이터베이스에서 다운로드 받은 미국 중앙은행 총자산, 생산갭률, 회사채의 이자율스프레드이다. 회사채이자율의 자료명은 「AAAFFM」이다. 회사채의 이자율스프레드는 무디스의 채권신용평가 「Aaa」등급에 해당하는 회사채의 이자율을 연방기금금리로 뺀 차이이다. 「WALCL」은 미국 중앙은행의 총자산이다. 생산갭률의 정의는 (생산갭률) = (실질GDP − 잠재GDP)/(잠재GDP)이다. 미국 잠재GDP는 의회예산국(Congressional Budget Office)에서 추계하여 발표한다.

푸른색실선이 나타내고 있는 변수는 미국 중앙은행이 보유하고 있는 자산의 변화이다. 미국중앙은행이 보유하고 있는 총자산의 규모를 달러화로 측정하면 단위가 커진다는 점을 반영하여 기준년도의 총자산과 다른 시점의 총자산의 비율로 측정하면 다른 변수들과 비교하는 것이 편리해진다는 이점이 있다. 따라서 푸른색실선은 2006년 1분기에 측정된 중앙은행의 총자산 대비 그 이후 각 시점에서 보유한 총자산의 비율을 나타내고 있다. 기준시점의 값이 1이기 때문에 다른 변수의 단위와 다르다는 점을 지적한다. 푸른색실선을 보면 양적완화정책이 실시되는 초기 시점인 2009년 초 급격히 상승하는 모습이 나타난다. 그 이후 일정한 기간 동안 꾸준히 증가하는 모습이 나타난다. 양적완화정책으로 인해 어느 정도로 총자산이 증가했는가? 푸른색직선이 함의하는 수치를 보고 판단하면 다섯 배 가까운 수준으로 확대되었음을 짐작할 수 있다. 실제 수치를 보면 미국 중앙은행의 총자산은 2007년 8월 8,700억 달러에서 2015년 초 4조 5,000억 달러로 증가한다. 그 이후 유사한 규모를 유지하다가 2018년과 2019년에 감소하는 모습을 보이지만 2020년 초 COVID-19의 확산으로 인한 실물경제의 급격한 위축에 대응하는 양적완화정책으로 인해 총자산의 규모가 급격히 증가하는 모습을 보여주고 있다.

왜 중앙은행이 보유하고 있는 총자산의 규모가 증가하는가? 중앙은행이 다양한 금융증권을 직접 매수하여 보유하는 정책을 실시하였기 때문에 발생한 결과이다. 중앙은행이 매수한 증권에는 미국 정부가 발행한 장기 채권과 주택금융을 담당하는 기관에서 발행한 채권 등을 포함한다. <그림 1-1>의 표본기간 이전 시기에서 중앙은행이 직접 매수하지 않았던 금융증권을 매수하는 정책을 사용한 결과로 총자산의 규모가 크게 증가한 것이다. 앞에서 지적한 바와 같이 2020년 초 COVID-19의 확산으로 인한 실물경제의 급격한 위축에 대응하는 과정에서 중앙은행이 보유하고 있는 총자산은 급격히 증가한다. <그림 1-1>에서 보여주고 있는 미국 중앙은행 총자산의 추이를 보면 미국의 중앙은행은 두 번의 경제위기 초반부에 공통적으로 대규모로 금융증권을 매수하는 정책을 실시했다는 것을 확인할 수 있다.

중앙은행이 총자산을 확대하는 정책대응은 경제위기에만 사용하는 방식이기 때문에 거시경제이론의 일반적인 내용이 아니라는 주장을 할 수도 있다. 그러나 커다란 경제위기가 아닐지라도 일정한 수준 이상으로 경기침체가 발생하면 중앙은행이 일단 최저 금리 수준을 유지하면서 적정한 수준의 금융증권을 매입하는 정책대응의 현실적인 수요를 크게 확대시켰다는 점을 생각해볼 수 있다. 두 번의 사례이기 때문에 규칙이라고 할 수는 없지만 두 번의 경제위기를 겪으면서 과거에는 비전통적인 정책수단이라고 생각했던 대응방식을 신속하게 사용했다는 점으로 미루어 볼 때 앞으로도 급격하게 경제위기가 발생하면 일단 동일한 정책대응이 실시될 가능성이 높다. 또한 경제위기의 상황에 어떠한 정책대응이 가능한가를 설명하는 것도 경제학의 전체분야를 통틀어서 보아도 작은 주제라고 주장하기에는 무리가 있다. 이런 이유로 본 책에서는 본 장에서 먼저 설명하기로 한다.

   푸른색점선이 나타내고 있는 변수는 회사채이자율의 스프레드이다. 회사채이자율스프레드의 추이를 포함시킨 이유는 무엇인가? 회사채이자율스프레드는 거시경제의 경기침체와 경기회복을 위해 중요한 역할을 하는 변수의 추이를 확인시켜 주는 역할을 한다. 중앙은행의 통화정책은 어떠한 과정을 거쳐서 실물경제에 영향을 미치는가? 경제위기가 진행되면서 양적완화정책은 생산갭을 줄이기 위해 실시되는 정책이라고 해석한다면 어떠한 경로를 거쳐서 목적을 달성할 수 있는지에 대한 설명이 있어야 한다. 회사채이자율은 기업이 투자를 위해 지불하는 자금조달비용을 나타내는 변수로 볼 수 있다. 회사채이자율은 (회사채이자율 = 회사채이자율스프레드 + 정책금리)의 분해가 가능하다. 정책금리는 중앙은행이 직접 조정할 수 있는 연방기금금리를 말한다. 제로금리정책을 실시한다는 의미는 연방기금금리를 실효적으로 제로수준에 맞춰 유지한다는 의미이다.

   제로금리정책이 실시되는 가운데 양적완화정책이 실시된다는 점을 고려하면 양적완화정책의 이자율저하효과는 회사채이자율스프레드가 낮아지는 것을 의미한다고 해석할 수 있다. 이런 이유를 반영하여 회사채이자율의 추이를 중앙은행 총자산의 추이와 비교하고 있다. <그림 1-1>을 보면 2007년에 들어서 회사채이자율스프레드가 급격히 상승한다. 2009년 전반기 회사채이자율스프레드는 6퍼센트에 가까운 수준으로 상승한다. 그러나 양적완화정책이 지속적으로 추진되면서 회사채이자율스프레드는 서서히 감소한다. 2015년에 들어서 회사채이자율스프레드는 4퍼센트 수준으로 하락한다. 제로금리정책이 실시되는 기간 중 회사채이자율수준과 회사채이자율스프레드는 같다. 따라서 양적완화정책이 실시되는 기간 중 발생한 회사채이자율수준의 저하현상은 회사채이자율스프레드의 저하현상을 반영한다는 것이다. 사실 회사채이자율스프레드의 저하현상이 양적완화정책의 효과를 나타내는 것인지 아니면 다른 변수들의 효과로 인해 발생하는 경기회복을 반영한 기업부도확률의 감소를 반영하는 것인지를 정확하게 구분하기는 쉽지 않다. 기업부도의 감소를 양적완화가 제공하는 실물효과의 일환으로 간주할 수도 있다는 점을 지적한다.

경제위기가 진행될 때 제로금리정책과 양적완화정책을 결합해야만 통화정책의 경기부양효과를 기대할 수 있다는 주장은 항상 옳지 않을 수 있다. 그 이유는 양적완화정책이 실시되지 않더라도 중앙은행이 민간경제주체들이 형성하는 예상인플레이션에 영향을 미칠 수 있는 경로가 있다면 통화정책의 실물효과를 기대할 수 있기 때문이다. 이런 주장을 뒷받침할 수 있는 두 개의 포인트를 소개한다. 첫째 포인트는 예상실질이자율과 총수요는 서로 반대 방향으로 움직인다는 것이다. 둘째 포인트는 단기명목이자율이 제로수준에서 고착되더라도 예상인플레이션율이 양수이면 예상실질이자율은 음수가 된다는 점이다. 앞에서 설명한 두 개의 포인트를 결합하면 단기명목이자율이 제로수준에 고정되어 있는 상황에서도 중앙은행이 예상인플레이션을 높일 수 있는 능력이 있다면 총수요를 증가시키는 효과를 얻을 수 있다는 것을 알 수 있다.

이론적인 내용의 설명을 더 진행하기 이전에 위의 문단에서 정리한 내용이 현실적으로 타당한지의 여부를 먼저 확인하는 것이 바람직할 수도 있다. 이를 위해 실제의 자료에서 음수의 실질금리가 가능한지에 대하여 먼저 설명한다. 먼저 명목이자율과 실질이자율의 관계를 피셔방정식이라고 부른다. 피셔방정식은 (명목이자율＝예상실질이자율＋예상인플레이션율)의 등식을 말한다. 따라서 명목이자율과 예상인플레이션율의 자료가 있다면 피셔방정식을 이용하여 실질이자율을 추계할 수 있다는 것을 알 수 있다. <그림 1−2>에서는 미국의 자료에 피셔방정식을 적용하여 추계한 실질이자율의 추이를 보여주고 있다. 명목이자율

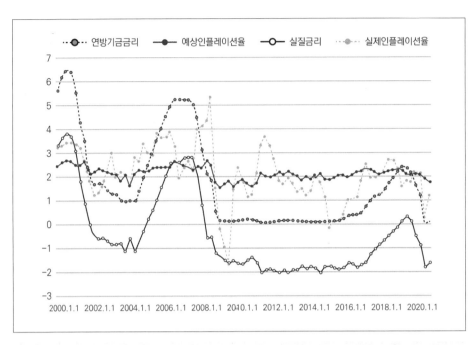

〈그림 1-2〉 제로금리정책의 실질금리효과

은 미국 세인트루이스 연방은행의 홈페이지로부터 다운로드 받은 연방기금금리
의 자료를 사용한다. 예상인플레이션율은 미국 필라델피아 연방은행의 홈페이지
로부터 다운로드 받은 자료를 사용한다. 예상인플레이션율(INFCPI1YR)은 조사
시점에서 1년이 지난 시점에서 예상되는 연간 평균 소비자물가지수를 설문조사
하여 작성한 것으로 밝히고 있다. 연방기금금리와 실제 인플레이션율은 미국 필
라델피아 연방은행의 홈페이지로부터 다운로드 받은 자료를 사용하여 작성하였
다. 실제인플레이션율은 계절적 조정이 된 소비자물가지수의 전년도 동일한 분
기부터 백분율로 측정된 연간 상승률이다.

    <그림 1-2>에서 실질금리는 검은색실선으로 표시하고 있다. 연방기금금
리는 검은색점선으로 표시하고 있다. 검은색실선이 나타내고 있는 수치는 (예상
실질금리＝연방기금금리－예상인플레이션율)의 등식을 사용하여 추계한 것이
다. 제로금리정책을 반영하여 연방기금금리는 2008년 말부터 2015년 말까지 제
로수준 근방에서 머물러 있다. 실질금리는 2008년에 음수가 되기 시작한 이후

서서히 감소하여 2011년 중반에 최저점인 −2퍼센트에 도달하여 2016년 중반까지 큰 변화 없이 머물러 있다. 2017년부터 실질금리는 지속적으로 상승하지만 음의 값을 계속해서 유지하고 있다. 2018년이 지난 시점에 이르러서 실질금리는 양의 값으로 전환되는 것을 볼 수 있다. 그러나 2020년에 다시 음수의 값을 가지는 것을 볼 수 있다.

실제인플레이션율은 예상인플레이션율에 비해 큰 폭으로 변동하고 있다. 2009년 전반기에는 음수의 인플레이션율이 나타나지만, 2009년 하반기에 이르면서 인플레이션율은 2퍼센트 수준으로 반등한다. 그 이후 2010년부터 2014년 전반기까지 인플레이션율은 2퍼센트를 중심으로 변동하면서 양수의 값을 기록한다. 2014년 초부터 2016년 전반기까지 실제인플레이션율이 목표인플레이션율보다 더 낮게 나타나고 있다는 것을 알 수 있다. 이 기간 중 단 한 시점에서만 음수의 인플레이션율을 기록하지만, 중앙은행이 설정한 인플레이션율의 목표치보다 실제로 실현된 인플레이션율이 지속적으로 낮게 나타나는 소위 저인플레이션 현상이 나타난다. 제로금리정책이 실시되는 기간 동안 장기적인 디플레이션 현상은 나타나지 않았다는 것을 알 수 있다. 예상인플레이션율도 상당히 안정적인 모습을 보인다. 그 결과 피셔방정식을 이용하여 추계한 예상실질금리는 2008년부터 2018년까지 비교적 장기간에 걸쳐서 음수의 값을 보인다.

<그림 1−2>에서 보여주고 있는 여러 변수들의 기간 간 변화가 제공하는 정책적 함의를 정리한다. 피셔방정식을 사용하여 추계한 실질금리의 값은 오랫동안 음수를 기록하고 있었다는 사실을 지적할 수 있다. 또한 제로금리정책이 실시되는 기간 중에도 초반에는 실질금리가 하락하고 있었다는 점도 지적할 수 있다. 따라서 자료를 통해 확인할 수 있는 실질금리의 변화를 간단히 요약하면 다음과 같다. (1) 실질금리는 음수가 될 수 있다. (2) 명목금리가 고정된 시기에도 실질금리는 변동한다. 이렇게 정리된 실질금리의 관측된 변화는 중앙은행의 정책적 노력이 반영된 것인가? 사람들의 미래에 대한 기대가 어떻게 움직이는지를 일일이 확인할 방법이 없기 때문에 단정적으로 어느 것이 진실이라고 단언할 수는 없다. 그럼에도 불구하고 제로금리에 이미 도달했기 때문에 더이상 중앙은행의 명목금리의 하향조정은 어렵지만, 미래시점에서도 지속적으로 제로금리정

책을 유지할 것이라는 중앙은행의 발표를 소비자와 기업이 신뢰하고 있다면 예상인플레이션율에 영향을 미칠 수 있다는 점을 생각해볼 수 있다. 이런 경로를 가리켜서 선제적 지침(forward guidance)이라고 한다. 피셔방정식에 <그림 1-1>을 작성하기 위해 사용한 회사채이자율의 자료를 적용하여 예상실질이자율을 추계하면 양수의 값이 나온다는 것을 확인할 수 있다. 연방기금금리보다는 회사채이자율이 실물경제에 직접적으로 미치는 효과가 더 크다는 사실과 회사채이자율로 추계한 예상실질금리가 양수가 된다는 사실을 바탕으로 선제적 지침의 현실적인 실효성이 없다고 주장하기는 어렵다. 그 이유는 양수일지라도 선제적 지침을 통해서 예상실질이자율을 낮출 수 있다면 총수요효과를 기대할 수 있기 때문이다.

선제적 지침은 실효적인 총수요효과를 가지고 있는가? 선제적 지침의 현실적인 유용성에 대한 부정적인 견해도 가능하다. 그러나 금융위기가 진행되는 동안 예상인플레이션율의 안정성이 유지되었다는 점을 놓고 볼 때 전혀 없다고 주장하기 어렵다는 점을 지적한다. 이런 점을 반영하여 다음에서는 선제적 지침의 총수요효과를 반영한 거시경제의 단순모형을 소개한다. 단순모형을 구체적으로 설명하기 이전에 앞에서 설명한 내용과 비교하여 어떠한 특징들이 담겨있는지를 간단히 소개한다. 첫째, 소비자, 기업, 금융기관이 참가하는 하나의 추상적인 금융시장이 존재하는 것으로 가정한다. 이를 대출가능자금시장(loanable funds market)이라고 부른다. 따라서 <그림 1-2>의 실질금리는 대출가능자금시장의 균형에서 결정되는 것으로 가정한다. 둘째, 대출가능자금시장의 균형조건을 사용하여 실질금리와 총수요 간의 관계를 도출하고, 이를 IS곡선으로 정의한다. 따라서 본 장의 단순모형을 사용하여 선제적 지침의 총수요효과는 IS곡선에 반영되어 있다는 점을 보인다. 셋째, 회사채이자율과 연방기금금리는 서로 다른 이자율이라는 점도 반영된다. 이런 구분의 유용성은 <그림 1-1>에서 설명한 양적완화정책이 회사채이자율스프레드에 미치는 효과를 분석할 수 있다는 것이다.

본 장에서 소개하는 거시경제모형은 새로운 분석의 틀을 도입하는 것이 아니다. 기존 거시경제학 교과서의 주요내용이라고 할 수 있는 IS-LM모형의 기본적인 분석의 틀을 그대로 유지한다. 그럼에도 불구하고 양적완화정책의 실물효과를 분석할 수 있다는 점을 강조하기 위해 본 장에서 소개하는 단순모형을 IS-QE모형이라고 부르기로 한다. 본 장에서 설명하는 거시경제모형이 경제위기에서 실시되는 경제정책의 효과를 분석하기 위해 작성된 것이라면 정상적인 상황에서 실시되는 정책의 효과를 제대로 분석하고 설명하지 못하는 단점이 있는지에 관한 의문이 들 수 있다. 앞에서도 이미 밝힌 바와 같이 IS-LM모형의 기본적인 분석의 틀을 그대로 유지하기 때문에 정상적인 거시경제상황에서 실시되는 거시경제정책의 효과를 분석하는 것도 가능하다.[4]

　본 장에서 IS-QE모형을 먼저 소개하는 이유는 2000년부터 2020년까지 포함하는 최근 20년동안 두 번의 제로금리정책이 실시되었다는 점을 반영한 것이다. 2021년 현재, 지난 20년동안 제로금리정책의 영향에 있었던 기간이 10년에 가깝다는 점으로 미루어보아 비전통적인 통화정책의 기간이 차지하는 비중이 작지 않다는 점도 덧붙인다. 과거의 거시경제이론모형에 따르면 제로금리, 유동성함정, 디플레이션 등이 동시에 나타날 가능성을 제시하고 있지만, 실제의 자료를 보면 제로금리의 시기에 디플레이션보다는 양의 물가상승률을 기록한 시기가 훨씬 더 많이 나타났다는 점과 중앙은행이 실시한 양적완화정책의 실효성을 부인하기 어렵다는 점을 지적할 수 있다.

　본 장의 목표는 <그림 1-1>에서 보여준 세 개의 거시경제변수들 사이의 관계를 설명할 수 있는 단순모형을 소개하는 것이다. 이를 위해 먼저 <그림 1-1>의 함의를 두 개의 포인트로 요약한다. (1) 회사채이자율스프레드와 생산갭률은 서로 반대 방향으로 변화한다. 참고로 <그림 1-1>을 작성하기 위해 사용한 자료의 표본기간 동안 두 변수의 상관계수는 -0.87이다. (2) 양적완화정책이 실시되는 기간 중 중앙은행의 총자산과 회사채이자율스프레드는 서로 반대 방향으로 변화한다. 2007년 1분기부터 2015년 4분기까지 기간 중 두 변수의 상관계수는 -0.56이다. 앞에서 정리한 두 개의 실증적 사실을 설명하기 위

---

4) 그러나 IS-LM모형의 기본적인 분석의 틀에 찬성하지 않는 다양한 견해들이 있을 수 있다는 사실도 지적한다. 이런 점을 반영하여 본 책의 다른 부분에서는 다른 견해들이 반영된 거시경제이론들을 소개한다.

해 전통적인 거시경제모형의 어느 부분이 달라져야 하는가? 사실 답은 단순할 수 있다. 실질이자율과 총수요가 서로 반대 방향으로 변화한다는 것은 전통적인 IS−LM모형의 IS곡선에도 이미 반영되어 있다. 따라서 새로운 점이 있다면 이는 두 번째 함의를 전통적인 IS−LM모형에 반영하기 위해 어떠한 추가적인 작업이 필요한지를 설명하는 부분이다.

제2절　대출가능자금시장과 금융중개기관의 역할

대출가능자금시장(loanable funds market)은 대출이 가능한 자금이 중개되는 시장으로 정의할 수 있다. 가계가 금융기관에 저축하면 이는 대출가능자금시장의 공급이 된다. 기업이 투자를 위해 금융기관으로부터 대출을 받으면 이는 대출가능자금시장의 수요가 된다. 국채를 매수하는 것은 국채라고 하는 증권을 받고 정부에게 대출하는 것으로 볼 수 있다. 따라서 정부가 발행한 국채의 매수를 위해 사용되는 자금도 대출가능자금시장의 수요가 된다. 금융기관은 자금의 최종공급자와 자금의 최종수요자를 연결시켜주는 역할은 한다. 본 장에서 설명하는 대출가능자금시장의 모형에서는 최종공급자의 자금이 최종수요자에게 흘러들어가는 과정에서 금융기관들의 자금거래가 필요하다는 점을 반영한다. 본 장에서 제시하고 대출가능자금시장의 개념이 다른 거시경제학 교과서에서 채택하고 있는 설명방식과 다른 점을 다음과 같이 두 가지로 요약할 수 있다.

첫째, 본 장에서는 대출가능자금시장을 다양한 성격의 대차거래가 동시에 포함된 하나의 종합금융시장으로 정의한다. 기존의 거시경제학 교과서에서는 많은 경우 대출가능자금시장을 현실경제의 특정한 금융시장을 의미하는 것이라기보다는 단 하나의 (실질)이자율만이 존재하는 거시경제모형에서 (실질)이자율의 결정과정을 설명하기 위한 하나의 추상적인 금융시장으로 설명하고 있다. 본 장에서 설명하고 있는 대출가능자금시장의 균형에서는 서로 다른 이자율들이 동시에 결정된다는 것이 차이점이다. 둘째, 서로 다른 이자율이 어떻게 동시에 균형이자율로 결정되는지를 설명하는 것이다. 균형에서 차익거래의 이득이 없다는

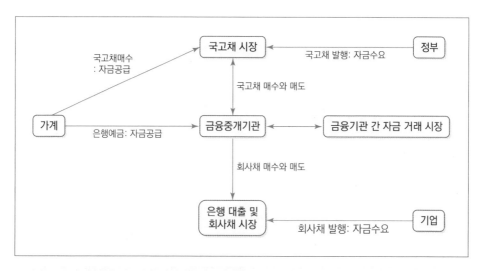

<그림 1-3> 대출가능자금시장의 자금흐름

조건이 성립한다고 가정한다. 서로 다른 자금시장에서 결정되는 이자율들을 비교하여 차익거래의 이득을 실현할 수 있다는 판단이 든다면 금융시장의 참가자들은 이득이 되는 자금시장으로 자신의 자금을 이동시킨다. 결국 대출가능자금시장의 균형에서는 어느 곳으로 자금을 이동시키더라도 추가적인 위험을 부담하지 않으면서 현재 투자하고 있는 증권보다 더 많은 이득을 공짜로 실현시킬 수 없다고 판단되는 상황을 달성하는 것이다.

<그림 1-3>에 정리되어 있는 대출가능자금시장의 자금흐름은 다음과 같이 설명할 수 있다. 금융중개기능은 가계저축이 금융중개기관을 통해서 기업대출로 전환되어 자금의 최종공급자와 최종수요자가 연결되는 과정을 말한다. 금융중개기능이 수행되는 과정에서 가계예금시장과 기업대출시장이 존재한다. 여기에 덧붙여서 정부가 발행하는 국고채권이 거래되는 국채시장도 존재한다. 가계는 정부가 발행하는 국고채를 매수한다. 가계가 직접 정부의 거래당사자가 되어 국고채를 매수하는 것이 아니라 금융기관의 중개를 통해서 매수한다. 현실경제에서는 금융기관이 국고채를 직접 보유하고 있지만, 단순모형에서 금융기관은 국고채시장에서 매매중개의 역할만 하는 것으로 가정한다. 따라서 가계는 은행예금과 국고채를 모두 보유하는 것으로 가정한다. 기업도 은행대출뿐만 아니라

채권을 직접 발행할 수도 있다. 회사채는 기업이 발행하는 장기채권을 말한다.

<그림 1-3>에서 기업의 투자자금조달수단은 은행대출 및 회사채의 발행이다. 현실경제에서 기업이 회사채를 발행할 때 채권의 발행과 유통을 담당할 금융기관을 선정하여 회사채의 발행과 관련된 업무를 맡긴다. 이를 반영하여 <그림 1-3>에서도 금융기관이 회사채의 매수와 매도를 담당하는 것으로 표시하고 있다. 가계는 기업이 발행한 회사채를 보유하지 않고, 금융기관이 전량 보유하는 것으로 가정한다. 또한 회사채와 은행대출이 서로 완전대체재라고 가정한다. 이 경우 회사채에 적용되는 이자율과 은행대출에 적용되는 이자율이 서로 같다. 따라서 기업이 투자자금을 확보하기 위해 외부로부터 조달하는 자금에 지불하는 비용은 하나의 이자율에 의해서 결정된다.

대출가능자금시장의 균형에서 결정되는 이자율은 회사채이자율이다. 모형을 설명할 때 회사채이자율을 하나의 기호로 나타내는 것이 보다 편리하다. 그러나 앞에서 이미 설명한 바와 같이 <그림 1-1>에서 나타난 거시경제변수 사이의 관계를 설명하는 이론모형을 소개한다는 목표에 맞추기 위해 대출가능자금시장에서 결정되는 회사채이자율을 $(r+\Delta)$로 표기한다. 앞의 문장에서 r은 단기무위험채권의 실질이자율을 나타내는 기호이고, Δ는 회사채이자율의 스프레드이다. 따라서 본 장의 모형에서 등장하는 Δ의 기호는 <그림 1-1>의 푸른색점선에 대응된다. 이미 설명한 바와 같이 본 장의 모형은 전통적인 IS-LM모형의 기본적인 구조를 그대로 유지하지만, 다른 점이 있다면 회사채이자율스프레드의 결정을 구체적으로 설명한다는 것이다. 전통적인 IS-LM모형에서는 단 하나의 이자율만 존재하는 상황을 분석하고 있지만, 본 장의 모형에서는 회사채와 단기무위험채권의 이자율을 구분하고 있다. 본 장의 뒷부분에서 대출가능자금시장의 균형에서 차익거래이득이 없다는 조건이 부과된다는 점을 이용하여 Δ는 미래시점에서 결정될 단기이자율과 채권프리미엄으로 구성된다는 것을 설명한다. 그 결과 단기이자율을 변동시키는 전통적인 통화정책은 r의 결정에 영향을 미치고, 제로금리기간 중에 실시되는 비전통적인 통화정책은 Δ에 영향을 미친다는 것을 보인다.

대외거래가 없는 폐쇄경제와 기업저축이 없다는 가정이 도입되면 대출가능자금시장에서 공급되는 자금의 총량은 가계저축의 총액과 같아야 한다. 금융중개기관이 직접 채권을 발행하여 기업대출을 위한 자금을 조달하더라도 모든 자금의 궁극적인 출처는 가계저축이 된다. 또한 가계가처분소득은 가계소비와 가계저축의 합이 된다. 따라서 소비함수가 결정되면 저축함수도 뒤따라 결정된다. 일반적으로 거시경제학 교과서에서 절대소득가설을 이용하여 소비함수를 도출한다. 본 장에서도 절대소득가설을 이용한 소비함수를 사용하여 저축함수를 도출한다. 그러나 제2장에서는 절대소득가설이 아닌 소비자의 생애효용극대화를 반영하여 도출된 소비함수를 소개한다. 제2장의 소비함수가 본 장의 소비함수와 비교하여 보다 더 복잡한 방식으로 도출되기 때문에 본 장에서 소개하는 모형을 단순모형이라고 부른다. 본 장에서 소개하는 모형이 비록 단순모형이지만, 총수요와 실질이자율이 서로 역의 관계가 있다는 점과 서로 다른 이자율의 역할이 반영될 수 있다는 점을 지적한다.

먼저 절대소득가설을 간단히 요약한다. 절대소득가설에서 중요한 두 개의 개념은 한계소비성향과 평균소비성향이다. 한계소비성향은 가처분소득이 현재수준에서 한 단위 증가할 때 소비지출이 반응하는 크기를 말한다. 한계소비성향은 소비의 증가분을 소득의 증가분으로 나눈 비율로 측정할 수 있다. 평균소비성향은 가처분소득 중에 소비지출이 차지하는 비중을 말한다. 평균소비성향은 소비지출을 소득으로 나눈 비율로 측정할 수 있다. 앞에서 설명한 한계소비성향과 평균소비성향의 개념을 이용하여 절대소득가설의 주요 내용을 두 개의 포인트로 요약할 수 있다. (1) 한계소비성향은 가처분소득의 크기에 관계없이 항상 고정되어 있으며, 1보다 작은 양수이다. (2) 평균소비성향은 가처분소득이 증가하면서 감소한다.

절대소득가설에서 주장하는 내용을 반영한 소비함수는 어떠한 형태를 가지고 있는가? 절대소득가설과 일치하는 소비함수의 형태는 <표 1-1>의 첫째 줄에 정리되어 있다. 이 식을 보면 소비(C)는 가처분소득($Y-T$)의 선형함수이다. 가처분소득은 가계가 벌어들인 총소득에서 소득세를 납부하고 남는 소득으로 정의된다. 소비함수를 보면 두 개의 상수가 있다. 첫 번째 상수는 a로 표시된 한계소비성향을 나타내는 상수이다. 앞에서 이미 설명한 바와 같이 절대소득

소비함수의 식	$C = a(Y-T) + b$
저축함수의 식	$S = (Y-T) + B - C = (1-a)(Y-T) - b + B$
투자함수의 식	$I = -d(r+\Delta) + mY + e$
대출가능자금시장 시장수요의 정의	$D = I + (1+r)^{-1}B'$
정부예산제약식	$(1+r)^{-1}B' + T = G + B$
정부예산제약식과 대출가능자금시장의 시장수요	$D = I - (T-G) + B$

주: C는 민간소비, Y는 세전 실질소득, S는 저축, T는 소득세, B는 현재시점에서 지급되는 국고
채원리금, I는 기업투자, r은 실질이자율, D는 대출가능자금시장의 총수요, B'은 다음 시점에서
상환해야 할 국고채원리금, G는 정부지출을 나타낸다.

가설에서는 a의 값이 1보다 작은 양수로 가정한다. 두 번째 상수는 b로 표시된 소비함수 그래프의 절편을 나타내는 상수이다. 절편의 값은 양의 상수로 가정하여 가처분 소득이 없는 소비자들도 일정한 소비수준이 가능한 것으로 가정한다. 또한 b의 값이 양수일 때 평균소비성향은 가처분소득의 감소함수가 됨을 알 수 있다.

앞에서 설명한 소비함수를 가계의 예산제약식에 대입하여 저축함수를 도출한다. 본 장에서 설명하는 단순모형에서는 가계의 예산제약식을 (소비＋저축＝가처분소득＋국고채원리금)의 등식으로 표시한다. 이 등식의 우변은 현재시점에서 가계가 벌어들이는 총액을 표시하고, 좌변은 현재시점에서 가계가 지출하는 총액을 표시한다. 국고채원리금은 왜 포함되는가? 국고채는 정부가 발행한 채권을 말한다. 현재시점에서 정부가 발행한 채권의 만기는 다음시점이라고 가정한다. 현재시점에서 발행한 국고채를 매수하는 투자자에게 정부는 다음시점에서 원금과 이자를 합한 금액을 지불한다. 이를 국고채원리금이라고 한다. 따라서 현재시점에서 가계의 예산제약식에 포함되는 국고채원리금은 가계가 이전시점에서 매수한 국고채가 제공하는 원금과 이자의 합을 의미한다.

〈표 1-1〉의 둘째 줄에서 첫 번째 등호는 가계의 예산제약식을 (저축＝가

처분소득−소비＋국고채원리금)의 형태로 표시하고 있다. 두 번째 등호는 소비함수를 예산제약식에 대입하여 저축은 가처분소득과 국고채원리금의 함수가 된다는 것을 의미한다. 따라서 <표 1−1>의 둘째 줄에서 보여주고 있는 식은 가계의 저축자금이 어떻게 마련되는지를 설명한다. '가계의 저축자금은 어디에 사용되는가?' 이 질문의 답은 <그림 1−1>에서 보여주고 있는 대출가능자금시장의 자금흐름을 보면 알 수 있다. 저축자금은 은행예금과 국고채의 매수자금으로 지출된다. <표 1−1>의 단순모형에서 국고채는 실질무위험채권이라고 가정하고 있다. 따라서 실질단위로 측정된 국고채 원리금은 국고채의 발행시점에서 미리 결정되는 것으로 가정한다. <표 1−1>의 둘째 줄에 있는 저축함수의 식에서 볼 수 있듯이 절대소득가설에 의거하여 저축함수를 도출하면 현재시점의 대출가능자금시장에서 결정되는 이자율과는 관계없이 저축이 결정된다. 혹자는 은행예금의 규모가 예금의 보상으로 주어지는 예금이자에 의존하지 않는다는 점에 의아해 할 수도 있다. 그러나 이런 저축함수의 특성이 모든 거시경제모형에서 성립하는 것은 아님을 지적한다. 개념의 이해를 위한 단순모형을 소개하는 것이 본 장의 주요 목적이기 때문에 보다 더 현실적인 저축함수가 반영된 거시경제모형의 분석은 뒤로 미루기로 한다.

　본 장에서 소개하는 단순모형에서는 금융기관의 가계대출이 없는 상황이라는 점을 지적한다. 앞에서 설명한 절대소득가설에 의해서 소비가 결정되기 때문에 항상 가처분소득의 일부분은 저축이 가능하다. 주택, 자동차, 가전제품 등과 같은 내구재의 수요를 명시적으로 고려하지 않는 단순모형에서는 가계의 저축총액은 항상 양수가 된다. 이는 대출가능자금시장의 자금공급은 가계저축에 의해서 결정된다는 것을 의미한다. 대출가능자금시장의 자금수요는 기업투자와 정부채권발행에 의해서 결정된다. 모든 투자지출은 기업에 의해서 결정되고, 기업은 모든 투자자금을 금융기관의 대출과 회사채의 발행을 통해 조달하는 것으로 가정한다. 이런 단순화 가정으로 인해 (자금수요＝기업투자＋정부채권발행)의 식이 성립한다. 따라서 자금수요함수를 설명하기 위해 기업투자함수를 설명해야 한다.

　기업투자는 어떻게 결정되는가? 본 장의 모형에서 기업투자의 첫 번째 결정요인은 총수요라고 가정한다. 그 이유는 상식적으로 기업은 자신이 생산하는 제품에 대한 시장수요의 변화를 반영하여 시설확장을 결정할 것으로 예상되기 때문이다. 기업투자의 두 번째 결정요인은 금융기관의 대출이자율이다. 시설확장을 계획하고 있더라도 이자비용의 크기에 따라서 언제 실행할 것인지를 결정할 수 있다. 그 이유는 실질이자율은 기업이 투자를 위해 지불해야하는 투자비용으로 간주할 수 있기 때문이다. 예를 들어, 기업이 보유하고 있는 내부자금으로 투자비용을 충당하기로 결정할 때 내부자금을 저축하여 얻을 수 있는 이자소득을 포기한 것으로 볼 수 있다. 기업이 외부로부터 차입하여 투사사금을 마련하는 경우 이자비용을 부담해야 한다. 두 경우 모두 실질이자율이 높아지면 투자비용이 상승하기 때문에 투자지출의 규모는 실질이자율의 감소함수로 가정한다. <표 1-1>의 셋째 줄에 있는 선형함수는 앞에서 설명한 투자함수이다. <표 1-1>의 셋째 줄에서 d는 기업투자의 대출이자율에 대한 반응계수, m은 투자의 총수요변화에 대한 반응계수, e는 투자함수의 상수항이다. 모두 양수인 것으로 가정한다. 위의 투자함수에서는 수요변화에 대응하여 생산설비의 규모를 조정하는 효과와 투자비용의 변화에 따라 투자규모를 조정하는 효과는 반영되어 있지만, 그 외의 다른 요인들이 투자에 미치는 효과는 생략되어 있다는 비판이 가능하다. 예를 들면 <표 1-1>의 셋째 줄에서 미래에 발생할 투자수익에 대한 예상의 변화가 현재에서 결정되는 신규투자에 미치는 효과는 생략되어 있다는 점을 지적할 수 있다.[5]

대출가능자금시장의 총수요는 기업과 정부의 자금수요에 추가하여 금융기관의 자금수요를 포함한다. 앞에서 이미 설명한 바와 같이 가계는 은행예금을 제외한 금융기관이 발행하는 다른 채권을 보유하지 않는다. 금융기관이 발행하는 채권은 다른 금융기관이 보유하는 것으로 가정한다. 이런 자금거래시장은 금융기관 간 자금의 거래가 이루어지는 시장을 말하고, <그림 1-1>에 있는 포함

---

5) 기업투자에 필요한 자금을 은행대출을 받거나 회사채를 발행하여 조달하는 것으로 가정한다. 그 결과 (기업투자＝회사채발행＋은행대출)의 등식이 성립한다. 또한 본 장의 단순모형에서는 회사채와 은행대출이 서로 완전대체재라고 가정한다. 이 경우 회사채에 적용되는 이자율과 은행대출에 적용되는 이자율이 서로 같다. 위에서 설명한 두 개의 가정으로 인해 기업투자는 하나의 이자율에 의해서 영향을 받는다.

되어 있는 '금융기관 간 자금거래시장'을 의미한다. 정의에 의해서 금융기관 간 자금거래시장의 균형에서는 (금융기관의 자금수요＝금융기관의 자금공급)이라는 등식이 성립한다. 금융기관의 초과자금수요 또는 초과자금공급이 없다면 금융중개기능을 수행하는 과정에서 발생하는 금융기관의 자금공급과 자금수요는 서로 상쇄되기 때문에 대출가능자금거래시장의 전체 자금공급과 수요에는 반영되지 않는다. 이와 같은 모형의 구조가 반영된 대출가능자금시장의 총수요는 <표 1−1>의 넷째 줄에 정리되어 있다. 본 장에서 단순모형을 설명하기 때문에 금융기관의 자금거래시장에서 발생하는 여러 상황들이 금융시장 전체에 미치는 효과를 생략하고 있다는 점을 지적하다.

앞에서도 설명한 바와 같이 본 장의 모형에서는 다음시점에서 상환될 원리금이 현재시점에서 결정되는 할인채권의 형식으로 국고채가 발행되는 것으로 가정한다. 현실경제에서 많은 국가의 정부는 30년의 만기를 가진 장기채권도 발행하고 있기 때문에 이런 가정은 실제상황을 크게 단순화하는 측면이 있다. 그러나 많은 거시경제교과서에서는 이와 같은 가정을 적용하고 있다는 점을 지적한다. 다른 교과서에서 채택하고 있다고 해서 반드시 따라야 할 이유는 없지만, 장기채권과 단기채권이 서로 어떻게 상호작용하는지를 설명하기 위해 필요한 추가적인 분석이 중요한 개념 위주로 설명을 진행한다는 본 장의 목표와 일치하지 않을 수 있기 때문에 다양한 만기를 가진 채권이 발행된다는 가정은 적용하지 않는다. 정부는 할인채권을 발행하기 때문에 다음시점에서 지급할 원리금을 현재시점에서 미리 약속한다. 따라서 현재시점에서 정부의 채권발행수입은 다음시점에서 투자자에게 지급을 약속한 원리금의 현재가치에 해당하는 금액이 된다. 이런 점을 반영하여 <표 1−1>의 넷째 줄에 있는 식의 우변 둘째 항에서 다음시점에서 상환해야 할 국고채원리금이 나타난다.

<표 1−1>의 다섯째 줄에 있는 식은 정부의 예산제약식이다. (정부수입＝정부지출)의 등식을 의미한다. 좌변에서 첫째항은 현재시점에서 정부의 채권발행수입이다. 위에서 설명한 바와 같이 채권발행수입은 다음시점에서 투자자에게 지급할 국고채원리금을 이자율로 할인한 금액이다. 국고채권의 발행규모는 어떻게 결정되는가? 재정수지를 조세수입에서 정부지출을 뺀 차이로 정의하면 정부

의 예산제약은 다음의 등식을 의미한다. (국고채의 발행수입) = (현재시점에서 상환하는 국고채원리금 − 재정수지). 이 식이 함의하는 국고채의 발행수입에 영향을 미치는 두 개의 상황을 생각해볼 수 있다. 첫 번째 상황은 재정수지적자가 발생하면 이를 국고채 발행수입으로 충당한다는 것이다. 두 번째 상황은 과거시점에서 정부가 약속한 국고채원리금 상환액을 재정수지흑자로 충당할 수 없다면 부족한 부분을 국고채를 발행하여 충당한다. <표 1−1>의 여섯째 줄에서는 대출가능자금시장의 총수요는 기업의 투자자금수요와 정부의 재정자금수요의 합으로 구성된다는 점을 수식으로 보여주고 있다. <표 1−1>의 다섯째 줄에 있는 정부의 예산제약을 <표 1−1>의 넷째 줄에 있는 대출가능자금시장의 총수요를 나타내는 식에 대입하여 정리한 것이다. <표 1−1>의 대출가능자금시장모형을 실제 금융시장의 자금수요와 비교하여 평가하면 거시경제의 자금순환에서 기업저축과 가계대출의 역할이 생략되어 있다. 가계대출의 거시경제적인 측면은 본 책의 뒷부분에서 다루기로 한다. 본 장의 단순모형에서는 <표 1−1>의 여섯째 줄에 있는 두 종류의 자금수요만 가정하여 <그림 1−1>에서 보여준 실증적 사실을 설명한다.

제3절 대출가능자금시장의 균형과 IS곡선

다른 내용을 설명하기에 앞서서 대출가능자금시장의 균형과 IS곡선이 어떻게 연결되는지를 먼저 설명한다. 대출가능자금시장모형은 균형이자율의 결정을 설명하는 모형으로 간주할 수 있다. 모든 변수를 실질단위로 설명하고 있으므로 대출가능자금시장의 균형에서 결정되는 변수도 실질이자율이 된다. 대출가능자금시장모형에서 총수요는 모형의 외부에서 결정되는 변수이다. 모형의 외부에서 결정되는 총수요가 변화하면 대출가능자금시장에서 결정되는 균형실질이자율이 어떻게 달라지는지를 대출가능자금시장모형을 사용하여 분석할 수 있다. 임의의 총수요 수준에 대응하는 대출가능자금시장의 균형이자율이 존재한다면 수평축이 총수요, 수직축이 실질이자율인 평면에 두 변수 간에 성립하는 관계를 나타

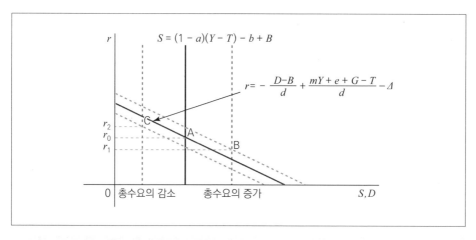

$$S = (1 - a)(Y - T) - b + B$$

$$r = -\frac{D-B}{d} + \frac{mY + e + G - T}{d} - \varDelta$$

〈그림 1-4〉 대출가능자금시장의 균형

내는 그래프를 그릴 수 있다. 이를 IS곡선으로 정의한다.[6]

　본 장의 대출가능자금시장모형에서는 가계와 정부의 예산제약을 모두 이용하여 대출가능자금시장의 자금공급과 자금수요를 도출하였기 때문에 대출가능자금시장의 시장청산조건이 (가계저축＝기업투자)의 형태가 아니라 (가계저축＝자금수요)의 형태로 표시된다. <그림 1-4>에서는 대출가능자금시장의 균형을 그림으로 보여주고 있다. 수평축은 대출가능자금시장의 시장수요와 시장공급을 나타낸다. 수직축은 대출가능자금시장의 시장가격인 실질이자율을 나타낸다. 균형실질이자율은 대출가능자금시장에서 (가계저축＝자금수요)의 시장청산조건이 만족될 때 결정된다. 자금공급함수의 그래프는 수직선으로 나타난다. 자금수요함수의 그래프는 음의 기울기를 가진 직선이다. <그림 1-4>에는 자금공급함수의 그래프와 연결되어 있는 저축함수의 식과 자금수요함수의 그래프와 연결되어 있는 자금수요함수의 식이 들어있다.

　자금공급함수의 그래프가 수직선이 되는 이유는 무엇인가? 본 장의 모형에서

---

6) 「IS곡선」이라는 용어는 (저축＝투자)의 등식이 성립할 때 결정되는 실질이자율과 총수요 사이의 관계를 나타내는 곡선이라는 뜻을 담고 있는 것으로 단순하게 설명할 수 있다. 이런 설명을 받아들이면 「IS곡선」이라는 용어는 「investment」와 「saving」의 앞에 오는 알파벳글자를 사용하여 만들어진 것으로 해석할 수 있다.

총수요의 값과 변화	균형점	실질이자율의 균형값	실질이자율변화
최초수준(= Y_0)	A	r_0	최초수준
총수요증가(= Y_1)	B	r_1	이자율하락
총수요감소(= Y_2)	C	r_2	이자율상승

는 소비결정에 관한 절대소득가설을 사용하여 저축함수를 도출하기 때문에 저축함수의 식에는 이자율이 나타나지 않는다. 따라서 <그림 1-4>에서 보여주고 있는 저축함수의 그래프는 수직선이다. 자금수요함수의 식은 <표 1-1>의 셋째 줄에 있는 식과 여섯 째 줄에 있는 두 개의 식을 결합하여 도출된다. 구체적으로 설명하면 여섯 째 줄에 있는 식을 셋째 줄에 있는 식에 대입하여 두 식에 공통으로 나타나는 기업투자를 소거한다. 실질이자율이 기업이 투자를 위해 조달하는 비용을 나타내기 때문에 실질이자율과 자금수요는 서로 반대 방향으로 움직인다. 따라서 <그림 1-4>에서 보여주고 있는 자금수요함수의 그래프는 음의 기울기를 가진 직선이다.

　대출가능자금시장의 균형모형을 사용하여 IS곡선을 도출한다. IS곡선은 대출가능자금시장의 균형이자율과 총수요의 관계를 나타내는 곡선으로 정의된다. <그림 1-4>는 IS곡선의 도출과정을 보여주고 있다. <그림 1-4>에서 A점은 최초 균형점을 나타낸다. 이제 총수요의 변화가 발생하여 A점에서 다른 균형점으로 이동하는 과정을 설명한다. 그 이유는 앞에서 설명한 IS곡선의 정의를 반영하여 총수요의 변화가 대출가능자금시장에 미치는 효과를 분석하면 IS곡선을 도출할 수 있기 때문이다. 첫 번째 상황은 A점에 대응하는 총수요 수준에서 총수요가 증가하는 상황이다. <그림 1-4>에서는 총수요가 증가하면 저축곡선은 오른편으로 이동하고 자금수요곡선은 위로 수평 이동하여 균형점이 달라지는 것을 보여주고 있다. 총수요증가를 반영한 새로운 저축곡선과 자금수요곡선은 점선으로 표시되어 있다. 새로운 저축곡선과 자금수요곡선의 교차점은 B이다. B점에서 균형실질이자율의 값은 <표 1-2>에서 세 번째 행의 세 번째

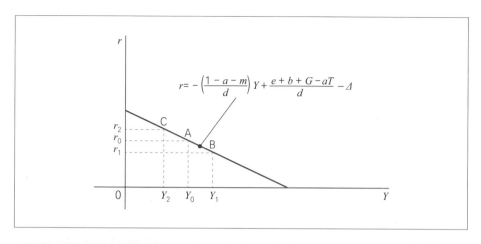

$$r = -\left(\frac{1-a-m}{d}\right)Y + \frac{e+b+G-aT}{d} - \Delta$$

〈그림 1-5〉 IS곡선의 도출

열에 정리되어 있다. A점에 대응하는 균형실질이자율보다 더 낮다. 총수요증가
가 대출가능자금시장의 균형이자율을 하락시킨다.

두 번째 상황은 A점에 대응하는 총수요 수준에서 총수요가 감소하는 상황이
다. 〈그림 1-4〉에서는 총수요가 감소하면 저축곡선은 왼편으로 이동하고 자
금수요곡선은 아래로 수평 이동하여 균형점이 달라지는 것을 보여주고 있다. 총
수요감소를 반영한 새로운 저축곡선과 자금수요곡선은 앞의 경우와 마찬가지로
점선으로 표시되어 있다. 새로운 저축곡선과 자금수요곡선의 교차점은 C점이다.
C점에서 균형실질이자율의 값은 〈표 1-2〉에서 네 번째 행의 세 번째 열에
정리되어 있다. A점에 대응하는 균형실질이자율보다 더 높다. 따라서 총수요감
소는 대출가능자금시장의 균형이자율을 상승시킨다.

〈표 1-2〉에 정리되어 있는 세 개의 균형점을 이용하여 IS곡선을 도출한
다. IS곡선의 그래프는 수평축이 총수요, 수직축이 실질이자율인 평면에 나타낸
다. 앞에서 정의한 평면에 〈표 1-2〉에 있는 세 점을 표시하고, 직선을 그려
서 세 점을 연결하면 바로 IS곡선의 그래프가 된다. 이런 방식으로 도출된 IS곡
선의 그래프가 〈그림 1-5〉에 그려져 있다. IS곡선의 그래프를 보면 총수요와
대출가능자금시장의 균형이자율은 서로 음의 상관관계가 있다는 것을 알 수 있
다. IS곡선의 식은 대출가능자금시장의 시장청산조건을 사용하여 도출할 수 있

다. <표 1-1>의 둘째 줄에 있는 공급함수와 넷째 줄에 있는 수요함수를 이용한다. 대출가능자금시장의 시장청산조건은 $(S=D)$의 등식으로 표시할 수 있다. 따라서 시장청산조건은 <표 1-1>에서 정리되어 있는 공급함수의 좌변과 수요함수의 좌변이 서로 같다는 것을 의미한다. 이 조건을 사용하여 두 식을 결합하면 실질이자율과 총수요가 동시에 포함되어 있는 하나의 식이 도출된다. 이 식을 실질이자율에 관한 양함수의 형태로 정리하면 IS곡선의 식이 된다. <표 1-1>에서 설명한 수식과 앞에서 설명한 방식을 사용하여 도출한 IS곡선의 식을 <그림 1-5>에 정리하고 있다.

IS곡선의 위치를 변경시키는 요인들은 무엇인가? <그림 1-5>에 있는 IS곡선의 식을 보면 재정정책의 변화와 회사채이자율스프레드의 변화가 발생하면 IS곡선의 위치가 이동할 수 있음을 알 수 있다. 어떠한 과정을 거쳐서 재정정책이 IS곡선의 위치를 변화시키는가? 본 장의 모형에서 정부가 가지고 있는 재정정책의 수단은 재정지출과 조세수입의 변화이다. 먼저 정부지출증가가 IS곡선에 미치는 효과를 설명한다. 조세수입과 국고채원리금 상환은 그대로 있는 상태에서 정부지출증가만 발생할 때 정부는 국채발행수입을 늘려야 한다. 정부의 자금수요가 증가하기 때문에 <그림 1-4>에서 대출가능자금시장의 자금수요곡선이 위로 이동한다. 새로 이동한 자금수요곡선과 원래의 자금공급곡선이 교차하는 점에서 형성되는 새로운 균형점의 균형실질이자율이 정부지출증가가 발생하기 이전의 균형실질이자율보다 더 높다. 따라서 총수요수준은 그대로 있는 상태에서 균형실질이자율만 높아진 것이다. 이런 결과를 IS곡선의 그래프에 적용하면 IS곡선이 위로 이동하는 것을 의미한다.

다음에서는 조세수입증가가 IS곡선에 미치는 효과를 설명한다. 이번에는 재정지출과 국고채원리금상환은 그대로 있는 상태에서 조세수입증가만 발생할 때 정부의 국채발행수입이 감소한다는 것을 <표 1-1>의 다섯째 줄에 있는 정부의 예산제약식을 보면 확인할 수 있다. 정부의 자금수요가 감소하기 때문에 <표 1-1>의 마지막 줄에서 볼 수 있듯이 대출가능자금시장의 자금수요가 감소한다. 이런 과정을 거쳐서 <그림 1-4>에서 대출가능자금시장의 자금수요곡선이 아래로 이동한다. 새로 이동한 자금수요곡선과 원래의 자금공급곡선이 교차하는 점에서 형성되는 새로운 균형점의 균형실질이자율이 조세수입증가가 발생하기 이전의 균형실질이자율보다 더 낮다. 따라서 총수요수준은 그대로 있는 상태에서 균형실질이자율만 낮아진 것이다. 이런 결과를 IS곡선의 그래프에 적용하면 IS곡선이 아래로 이동하는 것을 의미한다.

마지막으로 회사채이자율스프레드의 변화가 IS곡선에 미치는 효과를 설명한다. 회사채이자율스프레드가 실질이자율과 총수요의 변화와 상관없이 외생적으로 상승하거나 감소하는 상황이다. 회사채이자율스프레드가 상승하게 되면 실질이자율의 변화가 없더라도 회사채이자율이 상승하기 때문에 기업투자는 감소한다. 따라서 동일한 실질이자율수준에서 대출가능자금시장의 자금수요가 감소한다. <그림 1-4>에 있는 대출가능자금수요곡선이 회사채이자율스프레드가 외생적으로 상승할 때 아래로 이동한다. 새로 이동한 자금수요곡선과 원래의 자금공급곡선이 교차하는 점에서 형성되는 새로운 균형점의 균형실질이자율이 회사채이자율스프레드의 증가가 발생하기 이전의 균형실질이자율보다 더 낮다. 회사채이자율스프레드의 변화가 대출가능자금시장의 균형에 미치는 효과는 IS곡선에도 반영된다. 총수요의 변화가 없는 상태에서 회사채이자율스프레드의 상승은 균형실질이자율을 하락시키기 때문에 IS곡선은 아래로 이동한다.

앞에서는 회사채이자율스프레드의 외생적 변화에 대하여 설명하였다. 다음에서는 회사채이자율의 내생적 결정에 대하여 설명한다. 대출가능자금시장에서 차익거래이득이 없다는 조건을 이용하여 회사채이자율스프레드가 어떻게 결정되는지를 설명한다. 이를 위해 먼저 대출가능자금시장에 부가되는 가정을 정리한다. (1) 대출가능자금시장에서 다양한 증권들이 거래되고, 개별 증권이 거래되는 시장 간 자금이동이 자유롭다. (2) 대출가능자금시장의 균형에서 차익거래의 이득이 없다. (3) 대출가능자금시장의 참가자는 모두 위험중립적인 선호를 가지고 있어서 기대수입을 극대화하는 증권투자를 선택한다. 본 장의 모형에서는 실물단위로 이자가 지급되는 것으로 가정한다. 단기무위험채권은 부도위험이 없는 만기가 한기인 채권이다. 다음시점에서 지급되는 단기무위험채권의 원리금은 발행시점의 투자 한 단위당 R이다. 앞에서 소문자로 실질이자율을 표기하였다. 대문자로 표기한 R은 소문자로 표기한 실질이자율과 어떠한 관계가 있는가?

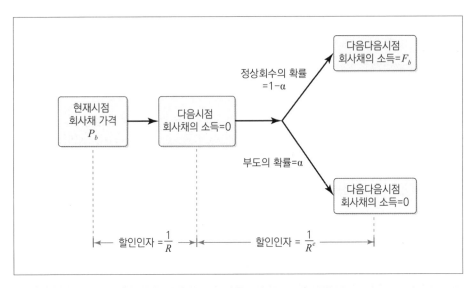

〈그림 1-6〉 회사채의 미래소득과 미래소득의 할인인자

$R = 1 + r$의 등식이 성립한다. 소문자로 표기한 실질이자율과 구분하기 위해 대문자로 표기한 R은 총수익률(gross rate of return)이라는 용어를 사용한다. 또한 미래시점에서 발행될 단기무위험채권을 한 기간 동안만 보유하여 벌어들일 총수익률의 기댓값은 R^e로 표시한다.

　〈그림 1-6〉에서는 미래시점에서 실현될 회사채투자자의 수익구조와 할인인자를 그림으로 보여주고 있다. 현재시점에서 발행되는 회사채의 액면이 F_b라고 하자. 액면은 회사채를 발행하는 기업이 발행시점에서 만기시점에 도달하면 지급할 것을 약속한 금액을 말한다. 분석의 단순화를 위해서 만기시점 이전에 지급되는 이자는 없는 것으로 가정한다. 따라서 본 장의 모형에서는 회사채투자자에게 실현되는 총투자소득은 만기시점의 F_b이다. 또한 회사채의 만기를 두 기간으로 가정한다. 투자자들은 회사채의 발행시점에서 회사채를 매수하여 만기시점까지 보유하는 것으로 가정한다. 회사채투자자의 미래소득을 계산할 때 미래시점에서 발생할 수 있는 부도의 가능성을 반영해야 한다. 〈그림 1-6〉을 보면 부도확률을 α로 표시하고 있다. 회사채를 발행한 회사의 부도가 발생하면 원리금을 전혀 지불할 수 없다고 가정한다.

회사채 균형이자율의 결정	$(1-\alpha)R_b = RR^e$
회사채 균형가격의 결정	$P_b = \dfrac{(1-\alpha)F_b}{RR^e}$
차익거래이득 발생: 회사채 고평가	$P_b > \dfrac{(1-\alpha)F_b}{RR^e} \;\to\; (1-\alpha)R_b < RR^e$
차익거래이득 발생: 회사채 저평가	$P_b < \dfrac{(1-\alpha)F_b}{RR^e} \;\to\; (1-\alpha)R_b > RR^e$
균형조건의 근사식	$\ln R_b = \ln R + \ln R^e - \ln(1-\alpha) \;\to\; \ln R_b \approx r + r^e + \alpha$
스프레드의 결정식	$\Delta = r^e + \alpha$

주: P_b는 회사채의 가격, F_b는 회사채의 액면, $R_b(=F_b/P_b)$는 회사채의 액면을 회사채의 가격으로 나눈 비율을 나타낸다.

회사채투자자는 위험중립적인 선호를 가지고 있는 것으로 가정한다. 회사채투자자에게 미래시점에서 지급될 소득의 현재가치는 단기무위험채권의 이자율을 사용하여 계산한다. <그림 1-6>의 아래 부분에 있는 양방향 화살표가 의미하는 것은 미래시점의 소비재 한 단위를 현재시점의 가치로 환산하는데 사용되는 할인인자이다. 현재시점과 다음시점 간 할인인자는 현재시점에서 발행되는 단기무위험채권의 총수익률이다. 따라서 첫 번째 양방향 화살표의 의미는 다음시점 한 단위 소비재의 현재가치는 현재시점에서 발행된 무위험채권 총수익률의 역수가 된다는 것이다. 다음시점과 다음다음시점 간 할인인자는 다음시점에서 발행될 무위험채권 총수익률이다. 두 번째 양방향 화살표의 의미는 다음다음시점 소비재 한 단위의 다음시점의 가치는 다음시점에서 발행될 무위험채권 총수익률의 역수이다.

다음에서는 회사채시장의 균형에서 차익거래이득이 없다는 조건의 의미를 설명한다. <표 1-3>의 첫째 줄과 둘째 줄은 모두 회사채시장의 균형조건이다. 둘째 줄에 있는 식의 양변을 회사채의 가격으로 나누고 나서 정리하면 첫째 줄에 있는 식이 도출된다는 것을 쉽게 확인할 수 있다. 첫째 줄에 있는 식은 회사채수익률을 사용하여 균형조건을 표시하고 있고, 둘째 줄에 있는 식은 회사채의 가격을 사용하여 균형조건을 표시하고 있다. 대출가능자금시장에서 차익거래이득이 없다는 조건이 만족된다면 <표 1-3>의 첫째 줄에 있는 식이 성립한다는 것을 보이기 위해 두 개의 서로 다른 투자계획 중 하나를 선택해야 하는 투자자의 결정을 설명한다. 동일한 투자비용으로 더 많은 투자수익이 발생할 것으로 예상되는 투자계획을 선택하는 투자자의 결정을 설명한다.

두 개의 서로 다른 증권이 있기 때문에 현재시점에서 한 단위의 투자지출이 가능할 때 두 개의 서로 다른 투자계획이 가능하다는 점을 지적한다. 첫 번째 투자계획은 회사채를 두 기간 동안 보유하는 것이다. 부도확률을 반영하면 현재시점에서 회사채를 매수하는 투자자의 두 기간 이후 기대수입은 매수시점에서 지불하는 투자비용 한 단위당 $(1-\alpha)R_b$이다. 두 번째 투자계획은 단기무위험채권에 연속하여 투자하는 것이다. 예를 들어, 다음시점의 수입은 현재시점의 투자비용 한 단위당 R이다. 이를 다음시점에 모두 단기무위험채권에 재투자하면 두 기간 이후 기대수입은 매수시점의 투자비용 한 단위당 RR^e이다. 앞에서 R^e는 다음시점에서 발행될 단기무위험채권의 총수익률이다.

위에서 설명한 두 개의 투자계획이 제공하는 기대수입이 서로 같지 않다면, 투자자는 상대적으로 더 높은 기대수입을 제공하는 투자계획을 선택할 것이다. 이는 두 개의 투자계획이 제공하는 기대수입이 서로 같지 않다면 단기무위험채권과 회사채의 이자율은 모두 안정적인 균형값이 형성되지 않는다는 것을 의미한다. 이런 경우 채권시장에서는 어떠한 조정이 발생하는가? 두 개의 경우로 나누어서 설명할 수 있다. 첫째 경우는 <표 1-3>의 첫째 줄에 있는 식 좌변이 우변보다 더 낮은 상황이다. 이런 상황에서는 현재시점의 회사채수요가 감소하여 회사채가격이 하락한다. 그 결과 회사채의 총수익률은 상승하게 되기 때문에 <표 1-3>의 첫째 줄에 있는 식 좌변이 상승하는 조정이 발생한다. 둘째 경우는 첫째 줄에 있는 식 좌변이 우변보다 더 높은 상황이다. 이런 상황에서는 회사채수요가 증가하여 회사채가격이 상승한다. 그 결과 회사채의 총수익률은 하락하게 되기 때문에 첫째 줄에 있는 식 좌변이 하락하는 조정이 발생한다. 앞의 설명에서 회사채수익률이 조정되는 것으로 가정하였다. 회사채수익률의 조정이 아니라 단기무위험채권의 이자율의 조정이 발생하는 상황은 없는가? 중앙은행이 통화정책을 사용하여 단기무위험채권의 이자율을 결정하는 것으로 가정하였기 때문에 민간부분의 조정은 회사채이자율에서 발생하는 것으로 가정하였다는 것을 지적한다.

<표 1-3>의 둘째 줄을 보면 대출가능자금시장에서 차익거래의 이득이 없을 때 회사채 균형가격은 회사채가 제공할 미래소득의 현재가치로 결정된다는 것을 알 수 있다. 따라서 차익거래의 이득이 없다는 조건은 회사채 균형가격의 결정조건으로 해석할 수 있다. 둘째 줄이 성립하지 않는 경우 어떠한 상황이 전개되는지를 설명한다. 첫째, 회사채 균형가격이 회사채의 보유자에게 지급될 미래수익의 현재가치보다 더 큰 경우를 생각해보자. 셋째 줄에 있는 조건이 성립하는 경우이다. 이 경우 회사채는 시장에서 고평가되어 있다고 판단할 것이다. 현재시점의 시장가격에서 회사채를 매수하려는 투자자가 없다면 회사채의 가격을 내려야 한다. 따라서 회사채의 가격은 하락한다. 둘째, 회사채 균형가격이 미래수익의 현재가치보다 더 작은 경우를 생각해보자. 넷째 줄에 있는 조건이 성립하는 경우이다. 이 경우 회사채는 시장에서 저평가되어 있다고 판단할 것이다. 현재시점의 시장가격에서 회사채를 매수하려는 투자자가 계속해서 늘어날 것이다. 따라서 회사채의 가격은 상승한다. 결국 둘째 줄에 있는 조건이 균형에서 성립해야 한다.

다음에서는 첫째 줄에 있는 식을 이용하여 회사채이자율스프레드가 어떻게 결정되는지를 설명한다. 먼저 첫째 줄에 있는 식의 양변에 로그함수를 취하면 <표 1-3>의 다섯째 줄에 있는 식이 도출된다는 점을 지적한다. 다섯째 줄에서 화살표 오른쪽에 있는 식은 근사식이다. 화살표 오른쪽에 있는 식을 도출하기 위해 화살표 왼쪽에 있는 식에서 우변의 모든 로그함수에 대하여 $\ln(1+r) \approx r$의 근사식이 적용되었다. 다섯째 줄에 있는 근사식이 함의하는 점은 무엇인가? 근사식을 사용하여 설명할 정도로 중요한 내용이 있는지에 대하여 의문이 들 수 있다. 다섯째 줄을 사용하여 보이고 싶은 것은 회사채시장의 균형조건이 함의하는 회사채이자율스프레드의 결정요인이다. 회사채이자율스프레드의 정의에 의해서 회사채의 이자율은 단기이자율과 회사채이자율스프레드의 합이 된다. 회사채이

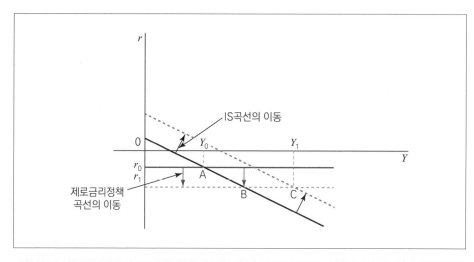

〈그림 1-7〉 선제적지침의 총수요효과

자율스프레드의 정의를 적용하면 회사채이자율스프레드는 미래 단기이자율의 기댓값과 부도확률의 합이 된다는 것을 알 수 있다. 이런 결과를 반영한 회사채이자율스프레드 결정식이 <표 1-3>의 여섯째 줄에 있는 식이다.

제**4**절 **IS-QE모형과 선제적 지침의 효과**

제로금리정책은 중앙은행이 단기명목이자율을 제로수준으로 고정시키는 정책이다. 중앙은행은 금융기관의 초단기자금이 거래되는 시장에 하나의 거래자로 참가하여 시장이자율이 자신이 설정한 목표수준과 일치하도록 다양한 통화정책수단을 실시한다. 제로금리정책을 설명하기 위해 다음과 같이 두 개의 조건이 성립하는 것으로 가정한다. (1) 중앙은행은 단기명목이자율을 조정할 수 있다. (2) 피셔방정식이 성립한다. 앞에서 이미 피셔방정식을 설명했기 때문에 추가적인 설명은 생략한다. 두 개의 조건이 성립한다면 제로금리정책의 그래프는 <그림 1-7>에서 수평선으로 표시된다. 그 이유를 수식으로 표시하면 <표 1-4>의 첫째 줄에 있는 식과 같이 표시할 수 있다. 첫째 줄에서 화살표 왼쪽의 상단

제로금리정책과 현재시점의 예상실질이자율	$\begin{cases} r = i - \pi^e \\ i = 0 \end{cases} \rightarrow r = -\pi^e$
제로금리정책과 미래시점의 예상실질이자율	$\begin{cases} r^e = i' - (\pi')^e \\ i' = 0 \end{cases} \rightarrow r^e = -(\pi')^e$

주: i는 명목이자율, π^e는 현재시점에서 형성한 인플레이션율의 예측치, r는 현재시점의 예상실질이자
율, r^e는 미래시점의 예상실질이자율, $(\pi')^e$는 미래시점에서 형성한 인플레이션율의 예측치를 나타
낸다.

에 있는 식은 피셔방정식이다. 화살표 왼쪽의 하단에 있는 식은 제로금리정책을
나타낸다. 피셔방정식을 말로 표현하면 명목이자율은 실질이자율과 예상인플레
이션율의 합이 된다는 것이다. 화살표 오른쪽의 등식을 보면 예상실질이자율은
예상인플레이션율의 앞에 마이너스 부호를 붙인 수치와 같다.

<그림 1-7>에서 수평선으로 표시되는 제로금리정책의 그래프를 「제로금
리정책곡선」이라고 부르기로 한다. 예상실질이자율이 음수의 값을 가질 경우 「제
로금리정책곡선」은 <그림 1-7>의 수직축에서 음수의 값을 가지는 영역 안에
위치하고, 예상인플레이션의 값에 따라 달라진다. 물가가 하락하는 디플레이션
이 예상되면 수직축에서 양수의 값을 가지는 영역에 포함되는 수평선으로 나타
난다. 물가가 상승할 것으로 예상되면 수직축에서 음수의 값을 가지는 영역에
포함되는 수평선으로 나타난다. 「제로금리정책」의 총수요효과는 어떻게 나타나
는가? 「제로금리정책곡선」과 IS곡선이 교차하는 점에서 총수요가 결정된다. 여
기서 짚고 넘어가야 할 점은 제로금리정책이 실시되어도 민간 경제주체들이 디
플레이션을 예측하지 않을 수 있다는 것이다. 장기적으로 낙관적인 기대가 충분
히 있다면 예상인플레이션율의 값이 양수가 될 수 있다는 점을 지적한다. 예상
인플레이션율의 값이 양수이면 크기가 클수록 「제로금리정책곡선」이 아래로 이
동하여 IS곡선과 교차하는 점은 오른쪽으로 이동한다.

앞에서 설명한 내용이 제로금리정책이 실시되는 상황을 설명하는 거시경제
이론모형이라는 점을 강조하여 IS-QE모형이라고 부르기로 한다. 「제로금리정
책곡선」이 음수의 영역에 머물러 있을 수 있다는 것이 현실경제에서 가능한지

에 대한 궁금증이 있을 수 있다. 중앙은행이 조정하는 단기명목이자율을 사용하여 예상실질금리를 추계하면 금융위기 기간 중 예상실질금리는 음수의 값을 가지고 있었다는 사실을 보일 수 있다. <그림 1-2>에 있는 예상실질금리의 추이를 보면 금융위기 기간 중「제로금리정책곡선」은 음수의 값을 가진 수평선이어야 한다는 점을 알 수 있다. 또한「제로금리정책곡선」은 음수의 영역 안에서도 낮은 수준으로 이동할 수 있다는 것이다. 2009년 초반부터 2011년 중반까지이르는 기간 중 예상실질금리가 낮아지는 모습을 보이고 있다. 이런 모습을 앞에서 설명한 IS-QE모형에 반영한다면「제로금리정책곡선」이 음수인 영역 안에서 아래로 이동하는 모습으로 나타나야 한다.

중앙은행은 어떻게「제로금리정책곡선」을 음수의 영역 안에서 아래로 이동시킬 수 있는가? 이 질문에 대한 답변은 선제적 지침의 실물효과와 기대조정효과가 있다면「제로금리정책곡선」이 아래로 이동할 수 있다는 것이다. 보다 정확하게 표현하면 합리적 기대를 가정한 모형에서는 선제적 지침의 기대조정효과가 발생하기 위해 선제적 지침의 실물효과가 실제로 존재해야 한다. 그 이유는 선제적 지침의 실물효과로 인해 민간경제주체는 미래시점의 경제상황에 대한 낙관적인 기대를 형성하게 되고, 아울러 예상인플레이션율의 값도 같이 상승하는 결과가 발생하기 때문이다. 선제적 지침은 중앙은행이 제로금리정책이 실시되는 동안 앞으로 언제까지 또는 어떠한 상황이 발생하는 시점까지 제로금리정책을 지속적으로 실시할 것을 약속하는 정책을 말한다. 중앙은행이 미래시점에서 어떠한 정책적 선택을 할 것인지에 관한 약속이 담겨 있다. 선제적 지침의 실물효과가 발생하기 위한 조건이 무엇인가? 두 개의 조건을 들 수 있다. 첫 번째 조건은 민간경제주체들이 중앙은행이 적절한 저금리정책의 기조를 장기적으로 유지하는 것으로 발표할 때 중앙은행의 약속이 지켜진다고 믿어야 한다는 것이다. 두 번째 조건은 실제로 적절히 선택된 저금리정책의 기조가 장기적으로 지속되는 것이 단기적으로 지속되는 것보다 총수요를 증가시키는 효과가 더 커야 한다는 것이다.[7]

---

7) 선제적 지침의 효과를 분석한 에거르트슨(Gauti Eggertsson)과 우드포드(Michael Woodford)의 연구결과가 정리되어 있는 논문의 제목은 2003년 브루킹스 연구소에서 출간하는 학술지

<그림 1-7>에서는 IS-QE모형의 그래프를 사용하여 선제적 지침이 총수요에 미치는 효과를 분석하고 있다. 이 그림에서 수평축은 총수요를 나타내고, 수직축은 예상실질이자율을 나타낸다. 앞에서 설명한 바와 같이 「제로금리정책곡선」은 음수의 영역에서 수평선으로 나타난다. 중앙은행이 제로금리정책을 발표하는 시점에서 예상인플레이션율의 값이 양수이면 최초 시점의 「제로금리정책곡선」의 값은 음수가 된다. <그림 1-7>에서는 중앙은행이 제로금리정책을 발표하는 시점에서 균형점을 A로 표시하고 있다. 추가적인 선제적 지침이 실시되면서 예상인플레이션율도 상승하는 상황을 가정한다. 앞에서 이미 설명한 바와 같이 추가적인 선제적 지침의 결과로 「제로금리정책곡선」이 아래로 이동하게 된다. 선제적 지침의 「제로금리정책곡선」에 미치는 효과는 <그림 1-7>에서 푸른색수평선에서 점선으로 표시된 수평선으로 이동하는 것으로 나타난다.

　　다음에서는 선제적 지침이 회사채이자율스프레드에 영향을 미치는 경로가 있다는 점을 설명한다. 현재시점부터 다음시점까지 발생할 인플레이션율의 기댓값과 다음시점에서 다음다음시점까지 발생할 인플레이션율의 기댓값을 구분할 수 있다. 제로금리정책의 지속성에 따라서 선제적 지침이 예상실질이자율에 미치는 효과의 지속성이 달라진다는 것을 설명한다. 이를 위해 현재시점에서 제로금리정책을 실시하는 것으로 가정하자. 현재시점부터 다음시점까지 제로금리정책을 실시하는 것으로 발표하는 경우와 현재시점부터 다음다음시점까지 제로금리정책을 실시하는 것으로 발표하는 경우는 어떠한 차이가 있는지를 설명한다. 현재시점부터 다음다음시점까지 제로금리정책을 실시하는 것으로 발표하는 경우는 다음시점에서 결정되는 예상실질이자율은 <표 1-4>의 둘째 줄에 있는 식과 같이 결정된다.

　　<표 1-4>의 둘째 줄에 있는 식에서 화살표 왼쪽의 상단에 있는 식은 다음시점에서 성립할 것으로 예상되는 피셔방정식이다. 동일한 기호를 사용하더라도 상첨자에 따옴표가 들어가면 다음시점에서 결정되는 변수의 값을 나타낸다. 화살표 왼쪽의 하단에 있는 식은 다음시점에서도 제로금리정책이 실시된다는

　　인 Brookings Papers on Economic Activity(1호, 139페이지부터 211페이지)에 게재한 「The Zero Bound on Interest Rates and Optimal Monetary Policy」이다.

것을 나타낸다. 화살표 오른쪽의 등식은 다음시점의 예상실질이자율이 다음시점부터 다음다음시점까지 예상인플레이션율의 앞에 마이너스 부호를 붙인 수치와 같다는 것을 나타낸다. 현재시점부터 다음다음시점까지 제로금리정책을 실시하는 것으로 발표하는 경우 미래시점에서 결정될 예상인플레이션율의 값은 현재시점부터 다음시점까지 제로금리정책을 실시하는 것으로 발표하는 경우 미래시점에서 결정될 예상인플레이션율의 값보다 더 높다. 따라서 다음시점의 예상실질이자율의 값이 더 낮아진다.

앞에서 설명한 내용을 <표 1-3>의 여섯째 줄에 있는 식에 적용하면 선제적 지침이 회사채이자율스프레드에 미치는 경로가 있다는 점을 확인할 수 있다. 그 이유는 <표 1-3>의 여섯째 줄에 있는 식은 (회사채이자율스프레드＝다음시점예상실질이자율＋부도확률)을 의미하기 때문이다. 따라서 선제적 지침의 효과를 다음과 같이 정리할 수 있다. 현재시점부터 다음시점까지 제로금리정책을 실시하는 것으로 발표하는 경우에는 중앙은행이 실시하는 선제적 지침은 회사채이자율스프레드에 영향을 미치지 않고, 제로금리정책곡선만 이동시킨다. 그러나 현재시점부터 다음다음시점까지 제로금리정책을 실시하는 것으로 발표하는 경우에는 중앙은행이 실시하는 선제적 지침은 회사채이자율스프레드에 영향을 미치기 때문에 제로금리정책곡선과 IS곡선을 모두 이동시킨다.

<그림 1-7>로 다시 돌아가서 IS-QE모형의 그래프를 사용하여 선제적 지침의 실물효과를 설명한다. 앞에서 설명한 바와 같이 제로금리정책이 지속적으로 유지될 것으로 예상되는 상황에서는 회사채이자율스프레드도 감소하기 때문에 푸른색의 IS곡선은 검은색의 IS곡선으로 이동한다. 따라서 현재시점부터 다음시점까지 제로금리정책을 실시하는 것으로 발표하는 경우에는 IS곡선의 이동이 없는 상황에서 제로금리정책곡선만 이동하여 새로운 균형점은 B로 표시된다. 또한 현재시점부터 다음다음시점까지 제로금리정책을 실시하는 것으로 발표하는 경우에는 중앙은행이 실시하는 선제적 지침은 제로금리정책곡선과 IS곡선을 모두 이동시켜서 새로운 균형점은 C로 표시된다. <그림 1-7>의 함의를 정리하면 단기적인 선제적 지침과 장기적인 선제적 지침으로 구분하여 선제적 지침의 실물효과가 서로 달라진다는 것이다.

다음에서는 양적완화정책의 총수요효과를 설명한다. 양적완화정책은 제로금리정책이 실시되는 기간 동안 정상적인 상황에서는 매수하지 않는 금융증권을 중앙은행이 매수하는 정책을 말한다. 선제적 지침과 양적완화정책이 어떠한 경로를 거쳐 회사채이자율스프레드에 영향을 미치는지를 구분할 수 있는가? 이 질문의 답을 제시할 때 두 개의 서로 다른 견해가 가능하다는 점을 지적한다. 첫번째 견해는 각각의 정책수단이 회사채이자율스프레드의 서로 다른 요인에 독립적으로 영향을 미친다는 것이다. 예를 들어, 선제적 지침은 예상실질이자율에만 영향을 미치고, 양적완화정책은 부도확률에만 영향을 미치는 것으로 주장할 수 있다. 이런 견해에 의거하여 양적완화정책의 총수요효과를 분석한다면 다음과 같다. 양적완화정책이 실시되면 회사채이자율스프레드가 감소하여 IS곡선이 위로 이동한다. 주어진 제로금리정책곡선과 양적완화정책의 결과로 이동한 IS곡선이 교차하는 점에서 새로운 균형점이 결정된다. 새로운 균형점의 총수요는 양적완화정책이 실시되기 이전의 총수요보다 더 크다.

두 번째 견해에서는 선제적 지침의 효과와 양적완화정책의 효과가 상호보완적일 가능성을 반영한다. 먼 미래에서도 단기명목이자율을 제로수준으로 지속적으로 유지할 것이라는 중앙은행의 약속을 금융시장의 투자자는 그대로 신뢰할 수 있는가? 선제적 지침은 앞으로 일정한 기간 동안 중앙은행이 제로금리정책을 지속할 것이라는 약속이다. 민간경제주체가 중앙은행이 수년간 제로금리정책을 실시할 것을 약속했지만, 경제상황이 바뀌면 약속과는 달리 제로금리정책을 포기할 수도 있을 가능성이 있다고 판단하면 선제적 지침의 총수요효과는 예상보다 더 작게 나타날 수도 있다. 독자들의 이해를 돕기 위해 다음과 같은 예를 들 수 있다. 중앙은행이 앞으로도 계속해서 이자율을 낮추려는 의도에 대한 민간경제주체의 믿음이 어느 정도인가를 알아보기 위해 개별 민간경제를 대상으로 다음과 같은 설문을 가지고 대면조사를 할 수 있다.

설문의 내용은 제로금리정책이 지속될 사건과 지속되지 않을 사건에 어느 정도의 확률을 부여하고 싶은가의 질문이다. 완전히 믿는다면 제로금리정책이 지속될 사건의 확률에 1을 부여한다. 전혀 믿지 않는다면 제로금리정책이 지속될 사건의 확률에 제로를 부여한다. 제로금리정책을 포기할 수도 있을 가능성과 포기하지 않을 가능성이 모두 있다고 본다면 제로금리정책이 지속될 사건의 확률에 1보다 작은 양수를 부여한다. 선제적 지침의 총수요효과는 제로금리정책이 지속될 사건의 확률에 민간경제주체가 부여하는 값의 증가함수이다. 이런 상황에서 중앙은행이 선제적 지침만 실시하기보다는 대규모 양적완화정책도 같이 병행하게 되면 그렇지 않은 경우와 비교할 때 제로금리정책이 지속될 사건의 확률에 민간경제주체가 부여하는 값이 상승할 것이라는 주장이 가능하다. 이런 측면에서 선제적 지침의 효과와 양적완화정책의 효과가 상호보완적일 가능성을 주장할 수 있다.

선제적 지침이 실시되는 시기에 양적완화정책도 동시에 실시되면 회사채이자율스프레드가 낮아진다고 할지라도 양적완화정책의 효과가 있는 것으로 해석하기가 쉽지 않다. 그 이유는 다음과 같이 설명할 수 있다. 선제적 지침의 일차적인 목표는 예상이자율을 낮추는 것이지만 예상이자율이 낮아지면서 미래의 경제상황에 관한 낙관적인 전망을 발생시킬 수 있다. 그 결과 투자자가 예측하는 부도확률이 낮아질 수 있다. 이런 점을 감안하더라도 양적완화정책이 병행되면서 회사채이자율스프레드가 낮아진다고 할지라도 양적완화정책이 회사채이자율스프레드에 유의적인 효과가 있다고 주장하기가 쉽지 않다는 것이다.

양적완화정책은 다양한 증권을 대상으로 실시되어 왔다. 본 장에서는 양적완화정책이 회사채이자율스프레드에 미치는 효과를 중점적으로 다루고 있다. 그러나 선제적 지침과 병행하여 실시되는 양적완화정책의 목표는 다양한 증권의 수익률에 포함되어 있는 프리미엄을 낮추고자 하는 것으로 볼 수 있다. 예를 들어, 정부가 발행하는 채권의 만기도 1년 미만부터 30년 이상의 기간까지 가능하다. 확실히 상환하는 사람이더라도 하루만 자금을 빌리는 경우와 10년 동안 자금을 빌리는 경우에 적용되는 이자율을 다르게 책정하는 것이 금융시장의 일반적인 관행이다. 장기금리에서 단기금리를 뺀 차이를 「장·단기 금리스프레드」라고 부른다. 미국의 제로금리 기간에 실시되었던 오퍼레이션 트위스트 정책은 「장·단기 금리스프레드」를 낮추려는 정책으로 간주할 수 있다. 또한 제1차 양적완화정책에서는 주택대출을 기반으로 유동화한 증권을 적극적으로 매입하는 정책도 실시되었다는 점을 지적한다.

앞에서 설명한 <표 1−3>에서는 단순모형을 분석하고 있기 때문에 회사채이자율스프레드에 위험프리미엄의 역할이 반영되어 있지 않다는 점을 지적한다. 위험프리미엄의 역할이 반영된다면 (회사채이자율스프레드＝다음시점 예상실질이자율＋부도확률＋위험프리미엄)의 등식이 성립한다. 이런 방식으로 회사채이자율스프레드가 결정된다면 부도확률이 상수로 고정되어 있는 극단적인 상황일지라도 양적완화정책이 회사채이자율스프레드에 영향을 미칠 수 있는 경로가 존재한다. 위험프리미엄은 어떻게 발생하는가? 위험기피적인 선호를 가지고 있는 투자자들이 위험증권을 보유하여 부담하는 투자위험의 금전적인 보상으로서 발생하는 것으로 답할 수 있다. 본 장에서 설명한 회사채이자율스프레드의 내생적 결정모형에서는 위험중립적인 선호를 가지고 있는 투자자들이 회사채를 매수하는 것으로 가정하였기 때문에 양적완화정책이 위험프리미엄에 영향을 미치는 경로가 생략되어 있다는 점을 지적한다.[8]

---

8) 저자가 2019년에 출간한 「거시금융경제학(박영사)」의 제9장 <표 9−1>에서 오퍼레이션 트위스트의 총수요효과를 정리하고 있다. 회사채이자율스프레드의 위험프리미엄이 만기프리미엄의 영향을 받는다면 회사채를 직접 매수하지 않는 양적완화정책도 회사채이자율스프레드에 영향을 미칠 수 있음을 지적한다. 회사채이자율스프레드에 위험프리미엄이 포함되는 경우를 본 장의 연습문제에서 다루고 있다.

제1장 연습문제

01 「중앙은행이 양적완화정책을 실시할 때 민간경제주체들이 발행한 금융증권을 매입하는 상황이 발생할지라도 시장가치의 변동성이 낮거나 부도의 위험이 작은 증권을 선택해야 한다.」 본문에서 설명한 내용을 참고하여 위의 주장을 평가하시오.

02 본 장에서 설명한 대출가능자금시장에 각종 금융규제가 부과된다면 금융기관의 자유로운 시장진입이 보장되지 않는다. 이런 상황을 가정한다면 본문에서 분석한 거시경제의 단순모형이 어떻게 수정될 수 있는지를 간단히 요약하여 설명하시오.

03 「중앙은행은 민간경제주체의 예상인플레이션율에 영향을 미치는 수단이 없기 때문에 제로금리의 상황에서 예상실질금리에 영향을 미칠 수 없다. 따라서 제로금리기간 중 중앙은행이 실시하는 비전통적인 통화정책은 실효성이 없다.」 본문에서 설명한 내용을 이용하여 위의 주장을 평가하시오.

04 보다 더 먼 장래의 상황을 고려하여 현재시점의 소비를 결정하는 가계의 비중이 높을수록 선제적 지침의 효과가 높다는 주장을 본 장에서 설명한 내용을 참고하여 평가하시오.

05 「중앙은행과 금융시장의 소통이 원활하지 않다면 선제적 지침의 현실적인 유용성을 감소시킨다.」 본문에서 설명한 내용을 이용하여 위의 주장을 평가하시오. 위의 주장이 타당하다고 판단된다면 선제적 지침의 실물효과를 제고하기 위한 중앙은행과 금융시장의 효율적인 소통방안을 설명하시오.

06 「한국은 소규모개방경제이기 때문에 미국, 일본, 유럽 등에서 진행되어 온 제로금리정책이나 마이너스금리정책을 대내적인 상황에 맞추어서 언제든지 실시하기는 어렵다. 그러나 스위스의 사례를 보면 원화가치가 상대적으로 고평가되어 있으면서 경기부양이 필요한 상황이 발생한다면 한국의 경우도 제로금리정책이나 마이너스금리정책을 실시할 수도 있다.」 위의 주장을 평가하시오.

07 「물가상승률이 디플레이션의 영역에 진입하면 선제적 지침의 효과가 전혀 나타나지 않기 때문에 선제적 지침의 효과는 제한적이다.」
본 장에서 설명한 내용을 참고하여 위의 주장을 평가하시오.

08 차익거래이득이 균형에서 만족되는 경우 회사채의 시장가격을 $P_b{}^*$로 표시한다. 차익거래 이득이 존재하는 상황에서 결정된 회사채의 시장가격을 P_b, 회사채수요는 D_b, 회사채 공급은 S_b로 표시한다. 회사채시장에서 수요함수는 다음과 같이 결정된다.

$$D_b = S_b + a^{-1}(1 - P_b/P_b{}^*)$$

(1) 회사채를 매수하는 중앙은행의 양적완화정책이 회사채 프리미엄에 미치는 효과를 그림 또는 수식을 사용하여 설명하시오. 회사채공급은 기

업의 투자수요와 일치하는 수준에서 결정되는 것으로 가정하시오. a
는 양수로 가정하시오.

(2) 양적완화정책에서 회사채매수의 실제 사례가 존재하는지의 여부를 설
명하시오.

09 위험프리미엄의 역할을 명시적으로 반영하기 위해 <표 1-3>의 첫째 줄
에 있는 균형조건을 아래와 같이 수정하시오.

$$(1-\alpha)R_b = RR^e\Sigma$$

위의 식에서 Σ는 위험프리미엄을 반영하는 변수이다.

(1) <표 1-3>의 설명을 적용하여 회사채 균형가격과 위험프리미엄은
서로 역의 관계가 있음을 수식을 사용하여 설명하시오.

(2) (1)의 답을 이용하여 위험프리미엄이 존재할 때 회사채이자율스프레드
의 결정식이 어떻게 달라지는지를 수식으로 설명하시오.

(3) (1)과 (2)의 답을 이용하여 양적완화정책의 총수요효과를 설명하시오.
<그림 1-7>의 방식을 사용하여 설명하시오.

제2장

소비와
생산의 결정

2장 소비와 생산의 결정

거시경제의 정상적인 작동에 가장 중요한 부분은 실물경제의 거래 흐름이 막히지 않는 것으로 볼 수 있다. 실물경제의 거래 흐름이 막히지 않는다는 것은 재화 및 서비스의 시장이 원활하게 진행되고 있는 것을 의미한다. 실제 거시경제에서는 수없이 많은 서로 다른 재화와 서비스로 구성이 되어 있지만, 많은 거시경제 교과서에서는 다양한 개별 재화와 서비스들을 집적하여 형성되는 하나의 추상적인 재화가 생산되어 소비되는 경제를 분석하고 있다. 본 책에서도 이를 반영하여 GDP라는 하나의 추상적인 재화가 생산되고 거래되는 시장을 분석한다. GDP를 하나의 추상적인 재화로 정의할 때 개별 재화와 서비스의 일반적인 특성과 구분되는 점은 없는가? GDP는 단 하나의 목적으로만 사용되는 것이 아니라 가계의 소비, 기업의 투자, 정부의 다양한 활동을 위해서 사용될 수 있다는 점이 개별 재화와 서비스의 일반적인 성격과는 다른 점이라고 할 수 있다. 소비 목적으로 사용되는 경우에도 자동차와 가전제품과 같은 내구성이 높은 소비재와 식료품과 같은 내구성이 낮은 소비재로 소비된다. 이런 특성을 반영한 GDP시장의 청산조건을 단순한 수식의 형태로 표시할 수 있다.

$$Y = C + I + G$$

등호의 왼편에 있는 Y는 실질GDP의 산출량을 나타내고, 등호의 오른편에 있는 C는 소비를 위해 사용되는 총량, I는 자본축적을 위한 투자지출의 총량, G는 정부활동을 위해 사용되는 총량을 나타낸다. GDP와 동일한 단위로 측정된 것으로 볼 수 있다. 변수의 정의를 보면 위의 식은 국민소득의 지출을 나타내는 식으로도 해석할 수 있다는 것을 알 수 있다.

본 장에서 소개하는 첫 번째 내용은 거시경제에서 가계가 담당하는 역할이다. 구체적으로 설명하면 다음과 같다. 첫째, 가계는 소비를 담당하는 경제주체이다. 둘째, 기업에게 노동을 제공한 대가로 임금을 받는다. 셋째, 기업에게 자본스톡을 임대하여 자본임대소득을 얻는다. 가계는 앞에서 설명한 역할을 어떻게 수행하는가? 이 질문에 답하기 위해 자신의 효용극대화를 통해 소비수요와 노동공급을 결정하는 과정을 설명한다. 그러나 단순히 제약조건이 부과된 극대화 문제의 해를 도출하는 방법을 소개하는 것이 아니라, 보다 현실적인 의미가 있는 가계의 효용극대화 문제를 분석하기 위해 통계청에서 매년 발표하고 있는 「생애주기적자」의 자료와 연결되는 「예산제약」의 개념을 소개한다. 두 번째 내용은 거시경제에서 기업이 담당하는 역할이다. 기업은 노동과 자본에 생산기술을 적용하여 산출을 발생시키는 경제주체이다. 기업이 사용하는 생산기술은 생산함수의 형태를 보고 알 수 있다. 현실경제에서는 서로 다른 다양한 기업이 제품과 서비스를 생산하지만, 본 장에서 소개하는 모형에서는 단 하나의 대표적인 기업이 GDP의 산출을 담당하고 있는 것으로 가정한다.

거시경제에 존재하는 대표적 기업이 보유하고 있는 생산기술은 총생산함수에 반영된다. 총생산함수는 노동시간과 자본스톡의 총량과 산출량 간에 성립하는 기술적인 관계를 나타내는 함수로 정의된다. 독자들의 이해를 돕기 위해 많이 사용되는 총생산함수의 형태를 아래와 같은 식으로 소개할 수 있다.

$$Y = AK^{\alpha}H^{1-\alpha}$$

총생산함수의 식에서 A는 생산성, H는 노동투입시간, K는 자본스톡을 나타낸다. 또한 α는 자본투입이 한 단위 추가될 때 증가되는 산출량의 크기, $(1-\alpha)$는 노동투입이 한 단위 추가될 때 증가되는 산출량의 크기를 나타낸다. 기업은 앞에서 설명한 총생산함수를 주어진 기술적 제약으로 간주하고 이윤극대화를 달성하는 노동투입과 자본투입을 결정한다. 기업이 거시경제에서 담당하는 역할을 구체적으로 정리하면 다음과 같다. 첫째, GDP의 산출을 담당하는 경제주체이다. 둘째, 기업은 노동시장에서 노동을 고용하고 가계에게 노동을 제공한 대가로 임금을 지불한다. 셋째, 기업은 자본스톡의 임대시장에서 자본스톡을 임대하여 사용한 대가로 자본임대료를 지불한다. 산출물시장과 생산요소시장에서 기업의 역할을 설명하기 위해 기업의 이윤극대화를 통한 노동수요와 자본임대수요의 결정을 분석한다. 이윤극대화 문제는 산출물을 판매하는 시장에서 기업이 독점력을 가지고 있는지의 여부에 따라서 달라질 수 있다. 본 장에서는 완전경쟁의 시장구조를 가정한다. 아울러 산출물의 실질가격이 항상 1로 고정되어 있는 것으로 간주하고 이윤극대화 문제를 해결하는 것으로 가정한다. 그러나 현실경제에서 완전경쟁의 시장구조가 항상 유지되는 것이 아니라는 점을 지적한다. 이런 점을 반영하여 본 책의 뒷부분에서 등장하는 거시경제모형에서 산출물 시장에서 기업의 독점력이 존재하는 상황을 다루기로 한다.

제1절　생애주기적자와 예산제약

　　평균적으로 개인이 일생 동안 살아가는 데 연령별로 소득과 소비 간의 관계가 달라질 수 있다는 점을 생각해볼 수 있다. 구체적으로 유년과 노년의 연령대에서 소득보다는 소비가 더 크고, 장년의 연령대에서는 소득이 소비보다 더 커지는 경향이 있다는 사실이 어떻게 소득과 소비 간의 관계에 나타나는지를 생각해볼 수 있다. 노동소득이 큰 비중을 차지하는 대다수의 사람들을 위주로 생각해보면 제1장에서 소비의 결정을 설명할 때 가정한 절대소득가설은 일생 동안 연령별로 소득이 변하면서 소비와 소득의 관계가 어떻게 나타나는지를 정확히 반영하지 못할 수도 있다.

　　연령별 소득변화를 반영한 「생애주기적자」라는 개념을 생각해볼 수 있다. 생애주기적자는 추상적인 개념이 아니라 실제 자료에 적용할 수 있는 구체적인 개념이다. 모든 국민을 연령별로 구분하여 각 연령별 소비자의 소비 및 소득 자료를 수집할 수 있다고 하자. 각 연령별로 소비자의 소비지출에서 노동소득을 뺀 차이를 「생애주기적자」로 정의하면, 수집한 자료를 사용하여 수평축에는 소비자의 연령을 표시하고 수직축에는 생애주기적자, 소비, 노동소득이 표시된 평면에 그래프를 그릴 수 있다. <그림 2-1>은 매년 통계청에서 앞에서 설명한 방식으로 작성하여 발표하고 있는 그래프를 그대로 복사하여 보여주고 있다.[9] 그

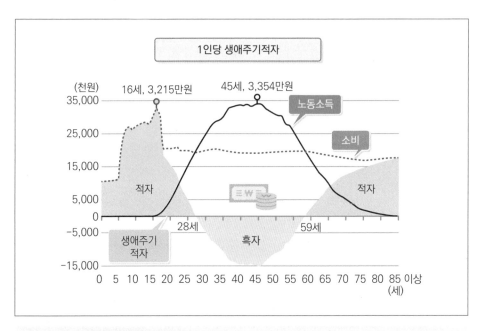

〈그림 2-1〉 1인당 생애주기적자

림의 제목은 「일인당 생애주기적자」이다. <그림 2-1>에 수록된 그래프를 보면 개인이 출생하여 유년, 청년, 장년, 노년의 과정을 겪으면서 평균적으로 소비와 소득이 어떻게 달라지는지를 쉽게 살펴볼 수 있다.

통계청에서 발표한 「2017년 국민이전계정」에서는 일인당 생애주기적자를 실제로 측정하여 발표하고 있다. 주요 특징을 간단히 요약하면 다음과 같다. 일인당 생애주기의 적자 및 흑자 구조는 연령 증가에 따라 적자, 흑자, 적자가 차례로 발생하는 3단계 구조를 가진다는 것이다. 첫 번째 단계는 초년적자단계이다. 일인당 평균을 기준으로 보면 출생하여 27세까지는 생애주기적자가 발생한다. 적자단계에서는 16세에서 3,215만원으로 최대치를 기록한다. 두 번째 단계는 흑자단계이다. 일인당 평균을 기준으로 29세부터 58세까지는 생애주기흑자가 발생한다. 흑자단계에서는 45세에서 1,484만원으로 최대치를 기록한다. 세 번째

---

9) 「2017년 국민이전계정」의 제목으로 배포된 통계청의 보도자료(2020년 12월 7일)에서 동일한 제목의 그림을 복사하여 보여주고 있다.

단계는 노년적자단계이다. 일인당 평균을 기준으로 58세부터는 일인당 생애주기적자가 연령이 높아지면서 계속해서 적자크기가 상승하는 것으로 나타난다.

이러한 결과가 발생하는 원인을 설명하기 위해 두 개의 포인트를 지적할 수 있다. 첫째 포인트는 연령별 소비지출의 그래프는 20세부터 85세에 이르는 생애기간 급격한 등락이 없이 완만하게 움직인다는 점이다. 효용극대화와 일치되는 소비자의 선택이라고 할 수 있는 소비평탄화(consumption smoothing)가 소비지출에 반영되어 이런 형태가 나타난 것으로 해석할 수 있다. 소비평탄화를 달성하기 위해 소비자들은 자신의 소득이 상대적으로 낮을 때는 은행대출 등을 포함한 부채를 늘리고, 소득이 상대적으로 높을 때는 과거부채를 상환하거나 저축을 한다.

두 번째 포인트는 연령별 소득의 그래프에서는 생애기간 동안 연령별 차이를 보이고 있다는 점이다. 구체적으로 설명하면 10대 후반부터 지속적으로 늘어나기 시작하여 40대 초반 정점에 이르고 나면 지속적으로 감소하는 모습을 보인다. 노동소득의 그래프가 이런 형태를 보이는 이유에 대하여 생각해볼 수 있다. 평균적으로 동일한 능력이면 동일한 직장에서 근무하는 기간이 늘어나면서 생산성이 높아지고 그 결과 급여도 올라가는 상황을 생각해볼 수 있다. 이직을 하더라도 경력을 인정받고 일을 시작하는 직원과 경력이 전혀 없이 생애 최초로 직장에서 일을 시작하는 직원은 서로 급여가 다를 수 있다는 점 등이 반영된 것으로 해석할 수 있다.

개별소비자에게 다양한 방법으로 수입이 발생할 수 있다. 자신이 기업에게 노동서비스를 제공한 것에 대한 금전적인 대가인 노동소득 이외에도 다른 이유로 발생하는 수입들이 있다. 정부기관이 제공하는 이전소득 또는 다른 개인이나 민간기관으로부터 제공되는 이전소득 등이 있다. 이를 고려하여 총수입은 (총수입＝노동소득＋자산소득＋공공이전유입＋민간이전유입)으로 정의된다. 유사한 이유로 총지출에도 다양한 항목이 있을 수 있다. 따라서 개별소비자의 총지출은 (총지출＝소비＋저축＋공공이전유출＋민간이전유출)로 정의된다. 개별 소비자의 예산제약은 앞에서 정의한 총수입과 총지출이 항상 일치되어야 한다는 제약을 말한다. 통계청에서 생애주기적자의 자료를 수집할 때 이런 제약을 반영하여 사용되는 용어는 「국민이전계정 항등식」이다.

앞에서 설명한 「국민이전계정 항등식」과 동일한 형태의 예산제약을 수식으로 표시하는 작업을 설명한다. 이런 작업은 소비자는 자신에게 주어진 예산제약이 항상 만족되도록 소비지출을 선택한다는 점을 반영한 소비결정모형을 제시하기 위한 사전작업으로 해석할 수 있다. 이를 위해 단순화 가정이 도입된다. 첫 번째 가정은 단순화를 위해 소비자들은 모두 금융기관 저축의 형태로 금융자산을 보유하고 있다고 가정한다. 모든 금융기관이 제공하는 금융저축의 만기는 한 기간이다. 한 기 이선 시점에서 결정된 금융저축으로부터 발생되는 원리금은 자산소득으로 잡힌다. 이런 가정이 부과되면 소비자가 금융기관에 맡긴 저축총액이 바로 소비자가 보유하고 있는 금융자산이다. 과거시점에서 결정하여 현재시점에 들어오면서 소비자가 이미 보유하고 있는 금융자산의 크기를 W로 표시한다. 과거시점부터 보유한 금융자산이 제공하는 이자율을 r이라고 표시한다. 따라서 현재시점에서 발생하는 금융소득은 $W(1+r)$ 이 된다.

다음시점에 들어갈 때 소비자가 보유하고 있는 금융자산의 크기를 W' 으로 표시한다. 앞에서 설명한 가정을 반영하면 W' 은 현재시점에서 소비자가 새로 금융기관에 맡긴 저축총액으로 결정된다. 두 번째 가정은 소비자들이 각종 기계, 공장, 토지, 상가 등을 포함하는 물리적 자본을 소유하고 있어서 자본의 임대료 소득이 발생하는 것으로 가정한다. GDP를 생산하는 데 참여한 경제주체에게 분배된 소득의 합으로 정의된 국민소득과 각 기업이 생산한 부가가치의 합으로 정의된 국민소득이 일치되어야 한다. 따라서 GDP를 Y로 표시하면 (Y=자본임대료소득＋노동소득)의 등식이 성립한다. 자산소득과 노동소득의 합은 $(W(1+r)+Y)$ 이다. 공공이전순유출과 민간이전순유출의 합을 T로 표시한다.

<표 2-1>에서는 앞에서 정의한 기호들을 사용하여 「1인당 생애주기적자」를 설명하는 모형을 간단한 수식으로 표시하고 있다. 「국민이전계정 항등식」을 간단한 수식으로 표현한다. 이 용어는 앞에서 설명한 (총수입＝총지출)의 등식이 성립한다는 것을 의미한다. 따라서 국민이전계정 항등식의 단순모형은 <표 2-1>의 첫째 줄에 있는 식을 사용하여 표시할 수 있다. 이 식은 소비자가 소비를 결정할 때 매 기간마다 만족시켜야 하는 제약을 나타내는 식이다. 이런 내

■▪ 〈표 2-1〉 1인당 생애주기적자모형과 소비함수

국민이전계정 항등식 (현재시점)	$W' = (1+r)W + Y - T - C$
국민이전계정 항등식 (미래시점)	$W' = (1+r')^{-1}(C' - (Y' - T') + W'')$
현재가치 예산제약식	$C + \dfrac{C'}{1+r'} = \left\{ Y - T + \dfrac{Y' - T'}{1+r'} \right\} + \left\{ (1+r)W - \dfrac{W''}{1+r'} \right\}$
소비함수	$C = C' - \sigma r'$
소비의 분해	$C = c + \overline{C}$
장기 소비함수	$\overline{C} = \overline{C}' - \sigma \, \overline{r}'$
단기 소비함수	$c = c' - \sigma(r' - \overline{r}')$

주: W는 과거시점에서 결정하여 현재시점에 들어오면서 소비자가 이미 보유하고 있는 금융자산, r은 과거시점부터 보유한 금융자산이 제공하는 이자율, W'는 현재시점에서 결정하여 다음시점으로 넘어가면서 소비자가 보유하고 있는 금융자산, r'는 현재시점에서 결정하여 다음시점으로 넘어가면서 소비자가 보유하고 있는 금융자산이 제공하는 이자율, Y는 자본임대료소득과 노동소득의 합, T는 공공이전순유출과 민간이전순유출의 합, c는 소비지출의 단기적인 변동이고, $\overline{C}$는 장기적인 추세이다. 또한 $\overline{r}'$은 미래실질이자율의 장기적인 추세이고, $\overline{C}'$은 미래소비의 장기적인 추세이다.

용을 반영하여 「기간 간 예산제약(inter-temporal budget constraint)」이라고 부른다. 기간 간 예산제약은 생애전체에 걸쳐 적용되는 예산제약과 다르다는 점을 설명한다. 생애전체예산제약이 성립하는 이유는 모든 소비자는 출생시점 이후 어느 시점이든 부채가 발생하면 생애를 마감하기 이전에 부채에 대한 원금과 이자를 반드시 상환해야 한다는 제약이 존재한다고 가정하기 때문이다. 이런 제약을 <그림 2-1>에 나타나 있는 연령별 생애주기적자에도 부과할 수 있다. 이 경우 생애전체에 발생할 연령별 생애주기적자를 현재가치로 환산한 값들의 합이 제로가 되어야 한다. 그 결과 생애전체 발생할 소비지출의 현재가치 합에 대한 제약이 발생한다. 예를 들어, 태어나는 시점에서 계산한 현재와 미래에서 발생할 생애주기적자의 현재가치 합은 이전수입의 현재가치와 금융자산에 의해서 보충되어야 한다. 이를 생애전체예산제약으로 정의할 수 있다.

<표 2-1>의 첫째 줄과 둘째 줄에 있는 「기간 간 예산제약식」은 현재시점과 다음시점에서 모두 동일한 형태로 성립해야 한다. 현재시점과 다음시점의 예산제약을 구분할 때 소비자의 결정시점이 다르기 때문에 동일한 변수라고 할지라도 서로 다른 값을 가질 수 있다는 점이 반영되어야 한다. 이런 점을 반영하여 현재시점의 소비를 C로 표시한다면 미래시점의 소비를 C'로 표시한다. 다른 변수들에 대해서도 동일한 원칙을 적용한다. <표 2-1>의 첫째 줄과 둘째 줄은 앞에서 설명한 방식을 적용하여 현재시점과 인접한 미래시점의 「기간 간 예산제약식」이 정리되어 있음을 확인할 수 있다. 첫째 줄과 둘째 줄에 있는 두 식을 비교하면 W'이 공통적으로 나타난다는 점을 알 수 있다. 이런 특성을 이용하여 두 개의 식을 하나의 식으로 결합한다.

구체적으로 설명하면 둘째 줄에 있는 식을 첫째 줄에 있는 식에 대입하여 W'를 소거한 후 정리한다. 그 결과 <표 2-1>의 셋째 줄에 있는 식이 도출된다. 셋째 줄에 있는 식의 좌변은 현재시점과 미래시점의 소비를 현재가치로 환산한 수치의 합이다. 셋째 줄에 있는 식의 우변을 보면 두 개의 중괄호로 구분되어 있다. 첫 번째 중괄호로 묶여있는 부분은 현재시점과 미래시점의 가처분소득을 현재가치로 환산한 수치의 합이다. 두 번째 중괄호로 묶여있는 부분은 현재시점의 자산에서 미래시점의 자산을 현재가치로 환산한 수치를 뺀 차이와 금융자산으로부터 얻는 이자소득의 합이다. 두 번째 중괄호로 묶여있는 부분을 말로 표현하면 (현재가치로 측정한) 현재시점에서 다음시점으로 넘어가는 동안 발생한 자산변화와 금융소득의 합이라고 할 수 있다.

<표 2-1>의 둘째 줄과 셋째 줄에 있는 식을 비교하면 두 개의 식에서 동일한 변수들이 나타나는 것을 알 수 있다. 그러나 셋째 줄에 있는 식에서는 미래소비, 미래소득, 미래자산 등이 모두 현재가치로 측정되고 있다. 모든 변수를 현재가치로 측정한다면 미래에 발생할 변수를 측정하는 단위를 하나의 동일한 단위로 통일한 것이므로 현재가치의 개념을 적용하여 앞으로 다가올 미래에서 결정될 변수를 모두 포함한 생애전체에 적용되는 예산제약을 생각할 수 있다.

생애전체에서 발생할 모든 미래시점에서 실행할 소비에 하나의 예산제약을 적용한다면 어떠한 의미가 있겠는가? <그림 2-1>에서 수록하고 있는 생애주기적자 그래프가 보여주고 있는 1인당 생애전체의 소비흐름을 분석하는 모형을 제시하고자 할 때 현재가치로 평가한 예산제약이 유용하다. 특히 소비자가 생애를 시작하는 초기시점에서 앞으로 미래시점에서 실행할 모든 소비지출의 계획을 작성하는 모형이라는 점을 반영하여 <표 2-1>의 제목과 같이 「1인당 생애주기적자 모형」이라는 이름을 붙일 수 있다.

생애를 시작하는 초기시점에서 생애를 마감하는 시점까지 모든 시점에서 실행할 소비지출의 계획을 작성한다는 것이 비현실적이라는 생각이 들 수 있다. 이런 비판에 대하여 본 장에서 설명하는 모형은 개념적인 이해를 위한 단순화된 모형이라는 점을 지적한다. 그러나 보다 현실적인 모형을 작성할지라도 본 장에서 설명한 개념을 계속해서 적용할 수 있다는 점도 지적한다. 먼 미래시점에서 성립할 기간 간 예산제약식을 한 시점 이전의 미래시점에서 성립할 기간 간 예산제약식에 대입하는 작업을 순차적으로 반복하여 현재시점의 기간 간 예산제약식으로 연결시킨다. 이런 작업을 통해서 도출될 것으로 예상되는 식이 두 기간보다 더 오랫동안 생존할 것으로 예상되는 소비자에게 적용되는 생애전체예산제약식이다.

다만 이런 방식으로 확장된 생애전체예산제약식은 <표 2-1>의 셋째 줄에 있는 식의 구조와 동일하다는 점을 지적한다. 구체적으로 설명하면 <표 2-1>의 셋째 줄에 있는 식에서 좌변은 현재소비와 미래소비 현재가치의 합이 된다. 우변은 두 개의 부분으로 되어 있다. 앞부분은 현재(가처분)소득과 미래(가처분)소득 현재가치의 합이다. 뒷부분은 현재자산에서 미래자산 현재가치를 뺀 차이로 정의되는 자산변화와 금융자산으로부터 얻는 이자소득의 합이다. 이러한 특성은 두 기간보다 더 오랫동안 생존할 것으로 예상되는 소비자에 대해서도 그대로 성립한다는 것이다.

다음에서는 현재시점에 태어나서 현재시점과 미래시점의 두 기간만 생존하는 소비자의 생애효용을 생각해보자. 현재소비로부터 얻는 효용을 현재효용, 미래소비로부터 얻는 효용을 미래효용이라고 하자. 두 기간 동안 생존하는 소비자

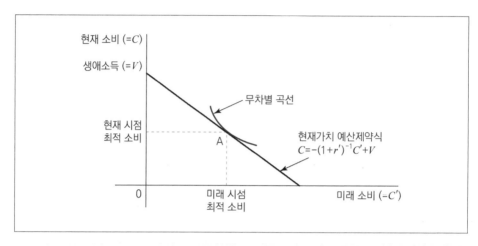

<그림 2-2> 생애주기적자모형과 생애효용극대화

가 생애전체에서 얻는 효용수준을 생애효용이라고 하자. 시간선호할인인자(time discount factor)는 현재효용 단위로 평가한 미래효용 한 단위의 현재가치로 정의하고, β로 표시한다. 시간선호할인인자의 개념을 적용하면 두 기간만 생존하는 소비자의 생애효용은 (생애효용 = 현재효용 + β미래효용)의 식으로 표시할 수 있다. 생애효용극대화의 조건을 도출할 때 이미 익숙한 무차별곡선의 개념을 이용하면 보다 쉽게 이해할 수 있다. 수식의 형태로 쓰면 (무차별곡선기울기 = 예산선기울기)의 등식이다.

<그림 2-2>에서는 생애효용극대화의 문제에서도 동일한 방법을 적용할 수 있다는 점을 설명하기 위해 무차별곡선의 개념을 적용한 생애효용극대화를 그림으로 보여주고 있다. <그림 2-2>에서는 수평축이 미래소비, 수직축이 현재소비로 정의되는 평면에 위치하는 푸른색곡선과 푸른색직선을 보여주고 있다. 푸른색곡선은 무차별곡선의 그래프이고, 푸른색직선은 현재가치로 평가한 생애전체예산제약식의 그래프이다. 푸른색직선의 절편은 현재가치로 평가한 생애전체의 가용한 자원이고, 기울기의 절댓값은 단기 무위험채권의 총수익률의 역수이다. 또한 푸른색곡선의 기울기과 푸른색직선의 기울기가 서로 같다는 조건이 만족되는 점은 A점으로 표시되어 있다. 무차별곡선의 개념을 이용하면 A점이 생애효용극대화를 달성하는 최적소비점이다.

생애효용의 무차별곡선의 개념과 도출과정을 간단히 정리하기로 한다. 생애효용은 현재소비와 미래소비의 함수이다. 현재소비와 미래소비를 모두 증가시킬 수 있다면 당연히 생애효용이 증가한다. 그러나 생애전체의 예산제약을 그대로 두고 미래소비를 증가시켜야 할 때에는 미래소비 한 단위는 현재소비 몇 단위와 교환되는지를 계산해야 한다. 미래소비 단위당 현재소비의 교환비율은 어떻게 결정되는가? 소비자의 주관적인 평가를 반영한 교환비율과 제품시장의 객관적인 평가를 반영한 교환비율이 있다. 먼저 주관적인 평가는 무차별곡선의 기울기를 나타낸다. <그림 2-2>에서 보여주고 있는 무차별곡선의 기울기(절대값)는 생애전체 효용함수의 형태를 반영하여 결정된다. 무차별곡선의 기울기는 현재소비와 미래소비 간의 대체를 반영한다는 점을 강조하여 「기간 간 대체율(inter-temporal marginal rate of substitution)」이라고 부른다.

<그림 2-2>에서 보여주고 있는 무차별곡선의 형태는 아래에 요약되어 있는 기간 간 대체율의 특성을 반영한다. (1) 미래소비가 고정된 채로 현재소비만 증가(감소)하면 기간 간 대체율은 증가(감소)한다. (2) 현재소비가 고정된 채로 미래소비만 증가(감소)하면 기간 간 대체율은 감소(증가)한다. (3) 미래소비와 현재소비가 동시에 증가(감소)하면 생애효용수준은 증가(감소)한다. (4) 미래소비와 현재소비가 동일한 비율로 변화하면 기간 간 대체율은 변화하지 않는다. 다음에서는 <그림 2-2>에서 보여주고 있는 예산제약식의 그래프를 설명한다. 예산제약식의 그래프는 예산제약을 나타내는 직선이라는 것을 쉽게 알 수 있다. 또한 푸른색직선을 가리키는 화살표에서는 예산제약을 수식으로 정리하여 보여주고 있다. 예산제약식의 기울기는 현재소비와 미래소비의 교환비율에 대한 객관적인 평가라고 해석할 수 있다. 앞에서 도출한 <표 2-1>의 셋째 줄에 있는 식은 생애전체에서 발생할 모든 소비에 적용되는 예산제약식이기 때문에 객관적인 평가는 금융저축에 적용되는 이자율이 반영한다. 그 결과 <그림 2-2>에서 볼 수 있듯이 예산제약식의 기울기는 이자율의 역수로 표시된다. 또한 V는 예산제약식의 그래프에서 절편을 나타내는 기호이다. 또한 V는 <표 2-1>의 셋째 줄에 있는 식의 우변을 나타내기 때문에 현재가치로 평가한 생애소득이다.

예산제약이 존재한다는 점을 고려한 생애효용극대화의 조건은 (주관적인 평

가=객관적인 평가)의 등식으로 표현된다. 생애효용극대화의 조건을 앞에서 설명한 용어를 사용하여 다시 표현하면, 「기간 간 대체율×(1+이자율)=1」의 등식이다. 앞에서 효용극대화조건을 정리했으므로 효용극대화의 조건이 함의하는 소비함수를 분석한다. 효용극대화조건이 함의하는 소비함수는 소비자가 효용극대화를 통해서 현재소비를 결정할 때 어떠한 변수들에 의해서 현재소비가 결정되는지를 나타내는 함수를 말한다. 사실 앞에서 정리한 생애효용의 극대화조건은 소비함수를 음함수의 형태로 나타낸 것이라고 간주할 수 있다. 따라서 음함수의 형태로 알고 있는 것을 양함수의 형태로 정리하는 것이 다음의 작업내용이라고 할 수 있다. 음함수의 형태를 알고 있기 때문에 어떠한 변수들이 현재소비에 영향을 미치는 변수인지에 대해서는 금방 알 수 있다. 이를 위해 효용극대화조건의 식에 포함되어 있는 변수들을 나열하면 된다. 기간 간 대체율에는 현재소비와 미래소비가 들어가기 때문에 효용극대화조건에 들어가는 변수는 현재소비, 미래소비, 이자율 등의 세 변수가 된다.

양함수의 형태에 대한 정보를 얻기 위해 먼저 이자율의 변화에 대한 현재소비의 반응을 분석한다. 이자율이 상승하면 생애전체예산제약식의 기울기가 낮아진다. 그 결과 효용극대화의 점에서 기간 간 한계대체율도 낮아진다. 앞에서 설명한 기간 간 대체율의 특성 중에서 첫 번째 조건이 다시 성립한다면 미래소비가 고정되어 있을 때 기간 간 대체율이 낮아지면 현재소비도 낮아진다. 따라서 이자율이 상승하면 미래소비가 고정되어 있는 경우 현재소비는 감소한다. 다음에서는 이자율의 변화는 없고, 미래소비만 증가한다면 현재소비가 어떻게 반응하는지에 대하여 설명한다. 여기서 포인트는 이자율이 변화하지 않기 때문에 기간 간 대체율도 그대로 있어야 한다. 기간 간 대체율의 네 번째 특성에 의하면 현재소비와 미래소비가 같은 크기로 변화하면 기간 간 대체율의 크기가 그대로 있다는 것이다. 따라서 이자율의 변화가 없는 상태에서 미래소비만 증가(감소)하면 같은 크기로 현재소비가 증가(감소)한다. 이를 수식으로 표시하면 <표 2-1>의 넷째 줄에 정리되어 있는 식과 같다.

다음에서는 앞에서 설명한 생애효용극대화조건의 거시경제적 의미를 생각해보기로 한다. 앞에서 설명한 생애효용극대화조건은 거시경제의 경기순환을 이해하는 데 어떠한 도움이 되는가? 이런 질문에 대한 답변은 GDP에서 가장 큰 부분을 차지하는 민간소비지출의 단기적 변동을 이해하는 데 도움이 된다는 것이다. <표 2-1>의 넷째 줄에 정리되어 있는 식이 민간소비지출의 단기적 변동의 이해에 제공하는 함의를 알아보기 위해 먼저 소비지출의 분해를 설명한다. 소비지출의 분해는 두 부분으로 나누어 설명할 수 있다. (1) 소비자의 소비지출은 단기적인 경기변동에 영향을 받는 부분과 장기적인 추세를 나타내는 두 부분의 합으로 구성되어 있다. (2) 단기적인 경기변동에 영향을 받는 부분과 장기적인 추세를 나타내는 부분은 서로 독립적으로 변동한다. 앞에서 설명한 소비지출분해의 개념은 <표 2-1>의 다섯째 줄에 있는 수식에 반영되어 있다.

소비자의 생애효용극대화는 거시경제의 경기순환에 따라 달라지는가? 앞에서 설명한 생애효용극대화의 원리는 항상 성립하는 것으로 가정한다. 따라서 거시경제가 장기적인 추세를 따라서 변화하는 경제에서도 소비자의 생애효용극대화의 원리는 그대로 지켜진다. 뿐만 아니라 실질이자율도 단기적인 변동을 나타내는 부분과 장기적인 추세를 나타내는 부분으로 분해가 가능하다고 가정한다. 소비지출의 장기적인 추세에 적용되는 생애효용극대화 조건을 수식으로 표시하면 <표 2-1>의 여섯째 줄에 있는 수식과 같다. 그 결과 소비지출의 단기적인 변동을 나타내는 부분에 대해서도 소비자의 생애효용극대화의 원리는 그대로 지켜진다. 이를 수식으로 도출하기 위해 넷째 줄에 있는 생애효용극대화조건에서 여섯째 줄에 있는 생애효용극대화조건을 뺀다. 그 결과 <표 2-1>의 일곱째 줄에 있는 식이 도출된다.

<표 2-1>은 <그림 2-1>에서 보여주고 있는 「1인당 생애주기적자」를 반영한 소비함수의 도출과정을 요약하고 있는 것으로 해석할 수 있다. 제1장에서 사용한 절대소득가설과 본 장에서 설명한 생애효용극대화는 서로 다른 형태의 소비함수를 제시하고 있다. 절대소득가설은 민간소비지출을 설명하는 중요한 변수는 가처분소득이라는 점을 강조하고 있다. 반면에 여러 기간 생존하는 소비자가 자신의 생애효용극대화를 통해 결정한다면 현재시점의 민간소비지출을 설명하는 중요한 변수는 미래시점에서 실행될 소비지출에 대한 예상과 실질이자율이라는 것이다. 현재시점에서 소비지출을 실행하기 위해 미래시점에서 실행될

소비지출에 대한 계획을 실행하기 이전에 미리 예측해야 한다는 점을 강조해 후자의 경우를 가리켜서「미래지향적 소비결정」이라고 할 수 있다.

개인의 생애기간 중 청년기와 장년기를 묶어서 경제적인 흑자를 달성하면서 동시에 자신의 인생을 책임지고 이끌어갈 수 있는 기간으로 정의할 수 있다. <그림 2-1>에서 나타난 연령별 소비와 노동소득의 진행과정을 설명하는 모형이라면「소비의 연령별 평탄화」를 달성하기 위해 다음의 두 질문에 대하여 수긍이 갈 수 있는 답변을 제시해야 한다. (1) 유년기에 발생하는 1인당 생애주기적자는 청년기와 장년기에 어떻게 처리할 것인가? (2) 노년기에 발생하는 1인당 생애주기적자는 청년기와 장년기에 어떻게 대비할 것인가? <표 2-1>에서 설명하고 있는 생애전체의 소비지출에 적용되는 현재가치 예산제약에서는 생애주기적자와 생애주기흑자가 어떻게 처리되는지를 명확하게 확인하기 어렵기 때문에 현실적으로 유용한지에 대한 의문이 있을 수 있다. 따라서 위에서 제시한 두 질문은 이런 의문을 반영한 보충설명이다.

첫째 질문에 대하여 다음과 같이 세 가지 경우로 나누어 답할 수 있다.

(1) 정부의 이전소득을 통해서 유년기에 발생한 생애주기적자가 상환될 수 있다. 정부가 개인의 교육소비를 위해 지원금 또는 보조금의 명목으로 지출한다면 이는 생애주기적자의 일부를 보충한다고 볼 수 있다. 위의 경우는 <표 2-1>에서 T로 표시된 변수에 포함되는 것으로 간주할 수 있다. (2) 학자금대출 등을 통해 마련한 교육자금을 학교를 졸업한 이후 소득이 발생하면 상환할 수 있다. 이런 경우는 다음과 같은 이유로 현재가치로 평가한 생애예산제약에는 명시적으로 나타나지 않을 수도 있다. 현재가치로 환산하면 (차입금=현재가치로 평가한 상환금)의 등식이 성립한다. 현재가치로 평가한 생애예산제약의 지출부분에서 (현재가치로 평가한 상환금)의 금액이 기록되고, 수입부분에서 (차입금)이 기록된다. 양변에 있는 두 개의 항이 서로 같은 크기이기 때문에 상쇄된다.[10] (3) 가족과 친척이 제공하는 이전소득으로 생애주기적자를 메꾸어 나갈

---

10) 대출금의 이자율과 현재가치를 계산할 때 사용하는 이자율이 서로 다르다면 위의 등식이 성립하지 않을 수 있지만, 이런 경우는 본 책의 범주를 넘는 것이므로 자세한 설명을 생략하기로 한다.

수 있다. 이들이 제공하는 모든 이전소득의 현재가치는 이전세대가 남기는 유산으로 볼 수 있다. 본 장의 생애주기적자모형에서는 이전세대가 남기는 유산은 태어나는 시점에서 이미 주어진 자산에 포함되어 <표 2-1>의 셋째 줄에 있는 식에서 W에 포함된다.

둘째 질문에 답하기 위해 먼저 <그림 2-1>을 보면 청년기와 장년기에는 생애주기흑자가 발생한다는 점을 지적한다. 청년기와 장년기에 발생하는 생애주기흑자는 노년기에 발생하는 생애주기적자에 대비하여 다양한 형태로 저축될 수 있다. 노년기에 발생하는 생애주기적자를 미리 대비하기 위한 저축은 생애전체예산제약식의 어느 부분에서 나타나는가? 이것을 <표 2-1>을 사용하여 설명하면 다음과 같다. <표 2-1>의 첫째 줄에 있는 식을 보면 우변에서 $(Y-T-C)$으로 표시되는 부분이 현재시점 말에 세금, 각종 소득, 소비지출 등을 정산하고 나서 파악이 되는 저축이 가능한 금액이다. 현재시점 말에 이런 방식으로 파악한 여유자금은 W의 일부분으로 포함이 된다. 다음시점에 들어서면 소비자는 W을 저축하고, 적용되는 이자율은 r이다. 그러나 <표 2-1>의 셋째 줄에 있는 식을 보면 이런 과정이 명시적으로 나타나지 않는다. 그 이유는 하나의 예산제약식으로 통합하는 과정에서 W의 항이 소거되기 때문이다.

「기간 간 예산제약식」과 「현재가치 예산제약식」의 개념을 구분하여 분석을 진행할 이유가 있는가? 「현재가치 예산제약식」은 소비자들이 「소비의 연령별 평탄화」를 결정할 때 참고가 되는 소득수준을 파악하는 데 도움이 된다는 것이다. 1인당 생애주기적자가 연령별로 적자와 흑자를 기록하는 근본적인 원인은 「소비의 연령별 평탄화」이다. 이런 이유로 본 장에서는 「소비의 연령별 평탄화」를 설명하는 소비결정모형을 분석한다. 결국 「현재가치 예산제약식」은 「소비의 연령별 평탄화」를 분석하기 위해 필요한 개념이라고 할 수 있다.

위의 논의에 뒤이어 나오는 질문은 「소비의 연령별 평탄화」를 설명하는 소비가설이 무엇인가의 질문이다. 소비의 평탄화를 설명하는 소비가설로서 생애주기가설과 항상소득가설 등을 제시해볼 수 있다. 그러나 통계청에서 발표한 <그림 2-1>의 그래프에서 나타난 소비의 연령별 평탄화는 「국민이전계정 항등식」이라는 이름으로 추계되고 있는 기간 간 예산제약식이 각각의 연령에서 충족된다

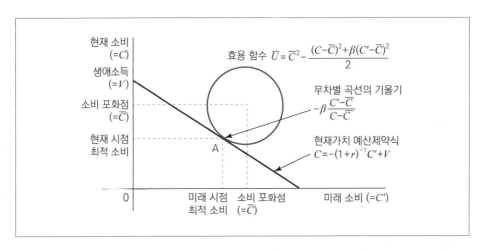

현재 소비
(=C)

생애소득
(=V)

소비 포화점
(=C̄)

현재 시점
최적 소비

효용 함수 $\bar{U} = \bar{C}^2 - \dfrac{(C-\bar{C})^2 + \beta(C'-\bar{C})^2}{2}$

무차별 곡선의 기울기

$-\beta \dfrac{C'-\bar{C}}{C-\bar{C}}$

현재가치 예산제약식
$C = -(1+r)^{-1}C' + V$

A

0   미래 시점   소비 포화섬   미래 소비 (=C')
         최적 소비   (=C̄)

〈그림 2-3〉 항상소득가설과 생애효용극대화

는 것을 반영하고 있다는 점이다. 따라서 다양한 소비가설을 제시해볼 수 있지
만 전제조건은 <표 2-1>에서 설명한 현재가치 예산제약식이 제약조건으로서
부과된 소비가설을 찾아야 한다는 점이다. 그 이유는 이런 제약조건이 충족된다
는 것은 앞에서 소개한 「국민이전계정 항등식」이라는 이름으로 추계되고 있는
기간 간 예산제약식이 각각의 연령에서 충족된다는 것을 반영하기 때문이다.
다음에서는 개념위주로 설명하기 위해 <그림 2-3>에서 그림으로 보여주고
있는 단순화된 모형을 분석한다. <그림 2-3>에서는 생애효용극대화의 해가
어떻게 도출되는지를 그림으로 요약하고 있다. 따라서 무차별곡선과 현재가치
예산제약의 그래프가 포함되어 있다. 생애효용극대화의 해를 설명하기 이전에
<그림 2-3>에서 분석의 단순화를 위해 부가된 세 개의 가정을 설명한다. 아
래에서 정리하는 세 개의 가정은 항상소득가설을 설명하는 효용극대화의 모형
에서 많이 적용되고 있기 때문에 저자가 자의적으로 도입한 가정이 아님을 지적
한다. 첫 번째 가정은 효용함수가 소비의 2차함수로 표시된다는 것이다. 효용함
수의 명칭으로 표시된 수식을 보면 현재시점의 효용과 미래시점의 효용이 2차
함수라는 것을 확인할 수 있다.

미래시점의 효용 앞에 붙여진 β의 기호는 미래시점의 효용을 현재시점의 효
용단위로 환산하기 위해 사용되는 할인인자이다. <그림 2-3>에서 가정하고

있는 효용함수에서는 소비포화점이 존재한다는 점을 지적한다. 소비포화점은 소비수준을 더 이상 늘리면 오히려 효용이 감소하는 소비수준으로 정의된다. <그림 2-3>의 모형에서 소비포화점은 양의 유한값을 가지는 상수로 가정한다. 소비포화점의 정의에 의해서 소비포화점보다 더 작은 양수의 값을 가지는 소비수준들에 대하여 무차별 곡선이 정의된다.

두 번째 가정은 실질이자율이 상수로 고정되어 있다는 것이다. <표 2-1>에서는 현재시점의 실질이자율과 다음시점의 실질이자율이 서로 다를 수 있을 가능성을 반영하고 있다. 그러나 <그림 2-3>의 모형에서는 모든 시점에서 실질이자율이 하나의 값으로 고정되어 있다고 가정하고, 실질이자율은 r로 표시한다. 세 번째 가정은 생애효용을 계산하기 위해 사용하는 미래효용의 할인율과 생애전체 예산제약을 계산하기 위해 사용하는 미래소득과 미래소비의 할인율이 같다는 조건이다. 세 번째 가정을 수식으로 표시하면 $\beta(1+r) = 1$의 등식이다. 이 등식이 만족되면 미래소득, 미래소비, 미래효용 등의 현재가치를 계산할 때 모두 이자율을 사용한다는 것이다.

<그림 2-3>에서 A점은 생애효용극대화의 점이다. 위에서 설명한 세 개의 가정이 A점에서 성립하는 조건에 반영되면 효용극대화의 조건이 간단하게 정리된다. 미래시점의 모든 상황이 미리 알려져 있기 때문에 미래상황에 대하여 완전예견(perfect foresight)이 가능한 모형에서는 현재시점의 소비수준과 미래시점의 소비수준은 서로 같다는 것이다. 결국 소비의 연령별 평준화가 완전하게 달성하는 것이 생애효용극대화를 달성하는 것으로 해석할 수 있다. 그러나 동일한 모형이라고 할지라도 미래시점의 상황이 확률적으로 변동할 수 있는 가능성이 존재하는 경우에는 앞에서 정리한 내용이 수정되어야 한다. 미래시점의 상황이 확률적으로 변동하는 모형에서는 미래시점의 소비수준을 현재시점에서 예측한 값과 미래시점에서 실제로 실현된 소비수준이 다르다. <그림 2-3>에서 보여주고 있는 모형에서 함의하고 있는 생애효용극대화조건은 미래시점의 소비수준을 현재시점에서 예측한 값과 현재시점의 소비수준이 같아져야 한다는 것이다. 이런 특성을 만족하는 소비지출을 가리켜서 임의보행(random walk)의 확률과정을 따른다고 부른다.

■■ 〈표 2-2〉 1인당 생애주기적자모형과 두 개의 소비함수 형태

	생애효용극대화와 현재가치 예산제약의 결합이 반영된 소비함수	생애효용극대화 조건을 사용한 소비함수
항상소득가설의 소비모형	$C = aV$	$C = C^e$
기간 간 대체탄력성의 소비모형	$C = aV - b$	$C = C^e - \sigma r^e$

주: r^e는 예상실질이자율, C^e는 예상소비지출, V는 현재가치로 평가한 생애전체소득을 나타낸다. 또한 제1장에서 이미 사용한 기호이지만 제1장과 본 장의 의미는 서로 다르다. 본 장에서 a는 예상실질이자율의 함수이고, b는 기간 간 대체탄력성의 함수로 표시된다.

〈표 2-2〉는 각각의 1인당 생애주기적자모형에 대하여 서로 다른 두 가지 형태의 소비함수가 가능하다는 점을 보여주고 있다. 첫 번째 소비함수는 소비를 생애전체소득의 함수로 표시한다. 두 번째 소비함수는 각각의 소비모형에서 도출된 효용극대화조건을 그대로 표시한다.

먼저 〈표 2-2〉에서 항상소득가설의 소비모형을 보면 현재시점의 소비지출은 현재가치로 평가한 생애전체소득에 비례하는 것으로 나타난다. 현재가치로 평가한 생애전체소득을 항상소득으로 정의한다면 현재시점의 소비지출은 항상소득에 비례하여 결정된다는 것을 의미한다. 비례상수는 실질이자율에 의존하는 것을 확인할 수 있다. 앞에서 항상소득가설의 소비모형에 부가되는 가정을 설명할 때 실질이자율이 고정되는 것으로 가정했지만, 이런 가정을 유연하게 해석하면 실질이자율의 장기적인 수준이 달라지면 항상소득가설의 소비모형에 적용되는 이자율이 변화할 수 있다는 것이다. 그 결과 비례상수도 실질이자율의 장기적인 변화에 따라 달라질 수 있다는 점을 지적한다.

다음에서는 기간 간 대체탄력성의 소비모형을 설명한다. 〈표 2-1〉의 넷째 줄에 있는 식을 셋째 줄에 있는 식에 대입하여 정리하면 소비지출을 생애전체소득의 함수로 표시할 수 있다. 미래시점의 소비지출과 실질이자율에 대한 완전예견이 가정되어 있지 않은 경우에는 예상소비지출과 예상실질이자율로 대체된다. 현재시점의 소비지출은 현재가치로 평가한 생애전체소득의 선형함수가 된다. 현

재시점의 소비지출이 현재가치로 평가한 생애소득의 변화에 반응하는 크기는 예상실질이자율의 함수가 된다. 이제 수평축을 현재가치로 평가한 생애전체소득, 수직축을 현재시점의 소비지출로 정의되는 평면에서 두 개의 소비모형이 함의하는 소비함수의 그래프는 어떠한 차이가 있는지 정리한다. 항상소득가설의 소비모형은 기울기가 양수인 원점을 지나는 직선으로 표시된다. 기간 간 대체탄력성의 소비모형은 기울기가 양수이면서 절편이 음수인 직선으로 표시된다.

본 장에서 도출한 소비함수를 제1장에서 가정한 절대소득가설에 의거한 소비함수와 비교하면 서로 차이가 있다. 첫 번째 차이점은 다음과 같이 정리할 수 있다. 1인당 생애주기적자를 설명하는 소비모형에서도 현재시점의 가처분소득이 변화하면 현재시점의 소비지출이 변화한다는 점은 달라지지 않는다. 예를 들어, 현재시점의 가처분소득이 증가(감소)하면 현재가치로 평가한 생애전체소득도 증가(감소)하기 때문에 현재시점의 소비지출이 변화한다. 그러나 가처분소득이 동일한 크기로 변화할 때 현재시점의 소비지출이 반응하는 정도는 차이가 날수 있다는 점을 지적할 수 있다. 두 번째 차이점은 다음과 같이 정리할 수 있다. 동일한 크기의 생애소득수준이 유지되는 상황에서 예상실질이자율의 변화는 현재시점의 소비지출에 영향을 미칠 수 있다는 것이다. <표 2−2>에서 설명하고 있는 모형에서는 예상실질이자율이 상승할 때 생애소득에 대한 반응계수가 증가하는 것으로 나타난다. 이처럼 실질이자율의 변화가 소비결정에 미치는 과정이 명시적으로 반영되어 있다는 것이 절대소득가설에 의거한 소비함수와 차이가 난다.

제3절   총생산함수와 생산요소시장의 균형

다음에서는 실질GDP의 산출과정을 설명한다. 앞에서 이미 설명한 바와 같이 총생산함수는 노동시간과 자본스톡의 거시경제 총량과 GDP의 산출량 간에 성립하는 기술적인 관계를 나타내는 함수로 정의한다. <표 2−3>의 첫째 줄에 구체적인 총생산함수의 형태가 정리되어 있다. 총생산함수의 특징을 다음과 같

총생산함수	$Y = AK^{\alpha}H^{1-\alpha}$
노동투입의 한계생산	$MPL = (1-\alpha)A(K/H)^{\alpha}$
자본투입의 한계생산	$MPK = \alpha A(H/K)^{1-\alpha}$
총비용함수	$TC = wH + RK$
기업의 실질이윤	$Y - TC = AK^{\alpha}H^{1-\alpha} - (wH + RK)$
노동수요함수	$w = (1-\alpha)A(K/H)^{\alpha}$
자본스톡 임대수요함수	$R = \alpha A(H/K)^{1-\alpha}$

주: A는 생산성, H는 노동투입시간, K는 자본스톡, MPL은 노동의 한계생산, MPK는 자본스톡의 한계생산, w는 실질임금, R은 실질임대료, α는 자본투입의 산출탄력성, $(1-\alpha)$는 노동투입의 산출탄력성, TC는 총생산비용이다.

이 정리할 수 있다. (1) 규모수익불변의 특성을 가지고 있다. 규모수익불변의 특성은 노동투입과 자본투입이 동일한 비율로 변화하면 산출량도 동일한 비율로 변화한다는 것으로 정리할 수 있다. (2) 노동투입과 자본투입의 한계생산은 양수이면서 체감한다. <표 2-3>의 둘째 줄에서는 노동투입의 한계생산을 수식으로 보여주고 있다. <표 2-3>의 셋째 줄에서는 자본투입의 한계생산을 수식으로 보여주고 있다. (3) 총생산함수의 생산성을 나타내는 변수 A는 산출량과 생산요소 투입량의 변화에 영향을 받지 않고 외생적으로 결정된다.

기업은 위에서 설명한 총생산함수를 주어진 기술적 제약으로 간주하고 이윤극대화를 달성하는 노동투입과 자본투입을 결정한다. 기업의 의사결정과 관련된 몇 가지 가정들이 아래와 같이 추가된다. (1) 진입자유와 완전경쟁의 가정이 GDP가 거래되는 시장과 생산요소시장에 적용된다. (2) GDP의 명목가격과 임금 및 자본임대료는 완전신축적으로 변동한다. (3) 모든 기업이 GDP의 명목가격을 동일하게 책정하고 있기 때문에 GDP의 실질가격은 항상 1로 고정된다. (4) 기업이 생산하는 재화는 모두 판매되는 것으로 가정하여 재고가 없다. 이런 가정이 도입되면 (판매수입=산출량)의 등식이 성립한다. 따라서 기업의 실질이

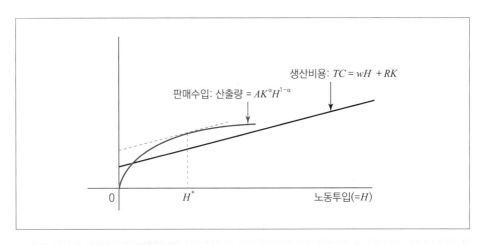

판매수입: 산출량 = $AK^{\alpha}H^{1-\alpha}$

생산비용: $TC = wH + RK$

0 H^* 노동투입(=H)

〈그림 2-4〉 노동수요의 결정

윤은 GDP의 산출량에서 실질총생산비용을 뺀 차이로 결정된다. 실질총생산비용의 식은 <표 2-3>의 넷째 줄에 정리되어 있다.

GDP를 생산하는 기업은 실질이윤을 극대화하는 노동투입과 자본투입을 생산요소시장에서 고용하기 때문에 노동수요함수는 실질이윤의 극대화조건을 사용하여 도출할 수 있다. 개별기업이 노동수요를 결정할 때 실질임금은 개별기업의 선택에 따라 달라지지 않은 것으로 간주한다. 이는 개별기업은 노동시장에서 결정되는 실질임금을 노동시장에서 주어지는 여건으로 간주하고 자신의 행동을 선택한다는 의미이다. 기업의 실질이윤을 나타내는 식은 앞에서 설명한 실질이윤의 정의를 반영하여 <표 2-3>의 다섯째 줄에 정리되어 있다.

<그림 2-4>에서는 수평축은 노동투입, 수직축이 GDP단위로 측정된 산출량과 실질총생산비용으로 정의된 평면을 보여주고 있다. <그림 2-4>에서 산출량과 실질총생산비용의 측정단위는 서로 같기 때문에 동일한 수직축으로 표시할 수 있다. 푸른색곡선은 산출량의 그래프를 나타낸다. 푸른색곡선을 그릴 때 생산성과 자본스톡의 크기는 고정된 것으로 가정한다. 푸른색곡선의 형태는 노동투입이 양수일 때 노동의 한계생산이 양수라는 가정과 노동의 한계생산이 체감한다는 가정을 반영하고 있다. 검은색직선은 실질총생산비용의 그래프를 나타낸다. <표 2-3>의 넷째 줄에 있는 식의 그래프로 해석할 수 있다. 검은색

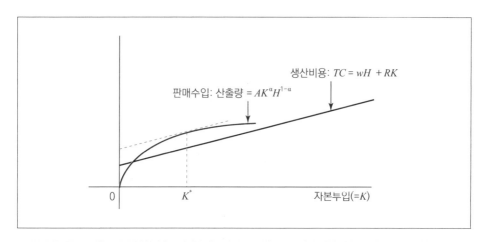

생산비용: $TC = wH + RK$

판매수입: 산출량 $= AK^{\alpha}H^{1-\alpha}$

0
K^*
자본투입($=K$)

〈그림 2-5〉 자본스톡 임대수요의 결정

직선을 그릴 때 실질임금, 실질임대료, 자본스톡의 크기는 고정된 것으로 가정한다. 자본임대비용을 고정된 것으로 간주하면 자본스톡의 임대비용은 검은색직선의 절편이고, 실질임금은 검은색직선의 기울기이다.

　〈그림 2-4〉에 있는 두 개의 그래프를 이용하여 임의의 노동투입에 대응하는 실질이윤을 계산할 수 있다. 각 노동투입의 수준에 대응하는 실질이윤은 푸른색곡선의 수직축좌표에서 검은색직선의 수직축좌표를 뺀 값이다. 이윤극대화를 달성하는 노동투입은 〈그림 2-4〉에서 푸른색곡선과 검은색직선의 차이를 극대화시키는 점이다. 〈그림 2-4〉에서 별표의 상첨자로 표시된 노동투입의 점이 이윤극대화의 노동투입이다. 판매수입곡선의 접선을 검은색점선으로 표시하고 있다. 검은색점선과 검은색실선의 기울기가 서로 같다는 것을 그림으로 확인할 수 있다. 이윤극대화의 노동투입에서 (판매수입곡선의 기울기＝총생산비용직선의 기울기)의 등식이 성립한다. 이처럼 그래프분석을 통해서 도출된 노동수요함수의 식은 (실질임금＝노동의 한계생산)이다.

　〈그림 2-5〉에서는 수평축은 자본투입, 수직축이 GDP단위로 측정된 산출량과 실질총생산비용으로 정의된 평면을 보여주고 있다. 〈그림 2-4〉에서 설명한 노동수요결정모형과 동일한 방식으로 산출량과 실질총생산비용을 측정한다. 두 변수의 측정단위는 서로 같기 때문에 하나의 평면에 두 개의 그래프를

동시에 그릴 수 있다는 점도 그대로 성립한다. <그림 2-5>에서도 푸른색곡선은 산출량을 나타낸다. <그림 2-4>와 다른 점은 <그림 2-5>의 푸른색곡선에서는 노동투입의 크기가 고정된 것으로 가정하고 있다는 것이다. <그림 2-5>에서 검은색직선은 자본투입의 변화와 실질총생산비용의 관계를 나타내는 그래프이다. 검은색직선을 그릴 때 실질임금, 실질임대료, 노동투입의 크기는 고정된 것으로 가정한다. 노동비용이 고정된 것으로 간주하여 그래프를 그리기 때문에 노동비용이 검은색직선의 절편을 결정하고, 자본임대료가 검은색직선의 기울기를 결정한다.

　　<그림 2-5>에 있는 두 개의 그래프를 이용하면 임의의 자본투입에 대응하는 실질이윤을 계산할 수 있다. 구체적으로 설명하면 임의의 자본투입에 대응하는 실질이윤은 (푸른색곡선의 수직좌표 − 검은색직선의 수직좌표)의 값이다. 이윤극대화를 위해서 기업은 <그림 2-5>에 있는 푸른색곡선과 검은색직선의 차이를 극대화시키는 점을 찾아야 한다. 이윤극대화의 점은 <그림 2-5>에 표시되어 있다. 별표의 상첨자가 붙어있는 자본스톡이 이윤극대화의 점이다. 이 점에서 만족되는 조건은 (판매수입곡선의 기울기 = 총생산비용직선의 기울기)이다. <그림 2-5>에 있는 그래프를 사용하여 자본스톡의 수요함수는 (실질임대료 = 자본의 한계생산)의 등식이라는 것을 알 수 있다.

　　소비자가 노동공급과 자본축적을 담당하는 것을 반영한 기간 간 예산제약의 형태가 궁금할 수 있다. 소비자가 근로자와 자본가의 역할을 동시에 수행하고 있으므로 임대료소득과 노동소득이 소비자의 소득에 포함된다. 소비자가 보유하는 자산은 실물자산인 자본스톡과 금융자산인 국채라고 가정한다. 현실경제에서는 매우 다양한 종류의 실물자산과 금융자산이 존재하지만 본 장에서 분석하는 모형에서는 두 종류의 자산만 가능한 것으로 가정한다. 그러나 보다 더 현실적인 분석이 필요할 때에는 다양한 종류의 자산이 포함되는 모형으로 확장될 수 있다. 소비자의 수입은 (임대료소득 + 노동소득 + 채권투자소득)의 세 부분으로 구성된다. 소비자의 지출은 (소비지출 + 신규투자 + 금융자산투자지출)의 세 부분으로 구성된다. 임대료소득과 노동소득은 각각 (임대료소득 = 임대료 × 자본스톡)의 식과 (노동소득 = 실질임금 × 노동시간)의 식으로 정의된다. 소비자의 기간

간 예산제약은 앞에서 정의한 소비자의 수입과 지출에 대하여 (소비자의 수입＝소비자의 지출)의 등식이 만족되어야 한다는 것이다.

소비자는 매기마다 기간 간 예산제약을 충족시키는 범위 안에서 생애효용을 극대화하는 소비수요, 노동공급, (자본스톡의) 신규투자, 채권투자를 새로 결정한다. 「생애효용극대화」를 설명하기 위해 「생애효용」, 「현재효용」, 「미래효용」 등의 세 개의 용어를 사용한다. 각각의 용어의 차이를 먼저 설명한다. 소비자의 현재효용은 현재소비와 현재여가의 함수이다. 소비자의 미래효용은 미래소비와 미래여가의 함수이다. 미래소비와 미래여가는 현재효용에 영향을 미치지 않는다. 현재소비와 현재여가는 미래효용에 영향을 미치지 않는다. 이런 측면에서 현재효용과 미래효용은 서로 독립적으로 결정된다. 생애효용을 계산할 때 현재효용의 한 단위와 미래효용 한 단위는 서로 같은 단위로 평가되지 않는다. 현재효용의 단위로 평가한 소비자의 생애효용을 수식의 표현을 빌어서 설명하면 (생애효용＝현재효용＋할인인자×미래효용)이다. 미래효용 한 단위를 현재효용의 단위로 평가하면 (할인인자×미래효용)이다.

앞에서 효용함수의 구조에 대하여 설명했으므로 이어서 효용극대화를 통해서 결정되는 소비자의 노동공급을 설명한다. 노동시간의 증가는 여가시간을 감소시키므로 현재효용의 감소를 발생시키지만, 노동소득이 증가하여 현재소비가 늘어나면 현재효용이 증가한다. 현재효용함수가 제공하는 소비와 여가의 주관적인 교환비율은 (여가한계효용/소비한계효용)이다. 노동시장에서 제공하는 소비와 여가의 객관적인 교환비율은 실질임금에 의해서 결정된다. 현재효용의 극대화를 통해서 도출되는 노동공급함수는 (실질임금＝여가한계효용/소비한계효용)의 조건을 만족시키는 노동시간과 실질임금 간의 관계를 나타내는 함수이다. <그림 2-6>에서는 수평축이 여가이고, 수직축이 소비인 평면에 그린 무차별곡선의 그래프와 예산선의 그래프를 보여주고 있다. 예산선의 기울기는 －(실질임금)이다. 무차별곡선의 기울기는 －(여가한계효용/소비한계효용)이다. 효용극대화조건은 앞에서 설명한 (실질임금＝여가한계효용/소비한계효용)이라는 것을 그림으로 확인할 수 있다. <그림 2-6>에 있는 예산선의 수식은 <표 2-1>의 첫째줄에 있는 기간 간 예산제약식과 동일하다. <그림 2-6>에 있는 예산

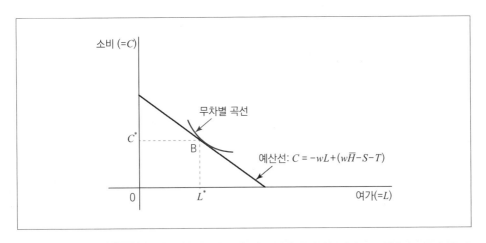

그림에 표시된 내용:
- 소비 (=C)
- 무차별 곡선
- C^*
- B
- 예산선: $C = -wL + (w\bar{H} - S - T)$
- 0
- L^*
- 여가(=L)

〈그림 2-6〉 노동공급의 결정

선의 수식에서 사용되고 있는 기호 S는 저축을 의미하는 것으로 해석할 수 있다. 〈그림 2-6〉에 있는 예산선의 수식과 〈표 2-1〉의 첫째줄에 있는 기간 간 예산제약식이 서로 일치하기 위해서 S의 크기는 (다음시점 금융자산－현재시점 금융소득－현재시점 자본임대소득)의 크기와 같아야 한다. 이런 등식이 성립하는 이유는 〈그림 2-6〉에서는 여가의 선택에 관련된 예산제약을 명시적으로 도출하기 위해 노동소득 중에서 소비지출과 세금납부액(T)을 제외하고 남는 부분을 모두 저축으로 정의하였기 때문이다.

　〈그림 2-7〉은 노동시장의 균형을 보여주고 있다. 노동공급곡선에 대응하는 노동공급함수는 〈그림 2-6〉을 사용하여 설명한 효용극대화의 조건을 나타내는 등식이다. 어떻게 여가의 선택을 위한 효용극대화조건이 노동공급함수가 되는가의 질문이 가능하다. 이 질문에 대한 답변은 다음과 같이 요약할 수 있다. 시간배분은 (총가용시간＝노동시간＋여가시간)의 등식을 만족시킨다는 제약조건을 효용극대화의 조건에 대입하여 정리하면 효용극대화의 조건은 실질임금과 노동시간의 관계를 나타내는 함수의 형태로 나타낼 수 있다는 점을 이용한 것이다. 〈그림 2-7〉에서 노동공급곡선은 우상향한다. 이는 실질임금이 상승하면 가계가 노동시장에서 결정되는 임금을 받는 대가로 기꺼이 제공하려는 노동시간이 늘어난다는 의미이다. 실질임금이 상승하면 노동소득이 증가하는 것을 의

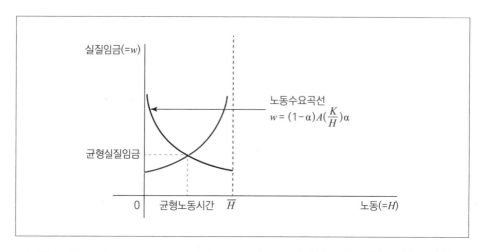

〈그림 2-7〉 **노동시장의 균형**

미하기 때문에 소비와 여가를 대체하는 효과와 소비와 여가를 동시에 증가시키는 효과가 가능하다. 실질임금은 여가의 기회비용으로 볼 수 있기 때문에 실질임금이 상승하면 소비를 늘리고 여가를 줄이는 것이 효용극대화의 원리에 맞는다고 볼 수 있다. 그러나 소득이 증가하면 소비와 여가를 모두 늘리는 것도 효용극대화의 원리와 일치한다. 실질임금의 상승이 여가시간에 미치는 효과는 대체효과가 소득효과보다 더 클 때 실질임금의 상승이 여가시간을 감소시킨다는 점을 알 수 있다. <그림 2-7>의 노동공급곡선에는 대체효과가 소득효과보다 더 크다는 가정이 적용되어 있다. <그림 2-7>에서 노동수요곡선은 우하향하는 곡선이다. 노동수요곡선은 기업의 이윤극대화의 결과로 도출된 그래프이다. <그림 2-7>에 있는 식은 기업이 코브-더글러스 생산함수를 가지고 있다고 가정하는 경우에 도출되는 노동수요함수의 식이다.

제**4**절   절대소득가설의 평가

소비자의 소비결정에 관한 케인즈의 주장을 담은 절대소득가설을 먼저 설명한다. 절대소득가설은 소비와 가처분소득 사이에 성립하는 관계에 대한 아래의 설명으로 요약할 수 있다. 두 가지 개념을 강조한다. 한계소비성향과 평균소비성향이다. 한계소비성향은 가처분소득이 한 단위 증가할 때 소비지출이 반응하는 크기를 측정하기 위해 소비의 증가분을 소득의 증가분으로 나눈 비율로 정의된다. 평균소비성향은 가처분소득 중에 소비지출이 차지하는 비중을 측정하기 위해 소비지출을 소득으로 나눈 비율로 정의된다. 케인즈의 절대소득가설에서는 한계소비성향을 소득수준의 관계없이 항상 고정되어 있는 1보다 작은 양수로 가정한다. 또한 평균소비성향은 가처분소득이 증가하면서 감소하는 경향이 있는 것으로 주장한다. 이미 제1장에서도 설명한 바와 같이 소비지출과 가처분소득 간의 관계를 선형함수로 나타내면 절대소득가설과 일치하는 소비함수가 된다는 것을 쉽게 확인할 수 있다.

$$C = a(Y - T) + b, \quad 0 < b, \ 0 < a < 1$$

이 식에서 소비는 C, 소득세는 T로 표시한다. 앞에서 설명한 한계소비성향은 a로 표시한다. 또한 b는 양의 상수로 가정하여 가처분소득이 없는 소비자들도 일정한 소비수준이 가능하다는 점을 반영하고 있다. 절대소득가설은 단순한 소비결정가설임에도 불구하고, 위의 식이 현실경제의 실제자료를 잘 설명한다는 주장을 뒷받침할 수 있는 실증적인 증거로 제시되어 온 분석결과를 소개한다.

<그림 2-8>의 수평축은 각 년도 국민처분가능소득이고, 수직축은 각 년도 최종(민간)소비지출이다. 푸른색점은 2000년부터 2018년까지의 기간 중 각 년도의 국민처분가능소득과 민간최종소비지출을 나타낸다. 그림의 단위는 모두 10조원이다. <그림 2-8>과 <그림 2-9>는 통계청의 국가통계포털(KOSIS)에 있는 연간지표의 데이터베이스에서 다운로드 받은 자료를 사용하여 작성하였다. 다음에서는 케인즈의 절대소득가설이 <그림 2-8>에서 보여주고 있는

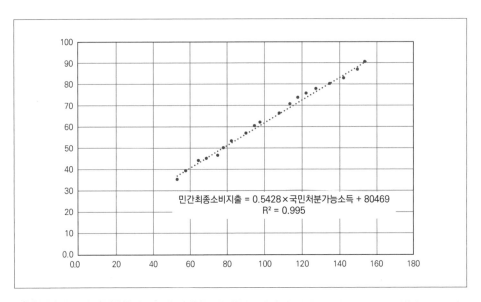

민간최종소비지출 = 0.5428×국민처분가능소득 + 80469
R² = 0.995

〈그림 2-8〉 국민처분가능소득과 민간최종소비지출

푸른색점이 제공하고 있는 함의를 잘 설명하는지를 생각해보기로 하자. 앞에서 설명한 소비함수의 식에서 a와 b의 값을 알고 있다고 가정하자. 이 경우 소비함 수를 알고 있는 것으로 간주할 수 있기 때문에 소비함수의 오차를 다음과 같이 정의할 수 있다. 관측된 각각의 가처분소득에 대응하는 실제로 관측된 소비지출 의 값이 있다. 또한 소비함수를 알기 때문에 소비함수를 사용하여 소비지출의 값을 계산할 수 있다. 따라서 관측된 각각의 가처분소득에 대응하는 소비지출의 값이 두 개가 있기 때문에 전자에서 후자를 뺀 차이를 소비함수의 오차로 정의 할 수 있다. 두 개의 값이 서로 같다면 알고 있는 것으로 가정한 소비함수가 실 제의 상황을 정확히 설명하고 있는 것으로 간주할 수 있다. 그러나 현실적으로 이러한 상황이 발생하는 것은 거의 불가능하다. 이제 a와 b의 값을 미리 알지 못한다면 어떻게 결정할 것인가의 의문이 있을 수 있다. 이에 대한 답변은 a와 b의 값을 미리 알지 못하는 경우 앞에서 정의한 소비함수 오차를 이용한다. 소 비함수 오차를 제곱하여 계산한 평균값을 최소화하는 a와 b의 값을 찾는다. 이 를 〈그림 2-8〉에서 사용한 자료에 적용하면 $a = 0.5428$, $b = 80469$의 값이 도출된다. 〈그림 2-8〉에 있는 수식에 의하면 한계소비성향은 0.5428이다.

<그림 2-8>의 그래프에서 정리된 소비함수를 사용하여 소득의 변화와 소비의 변화 간의 관계를 잘 설명할 수 있는지에 대하여 생각해보자. 예를 들어, 경제정책을 사용한 결과로 국민처분가능소득이 일인당 100만원이 단기적으로 증가된다면 일인당 민간최종소비지출이 어느 정도 증가할 것인지 궁금할 수 있다. 소비함수를 그대로 적용하면 소비변화와 소득변화 간의 관계를 나타내는 수식은 $(\Delta C = a\Delta(Y-T))$로 쓸 수 있다. 특히 <그림 2-8>은 절대소득가설의 소비함수가 실제 소비수준과 실제 소득수준 간의 관계를 잘 나타낸다고 주장하는 실증적인 증거이므로 소비변화와 소득변화 간의 관계를 잘 나타낸다고 주장하는 실증적인 증거로 해석할 수 있다. 이렇게 이해한다면 앞에서 설명한 식에 있는 절대소득가설의 소비함수를 사용하여 위의 질문에 대하여 $a \times 100$만원으로 답할 수 있다. 또한 <그림 2-8>에 정리되어 있는 실증분석의 결과를 사용하여 542,800원이라고 답할 수 있다.

이런 답변에 대한 우려를 제기할 수 있는 근거가 되는 몇 가지 포인트를 제시해볼 수 있다. 첫 번째 포인트는 <그림 2-8>에서 도출한 결과는 소득수준과 소비수준 간의 관계이기 때문에 단기적으로는 성립하지 않는 장기적인 관계도 반영되어 있다는 점을 지적할 수 있다. 두 번째 포인트는 소득변화와 소비변화 간의 관계는 선형소비함수에서 함의되는 소득수준과 소비수준 간의 관계와 다르다는 점이다. 소득변화와 소비변화 간의 관계는 소득수준과 소비수준 사이에서 성립하는 관계와 비교하면 보다 더 단기적인 관계로 해석할 수 있다. 따라서 선형소비함수의 식에서 가정하고 있는 두 변수의 수준을 사용하여 분석한 결과가 그대로 적용되지 않을 수 있다는 점을 지적할 수 있다.

세 번째 포인트는 소득수준과 소비수준에 동시에 영향을 미치는 다른 변수가 존재하여 선형소비함수의 식에서 가정하고 있는 두 변수 간 선형관계가 자료에서 나타날 수도 있다는 점이다. 이런 변수는 선형소비함수의 식에 명시적으로 나타나지 않기 때문에 「제삼의 변수」라고 할 수 있다. 소득과 소비는 「제삼의 변수」의 영향을 받지만 반대로 소득과 소비가 「제삼의 변수」에 영향을 미칠 수 없는 상황이 가능하다. 이런 경우 선형소비함수의 식에서 가정하고 있는 안정적인 형태로 소득의 변화를 통해서 소비의 변화를 발생시킬 수 없을 가능성이 높

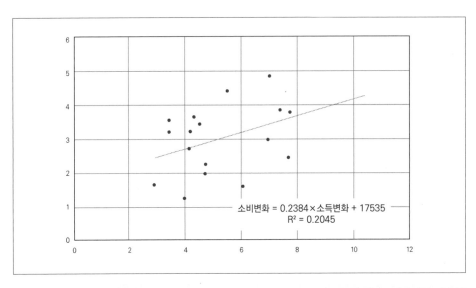

〈그림 2-9〉 소득변화와 소비변화

다. 따라서 선형소비함수의 식을 원인과 결과의 관계로 해석하기 어렵다는 점이다. 뿐만 아니라 거시경제의 상황에 따라서 선형소비함수의 식의 오차가 크게 나타나는 시점도 가능하다는 것이다.

앞에서 요약한 포인트가 실제자료에서 성립하는지를 살펴보기 위해 <그림 2-8>에서 사용된 방식을 사용할 수 있다. 소득변화는 현재 소득에서 과거 소득을 뺀 차이로 정의된다. 소비변화도 현재 소비지출에서 과거 소비지출을 뺀 차이로 정의된다. 소비변화와 소득변화 간의 관계를 알아보기 위해 <그림 2-8>을 작성할 때 사용한 방법을 적용할 수 있다. <그림 2-9>에서는 2000년부터 2018년까지 연도별로 관측된 자료를 사용하여 수평축에는 각 년도 국민처분가능소득에서 전년도 국민처분가능소득을 뺀 차이를 나타내고, 수직축은 각 년도 민간 최종소비지출에서 전년도 최종소비지출은 뺀 차이를 나타낸다. 따라서 <그림 2-9>의 각 점은 각 년도 소득변화와 각 년도의 소비변화에 대응한다.

<그림 2-9>에 있는 그래프에 표시되어 있는 점들이 보여주는 두 변수 간의 관계를 잘 나타내는 직선이 있는가에 대하여 질문한다면 <그림 2-8>의 그래프에 비교하여 답하기가 어렵다. <그림 2-9>에 있는 그래프에서 각 점

들이 위와 아래로 더 넓은 영역에 걸쳐 위치하고 있기 때문에 두 변수의 관계를 잘 설명하는 하나의 직선을 선택하는 것이 더 어려울 것이라는 점을 쉽게 확인할 수 있다. 따라서 <그림 2-8>과 <그림 2-9>는 동일한 자료이지만 두 변수 수준 간 관계와 두 변수 인접기간 변화 간 관계는 다를 수 있다는 점을 수식을 사용한 분석 결과를 제시하지 않더라도 쉽게 확인할 수 있다. <그림 2-8>과 <그림 2-9>에서 적용된 단순 회귀분석이 소득과 소비의 정확한 관계를 나타낼 수 있겠는가의 우려와 그래프를 그리기 위해서 자료의 표본기간도 보다 더 확실한 결론 얻기에는 부족하다는 우려 등이 있을 수 있다. 이런 우려를 고려하더라도 본 절의 함의를 다음과 같이 정리할 수 있다. 절대소득가설에서 함의하는 단순한 형태의 소비함수가 특정한 조건 하에서 자료를 잘 설명하는 것으로 나타나더라도 이를 소비자들이 항상 절대소득가설에 의해서 소비를 결정하는 것을 뒷받침하는 증거로 해석하기 어렵다.

제5절　멱급수와 무한기간 소비자모형

수학에서 임의의 변수를 거듭제곱한 항들의 무한급수를 멱급수(power series)라고 부른다. 임의의 변수 x에 대하여 중심값을 c로 설정하여 다음과 같은 무한급수를 정의할 수 있다. <표 2-4>의 첫째 줄에서 정의된 무한급수의 각 항에 대한 계수는 a_t로 표시되고, 각 항의 순서를 나타내는 t의 함수이다. 각 항에 있는 계수의 값은 순서에 관계없이 동일한 값이어야 한다는 제약은 없다. 오히려 거듭제곱한 항에서 x의 값은 각 항에서 모두 동일한 값이 된다. 멱급수를 설명하는 이유는 소비자가 무한기간 동안 생존한다는 가정을 적용하여 앞에서 설명한 생애주기적자모형을 확장할 때 유용하게 사용할 수 있는 분석도구가 되기 때문이다. 앞에서 설명한 멱급수의 형식을 빌려서 무한기간을 생존하는 소비자 생애 전체의 효용함수와 현재가치 예산제약을 수식으로 표시할 수 있다.

<표 2-4>의 첫째 줄에서 정리한 멱급수에서 t는 각 항이 위치하는 순서를 나타내는 기호이다. 생애주기적자모형에서 t는 시점을 나타내는 기호로 정의

멱급수의 정의	$\displaystyle\sum_{t=0}^{\infty} a_t(x-c)^t$
멱급수와 생애효용함수	$\displaystyle\sum_{t=0}^{\infty} \beta^t u_t$
멱급수와 생애소비지출의 현재가치합	$\displaystyle\sum_{t=0}^{\infty} \beta^t C_t$
멱급수와 생애소득흐름의 현재가치합	$\displaystyle\sum_{t=0}^{\infty} \beta^t Y_t$
멱급수와 생애전체 현재가치예산제약	$\displaystyle\sum_{t=0}^{\infty} \beta^t C_t = \sum_{t=0}^{\infty} \beta^t Y_t + W_0$
멱급수와 생애주기적자	$W_0 = \displaystyle\sum_{t=0}^{\infty} \beta^t D_t$
가계자산과 생애주기적자	$W_t = \displaystyle\sum_{k=0}^{\infty} \beta^k D_{t+k}$
가계자산의 점화식	$W_{t+1} = \beta^{-1}(W_t - D_t)$
제로시점에서 평가된 생애효용	$v_0 = \displaystyle\sum_{t=0}^{\infty} \beta^t u_t$
임의의 시점에서 평가된 생애효용	$v_t = \displaystyle\sum_{k=0}^{\infty} \beta^k u_{t+k}$
생애효용 점화식 (과거지향적인 형태)	$v_{t+1} = \beta^{-1}(v_t - u_t)$
생애효용 점화식 (미래지향적인 형태)	$v_t = u_t + \beta v_{t+1}$

주: $D_t(= C_t - Y_t)$는 t시점의 생애주기적자, U_t는 t시점의 생애효용, W_t는 t시점의 가계자산을 나타낸다. β의 값은 1보다 작은 양수로 가정한다.

한다. 소비자가 태어나는 시점을 제로시점으로 가정하면 t는 소비자의 나이를 나타낸다. 각각의 연령에서 얻는 효용수준을 u_t로 표시한다. 앞에서 설명한 바와 같이 제로시점의 효용단위로 환산하기 위해 시간선호할인인자를 각 시점의 효용수준에 곱한다. 제로시점의 효용단위로 평가하면 각각의 연령에서 얻는 효용수준은 $\beta^t u_t$이다. 따라서 제로시점에서 태어난 소비자의 생애효용함수는 <표 2-4>의 둘째 줄에 있는 멱급수의 형태로 표시된다. 첫째 줄의 멱급수와 둘째 줄에 있는 생애효용함수를 비교하면 생애효용함수는 중심값이 제로인 β에 대한 멱급수이다. 각 항의 계수는 각 연령에서 얻는 효용수준에 대응된다.

생애전체에 걸쳐 성립하는 현재가치 예산제약은 수식의 형태로 정리하면 (생애전체소비지출현재가치＝생애전체소득현재가치＋최초자산)의 등식이 된다. 앞에서 가정한 것과 동일하게 소비자가 태어나는 시점을 제로시점으로 가정한다. 따라서 t는 소비자의 나이를 나타내는 기호가 된다. 각각의 연령에서 소비지출의 값을 C_t로 표시한다. 각각의 연령에서 소비지출 한 단위의 가치는 소비자가 태어난 시점의 소비지출 한 단위의 가치와 동일하지 않다. 소비자가 태어난 시점에서 평가해야 한다면 미래시점의 소비지출 한 단위는 현재시점의 소비 한 단위보다 더 작은 가치를 가지고 있다. 미래시점에서 발생할 불확실성을 반영한다면 미래시점에서 소비재 한 단위를 약속하는 것보다 현재시점에서 소비재 한 단위를 확실하게 제공하는 것이 더 높게 평가될 수 있다. 이런 측면에서 미래시점의 소비지출도 현재가치로 환산하기 위해 할인인자가 곱해져야 한다. 따라서 제로시점에서 태어난 소비자가 제로시점의 소비재 단위로 평가한 생애전체소비지출현재가치는 <표 2-4>의 셋째 줄에 있는 멱급수의 형태로 표시된다. 모든 경우에 미래소비와 미래효용을 동일한 변수를 사용하여 할인해야 할 이유는 없다. <표 2-4>에서는 개념위주로 설명하기 위해 미래소비와 미래효용이 동일한 변수를 사용하여 할인되는 경우를 가정하고 있음을 지적한다.

소비자가 태어난 시점에서 평가해야 한다면 미래시점의 실질소득 한 단위는 현재시점의 실질소득 한 단위보다 더 작은 가치를 가지고 있다. 미래시점에서 발생할 불확실성을 반영한다면 미래시점에서 실질소득 한 단위를 약속하는 것보다 현재시점에서 실질소득 한 단위 확실하게 얻는 것을 더 높게 평가할 수 있다. 이런 측면에서 미래시점의 실질소득도 현재가치로 환산하기 위해 할인인자가 곱해져야 한다. 각각의 연령에서 소득의 값을 Y_t로 표시한다면 제로시점에서 태어난 소비자가 출생 당시 소비재 단위로 평가한 생애전체소득흐름의 현재가치항은 <표 2-4>의 넷째 줄에 있는 멱급수의 형태로 표시할 수 있다. 소비자가 출생 당시 소유하고 있는 자산을 W_0로 나타내면 소비자의 출생시점인 제로시점에서 소비재 단위로 평가한 생애전체의 현재가치 예산제약을 <표 2-4>의 다섯째 줄에 있는 수식으로 표시할 수 있다. 앞에서 설명한 내용을 정리하면 멱급수를 사용하여 무한기간을 생존하는 소비자의 생애효용과 예산제약을 수식으로 표시할 수 있다는 것이다.[11]

생애주기적자와 가계자산은 어떠한 관계가 있는가? 현재가치 예산제약의 식이 함의하는 것은 현재와 미래의 모든 시점에서 발생할 생애주기적자의 현재가치 합은 현재시점이 시작할 때 보유한 가계자산과 같아야 한다는 것을 의미한다. 제로시점에서 태어난 소비자의 임의의 시점에서 생애주기적자를 D_t로 표시하면 가계자산을 생애주기적자가 계수인 멱급수의 형태로 나타낼 수 있다. <표 2-4>의 여섯째 줄은 현재가치 예산제약이 함의하는 점은 생애주기적자의 현재가치 합은 태어날 때 물려받은 가계자산과 같아야 한다는 것이다. 임의의 t시점에서 소비자가 보유하는 가계자산을 W_t로 표시하고, <표 2-4>의 여섯째 줄에 있는 식을 적용하면 일곱째 줄에 있는 식이 도출된다. 여섯째 줄에 있는 식과 일곱째 줄에 있는 식을 보면 생애전체의 현재가치 예산제약을 이용하면 가계자산의 수열이 가능하다는 것을 알 수 있다.

수학에서 점화식은 수열에서 이웃하는 두 개의 항이 어떠한 관계를 만족하는지를 나타내는 식으로 정의된다. 가계자산의 수열을 사용하여 도출한 가계자산의 점화식은 어떠한 형태인가? 임의의 인접한 두 시점에서 성립하는 가계자산의 식은 두 개의 멱급수이다. 두 개의 멱급수에서 공통부분을 제거하면 가계자산의 점화식이 도출된다. 가계자산의 점화식은 <표 2-4>의 여덟째 줄에 있는 식

---

11) <표 2-4>의 넷째 줄에 있는 생애전체소득흐름의 현재가치합은 출생당시의 유산이 없는 경우 항상소득에 비례하는 것으로 해석할 수 있다. 이런 해석이 반영된 논문의 제목은 루카스(Robert Lucas)가 1976년 Carnegie-Rochester Conference Series on Public Policy(1권 19페이지부터 46페이지)에 게재한 「Econometric Policy Evaluation: A Critique」이다.

과 같은 형태로 정리된다. 앞에서 설명한 방식을 사용하여 생애효용의 점화식을 도출한다. 먼저 제로시점에서 평가한 생애효용의 값을 v_0로 표시하면 <표 2-4>의 아홉째 줄에 있는 식이 성립한다. 임의의 t시점에서 평가한 생애효용의 값을 v_t로 표시하면 <표 2-4>의 열째 줄에 있는 식이 성립한다. 생애효용의 값들로 구성된 무한수열에서 이웃하는 두 개의 항 사이에 어떠한 관계가 성립하는지를 생각해볼 수 있다. 임의의 인접한 두 시점에서 성립하는 생애효용의 식은 두 개의 멱급수이다. 두 개의 멱급수에서 공통부분을 제거하면 생애효용의 점화식을 도출할 수 있다. 생애효용의 점화식은 <표 2-4>의 열한째 줄에 있는 식과 같은 형태로 정리된다.

앞에서 설명한 내용을 바탕으로 미래지향적인 소비자의 의사결정과정을 설명한다. 미래지향적인 소비자의 특성을 두 개의 항목으로 요약한다. (1) 미래시점에서 자신의 선택과 경제상황에 관한 예측을 반영하여 현재시점의 행동을 선택한다. (2) 미래시점과 현재시점에서 주어진 경제적 제약을 반영하여 최선의 행동을 선택한다. 미래지향적인 소비자의 두 번째 특성이 함의하는 것은 현재시점과 미래시점에서 각각의 시점에서 평가된 생애효용을 극대화하는 행동을 선택한다는 것이다. 첫 번째 특성이 함의하는 점은 미래시점에서 자신의 행동을 미리 예측하여 현재시점의 선택에 반영한다는 것이다. 이런 두 개의 특성을 반영한다면 <표 2-4>의 열한째 줄에 있는 생애효용의 점화식을 열두째 줄에 있는 식과 같이 다시 쓸 수 있다.

두 개의 식은 서로 동일한 식이지만 서로 다른 해석이 가능하다는 점을 지적한다. 열두째줄에 있는 식은 미래시점에서 결정된 생애효용의 값이 현재시점에서 결정된 생애효용의 값에 영향을 미칠 수 있다는 점을 명시적으로 나타내고 있는 것으로 해석할 수 있다. 이 식의 우변은 현재시점에서 결정되는 생애효용의 값에 영향을 주는 두 개의 요인이 있다는 것을 의미한다. 하나는 현재시점의 효용수준이고, 다른 하나는 다음시점의 생애효용의 값이다. 바로 위의 식은 점화식을 일반적으로 정의할 때 사용하는 정의식과는 차이점이 있다는 점을 지적한다. 일반적인 점화식의 정의에서는 연속하는 두 시점 중에서 다음시점의 값을 좌변에 위치하고, 이전시점의 값을 우변에 위치한다. 그러나 바로 위의 식은 이전시점의 값이 좌변에 위치하고, 다음시점의 값이 우변에 위치한다. 만약, 일반적인 점화식의 정의에 부합하는 방식으로 생애효용의 값을 결정하는 소비자가 있다면 미래지향적인 소비자와 구분하여 과거지향적인 소비자라고 부를 수 있다. 그 이유는 임의의 시점에서 결정되는 생애효용의 값은 이전시점에서 결정된 생애효용의 값에 의존한다는 것으로 해석할 수 있기 때문이다.

제2장 연습문제

01 발표된 생애주기적자의 자료에 따르면 흑자전환연령이 28세, 흑자정점연령이 45세, 적자전환연령이 59세로 나타난다. 본문에서 정의한 D_t를 아래와 같이 t의 2차함수로 가정할 때 자료에서 제공하는 정보와 일치하는 계수값을 계산하시오.

$$D_t = at^2 + bt + c$$

(1) 위의 문제에서 도출한 연령별 생애주기적자 함수를 사용하여 가계자산의 점화식을 도출하시오. 평균수명을 90세로 가정하시오.

(2) 가계자산의 점화식을 사용하여 무한기간 동안 생존하는 가계의 현재가치 예산제약을 나타내는 멱급수를 복원할 때 필요한 조건을 설명하시오.

02 <표 2−2>의 첫째 줄에 있는 a를 예상실질이자율의 함수로 표시하시오. <표 2−2>의 둘째 줄에 있는 a는 예상실질이자율의 함수, b는 예상실질이자율과 기간 간 대체율의 함수로 표시하시오.

03 「여가의 기간 간 대체는 미래실질임금을 현재실질임금으로 나눈 비율과 실질이자율의 함수가 된다.」 본 장에서 설명한 내용을 참고하여 위의 주장을 평가하시오.

04 「실제자료를 보면 민간소비와 가처분소득은 밀접하게 같이 움직이는 모습이 나타난다. 이런 경향이 있을지라도 총수요확대를 위해서 가처분소득을 증가시켜서 민간소비지출을 증가시키는 정책은 의도한 효과가 잘 나타나지 않을 수 있다.」 본 장에서 설명한 내용을 참고하여 위의 주장을 평가하시오.

05 가계의 효용함수는 아래와 같이 가정하고 다음의 문제에 답하시오.

$$U = \log C + b \log (\overline{H} - H)$$

(1) <그림 2-6>을 이용하여 노동공급곡선의 식을 도출하시오.
(2) <그림 2-7>을 이용하여 노동시장의 균형조건을 수식으로 표시하시오.
(3) 문제에서 주어진 효용함수를 사용하여 생애효용의 미래지향적 점화식을 수식으로 표시하시오.
(4) 문제에서 주어진 효용함수를 사용하여 생애효용을 멱급수의 개념을 사용한 무한급수로 표시하시오.
(5) 생애효용의 점화식과 무한급수로 표시된 생애효용은 서로 동치관계가 있음을 보이시오.(필요하다면 동치관계가 성립되기 위해 추가되어야 하는 조건을 구체적으로 설명하시오.)

06 정부는 무한기간 동안 생존하는 경제주체라고 가정하고 다음의 문제에 답하시오.
(1) 본문에서 설명한 가계의 생애주기적자의 개념을 응용하여 정부의 생애주기흑자를 정의하시오. 임의의 t시점에서 발생할 흑자를 S_t로 표기하시오.
(2) <표 2-4>에서 설명한 가계의 생애주기적자모형에서 사용한 할인인자와 동일한 할인인자를 사용하여 생애주기흑자의 멱급수와 정부부채의 관계를 도출하시오.
(3) (2)의 답을 사용하여 정부부채의 점화식을 도출하시오.

07 유동성제약의 의미를 설명하시오. 유동성제약을 받는 가계의 비중이 높은 경제일수록 선제적 지침의 효과가 작다는 주장을 본 장에서 설명한 내용을 참고하여 평가하시오.

08 아래의 문제에서 e_t는 (t-1)시점에서 예측되지 않은 t시점에서 발생한 실질GDP의 변화를 나타낸다. 현재시점의 실질GDP는 다음과 같은 점화식에 의해서 결정된다고 가정하시오.

$$Y_t = \rho Y_{t-1} + e_t$$

(1) ρ의 값이 1보다 작은 양수일 때 <표 2-4>의 넷째 줄에 있는 식을 사용하여 생애소득흐름의 현재가치합을 현재시점 실질GDP의 함수로 표시하시오.
(2) (1)의 답과 <표 2-4>의 다섯째 줄에 있는 식을 이용하여 항상소득 가설이 함의하는 민간소비와 실질GDP의 관계를 수식으로 표시하시오. 필요하다면 적절한 가정을 추가하시오.

제3장

자연율경제와
잠재성장률

거시경제학

3장 자연율경제와 잠재성장률

　　잠재성장률의 현실적 유용성에 대하여 설명한다. 잠재성장률은 중·장기적인 성장잠재력의 변화를 이해하는 데 유용하다. 이런 특성을 반영하여 뉴스 미디어와 경제정책기관에서 많이 인용하고 있는 거시경제지표이라는 점을 지적한다. 경제신문의 홈페이지에 있는 사설을 짤막하게 인용한다. 「잠재성장률은 한 국가가 보유하고 있는 노동력과 자본 등 모든 생산요소를 투입해 추가 물가 상승을 유발하지 않으면서 달성할 수 있는 성장률로 경제의 기초 체력을 보여준다. 한국은 2000년대 초중반까지 5%대 잠재성장률을 유지하다가 글로벌 금융위기를 겪으며 3%대로 떨어진 이후 지속적인 하락세를 보이고 있다. 그 이유는 저출산·고령화로 생산가능인구가 감소하고 있는 데다 글로벌 경기 침체로 수요와 투자가 줄고 있어서다. 생산요소 투입을 통한 성장이 한계에 직면한 것이다. 구조개혁을 통해 생산성을 높이려는 정책이 부족했던 것도 잠재성장률을 떨어뜨리고 있는 요인이다.」[12]

　　한국은행의 홈페이지에 있는 경제용어사전에 수록된 잠재GDP의 정의를 소개한다. 「한 나라의 생산요소인 노동과 자본을 모두 동원(완전고용)하여 달성가능한 최대수준의 GDP를 잠재GDP라고 한다. 한편으로는 인플레이션을 가속하지 않으면서 달성가능한 최대수준의 GDP로 정의하기도 한다.」여기서 말하는 완전고용은 실업률이 제로가 되는 상태가 아니라는 점을 지적한다. 적어도 어느 정도 실업률은 인정하는 것으로 해석하는 것이 바람직하다. GDP갭(생산갭)은 실질GDP에서 잠재GDP를 뺀 차이로 정의된다. GDP갭의 값이 양수이면 경제활동이 과열되어 있고, 인플레이션이 높아진다. 반대로 GDP갭의 값이 음수이면 경제활동이 위축된 상황에서 인플레이션도 낮아진다. 참고로 GDP갭률은 GDP

---

12) 홈페이지의 주소는 「https://www.mk.co.kr/opinion/editorial/view/2020/01/89024/」이다.
　　2020년 1월 29일자 「1%대 잠재성장률 앞당겨질 수 있다는 경고」의 일부 내용을 인용한다.

갭을 잠재GDP로 나눈 백분율(%)로서 GDP갭과 같은 개념이다

앞에서 인용한 사설내용에서는 잠재성장률 그 자체가 현실 경제상황의 유용한 정보를 제공한다는 것이다. 이에 덧붙여서 잠재성장률과 실제성장률을 비교하여 현재의 경제상황을 판단하려는 시도도 가능하다. 구체적으로 설명하면 실제로 실현된 경제성장률에서 잠재성장률을 뺀 차이를 『성장률갭』으로 정의한다. 『성장률갭』의 부호와 크기에 의거하여 현재의 경제상황을 분석할 수 있다는 것이다. 또한 위의 설명은 GDP갭 또는 생산갭의 부호에 따라서 현재의 경제상황을 분석할 수 있다는 것이다. 두 개의 지표는 어떠한 차이가 있는가? GDP갭이 계속 양수일지라도 GDP갭의 크기가 계속해서 감소하는 상황에서는 성장률갭은 음수가 된다. 이는 호황이 지속되면서 실제성장률이 잠재성장률보다 더 낮은 상황을 의미한다. GDP갭이 계속 음수일지라도 GDP갭의 절대값이 계속해서 감소하는 상황에서는 성장률갭은 양수가 된다. 이는 불황이 지속되면서 실제성장률이 잠재성장률보다 더 큰 상황을 의미한다.

어떠한 경제에서 잠재성장률을 달성할 수 있는가? 동일한 질문이지만 어떠한 경제에서 잠재GDP를 달성할 수 있는가? 이 두 질문에 대하여 이론적인 답변과 실증적인 답변이 있다. 이론적인 답변에서는 잠재GDP와 잠재성장률을 특정한 조건을 만족시키는 경제의 균형에서 달성될 수 있는 실질국민소득과 경제성장률로 정의한다. 특정한 조건을 만족시키는 경제를 「자연율경제」로 부르기로 한다. 따라서 잠재GDP는 자연율경제의 실질GDP, 자연실업률은 자연율경제의 실업률, 잠재성장률은 자연율경제의 실질경제성장률이다. 자연율경제를 한마디로 요약해서 설명하라고 하면 「자연율가설」이 성립하는 경제라고 답할 수 있다. 본장의 주요 목적은 자연율가설을 설명하고, 자연율가설이 성립하는 거시경제모형을 소개하는 것이다. 제2장의 내용과 연속성을 유지하기 위해 본 장에서 소개하는 모형에서도 생애효용극대화의 소비자가 소비지출과 노동공급을 결정한다는 점은 그대로 유지된다.

실증적인 답변은 실제자료를 사용하여 어떻게 잠재GDP와 잠재성장률을 추계할 수 있는지의 궁금증과 관련이 있다. 잠재GDP와 잠재성장률은 자료수집만으로 관측되지 않는다. 잠재GDP는 실질GDP에서 단기적인 총수요의 변동과 관

계없이 결정되는 부분으로 정의할 수 있다. 따라서 잠재성장률은 경제성장률에서 총수요의 단기적인 변동이 제거된 부분으로 정의할 수 있다. 이런 실증적인 답변은 여러 개의 거시경제모형 중에서 특정한 거시경제모형이 그 외의 다른 거시경제모형과 비교하여 보다 더 현실경제를 잘 설명하는지에 관한 서로 다른 의견과 관계없이 적용할 수 있는 개념이라고 볼 수 있다. 정부의 다양한 정책이 잠재GDP와 잠재성장률에 영향을 미칠 수 있다는 점을 부인하기는 어렵다. 그러나 정부와 중앙은행의 경기조절을 위한 단기적인 거시경제정책은 총수요의 단기적 변동을 조절하기 위한 목적으로 실시되기 때문에 잠재GDP와 잠재성장률의 결정요인은 아니라고 하는 견해로 해석할 수 있다.

또한 실증적인 답변의 측면에서도 균제상태의 경제성장률과 잠재성장률을 구분할 필요가 있다. 균제상태는 거시경제의 주요변수들이 가지고 있는 추세를 제거하고 나서 기간 간 변화가 없이 하나의 상수로 고정되어 있는 상황을 의미한다. 예를 들어, 실질GDP, 소비, 투자 등의 변수가 가지고 있는 추세를 제거하면 균제상태에서 추세가 제거된 변수들은 일정한 값을 보인다. 그러나 균제상태에서 실질GDP, 소비, 투자 등의 값이 일정하게 고정되어 있는 것은 아니다. 이들은 모두 추세의 증가율과 동일한 속도로 변화하고 있다. 균제상태에서 추세의 증가율이 하나의 상수로 고정되어 있기 때문에 균제상태의 경제성장률은 일정한 상수로 고정되어 있다. 그러나 잠재성장률은 실질GDP의 변동에서 단기적인 총수요의 변동을 제거한 부분의 성장률이다. 따라서 단기적인 총수요의 요인 이외의 다른 요인의 변동이 발생하면 잠재성장률은 변동할 수 있다.

<그림 3-1>은 미국 의회예산국(Congressional Budget Office) 홈페이지에 수록되어 있는 2000년부터 2030년까지 기간 중 미국의 경제성장률과 잠재성장률을 복사하여 보여주고 있다. 진한 푸른색의 실선은 실질경제성장률이고, 연한 푸른색의 실선은 잠재성장률이다. 2021년 2월에 작성된 그래프이기 때문에 2000년부터 2020년까지의 경제성장률은 실제로 실현된 자료의 값이고, 2021년부터 2030년까지의 기간은 예측치를 보여주고 있다. 회색의 막대그래프는 미국의 불황기간을 나타낸다. 회색의 막대그래프와 겹치는 기간에서 실질경제성장률은 주변 기간에 비해 낮아진다는 것을 알 수 있다. 2008년과 2009년의 대불황기

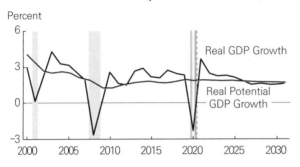

The Relationship Between GDP and Potential GDP

Percent

Real GDP Growth

Real Potential GDP Growth

In CBO's projections, the annual growth of real(inflation-adjusted) GDP exceeds that of real potential GDP until 2026 and then falls below it. The output gap between real GDP and real potential GDP is positive for several years, starting in 2025, before moving back toward its historical average.

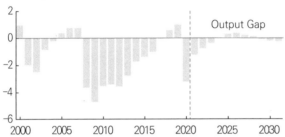

Percentage of Potential GDP

Output Gap

Data sources: Congressional Budget Office: Bureau of Economic Analysis. See www.cbo.gov/publication/56965#data.

Real values are nominal values that have been adjusted to remove the effects of changes in prices. Potential GDP is CBO's estimate of the maximum sustainable output of the economy. Growth of real GDP and of real potential GDP is measured from the fourth quarter of one calendar year to the fourth quarter of the next.

The output gap is the difference between GDP and potential GDP, expressed as a percentage of potential GDP. A positive value indicates that GDP exceeds potential GDP; a negative value indicates that GDP falls short of potential GDP. Values for the output gap are for the fourth quarter of each year.

The shaded vertical bars indicate periods of recession, which extend from the peak of a business cycle to its trough. The National Bureau of Economic Research(NBER) has determined that an expansion ended and a recession began in February 2020. Although the NBER has not yet identified the end of that recession, CBO estimates that it ended in the second quarter of 2020.

GDP=gross domestic product.

〈그림 3-1〉 경제성장률과 잠재성장률의 비교

간과 2020년에 발생한 COVID-19의 경기침체기간에서 실질경제성장률은 -3 퍼센트에 가까운 수치를 기록한다. 동일한 기간 중 실질경제성장률의 급격한 감소에 비해 잠재성장률의 하락은 상당히 완만하게 감소하는 모습을 보인다. 실질경제성장률이 하락하거나 상승한다고 잠재성장률이 같은 폭으로 변화하는 것은 아니라는 점을 확실히 보여주고 있다.

<그림 3-1>의 아래에 있는 그림은 생산갭률 또는 GDP갭률을 푸른색 막대그래프로 보여주고 있다. 생산갭률이 양수의 값을 가지는 기간과 음수의 값을 가지는 기간이 있음을 알 수 있다. 위에 있는 그림에서 회색의 막대가 나타나는 기간과 비교하면 푸른색 막대그래프가 음수의 값을 가지는 기간과 겹치는 것을 알 수 있다. 경기불황 또는 경기침체가 발생하는 기간에서는 실질GDP가 잠재GDP보다 더 낮아지기 때문에 생산갭률의 값이 음수가 된다는 것을 보여주고 있다. <그림 3-1>에 있는 두 개의 그림이 함의하는 점을 다음과 같이 정리할 수 있다. 앞에서 설명한 실질GDP가 생산갭의 부분과 잠재GDP의 부분으로 분리된다는 점과 경기순환의 국면에 따라서 생산갭의 부호가 음수와 양수를 번갈아 가면서 변화한다는 점은 이론모형의 개념적인 구분으로만 끝나는 것이 아니라, 실제자료의 실증분석을 통해서 경제상황을 파악하는데 사용되고 있다는 점이다.

<그림 3-1>에서 위의 그림과 아래의 그림을 비교하면 다음과 같은 점을 지적할 수 있다. 성장률갭의 값이 양수인 기간에 GDP갭률의 값이 양수가 아닐 수 있다는 점을 지적한다. 반대로 성장률갭의 값이 음수인 기간에 GDP갭률의 값이 음수가 아닐 수 있다는 점을 지적한다. 여기서 성장률갭은 실질경제성장률과 잠재성장률의 차이로 정의된다. 앞에서 이미 설명한 바와 같이 GDP갭이 계속 음수이면서 GDP갭의 절대값이 계속해서 감소하는 기간에서 성장률갭은 양수가 되는 상황이 가능하다고 지적하였다. 위의 패널을 보면 2010년부터 2019년까지 대체로 실질성장률이 잠재성장률보다 더 높게 나타난다. 반면에 GDP갭률은 2008년부터 2016년까지의 기간 중 음수의 값을 가진다. 2015년까지 미국중앙은행이 제로금리정책을 실시하였던 점을 감안하면 경기회복이 완전히 달성되지 않은 상황에서 실질GDP가 잠재GDP를 추격하기 위해 실제성장률이 잠재성장률보다 더 높게 나타났을 가능성을 짐작해볼 수 있다.

제**1**절　　잠재성장률과 자연이자율

「자연율가설」은 잠재성장률, 자연이자율, 잠재GDP 등의 개념은 학술연구 뿐만 아니라 실제 거시경제정책의 목표결정과 계획수립에서도 중요하다는 점을 시사하고 있다. 블랜샤드가 2018년에 발표한 연구논문에서 설명한 「자연율가설」의 내용을 간단히 인용한다.[13] 「잠재GDP는 통화정책과 독립적으로 결정된다. 높은 인플레이션을 감내하지 않고 잠재GDP보다 높은 GDP 수준을 지속적으로 유지할 수 없다.」 자연율가설이 실질GDP의 구성에 대하여 함의하는 점은 실질GDP와 잠재GDP와 다를 수 있다는 것이다. 실질GDP와 잠재GDP의 괴리가 발생하면 거시경제정책을 사용하여 조정이 가능하다는 점을 시사한다. 실질GDP와 잠재GDP의 괴리를 조정하는 역할이 인플레이션의 피해가 없는 거시경제정책의 영역이라는 함의가 있다.

본 책에서 설명하는 거시경제이론모형에서는 앞에서 설명한 「자연율가설」의 개념을 받아들여 다음과 같은 가정을 유지한다. 실질GDP는 상호의존성이 없는 두 개의 서로 독립적인 부분으로 구성되어 있다. 하나는 잠재GDP이고 다른 하나는 실질GDP와 잠재GDP의 괴리를 반영한 부분이다. 자연율 가설의 주장을 받아들여 두 부분은 서로 독립적으로 결정된다고 가정한다. 이런 구분을 인정하면 실질GDP는 통화정책 등과 같은 단기적인 경기조절을 목표로 집행되는 거시경제정책에 의해서 영향을 받을 수 있는 부분과 통화정책과 독립적으로 결정되는 부분으로 분리된다는 것을 인정하는 것이다. 각각의 부분에 대한 용어를 정리하면 다음과 같다. 실질GDP의 단기적인 변동은 GDP갭 또는 생산갭(output gap)으로 정의한다. 실질GDP에서 GDP갭을 제거한 부분이 잠재GDP(potential GDP)이다.

「자연율가설」은 과거에 이미 폐기처분된 개념이라서 현실경제를 이해하는 데 도움이 되지 않다는 견해가 있을 가능성이 있다. 자연율가설은 단순히 교과

---

13) 블랜샤드(Olivier Blanchard)가 2018년 미국 경제학회의 학술지인 Journal of Economic Perspectives(32권 1호, 97페이지부터 120페이지)에 출간한 연구논문의 제목은 「Should We Reject the Natural Rate Hypothesis?」이다.

서에서만 논의되고 현실경제에서는 사용되지 않는다는 부정적인 견해를 반박할 수 있는 주장의 근거는 현실경제에서 실시되고 있는 거시경제정책에서 자연율가설의 개념이 적용되고 있다는 점이다. 특히 자연율가설의 현실적 중요성에 관한 블랜샤드의 설명을 요약하면 다음과 같다. 「초기에는 자연율가설의 진위에 대한 논쟁이 있었지만, 많은 사람들의 인정을 얻게 되었으며 거시경제학의 주요 패러다임이 되었다. 자연율가설은 중앙은행이 실제로 사용하는 거시경제모형과 사고의 틀에 흡수되어 있다. 특히 오늘날 많은 중앙은행이 채택하고 있는 인플레이션타기팅의 근간이 된다.」

위의 설명에서 중요한 부분은 자연율가설이 인플레이션타기팅의 근간이라는 주장이다. 자연율가설이 인플레이션타기팅의 이론적인 기초를 제공한다고 주장하는 근거는 무엇인가? 자연율가설이 인플레이션타기팅의 운용에 제공하는 함의를 두 개의 포인트로 요약할 수 있다. 첫 번째 포인트는 자연율가설의 개념을 이용하여 정의되는 자연이자율을 경기중립(실질)이자율로 해석할 수 있다는 것이다. 경기중립(실질)이자율은 경기불황도 아니고 경기호황도 아닌 경제상황에서 실현되는 실질이자율이다. 경기중립이자율이 통화정책의 운용에 중요한 이유는 무엇인가? 경기중립이자율은 중앙은행의 통화정책기조를 판단하는 기준점이 되기 때문이다. 현재시점에서 (실질이자율=자연이자율)의 조건이 충족된다면 중앙은행은 이자율을 낮추어서 경기를 부양하거나 아니면 이자율을 높여서 경기과열을 안정시키려는 의도를 가지고 있지 않은 것으로 판단할 수 있다. 현재시점에서 경기중립의 상황이 달성되어 있기 때문에 중앙은행도 이자율을 경기중립에 달성되는 수준으로 유지하고 있다는 의미이다.

두 번째 포인트는 자연율가설은 통화정책목표의 적절한 선택에 대한 함의를 제공한다는 것이다. 인플레이션타기팅을 채택하고 있는 중앙은행은 인플레이션율목표를 명시적으로 발표한다. 인플레이션율목표의 적정수준은 어떻게 결정할 것인가? 자연율가설이 인플레이션율목표치의 선택에 제공하는 함의는 다음과 같이 요약할 수 있다. 자연율가설은 잠재GDP의 수준에 대응하는 인플레이션율의 적정수준이 존재한다는 것을 인정한다. 자연율가설에서는 오랫동안 생산갭을 양수의 값으로 유지하려는 통화정책을 실시하면 높은 인플레이션을 감내해야 한

균형성장의 조건	$\dfrac{Y_{t+1}-Y_t}{Y_t}=\dfrac{C_{t+1}-C_t}{C_t}=\dfrac{I_{t+1}-I_t}{I_t}=g_{t+1}$
효용극대화조건의 함의	$\beta(1+r_{t+1})(\dfrac{C_t}{C_{t+1}})^{\sigma}=1 \rightarrow \beta(1+r_{t+1})=(1+g_{t+1})^{\sigma}$
잠재성장률과 자연이자율	$(1+r_{t+1})=(1+g_{t+1})^{\sigma}\beta^{-1} \rightarrow r_{t+1}=\sigma g_{t+1}+\ln\beta^{-1}$
추정식(미국자료)	$1+r_{t+1}=0.9495(1+g_{t+1})^{2.7479}$

주: β는 할인인자, g_t는 잠재성장률, r_t는 자연이자율이다.

다는 점을 지적하고 있다. 이 주장이 옳다면 생산갭이 제로인 경제상황에서 달성되는 인플레이션율이 중앙은행의 장기적인 인플레이션율목표가 되어야 한다. 자연율경제에서 달성되는 실질GDP수준인 잠재GDP와 이런 상황에 대응하는 인플레이션율수준이 통화정책의 장기적인 목표가 되어야 한다는 것이다.

앞에서 설명한 첫 번째 포인트의 현실적인 적용이 용이하지 않을 수 있다는 지적이 가능하다. 그 이유는 금융시장에서 거래된 자료수집만으로 자연이자율의 값을 알 수 없기 때문에 자연이자율을 정확히 파악하는 것이 쉽지 않기 때문이다. 첫 번째 포인트의 현실적인 적용을 위해서 필요한 정보는 잠재성장률의 수준과 잠재성장률과 자연이자율의 장기적인 관계이다. 앞에서 설명한 두 개의 항목에 대한 정확한 정보가 있다면 자연이자율을 정확히 파악할 수 있다. 잠재성장률의 결정을 설명하는 잠재GDP모형에 관한 설명은 뒷부분에서 자세히 설명한다. 여기에서는 잠재성장률과 자연이자율의 장기적인 관계를 이해하기 위해 필요한 잠재성장률과 자연이자율이 만족시켜야 하는 균형조건을 설명한다.

잠재성장률과 자연이자율이 만족시켜야 하는 균형조건을 분석할 때 장기적인 상황과 단기적인 상황의 차이점에 관해 먼저 설명해야 한다. 이런 측면에서 다음에서 설명하는 두 개의 가정이 도입된다. (1) 본 장에서 장기적인 상황을 분석할 때 미래시점의 상황에 관한 확률적인 변동성이 없는 것으로 가정한다. (2) 장기적으로 소비, 투자, 총생산이 모두 동일한 성장률로 변화하는 것으로 가정한다. 이런 조건이 충족되면 소비증가율도 잠재성장률과 동일하다. <표 3-1>의 첫째 줄에서는 「성장률 조건」이라는 이름으로 소비의 성장률이 잠재성장률과 일치한다는 것을 수식으로 나타내고 있다. 이런 조건이 만족되면 소비, 투자, 생산 등의 모든 변수가 동일한 성장률을 유지하면서 거시경제의 기간 간 변화가 진행되고 있다는 점을 강조하여 <표 3-1>의 첫째 줄에 있는 조건을 균형성장(balanced growth)의 조건이라고 부를 수 있다.

앞에서 설명한 두 개의 조건이 만족되는 상황에서 생애효용극대화의 조건을 분석한다. 생애효용극대화조건의 도출과정은 제2장에서 이미 설명했기 때문에 <표 3-1>의 둘째 줄에 있는 화살표의 왼쪽에서는 수식만 보여주고 있다. <표 3-1>의 둘째 줄에서 화살표의 왼쪽에서 생애효용극대화조건을 그대로 사용한다는 것은 제2장에서 설명한 효용극대화조건이 자연율경제에서도 성립한다는 것이다. 이제 <표 3-1>의 둘째 줄에서 화살표의 오른쪽에 있는 식을 설명하기로 한다. 둘째 줄에 있는 식에서 g_{t+1}은 다음시점에서 결정되는 잠재성장률이다. 둘째 줄에 있는 식은 균형성장의 조건이 만족될 때 실질이자율은 자연이자율의 함수가 된다는 것을 보여주고 있다. 독자들의 혼동을 방지하기 위해 제2장에서 부과한 $\beta(1+r) = 1$의 조건과 비교하여 설명한다. 제2장에서는 다음시점에서 장기잠재성장률은 제로라고 가정하였지만, 본 장에서는 장기잠재성장률이 제로가 아닌 것으로 가정한다.

<표 3-1>의 셋째 줄에서 화살표의 왼쪽에 있는 식은 생애효용극대화조건이다. 왼편에 있는 식의 양변에 로그를 취하고 난 후 $\ln(1+x) \approx x$의 근사식을 적용한다. 이 근사식이 성립하기 위해 x의 값이 충분히 작다는 가정이 필요하다. 잠재성장률과 자연이자율을 나타내는 변수의 값이 매우 작다는 점을 이용하면 <표 3-1>의 셋째 줄에서 화살표의 오른쪽에 있는 식과 같이 자연이자율은 잠재성장률의 선형함수로 표시된다. 이 식은 잠재성장률과 자연이자율이 서로 같은 방향으로 변화한다는 것을 의미한다. 잠재성장률이 낮아지면 자연이자율도 같이 낮아진다는 것이다. <표 3-1>의 제목에서 두 변수의 「장기적인 관계」를 분석하는 것으로 설명하고 있는데 장기적인 관계를 분석한다면 두 변수가 균제상태에서 고정된 값을 가지는 경우를 분석해야 하는 것이 적절하지 않은

가에 대한 질문이 가능하다.

앞에서 설명한 자연이자율의 이론모형이 실제의 자료를 잘 설명할 수 있는지에 관한 질문이 가능하다. 이런 질문에 정확한 답변을 제시하는 것은 본 책의 수준을 훨씬 뛰어 넘는 기술적인 분석이 필요하다. 그러나 <표 3-1>에서 정리하고 있는 자연이자율의 단순모형도 일반적으로 예상되는 수준보다는 훨씬 더 실제의 자료를 잘 설명할 수 있다는 사실을 확인할 수 있다. 통상 자연이자율의 시계열자료는 금융시장에서 거래된 자료의 수집만으로 생성되지 않는다. 따라서 자연이자율의 시계열자료는 모형을 사용하여 추출한다. 본 장에서는 자연이자율의 시계열자료를 생성할 때 많이 인용되는 모형을 사용하여 도출된 결과를 소개한다. 구체적으로 설명하면 1961년 1분기부터 2020년 1분기까지 관측된 미국의 시계열자료에 라우바크와 윌리엄스의 모형을 적용하여 추계된 자연이자율과 추세성장률의 시계열자료이다.14)

앞에서 사용한 추세성장률과 잠재성장률의 용어에 대하여 추가적인 설명이 필요하다. 엄밀히 구분하면 추세성장률과 잠재성장률의 차이가 있을 수도 있다. 그러나 자세한 설명을 첨가하는 것은 본 책의 범주를 넘기 때문에 본 책에서는 (추세성장률=장기잠재성장률)의 등식이 성립하는 것으로 간주한다. 또한 생산기술의 일시적인 변동을 반영하여 잠재GDP의 일시적인 변동을 허용할 수 있다. 실질GDP의 단기적인 변동은 모두 생산갭의 변동을 반영한다고 기계적으로 해석할 필요는 없다. 본 장의 뒷부분에서는 COVID-19의 거시경제효과를 잠재GDP모형을 사용하여 분석한다. COVID-19에 의해 잠재GDP가 일시적으로 감소하기 때문에 실질GDP가 일시적으로 하락하는 경우는 생산갭의 변동이 없이 실질GDP가 일시적으로 낮아지는 상황이라고 할 수 있다.

---

14) 라우바크(Thomas Laubach)와 윌리엄스(John Williams)의 모형이 제시된 연구논문의 제목은 2003년 Review of Economics and Statistics(85권 4호, 1063페이지부터 1070페이지)에 출간된 「Measuring the Natural Rate of Interest」이다. 잠재GDP를 추정하는 다른 모형의 설명과 한국의 자료를 사용한 잠재GDP의 추정결과가 소개되어 있는 저자의 2016년 저서는 DSGE연구센터에서 출간한 「상태공간모형에 의거한 한국의 잠재GDP추정」이다. 이 책자에서는 본 장에서 설명하고 있는 잠재GDP모형의 균형조건을 사용하여 잠재성장률과 추세성장률이 다르게 정의될 수 있음을 보이고 있다. <그림 3-2>를 작성하기 위해 사용된 수치는 미국 뉴욕연방은행홈페이지에서 다운로드 받을 수 있다.

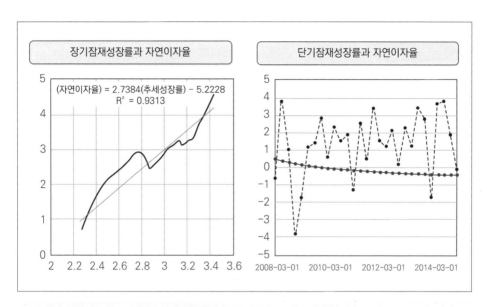

〈그림 3-2〉 잠재성장률과 자연이자율

<그림 3－2>의 왼편 그림은 미국의 장기잠재성장률과 자연이자율 간의 산
포도를 보여주고 있다. 산포도가 정의된 평면에서 수평축은 잠기잠재성장률을
나타내고, 수직축은 자연이자율로 정의된다. <표 3-1>의 모형에서 사용한 기
호를 사용하여 다시 설명하면 수평축은 $(1+g)$로 정의되고, 수직축은 $(1+r)$로
정의된다. 이처럼 수평축과 수직축의 단위를 선택한 이유는 <표 3－1>의 둘
째 줄과 셋째 줄에 정리되어 있는 자연이자율모형이 미국의 자료를 잘 설명하는
지를 분석하려는 의도를 반영하고 있기 때문이다. 앞에서 <그림 3－2>의 작
성과정을 설명하였기 때문에 다음에서는 산포도가 함의하는 의미를 정리하기로
한다. 산포도가 보여주고 있는 자연이자율과 장기잠재성장률 간의 관계에서 가
장 중요한 포인트는 자연이자율과 장기잠재성장률은 서로 같은 방향으로 변하
는 경향이 있다는 것이다. 균형성장의 조건이 만족되는 상황에서 <표 3－1>
의 자연이자율모형이 함의하는 두 변수의 관계가 자료에서도 나타난다는 점은
확인할 수 있다.

<표 3－1>에서 보여주고 있는 균형식이 정확하게 자료에서도 성립하는지

의 질문에 대해서는 긍정적으로 답변하기 어렵다. 보다 더 정확하게 설명하기 위해 <표 3-1>의 단순화된 균형식이 아니라 훨씬 복잡한 모형이 필요하다. 단순한 형태의 식을 사용하여 <그림 3-2>의 왼편 그림에서 보여주고 있는 장기잠재성장률과 자연이자율의 관계를 가장 나타내는 식의 형태를 선택하는 분석을 실시할 수 있다. 위에서 단순한 형태는 무슨 뜻인가? 변수가 하나인 함수를 의미한다. <표 3-1>의 둘째 줄에서 화살표 오른편에 있는 식은 단순한 형태의 곡선을 나타낸다고 볼 수 있다. <표 3-1>의 둘째 줄에서 화살표 오른편에 있는 식이 두 변수의 관계를 성확히 실명하는 식이라고 가정한다. 이런 가정을 유지하면서 <그림 3-2>의 왼편 그림에 있는 푸른색점의 모습을 가장 잘 반영하게 하는 계수의 값을 찾는 작업을 한다. 이처럼 거듭제곱의 지수함수를 가정하여 지수와 계수의 값을 추정한 작업의 결과는 <표 3-1>의 넷째 줄에 정리되어 있다.

다음에서는 미국자료를 사용하여 추정한 결과가 <표 3-1>의 자연이자율 모형에 대하여 함의하는 점을 정리한다. 첫째, <표 3-1>에 정리되어 있는 추정식의 우변에서 지수함수 앞에 있는 0.9495는 β의 역수의 추정치로 간주할 수 있다. β는 미래시점의 효용을 할인하기 위해 사용되는 파라미터이기 때문에 통상 1보다 작은 양수여야 한다는 조건을 부과한다. 따라서 <표 3-1>의 넷째 줄에 있는 식에서 나타난 β의 추정치는 모형에서 부과하고 있는 제약조건을 만족시키지 못하는 것으로 해석할 수 있다. 둘째, <표 3-1>의 둘째 줄에 정리되어 있는 생애효용극대화 조건과 넷째 줄에 있는 식을 비교하면 σ의 값이 2.7479가 된다. 따라서 추정한 결과에 의하면 σ의 값이 1보다 큰 양수일 가능성을 보여주고 있다. 셋째, 수정결정계수(R-square)의 크기가 1에 근접하는 것으로 나타난다. 수정결정계수는 <표 3-1>의 둘째 줄에 정리되어 있는 균형조건으로 설명되는 부분의 크기를 나타내는 척도로 간주할 수 있다. 이런 해석에 따르면 <그림 3-2>의 왼편 그림은 <표 3-1>에 정리되어 있는 균형조건이 미국의 실제 자료를 사용하여 추계된 두 변수의 관계를 어느 정도 설명하고 있음을 보여주는 실증적 증거로 간주할 수 있다.

자연이자율의 이론적인 모형분석이 중앙은행의 금리결정에 제공하는 함의는 무엇인가? 이런 질문은 앞에서 설명한 자연이자율 모형의 현실적인 유용성에 관한 질문이다. 본 장에서 소개하고 있는 모형은 거시경제학에서 많이 사용되고 있는 모형이라는 점을 지적한다. 따라서 모형의 구조가 현실경제를 잘 반영하고 있다는 것을 옹호하기 위한 답변을 제시하기보다는 자연이자율에 관한 정보가 현실적인 유용성이 있는지를 설명하기로 한다. 사실 답변은 간단하다. 자연이자율을 정확히 추계할 수 있다면 중앙은행이 단기명목이자율에 관한 목표치를 설정할 때 기준이 되는 경기중립이자율을 파악하는 데 도움이 된다. 경기중립이자율은 통화정책의 기조를 이해하는 데 도움이 된다. 예를 들어, 중앙은행이 결정하는 단기명목이자율이 경기중립이자율보다 더 낮다면 경기부양을 목적으로 하는「확장적 통화정책 기조」이고, 경기중립이자율보다 더 높다면 과열된 경기를 안정화시키는 것을 목적으로 하는「수축적 통화정책 기조」이다.

독자들의 이해를 돕기 위해 앞의 설명에 관한 구체적인 예를 제시한다. 경기중립적인 이자율의 정의를 수식으로 나타내면 (경기중립이자율)＝(자연(실질)이자율＋인플레이션율의 장기목표)의 식이 될 수 있다. 중앙은행이 적절한 인플레이션율의 장기목표를 선택한 것으로 가정한다. 예를 들어, 자연율경제의 인플레이션율을 인플레이션율의 장기목표로 설정한 것으로 가정한다. 또한 가계와 기업이 중앙은행이 설정한 인플레이션율의 장기목표치가 실제로 실현될 것으로 믿는다면 (장기 예상인플레이션율＝인플레이션율의 장기목표)의 등식이 성립한다. 이런 경우에는 (경기중립이자율)＝(자연(실질)이자율＋장기 예상인플레이션율)의 등식을 사용하여 경기중립이자율을 설정할지라도 결국 동일한 수준의 경기중립이자율을 추계하게 된다. 앞에서 설명한 경기중립이자율을 이용하여 중앙은행이 조정하는 단기명목이자율을 두 부분으로 분해할 수 있다. 단기명목이자율의 분해식을 구체적으로 쓰면 (명목이자율＝경기중립이자율＋경제상황변화에 대응하여 조정되는 부분)이다. 둘째 부분은 인플레이션타기팅을 실시하는 경우 실제인플레이션율이 목표인플레이션율에서 벗어나지 않도록 단기명목이자율을 조절하는 부분이다. 신축적인 인플레이션타기팅을 실시하는 경우 인플레이션율의 목표를 달성하는 책무만 고집하는 것이 아니라 거시경제의 경기국면을 단기명목이자율의 조정에 반영할 수 있다.

자연이자율은 중앙은행이 단기명목이자율의 목표치를 선택할 때 중앙은행의 선택이 거시경제의 경기순환에 어떠한 의미를 가지는지를 파악할 수 있는 중요한 정보를 제공하는 것으로 간주할 수 있다. 이런 주장을 듣는다면 중앙은행이 제로금리를 선택할 때 자연이자율은 어떠한 역할을 하는가의 질문을 추가할 수 있다. 앞에서 설명한 명목이자율의 분해식을 이용하여 설명하기로 한다. 첫째 부분을 보면 자연이자율이 큰 폭으로 감소하면 인플레이션목표가 양수이더라도 첫째 부분이 음수가 될 수 있다는 것을 알 수 있다. 둘째 부분을 보면 경기불황 국면에 대응하는 부분이기 때문에 극심한 경기불황이 진행되고 있다면 최저수준으로 낮추는 것이 바람직할 수 있다는 점을 이해할 수 있다. <표 3-1>에서 제시한 자연이자율의 모형이 자연이자율이 음수인 상황이 실제로 가능한 상황인 것으로 함의하는지에 대하여 궁금할 수 있다.

<표 3-1>의 자연이자율의 모형을 사용하여 어떠한 상황에서 자연이자율이 음수가 될 수 있는가? 자연이자율의 잠재성장률의 변화에 대한 탄력성은 σ이다. 따라서 σ의 값이 1보다 크면서 동시에 잠재성장률이 음수로 낮아지는 상황이 발생하면 자연이자율도 큰 폭으로 감소하여 음수의 값을 기록할 수 있다. 앞에서 소개한 경기중립이자율의 정의에 따르면 자연이자율이 큰 폭으로 음수가 되는 상황이 발생하면 경기중립이자율도 음수가 될 수 있다는 점을 확인할 수 있다. 그 결과 불황이 발생하면서 자연이자율이 음수인 상황이 되면 위의 식 우변에 있는 두 부분이 모두 음수가 되는 것이 바람직할 수 있다고 판단되는 상황이 가능하다는 것이다. 단기명목이자율의 하한으로 제로금리가 작용한다면 앞에서 설명한 상황이 발생할 때 중앙은행의 선택은 제로금리이다. 따라서 경기불황이 진행되면서 자연이자율이 음수가 되는 상황이 되면 중앙은행이 조정하는 단기명목이자율이 제로금리로 낮아진다는 점을 알 수 있다. 자연율가설의 함의를 반영하여 중앙은행이 통화정책을 실시하면 중앙은행은 자연이자율이 음수가 되는 상황에서 제로금리정책을 선택하게 된다는 점을 이해할 수 있다. 이에 덧붙여서 동일한 이유로 제로금리로부터 벗어나 명목이자율이 정상화되는 상황에서도 자연이자율이 어떠한 값을 가지고 있는지에 대하여 정확히 분석할 필요가 있다는 것이다.

<그림 3-2>의 왼편 그림에 수록된 자연이자율과 장기잠재성장률의 값을 보면 자연이자율과 장기잠재성장률이 음수가 되는 시기가 없다. 이런 결과는 앞의 설명과 비교하여 괴리가 있다. 그 이유를 다음과 같이 요약할 수 있다. 앞에서 자연이자율이 음수인 기간 동안 중앙은행은 제로금리를 선택할 가능성이 높다는 점을 지적했다. 또한 미국의 중앙은행은 2008년 말부터 2015년까지 제로금리를 유지하는 정책을 실시했다. <그림 3-2>의 왼편 그림에서 자연이자율과 장기잠재성장률의 값이 모두 양수라는 것은 미국의 중앙은행은 자연이자율이 양수인 기간 동안에도 제로금리를 실시하고 있었다는 것으로 해석할 수 있기 때문이다. 이런 의문에 대한 답변은 다음과 같이 정리할 수 있다. 먼저 자연이자율과 장기잠재성장률은 자료수집을 통해서 직접적으로 관측되지 않기 때문에 어떠한 자료를 사용하여 자연이자율과 잠재성장률을 추계하는지에 따라서 다른 결과가 발생할 수 있다는 점을 지적한다. 미국의 중앙은행이 제로금리를 실시하던 기간 동안 가용한 자료를 사용하여 자연이자율과 단기잠재성장률을 추계하면 음수의 값이 나타난다는 것을 보일 수 있다.

　　<그림 3-2>의 오른편 그림은 1961년 1분기부터 2015년 1분기까지 관측된 미국의 자료에 대하여 라우바크와 윌리엄스의 모형을 적용하여 산출한 자연이자율과 단기잠재성장률의 추계치 중에서 제로금리를 실시하던 기간에 해당하는 자연이자율과 단기잠재성장률의 값이 수록되어 있다. 단기잠재성장률은 검은색점선, 자연이자율은 푸른색실선이다. 푸른색실선을 보면 자연이자율은 2008년 하반기에 들어서기 시작하여 2009년부터 2015년까지 음수가 된다. 잠재성장률은 2008년 4분기와 2009년 1분기에서 큰 폭으로 떨어져서 음수의 값을 기록한다. 단기잠재성장률이 음수의 값을 보이는 상황은 2011년과 2014년에도 나타난다.

제2절　잠재GDP모형

　　다음에서는 잠재GDP가 어떻게 결정되는지에 대하여 생각해보기로 한다. 잠재GDP의 결정을 이론적으로 설명하려고 할 때 앞에서도 이미 설명한 「자연율가설이 성립하는 경제의 균형에서 달성되는 실질GDP수준이 잠재GDP이다.」라는 간단한 요약을 제시해볼 수 있다. 뒤따라 나올 수 있는 질문은 자연율경제의 개념을 실제자료에 직접 적용할 수 있도록 보다 구체적인 사례는 무엇인가를 생각해보는 것이다. 이런 질문의 답을 제시하기 위해 원래의 솔로우 경제성장모형을 두 가지 측면으로 수정해볼 수 있다.

첫 번째 측면은 총요소생산성의 확률적 변동을 반영하여 잠재GDP의 변동이 발생하는 방향을 생각해볼 수 있다. 두 번째 측면은 원래의 솔로우 경제성장모형에서 저축과 소비는 소득의 일정비율이라고 가정한 것을 수정하는 것이다. <표 3-1>에서 설명한 소비증가율과 자연이자율의 관계는 원래의 솔로우 경제성장모형에 없는 것을 보완하는 것이다. 자연이자율에 대한 함의가 있도록 모형을 수정하기 위해 가계의 역할을 명시적으로 도입할 수 있다. 수정된 모형에서는 무한기간 동안 생존하는 가계가 자신의 효용극대화를 위해 소비수요와 노동공급을 결정한다. 따라서 두 번째 측면은 원래의 솔로우 경제성장모형에 소비와 노동의 내생화를 추가하는 것이다. 앞에서 설명한 두 측면이 추가된 모형을 원래의 솔로우 경제성장모형과 구분하기 위해 「확률적 (솔로우) 경제성장모형」이라고 부를 수 있다. 또한 총요소생산성의 단기적 변동으로 인해 거시경제의 단기적인 경기변동이 발생한다는 견해가 반영된 모형이라는 점을 강조하면 앞에서 설명한 모형을 「실물적 경기변동모형」이라고 부를 수 있다.

다음에서는 거시경제변수의 확률적 변동이 제거된 보다 단순화된 모형을 설명한다. 확률적 변동을 반영하는 것이 현실적인 분석이지만 본 책의 범위를 넘는 기술적으로 복잡한 설명을 회피하기 위해 거시경제변수의 동태적인 변동만 반영하기로 한다. 본 절의 내용은 제1절의 내용과 어떠한 차이가 있는가? <그림 3-2>의 왼편 그림에는 추세성장률의 표현을 사용하고 있고, 오른편 그림에는 단기 잠재성장률의 표현이 있다. 두 용어는 서로 같은 의미인가? 차이가 있다면 어떠한 차이가 있는가? 다음에서 소개하는 내용은 앞에서 설명한 균제상태의 균형조건에 어떻게 도달되는지 또는 소비, 투자, 생산 등의 다른 중요한 변수들은 어떻게 결정되는지의 설명을 포함한다. 또한 이런 내용을 설명하는 과정에서 거시경제의 기간 간 변동이 존재하는 경우 추세성장률과 잠재성장률이 달라질

■:: 〈표 3-2〉 잠재GDP모형의 기본구조

사회후생함수의 현재효용	$U_t = \ln C_t - bN_t$
사회자원제약식	$C_t + I_t = K_t^\alpha (Z_t N_t)^{1-\alpha}$
자본축적의 식	$K_{t+1} = I_t + (1-\delta)K_t$
노동확장형 기술진보	$Z_{t+1} = Z_t(1+\gamma_{t+1})$

주: 이 표에서 C_t는 소비지출, I_t는 투자지출, N_t는 취업자의 수, Z_t는 취업자 일인당 생산성, γ_t는 생산성의 증가율, b는 사회후생함수에서 일인당 노동비효용, α는 자본스톡의 산출탄력성, δ는 자본스톡의 감가상각률이다.

수 있음을 지적한다.

　잠재GDP는 최적배분이 달성되는 경제의 실질GDP인가? 자연율가설을 주장하는 프리드만의 설명에서도 자연율경제에서 경제왜곡이 존재할 수 있다는 점을 인정하고 있기 때문에 자연율경제가 반드시 최적배분을 달성해야 한다는 주장이 자연율가설에는 명시적으로 담겨있지 않은 것으로 해석할 수 있다.[15] 그러나 솔로우 경제성장모형과 비교하여 차이점을 보다 더 명확히 설명하기 위해 재화시장과 생산요소시장의 시장구조를 그대로 유지한다. 따라서 최종재가 거래되는 시장은 모두 완전경쟁의 시장구조를 가지고 있다. 개별 재화가격은 모두 신축적으로 조정된다. 기업이 생산을 위해 노동과 자본을 고용한다. 생산요소의 시장은 모두 완전경쟁의 시장구조를 가지고 있다. 임금과 자본임대료는 모두 신축적으로 조정된다. 폐쇄경제를 가정하여 대외거래가 없다. 생산된 최종재화는 정부지출, 소비지출, 자본축적을 위한 투자지출 등으로 사용된다.

　〈표 3-2〉는 본 장에서 분석하는 잠재GDP모형의 기본구조를 수식을 사용하여 요약하고 있다. 최적배분은 사회자원제약식을 만족시키는 자원배분 중에서 사회후생을 극대화하는 자원배분으로 정의된다. 이런 정의를 반영하면 최적배분은 〈표 3-2〉의 둘째 줄과 셋째 줄에 있는 제약조건을 만족시키는 배분 중에

---

15) 자연율가설이 요약된 프리드만의 논문제목은 「The Role of Monetary Policy」이다. 이 논문은 1968년 미국 경제학회의 학술지인 American Economic Review(58권 1호, 1페이지부터 17페이지)에 게재되어 있다.

서 첫째 줄에 있는 사회후생을 극대화하는 배분이다. 본 절에서는 최적배분에서 달성되는 실질GDP를 잠재GDP로 정의한다.[16] <표 3-2>의 첫 번째 줄은 사회후생함수의 현재효용을 나타내고 있다. 현재효용은 현재소비지출의 로그함수이고, 취업자의 수에 비례하여 감소한다. 사회후생함수에서 노동의 비효용은 취업자의 수에 비례하는 것으로 가정한다. 시간이 흐르면서 소비자들의 여가에 대한 평가가 달라질 수 있기 때문에 비례상수의 값도 시간이 흐르면서 달라질 수 있다. 현재효용과 미래효용은 서로 독립적으로 결정된다. 현재효용의 단위로 평가한 소비자의 생애효용을 수식의 표현을 빌려서 설명하면 (생애효용＝현재효용＋할인인자×미래효용)이다. 미래효용 한 단위를 현재효용의 단위로 평가하면 (할인인자×미래효용)이다.

소비자의 기간 간 예산제약을 설명한다. 소비자는 근로자이면서 동시에 자본가이기 때문에 임대료소득과 노동소득이 발생한다. 소비자가 보유할 수 있는 자산은 실물자산인 자본스톡과 금융자산인 국채이다.[17] 따라서 소비자의 수입은 (임대료소득＋노동소득＋채권투자소득)의 세 부분으로 구성된다. 소비자의 지출은 (소비지출＋신규투자＋금융자산투자지출)의 세 부분으로 구성된다. 임대료소득과 노동소득은 각각 (임대료소득＝임대료×자본스톡)과 (노동소득＝실질임금×노동시간)이다. 이제 소비자에게 부과되는 기간 간 예산제약은 (소비자의 수입＝소비자의 지출)의 등식으로 표현된다.

개별소비자의 제약과 사회전체의 제약 사이에 성립하는 관계를 설명한다. 모든 경제주체의 소득을 합하면 개별 경제주체에게 분배된 소득의 총합으로 정의되는 국민소득이 된다. 모든 경제주체의 지출을 합하면 개별 경제주체가 실행한 지출의 총합으로 정의되는 국민소득이 된다. 이처럼 지출측면에서 파악한 국민소득은 대외거래가 없는 폐쇄경제에서 (소비지출＋투자지출＋정부지출)의 식으

---

16) 뉴케인지언모형을 분석하는 연구에서 연구자에 따라 자연율경제의 정의가 다를 수 있다는 점을 지적한다. 예를 들어, 최적배분이 달성되는 경제로 정의하는 경우도 있고, 재화시장과 생산요소시장에서 불완전경쟁이 존재하지만 명목가격 또는 명목임금의 경직성이 없는 경제로 정의하는 경우도 있다. 보다 자세한 설명은 본 책의 범위를 넘기 때문에 생략하기로 한다.
17) 본 장에서 분석하는 모형에서는 두 종류의 자산만 가능한 것으로 가정하지만, 보다 더 현실적인 분석이 필요할 때에는 다양한 종류의 자산이 포함되는 모형으로 확장될 수 있다.

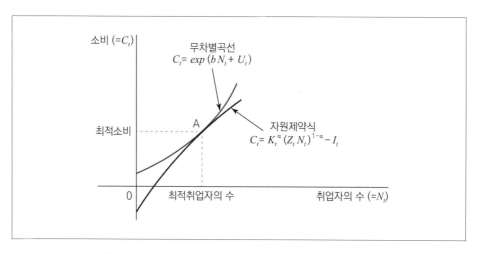

그림에는 다음과 같은 요소들이 표시되어 있다.

- 세로축: 소비 (=C_t)
- 무차별곡선 $C_t = exp(bN_t + U_t)$
- 자원제약식 $C_t = K_t^\alpha (Z_t N_t)^{1-\alpha} - I_t$
- 최적소비
- 점 A
- 가로축: 취업자의 수 (=N_t)
- 최적취업자의 수
- 0

〈그림 3-3〉 **고용의 결정**

로 쓸 수 있다. 따라서 앞에서 설명한 소비자의 기간 간 예산제약을 모든 소비
자에 대하여 총합하여 도출한 식의 우변은 국민소득이 되고, 좌변은 (소비지출
＋투자지출＋정부지출)이다. 이 식은 경제전체에 적용되는 제약식이다.

　<표 3-2>의 셋째 줄에 정리되어 식은 자본스톡이 생산되는 과정을 설명
한다. 이 식도 자본재의 생산기술을 나타내는 것으로 간주할 수 있기 때문에 최
적배분이 만족시켜야 하는 제약식이다. 이 식을 이해할 때 주의할 점은 K_{t+1}의
크기는 현재에서 결정되고, K_t의 크기는 과거에서 결정된다는 것이다. 현재의
신규투자는 한 기간이 지난 후에야 비로소 생산과정에 투입할 수 있는 자본스톡
이 된다는 것을 의미한다. 이런 특성은 공장을 건축하고 기계를 제작하는 데 시
간이 든다는 점을 반영한 것이다. 뿐만 아니라 시간이 지나면서 자본스톡은 일
정한 비율로 소모된다. 자본스톡이 생산에 투입되면 마모되거나, 생산에 투입되
지 않더라도 새로 제작된 기계에 비해 성능이 떨어질 수 있다. <표 3-2>의
셋째 줄에서는 이런 특성을 반영하여 매기마다 일정한 비율로 과거에 생산된 자
본스톡의 크기가 감소하는 것으로 가정하고 있다.

　<그림 3-3>에서는 사회효용함수의 무차별곡선과 자원제약곡선이 서로 접
하는 점에서 취업자의 수와 소비지출의 최적결정이 이루어진다는 것을 보여주

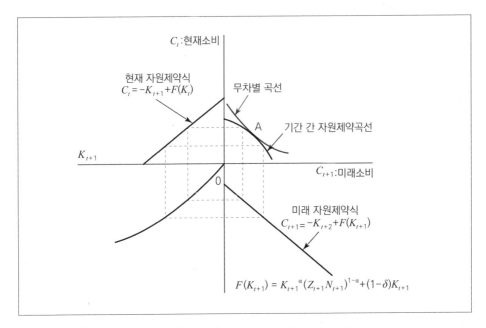

〈그림 3-4〉 현재소비와 미래소비의 결정

고 있다. <그림 3-3>에서 수직축이 소비지출을 표시하고, 수평축은 취업자의 수를 표시한다. 취업자의 수가 증가하면 취업자의 수에 비례하여 사회효용수준이 감소하기 때문에 사회후생함수의 무차별곡선은 우상향하는 곡선이 된다. 무차별곡선의 식은 사회후생함수의 현재효용이 U인 경우를 가정하고 있다. 자원제약곡선은 (I, Z, K) 등의 값이 고정되어 있다는 가정이 부가된 사회자원제약식의 그래프로 정의된다. 총생산함수에서 한계생산체감의 법칙이 성립하기 때문에 취업자의 수가 증가하면서 자원제약곡선의 기울기는 감소한다. 최적배분의 점을 표시하고 있는 A점에서 무차별곡선의 기울기와 자원제약곡선의 기울기가 같아져야 한다는 것을 보여주고 있다.

<그림 3-4>에서는 사회후생함수를 극대화하는 현재소비와 미래소비의 교환을 그림으로 설명하고 있다. <그림 3-4>에는 네 개의 평면이 있다. 이 중에서 일사분면은 최적배분의 결정조건을 보여주고 있다. 일사분면의 수직축은 현재소비를 나타내고, 수평축은 미래소비를 나타낸다. 일사분면에서 원점에 대

하여 볼록한 곡선은 무차별곡선이고, 원점에 대하여 오목한 곡선은 자원제약곡선이다. <그림 3-3>의 자원제약곡선과 구별하기 위해 「기간 간 자원제약곡선」이라는 명칭을 사용한다. 다른 세 개의 평면들을 이용하여 사회자원제약식이 현재소비와 미래소비의 교환에 부과하는 제약조건의 그래프로 도출되는 과정을 보여주고 있다. 사사분면에 있는 직선은 미래의 사회자원제약식이 함의하는 미래소비와 미래자본스톡 간의 관계를 그래프로 보여주고 있다. 미래자본스톡이 현재에서 결정되기 때문에 사사분면에서 수직축이 나타내는 변수의 값은 현재에서 결정된다는 점을 지적한다.

사사분면의 수직축이 나타내는 변수는 미래자본스톡의 비선형함수이다. 삼사분면에 있는 곡선은 사사분면 수직축에서 정의된 변수의 그래프이다. 이사분면에 있는 직선은 현재 사회자원제약식이 함의하는 현재소비와 미래자본스톡의 트레이드-오프를 나타내고 있다. 그 이유는 다음과 같이 요약할 수 있다. 현재자본스톡은 과거에 이미 결정되었기 때문에 현재에 들어와서 변동이 없다. 따라서 (Z, N) 등의 값이 고정되어 있다면 현재소비가 증가(감소)하면 미래자본스톡이 동일한 크기로 감소(증가)해야 현재 사회자원제약이 만족된다.

「기간 간 자원제약곡선」의 도출과정은 점선으로 표시된 화살표로 표시되어 있다. 일사분면의 수평축에서 임의의 점을 선택한다. 이 점에서 수직선을 아래로 그리면 사사분면의 직선과 교차하는 점을 찾을 수 있다. 이 교차점에서 왼쪽으로 수평선을 그리면 삼사분면의 곡선과 만나는 점을 찾을 수 있다. 이 교차점에서 수직선을 위로 그리면 이사분면의 직선과 만나는 점을 찾을 수 있다. 이사분면의 교차점에서 오른쪽으로 수평선을 그려서 최초의 점에서 올라간 수직선과 교차하는 점을 찾으면 이 점이 「기간 간 자원제약곡선」의 위에 있는 한 점이다. 동일한 방식을 계속해서 적용하여 찾은 점들을 연속적으로 연결하면 「기간 간 자원제약곡선」을 일사분면에 그릴 수 있다. 최적배분의 점을 표시하고 있는 A점에서 무차별곡선의 기울기와 기간 간 자원제약곡선의 기울기가 같아져야 한다는 것을 보여주고 있다.

<표 3-3>에서는 <그림 3-3>과 <그림 3-4>를 사용하여 설명한 최적배분의 결정조건을 수식으로 정리하고 있다. <그림 3-3>의 A점에서 성립

취업자의 수	$bC_t = (1-\alpha)\dfrac{Y_t}{N_t}$
자본스톡의 축적	$\beta\dfrac{C_t}{C_{t+1}} = (\alpha\dfrac{Y_{t+1}}{K_{t+1}} + 1 - \delta)^{-1}$
사회자원제약식	$C_t + K_{t+1} = Y_t + (1-\delta)K_t$
총생산함수	$Y_t = K_t^{\alpha}(Z_tN_t)^{1-\alpha}$

주: β는 할인인자를 나타낸다.

하는 조건에 대응하는 식은 <표 3-3>의 첫째 줄에 정리되어 있다. (무차별곡선의 기울기=자원제약곡선의 기울기)의 조건을 수식으로 정리한 것이다. 좌변은 노동의 한계비효용을 소비의 한계효용으로 나눈 비율이고, 우변은 노동의 한계생산이다. <표 3-3>의 첫째 줄은 사회후생함수로부터 도출한 소비와 노동의 한계대체율이 노동의 한계생산과 같아진다는 조건이다. <그림 3-4>의 A점에서 성립하는 조건에 대응하는 식은 <표 3-3>의 둘째 줄에 정리되어 있다. 좌변은 생애효용함수로부터 도출한 무차별 곡선의 기울기이고, 우변은 「기간 간 자원제약곡선」의 기울기에 대응된다. 생애효용함수로부터 도출한 무차별 곡선의 기울기는 소비의 기간 간 한계대체율이다. 「기간 간 자원제약곡선」의 기울기는 현재소비를 한 단위 줄이고 그 대신 미래자본스톡을 한 단위 증가시킬 때 미래에서 발생할 이득의 역수이다. <표 3-3>의 둘째 줄은 최적배분에서는 사회후생함수로부터 도출한 소비의 기간 간 한계대체율과 현재소비를 한 단위 줄이고 그 대신 미래자본스톡을 한 단위 증가시킬 때 미래에서 발생할 이득의 역수가 같아져야 한다는 것을 함의한다.

완전경쟁시장에서 소비자와 기업들이 자유롭게 거래한다면 <표 3-3>에서 도출한 최적배분의 결정조건이 그대로 성립할 것인가? 시장경제에서는 가격에 의해서 배분이 결정된다. 따라서 시장을 통해서 결정된 배분이 최적배분을 달성할 수 있는지의 질문이 가능하다. 앞에서 설명한 경제왜곡이 없는 완전경쟁의 시장구조와 명목경직성이 없다는 조건이 성립하는 경제에서는 가능하다는 것을

■┋ 〈표 3-4〉 시장경제의 균형조건

	공급	수요	균형
노동시장	$bC_t = w_t$	$w_t = (1-\alpha)\dfrac{Y_t}{N_t}$	$bC_t = (1-\alpha)\dfrac{Y_t}{N_t}$
자본임대시장	K_t 고정되어 있음	$R_t = \alpha\dfrac{Y_t}{K_t}$	$R_t = \alpha\dfrac{Y_t}{K_t}$
채권시장	정부의 국채발행	가계의 채권투자	$\beta\dfrac{C_t}{C_{t+1}}(1+r_{t+1}) = 1$
자본재시장	자본스톡의 공급	자본스톡의 수요	$\beta\dfrac{C_t}{C_{t+1}}(R_{t+1}+1-\delta) = 1$

주: w_t 는 실질임금, R_t 는 실질임대료이다. 동일한 기호에서 하첨자 $(t+1)$ 은 다음시점을 의미한다.

보일 수 있다. 이를 확인하기 위해 다음에서는 <표 3-3>의 둘째 줄에 있는 자본스톡의 최적조건이 시장경제에서도 성립한다는 것을 보인다.

　노동시장을 먼저 생각하기로 한다. 노동공급은 가계에서 결정하고, 노동수요 는 기업이 결정한다. 노동공급은 가계의 효용극대화조건에 의해서 결정된다. 여 가와 소비의 트레이드-오프를 반영한 가계의 효용극대화조건은 (실질임금=여 가한계효용/소비한계효용)이다. <표 3-2>의 첫째 줄에 있는 사회후생함수를 사용하여 위의 조건을 계산하면 여가의 한계효용은 노동의 비효용으로 대체되 어야 한다. <표 3-2>의 첫째 줄에 있는 사회후생함수를 사용하여 도출한 효 용극대화조건은 <표 3-4>의 노동시장조건을 정리한 줄에서 둘째 칸에 정리 되어 있다. 이윤극대화조건으로부터 도출한 노동수요조건은 (실질임금=노동한 계생산)이다. <표 3-4>의 둘째 줄 셋째 칸에 이 조건이 수식으로 정리되어 있다. 균형조건은 (노동수요=노동공급)이므로 균형에서 (노동비효용/소비한계 효용=노동한계생산)의 조건이 성립한다. <표 3-4>의 둘째 줄 마지막 칸에 균형조건이 수식으로 정리되어 있다. <표 3-4>의 균형조건과 <표 3-3>의 취업자의 수에 관한 최적조건을 비교하면 서로 같기 때문에 <표 3-3>의 첫 째 줄에 있는 최적조건은 노동시장을 통해서 달성된다는 것을 확인할 수 있다.

다음에서는 자본재축적의 최적조건이 시장경제에서 어떻게 달성되는지를 설명한다. 현재에서 신규투자를 계획하는 사람은 현재시점에서 투자비용을 지불하고, 미래시점에서 투자수익이 발생한다는 점을 알고 있다. 소비자는 신규투자를 위해 실질GDP를 소비하지 않고 투자해야 한다. 투자비용을 효용단위로 측정하면 현재소비의 한계효용이다. <표 3–3>의 둘째 줄에 정리되어 있는 식은 자본재축적을 나타내는 식이다. 이 식을 보면 소비자가 실질GDP 한 단위를 소비하지 않고 신규투자하면 다음시점에서 자본스톡 한 단위가 생성된다. 따라서 현재 신규투자는 미래 자본스톡의 증가를 위한 저축으로 간주할 수 있다. 이런 개념을 적용하여 측정한 현재 저축의 크기는 얼마인가? 현재시점의 효용단위로 측정할 때 (현재소비한계효용)×(신규투자증분)이다. 「신규투자증분」이라는 표현은 매우 작은 수준의 신규투자를 의미한다. 따라서 앞에서 제시한 수식의 표현은 저축의 한계비용을 효용단위로 측정한 것이다.

다음에서는 저축결정에 적용되는 효용극대화의 조건을 설명한다. 간단히 말로 정리하면, (저축의 한계비용＝저축의 한계이득)의 등식이다. 여기서 저축의 한계비용은 저축을 선택하여 발생하는 현재효용의 감소로 측정한다. 저축의 한계이득은 저축을 선택하여 얻는 미래효용의 증가를 현재효용 단위로 측정한다. 미래효용의 증가는 미래에 발생하는 저축의 수익을 모두 소비하여 얻을 효용의 증가로 정의된다. 미래효용과 현재효용은 일대일로 교환되지 않는다. 미래효용 한 단위는 현재효용 한 단위보다 작다고 가정한다. 미래효용을 현재효용 단위로 측정하기 위해 할인인자를 사용한다. 예를 들면, (할인인자)×(미래효용)이 미래효용을 현재효용의 단위로 평가한 것이다.

저축의 한계이득을 계산하기 위해 먼저 미래에서 발생할 저축의 이득을 설명한다. 미래에서 자본스톡이 증가하여 발생할 미래수익은 두 개의 항목으로 구분된다. 첫째, 임대료 소득이다. 둘째, 자본스톡의 판매수입이다. 임대료 소득은 미래시점의 임대료, 자본의 판매수입은 미래시점의 자본스톡가격에 의해서 결정된다. 자본스톡 한 단위의 실질가치는 소비재 한 단위와 같다. 판매할 수 있는 자본스톡의 크기를 계산할 때 감가상각으로 처리되는 부분을 제외해야 한다. 판매할 수 있는 자본스톡의 가격은 소비재의 가격과 같기 때문에 자본스톡을 판매하여 얻는 수입의 크기는 (1－감가상각률)이다. 앞의 설명을 정리하면 미래수익은 (자본임대료＋1－감가상각률)이다.

다음에서는 미래소비의 한계효용을 현재효용의 단위로 평가해야 한다. 구체적으로 표현하면 (할인인자)×(미래소비한계효용)의 형태가 되어야 미래소비의 한계효용을 현재효용단위로 측정한 것이다. 따라서 미래수익의 현재가치를 현재효용의 단위로 나타내면 (할인인자)×(미래소비한계효용)×(자본임대료＋1－감가상각률)×(신규투자증분)의 형태가 된다. 이런 형태가 도출되는 이유를 간단히 정리한다. 세 번째 항은 (신규투자증분)이 동일한 크기로 미래 자본스톡을 생산하기 때문에 발생하는 소득이다. 두 번째 항은 미래소득을 모두 소비하여 얻는 미래소비 효용의 증가이다. 첫 번째 항은 현재효용의 단위로 전환하기 위한 할인인자이다.

앞에서 설명한 내용을 종합하여 신규투자의 결정을 위한 효용극대화조건을 정리한다. (현재소비한계효용)＝(할인인자)×(미래소비한계효용)×(자본임대료＋1－감가상각률)의 등식이다. 실물투자를 결정하는 조건에 현재소비와 미래소비의 한계효용이 포함된다는 것이 현실경제와 비교하여 얼른 납득이 되지 않을 수도 있다. 본 장에서 분석하는 모형에서는 소비자가 기업의 주주로서 자본가의 역할을 수행하고 있다. 따라서 자본스톡의 크기를 결정할 때 자신의 생애효용을 높이는 방향으로 결정한다는 점이 반영되기 때문이다. 이 조건의 수식은 <표 3-4>의 다섯째 줄에 「자본재시장 균형조건」이라는 명칭으로 정리되어 있다. <표 3-4>의 자본임대시장조건을 정리한 줄에서 볼 수 있듯이 자본임대시장과 재화시장이 모두 완전경쟁이면 (자본임대료＝자본한계생산)의 조건이 성립한다. 이 식을 위에서 정리한 효용극대화조건에 대입하여 정리하면 (현재소비한계효용)＝(할인인자)×(미래소비한계효용)×(자본한계생산＋1－감가상각률)의 조건이 된다. 이런 작업을 통해서 <표 3-4>의 다섯째 줄에 있는 식과 <표 3-3>의 둘째 줄에 있는 식을 비교하면 두 개의 식이 서로 같다는 것을 알 수 있다. 결국 최적배분의 경제에서 성립하는 자본축적의 조건이 시장경제를 통해서 달성된다는 것을 확인할 수 있다.

생애효용을 극대화하는 소비자가 금융자산에 투자할 때에도 앞에서 설명한 원리를 적용할 수 있는가? 예를 들어, 정부가 발행한 만기가 한 기인 채권에 투자할 때 적용하는 효용극대화의 조건은 무엇인가? 앞에서 신규투자의 결정조건을 도출할 때 적용한 원리를 그대로 적용할 수 있는가? 앞에서 설명한 원리를 그대로 적용하면 채권투자의 한계이득은 (할인인자)×(미래소비한계효용)×(1＋실질이자율)이다. 채권투자의 한계비용은 (현재소비한계효용)이다. 따라서 채권투자의 결정에 적용되는 효용극대화조건을 도출하면 다음과 같다. (현재소비한계효용)＝(할인인자)×(미래소비한계효용)×(1＋실질이자율)의 형태가 된다. 이 조건은 채권시장의 가격변수인 균형이자율이 어떻게 결정되는지를 나타내는 균형조건이라고 할 수 있다. 따라서 이 조건을 채권시장의 균형소선이라고 부르기로 한다. <표 3－4>의 채권시장조건을 정리하는 줄에는 앞에서 설명한 채권시장의 균형조건이 수식으로 정리되어 있다.

제3절 자연이자율의 동태적 변화

　　잠재GDP모형에서 함의하는 자연이자율의 동태적 변화를 분석한다. 이를 위해 다음과 같은 두 개의 작업이 필요하다. (1) 자연이자율의 점화식을 도출해야 한다. (2) 자연이자율의 점화식이 함의하는 자연이자율의 동태적 변화를 분석하기 위해 페이즈－다이어그램을 사용한다. 이와 같은 두 개의 작업은 자연이자율의 동태적 변화를 분석하는 경우에만 유용한 것이 아니라 다른 거시경제변수의 동태적 변화를 분석할 때에도 동일하게 적용된다는 점을 강조한다. 제2장에서 점화식의 개념에 대하여 이미 설명하였기 때문에 점화식에 관한 일반적인 설명은 생략하기로 한다. 페이즈－다이어그램(phase－diagram)은 점화식의 그래프 분석을 위한 도구라고 해석할 수 있다. 페이즈－다이어그램을 어떻게 작성하는지에 대하여 간단히 설명한다. 페이즈－다이어그램을 사용하는 목적은 분석대상의 변수가 인접한 기간에서 어떻게 달라지는지를 분석하는 것이다. 페이즈－다이어그램을 작성하는 절차는 다음과 같이 요약할 수 있다. (1) 수평축이 현재시점에서 변수의 값, 수직축이 다음시점에서 변수의 값을 나타내는 평면을 정의한다. (2) 이처럼 정의된 평면에서 두 개의 그래프를 작성한다. 첫째 그래프는

■:: ⟨표 3-5⟩ 자연이자율의 결정조건

실질임금과 자본임대료의 기하평균	$R_t^\alpha \left(\dfrac{w_t}{Z_t}\right)^{1-\alpha} = \alpha^\alpha (1-\alpha)^{1-\alpha}$
자본임대료와 자연이자율	$R_t = r_t + \delta$
소비지출과 자연이자율	$C_t = (\alpha^\alpha (1-\alpha)^{1-\alpha})^{1/(1-\alpha)} b^{-1} Z_t (r_t + \delta)^{-\alpha/(1-\alpha)}$
자연이자율의 점화식	$r_t + \delta = m_{t+1}(r_{t+1} + \delta)(1 + r_{t+1})^{(1-\alpha)/\alpha}$

주: $m_{t+1} = \beta^{(1-\alpha)/\alpha}(1 + z_{t+1})^{-(1-\alpha)/\alpha}$

점화식의 그래프이다. 둘째 그래프는 원점을 지나면서 기울기가 45도인 직선의 그래프이다.

앞에서 설명한 페이즈-다이어그램의 작성방법을 사용하여 자연이자율의 동태적 분석을 설명한다. 첫째 단계로서 자연이자율의 점화식을 도출하는 과정을 설명한다. ⟨표 3-4⟩에 있는 노동수요함수와 자본임대수요함수를 각각 총생산함수의 식에 대입하여 정리하면 실질임금과 자본임대료의 기하평균에 관한 조건이 도출된다. 이 조건은 ⟨표 3-5⟩의 첫째 줄에 수식으로 정리되어 있다. 또한 ⟨표 3-4⟩의 채권시장조건과 자본재시장조건이 동시에 성립하기 위해 (자본임대료＝실질이자율＋감가상각률)의 등식이 성립해야 한다. 이 조건은 ⟨표 3-5⟩의 둘째 줄에 수식으로 정리되어 있다. ⟨표 3-4⟩에 있는 노동시장의 공급함수와 ⟨표 3-5⟩의 둘째 줄에 있는 식을 ⟨표 3-5⟩의 첫째 줄에 있는 식에 대입하여 ⟨표 3-5⟩의 셋째 줄에 정리되어 있는 소비지출과 자연이자율의 관계를 나타내는 식을 도출한다. 이 식을 보면 자연이자율이 상승(감소)하면 소비지출이 감소(증가)한다는 것을 확인할 수 있다.

⟨표 3-5⟩의 셋째 줄에 있는 식을 ⟨표 3-4⟩에 있는 채권시장의 균형조건에 대입하면 ⟨표 3-5⟩의 넷째 줄에서 볼 수 있듯이 자연이자율의 점화식이 도출된다. 자연이자율의 점화식에는 현재시점의 자연이자율과 다음시점의 자연이자율이 동시에 나타난다. 따라서 자연이자율의 점화식을 사용하여 다음시점의 자연이자율이 현재시점의 자연이자율에 어떻게 반응하는지를 분석할 수 있

다. 자연이자율의 점화식에는 현재시점과 다음시점의 자연이자율 이외의 다른 변수도 포함되어 있다. 이런 변수를 자연이자율의 점화식에서 「제삼의 변수」로 정의한다. 「제삼의 변수」가 가지는 값이 변동하면 페이즈-다이어그램이 정의된 평면에 작성된 점화식의 그래프가 위로 이동하거나 아래로 이동한다. <표 3-5>의 넷째 줄에 있는 자연이자율의 점화식에서도 「제삼의 변수」가 포함되어 있음을 알 수 있다. 「제삼의 변수」는 m_{t+1}로 표시된다. <표 3-5>의 아랫줄에 있는 정의를 보면 노동확장형 기술진보율이 상승하거나 하락하면 m_{t+1}의 값이 감소하거나 증가한다는 것을 알 수 있다.

페이즈-다이어그램은 균제상태의 존재여부를 확인하는 데 도움이 된다. 균제상태의 정의는 분석대상의 변수가 항상 같은 값을 가지는 상황이다. 이런 조건이 만족되기 위해 앞에서 정의한 「제삼의 변수」가 하나의 고정된 상수가 되는 상황이어야 한다. 균제상태의 개념을 사용하여 얻는 이득은 무엇인가? 「제삼의 변수」가 단기적인 변동을 보일 가능성이 제거된 상황에서 분석대상의 변수가 장기적으로 어떠한 값을 가지는지를 예측하는 데 도움이 된다. 페이즈-다이어그램을 사용하여 균제상태를 찾는 방법은 단순히 원점을 지나는 45도의 기울기를 가진 직선과 점화식의 교차점을 찾으면 된다. 균제상태의 안정성도 확인해야 한다. 따라서 「제삼의 변수」의 변동이 없는 상황에서 시간이 충분히 지나면 분석대상의 변수가 균제상태로 수렴하는지를 확인해야 한다.

<표 3-5>의 넷째 줄의 점화식을 보면 음함수의 형태로 표기되어 있기 때문에 양함수의 형태로 수정한 후에 점화식의 그래프를 그려야 한다. 임의의 α값에 대하여 근의 공식이 없는 비선형점화식이 된다. 이런 경우에는 자연이자율의 동태적 변화를 분석하기 위해 컴퓨터의 수치해를 사용하여 점화식의 그래프를 그릴 수 있다. 컴퓨터의 도움을 받지 않더라도 근사식을 사용하면 적어도 균제상태의 근방에서 균제상태로 수렴하는지의 여부는 확인할 수 있다. 비선형점화식으로부터 어떻게 선형화된 점화식을 도출하는가? 「비선형 점화식의 선형화」는 다음과 같이 두 개의 단계로 분리하여 설명할 수 있다. (1) 균제상태의 조건을 만족하는 변수의 값을 찾는다. 균제상태의 조건(steady-state condition)은 인접한 두 시점에서 변수의 값이 동일하다는 조건으로 정의한다. 균제상태의 조

■ 〈표 3-6〉 점화식의 근사과정

자연이자율의 점화식	$x_{t+1}(x_{t+1}+1-\delta)=m^{-1}x_t \rightarrow x_{t+1}^2+(1-\delta)x_{t+1}-m^{-1}x_t=0$
균제상태와 점화식	$x^2+(1-\delta-m^{-1})x=0 \rightarrow x=\delta+m^{-1}-1(>0)$
이차항의 근사식	$x_{t+1}^2=x^2+2x\overline{x}_{t+1}$
일차항의 근사식	$x_{t+1}=x+\overline{x}_{t+1}, \ x_t=x+\overline{x}_t$
근사된 점화식	$(2x+1-\delta)\overline{x}_{t+1}-m^{-1}\overline{x}_t=0 \rightarrow \overline{x}_{t+1}=a\overline{x}_t$
근사된 점화식의 계수	$a=\dfrac{1}{1+b}, \quad b=1-m(1-\delta)$

주: $\overline{x}_t(=x_t-x)$는 현재시점에서 변수의 균제상태로부터의 편차를 나타낸다.

건을 점화식에 부여하면 분석하는 변수가 균제상태에서 만족시켜야 하는 균형
조건이 도출된다. 이를 「균제상태 균형조건(steady‐state equilibrium condition)」
이라고 부른다. 「균제상태 균형조건」을 만족하는 변수의 값이 균제상태의 값이
된다. (2) 점화식에 있는 각각의 항에 대하여 균제상태의 값을 중심으로 선형화
한다.

<표 3-6>에서는 <표 3-5>의 넷째 줄에 있는 자연이자율의 점화식을
사용하여 「비선형점화식의 선형화」의 과정을 설명한다. 일반적으로 이차방정식
이 다른 형태의 비선형방정식보다 친숙할 것으로 생각되기 때문에 $\alpha=0.5$의
가정을 부여하고, (자연이자율＋감가상각률)의 값을 x로 표시한다. 이런 작업을
거쳐서 <표 3-5>의 넷째 줄에 있는 자연이자율의 점화식은 x의 점화식이 된
다. 그 결과 도출된 점화식은 <표 3-6>의 첫째 줄에 있다. 첫째 줄에 있는
점화식을 보면 이차식의 형태로 정리된 점화식임을 알 수 있다. 앞에서 설명한
「비선형점화식의 선형화」를 적용한다. <표 3-6>의 둘째 줄에는 자연이자율
에 관한 균제상태의 균형조건이 정리되어 있다. 균제상태의 균형조건을 만족하
는 x의 값은 화살표 오른편에 정리되어 있다. 균제상태에서 x의 값이 양수일
충분조건은 두 개의 조건이다. 첫째, 감가상각률이 1보다 작은 양수이다. 둘째
m의 값이 1보다 작은 양수이다. 균제상태에서 x의 값을 계산하기 위해 컴퓨터

프로그램을 이용하지 않고, 손쉽게 계산할 수 있는 이유는 $\alpha = 0.5$의 가정이 부여되었기 때문이다. 다른 α의 값을 가정하면 균제상태에서 x의 값을 계산하기 위해 컴퓨터 프로그램을 사용해야 한다.

점화식에 이차항이 포함되어 있기 때문에 이차항의 선형화가 필요하다. <표 3-6>의 셋째 줄은 이차항의 균제상태 근방에서 선형화를 보여주고 있다. 셋째 줄에 있는 새로운 기호인 $\bar{x}_{t+1}$은 다음시점과 균제상태에서 변수 값의 차이를 나타내는 다음시점의 편차이다. 따라서 셋째 줄에 있는 이차항의 선형화는 이차항을 편차의 일차함수로 근사하는 것을 말한다. 넷째 줄에서는 현재시점과 다음시점의 값을 각각 편차의 일차함수로 표시하고 있다. 셋째 줄과 넷째 줄에 있는 식을 첫째 줄에 있는 비선형점화식에 대입하여 정리하면 다섯째 줄에 있는 선형점화식이 도출된다. 셋째 항과 넷째 항이 근사식이므로 다섯째 줄에 있는 점화식은 근사된 점화식이라고 할 수 있다. 근사된 점화식은 편차에 대한 선형점화식으로 표시되어 있다. 또한 근사된 점화식의 계수는 여섯째 줄에 정의되어 있다. 다음의 두 개의 조건이 만족되면 점화식의 계수가 1보다 작은 양수가 된다. (1) 감가상각률이 1보다 작은 양수이다. (2) m의 값이 1보다 작은 양수이다. 두 개의 조건은 이미 앞에서 균제상태에서 x의 값이 양수이기 위한 충분조건이라는 것을 설명하였다.

<표 3-6>의 다섯째 줄에 있는 점화식을 사용하여 임의의 수열을 생성할 수 있다. 점화식을 사용하여 생성된 수열에서 첫째항은 $t = 0$에서 변수의 값으로 정의한다. 따라서 $\bar{x}_0$가 수열의 첫째 항이 된다. 첫째항을 이용하여 최초시점부터 반복하여 점화식을 순차적으로 적용하면 공비가 a인 등비수열을 생성할 수 있다. 생성된 수열에서 임의의 t시점에 해당하는 변수의 값은 $\bar{x}_t = a^t \bar{x}_0$의 등식으로 표시된다. 등비수열의 끝항이 제로가 된다면 편차의 값이 제로로 수렴한다는 것이므로 변수의 값이 균제상태의 값으로 수렴한다는 것을 의미한다. 첫째 항이 유한값을 가질 때 등비수열의 끝항이 제로가 되기 위해서 공비의 절대값이 1보다 작아야 한다. 위의 설명을 정리하면 <표 3-6>의 다섯째 줄에서 화살표 오른편에 있는 근사된 점화식의 계수의 절대값이 1보다 작다는 조건이 자연이자율이 균제상태로 수렴한다는 것을 보장한다.

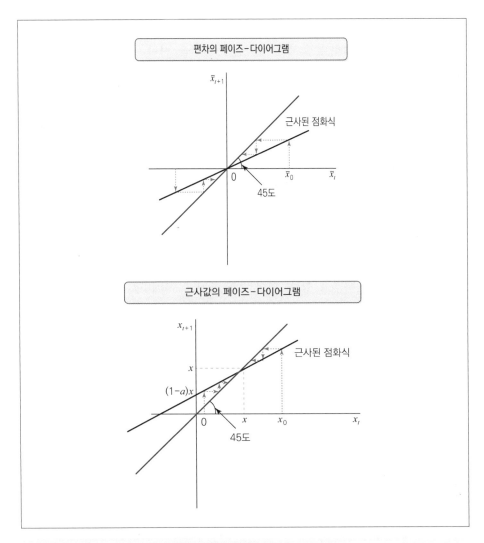

〈그림 3-5〉 선형점화식의 페이즈-다이어그램

    〈그림 3-5〉는 〈표 3-6〉의 다섯째 줄에 있는 선형점화식의 페이즈-다이어그램이다. 〈그림 3-5〉에는 두 개의 그림이 있다. 두 개의 그림은 동일한 선형점화식의 두 가지 다른 형태를 사용하여 작성한 것이므로 사실상 동일한 내용을 담고 있다. 페이즈-다이어그램을 작성하는 형식에 맞추어서 작성되었기 때문에 다음과 같은 공통점이 있다. 첫째 공통점은 수평축은 현재시점에서 변수

의 값이고 수직축은 다음시점에서 변수의 값이다. 둘째 공통점은 검은색직선은 점화식의 그래프를 나타내고, 푸른색직선은 원점을 지나는 기울기가 45도인 직선이다. 두 개의 그림은 어떤 차이가 있는가? 위의 그림의 변수는 편차이고, 아래 그림의 변수는 비선형점화식의 근사치를 나타낸다. 두 변수의 균제상태의 값이 다르다. 위의 그림에서 균제상태의 값은 제로이다. 아래 그림에서 균제상태의 값은 근사하기 이전 원래 비선형균제상태의 값이다. 근사를 하더라도 균제상태에서는 근사오차가 제로가 된다는 것이다.

<그림 3-5>에서 푸른색점선은 임의의 출발점에서 시간이 지나면서 어떠한 값의 수열이 나타나는지를 알려주고 있다. 앞에서 첫째항을 선택하면 점화식을 사용하여 수열을 생성할 수 있다는 것을 설명하였다. 두 개의 그림에 있는 푸른색점선은 임의로 선택된 첫째항에서 시작하여 어떤 값들이 수열에 포함되는지를 그림으로 보여주고 있다. 위의 그림을 보면 첫째항이 음수의 값 또는 양수의 값을 가지는지의 여부와 관계없이 제로로 수렴한다는 것을 보여주고 있다. 균제상태보다 큰 값에서 시작하든 아니면 작은 값에서 시작하든 결국 균제상태로 수렴한다는 것이다. 아래 그림은 근사값이 어떻게 달라지는지를 보여주고 있다. 아래 그림을 보면 첫째항이 균제상태보다 큰 값에서 시작하든 아니면 작은 값에서 시작하든 결국 균제상태로 수렴한다는 것이다.

근사된 선형점화식을 사용하여 분석하였기 때문에 두 개의 그림을 사용하여 작성한 수열은 근사오차를 포함한다. 근사오차가 작을수록 근사치는 원래의 값을 보다 더 정확하게 반영한다. 균제상태를 중심으로 근사하였기 때문에 균제상태의 값을 많이 벗어날수록 근사식의 정당성이 떨어진다고 할 수 있다. <그림 3-5>에서 보여준 페이즈-다이어그램은 균제상태의 부근에서 유용한 정보를 제공하는 것으로 간주할 수 있다. 적어도 균제상태에서는 근사오차가 사라진다. <표 3-6>에서는 「제삼의 변수」가 고정되어 있다고 가정하였지만, 「제삼의 변수」가 변동하더라도 페이즈-다이그램분석을 실시할 수 있다는 점을 지적한다. 「제삼의 변수」가 변동하더라도 앞에서 설명한 방식을 사용하여 근사된 선형점화식을 도출할 수 있다. 「제삼의 변수」의 변동이 발생하면 페이즈-다이어그램에 있는 선형점화식의 그래프를 위와 아래로 수평이동시키는 변화를 발생시킨다. 그러나 본 장에서는 「제삼의 변수」의 변화를 반영한 페이즈-다이어그램의 작성에 관한 설명은 생략하기로 한다.

제4절 COVID-19와 잠재성장률

COVID-19의 경제적 효과는 총수요부문과 총공급부문에서 동시에 발생한다고 볼 수 있다. 그러나 본 장에서 다루고 있는 내용이 잠재GDP와 잠재성장률의 결정이기 때문에, 후속되는 내용에서는 COVID-19가 총생산함수의 생산성에 미치는 효과에 대하여 중점적으로 설명한다. 여러 국가에서 발간된 경제예측분석을 보면 COVID-19가 2020년의 실질GDP와 실질경제성장률에 미치는 효과는 매우 크다고 밝히고 있다. COVID-19는 장기적으로 거시경제에 미치는 효과가 어느 정도인가? 2021년 2월에 미국의 의회조사국이 발표한 경제예측분석을 보면 일시적으로 잠재성장률이 낮아지지만 금융위기가 진행되던 2008년과 2009년의 잠재성장률의 감소보다 더 작은 폭으로 감소할 것으로 예측하고 있다. 이런 예측분석결과를 모든 사람들이 동의하지 않을 수도 있지만, 적어도 일시적인 감소를 예측하고 있다는 점은 많은 사람들이 공감할 것으로 보인다.

어떠한 경로를 거쳐서 COVID-19가 거시경제에 실효적인 영향을 미칠 수 있는가? 여러 개의 서로 다른 경로가 복합적으로 작동할 수 있다는 주장이 가능하다. 그러나 모든 가능한 주장을 나열하기보다는 COVID-19의 경제위기 중에서 총생산함수의 외생적인 생산성저하를 통해서 잠재성장률이 감소하는 측면을 중점적으로 설명한다. 어느 생산시설이든 근로자의 감염을 예방하기 위해 COVID-19가 발생하기 이전과 비교하여 근로자들의 작업거리를 넓히는 조치 등을 포함하여 다양한 조치를 취하게 된다. 이런 일련의 조치 등으로 인해 근로자의 작업능력이 저하될 것으로 볼 수 있다. 따라서 COVID-19의 직접적인 효과는 근로자 일인당 노동생산성의 저하현상으로 나타난다는 것이다. 이런 측면이 존재할 것이라는 점은 모든 사람들이 공감할 것으로 보인다. 보다 더 어려운 이슈는 어느 정도의 감소효과가 발생하는지를 구체적으로 설명하는 것이다.

COVID-19가 노동생산성에 미치는 효과의 크기는 어떻게 결정되는가? 본 책의 범위 안에서 제시할 수 있는 가정은 전체 인구에서 감염자가 차지하는 비중이 높을수록 총생산함수의 노동생산성이 낮아진다는 가정이다. 전체 인구 중에서 감염자의 수가 어떻게 변화하는지를 설명하는 모형을 제시하기 위해 다음과 같은 가정들을 소개한다. (1) 거시경제의 개인구성원을 감염가능자, 감염자, 회복자로 구분한다. 감염가능자의 수를 감염가능자스톡, 감염자의 수를 감염자스톡, 회복자의 수를 회복자스톡 등으로 부르기로 한다. (전체인구＝감염가능자스톡＋감염자스톡＋회복자스톡)의 수식이 성립한다. (2) 새로 감염되는 사람의 수는 유량변수이다. 전염병은 감염자스톡에서 다른 사람에게 전파되기 때문에 새로 감염되는 사람의 수는 감염자스톡의 증가함수이다. 단순모형에서는 새로 감염되는 사람의 수는 감염자스톡에 비례하는 것으로 가정한다. 비례상수의 값은 양수이고, 매기마다 달라질 수 있다. (3) 전염병의 전파율은 감염자가 평균적으로 비감염자를 새로 감염시키는 속도를 말한다. 전파율은 새로 감염된 사람의 수를 감염자스톡으로 나눈 비율로 측정된다. 다른 변수들이 일정할 때 전체 인구 중에서 새로 감염될 수 있는 사람의 비율이 높을수록 전파율이 상승한다는 점을 반영한다. 전파율은 전체 인구 중에서 새로 감염될 수 있는 사람의 비율에 비례한다. 비례상수의 값은 양수이고 매기마다 달라질 수 있다. (4) 감염자에서 회복자로 전환되는 비율은 일정한 상수로 가정한다. (5) 전염병의 재생산지수는 전파율을 회복율로 나눈 비율로 정의한다. 재생산지수는 매기마다 변동한다. 전체인구를 세 개의 그룹으로 구분하는 전염병 확산모형은 SIR(Susceptible－Infectious－Recovered)모형으로 불린다. 관련문헌에서는 미분방정식을 사용하여 전염병확산을 설명하고 있지만 본 장에서는 점화식을 사용한 이산시간모형으로 설명하고 있다. 수리적인 난이도가 높은 관련문헌의 구체적인 소개는 생략하고, 포괄적으로 관련문헌이 있음을 지적한다.

　　본 장에서 소개하는 전염병모형은 다음과 같이 작성된다. 첫째, 감염가능자스톡, 감염자스톡, 회복자스톡 등의 값을 수열로 표시한다. 둘째, 앞에서 설명한 다섯 개의 가정을 감염가능자스톡, 감염자스톡, 회복자스톡 등의 점화식에 반영한다. <표 3－7>은 전염병확산모형의 수식을 정리하고 있다. 수식에 사용되는 기호의 정의는 표의 하단부에 정리되어 있다. 둘째 줄은 인구제약조건이다. 인구제약조건은 가정 (1)에 있는 내용을 수식으로 표현한 것이다. 셋째 줄은 가정 (2)의 내용을 수식으로 표현한 것이다. 넷째 줄은 가정 (3)의 내용을 수식으로 표현한 것이다. 다섯째 줄은 가정 (4)의 내용을 반영한 회복자스톡의 기간 간 변

수식의 의미	점화식
인구제약조건	$P_t = S_t + M_t + R_t$
새로운 감염자수의 결정	$V_t = \lambda_t M_t$
전파율의 결정	$\lambda_t = \kappa_t (S_t / P_t)$
회복자스톡의 기간 간 변화	$R_{t+1} = R_t + \tau M_t$
감염자스톡의 기간 간 변화	$M_{t+1} = (1 - \tau) M_t + V_t$
감염가능스톡의 기간 간 변화	$S_{t+1} = S_t - V_t$

주: P_t는 전체 인구수, S_t는 감염가능자스톡, M_t는 감염자스톡, R_t는 회복자스톡, V_t는 새로운 감염
자의 수, λ_t는 전파율, τ는 회복율, κ_t는 변동하는 양의 비례상수를 나타낸다.

화를 나타내는 식이다. 이 식에서 추가된 가정은 감염자가 회복된 이후에는 완벽한 면역이 생성되기 때문에 재감염되지 않는다는 것이다.

여섯째 줄은 감염자스톡의 기간 간 변화를 나타내는 식이다. 다음시점의 감염자스톡은 이전시점에서 감염된 사람 중에서 현재시점에서 아직 회복되지 않는 사람의 수와 새로 감염된 사람의 수의 합으로 정의된다. 새로 감염되면 감염된 시점에서는 회복이 되지 않고 적어도 한 시점이 지나야 회복될 수 있다는 가정이 부여되어 있다는 점을 지적한다. 일곱째 줄은 감염가능스톡의 기간 간 변화를 나타내는 식이다. 현재시점에서 감염이 가능한 사람의 수로부터 새로 감염된 사람의 수를 빼면 다음시점에서 감염이 가능한 사람의 수가 된다는 것이다. 이 식에서도 앞에서 이미 설명한 바와 같이 감염자가 회복된 이후에는 완벽한 면역이 생성되어 재감염되지 않는다는 가정이 추가되어 있다.

COVID-19감염병의 생산성효과는 단기적으로 부정적인 효과만 발생시키는가에 관한 서로 다른 견해가 가능할 수 있다. 하나의 예로서 온라인 거래와 로봇활용을 크게 활성화시켜서 COVID-19가 발생하기 이전과 비교하여 새로운 비대면경제체제로 진입하는 것을 앞당기는 계기가 될 것이라는 견해도 가능하기 때문이다. 경기침체의 효과를 크게 받은 산업이나 기업들을 중심으로

사회후생함수의 현재효용	$U_t = \ln C_t - bN_t$
사회자원제약식	$C_t + I_t = K_t^\alpha (f(\Delta_t)Z_tN_t)^{1-\alpha}$
자본축적의 식	$K_{t+1} = I_t + (1-\delta)K_t$
노동확장형 기술진보	$Z_{t+1} = Z_t(1+\gamma_{t+1})g(\Delta_t)$

주: 앞에서 설명한 모형과 동일하게 C_t는 소비지출, I_t는 투자지출, N_t는 취업자의 수, Z_t는 취업자 일인당 생산성, z_t는 생산성의 증가율이다. 사회후생함수에서 b는 일인당 노동비효용을 나타낸다. α는 자본스톡의 산출탄력성이고, δ는 자본스톡의 감가상각률이다. Δ_t는 감염자스톡을 전체인구의 수로 나눈 비율이다.

COVID-19가 발생하기 이전의 생산수준으로 회복하지 못하면서 장기적으로 부정적인 효과가 지속될 수도 있다. 많은 OECD회원국들이 2021년을 지나면서 경제성장률이 급등하면서 회복될 가능성을 제시하고 있다는 점과 그 외의 다양한 가능성에 대하여 자세히 논의하는 것은 본 장의 범주를 넘는 내용이 다루어져야 하는 점을 들어 본 장에서 소개하는 모형에서는 COVID-19가 발생하여 현재에도 가용한 기술수준을 충분히 활용할 수 없는 상황만 가정한다.

　〈표 3-8〉에서 다른 부분은 모두 앞에서 설명한 모형과 동일하지만 다음의 두 가지 효과에서 차이가 있다. 첫째 효과는 둘째 줄에 있는 총생산함수의 식에서 나타난다. 노동확장형 기술진보는 COVID-19감염병의 발생과 관계없이 진보하지만 가용한 기술수준을 제품과 서비스의 생산에 충분히 활용하지 못하는 상황을 반영한다. 특히 전체 인구 중에서 감염자가 차지하는 비율이 높아지는 경제에서 이미 가용한 기술수준의 활용도가 낮아진다. 특정한 산업은 코로나바이러스감염병의 발생 이후 더 높은 기술을 생산 활동에 적용할 수도 있지만, 경제 전반에 걸쳐 평균적으로 가용한 생산기술을 충분히 활용하지 못한다는 가정이 담겨있다. 이런 점을 반영하기 위해 COVID-19가 총생산함수의 노동투입에서 기술적 효율성의 가동률에 영향을 미치는 변수를 총생산함수의 식에 대입한다. 앞의 설명을 반영하여 기술적 효율성의 가동률을 나타내는 변수는 감염자스톡비율의 감소함수라고 가정한다. 기호를 사용하여 $f(\Delta_t)$로 표시한다. 「기술

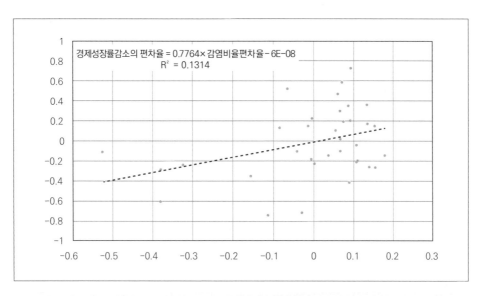

<그림 3-6> OECD국가 COVID-19의 감염자스톡비율과 경제성장률

적 효율성 가동률 함수」는 감염자가 전혀 없는 경우 기술적 효율성이 정상적으로 가동된다는 점을 반영하여 $f(0)=1$의 조건이 성립한다고 가정한다. 「기술적 효율성 가동률 함수」의 값은 양수이면서 감소함수이라는 점을 반영하면 Δ_t의 값이 양수인 영역에서는 $0 \leq f(\Delta_t) < 1$의 부등식이 성립한다.

둘째 효과는 노동확장형 기술진보의 증가율을 낮추는 효과이다. COVID-19의 발생으로 인해 기술진보에 투입되는 연구인력의 정상적인 활동이 저해된다면 기술진보의 증가율이 낮아지는 효과도 발생할 가능성이 있다. 이런 점을 반영하기 위해 <표 3-8>의 마지막 줄에 있는 식에서 COVID-19 감염자스톡비율이 노동확장형 기술진보의 증가율에 미치는 효과를 나타내는 변수를 추가한다. 기술진보의 정상적인 진행을 나타내는 변수는 감염자스톡비율의 감소함수라고 가정한다. 기호를 사용하여 $g(\Delta_t)$라고 표시한다. 「기술진보진행률 함수」는 감염자가 전혀 없는 경우 기술진보가 정상적으로 진행된다는 점을 반영하여 $g(0)=1$의 조건이 성립한다고 가정한다. 「기술진보진행률 함수」의 값은 양수이면서 감소함수이라는 점을 반영하면 $0 \leq g(\Delta_t) < 1$의 부등식이 성립한다.

<그림 3-6>에서는 OECD국가의 COVID-19의 감염자스톡과 경제성장률의

관계를 보여주고 있다. 수평선은 감염자스톡이 인구 전체에서 차지하는 비율의 OECD국가편차율이고, 수직선은 2020년에 발생한 경제성장률감소의 OECD국가편차율이다. 푸른색으로 표시된 각 점은 개별 OECD국가의 상황을 반영하고 있다. 각 점의 수치는 다음과 같은 세 단계의 작업을 거쳐서 작성된다. (1) 2020년의 OECD국가 경제성장률과 2019년 경제성장률의 차이를 계산하여 COVID-19의 발생으로 인한 경제성장률의 감소를 측정한다. 2019년과 2020년 OECD국가의 경제성장률은 OECD홈페이지에 발표되어 있다. 감염자스톡비율은 2020년 12월 31일 기준 누적감염자의 수를 전체 인구수로 니눈 감염자스톡비율로 측정한다. (2) 경제성장률감소와 감염자스톡비율의 OECD평균을 계산한다. (3) 개별국가의 경제성장률감소와 OECD평균의 차이를 OECD평균으로 나눈 비율을 경제성장률감소편차율로 정의한다. 개별국가의 코로나감염비율과 OECD평균의 차이를 OECD평균으로 나눈 비율을 코로나감염비율편차로 정의한다.

<그림 3-6>을 보면 OECD회원국을 대상으로 조사할 때 COVID-19의 피해가 다른 회원국에 비해서 상대적으로 더 크게 나타난 국가에서 상대적으로 더 큰 폭의 경제성장률감소가 나타났을 가능성을 제시하고 있다. OECD회원국으로 제한한 이유는 의료서비스와 정부의 효율적인 정책대응을 위한 제반 기초제도와 시설이 비교적 유사한 국가들로 구성된 그룹을 대상으로 COVID-19의 경제성장률효과를 분석하는 것이 바람직할 것이라는 판단을 반영한 것이다. OECD회원국이라고 할지라도 개별국가의 차이가 있기 때문에 COVID-19의 감염자스톡비율이 높을지라도 경제성장률의 감소가 다른 국가에 비해 크지 않을 수 있다. 예를 들어, 의료시스템의 수준과 경기침체의 완화를 위한 통화정책과 재정정책의 강도, 사회적 거리를 포함하는 감염자스톡의 확대를 축소하기 위한 정책대응의 강도 등에서 나타나는 국가 간 차이가 있다는 점이다.

<그림 3-6>을 보면 원점을 기준으로 4개의 평면으로 구분하여 각 평면에 위치하는 국가들은 서로 다른 그룹으로 구분할 수 있다. 첫째 그룹은 제1사분면에 위치하는 점들이다. 제1사분면에 위치하는 점은 감염자스톡비율이 상대적으로 높으면서 경제성장률감소가 크게 나타나는 국가이다. 둘째 그룹은 제2사분면에 위치하는 점들이다. 제2사분면에 위치하는 점들은 감염자스톡비율이 상대적

으로 낮으면서 경제성장률감소가 크게 나타나는 국가이다. 셋째 그룹은 제3사분면에 위치하는 점들이다. 제3사분면에 위치하는 점들은 감염자스톡비율이 상대적으로 낮으면서 경제성장률감소가 작게 나타나는 국가이다. 넷째 그룹은 제4사분면에 위치하는 점들이다. 제4사분면에 위치하는 점들은 감염자스톡비율이 상대적으로 높으면서 경제성장률감소가 낮게 나타나는 국가이다. OECD회원국 평균을 기준으로 할 때 둘째 그룹에 속하는 국가는 5개의 국가이고, 넷째 그룹에 속하는 국가는 10개의 국가이다.

<그림 3-6>에 있는 점선으로 표시된 푸른색직선을 사용하여 개별국가의 상황을 가늠해볼 수 있다. 점선으로 표시된 푸른색직선은 OECD회원국을 대상으로 감염자스톡비율과 경제성장률감소의 관계를 가장 잘 나타내는 직선이라고 해석할 수 있다. 각 점에서 수직선을 그려서 점선으로 표시한 직선과 교차하는 점까지의 거리를 특정하여 각 점과 점선으로 표시한 직선의 수직거리를 측정할 수 있다. 점선으로 표시된 푸른색직선을 기준으로 하여 측정한 수직거리를 기준으로 각 점을 세 개의 그룹으로 나누어 구분할 수 있다. 첫째 그룹은 수직거리가 위로 먼 영역에 위치한 국가, 둘째 그룹은 수직거리가 아래로 먼 영역에 위치한 국가, 셋째 그룹은 수직거리가 위와 아래로 작은 영역에 위치한 국가이다. 점선으로 표시된 푸른색직선 바로 위에 위치하거나 직선의 근방에 위치하는 점들은 OECD회원국의 평균적인 상황에 근접한 국가들이라고 분류할 수 있다.

두 개의 기준을 동시에 적용하면 OECD회원국을 8개의 그룹으로 구분할 수 있다. 제1사분면에 위치하는 국가들 중에서도 점선으로 표시한 직선과의 수직거리가 크다면 제1사분면에 위치하는 다른 국가에 비해 감염자스톡비율 대비 경제성장률감소가 큰 폭으로 나타나는 국가이다. 제3사분면에 위치하는 국가들 중에서도 점선으로 표시한 직선과의 수직거리가 크다면 제3사분면에 위치하는 다른 국가에 비해 감염자스톡비율 대비 경제성장률감소가 작은 폭으로 나타나는 국가이다. 이런 국가들이 존재하는 이유는 의료시스템의 수준과 경기침체의 완화를 위한 통화정책과 재정정책의 강도, 사회적 거리를 포함하는 감염자스톡의 확대를 축소하기 위한 정책대응의 강도 등에서 나타나는 국가 간 차이가 있기 때문이다. 이런 점에 비추어 보면 COVID-19가 발생한 이후 나타난 경제성장

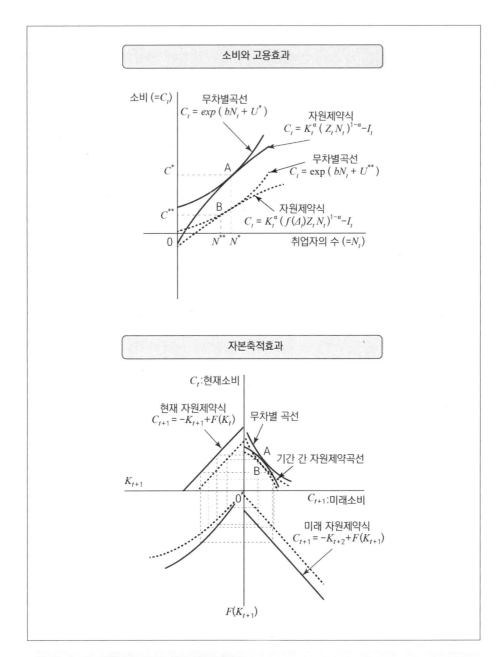

소비와 고용효과

소비 (=C_t)

무차별곡선
$C_t = exp\,(\,bN_t + U^*\,)$

자원제약식
$C_t = K_t^\alpha\,(\,Z_t N_t\,)^{1-\alpha} - I_t$

무차별곡선
$C_t = exp\,(\,bN_t + U^{**}\,)$

C^* A

자원제약식
$C_t = K_t^\alpha\,(\,f(\varDelta_t)Z_t N_t\,)^{1-\alpha} - I_t$

C^{**} B

0   N^{**} N^* 취업자의 수 (=N_t)

자본축적효과

C_t : 현재소비

현재 자원제약식
$C_{t+1} = -K_{t+1} + F(K_t)$

무차별 곡선

A

기간 간 자원제약곡선

B

K_{t+1}

0 C_{t+1} : 미래소비

미래 자원제약식
$C_{t+1} = -K_{t+2} + F(K_{t+1})$

$F(K_{t+1})$

〈그림 3-7〉 COVID-19의 거시경제효과

률의 감소를 모두 잠재성장률의 감소로 간주하기 어렵다고 할 수 있다.

　<그림 3-7>에 있는 두 개의 그림은 COVID-19의 생산성효과를 반영한 잠재 GDP모형에서 거시경제변수들이 어떻게 결정되는지를 보여주고 있다. COVID-19의 생산성효과를 반영한 잠재GDP모형의 균형조건들은 앞에서 이미 설명한 <표 3-8>에 정리되어 있기 때문에 추가설명은 생략한다. <그림 3-3>에 있는 고용의 결정을 설명하는 그림과 <그림 3-4>에 있는 자본축적의 결정을 설명하는 그림을 이용한다. <그림 3-7>의 위에 있는 그림은 <표 3-8>의 둘째 줄에 있는 총생산함수의 식에 포함되어 있는 「기술적 효율성 가동률 함수」의 생산성효과가 어떻게 소비와 고용에 영향을 미치는지를 보여주고 있다. 위에 있는 그림에서 푸른색실선으로 표시된 자원제약곡선과 검은색점선으로 표시된 자원제약곡선이 있다. 검은색점선의 자원제약곡선에 대응하는 자원제약식을 보면 「기술적 효율성 가동률 함수」가 총생산함수에 포함되어 있다. 따라서 검은색점선의 자원제약곡선은 COVID-19의 확산이 총생산함수에 미치는 효과가 반영된 자원제약곡선이다.

　푸른색실선의 자원제약곡선과 검은색점선의 자원제약곡선을 비교하면 원점에서 동일한 값을 가진다. 따라서 검은색점선의 자원제약곡선은 푸른색실선으로 표시된 자원제약곡선이 아래로 이동한 것으로 해석할 수 있다. 자원제약곡선이 아래로 이동하면 무차별곡선과 자원제약곡선이 접하는 접점도 달라진다. 왼편 그림에서는 A점에서 B점으로 이동하는 것을 보여주고 있다. 두 점의 수평축 좌표를 비교하면 COVID-19의 확산이 고용에 미치는 효과를 알 수 있다. C^* 의 값은 A점에 대응하는 소비수준이고, C^{**} 의 값은 B점에 대응하는 소비수준이다. 또한 N^* 의 값은 A점에 대응하는 고용수준이고, N^{**} 의 값은 B점에 대응하는 고용수준을 나타낸다. 각각의 변수에 대하여 대소크기를 비교하면, 본 장에서 설명하는 잠재GDP모형에서는 COVID-19의 확산으로 인해 소비와 고용이 감소한다는 점을 보여주고 있음을 알 수 있다.

　일반적으로 2차원의 평면을 사용한 그래프분석에서 수평축과 수직축을 나타내는 두 변수를 제외한 다른 변수들의 값은 고정된 것으로 가정한다. 위에 있는 그림에서도 민간투자를 나타내는 변수의 값은 COVID-19의 발생과 관계없이 동일한 값으로 고정되어 있다고 가정한 상태에서 검은색점선으로 표시된 자원제약곡선의 그래프를 작성하였다는 점을 지적한다. 그러나 COVID-19의 확산은 민간투자의 크기에도 영향을 미치기 때문에 민간투자가 고정되어 있다는 가정에 대하여 의문이 들 수 있다. 특히 민간투자가 감소한다는 점을 반영하면 자원제약곡선의 절편이 증가하여 자원제약곡선을 위로 이동시키는 효과가 있다. 민간투자의 감소효과를 검은색점선의 자원제약곡선에 반영하면 고용수준이 원점에 가까운 영역에서는 푸른색실선의 자원제약곡선보다 더 높아질 수 있다. 고용수준이 임계치보다 더 큰 영역에서는 검은색점선의 자원제약곡선이 푸른색실선의 자원제약곡선보다 더 낮아진다고 가정한다. 이런 가정이 도입되면 COVID-19의 민간투자의 감소효과를 검은색점선의 자원제약곡선에 반영하더라도 본 장에서 설명하는 잠재GDP모형에서는 COVID-19의 확산으로 인해 소비와 고용이 감소한다는 결과는 달라지지 않음을 지적한다.

　<그림 3-7>의 아래에 있는 그림은 <표 3-8>의 넷째 줄에 있는 노동확장형 기술진보의 식에 포함되어 있는 「기술진보진행률 함수」의 다음시점에서 실현되는 노동확장형 기술수준에 미치는 효과가 어떻게 현재소비와 미래소비의 기간 간 대체에 영향을 미치는지를 보여주고 있다. 아래에 있는 그림에서는 「기술진보진행률 함수」가 노동확장형 기술진보에 반영되면 기간 간 자원제약곡선의 이동으로 나타난다는 것을 보여주고 있다. 제1사분면을 보면 푸른색실선으로 표시된 기간 간 자원제약곡선과 검은색점선으로 표시된 기간 간 자원제약곡선이 있다. 검은색점선의 기간 간 자원제약곡선은 COVID-19의 확산이 기술진보의 증가율을 낮추는 효과가 반영된 기간 간 자원제약곡선이다. 푸른색실선의 곡선과 검은색점선의 곡선을 비교하면 검은색점선의 곡선은 푸른색실선의 곡선이 원점의 방향으로 이동한 결과를 보여주는 것으로 해석할 수 있다. 기간 간 자원제약곡선이 원점의 방향으로 무차별곡선과 기간 간 자원제약곡선이 접하는 접점도 달라진다. 아래에 있는 그림에서는 A점에서 B점으로 이동하는 것을 보여주고 있다. 두 점의 수평축 좌표를 비교하면 현재시점에서 발생한 COVID-19의 확산이 미래시점의 소비를 감소시킨다는 것을 알 수 있다.

제3장 연습문제

01 「실질경제성장률이 잠재성장률보다 낮은 시기라고 해서 경기불황이라고 판단하기는 어렵다. 실질경제성장률이 잠재성장률보다 높은 시기라고 해서 경기호황이라고 판단하기는 어렵다.」 본문에서 설명한 내용을 이용하여 위의 주장을 평가하시오. 위의 주장이 옳거나 틀리다는 것을 함의하는 적절한 사례를 제시하시오.

02 「균형성장의 조건이 만족되면 자연이자율은 잠재성장률에 의해서 결정되지만, 균형성장의 조건으로부터 이탈하는 상황이 발생하면 자연이자율은 잠재성장률과 민간소비비중의 영향을 동시에 받게 된다.」 <표 3-1>의 내용을 이용하여 위의 주장을 평가하시오.

03 (1) 고용보험제도가 완전하게 확립되어 있기 때문에 실업상태에 있는 소비자와 그렇지 않는 소비자의 소비수준이 같아지도록 실업보험금이 지급된다. (2) 모든 직장에서 오전 9시에 출근하여 오후 5시에 퇴근하는 근무시간제도가 정확히 준수된다. 위에서 제시한 (1)과 (2)의 항목이 동시에 만족되는 경제에서 성립하는 사회후생함수는 <표 3-2>의 모형에서 가정한 사회후생함수의 형태와 동일한 함수형태가 되는지의 여부를 설명하시오.

04 「총생산함수에서 자본스톡의 한계생산이 매우 낮으면 자연이자율이 음수가 될 수 있다.」 본문에서 설명한 모형을 이용하여 위의 주장을 평가하시오.

05 「머지않은 미래에 한국경제의 자연이자율이 미국경제의 자연이자율보다 더 낮아질 가능성이 있다.」 본문에서 설명한 내용을 이용하여 위의 주장을 평가하시오.

06 「고령화가 진행되더라도 유연한 구조조정과 규제혁신을 통한 기술혁신의 제고를 통해서 잠재성장률의 장기적인 하락을 막을 수 있다.」 본문에서 설명한 내용을 이용하여 위의 주장을 평가하시오.

07 「COVID-19의 발생이 잠재 GDP를 감소시키는 효과는 미국 경제에서보다 유럽경제에서 더 크다.」 위의 주장을 본 장에서 설명한 잠재 GDP모형을 이용하여 평가하시오.

08 수평축이 x_{t+1}이고 수직축이 x_t인 평면에서 <표 3-6>의 첫째 줄에 있는 식의 그래프를 그리시오. 수직축에 있는 임의의 한 점을 선택하여 최초 출발점으로 선택했을 때 시간이 지나면서 어떠한 궤적이 나타나는지를 그림에 표시하시오. 본 장에서 설명한 내용과 일치하는 결과가 도출되는지를 설명하시오. 필요하다면 계수의 값에 적절한 가정을 추가하시오.

09 <표 3-5>의 자연이자율 결정조건과 <표 3-8>에 정리되어 있는 COVID-19의 효과를 반영한 잠재GDP모형을 사용하여 COVID-19가 자연이자율에 미치는 효과를 설명하시오.

10 정부정책과 사회구성원의 노력에 의해서 전파율의 조정이 가능하기 때문에 $\lambda_t = \alpha$의 등식이 성립하는 것으로 가정한다. α의 값은 양수이다. 다음의 문제에 답하시오.
   (1) 인구수가 일정하다고 가정하시오. <표 3-7>의 감염병확산모형을 사용하여 감염자스톡비율의 점화식을 도출하시오.
   (2) 위의 답을 사용하여 감염자스톡비율의 페이즈-다이어그램을 그리시오. 전파율과 회복율의 상대적 크기에 따라서 어떠한 차이가 발생하는지를 그림을 사용하여 설명하시오.
   (3) 위의 답과 <표 3-8>의 모형을 사용하여 정부정책과 사회구성원의 노력이 실질GDP에 미치는 효과를 설명하시오.

11 「미국의 자료를 보면 단기 자연이자율이 큰 폭으로 음수의 값을 기록하기 시작하는 시점에서 제로금리정책을 실시하여 단기 자연이자율이 안정적으로 양수의 값을 보이는 상황에서 금리가 정상화되는 모습을 보인다.」 위의 주장을 본 장의 내용을 이용하여 평가하시오.

제**4**장

재정정책의
실행과
경기안정효과

4장 　재정정책의 실행과 경기안정효과

　본 장의 주요 내용을 한마디로 표현하면 「경기역행적인 재정정책(countercyclical fiscal policies)」이다. 정부의 재정활동은 다양한 목적으로 계획되고 실행되기 때문에 경기조절을 목표로 실시되는 재정정책이 정부의 재정활동을 대표하는 것이라고 주장하기 어렵다. 그러나 2000년부터 2020년까지 기간 중 발생한 두 개의 글로벌 경제위기를 겪으면서 경기불황이 발생할 때 적절한 재정정책의 대응이 신속하게 실시되어야 한다는 점을 많은 사람들이 공감한 것으로 보인다. 2008년 하반기에 발생한 금융위기의 여파로 대불황이 진행되면서 경기회복을 위해 실시된 재정정책은 경기역행적인 재정정책의 사례라고 볼 수 있다. 경기역행적인 재정정책은 두 개의 항목으로 구성되어 있다. (1) 재정지출과 조세수입의 내생적 결정이다. 정부가 거시경제의 상황을 전혀 고려하지 않고 재정지출과 조세수입의 크기를 결정하는 것을 가리켜서 「재정정책의 외생적 결정」이라고 할 수 있다. 이에 반하여 정부가 거시경제의 경기상황을 반영하여 정부의 재정지출과 조세수입의 크기를 조절하는 경우를 가리켜서 「재정정책의 내생적 결정」이라고 할 수 있다. (2) 재정지출과 조세수입의 경기역행적인 조정이다. 경기역행적인 조절은 경기순환의 국면과 반대방향으로 조정된다는 의미이다.

　앞의 설명을 반영하여 경기역행적인 재정정책을 한마디로 요약하면 불황국면에서 재정지출과 조세감면을 증가시키는 재정정책의 운용방식이라고 할 수 있다. 정부의 예산제약을 고려하면 경기역행적인 재정정책의 비용이 클 수 있다. 대규모의 경기역행적인 재정정책이 실시되면 재정적자가 발생하기 때문에 미래시점에서 정부가 상환해야 할 정부부채의 원리금이 증가하면서 이를 충당하기 위한 가계의 세금부담도 커지기 때문이다. 이런 점을 감안하면 경기역행적인 재정정책의 실효성에 대한 정확한 이해가 중요하다고 볼 수 있다. 불황국면에서 충분히 총수요를 증가시키는 효과가 있어야 경기역행적인 재정정책의 거

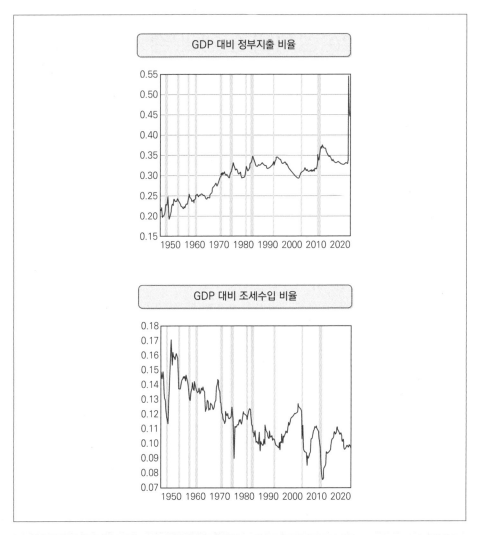

<그림 4-1> 미국의 경기순환과 재정정책

시경제적인 이득이 비용을 상회하기 때문에 경기역행적인 재정정책의 정당성이 강화될 것이라고 볼 수 있다. 거시경제이론에서 많이 인용되는 재정정책의 이득을 측정하는 하나의 개념은 재정지출과 조세수입의 승수효과이다. 현실경제에서 승수효과에 관한 다양한 견해가 있을 수 있지만 본 장에서는 케인즈의 단순모형을 사용하여 승수효과의 개념을 설명한다.

현실경제의 실제자료를 사용하여 재정지출과 조세수입이 거시경제의 경기순환이 진행되는 동안 어떻게 변화하는지를 살펴보기로 한다. 이를 위해 미국의 분기별 자료를 사용한다. <그림 4-1>의 위에 있는 그림은 1947년 1분기부터 2020년 3분기까지 기간 중 미국 정부 경상지출을 GDP로 나눈 비율이 어떻게 변화하는지를 보여주고 있다. <그림 4-1>의 아래에 있는 그림은 1947년 1분기부터 2020년 3분기까지 기간 중 미국 정부 조세수입을 GDP로 나눈 비율이 어떻게 변화하는지를 보여주고 있다. <그림 4-1>에 포함되어 있는 두 개의 그림에서 회색으로 표시된 수직막대부분은 경기불황국면을 나타낸다. 흰색으로 표시된 부분과 회색으로 표시된 부분의 구분은 불황이 아닌 기간과 불황기간의 구분이 된다. 두 개의 서로 다른 색으로 구분된 영역에서 검은색실선과 푸른색실선이 각각 어떠한 변화가 있는지를 보여주는 것이 <그림 4-1>을 본 장의 앞부분에서 소개하는 목적이다.[18]

회색막대로 표시된 기간 중에서 위에 있는 그림의 실선이 상승하는 경향을 확인할 수 있다. 최근 두 개의 불황기간 중 두드러진 변화를 나타난다. 첫째, 2008년과 2009년의 기간에서 GDP 대비 정부지출의 비율이 30%대 초반에서 30%대 후반으로 상승하는 모습을 보인다. 둘째, 2020년 전반기에서 GDP 대비 정부지출의 비율이 30%대에서 50%대로 급격하게 증가하는 모습을 보인다. 아래에 있는 그림의 실선은 회색막대로 표시된 기간 중 하락하는 경향이 있다는 것을 알 수 있다. 금융위기가 진행되었던 기간에 포함되는 2008년과 2009년에서는 GDP 대비 조세수입의 비율은 약 11% 수준에서 약 8% 미만 수준으로 하락한다. 2020년 전반기에 있는 회색막대의 영역에서 GDP 대비 조세수입의 비율이 하락하는 모습이 있지만 큰 차이가 나지 않기 때문에 실효적인 하락이 있었는지를 눈으로 쉽게 구별하기 어렵다. 다른 회색막대의 영역에서 보여준 GDP 대비 조세수입 비율의 반응과 비교할 때 상대적으로 조정이 없는 것으로 보인다.

<그림 4-1>에 있는 두 개의 그림에서 회색막대로 표시된 불황기간만 놓

---

18) <그림 4-1>의 자료는 미국 세인트루이스 연방은행의 데이터베이스에서 다운로드 받은 미국의 분기별 자료이다. 재정지출 비율은 (Government Current Expenditures/Gross Domestic Product)의 분수로 정의된다. 조세수입비율은 (Federal Government Tax Receipts/Gross Domestic Product)의 분수로 정의된다.

고 비교할 때 조세수입비율이 조정되는 크기가 정부지출비율이 조정되는 크기보다 더 작다. 이런 차이가 재정정책의 운용에서 중요한 함의가 있는지에 대해서 쉽게 단언하기는 어렵다고 본다. 비슷한 맥락에서 재정지출의 조정이 조세수입의 조정과 비교하여 상대적으로 실효성이 높은 재정정책의 수단이라는 점을 나타내는 실증적인 증거로 해석하기는 쉽지 않다. <그림 4-1>에서 보여주고 있는 GDP 대비 정부지출의 추이에 관한 부정적인 해석도 가능하다. 예를 들어 그림에서 각각의 수치는 비율의 값을 나타내기 때문에 불황국면에서 분모인 GDP의 급격한 감소를 반영하여 분자의 변화가 없이 상승할 가능성을 걱정할 수도 있다. 경기불황에도 분자의 실효적인 감소가 어렵다는 주장은 정부의 기본적인 활동과 사회복지 등과 관련된 정부지출이 차지하는 비중이 높다는 이유를 제시할 수 있다. 이런 설명이 실제 상황을 정확하게 묘사하는 것은 아닐지라도 적어도 정부가 다양한 목적으로 재정지출을 실행하고 있기 때문에 재정정책의 실효적인 경기조절기능에 관한 의구심을 반영한다고 볼 수 있다. 그럼에도 불구하고 많은 국가의 정부는 정상적인 상황이라면 경기불황국면에서 정부지출을 증가시키면서 조세수입을 낮추는 등의 내용을 담은 경기조절을 위한 재정정책을 실시한다는 것을 부인하기 어렵다는 점을 지적한다. 이런 이유로 본 장의 앞부분에서 재정지출의 총수요효과를 분석하는 거시경제이론모형을 소개한다.

<그림 4-1>의 아래에 있는 그림과 관련하여 정부의 조세수입과 정부수입을 구분할 필요가 있다는 점을 지적한다. GDP 대비 조세수입을 측정하기 위한 두 개의 지표는 「조세부담률」과 「국민부담률」이다. 「조세부담률」은 사회보장기여금을 제외한 좁은 의미의 조세수입이 GDP에서 차지하는 비율을 말한다. 「국민부담률」은 조세수입과 사회보장기여금의 합이 GDP에서 차지하는 비율을 말한다. 사회보장기여금은 사회보험제도의 운영을 위해 사회구성원이 지불하는 사회보험료를 말한다. 한국의 경우 국민연금제도, 의료보험제도, 산업재해보장보험제 등 각종 사회보험제도 운영을 위해 사회구성원으로부터 일정수준의 사회보장기여금이 징수된다. 국민들은 국민연금, 건강보험, 고용보험 등의 사회보장기여금을 세금과 비슷하게 인식하는 경향이 있기 때문에 국민부담률은 국민들이 체감하는 조세부담 수준을 나타내기도 한다. 국민부담률에 포함되는 항목들에

추가하여 임대료, 이자수입, 수수료, 벌금 등의 세외수입과 자본수입을 합산한 것이 정부수입이다. 한국의 경우 국민부담률은 1990년 18.8%, 2000년 21.5%, 2017년 26.9%, 2018년 28.4%로 꾸준히 증가하고 있기 때문에 경기불황에서 재정정책의 경기조절기능이 나타나지 않는 지표일 수도 있다는 점을 지적한다.

<그림 4-1>의 그림에서 보여주고 있는 자료의 표본기간 안에 「경기역행적인 재정정책」의 사례가 있는가? 미국의 의회에서 2009년 2월에 통과된 「미국 경기회복과 재투자법(American Recovery and Reinvestment Act of 2009)」과 2020년 3월에 통과된 「코로나바이러스 보조, 구호, 경제보장법(Coronavirus Aid, Relief, and Economic Security Act of 2020)」 등의 사례를 생각해볼 수 있다. 앞에서 설명한 거시경제모형에서는 총수요에 포함되는 정부지출을 하나의 항목으로 포괄적으로 묶어서 정의하고 있기 때문에 경기부양을 위한 정부지출의 증가에 구체적으로 어떠한 항목이 포함되는지 궁금할 수 있다. 2015년에 작성된 미국 의회예산국(Congressional Budget Office) 보고서의 「미국 경기회복과 재투자법」에서 목표하는 내용에는 다음과 같은 네 개의 항목으로 구분된다는 것을 밝히고 있다.[19] (1) 의료, 교육, 수송 분야 등과 관련된 보조 및 금융지원의 강화를 목적으로 지방자치단체에 제공하는 자금, (2) 실업급여와 보충영양지원 프로그램(Supplemental Nutrition Assistance Program)의 혜택을 증가시키기 위해 필요한 자금, (3) 건축이나 수년의 기간에 걸쳐서 완결되는 투자를 위한 자금, (4) 개인과 기업을 위한 조세면제(tax relief) 등이다.

앞에서 설명한 서로 다른 항목은 승수효과가 달리 나타날 수 있다는 점을 지적한다. (1)의 항목과 관련된 지출의 승수효과는 두 개로 세분화된다. 첫째, 기반시설(infrastructure)의 건설을 위해 지방자치단체에 제공한 승수효과는 0.4-2.2의 범위로 나타난다. 기반시설의 건설에 해당하는 항목은 상수도, 고속도로, 주택 및 수송과 관련된 시설 등이다. 둘째, 지방정부의 재정안정을 위한 지출의 경우 승수효과는 0.4-1.8의 범위로 나타난다. (2)의 항목에 해당하는 지출의 승수

---

19) 2015년 2월에 작성된 미국 의회예산국(Congressional Budget Office) 보고서의 제목은 「Estimated Impact of American Recovery and Reinvestment Act on Employment and Economic Output in 2014」이다.

효과는 0.4−2.1의 범위로 나타난다. (3)의 항목에는 에너지효율성과 재생에너지, 혁신기술대출보장프로그램, 연방공공건물기금 등이 포함되어 있다. 승수효과는 0.5−2.5의 범위로 나타난다. (4)의 항목에서 승수효과는 소득수준과 조세감면의 기간에 따라 세분화된다. 저소득층과 중산층에게 제공된 2년간 조세감면의 승수효과는 0.3−1.5이고, 고소득층에게 제공된 1년간 제공된 조세감면의 승수효과는 0.1−0.6이다.

위에서 언급한 보고서에서는 다음과 같은 세 개의 포인트를 제시하고 있다. 첫째 포인트는 생애전체의 가처분소득에 상대적으로 작은 영향을 미치는 일회성 현금지급은 지속적인 가처분소득의 변화에 영향을 미치는 재정정책수단에 비해 가계수요에 미치는 효과가 작게 나타난다. 둘째 포인트는 상대적으로 높은 소득계층보다는 저소득계층의 가처분소득을 증가시키는 재정정책수단이 가계지출은 더욱 크게 증가시키는 효과가 나타난다. 셋째 포인트는 과거시점에서 결정된 기업투자로부터 얻는 세후이윤에 주로 영향을 미치는 법인세에 영향을 미치는 재정정책수단은 신규투자의 수익률에 영향을 미치는 재정정책수단보다 상대적으로 낮은 총수요효과가 나타난다. 구체적인 모형의 선택과 분석을 실시하는 과정에서 부여된 가정과 관련하여 앞에서 정리한 승수효과의 분석결과에 대한 신뢰성이 낮을 것이라는 부정적인 견해도 가능할 수 있다. 모형에 관한 기술적인 내용의 자세한 설명은 본 책의 범주에서 벗어난다고 판단되어 생략하기로 한다. 또한 본 장에서 설명하는 거시경제이론모형에서 제시하는 재정정책의 총수요효과와 일치하는 부분도 상당부분 있다는 점을 지적한다.

경기역행적인 재정정책의 비용은 불황국면에서 재정적자의 폭이 늘어나기 때문에 정부부채가 증가한다는 것이다. 현재시점에서 정부부채가 증가하면 미래시점에서 상환하는 정부부채의 원리금이 증가한다. 정부의 재정활동에 대해서도 예산제약이 적용되기 때문에 현재시점에서 발생한 재정적자의 증가는 미래시점에서 조세수입의 증가로 충당되어야 한다. 생애전체의 가처분소득에 맞추어 소비를 결정하는 가계는 미래시점에 발생할 상황을 충분히 예측하여 현재시점의 소비를 결정한다. 합리적인 예측을 형성하는 가계가 많이 존재하는 경제에서는 재정적자의 폭을 과도하게 증가시키는 경기역행적인 재정정책이 미래시점의 가처분소득을 충분하게 증가시킬 수 있는 효과가 없다면 예상한 것보다 낮은 총수요증대효과로 나타날 가능성이 높다. 또한 급격하게 증가된 정부부채는 지속적으로 미래시점의 재정활동을 제약할 수 있기 때문에 미래시점에서 발생할 수 있는 경제위기에 대한 대응능력이 약화된다. 그 결과 미래시점의 경제상황에 대한 불확실성이 증가하여 현재시점의 총수요를 감소시키는 하나의 요인으로 작용할 수도 있다는 점을 지적한다.

거시경제정책이 총수요에 미치는 효과를 분석하기 위해 제시된 많은 거시경제이론모형의 공통점은 IS곡선을 사용하여 재정정책의 총수요효과를 분석한다는 것이다. 그러나 모든 거시경제이론이 동일한 형태의 IS곡선을 주장하는 것이 아니라는 점을 지적한다. 소비함수와 투자함수를 어떻게 도출하는지에 따라서 IS곡선의 형태가 달라질 수 있다. 모형의 형태가 다를지라도 공유하는 특징은 IS곡선이 실질이자율과 총수요의 관계를 나타낸다는 것이다. 제1장에서 금융중개기관의 역할을 강조하기 위해 대출가능자금시장모형을 사용하여 IS곡선을 도출하였다. 그러나 제5장의 앞부분에서는 재정정책의 변화가 국민소득결정에 미치는 효과를 강조한 「케인지언 크로스」의 개념을 사용하여 재정정책의 총수요효과를 설명한다. 따라서 「케인지언 크로스」에서는 제1장에서 부과된 소비함수에 관한 가정을 그대로 유지하기 때문에 소비함수는 가처분소득의 선형함수로 가정한다. 본 장에서 설명하는 모형은 금융중개기관의 역할이 생략된 모형이기 때문에 회사채이자율스프레드가 제로인 상황을 가정한다는 점에서 제1장의 모형과 차이가 있다.

정부지출규모가 결정된 이후 정부는 필요한 자금을 세금으로 조달할 것인지 아니면 국채를 발행하여 조달할 것인지를 결정해야 한다. 따라서 정부가 정부지출을 증가시키는 결정을 한다면 어느 방식으로 자금을 조달하는 것이 더 바람직한 것인지를 판단해야 하는 문제도 같이 풀어야 한다. 실제 상황에서도 정부지출을 늘려서 경기침체를 완화해야 한다는 인식은 같을지라도 정부지출에 필요한 자금을 어떻게 조달할 것인지에 관해서 서로 다른 의견이 있을 수 있다. 단순하게 구분하여 두 개의 대안을 생각해볼 수 있다. 첫째 대안은 균형재정을 유지하면서 정부지출을 증가시키는 방안이다. 둘째 대안은 국채발행을 통해 적자재정을 감수하면서 정부지출을 증가시키는 방안이다. 현실경제에서는 두 방안이 절충된 형태가 될 수 있지만, 두 개의 대안만 생각한다. 경기부양이 시급한 상황에서 경기부양에 더 큰 효과를 발생시키는 대안을 선택한다는 원칙을 세울 수 있다. 경기부양을 위해 재정지출을 증가시켜야 하는 경제위기의 상황이라면 정부지출의 총수요효과를 더욱 크게 할 수 있는 방안을 선택하는 것이 바람직하다는 점은 거부감이 작을 것으로 예상할 수 있다. 앞에서 설명한 원칙에 맞는 정부선택은 무엇인가? 답변을 제시하기 위해서 사용할 수 있는 두 개의 서로 다른 모형을 생각해볼 수 있다. 하나는 IS곡선을 포함하는 거시경제모형이다. 다른 하나는 제2장에서 설명한 생애주기적자모형의 현재가치 예산제약을 반영한 모형이다. 두 모형이 제시하는 답변의 내용이 다르기 때문에 본 장에서는 두 개의 모형을 차례로 설명한다.

제1절　IS-CB모형과 재정정책의 효과

구체적인 모형이 없더라도 IS곡선을 포함하는 거시경제모형의 틀 안에서 균형재정과 적자재정의 차이를 다음과 같이 생각해볼 수 있다. 균형재정(balanced budget)은 재정적자가 제로인 상태를 의미한다. 수식의 형태를 빌어서 표시하면 (재정지출＝조세수입)의 등식을 의미한다. 균형재정의 원칙을 고수하면 정부지출증가는 동일한 크기로 조세수입증가를 발생시킨다. 조세수입증가가 발생하게 되면 가처분소득과 소비지출이 감소하여 정부지출증가의 총수요증대효과를 상쇄시킬 수 있다. 그러나 적자재정을 허용한다면 조세수입을 늘리지 않고 국고채를 발행하여 자금을 조달할 수 있다. 국고채를 발행하여 자금을 조달한다면 현재시점의 가처분소득에 미치는 영향이 없기 때문에 소비지출의 감소가 없다. 적자재정을 허용하면 균형재정의 원칙을 고수하는 것보다 동일한 크기로 정부지출이 증가할 때 발생하는 총수요증대효과가 더 커진다고 예상할 수 있다.

케인지언 크로스에서 같은 크기의 정부지출 증가에 대하여 적자재정의 경우가 균형재정의 경우에 비해 총수요곡선이 위로 더 크게 이동한다. 그 결과

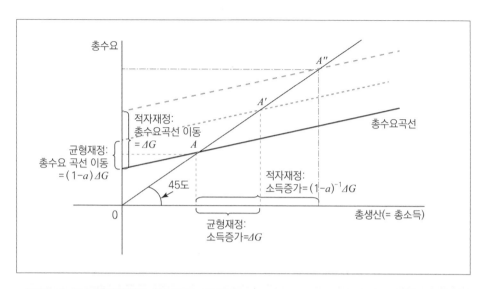

〈그림 4-2〉 적자재정과 균형재정의 비교

IS－CB모형에서는 동일한 크기로 정부지출이 증가할지라도 적자재정을 선택하는 경우 균형재정을 선택한 경우에 비해 IS곡선이 더 크게 위로 이동한다. <그림 4－2>에서는 앞에서 설명한 적자재정과 균형재정의 차이를 그림으로 보여주고 있다. A로 표시된 점은 정부지출이 발생하기 이전의 국민소득수준을 의미한다. 실선으로 표시된 총수요곡선과 45도선이 만나는 점이므로 케인지언 크로스의 균형국민소득수준이다. 정부지출이 발생한 이후 새로 결정되는 균형국민소득은 A'점과 A''으로 표시하고 있다. A'점은 균형재정을 선택한 경우를 나타내고, A''은 적자재정을 선택한 경우를 나타낸다.

　<그림 4－2>에서는 정부지출증가가 반영된 총수요곡선을 점선으로 표시하고, 정부지출이 증가하기 이전의 총수요곡선을 실선으로 표시한다. 실선으로 표시된 총수요곡선과 점선으로 표시된 총수요곡선을 비교하면 점선으로 표시된 총수요곡선은 기울기는 그대로 유지한 채 그래프의 위치만 위로 이동하고 있다. 균형재정을 선택하는지 아니면 적자재정을 선택하는지의 여부는 그래프가 이동하는 크기에 영향을 미친다는 것을 보여주고 있다. 직선의 절편이 증가하는 크기가 달라진다는 것이다. 구체적으로 설명하기 위해 정부는 (ΔG)의 크기

로 정부지출을 증가시키는 것으로 가정한다. 균형재정을 선택하면 소득세의 증가와 정부지출의 증가는 동일한 크기로 발생하기 때문에 가처분소득이 감소하여 소비수요가 줄어든다. 한계소비성향을 a로 표시할 때 소비감소의 크기는 $a \times (\Delta G)$이다. 따라서 총수요곡선의 절편이 이동하는 크기는 $(1-a) \times (\Delta G)$이다. 짧은 점선으로 표시된 직선이 균형재정을 선택하는 경우 총수요곡선의 그래프이다. 짧은 점선으로 표시된 직선과 45도선이 교차하는 점은 A'으로 표시되어 있다. 적자재정을 선택하는 경우 균형재정을 선택할 때 발생하는 소비감소의 효과가 없다. 정부지출이 증가한 시점에서 정부지출이 증가한 크기와 동일한 크기로 총수요가 증가한다. 따라서 총수요곡선의 절편이 이동하는 크기는 (ΔG)이다. 긴 점선으로 표시된 직선이 균형재정을 선택하는 경우 총수요곡선의 그래프이다. 긴 점선으로 표시된 직선과 45도선이 교차하는 점은 A''로 표시되어 있다.

<그림 4-2>에서 정부지출의 증가로 발생하는 총소득효과는 수평축에 표시되어 있다. 균형재정을 선택할 때 새로운 균형점은 A'이므로 이 점에서 수직선을 아래로 그어 수평축과 만나는 점이 정부지출의 증가를 반영한 새로운 총소득수준이다. A점에서 수직선을 아래로 그어 수평축과 만나는 점은 정부지출의 증가가 발생하기 이전에 달성된 총소득수준이다. 그러므로 두 점의 차이가 정부지출의 증가로 인해 발생하는 총소득의 증가분이다. <그림 4-2>의 분석에서는 균형재정을 선택하는 경우 총소득이 증가한 크기는 정부지출이 증가한 크기와 같게 나타난다. 정부지출증가의 총소득효과를 측정하기 위해 (정부지출승수 =총소득증가/정부지출증가)의 척도를 사용하면 균형재정승수는 1이다. 또한 적자재정을 선택하는 경우 총소득이 증가한 크기는 한계소비성향이 1보다 작다면 정부지출이 증가한 크기보다 더 크다. 앞에서와 동일하게 정부지출증가의 총소득효과를 측정하기 위해 (정부지출승수=총소득증가/정부지출증가)의 척도를 사용하면 적자재정승수는 $(1-a)^{-1}$이다.

「케인지언 크로스」에서는 이자율이 하나의 상수 값에 고정되어 있는 것으로 가정한다. <그림 4-2>의 「케인지언 크로스」에서도 정부지출증가로 발생하는 이자율변화의 가능성이 생략되어 있다. 그럼에도 불구하고 「케인지언 크로스」에

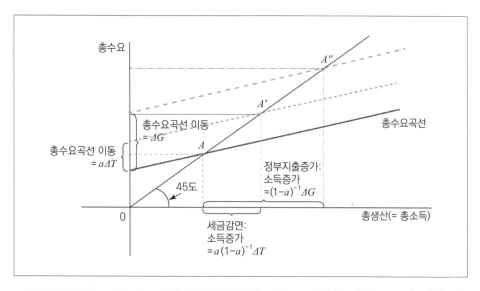

총수요

총수요곡선 이동
=ΔG

A″

총수요곡선 이동
= aΔT

A′

총수요곡선

A

정부지출증가:
소득증가
=(1-a)⁻¹ΔG

45도

0

세금감면:
소득증가
=a(1-a)⁻¹ΔT

총생산(= 총소득)

〈그림 4-3〉 조세감면과 정부지출증가 효과의 비교

는 정부지출증가로 인해 발생하는 IS곡선의 이동크기에 관한 정보가 있다. <그림 4-2>에서 수평축의 변화가 IS곡선의 이동크기를 나타낸다. 따라서 균형재정을 선택하는 경우보다 적자재정을 선택하는 경우 IS곡선이 더 크게 이동한다. 재정정책이 실시되더라도 CB곡선이 그대로 있다면 IS곡선과 CB곡선이 교차하는 점에서 결정되는 총수요는 IS곡선이 이동하는 크기에 따라 달라진다. 균형재정을 선택하는 경우보다 적자재정을 선택하는 경우 IS곡선이 더 크게 이동한다면 IS-CB모형에서도 적자재정을 선택하는 경우 총수요가 균형재정을 선택한 경우 총수요보다 더 크게 나타난다. CB곡선의 기울기가 양수인 경우 이자율 상승으로 인한 총수요의 감소를 반영해야 한다. 그 결과 IS-CB모형에서는 <그림 4-2>에서 표시한 총소득의 증가보다 더 작은 크기로 총소득이 증가한다.

　　<그림 4-3>에서는 「케인지언 크로스」를 사용하여 동일한 크기의 조세감면과 정부지출증가의 총소득효과를 분석하고 있다. 두 경우 모두 정부는 적자재정을 선택하는 것으로 가정한다. A로 표시된 점은 재정정책의 변화가 발생하기 이전의 국민소득수준을 의미한다. 실선으로 표시된 총수요곡선과 45도선이 만나는 점이므로 「케인지언 크로스」의 균형국민소득수준이다. A′ 점은 조세액이

감소한 경우를 나타내고, A'' 은 정부지출이 증가한 경우를 나타다. <그림 4-3>에서도 앞의 그림과 마찬가지로 재정정책변화의 총소득효과가 발생하기 이전의 총수요곡선은 푸른색실선으로 표시되어 있다. 소비의 한계소비성향이 상수로 고정되어 있기 때문에 실선으로 표시된 총수요곡선과 점선으로 표시된 총수요곡선을 비교하면 점선으로 표시된 총수요곡선은 기울기는 그대로 유지한 채 그래프의 위치만 위로 이동하고 있다.

첫 번째 경우는 정부가 (ΔT) 의 크기로 소득세액을 줄이는 것으로 가정한다. 소득세가 감소되어 가처분소득이 증가하여 발생하는 소비수요의 증가는 소득세액의 감소분에 한계소비성향을 곱한 수치가 된다. 총수요곡선의 절편이 이동하는 크기는 소비증가의 효과를 반영하여 $a \times (\Delta T)$ 이다. 짧은 점선으로 표시된 직선이 소득세액의 감소가 발생하는 경우 총수요곡선의 그래프이다. 짧은 점선으로 표시된 직선과 45도선이 교차하는 점은 A' 로 표시되어 있다. 두 번째 경우에서는 (ΔG) 의 크기로 정부지출이 증가하는 것으로 가정한다. 적자재정을 선택하기 때문에 정부지출이 증가한 시점에서 정부지출이 증가한 크기와 동일한 크기로 총수요가 증가한다. 따라서 총수요곡선의 절편이 이동하는 크기는 (ΔG) 이다. 긴 점선으로 표시된 직선이 정부지출의 증가가 발생하는 경우 총수요곡선의 그래프이다. 긴 점선으로 표시된 직선과 45도선이 교차하는 점은 A'' 로 표시되어 있다.

소득세액의 감소로 발생하는 총소득효과는 수평축에 표시되어 있다. 소득세액의 감소를 선택할 때 새로운 균형점은 A' 이므로 이 점에서 수직선을 아래로 그어 수평축과 만나는 점이 소득세액의 감소를 반영한 새로운 총소득수준이다. A 점에서 수직선을 아래로 그어 수평축과 만나는 점은 소득세액의 감소가 발생하기 이전에 달성된 총소득수준이다. 그러므로 두 점의 차이가 소득세액의 감소로 인해 발생하는 총소득의 증가분이다. 소득세액감소의 총소득효과를 측정하기 위해 (조세승수＝총소득증가/조세감소)의 척도를 사용하면 조세승수는 $a(1-a)^{-1}$ 이다. 앞에서와 동일하게 정부지출증가의 총소득효과를 측정하기 위해 (정부지출승수＝총소득증가/정부지출증가)의 척도를 사용하면 적자재정승수는 $(1-a)^{-1}$ 이다. 두 승수를 비교하면 조세승수가 정부지출승수보다 더 작다는 것을 알 수 있다. 소득세감면은 동일한 크기로 가처분소득에 직접 영향을 미치지만, 소비수요의 반응을 거쳐서 총수요에 영향을 미치기 때문에 동일한 크기의 소득세감면이 총수요에 미치는 효과가 정부지출에 비해 더 작게 나타난다. 이런 차이를 반영하여 <그림 4-3>에서는 긴 점선과 짧은 점선의 절편이 이동하는 크기에서 차이가 있다. 소득세감면을 선택한 경우에 발생하는 (케인지언 크로스에서 정의하고 있는) 총수요곡선의 이동이 동일한 크기의 정부지출증가를 선택하는 경우에 발생하는 총수요곡선의 이동보다 더 작다.

다음에서는 CB곡선의 도출과정을 설명하기 위해 두 개의 부분으로 나누어 생각한다. 단기명목이자율의 목표가 어떻게 결정되는지를 설명하는 부분과 (명목이자율의 목표＝채권시장에서 결정되는 균형이자율)의 등식이 성립하도록 중앙은행이 어떠한 방식으로 통화정책을 운용하는지를 설명하는 부분이다. 전자의 부분에서는 「이자율준칙(interest-rate rule)」이라고 불리는 단순한 이자율결정모형을 설명한다. 본 장에서는 후자의 부분부터 먼저 설명한다. 후자의 부분은 중앙은행은 단기명목이자율의 목표가 결정되면 (채권시장에서 결정되는 균형명목이자율＝단기명목이자율의 목표)의 등식이 만족되도록 통화정책의 수단을 사용한다는 것이다. 어떤 방식을 사용하는가? 질문의 답은 등식이 만족되지 않을 때 중앙은행이 어떻게 대응하는지를 설명하는 것이다. (채권시장에서 결정되는 균형명목이자율＞단기명목이자율의 목표)의 부등호조건이 만족되면 중앙은행은 국고채의 매입을 증가시킨다. 금융기관이 중앙은행에게 국고채를 매도하여 얻은 자금의 양이 많아질수록 금융기관이 보유한 자금이 많아지기 때문에 균형명목이자율이 하락한다. (채권시장에서 결정되는 균형명목이자율＜단기명목이자율의 목표)의 부등호조건이 만족되면 중앙은행은 자신이 가지고 있는 국고채의 매도를 증가시킨다. 금융기관의 국고채보유액은 커지면서 금융기관이 보유한 자금은 감소하기 때문에 균형명목이자율이 상승한다.

이자율준칙의 개념을 설명한다. 이자율준칙은 거시경제의 상황을 반영하여 단기명목이자율의 목표치를 선택하는데 사용할 수 있는 피드백모형을 나타낸다고 할 수 있다. 이자율준칙의 구조는 두 개의 등식으로 표시할 수 있다. 첫째 부분에서는 명목이자율목표치를 경기중립이자율과 명목이자율갭의 두 부분으로 분리한다는 것이다. 경기중립이자율은 단기명목이자율이 경기순환에서 거시경제가 호황국면

또는 불황국면에 놓여있지 않은 상태에서 달성되는 명목이자율수준이다. 중앙은행이 명목이자율목표치를 경기중립이자율보다 더 낮은 수준을 조정한다는 것은 경기확장이 통화정책의 목표라는 것을 말한다. 중앙은행이 명목이자율목표치를 경기중립이자율보다 더 높은 수준을 조정한다는 것은 경기안정이 통화정책의 목표라는 것을 말한다. 둘째 부분에서는 명목이자율갭이 결정되는 과정을 설명하는 등식을 설명한다. 명목이자율갭은 (명목이자율갭 = 명목이자율목표치 − 경기중립이자율)의 등식으로 정의된다. 경제상황에 맞추어 조정되는 부분이 명목이자율갭이다.[20]

앞에서 설명한 내용을 명목이자율갭의 크기와 연결하여 설명하면 다음과 같다. 경기확대가 통화정책의 목표인 경우 명목이자율갭의 부호는 양수이고, 경기안정이 통화정책의 목표인 경우 명목이자율갭의 부호는 음수이다. 이자율준칙을 설명할 때 일반적으로 많이 인용되는 두 개의 거시경제지표는 인플레이션율과 GDP갭이다. 두 개의 거시경제지표의 변화에 따라 어떻게 명목이자율을 조정하는가? 인플레이션괴리에 따라 명목이자율목표치를 조정하기 위해 다음과 같은 원칙을 따른다. (실제인플레이션율 > 목표인플레이션율)의 상황에서 명목이자율갭의 부호는 양수이고, (실제인플레이션율 < 목표인플레이션율)의 상황에서 명목이자율갭의 부호는 음수이다. 인플레이션괴리에 연동하여 명목이자율을 조정하는 이유는 목표인플레이션율을 달성하는 것이 중앙은행이 통화정책을 실시하는 가장 중요한 목적이기 때문이다. GDP갭의 크기에 반응하여 명목이자율목표치를 조정하기 위해 다음과 같은 원칙을 따른다. (GDP갭 > 0)의 상황에서 명목이자율갭의 부호는 양수이고, (GDP갭 < 0)의 상황에서 명목이자율갭의 부호는 음수이다. GDP갭의 크기에 연동하여 명목이자율을 조정하는 이유는 과도한 경기과열과 극심한 경기침체의 가능성을 완화하고 완만한 경기순환을 달성하는 것이 중앙은행이 통화정책을 실시하는 중요한 목적이 될 수도 있기 때문이다.

CB곡선은 어떻게 정의되는가? CB곡선은 이자율준칙이 함의하는 (다른 변수들의 값은 일정하다고 가정할 때) 총수요가 가질 수 있는 각각의 값에 대응하는

---

[20] 구체적인 함수형태를 사용하여 이자율준칙의 현실적인 유용성을 분석한 논문의 제목은 테일러(John Taylor)가 1993년 Carnegie−Rochester Conference Series on Public Policy(39권, 195페이지부터 214페이지)에 게재한 「Discretion Versus Policy Rules in Practice」이다. 본 장에서 설명하는 CB곡선은 테일러가 제시한 이자율 준칙의 개념을 반영하고 있음을 지적한다.

실질(또는 명목)이자율의 궤적이다. 참고로 IS곡선은 <그림 4-2>와 <그림 4-3>에서 보여준 케인지언 크로스를 사용하여 도출할 수 있다. 실질이자율이 변화하면 총수요곡선이 하락하기 때문에 원점을 지나는 기울기가 45도인 직선과 총수요곡선의 교차점이 달라진다. 실질이자율의 변화에 따라 달라지는 원점을 지나는 45도선과 총수요곡선이 교차하는 점의 궤적을 수평축은 총수요를 나타내고 수직축은 실질이자율을 나타내는 평면에 표시하면 IS곡선의 그래프를 작성할 수 있다. <그림 4-2>와 <그림 4-3>에 있는 케인지언 크로스를 사용하면 IS곡선은 기울기가 음수인 직선이라는 것을 확인할 수 있다. 위에서 요약한 CB곡선의 정의를 보면 CB곡선은 IS곡선이 정의되는 동일한 평면에 양수의 기울기를 가지는 직선으로 그릴 수 있다는 것을 알 수 있다. 따라서 IS곡선과 CB곡선이 교차하는 점이 존재한다는 것을 알 수 있다.

　　IS곡선과 CB곡선이 교차하는 점에서 결정되는 총수요가 민간부문의 의사결정, 정부의 재정정책, 중앙은행의 통화정책 등을 모두 반영하여 결정된 총수요의 값이 된다. 따라서 재정정책과 통화정책의 총수요효과를 분석할 때 IS곡선과 CB곡선이 교차하는 점에서 결정되는 총수요가 재정정책과 통화정책의 조정에 대응하여 어떻게 달라지는지를 분석한다. 정부지출의 증가가 발생하거나 소득세감면이 발생하면 IS곡선은 우측으로 이동한다. 또한 IS곡선은 케인지언 크로스를 사용하여 도출된다. 이런 이유로 케인지언 크로스는 정부지출의 변화로 인해서 발생하는 IS곡선이 이동하는 크기에 대한 정보를 담고 있다. <그림 4-3>에서 표시된 수평축의 변화가 IS곡선이 이동하는 크기를 나타낸다. 소득세감면을 선택하는 경우보다 정부지출증가를 선택하는 경우 IS곡선이 더 크게 이동한다는 것을 알 수 있다. 앞에서도 설명한 바와 같이 재정정책이 실시되더라도 CB곡선이 그대로 있다면 IS곡선과 CB곡선이 교차하는 점에서 결정되는 총수요는 IS곡선이 이동하는 크기에 따라 달라진다. 소득세감면을 선택하는 경우보다 정부지출증가를 선택하는 경우 IS곡선이 더 크게 이동하기 때문에 IS-CB모형에서도 총수요가 증가하는 크기에 대하여 동일한 결과가 나타난다. CB곡선의 기울기가 양수인 경우 이자율 상승으로 인한 총수요의 감소를 반영해야 한다. 그 결과 IS-CB모형에서는 <그림 4-3>에서 표시한 총소득의 증가보다 더 작은 크기로 총소득이 증가한다.

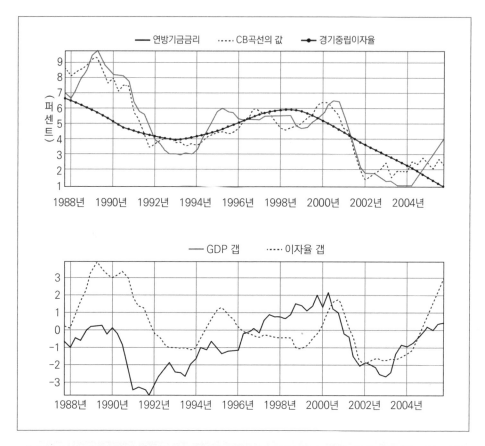

〈그림 4-4〉 연방기금금리와 CB곡선의 값

    <그림 4-4>에서 위에 있는 그림은 미국의 중앙은행이 목표치로 결정하는 연방기금금리와 앞에서 설명한 방식을 사용하여 작성된 이자율준칙의 값을 비교하고 있다. <그림 4-4>의 표본기간은 1987년 7월부터 2005년 1월까지 기간의 분기별 자료를 사용하고 있다.[21] 위에 있는 그림에서 회색실선은 연방기금금리이고, 푸른색점선은 CB곡선의 값을 나타낸다. 검은색실선은 경기중립이자

---

21) 그린스펀(Alan Greenspan)의 미국 중앙은행 총재 재임기간을 표본기간으로 선택하여 CB곡선의 값과 경기중립이자율을 추계하였다. <그림 4-4>를 작성하기 위해 사용된 물가지수(PCE 디플레이터)와 GDP갭의 시계열자료는 모두 미국 세인트루이스 연방은행의 데이터베이스(FRED)에서 다운로드 받았음을 밝힌다.

율을 나타낸다. 회색실선과 푸른색점선은 서로 정확하게 일치하지는 않지만 상당히 근접하여 같이 움직이고 있음을 눈으로 확인할 수 있다. <그림 4-4>의 위에 있는 그림이 함의하는 점은 앞에서 설명한 이자율준칙이 현실경제에서 중앙은행이 조정하는 단기명목이자율을 상당히 잘 설명한다는 것이다. IS-CB모형에서 CB곡선의 식을 가정하여 통화정책의 효과를 분석하는 것이 현실경제의 실제상황을 반영한 선택이라는 점을 지적한다.

<그림 4-4>에서 아래에 있는 그림은 명목이자율갭과 GDP갭률을 비교하고 있다. 명목이자율갭은 위에 있는 그림에서 회색실선의 값에서 검은색실선의 값을 차감한 값으로 정의된다. 2000년대 들어서는 GDP갭이 음수일 때 명목이자율갭도 음수의 값을 가지고 있는 것이 뚜렷하게 나타난다. 불황국면에서 중앙은행이 경기확장을 위한 통화정책의 기조를 선택하였다는 점을 보여주고 있다고 할 수 있다. 다른 기간에서 두 변수가 서로 다른 부호를 가지고 있는 시기가 나타난다. 서로 다른 부호를 가진 시기는 인플레이션괴리와 반응하는 시기로 볼 수 있다. (실제인플레이션율>목표인플레이션율)의 상황과 (GDP갭<0)의 상황이 동시에 발생하면 아래의 그림에서 검은색실선과 푸른색점선의 부호가 달라질 가능성이 있다는 점을 지적한다.

제2절 **미래지향적 소비자와 재정정책의 효과**

본 절의 주요 포인트는 가계와 기업이 미래시점에서 발생할 것으로 예상되는 경제상황을 모두 고려하여 현재시점의 행동을 선택하는 경우와 그렇지 않은 경우 재정정책의 총수요효과가 달라질 수 있다는 점이다. 앞에서 설명한 모형에서는 이런 측면이 반영되어 있지 않았다. 따라서 다음과 같은 차이가 발생한다. 앞에서 설명한 모형에서는 같은 크기의 정부지출일지라도 국채발행으로 재원을 조달하는 경우와 모두 세금으로 재원을 충당하는 경우 정부지출승수가 다르다. 미래지향적인 합리적 기대를 반영하여 현재시점에서 자신의 행동을 선택하는 모형에서는 정부지출의 총수요효과는 현재시점에서 선택된 재원조달 방식에 따라 달라지지 않을 수 있다. 따라서 미래지향적인 합리적 기대의 내용에 따라 재정정책의 총수요효과도 달라질 수 있다는 점을 반영하여 상수의 값을 가지는 승수효과와 같이 기계적인 공식에 의거하여 재정정책 효과를 분석하는 모형에서는 오류의 가능성이 있을 수 있다는 점이 지적되어 왔다.

가계와 기업의 미래지향적인 합리적 기대는 구체적으로 무엇을 의미하는가? 가계와 기업이 미래에 대한 상황을 예측하여 현재시점에서 자신의 행동을 선택할 때 미래의 재정정책이 어떻게 실시될 것인가에 대한 예측도 포함한다. 미래지향적인 합리적 기대는 가계와 기업이 미래의 재정정책에 대하여 예측할 때 정부가 선택할 것으로 예상되는 세출의 흐름과 세수의 흐름이 충족시켜야 하는 제약이 있다는 점을 정확히 알고 있다는 것을 의미한다. 합리적 기대모형에서 가계와 기업은 현재가치 정부예산제약의 의미를 정확히 알고 있는 것으로 가정한다. 현재가치 정부예산제약은 현재가치로 평가한 현재와 미래의 세출 및 세입 규모에 적용되는 통합된 형태의 예산제약으로 정의된다.

미래지향적인 기대의 효과를 반영하기 위해 합리적 기대와 항상소득가설이 결합되는 모형에서 재정정책의 효과를 설명한다. 항상소득가설에 의해서 소비를 결정하는 소비자들이 모두 합리적 기대에 의해서 미래의 상황을 예측하는 경우 소비는 임의보행(random walk)의 확률과정을 따르는 것으로 알려져 있다. 임의보행의 정의는 무엇인가? 확률변수의 변화가 이전시점에서 예측되지 않는 경우 임의보행을 따르는 것으로 정의한다. 소비의 변화가 예측되지 않는다는 것을 다음과 같이 설명할 수 있다. <표 2-4>의 넷째 줄에 있는 생애소득흐름의 현재가치합을 항상소득으로 정의한다. 소비는 항상소득에 비례하는 것으로 가정한다. 합리적 기대의 가정에 의해서 이전시점에서 예측된 소득변화가 있다면 이미 이전시점의 항상소득에 반영되어야 한다. 이전시점에서 예측되지 않은 소득변화가 있을 경우에만 현재시점에서 항상소득의 변화가 존재한다. 그 결과 소비도 같이 변화한다.

항상소득가설이 성립하는 거시경제에서 재정정책의 민간소비효과를 분석하기 위해 재정정책이 항상소득에 미치는 과정을 설명한다. 일반적으로 항상소득은 현재부터 먼 미래까지 각각의 시점에서 발생할 모든 소득의 현재가치를 반영한 값으로 정의된다. 따라서 현재시점뿐만 아니라 미래시점의 재정정책이 어떻게 진행될 것이라는 설명이 있어야 재정정책의 효과를 분석할 수 있다는 것을 짐작할 수 있다. 특히 재정정책의 효과를 분석할 때 케인지언 크로스에서는 재정정책의 기간 간 변화에 대한 설명이 필요하지 않았지만, 항상소득가설이 성립하는 거시경제에서는 재정정책의 기간 간 변화에 대한 설명이 필요하다는 점을 지적한다.

소비가 임의보행의 과정을 따른다고 설명하면 어렵게 느껴질 수도 있다. 임의보행이라는 의미를 현재시점에서 예상하는 다음시점의 소비와 현재시점의 소비가 서로 같게 결정된다는 것으로 표현할 수 있다. 그러면 과거시점의 소비수준과 현재시점의 소비수준은 어떠한 관계가 있는가? 과거시점에서 예상되지 않은 경제상황의 변화가 현재시점에서 발생할 때는 현재시점의 소비는 과거시점의 소비와 달라질 수 있다. 그러나 과거시점에서 예상한대로 모든 상황이 실현된다면 현재시점의 소비와 과거시점의 소비는 같다는 것이다. 정부의 경제정책이 과거시점에서 예상한대로 진행되지 않고 새로운 변화가 있다면 현재시점의 소비도 과거시점에서 예상한 소비수준과 달라질 수 있다는 것이다. 그 결과 소비의 변화가 발생한다.

앞에서 설명한 내용을 응용하면 재정정책의 소비효과에 관한 다음과 같은 세 개의 결론을 제시할 수 있다. 첫째, 재정정책의 효과를 분석할 때 예측된 재정지출의 변화와 예측되지 않은 재정지출의 변화를 구분할 필요가 있다는 것이다. 특히 재정정책의 예측된 변화와 예측되지 않은 변화가 현재시점의 소비에 미치는 효과는 달라질 수 있다는 것을 보일 수 있다. 발표시점과 실행시점이 다르다면 재정정책이 실행되는 시점에서는 재정정책의 효과가 발생하지 않을 수 있다. 오히려 재정정책의 실제 변화가 없더라도 미리 예고된 재정정책이 앞으로 그대로 실행될 것이라 믿는다면 발표시점부터 민간 경제주체의 반응이 나타날 수도 있다. 둘째, 예측되지 않은 재정정책의 변화일지라도 일시적인 변화와 영구적인 변화 등의 구분에 따라 현재시점의 소비에 미치는 효과가 달라질 수 있다는 것도 보일 수 있다.

항상소득가설과 합리적 기대가 성립하는 거시경제에서 첫째 결론이 어떻게 성립하는지를 설명한다. 항상소득가설과 합리적 기대가 성립하는 거시경제에서 과거시점에서 예측되지 않은 재정지출의 변화가 현재시점에서 발생할 때 현재시점의 소비와 총수요가 반응할 수 있다. 그러나 과거시점에서 이미 예측된 재정지출의 변화는 과거시점의 소비에 이미 반영되어 있기 때문에 현재시점에서 발생하더라도 현재시점의 소비수준에 어떠한 영향도 미치지 못한다. 따라서 항상소득가설과 합리적 기대가 성립하는 거시경제에서는 과거시점에서 이미 예측된 정부지출의 변화는 현재시점에서 발생하더라도 현재시점의 소비수준에 영향을 미치지 못한다. 이 경우 예측된 정부지출의 증가에 의한 총수요의 증가는 정부지출 증가와 같다.

두 번째 포인트는 현재시점에서 동일한 수준으로 정부지출이 증가하더라도 재정정책의 지속성에 관하여 소비자가 어떻게 예상하는지에 따라서 정부지출의 변화가 현재시점의 소비수준에 미치는 효과는 달라질 수 있다. 먼저 영구적인 정부지출의 증가가 있는 상황을 분석한다. 소비가 임의보행을 따른다면 (미래소비에 관한 현재시점에서 형성한 예측치＝현재소비)의 조건이 성립한다. 총수요의 구성은 (총수요＝소비＋투자＋정부지출)의 식으로 표시된다. 투자는 일정한 수준으로 고정되어 있는 것으로 가정한다. 케인지언 크로스의 분석에서도 동일한 가정을 부여하였다는 점을 지적한다. 소비가 임의보행을 따른다는 조건과 투자가 일정하게 고정되어 있다는 조건을 결합한다. 그 결과 미래시점의 (총수요－정부지출)에 대한 기대값과 현재시점의 (총수요－정부지출)은 같다. 과거시점에서 예측하지 못한 영구적인 정부지출의 증가가 현재시점에서 발생하는 것으로 가정한다. 이 경우 (다음시점 정부지출 예측치＝현재시점 정부지출)의 등식이 성립한다. 위에서 설명한 정부지출의 결정조건을 총수요 결정조건에 대입하면 (미래시점 총수요 예측치＝현재시점 총수요)의 등식이 성립한다. 이 조건은 어떻게 만족되는가? 현재시점에서 발생한 정부지출의 증가만큼 소비의 감소가 발생해야 한다.

<표 4-1>에서는 앞에서 설명한 영구적인 정부지출의 소비효과를 수치로 보여주고 있다. 단순한 상황을 상정하기 위해 과거시점의 정부지출은 없는 것으로 가정한다. 현재시점에서 정부지출은 소비재 단위로 0.5단위로 증가한다. 영구적인 변화이기 때문에 다음시점에서도 정부지출은 소비재 단위로 0.5단위가

■:: 〈표 4-1〉 예측되지 않은 영구적 재정지출변화의 총수요효과

	이전시점	현재시점	다음시점
정부지출	0	0.5	0.5
민간소비	1	0.5	0.5
총수요	1	1	1

주: 분석의 편의를 위해 (총수요=민간소비+정부지출)로 가정한다.

그대로 유지된다. 현재시점과 다음시점은 사실상 동일한 수준의 정부지출, 소비, 총수요가 되어야 한다. 과거시점에서 (정부지출=0)이라고 가정하였다. 따라서 투자지출이 없는 단순화된 모형에서는 과거시점에서 (과거소비=과거총수요)의 등식이 성립한다. 그러나 현재시점에 들어오면 (정부지출=0.5)이 되기 때문에 (현재소비+0.5=현재총수요)의 등식이 성립해야 한다. 미래시점에서도 (정부지출=0.5)의 등식이 그대로 유지되기 때문에 (미래소비+0.5=미래총수요)의 등식이 성립해야 한다. (현재소비=미래소비)의 등식은 (미래총수요=현재총수요)의 등식이 성립해야 함을 의미한다. <표 4-1>의 아랫줄을 보면 (현재총수요=1)이면서 (미래총수요=1)의 값으로 정해지고 있음을 알 수 있다. 현재시점과 다음시점에서는 동일한 수준의 정부지출, 소비, 총수요가 된다는 것을 알 수 있다. 현재시점의 소비가 어느 정도 반응할 것인가에 대하여 설명해야 한다. <표 4-1>에서 예로 들고 있는 모형에서는 정부지출의 영구적인 증가는 전량 소비의 감소로 반영된다는 것이다.

다음에서는 일시적인 정부지출의 변화가 있는 경우를 분석한다. 모형의 구조는 앞에서 설명한 것과 동일하다. 달라지는 부분은 정부지출이 일시적으로 증가한다는 것이다. 다른 부분은 앞의 상황과 동일하지만 명확히 설명하기 위해 모형의 구조에 대한 설명을 반복한다. 「소비가 임의보행을 따른다면 (미래소비의 예측치=현재소비)의 조건이 성립한다. 총수요의 구성은 (총수요=소비+투자+정부지출)의 식으로 표시된다. 투자는 일정한 수준으로 고정되어 있는 것으로 가정한다. 케인지언 크로스의 분석에서도 동일한 가정을 부여하였다는 점을 지적한다. 소비가 임의보행을 따른다는 조건과 투자가 일정하게 고정되어 있다는

	이전시점	현재시점	다음시점
정부지출	0	0.5	0
민간소비	1	1	1
총수요	1	1.5	1

주: 분석의 편의를 위해 (총수요=민간소비+정부지출)로 가정한다.

조건을 결합한다. 그 결과 미래시점의 (총수요-정부지출)에 대한 기대값과 현재시점의 (총수요-정부지출)은 같다」. 과거시점에서 예측하지 못한 일시적인 정부지출의 증가가 현재시점에서 발생한다. 일시적인 증가라는 점을 강조하기 위해 다음시점에서 정부지출은 없는 것으로 가정한다. 이를 소비자가 정확히 알고 있다면 (다음시점 정부지출예측치=0)의 조건을 만족한다. 정부지출의 결정조건을 총수요결정조건에 대입하면 (현재총수요=현재정부지출+미래총수요예측치)의 등식이 성립한다. 이 조건은 어떻게 만족되는가? 정부지출의 증가가 현재시점의 소비에 미치는 효과가 없고, 총수요는 정부지출의 증가와 동일한 크기로 증가해야 한다.

　〈표 4-2〉에서는 앞에서 설명한 일시적인 정부지출의 소비효과를 수치로 보여주고 있다. 〈표 4-1〉의 상황과 동일한 상황을 가정하기 위해 과거시점의 정부지출은 없는 것으로 가정한다. 〈표 4-1〉과 비교하여 다른 점은 현재시점에서만 정부지출은 소비재 단위로 0.5단위로 증가한다는 것이다. 일시적인 정부지출의 변화가 현재시점에서만 발생하는 것이기 때문에 다음시점에서 정부지출은 없는 것으로 가정한다. 현재시점이 지나고 나면 앞으로 예측되지 않은 변화가 더이상 없기 때문에 현재시점과 다음시점에서 소비수준은 같아야 한다. 과거시점에서 (정부지출=0)이라고 가정하였다. 따라서 투자지출이 없는 단순화된 모형에서는 과거시점에서 (과거소비=과거총수요)의 등식이 성립한다. 그러나 현재시점에 들어오면 (정부지출=0.5)의 등식이 성립하기 때문에 (현재소비+0.5=현재총수요)의 등식이 성립해야 한다. 미래시점에서는 (정부지출=0)의 등식이 성립하기 때문에 (미래소비=미래총수요)의 등식이 성립해야 한다. (현재소비=

미래소비)의 등식은 (미래총수요＋0.5＝현재총수요)의 등식이 성립해야 함을 의미한다.

<표 4-2>의 아랫줄을 보면 (현재총수요＝1.5)이면서 (미래총수요＝1)의 값으로 정해지고 있음을 알 수 있다. 이렇게 결정되는 이유를 확인하기 위해 먼저 현재시점의 소비가 어느 정도 반응할 것인가에 대하여 설명해야 한다. <표 4-2>에서 예로 들고 있는 모형에서는 정부지출의 일시적인 증가는 소비에 전혀 영향이 없다는 것을 보여주고 있다. 이 경우 (현재소비＝미래소비＝1)의 등식이 성립해야 한다. 이를 <표 4-2>에 적용하면 (미래총수요＝1)의 등식이 성립한다. 결론을 요약하면 다음과 같은 두 개의 문장으로 정리할 수 있다. (1) 항상소득가설과 합리적 기대가 동시에 성립하는 경우 영구적인 정부지출의 증가는 동일한 크기로 영구적인 소비수준의 감소를 발생시킨다. (2) 항상소득가설과 합리적 기대가 동시에 성립하는 경우 현재시점만 일시적으로 정부지출이 증가하면 현재시점과 미래시점의 소비수준은 반응하지 않는다.

앞에서 설명한 내용의 주요 포인트는 재정정책의 거시경제적 효과는 가계와 기업이 현재와 미래에서 발생할 모든 상황도 같이 고려하여 현재시점의 행동을 선택하는 모형과 그렇지 않은 것으로 가정한 모형에서 달라진다는 점이다. 앞에서 설명한 사례에서는 가계와 기업이 현재시점에서 실시된 정부지출의 증가가 영구적으로 지속될 것인지 아니면 일시적인 것인지의 예상에 따라 총수요증가 효과는 달라질 수 있다는 것을 보여주고 있다. 이런 이유로 상수의 값을 가지는 승수효과와 같이 기계적인 공식에 의거하여 재정정책의 총수요효과를 분석하는 것은 오류의 가능성이 있다는 점을 지적할 수 있다.

앞에서 재정정책에 대한 미래지향적인 합리적 기대는 가계와 기업이 현재가치 정부예산제약의 의미를 정확히 알고 있다는 것으로 정의하였다. 다음에서는 재정정책에 대한 미래지향적인 합리적 기대가 제공하는 재정정책의 총수요효과에 대한 함의를 설명한다. 먼저 현재가치 정부예산제약의 개념을 간단히 요약한다. 정부의 재정활동에 부과되는 현재가치 예산제약은 현재와 미래의 각 시점에서 실행될 것으로 예상되는 정부지출에 대한 현재가치들과 현재에서 상환해야 하는 원리금의 합은 현재와 미래의 각 시점에서 걷힐 것으로 예상되는 조세수입에 대한 현재가치와 같아야 한다는 제약이다. 현재가치 예산제약은 현재부터 먼 미래에 이르기까지 예상되는 수입과 지출을 반영하고 있다. 따라서 현재가치 예산제약은 각 시점에서 현금의 출납에 의거하여 정부의 수입과 지출을 기록하는 예산제약과는 다르다.

현재가치 예산제약이 정부의 자금조달방식 선택에 제공하는 함의를 설명한다. 정부지출 규모가 결정된 이후 정부는 필요한 자금을 세금으로 조달할 것인지 아니면 국채를 발행하여 조달할 것인지를 결정해야 할 때 어느 방식이 더 바람직한 것인가를 판단해야 한다. 현재가치 예산제약은 현재에서 국채를 발행하더라도 원금과 이자를 상환하기 위해 미래에서 세금을 부과해야 함을 의미한다. 특히 미래에서 세금을 부과할 때 이자비용에 해당하는 금액을 더 거두어들여야 함을 의미한다. 이는 현재가치로 두 개의 대안에 대한 세수를 평가하면 동일함을 의미한다.

앞에서 설명한 내용을 보다 구체적으로 체계화하여 정리한 것을 「리카르도의 등치성(Ricardian Equivalence)」으로 간주할 수 있다. 「리카르도의 등치성」이 성립되기 위한 가정들이 있다. (1) 모든 시점의 정부지출은 모두 정부가 외생적으로 결정한다. (2) 가계는 무한기간 동안 생존하고 합리적 기대 가설에 부합하는 정보처리능력을 가지고 있다. 따라서 정부의 현재가치 예산제약에 대하여 정확히 알고 있다. (3) 가계는 생애 전 기간의 소득을 고려하여 소비를 결정한다. (4) 가계에 부과되는 모든 세금은 모두 정액세의 형태로 징수된다. 위의 가정이 만족된다면 국채 발행 계획의 변동과 그에 따라 달라지는 세수의 기간 간 변화가 가계의 소비 결정에 미치는 효과는 없다. 이런 결과를 「리카르도의 등치성」이라고 한다.

<표 4-3>에서는 앞에서 설명한 리카르도 등치성 정리의 단순한 예를 보여주고 있다. 현재시점에서 정부지출의 크기를 소비재 단위로 측정한다고 가정하자. 또한 정부는 현재시점에서 소비재 한 단위의 정부지출을 반드시 실행해야 하는 것으로 가정하자. 정부지출에 필요한 재원을 조달하는 서로 다른 두 개의 재원조달 방법이 있다. 첫째 방법은 정부지출을 모두 현재시점의 조세수입으로 충당하는 방법이다. 이는 <표 4-3>에서 균형재정이라고 표시한 셋째 줄에 해당

	현재시점		미래시점		현재가치	
	정부지출	조세수입	정부지출	조세수입	정부지출	조세수입
균형재정	1	1	0	0	1	1
적자재정(국채발행)	1	0	0	1+이자율	1	1

한다. 둘째 방법은 정부지출을 모두 국채 발행수입으로 충당하는 방법이다. 이는 〈표 4-3〉에서 적자재정이라고 표시한 넷째 줄에 해당한다. 〈표 4-3〉에서 둘째 열은 현재시점의 정부지출과 조세수입을 나타내고 있다. 셋째 열은 미래시점의 정부지출과 조세수입을 나타내고 있다. 넷째 열은 현재가치로 평가한 정부지출과 조세수입을 나타내고 있다.

정부가 첫째 방법을 선택하면 (정부지출＝조세수입)의 등식이 현재시점에서 성립한다. 〈표 4-3〉에서 균형재정이라고 표시된 줄에서 현재시점의 정부지출과 조세수입이 소비재 한 단위로 서로 같은 것을 볼 수 있다. 둘째 방법을 선택하면 현재시점에서 조세수입으로 발생하는 정부수입이 없다. 따라서 〈표 4-3〉에서 적자재정이라고 표시된 줄에서 현재시점의 정부지출은 소비재 한 단위이지만 현재시점의 조세수입은 제로로 적혀있는 것을 볼 수 있다. 그러나 현재시점에서 발행한 국채의 원금과 이자를 미래시점에서 상환해야 한다. 이를 위해 미래시점에서 조세를 부과해야 한다. 현재시점에서 국채를 발행하여 조달한 자금의 크기가 소비재 한 단위이기 때문에 국채발행의 원리금은 (1＋이자율)이 된다. 따라서 미래시점에서 조세수입은 (1＋이자율)이 되어야 한다.〈표 4-3〉에서 적자재정의 줄을 보면 미래시점의 조세수입이 (1＋이자율)로 적혀있는 것으로 볼 수 있다.

〈표 4-3〉의 넷째 열에서는 앞에서 설명한 두 개의 서로 다른 방법 중 어느 방법을 선택하더라도 현재가치로 환산하면 동일한 크기의 조세수입이 필요하다는 점을 보여주고 있다. 균형재정의 줄과 적자재정의 줄을 보면 현재가치로 평가한 조세수입이 소비재 한 단위로 적혀있음을 확인할 수 있다. 〈표 4-3〉의 셋째 줄과 넷째 줄에서 적혀있는 적자재정과 균형재정이라는 구분은 결국 현

재시점의 재정수지만으로 구분된다는 점이다. 현재가치로 환산하여 이런 구분이 없어진다는 것이다. 분석하는 시계를 보다 더 먼 미래로 확장하더라도 미래시점의 모든 재정지출과 조세수입을 현재가치로 환산하여 평가한다면 (수입=지출)의 등식이 성립할 것이라는 점을 미루어 짐작할 수 있다.

리카르도 등치성이 재정정책의 효과에 어떠한 함의가 있는가? 앞에서도 잠깐 언급했듯이 경제주체들이 미래지향적인 합리적 기대를 반영하여 자신의 행동을 선택한다면 정부지출의 변화가 거시경제에 미치는 효과의 크기는 자금조달방식에 관한 정부의 선택에 따라 달라지지 않을 수 있다는 점이다. 이런 이유로 항상 고정된 상수의 값을 가지는 승수효과와 같이 기계적인 공식에 의거하여 재정정책 효과를 분석한다면 오류의 가능성이 발생할 수 있다는 점을 지적할 수 있다. 실제 생활에서 앞에서 설명한 내용의 리카르도 등치성 정리가 성립하는가? 현실경제에서 리카르도 등치성의 정리가 성립하지 않을 수 있는 몇 가지 가능성을 제시할 수 있다. (1) 근시안적인 시계를 가지고 소비를 결정하는 가계는 미래시점에서 발생할 소비지출에 부여하는 비중이 낮다. 극단적으로 현재시점이 인생의 마지막 시점이라고 생각하는 소비자가 자손에 남길 유산에도 관심이 없다면 미래지향적인 기대를 할 이유가 없다. 이런 가계의 비중이 충분히 크다면 실제 자료에서 정부채권을 발행하여 충당하는 경우 정부지출의 총수요효과가 더 크게 나타날 수 있다. (2) 외부로부터 차입이 불가능한 소비자는 현재시점의 가처분소득에 맞추어 자신의 소비지출을 조정해야 한다. 이런 소비자들을 가리켜서 유동성제약(liquidity constraint)을 받는 소비자라고 한다. 실효적으로 유동성제약에 놓여 있는 가계의 비중이 클수록 실제 자료에서 정부채권을 발행하여 충당하는 경우 정부지출의 총수요효과가 더 크게 나타날 수 있다. (3) 앞에서 설명한 모형에서 정액세의 형태로 소득세가 부과되는 것으로 가정하였다. 현실경제에서 소득세의 크기는 노동소득의 크기를 반영하여 결정될 수 있다. 따라서 현실경제에서 정부수입을 조정하기 위해 소득세율을 변화시키면 세후소득이 달라지기 때문에 가계의 노동공급에 영향을 미칠 수 있다는 점을 고려해야 한다. 정부지출의 재원을 마련하기 위해 현재시점에서 정부채권의 발행을 증가시키는 경우 앞에서 설명한 경로를 통해서 노동공급에 미치는 효과는 없다. 따라서 정부지출의 재원을 마련하기 위해 현재시점의 조세수입을 증가시키는 경우 소득세율의 조정이 소비와 여가의 선택에도 영향을 미치는 경로가 추가된다는 점이 실제 자료에 충분히 반영되면, 앞에서 설명한 리카르도의 등치성이 그대로 성립하지 않을 수 있다.

제3절　정부예산제약과 재정정책의 지속가능성

여러 국가에서 다양한 이유로 재정건전성 문제가 발생해왔다. 미국의 상황을 보면 재정적자가 지속적으로 발생해왔다. 고령화가 진행되면서 발생할 연금과 의료비지출의 지속적인 증가를 생각하면 한국에서도 재정건전성에 대한 우려가 없다고 하기는 어렵다. 재정건전성을 측정하는 지표는 무엇인가? 모두가 합의하는 재정건전성의 지표는 없는 것으로 알려져 있지만, 적어도 재정건전성을 유지하는 데 도움이 되는 두 가지 개념을 생각할 수 있다. 첫째, 국가채무의 적정수준 유지이다. 둘째, 거시경제에 미치는 부정적인 영향이 없는 수준에서 국가채무상환능력의 지속적인 유지이다. 이런 재정건전성의 개념에 동의한다면 어느 수준이 바람직한 것인가? 1992년에 합의된 마스트리히트 조약에서는 유럽연합에 가입하는 국가들은 안정적인 가치를 가진 하나의 화폐가 통용될 수 있도록 각국의 재정건전성이 일정 수준으로 유지되는 것이 필요하다는 점을 강조하고 있다.

마스트리히트 조약에서 제시된 구체적인 조건은 GDP 대비 재정적자의 비율을 3% 이내, GDP 대비 국가채무의 비율을 60% 이내로 유지하는 것이다. 이런 재정준칙의 실효성을 보장하기 위해 추가적인 조치들이 필요하다는 견해가 있다. 로머의 거시경제학교과서에서는 정부소유자산의 매각과 무기금채무(unfunded liabilities) 등이 악용될 수 있는 가능성을 우려하고 있다.[22] 무기금채무는 미리 재원을 확보하지 않은 상태에서 미래시점의 정부지출을 증가시키는 정부의 약

---

22) McGraw－Hill 출판사가 2012년에 출간한 로머(David Romer)의 거시경제학교과서인 「Advanced Macroeconomics」의 제12장에서 무기금채무와 관련된 이슈를 다루고 있다.

속을 말한다. 무기금부채가 발생하면 정부는 미래시점에서 예산제약을 만족시키기 위해 재정지출을 감소시키거나 세금을 늘려야 한다. 이런 상황은 재정수지의 통계에 반영되지 않기 때문에 재정수지에 법적인 효력을 가진 재정준칙의 실효성도 약화시킬 수 있다. 따라서 앞에서 설명한 재정준칙의 성격을 가진 법안 등을 제정하여 재정건전성을 달성하기 위해 실시되는 다양한 노력의 유효성을 보장하는 추가적인 방안들이 필요하다.

「정부예산제약」이라는 단어만 놓고 보면 「제약」이라는 단어가 뒤에 붙기 때문에 정부활동을 크게 제약하는 것으로 인식되는 경향이 있다. 정부예산제약이라는 용어가 어떠한 문맥에서 사용되는지에 따라 달라질 수 있다는 점을 지적한다. 국채발행으로 발생하는 발행수입과 원리금상환지출이 생략된 정부수입 내 정부지출이라는 의미에서 정부예산제약이라는 용어를 사용하면 균형재정을 염두에 두고 재정정책을 결정한다는 것이다. 그러나 실제 경제에서 많은 국가들은 정부채권을 발행하기 때문에 이런 의미를 염두에 두고 정부예산제약이라는 단어를 사용한다면 정부예산제약의 정확한 개념 없이 사용된 것으로 간주해야 한다고 볼 수 있다. 정부예산제약이라는 단어가 함의하는 것은 부채의 발행과 부채의 원리금상환을 포함하여 모든 시점에서 평가된 (수입 = 지출)의 등식이 회계장부에서 항상 성립해야 한다는 것을 의미하는 것으로 볼 수 있다. 정부부채의 크기에 대한 제약이 없으면서 정부가 발행한 채권을 언제든지 채권시장에서 매도가 가능하다면, 회계적인 정부예산제약이 항상 충족될지라도 정부지출결정을 제약하는 것은 없다고 볼 수 있다.

현재시점에서 측정한 회계적인 의미의 정부예산제약에는 정부가 현재시점에서 정부부채를 발행할 때 투자자에게 제시한 원리금상환의 약속이 지켜져야 한다는 제약이 담겨져 있지 않다는 점이 중요한 포인트이다. 정부가 약속한 정부부채의 만기시점에 도달하면 발행시점에서 약속한 원금과 이자를 그대로 상환해야 한다는 제약이 있다는 점을 반영한 정부의 예산제약은 무엇인가? 이런 약속을 부과하는 제약도 미래의 어느 시점에서 완전히 청산되는지에 따라서 제약의 강도가 달라질 수 있다. 내년도에 재정흑자를 발생시켜서 원금과 이자를 모두 상환하는 방안과 50년의 기간을 두고 원금과 이자를 상환하는 방안을 비교하면 후자의 방안이 상대적으로 제약의 강도가 낮다. 이런 측면에서 가장 약한 제약은 무한시점까지 이월할 수 있는 가능성을 열어주는 것이다. 같은 맥락에서 새로 발행한 채권의 채권발행수입으로 과거에 발행한 채권의 원리금을 상환하는 작업을 무한기간 동안 진행하더라도 무한시점에 이르러서는 조세수입증가로 상환해야 한다는 조건을 부과한다. 앞에서 설명한 회계적인 의미의 정부예산제약이 함의하는 것과는 다르기 때문에 구분을 위해서「미래지향적 정부예산제약」이라는 용어를 사용한다. 미래지향적이라는 용어를 포함시킨 이유는 현재시점의 약속이 실제로 지켜질 것인가의 여부를 판단하기 위해 미래시점의 상황을 예측하고 평가해야 한다는 의미가 담겨 있기 때문이다.

정부예산제약은 정부지출과 정부수입의 크기를 결정할 때 사전적으로 부과된 제약조건을 준수해야 한다는 의미가 아닐 수 있다는 것이다. 매년 정부지출과 정부수입의 크기가 결정될 때 국채발행수입을 포함하는 정부수입의 크기가 먼저 결정된 후에 정부지출의 크기를 결정하는 순서로 진행될 수 있다. 수입과 지출을 나타내는 변수의 크기에 관한 결정이 순차적으로 이루어지기 때문에 지출의 결정이 제약을 받는다는 의미에서 정부예산제약이 존재한다는 것과는 다른 의미이다. 정부지출과 정부수입의 크기를 결정할 때 준수해야하는 사전적으로 부과된 제약조건이 있다면 재정준칙이 존재하는 것으로 간주할 수 있다. 재정준칙은 정부수입과 정부지출의 결정에서 어느 변수를 먼저 선택할 것인가와 관련된 절차적인 규칙보다는 더욱 구속력이 있는 제한이 되어야 한다는 것이다.

<표 4-4>에서는 회계적인 관점에서 정의된 정부예산제약식과 미래지향적인 관점을 반영된 정부예산제약식의 차이를 구분하여 보여주고 있다. 미래지향적 정부예산제약식의 정의를 소개하는 이유는 현재시점의 정부활동이 미래시점의 재정수지에 어떠한 부담을 줄 것인가를 이해하는 데 도움이 된다는 것이다. 「미래지향적」이라는 수식어가 포함되는 이유는 모든 미래시점에서 발생할 재정수지의 현재가치를 반영하기 때문이다. 현실적으로 어떤 유용성이 있는가? 미래지향적 정부예산제약식의 개념을 적용하여 정부가 선택한 다양한 재정정책의 지속가능성을 평가할 수 있다. 이런 주장의 이유로 현재시점과 미래시점에서 큰 폭의 재정적자가 발생하는 재정활동은 미래지향적 정부예산제약식이 제시하는

■■ 〈표 4-4〉 정부의 예산제약식

명목가치로 표시한 예산제약식	$P_t g_t + (1 + i_{t-1}) B_{t-1} = B_t + P_t \tau_t$
실질가치로 표시한 예산제약식	$g_t + b_{t-1} \dfrac{1 + i_{t-1}}{1 + \pi_t} = b_t + \tau_t$
현재의 실질 예산제약식	$\dfrac{(1 + i_{t-1}) b_{t-1}}{1 + \pi_t} = b_t + \tau_t - g_t$
미래의 실질 예산제약식	$b_t = D_{t,t+1}(b_{t+1} + \tau_{t+1} - g_{t+1}), \quad D_{t,t+1} = \dfrac{1 + \pi_{t+1}}{1 + i_t}$
현재와 미래 예산제약식 결합	$\dfrac{(1 + i_{t-1}) b_{t-1}}{1 + \pi_t} = D_{t,t+1} b_{t+1} + D_{t,t+1} s_{t+1} + s_t$
미래지향적 예산제약식 (유한기간)	$\dfrac{(1 + i_{t-1}) b_{t-1}}{1 + \pi_t} = D_{t,T} b_T + \displaystyle\sum_{k=t}^{T} D_{t,k} s_k$
횡단성 조건	$\displaystyle\lim_{T \to \infty} D_{t,T} b_T = 0$
미래지향적 예산제약식 (무한기간)	$\dfrac{(1 + i_{t-1}) b_{t-1}}{1 + \pi_t} = \displaystyle\sum_{k=t}^{\infty} D_{t,k} s_k$

주: B_{t-1}는 과거시점에서 정부가 현재시점에서 상환할 것으로 약속한 국채발행의 원금, i_{t-1}는 과거시점에 약속한 이자율, B_t는 현재시점에서 정부가 미래시점에서 상환할 것으로 약속한 국채발행의 원금, τ_t는 조세수입의 실질가치, g_t는 정부지출의 실질가치, P_t는 현재시점의 물가지수이다. $D_{t,t+1}$은 미래시점에서 실질가치로 평가한 수입과 지출 한 단위를 현재시점에서 실질가치로 평가한 수입과 지출을 측정하는 단위로 환산하는 할인인자의 역할을 하는 변수이다. b_{t-1}는 과거시점에서 정부가 현재시점에서 상환할 것으로 약속한 국채발행의 원금을 과거시점의 물가지수로 나눈 비율, b_t는 현재시점에서 실질가치로 평가한 정부부채, s_t는 현재시점의 재정흑자, π_t는 물가상승률이다.

제약을 충족시키지 못할 가능성이 높다는 점을 지적할 수 있다.

〈표 4-4〉의 첫째 줄은 화폐단위로 표시한 현재시점의 정부예산제약식이다. 등호의 오른편은 국채발행수입과 조세수입의 합으로 정의되는 정부수입을 나타낸다. 등호의 왼편은 정부가 구매한 재화와 서비스의 대금으로 지출되는 금액과 과거에 발행된 국채의 원리금상환을 위해 지출되는 금액의 합이다. 〈표

4-4>의 둘째 줄은 실질가치로 표시한 현재시점의 정부예산제약식이다. 따라서 첫째 줄에 있는 식의 양변을 현재시점의 물가지수로 나누면 둘째 줄의 식이 도출된다. 둘째 줄에 있는 등호의 오른편은 국채발행의 실질수입과 실질조세수입을 합한 실질정부수입을 나타낸다. 등호의 왼편은 정부지출의 실질가치와 과거에 발행된 국채의 실질원리금상환의 합이다. 이 식에서 현재시점의 물가지수를 과거시점의 물가지수로 나눈 비율은 현재시점에서 발생한 물가상승을 나타낸다. 이처럼 정부가 동일한 물건을 계속해서 구매할지라도 인플레이션율의 상승으로 인해 명목구매비용이 증가한다면 이는 실질가치로 평가한 정부예산제약에 반영된다. 대문자 B는 명목가치로 평가한 국채발행액을 나타내고, 소문자는 실질가치로 평가한 국채발행액을 나타낸다.

<표 4-4>의 셋째 줄과 넷째 줄은 각각 현재시점과 다음시점에서 실질가치로 평가한 정부예산제약식이다. 두 식을 <표 4-4>에 포함시킨 이유는 셋째 줄과 넷째 줄의 식을 결합하여 현재가치 정부예산제약식이 도출된다는 것으로 보이기 위함이다. 셋째 줄과 넷째 줄의 식에 공통으로 나타나는 변수는 실질가치로 평가한 국채발행액이다. 소문자 b로 표시되어 있다는 것을 확인할 수 있다. 두 식에서 공통으로 포함되어 있는 변수를 소거하여 넷째 줄에 있는 식을 셋째 줄에 있는 식에 대입할 수 있다. 이런 작업을 통해서 도출되는 식은 <표 4-4>의 다섯째 줄에 정리되어 있다. 대문자 D로 표시된 변수는 미래시점의 재정수지를 현재시점의 측정 단위로 환산하기 위해 사용되는 할인인자를 나타낸다.[23] 셋째 줄과 넷째 줄의 식을 사용하여 다섯째 줄의 식을 도출하는 과정을 계속해서 앞으로 진행할 수 있다. 현재시점부터 임의의 T시점 이후에 도달하는 시점까지 동일한 방식을 적용하면 여섯째 줄에 있는 식이 도출된다.

<표 4-4>에서 일곱째 줄과 여덟째 줄에 있는 식은 정부가 무한기간 동안

---

[23] <표 4-4>의 넷째줄에 있는 식은 실질정부부채의 점화식이다. 여섯째줄은 점화식을 사용하여 멱급수를 도출하는 중간단계의 수식으로 해석할 수 있다. 멱급수의 등비수열에 대응되는 부분으로 간주할 수 있다는 의미에서 D를 할인인자로 설명하고 있다. 그러나 엄밀한 의미에서 소비재 단위로 평가되는 미래재화는 기간 간 대체율을 사용하는 것이 적절하다는 점을 지적할 수 있다. 미래시점의 상황에 대한 완전예견이 가정되는 경우 D는 기간 간 대체율과 같아질 수 있음을 지적한다.

존속된다는 가상적인 가정을 반영하고 있다. 정부의 약속이 무한기간 동안 지속될 가능성을 고려하는 것이 비현실적이라고 생각할 수도 있다. 앞에서 정부가 약속한 정부부채의 원리금은 만기시점에 도달하면 발행시점에서 약속한 원금과 이자를 약속대로 상환해야 한다는 제약이 미래의 어느 시점에서 완전히 청산되는지에 따라서 제약의 강도가 달라질 수 있다는 점을 설명하였다. 이런 맥락에서 새로 발행한 채권의 채권발행수입으로 과거에 발행한 채권의 원리금을 상환하는 작업을 무한기간 동안 진행하더라도 무한시점에 이르러서는 재정흑자를 실현하여 상환해야 한다는 조건이 부과될 때 발행할 수 있는 정부부채의 규모가 가장 크다고 할 수 있다. 따라서 이런 조건이 부과된 상황에서 측정된 「미래지향적 정부예산제약」이 허용하는 정부부채의 규모를 정부의 채무가용능력(debt capacity)으로 정의할 수 있다. 이런 조건과 함께 미래의 모든 시점에서 회계적인 정부예산제약도 항상 성립해야 한다면 <표 4-4>의 여덟째 줄에 있는 식을 사용하여 정부의 채무가용능력을 계산할 수 있다.

<표 4-4>의 일곱째 줄에 있는 식은 앞에서 설명한 의미에서 정부의 채무가용능력을 측정하기 위한 조건이다. 일곱째 줄에 있는 식에서 극한값을 나타내는 수학기호가 포함되어 있다. 현재시점부터 무한히 먼 미래시점을 표시하기 위해 극한값을 나타내는 기호가 사용되고 있기 때문에 일곱째 줄에 있는 식은 극한값에 대한 제약이라는 것을 짐작할 수 있다. 극한값에 대한 제약은 어떤 의미인가? 무한기간이 지난 시점에서 정부활동이 지속된다면 무한시점에서 국채가 발행될 수도 있다는 점을 반영하여, 수식을 그대로 해석하면 무한시점에서 발행된 국채발행수입을 현재시점의 가치로 환산하면 제로가 되어야 한다는 조건이다. 따라서 정부활동이 무한기간 지속될 것이라는 가정이 부과될 때 무한시점에서 정부가 보유할 정부부채의 현재가치는 제로가 되어야 한다는 조건이다. 이런 조건이 위배되면 어떠한 일이 벌어지는가? 일곱째 줄에 있는 조건이 만족되지 않는다면 과거시점부터 시작하여 현재시점에 도달할 때까지 축적된 정부부채를 미래시점의 재정흑자로 상환해야 한다는 제약이 없는 것과 동일하다.

일곱째 줄에 있는 극한값이 양수의 값을 가진다면 <표 4-4>의 여덟째 줄에 있는 등식이 성립하지 않는다. 다시 설명하면 일곱째 줄에 있는 극한값이 양

수의 값을 가질 때 여덟째 줄의 좌변이 여덟째 줄의 우변보다 더 크다. 여덟째 줄의 좌변은 과거시점부터 시작하여 현재시점에 도달할 때까지 축적된 정부부채라고 해석할 수 있다. 여덟째 줄의 우변은 미래시점에서 발생할 재정흑자를 현재가치로 환산하여 더한 값이다. 일곱째 줄에 있는 극한값이 임의의 양수의 값을 가질 수 있는 상황은 여덟째 줄의 좌변과 우변의 차이가 어떠한 값을 가져야 하는 제약이 없는 상황으로 해석할 수 있다. 따라서 여덟째 줄의 좌변이 여덟째 줄의 우변보다 더 크다는 의미는 현재시점에 도달할 때까지 축적된 정부부채를 미래시점의 재정흑자로 상환해야 한다는 제약이 없는 것으로 해석할 수 있다.

현재시점에서 발표된 정부의 다양한 약속이 지속적으로 실시될 수 있는지에 대한 우려가 있다면, 정부정책의 지속가능성을 평가하기 위해 장기적인 재정건전성의 구체적인 분석이 필요할 것이라는 점은 이해할 수 있다. 구체적인 분석은 어떻게 가능한가? 앞에서 설명한 미래지향적 정부예산제약식이 재정건전성을 측정하는 하나의 지표가 될 수 있다. 앞에서 새로 발행한 채권의 채권발행수입으로 과거에 발행한 채권의 원리금을 상환하는 작업을 무한기간동안 진행하더라도 무한시점에 이르러서는 재정흑자를 실현하여 상환해야 한다는 조건이 부과된 상황에서 측정된 「미래지향적 정부예산제약」이 허용하는 정부부채의 규모를 정부의 채무가용능력(debt capacity)으로 해석할 수 있다는 점을 지적하였다.

<표 4-4>의 여덟째 줄에 있는 식에서 우변을 정부의 채무가용능력이라고 해석한다면, 현재시점의 정부부채와 정부의 채무가용능력을 비교하여 전자가 후자보다 더 크다면 채무가용능력을 넘는 수준으로 정부부채가 발행되어 있다는 것이다. 또한 균형에서는 모든 경제주체들이 가질 수 있는 부채수준은 상환할 수 있는 각자의 능력을 넘지 않아야 한다는 제약이 만족된다고 볼 수 있다. 따라서 여덟째 줄의 좌변이 여덟째 줄의 우변보다 크게 나타나면 정부부채가 균형에서 성립해야 하는 제약을 충족시키지 못하는 상황이기 때문에 이런 상황을 가리켜서 재정불균형이라고 할 수 있다. 재정건전성을 측정하기 위해 재정불균형의 개념을 이용할 수 있다. 구체적으로 설명하면 (재정불균형=현재부채-재정흑자의 현재가치합)으로 정의할 수 있다. 또한 (재정흑자의 현재가치합=현재재

정흑자＋미래재정흑자의 예상현재가치)의 등식이 성립한다. 재정불균형의 측정 값이 양수이면서 크다면 정부가 현재 추진하고 있는 재정정책에 담겨 있는 미래 시점에 실행될 정부약속이 큰 폭으로 수정되어야 함을 의미한다.

재정준칙과 재정불균형은 어떠한 관계가 있는가? 재정준칙의 실효성이 없다 는 의미는 두 가지로 해석할 수 있다. 첫째, 재정준칙에서 설정한 상한의 실효성 이다. 재정적자와 정부부채의 크기에 상한을 부과하더라도 이런 상한을 넘는 재 정정책이 미래시점에서 실시될 가능성이 크다는 의미일 수 있다는 것이다. 둘 째, 재정준칙에서 설정한 상한이 지켜진다고 할지라도 재정준칙이 목표하는 재 정건전성의 유지가 어렵다는 것이다. 이런 의미로 재정준칙의 실효성이 없다고 비판한다면, 재정준칙을 준수하여 얻을 수 있는 재정건전성을 어떻게 평가할 것 인지를 설명해야 한다. 재정준칙의 목표가 장기적인 재정건전성의 달성이라면 앞에서 설명한 재정불균형의 척도를 사용하여 재정준칙의 내용을 평가할 수 있 다. 재정준칙의 상한이 지속적으로 준수된다는 가정이 부여되어 추계한 재정불 균형의 값을 사용하여 재정준칙을 준수하여 얻을 수 있는 재정건전성의 수준을 가늠할 수 있다.

미래지향적 정부예산제약식의 개념을 실제 상황에 적용할 때 미래시점에서 발생할 재정수지를 정확히 예측하는 것이 가능한지의 여부가 우려되는 점이다. 사실 경제주체들이 공통적으로 합의하는 예측치가 존재하는지의 여부도 확실하 지 않다. 이런 점을 놓고 보면 미래지향적 정부예산제약식의 현실적용에 대한 의구심이 들 수도 있다. 그러나 재정준칙의 평가에서는 앞에서 우려하는 점을 완화시키는 점이 있다. 정부가 앞으로 반드시 지킬 것을 약속한 재정준칙이 준 수된다는 가정하에서 재정준칙의 상한을 유지해야 하는 상황이 지속적으로 진 행된다면 어느 정도의 재정불균형을 허용하는 것인지는 재정준칙의 내용을 평 가하는 하나의 척도가 될 수 있다. 특히 개념적인 평가가 아니라 구체적인 수치 를 제공한다는 점이 이점이 될 수도 있다. <표 4-5>는 미래지향적 정부예산 제약의 개념에 의거한 재정불균형의 측정을 설명하는 단순모형을 제시하고 있 다. 첫째 줄에 있는 수식은 현재시점에서 (수입＝지출)의 등식을 만족시키는 정 부예산의 양변을 현재시점의 명목GDP로 나눈 결과를 정리하고 있다. 이처럼 작

■ ■ 　■ ■ 〈표 4-5〉 재정준칙과 재정불균형

현재의 실질 예산제약식	$\dfrac{1+i_{t-1}}{(1+\pi_t)(1+\gamma_t)}\dfrac{b_{t-1}}{Y_{t-1}}=\dfrac{b_t+\tau_t-g_t}{Y_t}$
미래의 실질 예산제약식	$m_t=\theta(m_{t+1}+x_{t+1})$
현재와 미래 예산제약식 결합	$\dfrac{(1+i_{t-1})m_{t-1}}{(1+\pi_t)(1+\gamma_t)}=\theta m_{t+1}+\theta x_{t+1}+x_t$
미래지향적 예산제약식 (유한기간)	$\dfrac{(1+i_{t-1})m_{t-1}}{(1+\pi_t)(1+\gamma_t)}=\theta^T m_{t+T}+\sum_{k=0}^{T}\theta^k x_{t+k}$
횡단성 조건	$\lim_{T\to\infty}\theta^T m_{t+T}=0$
미래지향적 예산제약식 (무한기간)	$\dfrac{(1+i_{t-1})m_{t-1}}{(1+\pi_t)(1+\gamma_t)}=\sum_{k=0}^{\infty}\theta^k x_{t+k}$
균제상태의 재정불균형	$\dfrac{m}{\theta}-\dfrac{x}{1-\theta}$

주: $m_t=B_t/(P_tY_t)$, $x_t=(\tau_t-g_t)/Y_t$, $\pi_t=(P_t-P_{t-1})/P_{t-1}$, $\gamma_t=(Y_t-Y_{t-1})/Y_{t-1}$이다. 둘째 줄부터 일곱째 줄까지 정리되어 있는 식에서 사용된 기호인 θ는 미래시점의 재정수지를 현재가치로 환산하기 위해 사용되는 할인인자의 역할을 한다. θ의 정의는 $\theta=((1+\pi)(1+\gamma))/(1+i)$이다.

업을 하는 이유는 현실경제에서 주로 GDP 대비 재정수지의 비율과 GDP 대비 정부부채의 비율에 상한을 부과하는 방식으로 재정준칙이 실시되고 있기 때문이다. 둘째 줄에 있는 수식은 다음시점에서 (수입＝지출)의 등식을 만족시키는 정부예산의 양변을 다음시점의 명목GDP로 나눈 결과를 정리하고 있다. 첫째 줄에 있는 수식과 둘째 줄에 있는 수식을 비교하면 기호가 달라진 것을 발견할 수 있다. 둘째 줄에서는 세 개의 새로운 기호를 정의하여 사용한다. 첫째 기호는 GDP 대비 재정흑자의 비율을 나타내는 x이다. 둘째 기호는 GDP 대비 정부부채의 비율을 나타내는 m이다. 셋째 기호는 (1＋실질경제성장률)/(1＋실질이자율)의 비율을 나타내는 θ이다. 현실경제에서는 실질이자율과 실질경제성장률이 변동하기 때문에 보다 더 복잡한 형태로 수식을 정리하는 것이 바람직할 수도 있지만, <표 4-5>에서는 개념위주의 단순모형에 초점을 맞추고 있기 때문에

θ의 값이 고정되어 있다고 가정한다. 또한 미래지향적 정부예산제약을 도출하기 위해 θ의 값이 1보다 작은 양수라고 가정한다.

<표 4-5>의 첫째 줄과 둘째 줄은 각각 현재시점과 다음시점에서 실질가치로 평가한 정부예산제약식이다. <표 4-4>에서 이미 보여준 방식을 <표 4-5>에서도 그대로 적용하여 현재가치 정부예산제약식이 도출될 수 있다는 것을 보인다. 첫째 줄과 둘째 줄의 식에 공통으로 나타나는 변수는 소문자 m으로 표시된 GDP 대비 정부부채의 비율이다. 두 식에서 공통으로 포함되어 있는 변수를 소거하여 둘째 줄에 있는 식을 첫째 줄에 있는 식을 대입할 수 있다. 이런 작업을 통해서 도출되는 식은 <표 4-5>의 셋째 줄에 정리되어 있다. 넷째 줄에 있는 식은 현재시점부터 임의의 T시점 이후에 도달하는 시점까지 위에서 설명한 방식을 반복하여 적용하면 도출된다. 다섯째 줄과 여섯째 줄에 있는 식은 정부가 무한기간 동안 존속된다는 가상적인 가정을 반영하고 있다.

<표 4-5>에 있는 식이 <표 4-4>에 있는 식과 차이가 나는 점은 <표 4-5>에서는 새로운 기호를 사용하여 수식을 도출하고 있다는 것이다. 동일한 정부예산이기 때문에 동일한 내용이지만 다른 변수를 사용하여 <표 4-4>에서 제시되지 않은 새로운 함의를 살펴본다. 어떠한 새로운 함의가 있는가? <표 4-5>를 포함시켜서 강조하고 싶은 요점은 <표 4-5>의 마지막 줄에 정리되어 있다. <표 4-5>의 마지막 줄에 있는 수식은 <표 4-4>의 여덟째 줄에 있는 식의 좌변과 우변의 차이를 나타낸다. <표 4-4>의 여덟째 줄에 있는 식에서 좌변과 우변이 다르다는 것이 무슨 의미인가? 이는 미래지향적 정부예산제약을 나타내는 수식에서 등호가 성립하지 않는 상황이기 때문에 재정불균형의 상황을 나타내는 것으로 해석할 수 있다.

재정불균형을 측정하는 작업의 현실적인 유용성이 있다면 어떻게 간단히 설명할 수 있는가? 정부가 약속한 다양한 재정정책의 지속가능성이 어느 정도 있는지를 나타내는 하나의 척도가 된다. 정부의 약속이 앞으로 제대로 지켜질 수 있는지에 관한 거시경제적인 측면의 지표로 볼 수 있다. 실제 현실경제에 적용하기 위해 복잡한 모형이 필요하겠지만 개념위주로 설명하기 위해 단순사례를 설명한다. 이런 측면에서 장기적인 상황에서 불균형의 크기를 측정하기 위해 모

■■■ 〈표 4-6〉 재정준칙이 함의하는 재정불균형의 값

θ의 값	0.5	0.75	0.9	0.96	0.98	0.99
GDP 대비 재정불균형	1.260	0.920	0.967	1.375	2.112	3.606

든 변수의 값이 고정되어 있다고 가정한다. 서로 다른 시점에서 변수의 값이 그대로 고정되어 있는 상태를 균제상태로 정의하여 〈표 4-5〉의 마지막 줄을 「균제상태의 재정불균형」으로 표시하고 있다. 준칙에서 제시한 수준을 장기적으로 유지하면 어느 정도의 재정불균형이 발생하는지를 계산하기 위해 마스트리히트 조약에서 제시한 내용을 이용한다. 따라서 GDP 대비 정부부채의 비율은 60%, GDP 대비 재정적자의 비율은 3%의 값을 마지막 줄에 있는 공식에 대입한다.

〈표 4-5〉의 마지막 줄에 있는 재정불균형을 계산하는 공식에 재정준칙의 내용을 대입하면 재정준칙이 함의하는 재정불균형의 값을 계산할 수 있다. 〈표 4-6〉은 $m = 0.6$, $x = -0.03$의 값을 대입하여 계산한 결과를 보여주고 있다. 실질이자율과 경제성장률의 상대적 차이에 따라 θ의 값이 달라지기 때문에 여러 개의 서로 다른 값이 가능하다. 이런 점을 반영하여 다수의 값을 사용하여 평가하고 있다. 〈표 4-6〉에서 보여주고 있는 수치들을 보면 경제성장률이 실질이자율에 근접한 상황에서는 재정불균형의 값이 모두 1보다 크게 나타난다. 이는 재정준칙이 제시한 재정수지비율과 정부부채비율의 상한을 지속적으로 유지할 때 발생하는 재정불균형의 크기는 GDP보다 더 크다는 것을 의미한다. 재정준칙이 보장하는 장기적인 재정건전성의 개념이 무엇인가에 대하여 재고해볼 필요가 있다고 할 수 있다. 또한 동일한 크기의 정부부채비율과 재정적자비율이 유지되더라도 할인인자의 역할을 하는 θ의 값이 1에 가까워질수록 GDP 대비 재정불균형의 정도가 커진다. 할인인자의 값이 커진다는 것은 미래시점에서 발생할 재정적자의 현재가치가 커진다는 의미이다. 이런 이유로 할인인자의 값이 상승하면 현재시점에서 평가한 재정불균형의 크기도 증가한다.

〈표 4-6〉에서 정리된 결과는 단순화가정을 적용하여 계산한 값이다. 개

념 위주로 설명하기 위한 단순모형의 결과이기 때문에 현실경제에서 제시된 재정준칙에 관한 구체적인 함의를 가지고 있다고 주장하기에는 무리가 있다는 점을 지적한다. 추가적으로 두 가지 포인트를 지적한다. 첫째 포인트는 현실경제의 실제상황이 균형의 결과를 반영하는 것이라고 가정한다면 재정불균형이 없는 상황을 의미한다. 균형에서는 <표 4−6>에 있는 재정불균형의 값이 제로가 되어야 한다. 재정불균형의 값이 제로가 되도록 조정하는 두 개의 변수를 생각해볼 수 있다. 하나는 현재시점의 물가수준이다. 현재시점의 물가수준이 미래지향적 정부예산제약이 성립하도록 변동할 수 있다는 것이다. 다른 하나는 미래시점의 재정흑자에 대한 민간 경제주체의 예상이다. 현재시점의 정부부채가 큰 상황에서는 미래지향적 정부예산제약이 성립하도록 민간경제주체들은 미래시점에서 재정흑자가 발생할 것으로 예상한다는 것이다. 둘째 포인트는 θ의 값은 현실경제의 자료를 사용하여 결정할 수 있다는 것이다. <표 4−5>와 <표 4−6>에서는 θ의 값이 1보다 작은 양수로 가정하였다. 실제로 관측된 자료를 사용하여 θ의 값을 결정할 수 있다. 장기적으로 경제성장률이 실질이자율보다 더 높게 나타나는 경제에서는 θ의 값이 1보다 큰 양수이다. 이런 경우 <표 4−5>와 <표 4−6>에서 분석한 미래지향적 정부예산제약식이 존재할 수 있는지를 다시 생각해볼 필요가 있다.

제4절 재정정책의 실제 실행

본 장의 마지막 부분에서는 재정정책이 실제로 어떻게 실행되고 있는지를 소개한다. 먼저 한국의 재정정책운용을 규정하고 있는 국가재정법의 내용을 간단히 인용한다. 국가재정법의 제1조는 국가재정법의 목적이 국가의 예산·기금·결산·성과관리 및 국가채무 등 재정에 관한 사항을 정하여 효율적이고 성과 지향적이며 투명한 재정운용과 건전재정의 기틀을 확립하는 것임을 밝히고 있다. 국가재정법의 제2조, 제3조, 제4조는 다음과 같이 회계연도의 명시, 회계연도 독립의 원칙, 회계 구분 등에 대한 규정을 제시하고 있다. 매년 1월 1일부터 12월

31일에 종료하는 각 회계연도의 경비는 그 연도의 세입 또는 수입으로 충당하여야 한다. 국가의 회계는 일반회계와 특별회계로 구분된다. 국가재정법의 제7조는 정부는 재정운용의 효율화와 건전화를 위하여 매년 당해 회계연도부터 다섯 회계 연도 이상의 기간에 대한 재정운용계획(이하 "국가재정운용계획"이라 한다)을 수립하여 회계연도 개시 120일 전까지 국회에 제출해야 할 것을 규정하고 있다.

실제 현실경제에서 정부예산제약은 일반회계, 특별회계, 기금 등으로 구분되어 적용된다. 일반회계의 수입은 주로 국세수입이고, 지출은 일차적인 정부기능과 관련된 경제개발지출, 사회복지지출, 교육지출, 국방지출 등의 항목으로 구성되어 있다. 특별회계는 공기업의 활동과 관련된 수입과 지출이 기록되는 기업특별회계와 기타특별회계로 구분된다. 다양한 목적으로 운용되는 기금이 있다. 기금의 경우 국민연금기금과 고용보험기금 등이 포함되는 사회보장성기금과 공적자금상환기금과 공적자금관리기금 등이 포함되는 계정성 기금 등이 있다. 재정흑자와 재정적자는 「재정수지」라는 개념을 사용하여 측정된다. 통합재정수지는 일반회계, 특별회계, 기금 등을 모두 포함하여 측정된 수입에서 지출을 차감한 수치를 말한다. 사회보장성기금수지는 국민연금, 사학연금, 고용보험, 산재보험 등을 포함하는 기금에서 발생하는 수입에서 지출을 차감한 수치를 말한다. 관리재정수지는 (관리재정수지＝통합재정수지－사회보장성기금수지＋공적자금상환기금출연원금)의 등식을 사용하여 작성된다. 따라서 앞부분에서 설명한 재정정책과 보다 관련이 많은 항목들을 위주로 작성되는 재정수지는 관리재정수지이다.

앞에서 설명한 모형의 정부부채비율에 해당하는 자료를 찾는다면 연구목적에 따라서 국가채무비율, 일반정부부채비율, 공공부문부채비율 등의 세 가지 지표가 가능하다. 어느 지표를 선택하는지에 따라서 수치에 차이가 있을 수 있기 때문에 「e－나라지표」에서 제공하는 각 지표의 정의와 관측치를 인용하여 소개한다. 먼저 국가채무비율은 국내총생산(GDP) 대비 국가채무의 비율이다. 국가채무의 정의는 국제비교의 표준이 되는 IMF기준에서는 정부가 직접적인 상환의무를 부담하는 순확정채무로 정의된다고 밝히고 있다. 순확정채무는 상환기간이 확정되어 있고 이자가 발생하는 정부의 부채를 말한다. 앞에서 설명한 정의에

〈그림 4-5〉 통합재정수지와 관리재정수지의 추이

의해서 국가채무는 정부가 보증한 공기업의 부채와 장래 정부가 부담하게 될 수도 있는 연금 충당금 등을 반영하지 않는다는 점을 지적한다.

국가채무는 다음과 같이 계산된다. 국채 및 중앙정부차입금의 잔고, 지출이 수반되는 계약은 이미 체결되었지만 실제 지출은 다음시점의 예산에 계상되는 이른바 국고채부담행위 및 지방정부의 채무를 더한 합에서 지방정부가 중앙정부에게 빚을 진 채무를 뺀 금액으로 계산된다. 또한 중복계산을 피하기 위해 지방정부의 대중앙정부 채무를 차감한다. 위의 설명을 수식의 형태로 설명하면 (국가채무＝국채잔고＋차입금잔고＋국고채무부담행위＋지방정부채무－지방정부의 대중앙정부채무)의 등식이 된다. 앞에서 무기금채무(unfunded liabilities)의 개념에 대하여 이미 설명하였다. 국고채무부담행위는 예산 확보 없이 국가가 미리 채무를 부담하는 행위로 정의된다. 지출이 수반되는 계약을 미리 체결하고, 예산지출은 다음 년도 이후의 예산에 계상하는 방식으로 처리되는 국고채무부담행위로 발생하는 채무는 무기금채무에 해당한다고 볼 수 있다. 차입금은 법정 유가증권을 발행하지 않고 정부가 한국은행, 기타 회계·기금 또는 국제기구, 외국정부 등으로부터 차입하는 자금을 말한다. 일반정부부채는 국가채무와 비영

리공공기관부채의 합이다. 공공부문부채는 일반정부부채와 비금융공기업부채의 합이다.[24]

　＜그림 4-5＞는 GDP 대비 통합재정수지비율과 GDP 대비 관리재정수지비율의 추이를 보여주고 있다. 「e-나라지표」의 홈페이지에서 다운로드 받은 1990년부터 2019년까지 연도별 시계열 자료를 사용하여 작성한 두 개의 그래프가 수록되어 있다. 검은색실선은 통합재정수지의 비율을 나타내고, 푸른색점선은 관리재정수지의 비율을 나타낸다. 2009년을 제외하면 최근 통합재정수지 자료는 재정흑자가 지속되고 있음을 나타내고 있는 반면, 관리재정수지 자료는 재정적자가 지속되고 있음을 나타내고 있다. 따라서 어느 지표를 사용하는가에 따라서 「지속적인 재정적자」와 「지속적인 재정흑자」의 평가가 달라질 수 있다. 2010년을 기준으로 2010년 이전의 기간과 2010년 이후의 기간 등과 같이 전기와 후기를 구분하면 후기에 들어와서 검은색실선과 푸른색점선의 차이가 확대되는 것을 알 수 있다. 앞에서 소개한 관리재정수지의 정의에 따르면 (통합재정수지-관리재정수지＝사회보장성기금수지-공적자금상환기금출연원금)의 등식이 성립한다. 따라서 ＜그림 4-5＞에서 보여주고 있는 검은색실선과 푸른색점선의 차이가 확대되는 현상은 사회보장성기금수지과 공적자금상환기금출연원금의 격차가 확대되는 상황을 반영한 것으로 보인다.

---

24) 공공기관은 매출액 대비 생산원가 비율로 시장성을 판단하여 비영리공공기관과 공기업으로 구분된다. 비영리공공기관에는 중앙정부소관의 국민건강보험공단, 에너지관리공단 등과 지방정부소관의 서울메트로, 부산교통공사 등이 있다. 공공기관 중 시장성을 가진 공기업을 비금융공기업과 금융공기업으로 구분한다. 한국전력공사, 한국조폐공사, 한국공항공사 등이 비금융공기업에 포함된다.

제4장 연습문제

01   COVID−19의 발생 이후 한국과 미국에서 실시된 경기역행적인 재정정책의 사례를 각각 하나씩 선택하여 경기역행적인 재정정책이라고 주장할 수 있는 이유를 설명하시오. 경기역행적인 재정정책의 사례가 없다면 그 이유에 대하여 설명하시오.

02   「대규모의 경기역행적인 재정정책은 정부부채의 급격한 증가를 수반하기 때문에 미래에 부담할 경제적 비용을 최소화할 수 있도록 경기역행적인 재정정책에 포함되는 지출내용을 결정할 때 GDP증대효과의 효율성을 최대한 반영하는 것이 중요하다.」 본 장의 내용을 참고하여 위의 주장을 평가하시오.

03   「중앙은행의 협조가 경기역행적인 재정정책의 단기적인 경기부양효과를 정부가 의도한대로 달성하는데 중요하다.」 본 장에서 설명한 IS−CB모형을 사용하여 위의 주장을 평가하시오.

04   「제로금리정책이 실시된 시기가 포함된 기간에 측정한 재정지출승수와 조세수입승수는 그렇지 않은 기간에 측정한 재정지출승수와 조세수입승수보다 더 높은 경향이 있다.」 본 장에서 설명한 IS−CB모형을 사용하여 위의 주장을 평가하시오.

05 「과도한 경기역행적인 재정정책은 중앙은행의 물가안정목표 달성을 위한 금리목표선택에 부담을 줄 수 있다. 그 결과 과도한 경기역행적인 재정정책의 빈도수가 높은 시기에 물가불안정이 발생할 수 있다.」 본 장에서 설명한 IS－CB모형을 사용하여 위의 주장을 평가하시오.

06 재정정책의 지속가능성과 재정건전성은 서로 독립적인 개념이기 때문에 재정건전성이 보장되더라도 재정정책의 지속가능성이 유지되기 어렵다는 주장을 평가하시오.

07 재정건전성을 GDP 대비 국가채무의 비율로 측정하는 경우와 국가채무의 수준으로 측정하는 경우 어떠한 차이가 있는지를 설명하시오.

08 한국의 관리재정수지비율과 통합재정수지비율은 앞으로 영구적으로 매년 2011년부터 2020년까지를 포함하는 10년 동안 평균값과 동일하게 유지되는 것으로 가정하시오. <표 4－5>와 <표 4－6>에서 보여주고 있는 방식을 사용하여 가상적인 재정불균형의 값을 계산하시오. 앞에서 계산한 수치를 사용하여 한국의 재정불균형을 평가하시오.

09 <표 4－4>에 있는 횡단성조건의 개념을 설명하시오. 횡단성조건이 만족되지 않는다면 어떠한 상황이 발생하는지를 설명하시오.

10 매년 회계연도에 정부수입과 지출을 결산하는 과정을 반영하는 정부예산 제약이 정부부채의 점화식으로 표시되는 이유를 말로 간략하게 설명하시오. 정부부채의 점화식을 사용하여 정부부채를 무한급수로 표시하는 과정을 말로 간략하게 설명하시오.

11 「가계와 기업이 재정불균형이 지속적으로 진행되고 있는 것으로 믿는 상황에서 경제성장률이 하락하면 물가상승률이 큰 폭으로 증가할 수도 있다.」 <표 4-5>에서 정리된 수식들을 이용하여 위의 주장을 평가하시오.

제**5**장

인플레이션타기팅의 거시경제학

5장 인플레이션타기팅의 거시경제학

1990년대 초반 영연방국가들을 중심으로 도입되기 시작한 인플레이션타기팅 제도는 그 이후 선진국과 이머징 국가를 포함하는 다양한 국가로 확산되었다. 많은 국가에서 채택하고 있는 인플레이션타기팅제도가 실제로 거시경제의 안정 적인 운영에 도움이 되었는지를 나타내는 실증적인 증거는 무엇인가? 엄밀한 실증분석을 거쳐서 인플레이션타기팅제도의 실제 효과에 관한 부정적인 결론과 긍정적인 결론을 포함하는 다양한 의견을 제시할 수 있을 것으로 짐작해 볼 수 있다. 그러나 많은 국가에서 1990년부터 2020년까지 기간을 포함하는 30년의 기간 중 자료를 통해서 측정할 수 있는 인플레이션 수준이 하락해왔다는 사실 은 어렵지 않게 확인할 수 있다. 특히 2008년에 가을에 발생한 대형 금융기관 의 도산으로 시작된 글로벌 금융위기 이후 2020년에 발생한 COVID-19에 의 한 보건위기를 겪는 기간 중 미국, 유로존 국가, 한국 등을 포함하는 국가에서 는 「저인플레이션(low inflation) 현상」을 겪었다는 점을 하나의 사례로 제시할 수 있다.

「저인플레이션(low inflation) 현상」을 실제의 중앙은행이 설정한 목표 인플 레이션율을 밑도는 상황이라고 말한다면, 비록 음수의 인플레이션율이 관측되지 않을지라도 인플레이션율의 목표치와 실제치 간의 괴리가 지속적으로 크게 나 타나는 현상을 「과도한 저인플레이션(excessively-low inflation)」으로 정의할 수 있다. 제로 인플레이션율이 지속적으로 유지되고 있는 상황을 하나의 극단적 인 사례로 들 수 있다. 이런 상황에서 두 종류의 거시경제적인 위험을 생각해볼 수 있다. 적절한 인플레이션이 없어지면서 겪을 수 있는 첫 번째 어려움은 인플 레이션의 발생을 통해 실질임금을 낮추는 경로가 사라진다는 것이다. 명목임금 의 하방경직성도 강하게 지속적으로 고착되어 있는 경제에서는 거시경제적인 경기조정이 어렵게 된다는 점을 지적할 수 있다. 동일한 크기로 발생하는 거시경제적인 충격에 대한 고용회복력이 저해되기 때문에 불황의 깊이와 지속성이 증가할 수 있다는 위험이 제고된다. 두 번째 위험은 디플레이션이 발생할 가능성이 높아진다는 것이다. 예를 들어, 정상적인 상황에서도 제로 인플레이션이 유지되고 있다면 비교적 작은 크기의 충격에도 디플레이션이 발생하기 때문에 디플레이션이 초래하는 부정적인 효과를 감당해야 하는 상황이 더욱 빈번하게 일어난다는 것이다.

사실 이런 최근 상황을 보면 1970년대와 1980년대에 거시경제학의 주요 관심사이던 고질적인 고인플레이션의 문제는 해결되었지만, 새로운 의미에서 인플레이션 현상에 관한 중요성이 다시 찾아온 것으로 해석할 수도 있다. 한 자리수 초반의 인플레이션율을 어떻게 달성할 수 있는가의 문제가 최근의 중요한 이슈라면 과거 고인플레이션율의 하향 안정화를 어떻게 달성할 수 있는가의 문제로 고민하던 상황과 대칭적인 상황이라고 할 수 있다. 이런 현실적인 상황을 고려하면 인플레이션율의 결정에 관한 이해가 아직도 중요하다고 할 수 있다. 인플레이션율은 어떻게 결정되는가? 본 장의 모형에서는 민간의 기업과 소비자의 상호작용을 통해서 인플레이션율이 결정된다는 점을 강조한다. 이런 특성을 강조하더라도 중앙은행의 통화정책이나 정부의 다른 정책들이 인플레이션율의 구체적인 수치가 결정되는 데 영향을 미칠 수 없다는 것은 아니라는 점을 지적한다. 특히 본 장에서는 미래 인플레이션율에 관한 민간 경제주체의 예측이 실제 인플레이션율에 영향을 미치는 경로를 구체적으로 설명한다. 또한 거시경제정책당국이 이런 경로를 이용하여 인플레이션에 영향을 미칠 수 있음을 보인다.

명목가격경직성의 개념과 실증자료

개별 품목의 가격자료를 사용하여 가격경직성의 정도를 실증분석하려고 할 때 첫 번째로 봉착하는 문제는 미미한 가격변화가 있다면 이를 가격조정으로 간주해야 할 것인지의 질문이다. 예를 들어, 1개에 625원인 라면을 생각해보자. 다음 달에 동일한 제품의 판매가격이 624원 또는 625원으로 기록되어 있다면 의

미가 있는 가격변화가 있는 것으로 볼 것인가의 질문이다. 두 가지의 견해를 생각해볼 수 있다. 첫 번째 견해는 제품의 가격이 얼마이든 관계없이 단 1원이라도 가격변화가 있었다면 가격조정이 있는 것으로 간주해야 한다. 두 번째 견해는 일정한 기간 동안 가장 많이 매매에 적용된 가격을 참고가격(reference price)으로 정의하고, 참고가격이 조정되면 가격조정이 있는 것으로 간주한다는 것이다.

두 견해는 어떠한 차이를 의미하는가의 질문이 가능하다. 이 질문에 답하기 위해 하나의 사례를 소개한다. 3월의 거래기록에서 개당 623원을 받은 경우가 3회, 개당 625원을 받는 경우가 20회, 개당 624원을 받는 경우가 5회인 것으로 나타난다면 3월의 참고가격은 625원이다. 4월의 거래기록에서 개당 623원을 받은 경우가 4회, 개당 625원을 받는 경우가 15회, 개당 624원을 받는 경우가 8회인 것으로 나타난다면 4월의 참고가격은 625원이다. 앞에서 설명한 사례에서 모든 거래가격이 하나의 값으로 고정되지 않았기 때문에 모든 거래가격을 기준으로 하면 매월 신축적인 가격변동이 있는 것으로 해석할 수 있다. 반면에 3월과 4월의 참고가격은 같기 때문에 참고가격을 기준으로 하면 명목가격의 경직성이 존재한다.

지금 소개하는 사례는 2개월 동안 참고가격이 고정되어 있는 상황이기 때문에 참고가격을 기준으로 측정해도 명목가격 경직성의 크기가 그리 크지 않다는 인상을 가질 수 있다. 그러나 아이켄바움, 자이모비치, 레벨로 등이 미국자료를 사용하여 소매가격의 변화를 실증분석한 결과를 다음과 같이 요약할 수 있다. 첫째, 새로 책정된 거래가격이 그대로 유지되는 기간은 제품의 종류와 판매상점별로 다를 수 있지만 중위값이 3주이다. 둘째, 참고가격으로 측정하면 새로 책정된 가격은 거의 한 해 동안 그대로 유지된다.[25]

실제 경제에서 정가(regular price)와 할인가(sale price)를 구분하는 경우가 많이 있다. 정가와 할인가를 구분하는 경우와 정가와 할인가를 구분하지 않고 명목가격의 경직성을 측정하는 실증분석도 가능하다. 정가와 할인가로 구분하여

---

25) 아이켄바움(Martin Eichenbaum), 자이모비치(Nir Jaimovich), 레벨로(Sergio Rebelo) 등이 2011년 미국 경제학회지(American Economic Review, 101권 1호, 234페이지부터 262페이지)에 게재한 연구논문은 「Reference Prices, Costs, and Nominal Rigidities」이다.

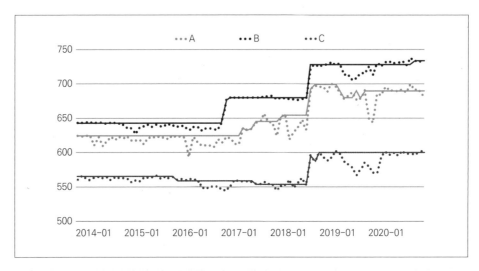

〈그림 5-1〉 브랜드별 생필품 가격의 변화 사례

실증분석을 진행하는 경우 발생하는 이슈들을 다음과 같이 요약할 수 있다. 첫째 이슈는 할인이 진행되는 사건을 어떻게 정의하는지에 따라서 할인가로 분류되는 사례의 수가 달라질 수 있다는 것이다. 가격변화의 사건 중에서 보다 많은 경우가 할인가로 구분되면 정가의 경직성이 증가할 수 있기 때문이다. 둘째 이슈는 정가와 할인가를 구분하여 명목가격의 경직성을 측정할 필요가 있는지에 관한 서로 다른 견해가 있을 수 있다. 현실경제에서 많은 제품가격에서 할인기간이 빈번하게 발생한다는 점을 고려하면 할인기간이 사전적으로 제외된 거시경제모형을 사용하여 현실경제를 분석해야 하는 관행을 재고해야 할 필요가 있다는 주장도 일리가 있다. 앞에서 설명한 참고가격의 개념을 적용하면 정가와 할인가의 구분이 필요하지 않다는 점을 지적할 수 있다.

　　<그림 5-1>은 2014년 1월부터 2020년 12월까지 기간 중 서로 다른 세 개 브랜드의 라면 개당 가격의 추이를 보여주고 있다.[26] 각각의 라면 브랜드에 대하여 표본기간 중 각 년도별로 참고가격을 선택하여 실선으로 보여주고 있다. 또한 실제로 자료에 기록된 가격은 점선으로 표시되어 있다. 실선으로 표시된

---

26) 한국 소비자원의 홈페이지에 있는 상품별 가격동향(가공식품, 곡물가공품, 라면)에서 다운로드 받은 자료를 사용하여 <그림 5-1>에 수록되어 있는 그래프를 작성하였다.

세 개 브랜드의 참고가격을 먼저 설명한다. 세 개 브랜드 모두 참고가격은 오랫동안 고정되어 있는 것을 직접 눈으로 확인할 수 있다. 참고가격을 기준으로 하여 직접 자료를 보고 명목가격 경직성이 존재하는지를 판별하라고 하면 명목가격 경직성이 실제로 존재한다는 것을 쉽게 인정할 것이다. 또한 동일한 참고가격이 그대로 유지되는 기간도 1년이 넘는 사례가 자주 많이 등장하는 것으로 볼 수 있다. 이처럼 참고가격의 개념을 이용하면 명목가격 경직성의 정도가 실제로 존재하고 있음을 알 수 있다.

기업이 참고가격을 일정기간 동안 고정시키는 가격정책을 유지하는 합리적인 이유가 있는가? 참고가격은 그대로 고정되어 있는데 거래가격이 참고가격보다 낮아지거나 높아지는 이유는 무엇인가? 아이켄바움, 자이모비치, 레벨로가 2011년에 발표한 연구논문에서 제시한 가설을 소개한다. 이들이 제시한 가설에서 중요한 역할을 하는 개념은 참고비용과 참고가격의 관계이다. 하루 동안 여러 개의 제품을 생산하는 기업에서 단위당 생산비용도 매일 달라질 수 있다면, 앞에서 소개한 참고가격의 개념을 생산비용에도 적용하여 참고비용(reference cost)을 계산할 수 있다. 참고가격과 참고비용의 개념을 사용하여 기업의 가격결정을 세 개의 항목으로 나누어 설명할 수 있다. (1) 참고가격을 참고비용으로 나눈 비율을 목표마크업이라고 정의한다면, 참고가격을 새로 책정할 때 목표마크업도 같이 결정한다. (2) 실제마크업은 거래가격을 실제비용으로 나눈 비율이다. 실제마크업이 참고가격을 새로 책정할 때 결정한 목표마크업보다 10퍼센트보다 더 높아지거나 10퍼센트보다 더 낮아지는 상황이 발생하면 참고가격을 새로 책정한다. (3) 목표마크업의 값은 생산기술과 제품시장의 특수성이 반영되어 결정된다.

소매자료에서 참고가격이 아닌 다른 가격도 나타난다는 점을 어떻게 설명할 것인가? 기업은 단순히 하나의 참고가격만 결정하는 것이 아니라 제품판매에 사용될 수 있는 몇 개의 명목가격을 미리 결정한다고 생각해볼 수 있다. <그림 5-1>에서 C로 표시된 브랜드의 경우를 보면 2014년 초반부터 2016년 초반까지 참고가격이 그대로 유지된 기간인 것으로 나타난다. 같은 기간 중 다섯 개의 다른 명목가격이 제품판매에 적용된 것으로 가정하자. 다섯 개의 다른 명목가격도 2014년 초반부터 2016년 초반까지 적용된 참고가격을 결정할 때 같이 계획된 것으로 생각해볼 수 있다. 앞에서 설명한 견해를 반영한다면 기업은 참고가격을 새로 결정할 때 일종의 가격계획(price plan)을 미리 결정하는 것으로 해석할 수 있다. 일단 가격계획을 결정하면 다음번 가격계획을 새로 작성하는 시점까지 가격계획 안에 포함되는 몇 개의 명목가격 중에서 각 시점에서 적절한 가격을 선택하여 거래에 적용한다.

품목별 거래가격을 정가와 할인가로 구분하여 명목가격경직성을 분석하는 방식이 많은 사람들이 상식적으로 생각하고 있는 명목가격경직성의 개념과 일치된 분석방법이라고 주장할 수 있다. 소비자들이 자신들이 구매하는 제품의 거래가격이 고정되어 있다고 인지하는 기간을 측정하여 명목가격경직성을 분석하는 것이 거시경제이론모형과 일치하는 방식이라는 주장이 가능하다. 이런 맥락에서는 참고가격의 개념보다 오히려 정가와 할인가의 구분을 사용하여 명목가격경직성을 분석하는 방식이 더욱 바람직하다는 견해가 가능하다. 판매가격을 정가와 할인가로 구분하는 경우 할인가가 아닌 판매가격을 정가로 분류한다. 현실 경제에서는 정가와 할인가의 용어가 아닌 다른 용어로 사용될 수 있기 때문에 다음의 용어들을 간단히 소개한다. 한국의 가격표시제도에서는 판매가격, 소비자권장가격, 단위가격의 용어가 사용되고 있다. 판매업자와 사업자를 구분한다. 판매업자는 상품을 일반소비자에게 직접 판매하는 소매업자이다. 사업자는 상품을 제조·유통·수입하는 자로서 자신의 상품을 소비자에게 직접 판매하는 것을 업으로 하지 않는 자이다. 판매가격은 판매업자가 일반소비자에게 판매하는 상품의 가격을 말한다. 권장소비가격은 사업자가 표시하는 가격을 말한다. 단위가격은 상품의 가격을 단위당으로 나타내어 표시하는 가격을 말한다. 앞에서 설명한 구분을 보다 정확히 설명하면 가격표에 게시된 판매가격 중에서 정가와 할인가로 구분하는 것을 말한다.

앞의 설명은 정가의 개념을 사용하여 명목가격경직성을 조사할 수도 있고, 참고가격의 개념을 사용하여 명목가격경직성을 조사할 수 있다는 것을 의미한다. 두 방식 중에서 어느 방식을 선택해도 서로 유사한 결과를 나오는가? 질문의 답을 제시하기 위해 클리노우와 멀린이 2011년에 발표한 연구논문에서 정리한 내용을 인용한다.[27] 이들은 미국 소비자물가지수를 작성하기 위해 수집한 품목별 가격자료를 대상으로 분석한 결과를 토대로 참고가격은 모든 판매가격의 80퍼센트를 차지하고, 정가는 모든 판매가격의 90퍼센트를 차지한다고 밝히고 있다. 또한 참고가격을 사용하여 조사하면 가격고정기간이 약 11개월이고, 정가를 사용하여 조사하면 약 7개월이라고 밝히고 있다. 통화정책의 실효적인 실물효과를 보장할 수 있을 정도로 명목가격경직성이 충분히 크다고 할 수 있는가의 이슈가 제기될 수 있다. 명목가격경직성의 품목별 또는 산업별 차이가 작지 않기 때문에 거시경제의 주요 부문에 관한 견해가 달라지면 실효적인 명목가격경직성의 존재 여부에 관한 판단도 달라질 수 있다. 그럼에도 불구하고 많은 경우 일정한 기간 동안 판매가격이 고정된다는 점은 현실경제의 실제자료를 사용하여 확인할 수 있는 실증적인 사실이라는 점을 부인하기 어렵다. 이런 점을 반영하여 본 장에서는 명목가격경직성이 반영된 필립스곡선을 소개한다.

제2절   필립스곡선과 인플레이션율의 결정

필립스곡선의 역할은 무엇인가? 필립스곡선이 왜 필요한가? 필립스곡선은 인플레이션과 거시경제의 실물변수가 어떻게 연결되는지를 설명한다. 필립스곡선이 함의하는 인플레이션과 거시경제의 실물변수의 연결을 설명하기 위해 명목가격경직성이 반영된 기업의 이윤극대화모형을 설명한다. 기업의 이윤극대화모형을 구체적으로 설명하기 이전에 직관적인 설명에 의거하여 필립스곡선의 특성을 먼저 정리한다. 필립스곡선의 형태는 비교적 단순하지만, 필립스곡선을 도출하기 위해 필요한 이윤극대화모형을 설명하기 위해 상대적으로 여러 단계를 거쳐야 한다는 점을 반영하여 위에서 설명한 방식으로 진행한다.

명목가격경직성이 존재하는 상황에서 기업이 일정한 기간 동안 명목가격을

---

27) 클리노우(Peter Klenow)와 멀린(Benjamin Malin)이 2011년에 출판된 Handbook of Monetary Economics(제6장, 231페이지부터 284페이지)에 게재한 연구논문의 제목은 「Microeconomic Evidence on Price−Setting」이다.

고정시켜야 한다는 것을 무시하고 단기적인 이윤을 극대화하는 명목가격을 선택하기는 어렵다. 그 이유는 가격을 선택하는 시점의 이윤만 극대화하는 명목가격을 선택한다면 매 시점마다 명목가격을 조정하지 못하는 상황에서 이윤을 증가시킬 수 있는 다른 선택이 있기 때문이다. 명목가격경직성이 들어오면 기업의 행동에 어떠한 차이가 있을 수 있겠는가? 합리적인 기업가는 완전신축적인 가격결정이 가능한 상황과 비교할 때 명목가격경직성이 존재하는 상황에서 보다 더 멀리 미래시점의 상황을 내다보려고 할 것이다. 앞에서 설명한 개념을 이용하여 표현하면 명목가격경직성이 존재하는 상황에서 미래지향적인 가격결정이 더 강화될 것이라는 것이다. 기업가의 미래지향적인 가격결정으로 인해 필립스곡선의 형태에는 어떠한 차이점이 발생하는가? 앞에서 소비자의 미래지향적인 소비결정을 설명할 때 항상소득의 개념을 사용하였다는 점을 지적하다. 이런 상황에서 소비지출은 항상소득에 비례하여 결정된다는 점도 설명하였다. 기업가의 미래지향적인 가격결정을 설명할 때 유사한 개념을 사용한다. 항상단위비용의 개념을 설명하고, 미래지향적인 가격결정을 반영한 인플레이션율은 항상단위비용의 편차와 비례하여 결정된다는 점을 설명한다.

첫 번째로 강조하는 포인트는 현재시점에서 결정되는 명목가격은 단순히 현재시점 생산비용의 변화만 반영하는 것이 아니라 앞으로 장기간에 걸쳐 발생할 미래시점 생산비용의 변화를 충분히 반영하여 결정된다는 것이다. 이렇게 요약할 수 있는 이유는 다음과 같이 생각해 볼 수 있다. 기업은 제품 한 단위당 실질 생산비용의 장기적인 증가에 비례하여 제품가격의 상승률을 조정한다. 제품 한 단위당 생산비용을 줄여서 단위비용(unit cost)이라는 표현을 사용하기로 한다. 앞으로 다가올 미래의 일정한 기간에 걸쳐서 가격을 고정시킬 것이기 때문에 현재에서 발생한 비용의 변화뿐만 아니라 미래에서 발생할 것으로 예상되는 비용의 변화도 가격조정에 반영한다. 이런 측면을 반영하기 위해 항상단위비용(permanent unit cost)이라는 개념을 정의한다. 본 장에서 설명하는 단위당 생산비용의 개념은 제2장에서 설명한 항상소득의 개념과 유사한 점이 있다는 점을 지적한다. 참고로 독자들의 기억을 되살리기 위해, 제2장에서 설명한 항상소득의 정의는 현재시점과 미래시점에서 발생할 실질소득의 현재가치 합이라는

항상단위비용	$\displaystyle\sum_{k=0}^{\infty}\beta^k s_{t+k}^e$
항상단위비용편차	$\displaystyle\sum_{k=0}^{\infty}\beta^k (s_{t+k}^e - \bar{s})$
인플레이션율과 항상단위비용편차	$\displaystyle \pi_t = \gamma\sum_{k=0}^{\infty}\beta^k (s_{t+k}^e - \bar{s})$

주: s_{t+k}^e는 $(t+k)$시점의 단위생산비용에 대하여 현재시점에서 형성한 예측치, $\bar{s}$는 단위생산비용의 장기평균을 나타낸다. β는 다음시점에서 발생할 단위비용의 현재가치를 계산할 때 사용되는 할인 인자, γ는 항상단위비용편차에 대한 가격변화의 반응계수를 나타내고, 양수로 가정한다.

것을 반복한다. 항상단위비용은 현재시점에서 지불해야 하는 단위비용과 미래에서 지불할 것으로 예상되는 단위비용들의 현재가치 합으로 정의된다.

항상단위비용에 맞추어 가격조정을 결정하는 방식이 합리적인 선택일 가능성에 대하여 간단히 요약한다. 현재시점에서만 일시적으로 단위생산비용이 낮아지고, 다음시점에서는 단위생산비용이 높아지는 것이 확실한 상황을 생각해보자. 완전신축적인 가격조정이 가능한 상황이면 기업은 단위생산비용의 기간 변화의 패턴에 맞추어 현재시점에서 명목가격을 낮추고, 다음시점에서 명목가격을 올리는 방식으로 조정할 수 있다. 그러나 다음시점에서 명목가격의 조정이 가능하지 않고, 현재시점에서 선택한 명목가격이 현재시점과 다음시점에 모두 거래에 적용되는 상황에서는 완전신축적인 가격조정이 불가능하다. 이런 경우 중간 수준의 명목가격을 선택하여 현재시점에서 얻는 이득에서 다음시점에서 발생할 손해를 뺀 차이를 극대화하는 명목가격을 선택하는 것이 바람직할 수 있다.

<표 5−1>의 첫째 줄에서는 항상단위(생산)비용이 수식으로 정의되어 있다. 단위비용은 소문자 s로 표시하는데 동일한 변수의 값도 결정되는 시점에 따라 달라질 수 있기 때문에 하첨자가 오는 부분에 결정되는 시점을 표기한다. 현재시점을 t로 표기하고, 현재시점으로부터 시간거리가 멀어질수록 숫자를 더하여 표시한다. 인플레이션율을 나타내는 변수에 대해서도 결정시점에 따라 앞에서 설명한 규칙을 적용하여 구분한다. 다음시점에서 발생할 단위비용의 현재가

치를 계산할 때 사용되는 할인인자는 β로 표시된다. 미래시점에서 결정되는 변수는 미래시점의 상황이 확률적으로 변동하면 현재시점에서 정확히 알 수 없기 때문에 각 변수의 상첨자가 오는 부분에 e의 기호를 붙여서 예측치라는 것을 명시적으로 표시한다.

본 장에서 설명하는 모형에서 모든 기업이 무한기간 동안 제품생산과 판매영업을 지속하는 것으로 가정하고 있기 때문에 <표 5−1>의 첫째 줄에 있는 항상단위(생산)비용은 멱급수(power series)의 형태로 표시된다. 멱급수에서 각 항은 두 부분의 곱으로 표시된다. 앞에 오는 부분은 할인인자에 대한 기듭제곱이다. 뒤에 오는 부분은 임의의 미래시점에서 발생할 단위생산비용에 대한 예측치이다. 멱급수의 각 항에서 상첨자 e는 실현치가 아니라 예측치라는 뜻이지만, 현재시점 단위생산비용에도 상첨자 e가 붙어있다. 이 경우 현재시점의 단위생산비용은 기댓값과 실제값이 같기 때문에 실제값을 나타낸다. 편차(deviation)는 통계학에서 관측치와 평균의 차이로 정의된다. 이런 정의를 항상단위비용에 적용하여 항상단위비용편차는 현재시점의 항상단위비용과 항상단위비용의 차이로 정의된다. 앞에서 설명한 항상단위비용편차의 정의를 <표 5−1>의 첫째 줄에 있는 항상단위비용의 식에 적용하여 <표 5−1>의 둘째 줄에서 수식으로 보여주고 있다.

이처럼 항상단위비용편차를 사용하는 이유를 다음과 같이 설명할 수 있다. 항상단위비용편차의 부호가 양수인 경우와 음수인 경우로 나누어 볼 때 각각의 경우 기업들의 가격조정이 달라질 가능성이 있기 때문이다. 어떻게 달라지는지를 이해하기 위해 다음과 같이 생각해볼 수 있다. (1) 현재시점과 미래시점의 단위비용이 장기평균보다 지속적으로 높을 것으로 예상되는 경우 명목가격을 현재시점에서 조정하는 기업들은 명목가격을 높이려고 한다. (2) 현재시점과 미래시점의 단위비용이 장기평균보다 지속적으로 낮을 것으로 예상되는 경우 명목가격을 현재시점에서 조정하는 기업들은 명목가격을 낮추려고 한다. (1)과 (2)의 설명이 현실적으로 타당하다고 받아들인다면, 인플레이션율의 조정도 유사하게 이루어질 것으로 추측해볼 수 있다. 따라서 다음과 같이 두 개의 문장으로 정리한다. 현재시점과 미래시점의 단위비용이 장기평균보다 지속적으로 높을 것

■■ 〈표 5-2〉 단위비용편차와 인플레이션율의 기간 간 변화

현재시점 인플레이션율	$\pi_t = \gamma(s_t - \bar{s}) + \gamma\beta(s_{t+1}^e - \bar{s}) + \gamma\beta^2(s_{t+2}^e - \bar{s}) + \cdots$
예상 인플레이션율	$\beta\pi_{t+1}^e = \gamma\beta(s_{t+1}^e - \bar{s}) + \gamma\beta^2(s_{t+2}^e - \bar{s}) + \gamma\beta^3(s_{t+3}^e - \bar{s}) + \cdots$
인플레이션율의 변화	$\pi_t - \beta\pi_{t+1}^e = \gamma(s_t - \bar{s})$
단위비용편차와 GDP갭	$x_t = \lambda(s_t - \bar{s})$
필립스곡선의 식	$\pi_t = \beta\pi_{t+1}^e + \kappa x_t$

주: s_{t+k}^e는 $(t+k)$시점의 단위생산비용에 대하여 현재시점에서 형성한 예측치이고, x_t는 GDP갭을 나타낸다. λ는 GDP갭의 단위비용편차의 반응계수, γ는 항상단위비용편차에 대한 가격변화의 반응계수, $\kappa(=\gamma/\lambda)$는 필립스곡선의 기울기를 나타낸다.

으로 예상되는 경우 인플레이션율은 양수이다. 현재시점과 미래시점의 단위비용이 장기평균보다 지속적으로 낮다고 예상되는 경우 인플레이션율은 음수이다.

<표 5-1>의 셋째 줄에는 앞에서 설명한 인플레이션율과 항상단위비용편차와 관계가 수식으로 정리되어 있다. 인플레이션율은 항상단위비용에 비례하여 결정된다. 이 식에서 비례상수는 양수이고 γ로 표시된다. 많은 사람들에게 보다 친숙한 형태의 필립스곡선을 도출하기 위해서 <표 5-1>의 셋째 줄에 있는 식을 인플레이션율의 기간 간 변화를 나타내는 식으로 전환한다. 이런 경우에 적용되는 방식을 수학의 개념을 빌어 표현한다면 「멱급수의 차이를 이용한 점화식의 도출」이다. <표 5-2>에서는 멱급수의 차이를 이용하여 인플레이션율 점화식의 도출과정을 간단히 요약하고 있다. <표 5-2>의 첫째 줄에 있는 식은 현재시점에서 인플레이션율이 어떻게 결정되는지를 설명하고 있다. <표 5-1>의 셋째 줄에 있는 식과 동일한 식이지만 멱급수의 각 항을 나열하고 있다는 점이 다르다.

<표 5-2>의 둘째 줄에 있는 식은 다음시점 인플레이션율의 결정을 민간 경제주체가 현재시점에서 어떻게 예상하는지를 설명하고 있다. 이 식의 도출과정을 두 단계로 나누어 설명한다. (1) 현재시점과 다음시점에서 실현되는 인플레이션율이 결정되는 방식은 서로 같다. (2) 민간 경제주체는 다음시점에서 어

떠한 방식으로 인플레이션율이 결정되는지 정확히 알고 있다. 그러나 다음시점에서 발생할 거시경제의 확률적 변동으로 인해 다음시점에서 실현될 인플레이션율의 정확한 값은 모른다. 앞에서 설명한 두 개의 가정을 반영하여 <표 5-2>의 둘째 줄 좌변에서 다음시점의 인플레이션율을 나타내는 기호의 상첨자 부분에 e를 붙여서 기댓값이라는 점을 명시적으로 나타낸다. 엄밀하게 말하면 둘째 줄에 있는 식은 다음시점에서 성립할 인플레이션율 결정식의 양변에 할인인자를 곱한 식이다. 양변에 할인인자를 곱하는 이유는 무엇인가? 그 이유는 멱급수에 포함되어 있는 등비수열이 할인인자의 거듭제곱의 형태로 표시되기 때문이다.

「멱급수의 차이를 이용한 점화식의 도출」의 방식을 이용하기 위해서 알아두어야 할 점은 등비수열로 표시되는 항의 상수를 다음시점에서 성립할 멱급수의 식 양변에 곱하는 단계가 있다는 것이다. 「멱급수의 차이」를 적용하기 위해 <표 5-2>에서 첫째 줄에 있는 식에서 둘째 줄에 있는 식을 감한다. 두 식의 좌변을 감하여 얻는 결과는 <표 5-2>의 셋째 줄에 있는 식의 좌변에 정리되어 있다. 두 식의 우변을 감하여 얻는 결과는 <표 5-2>의 셋째 줄에 있는 식의 우변에 정리되어 있다. 현재시점에서 결정되는 인플레이션율은 다음시점에서 결정되는 인플레이션율의 예측치와 현재시점에서 결정되는 단위비용의 편차의 함수가 된다는 것을 보여주고 있다. 이 식은 인접한 시점의 인플레이션율이 하나의 식에 포함되는 형식을 가지고 있기 때문에 인플레이션율의 점화식이라고 할 수 있다.

제품을 한 단위 추가적으로 생산하기 위해 지출해야 하는 비용의 크기는 거시경제의 경기순환국면과 연결되어 있다. 경기호황국면에서 많은 기업들이 총수요의 증가에 맞추기 위해 산출량을 늘리면 생산에 투입되는 생산요소의 수요도 증가한다. 생산요소시장에서 시장수요가 늘어나면서 생산요소의 시장가격이 상승한다. 이런 변화는 생산비용의 상승으로 이어진다. 경기호황국면에서 단위생산비용의 편차는 양수이고, 경기불황국면에서 단위생산비용의 편차는 음수이다. 또한 GDP갭이 양수이면서 증가하는 상황은 경기호황을 의미한다. GDP갭이 음수이면서 감소하는 상황은 경기불황을 의미한다. <표 5-2>의 넷째 줄에 있는 식은 앞의 설명을 반영하여 GDP갭과 단위생산비용의 편차는 서로 비례하는 것으로 가정한다. 직관적인 설명을 사용하지 않고, 수식을 사용하여 <표 5-2>의 넷째 줄에 있는 식이 성립한다는 것으로 보일 수도 있다. 제2장에서 설명한 생애효용극대화모형을 이용하여 설명할 수 있다. 생애효용극대화의 모형에서 가계의 노동공급결정에서 (여가를 위한 소비의 한계대체율=실질임금)의 등식이 성립한다는 것을 설명하였다. 위의 등식은 노동공급함수를 의미하지만, 노동시장의 균형에서도 성립해야 한다. 여가를 위한 소비의 한계대체율이 균형노동시간의 증가함수인 경우를 생각해볼 수 있다. 이런 경우 균형노동시간과 실질임금은 같은 방향으로 움직인다는 것을 의미한다. 실질임금이 상승(하락)하면 생산비용이 상승(하락)하는 효과가 발생하기 때문에, 이런 모형에서는 GDP갭과 단위생산비용의 동반상승과 동반하락이 나타난다.

　<표 5-2>의 넷째 줄에 있는 식을 셋째 줄에 있는 식에 대입하여 정리하여 <표 5-2>의 다섯째 줄에 있는 필립스곡선의 식을 도출한다. 이 식의 함의를 두 가지 포인트로 요약한다. 첫째, 현재시점의 인플레이션율과 현재시점의 GDP갭이 같은 방향으로 움직인다. 둘째, 현재시점의 인플레이션율은 예상인플레이션율의 변화에 반응한다. 둘째 포인트를 강조하여 <표 5-2>의 다섯째 줄에 있는 식을 「기대를 반영한 필립스곡선(expectations-augmented Phillips curve)」의 식이라고 부를 수 있다. 이와 관련하여 <표 5-2>의 필립스곡선에 포함되는 예상인플레이션율은 미래시점에서 결정될 인플레이션율의 기댓값이라는 점을 강조한다. 정부가 경제정책을 사용하여 필립스곡선의 식에 영향을 미치는 경로가 있는가? 필립스곡선의 식은 정부의 정책결정에 의해서 영향을 받지 않는 것으로 가정한다. 이는 정부가 민간경제주체의 의사결정을 왜곡시키는 강제적인 수단을 동원하는 상황이 아니라면 정부는 필립스곡선을 하나의 제약조건으로 간주해야 한다는 것이다.

다음에서는 여러 기간 동안 제품의 명목가격을 고정시켜야 하는 기업의 가격결정에 대하여 설명한다. 먼저 「계약유효기간」과 「생애주기한계이윤」의 개념을 먼저 설명한다. 제품의 명목가격이 고정되어 있는 기간을 기업과 소비자가 체결한 하나의 계약기간으로 간주할 수 있다. 이렇게 이해하면 명목가격이 조정되면 새로운 계약이 시작되는 것으로 간주할 수 있기 때문에 기업이 새로 제품의 명목가격을 조정한 이후 그대로 고정되어 있는 기간을 「계약유효기간」으로 정의한다. 현실경제에서는 소매점에서 판매되는 소비재품목은 일반적으로 기업과 소비자가 서로 합의하여 작성된 계약서가 없이 거래되고 있다. 이런 경우 진열대에 놓여있는 소비재품목에 붙어있는 가격표시가 그대로 유지되는 기간을 계약유효기간으로 정의한다.

계약유효기간은 어떻게 결정하는가? 본 장에서 설명하는 모형에서는 외생적으로 결정된다고 가정한다. 기업이 새로운 적정가격을 선택하기 위해 다양한 정보들이 필요하고, 가격조절의 결정을 위해 필요한 정보를 충분히 수집하는 데 일정한 시간이 소요되는 것으로 가정한다. 기업마다 필요한 정보의 크기가 다를 수 있기 때문에 기업별로 적정한 계약유효기간이 다를 수 있다. 계약유효기간의 마감시점은 미리 알려지지 않고, 확률적으로 변동하는 상황을 가정한다. 이런 가정은 예전부터 자신의 제품을 구매해오던 소비자들이 다른 기업이 생산한 제품을 구매하기 시작하는 시점을 미리 알 수 없다는 점을 반영하는 것으로 해석할 수 있다.

제2장에서 설명한 「생애주기적자」의 개념을 기업에게 적용하여 계약유효기간 동안 「생애주기한계이윤」을 정의할 수 있다. 생애주기한계이윤은 계약유효기간의 각 시점에서 발생할 실질한계수입에서 실질한계비용을 뺀 차이로 정의된다. 생애주기한계이윤을 계산할 수 있다면 이를 이용하여 계약유효기간 전체에 걸친 「현재가치한계이윤」을 계산할 수 있다. 현재가치한계이윤의 개념을 정의하는 이유는 명목가격경직성이 존재하는 경우 기업의 이윤극대화에 의한 명목가격의 조정을 설명하는 데 유용하기 때문이다. 예를 들어, 명목가격이 완전

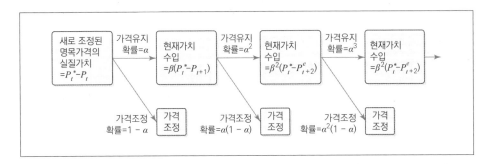

〈그림 5-2〉 가격조정시점의 결정과정

신축적인 경우 소비자와 기업의 명목가격에 관한 계약은 한 기 동안만 유효한 것으로 해석할 수 있다. 따라서 명목가격이 완전신축적인 상황에서 개별기업은 매 시점마다 실질한계이윤이 제로가 되도록 하는 명목가격을 선택한다. 그러나 여러 기간에 걸쳐서 제품의 명목가격을 고정시켜야 한다면 개별기업은 가격을 조정하는 시점에서 평가한 현재가치한계이윤이 제로가 되도록 명목가격을 선택한다. 그 이후 소비자와 기업의 가격에 관한 계약이 지속되면 명목가격은 그대로 유지된다. 따라서 계약유효기간 동안 각각의 시점에서 계산한 한계이윤은 제로가 되지 않을 수 있지만 계약유효기간 전체에 걸쳐서 발생할 실질한계이윤의 현재가치 합은 제로가 되어야 한다.

하나의 기업이 하나의 차별화된 제품을 생산하는 것으로 가정한다. 제품을 차별하는 기준은 매우 세분화되는 것으로 가정한다. 앞에서 이미 설명한 라면과 같은 세분화된 품목 안에서도 서로 다른 여러 개의 브랜드가 존재한다. 각각의 서로 다른 브랜드를 하나의 차별화된 제품으로 간주한다. 개별기업은 각각의 차별화된 제품에 대하여 독점력이 있는 것으로 가정한다. 무수히 많은 차별화된 제품을 생산하는 기업이 존재하는 것으로 가정한다. 예를 들어, [0, 1]의 구간에 속하는 하나의 점에 대응하는 하나의 기업이 존재하는 것으로 가정한다. 매 시점마다 개별기업은 하나의 명목가격에 대한 계약을 맺고 있는 것으로 가정한다. 이 중에서 새로 가격을 조정하는 기업이 있고, 그렇지 않고 가격계약을 그대로 유지하는 기업이 있다. 매 시점마다 무작위로 선택된 $(1-\alpha)$개의 계약이 새로운 가격조정에 들어가는 것으로 가정한다.

계약유효기간을 계산하기 위해 앞으로 어느 시점에서 명목가격을 새로 조정하게 되는지를 알아야 한다. <그림 5-2>에서는 현재시점에서 가격을 조정하는 기업이 앞으로 어느 시점에서 새로 명목가격을 조정하게 되는지를 그림으로 설명하고 있다. <그림 5-2>에서 현재시점에서 결정된 명목가격은 α의 확률로 매기마다 그대로 유지될 수 있음을 보여주고 있다. α는 양수이면서 1보다 작은 것으로 가정한다. 따라서 현재시점에서 새로 결정한 명목가격으로 거래되는 계약은 앞으로 무한 기간 동안 존속할 수 있다. 그러나 현재시점에서 먼 미래로 진행될수록 현재시점에서 선택한 가격이 유효할 확률은 줄어든다는 점을 알 수 있다. 예를 들어, 현재시점으로부터 k기 지난 이후 시점에서 현재시점에서 선택한 명목가격이 그대로 거래에 적용될 확률은 α^k이다. 따라서 유효계약기간이 전체의 현재가치한계이윤을 계산하기 위해 인접한 미래시점에서 발생할 생애주기한계이윤에 적용하는 할인인자는 $(\alpha\beta)$이고, 할인인자의 값은 1보다 작은 양수이다.

다음에서는 앞에서 설명한 각각의 미래시점의 계약이 유효할 가능성을 반영한 할인인자를 사용하여 현재가치이윤을 계산한다. 먼저 기업이 선택하는 임의의 명목가격에 대응하는 생애주기실질한계이윤과 현재가치한계이윤을 계산할 수 있다는 점을 지적한다. 현재시점의 가격조정을 위해서 기업이 선택한 명목가격과 다음시점의 가격조정을 위해서 기업이 선택할 명목가격이 있다면 두 개의 명목가격에 대응하는 두 개의 현재가치한계이윤을 계산할 수 있다. 전자의 경우를 현재시점 명목가격과 현재시점 현재가치(실질)한계이윤이라고 하자. 후자의 경우를 미래시점 명목가격과 미래시점 현재가치(실질)한계이윤이라고 하자. 이제 풀어야 하는 문제는 현재시점 현재가치한계이윤을 미래시점 현재가치한계이윤, 현재시점 명목가격, 미래시점 명목가격, 현재시점 명목한계비용 등의 함수로 나타내는 것이다. 이런 방식으로 기업의 극대화문제를 설명하는 이유는 무한 기간 동안 명목가격을 고정시키더라도 두 기간 동안만 고려하는 문제로 단순화시킬 수 있기 때문이다.

현재시점과 미래시점의 두 기간만 고려하는 극대화문제의 이점은 다음과 같이 설명할 수 있다. 매 시점마다 가격조정을 위해 새로운 명목가격을 선택해야

현재시점 현재가치한계이윤	$V_i = \sum_{k=0}^{\infty} (\alpha\beta)^k (P_i - P_{t+k}^e - (s_{t+k}^e - \bar{s}))$
미래시점 현재가치한계이윤	$V_i^{'} = \sum_{k=0}^{\infty} (\alpha\beta)^k (P_i^{'} - P_{t+k+1}^e - (s_{t+k+1}^e - \bar{s}))$
현재시점 현재가치한계이윤의 결정	$V_i = \alpha\beta V_i^{'} + (P_i - \alpha\beta P_i^{'})/(1-\alpha\beta) - (P+s-\bar{s})$
인접한 두 기간 동시 최적화	$V_i = 0 \leftrightarrow P_i = P^*; \quad V_i^{'} = 0 \leftrightarrow P_i^{'} = (P^*)^{'}$
최적화 조건	$p^* = \alpha\beta((p^*)^{'} + \pi^{'}) + (1-\alpha\beta)(s-\bar{s})$
계약유효기간 항상단위비용과 최적 현재시점 명목가격	$P_t^* = (1-\alpha\beta) \sum_{k=0}^{\infty} (\alpha\beta)^k (s_{t+k}^e - \bar{s} + P_{t+k}^e)$
명목가격분포와 인플레이션율	$p^* = \dfrac{\alpha}{1-\alpha}\pi$
인플레이션율의 결정	$\pi = \beta\pi^e + \gamma(s-\bar{s})$
필립스곡선의 식	$\pi = \beta\pi^e + \kappa x$

주: V_i는 임의의 현재시점 명목가격에 대한 현재시점 현재가치 한계이윤을 나타낸다. $V_i^{'}$는 임의의 미래시점 명목가격에 대한 미래시점 현재가치한계이윤을 나타낸다. P_i와 $P_i^{'}$는 각각 현재시점의 명목가격과 미래 시점의 명목가격을 나타낸다. P^*는 최적 현재시점 명목가격, p^*는 최적 현재시점 명목가격의 실질가치를 나타낸다. 또한 γ는 항상단위비용편차에 대한 가격변화의 반응계수, $\kappa(=\lambda^{-1}\gamma)$는 필립스곡선의 기울기를 나타낸다.

하는 기업이 어떻게 명목가격을 선택하는지를 설명할 때 선택하는 시점에 관계 없이 동일한 방식을 반복하기 때문에 적어도 선택방식을 설명할 때에는 어느 시 점에서 명목가격을 선택하는지를 표시할 필요가 없다. 단순히 현재시점과 미래 시점을 포함하는 두 개의 시점만 구분하면 된다. 이러한 편의성이 있기 때문에 본 장에서도 현재시점과 미래시점의 두 기간만 고려하는 극대화문제의 형태로 설명한다. 그러나 기업이 선택하는 명목가격의 수준은 시간이 지나면서 달라진 다. 따라서 명목가격의 수준이 다르다는 점을 명시적으로 표시하고 싶다면 <그 림 5-3>에서 사용한 방식으로 표기해야 한다는 점을 지적한다.

<표 5-3>의 첫째 줄에 있는 식은 현재시점에서 임의의 명목가격인 P_i에 대하여 성립하는 계약유효기간동안 현재가치 실질한계이윤이다. 단위당 실질이윤흐름의 현재가치라고 하는 것이 보다 더 정확한 표현일 수 있다. 그러나 기업의 수요함수가 선형이고, 단위당 생산비용이 개별기업의 산출량에 의존하지 않는다고 가정할 때 한계이윤흐름의 현재가치라고 할 수 있다. 따라서 본 절의 분석에서 분석의 단순화를 위해 위에서 설명한 두 개의 가정이 추가되지만 보다 더 복잡한 형태의 모형에서도 본 절의 주요 내용은 성립한다는 점을 지적한다. <표 5-3>의 둘째 줄에 있는 식은 미래시점에서 임의의 명목가격인 P_i'에 대하여 성립하는 계약유효기간 동안 현재가치 실질한계이윤이다. 첫째 줄과 둘째 줄의 식을 보면 평가하는 시점은 다르지만 현재가치 실질이윤은 동일한 멱급수의 형태로 정의되어 있다는 점을 알 수 있다.

다음에서는 첫째 줄에 있는 식과 둘째 줄에 있는 식을 이용하여 셋째 줄에 있는 식을 도출하는 과정을 설명한다. 이를 위해 두 개의 포인트를 지적한다. 첫째 포인트는 첫째 줄과 둘째 줄의 우변에 있는 멱급수에서 첫째항은 계약유효기간동안 고정될 명목가격으로부터 들어오는 수입의 현재가치 합이다. 계약유효기간동안 고정될 명목가격으로부터 들어오는 수입의 현재가치 합은 무한등비급수가 된다. 구체적으로 수식의 형태로 표현하면 (명목가격/$(1-\alpha\beta)$)이 된다. 둘째 포인트는 현재 설명하고 있는 모형에서는 (실질가치=명목가치-물가지수)의 방식으로 정의되고 있다. 이런 정의는 명목가치의 로그함수와 물가지수의 로그함수의 차이는 실질가치의 로그함수가 된다는 점을 반영한다. 위에서 설명한 두 가지 포인트를 반영하면 현재가치한계이윤의 식은 「현재가치한계이윤=(고정된 명목가격)/$(1-\alpha\beta)$-(계약유효기간 (명목)항상단위생산비용)」이 된다.

위에서 도출한 수식은 현재시점과 미래시점에 모두 적용되기 때문에 다음의 두 식이 성립한다는 것을 알 수 있다. 현재시점의 현재가치한계이윤의 식은 「현재시점 현재가치한계이윤=(현재시점 명목가격)/$(1-\alpha\beta)$-(현재시점 계약유효기간 (명목)항상단위생산비용)」이다. 미래시점의 현재가치한계이윤의 식은 「미래시점 현재가치한계이윤=(미래시점 명목가격)/$(1-\alpha\beta)$-(미래시점 계약유효기간 (명목)항상단위생산비용)」이다. 앞에서 설명한 두 개의 식을 이용하면, 「현재시점 현재가치한계이윤」에서 $(\alpha\beta)$로 할인된 「미래시점 현재가치한계이윤」을 뺀 차이를 계산할 수 있다. 그 결과 앞에서 설명한 「멱급수의 차이를 이용한 점화식의 도출」의 방식을 적용하여 현재시점 현재가치한계이윤이 어떻게 결정되는지를 나타내는 식이 도출된다.

     <표 5-3>의 셋째 줄에 정리되어 있는 식은 임의의 시점에서 성립하는 점화식이다. 따라서 이윤극대화의 여부와 관계없이 성립한다. <표 5-3>의 넷째 줄에서는 미래시점에서 기업이 가격을 조정하는 상황이 닥치면 미래시점 현재가치한계이윤을 제로로 하는 미래시점의 명목가격을 선택한다는 조건이 만족된다는 가정하에서 현재시점 현재가치한계이윤을 제로로 하는 현재시점의 명목가격을 선택한다는 조건을 수식으로 표시하고 있다. <표 5-3>의 넷째 줄에 있는 두 개의 조건을 <표 5-3>의 셋째 줄에 있는 식에 대입하여 도출한 식이 <표 5-3>의 다섯째 줄에 정리되어 있다.

     <표 5-3>의 다섯째 줄에 있는 식은 명목가격경직성의 존재를 반영한 이윤극대화조건이라고 해석할 수 있다. 이 식을 보면 현재시점의 최적 실질가격과 미래시점의 실질가격의 기간 간 변화의 식이라고 할 수 있다. 이런 형태가 도출되는 이유는 무엇인가? 두 개의 요인이 있다. 첫 번째 요인은 명목가격경직성이 가격조정에 반영되는 부분이다. 두 번째 요인은 생산비용이 가격조정에 반영되는 부분이다. 먼저 첫 번째 요인에 대하여 설명한다. 현재시점에서 선택한 명목가격이 다음시점에서도 그대로 고정되어야 한다면 미래시점에서 가격조정이 불가능할 수 있기 때문에 미래시점의 적정가격을 예측하여 이를 반영하려는 부분이 있을 수 있다는 것이다. 예를 들어, 미래시점에서 결정할 최적 명목가격의 실질가치에 대한 기댓값과 예상 인플레이션율의 합을 현재시점의 가치로 할인한 값과 동일하게 되도록 현재시점 최적 명목가격의 실질가치를 설정하는 경우를 생각해보자. 현재시점에서 생산비용을 전혀 지불하지 않는다면 현재시점 최적 명목가격의 실질가치는 앞에서 설명한 방식으로 결정될 수 있다. 그러나 제품의 생산을 위해 지불해야 하는 생산비용이 있는 경우에는 생산비용이 제품의 가격에 반영되어야 한다. 이것이 <표 5-3>의 다섯째 줄에 있는 식에서 단위생산비용을 나타내는 변수가 포함된 이유이다.

<표 5-1>을 사용하여 필립스곡선의 식을 직관적으로 설명할 때 각각의 시점에서 발생하는 인플레이션율은 항상단위비용의 편차와 비례한다는 점을 강조하였다. <표 5-1>에 정리되어 있는 수식이 명목가격징직성의 모형으로부터 도출된 것이라면 당연히 <표 5-3>에서 정리된 최적화조건과 필립스곡선의 식은 서로 연결성이 있어야 한다는 점을 쉽게 생각할 수 있다. 수식을 사용하여 도출하기 이전에 연결성에 관한 직관적인 설명이 가능한가의 질문이 가능하다. <표 5-1>을 사용하여 직관적으로 설명할 때 중요한 포인트가 항상단위비용의 개념이었다면 <표 5-3>에서 정리되어 있는 최적화조건도 항상단위비용의 개념을 사용하여 설명할 수 있어야 한다. 이런 측면을 반영하여 <표 5-3>에 정리되어 있는 이윤극대화조건이 함의하는 점을 말로 풀어서 설명한다면, 현재시점에서 결정된 최적명목가격은 「계약유효기간의 항상단위비용」에 비례한다는 것이다.

「계약유효기간의 항상단위비용」은 무슨 의미인가? 계약유효기간의 항상단위비용은 계약이 유효할 것으로 예상되는 각 시점에서 발생할 단위생산비용의 현재가치합으로 정의된다. 「계약유효」라는 수식어가 첨가되었다는 점을 고려하여 현재가치의 계산을 위해 사용되는 할인인자는 각 시점마다 명목가격의 고정을 내용으로 하는 일종의 가격계약이 유효할 확률과 미래시점의 소득을 현재시점의 소득단위로 환산하기 위해 사용되는 할인인자의 곱으로 정의된다. <표 5-3>의 여섯째 줄에서는 앞에서 말로 정리한 최적명목가격이 만족시켜야 하는 이윤극대화조건을 수식으로 보여주고 있다.

<표 5-3>의 여섯째 줄에 있는 식은 다른 조건을 첨가하지 않고 <표 5-3>의 다섯째 줄에 있는 식만 사용하여 도출한 식이기 때문에 명목가격에 관한 극대화조건을 그대로 반영하고 있다. 또한 <표 5-3>의 여섯째 줄에 있는 식에서 우변에 있는 무한기간의 등비급수처럼 표시된 항은 「계약유효기간의 항상단위비용」에 해당한다. <표 5-1>의 둘째 줄에 있는 식과 비교하면 명목가격의 고정을 내용으로 하는 가격계약이 유효할 확률을 나타내는 기호인 α의 거듭제곱이 포함된 것이 차이점이라는 것을 알 수 있다. 따라서 <표 5-3>의 여섯째 줄에 있는 식은 앞에서 말로 정리한 이윤극대화조건을 수식으로 표현한

■:■ 〈표 5-4〉 명목가격 분포의 기간 간 변화

	P_t^*	P_{t-1}^*	P_{t-2}^*	P_{t-3}^*	P_{t-4}^*	......
현재비중 (=t시점)	$1-\alpha$	$\alpha(1-\alpha)$	$\alpha^2(1-\alpha)$	$\alpha^3(1-\alpha)$	$\alpha^4(1-\alpha)$	......
한기이전비중 (=$(t-1)$시점)	0	$1-\alpha$	$\alpha(1-\alpha)$	$\alpha^2(1-\alpha)$	$\alpha^3(1-\alpha)$	......
두기이전비중 (=$(t-2)$시점)	0	0	$1-\alpha$	$\alpha(1-\alpha)$	$\alpha^2(1-\alpha)$	......
⋮	⋮	⋮	⋮	⋮	⋮	......

것임을 확인할 수 있다.

인플레이션은 물가지수의 기간 간 변화로 정의되기 때문에 앞에서 분석한 모형에서 함의하는 필립스곡선의 식을 도출하기 위해 물가지수가 어떻게 결정되는지를 설명해야 한다. 여기에 덧붙여서 물가지수는 거래에 적용되는 개별 제품가격의 가중평균으로 정의되기 때문에 물가지수를 계산하기 위해 개별 제품가격의 비중을 알아야 한다. 따라서 명목가격의 분포를 설명한다. 이를 위해 본 장에서 소개하는 모형의 특징을 간단히 요약하면 다음과 같다. 모든 시점에서 명목가격을 새로 설정하는 기업의 비중은 $(1-\alpha)$이다. 다음시점으로 넘어가면 새로 가격을 설정한 기업 중에서 α의 비중으로 예전 가격을 그대로 유지한다. 이런 상황은 명목가격이 새로 설정된 시점에 관계없이 모두 동일하게 적용된다. 본 장에서 소개하는 모형에서는 무한히 먼 과거시점에 설정된 가격이 아직도 소비자와 기업 간 거래에 적용될 수 있는 가능성이 존재하기 때문에 원칙적으로 매 시점마다 실제 거래에 적용될 수 있는 명목가격의 종류는 무한히 많다. 무한히 많은 명목가격의 비중을 찾아서 가중평균을 계산해야 한다면 물가지수의 결정이 복잡할 것이라는 생각이 들 수 있지만 등비급수와 유사한 형태가 되어 매우 간단한 형태로 정리가 가능하다는 점을 지적한다.

<표 5-4>에서는 명목가격의 분포가 시간이 지나면서 어떻게 달라지는지를 보여주고 있다. <표 5-4>의 둘째 줄에서는 현재시점에서 실제 거래에 적

용되는 각각의 명목가격에 대한 비중을 요약하고 있다.[28] <표 5−4>의 셋째 줄에서는 한 시점 이전에서 실제 거래에 적용되는 각각의 명목가격에 대한 비중을 요약하고 있다. 현재시점에 설정된 명목가격을 제외하면 둘째 줄에 있는 모든 개별 명목가격의 비중에 α를 곱하면 첫째 줄에 있는 동일한 명목가격의 비중과 같아진다는 것으로 확인할 수 있다. 따라서 물가지수의 정의는 현재시점에서 새로 결정된 명목가격과 한 시점 이전의 물가지수에 α를 곱해서 계산한 부분으로 구성된다는 것을 알 수 있다. 구체적으로 설명하면 「t시점의 물가지수= $(1-\alpha)(t$시점 최적 명목가격$)+\alpha[(t-1)$시점 물가지수]」의 형태로 쓸 수 있다는 것이다. 또한 인플레이션율은 「t시점 인플레이션율=t시점 물가지수− $(t-1)$시점 물가지수」의 식으로 정의된다. 인플레이션율의 정의를 앞에서 설명한 물가지수의 식에 대입하여 정리하면 현재시점 최적 명목가격의 실질가치와 인플레이션율 간의 관계식이 도출된다. 이 식은 <표 5−3>의 다섯째 줄에 정리되어 있다.

<표 5−3>에 정리되어 있는 마지막 단계는 필립스곡선을 도출하는 것이다. 필립스곡선의 식을 도출하기 위해 <표 5−3>의 일곱째 줄에 있는 식을 다섯째 줄에 있는 식에 대입하여 최적 명목가격을 나타내는 변수들을 소거한다. 이런 작업은 물가지수의 정의와 명목가격 결정에 관한 기업의 극대화조건을 결합하여 필립스곡선을 도출하는 과정이라고 할 수 있다. 그 결과 도출된 식은 <표 5−3>의 여덟째 줄에 정리되어 있다. 이 식이 함의하는 점은 현재시점의 인플레이션율은 미래시점의 인플레이션율에 관한 예측치와 단위생산비용의 함수로 나타낼 수 있다는 것이다. <표 5−3>의 여덟째 줄에 있는 식과 <표 5−2>의 셋째 줄에 있는 식은 동일한 식이다. 결국 명목가격경직성이 존재하는 경제에서 성립하는 이윤극대화조건을 사용하여 필립스곡선의 식을 도출할 수 있다는 것을 수식을 사용하여 확인할 수 있다. 앞에서 직관적인 설명을 사용하여 필립스곡선의 식을 도출하였지만 보다 엄밀한 방식으로 동일한 형태의 필립

---

28) 서로 다른 차별화된 제품을 생산하는 여러 개의 서로 다른 기업이 존재하고 이들이 동시에 명목가격을 새로 결정할 때 동일한 명목가격을 선택한다는 점이 반영되어 있다. 어떻게 이런 결과가 가능한가? 그 이유는 한계생산비용이 개별기업의 생산수준의 변화에 따라 달라지지 않기 때문이다.

스곡선이 도출된다는 것을 확인할 수 있다.

<표 5-3>의 마지막 줄에 있는 식은 단위생산비용편차 대신 GDP갭이 필립스곡선의 식에 포함된 경우이다. <표 5-2>의 수식을 설명할 때 단위생산비용편차와 GDP갭이 비례한다는 가정을 적용하여 도출하는 과정을 이미 설명하였기 때문에 도출과정은 생략한다. <표 5-2>의 표현과 <표 5-3>의 표현에서 차이를 발견할 수 있다. <표 5-2>에 있는 필립스곡선의 식을 보면 인플레이션율을 나타내는 기호에서 t라는 기호를 하첨자에 넣어 명시적으로 시점을 나타내고 있다. 그러나 <표 5-3>에서는 명시적으로 시점을 표시하지 않고 있다. 어느 시점 어느 상황이 발생하더라도 현재시점의 인플레이션율과 인접하는 다음시점에서 실현될 인플레이션율의 기댓값 사이에 성립하는 관계가 항상 그대로 유지된다면 t라는 기호를 하첨자에 넣어 명시적으로 시점을 나타낼 필요가 없다는 점을 반영한다.

다음에서는 기업이 새로 책정한 가격을 바꾸지 않고 그대로 유지하는 기간의 평균값을 계산한다. 현재시점에서 새로운 가격을 책정한 기업일지라도 다음시점에서 가격을 다시 바꾸어야 하는 상황도 가능하고, 이미 오랫동안 같은 가격을 현재시점에서 그대로 유지한 기업이 다음시점에 가격을 바꾸지 않는 상황도 가능하다. 이처럼 본 장에서 소개하는 모형에서는 하나의 기업에게 고정적으로 적용되는 가격고정기간은 없다. 그 이유는 가격을 변동하는 시점 자체가 확률적으로 결정되기 때문이다. 개별 기업이 가격을 고정시키는 기간을 조사하면 평균값은 얼마인가? 현재시점에서 새로운 가격을 책정한 기업일지라도 다음시점에서 가격을 바꾸어야 하는 상황이 발생할 확률은 $(1-\alpha)$이다. 현재시점에서 새로운 가격을 책정한 기업이 두 시점 지나서 가격을 바꾸어야 하는 상황이 발생할 확률은 $((1-\alpha)\alpha)$이다. 현재시점에서 새로운 가격을 책정한 기업이 세 시점이 지나서 가격을 바꾸어야 하는 상황이 발생할 확률은 $((1-\alpha)\alpha^2)$이다. 이런 방식으로 무한 시점이 지나서 가격을 바꾸어야 하는 상황까지 확장해나가면 멱급수를 사용하여 가격고정예상기간을 계산할 수 있다.

<표 5-5>의 첫째 줄에 있는 식이 앞에서 설명한 방식을 적용한 가격고정예상기간의 정의식이다. 첫째 줄의 멱급수에 있는 각 항은 각각의 가격고정기간

가격고정예상기간의 정의	$N^e = (1-\alpha) \displaystyle\sum_{k=1}^{\infty} k\alpha^{k-1}$
멱급수의 값	$\displaystyle\sum_{k=1}^{\infty} k\alpha^{k-1} = (1-\alpha)^{-2}$
가격고정확률과 가격고정예상기간	$N^e = (1-\alpha)^{-1}$

주: N^e는 기업이 새로 결정한 명목가격을 재조정하지 않고 그대로 고정시키는 기간의 기대값을 나타낸다.

과 발생확률의 곱이라는 것을 확인할 수 있다. 〈표 5-5〉의 둘째 줄에 있는 식은 멱급수의 값을 간단히 표시할 수 있다는 것을 보여주고 있다. 〈표 5-5〉의 둘째 줄에 있는 공식을 첫째 줄에 있는 식에 대입하여 정리하면 셋째 줄에 있는 식이 도출된다. 이런 이유로 〈표 5-5〉의 셋째 줄에 있는 식은 첫째 줄에 있는 식의 단순화된 표현이라고 할 수 있다. 셋째 줄에 있는 식을 보면 개별기업의 가격유지확률이 상승하면 가격고정예상기간 또는 평균적인 가격고정기간이 증가한다는 것을 알 수 있다. 또한 본 장에서 소개하는 모형에서는 개별기업의 가격유지확률이 명목가격경직성의 크기를 결정한다는 것을 알 수 있다.

개별기업이 제품가격을 얼마나 오랫동안 그대로 유지하는가를 나타내는 명목가격경직성의 거시경제적인 의미는 무엇인가? 이 질문의 답은 명목가격경직성이 커질수록 필립스곡선의 그래프는 수평선에 가까워진다는 것이다. 〈그림 5-3〉에서는 명목가격경직성이 필립스곡선의 기울기에 영향을 미치는 과정을 보여주고 있다. 제1사분면에서 수평축은 가격의 평균적인 고정기간을 나타내고, 수직축은 필립스곡선의 기울기를 나타낸다. 제1사분면에 있는 검은색곡선은 명목가격경직성과 필립스곡선의 기울기의 관계를 나타낸다. 검은색곡선은 우하향하기 때문에 명목가격경직성이 증가하면 필립스곡선의 기울기가 낮아진다는 것을 의미한다.

제2사분면, 제3사분면, 제4사분면의 그래프들은 제1사분면의 검은색곡선을 도출하는 과정을 그림으로 나타내고 있다. 제2사분면의 수평축은 가격고정확률이고, 수직축은 필립스곡선의 기울기이다. 제2사분면에 있는 회색곡선은 〈표

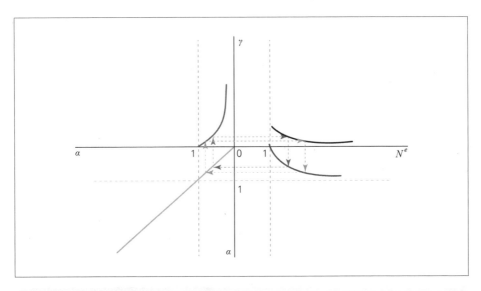

〈그림 5-3〉 가격고정예상기간과 필립스곡선의 기울기

5-3>에서 설명한 필립스곡선 기울기의 그래프이다. 제3사분면의 수평축과 수직축은 모두 가격고정확률이다. 제3사분면에 있는 푸른색직선은 원점을 지나는 직선이다. 수평축과 수직축이 서로 같기 때문에 수평축에 있는 변수와 수직축에 있는 변수의 관계를 나타내는 함수의 그래프는 원점을 지나는 직선이 된다. 제4사분면의 수평축은 명목가격경직성을 나타내는 가격고정예상기간이고, 수직축은 가격고정확률이다.

제4사분면에 있는 짙은푸른색곡선은 <표 5-5>의 셋째 줄에 정리되어 있는 가격고정확률과 가격고정예상기간의 관계를 나타내는 함수의 그래프이다. 제1사분면의 수평축에서 한 점을 선택하여 아래로 수직선을 내려서 짙은푸른색곡선과 만나는 점을 찾는다. 이렇게 찾은 점에서 수평선을 왼쪽으로 그려서 제3사분면의 수평축과 만나는 점을 찾는다. 제3사분면의 원점을 지나는 직선을 이용하면 제2사분면의 수평축에서 동일한 크기의 점을 찾을 수 있다. 이 점에서 수직선을 올려서 제2사분면에서 회색곡선과 만나는 점을 찾는다. 이 점의 수직축 좌표를 제1사분면의 좌표로 선택하면 제1사분에서 한 쌍의 수평축의 좌표와 수직축의 좌표를 얻게 된다. 이를 이용하여 제1사분면의 한 점을 표시할 수 있다.

앞에서 설명한 방식을 그대로 반복하면 제1사분면에서 수없이 많은 점들을 찾을 수 있다. 이들을 연결하면 <그림 5-3>의 제1사분면에 있는 검은색곡선을 그릴 수 있다. 앞에서 설명한 과정은 푸른색점선과 검은색점선으로 나타나 있다는 점을 지적한다.

제4절 **총수요곡선의 도출과 균형의 결정**

「단기총수요곡선」은 가계가 결정하는 소비수요함수와 중앙은행이 결정하는 통화정책의 상호작용을 반영하여 도출된 인플레이션율과 GDP갭(또는 생산갭)의 궤적을 말한다. 「단기」라는 수식어를 붙인 이유는 총수요의 단기적인 변동을 주로 분석한다는 점을 반영한 것이다. 총수요의 단기적인 변동은 거시경제정책의 변화와 민간부분에서 발생할 수 있는 다양한 요인을 반영한다. 앞에서 「단기총수요곡선」을 정의할 때 GDP갭이라는 표현을 사용하였기 때문에, 본 장의 모형에서 「단기총수요」라는 단어는 GDP갭과 동일한 의미로 사용된다. GDP갭은 GDP중에서 중앙은행의 통화정책과 경기조절을 위해 정부가 실시하는 재정정책의 영향을 받는 부분으로 정의한다. 경기불황에서 GDP갭의 값이 음수이라면 정부가 경기조절을 위한 거시경제정책을 실시하여 증가시킬 수 있는 GDP의 부분이 있다는 것을 의미한다. 인플레이션율에 대해서도 유사한 개념을 적용할 수도 있다. 인플레이션율을 개념적으로 장기적으로 결정되는 부분과 단기적인 총수요 변동과 연동하여 변화하는 부분으로 분리할 수 있다는 것이다. 수식의 형태로 표현하면 (인플레이션율＝장기인플레이션율＋인플레이션율갭)의 등식이 가능하다. 이런 맥락에서 「단기총수요곡선」은 수평축은 GDP갭, 수직축은 인플레이션율갭을 나타내는 평면에서 정의되는 곡선이다.

본 장에서 추가적인 언급이 없다면 인플레이션율갭을 의미하기 때문에 후속되는 부분에서는 「인플레이션율」의 용어로 통일한다. 동일한 이유로 단기총수요와 총수요를 구분하지 않고 「총수요」의 용어로 통일한다. 총수요곡선을 총수요와 물가의 트레이드-오프를 나타내는 곡선으로 정의할 수도 있다. 그러나 본 장에서는 총수요와 인플레이션율의 트레이드－오프를 나타내는 곡선으로 정의한다. 그 이유는 필립스곡선이 정의되는 평면과 동일한 평면에서 총수요곡선을 정의하는 것이 분석의 편의를 제공할 것이라고 판단되기 때문이다. 본 장의 주된 목적이 인플레이션타기팅을 설명하는 거시경제모형을 분석하는 것이다. 따라서 균형물가지수의 결정을 먼저 설명하고 난 후에 균형물가지수의 값이 함의하는 인플레이션을 설명하는 방식을 선택하는 것보다 균형인플레이션율의 결정을 직접적으로 분석하는 방식을 채택하는 것이 편리하다는 점을 지적한다.

그림을 이용하여 총수요곡선의 도출과정을 설명하기 위해 필요한 선행작업은 보조적인 역할을 수행하는 두 개의 그래프를 먼저 정의하는 것이다. 간단히 설명하면 두 개의 보조그래프를 사용하여 총수요곡선을 도출한다는 의미이다. 두 개의 보조그래프가 필요한 이유를 이해하기 위해 그래프를 이용하여 총수요곡선의 정의를 다시 설명한다. 총수요곡선은 「민간부문의 등이자율갭곡선」과 「중앙은행의 등이자율갭곡선」의 교차점들이 형성하는 궤적이다. 앞에서 「이자율갭」이라는 표현이 새로 등장하기 때문에 「이자율갭」을 먼저 설명한다. (명목이자율갭＝명목이자율－경기중립명목이자율)의 등식을 사용하여 명목이자율갭을 정의한다. 경기중립명목이자율은 자연(실질)이자율과 중앙은행이 설정한 인플레이션율 목표치의 합으로 정의한다. 「경기중립」이라는 표현이 적절한 표현이 되기 위해 두 개의 가정이 부여된다. (1) 중앙은행은 적정 인플레이션율을 찾아서 이를 목표치로 선택한다. (2) 인플레이션율 목표치에 대한 중앙은행의 발표가 민간 경제주체의 신뢰성을 충분히 얻고 있는 상황에서 민간 경제주체의 예상인플레이션율은 중앙은행이 설정한 인플레이션율의 목표치와 일치한다. 이런 가정이 만족되는 상황에서 경기중립명목이자율은 자연(실질)이자율과 예상인플레이션율의 합과 같아질 수도 있다. 민간 경제주체의 예상인플레이션율도 단기적으로 경기국면에 영향을 받을 수 있다는 점을 지적할 수 있다. 이런 맥락에서 단기 예상인플레이션율을 경기중립명목이자율을 추계하는 데 사용하는 것은 무리가 있을 가능성이 있다는 점을 지적한다.

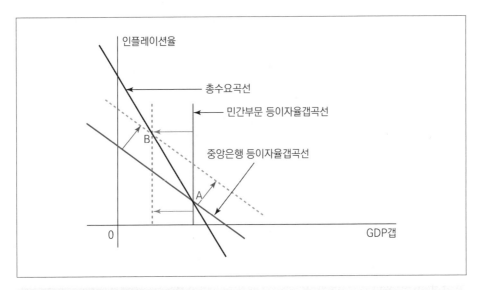

인플레이션율

총수요곡선

민간부문 등이자율갭곡선

중앙은행 등이자율갭곡선

B

A

0

GDP갭

〈그림 5-4〉 총수요곡선의 도출

　〈그림 5-4〉는 두 개의 등이자율갭곡선을 보여주고 있다. 수평축은 GDP 갭, 수직축은 인플레이션율을 나타내는 평면에서 「중앙은행 등이자율갭곡선」은 음의 기울기를 가진 푸른색직선이다. 「민간부문 등이자율갭곡선」은 회색수직선 이다. 등이자율갭곡선은 명목이자율갭이 하나의 상수로 고정되었을 때 이를 달 성하도록 하는 인플레이션율과 GDP갭의 궤적이다. 이처럼 등이자율갭곡선을 정의하면, CB곡선과 IS곡선을 각각 사용하여 두 개의 서로 다른 등이자율갭곡선 을 도출할 수 있다. CB곡선으로부터 도출되는 등이자율갭곡선이 「중앙은행 등 이자율갭곡선」, IS곡선으로부터 도출되는 등이자율갭곡선이 「민간부문 등이자 율갭곡선」이다.

　「중앙은행 등이자율갭곡선」의 도출과정은 다음과 같다. 중앙은행 등이자율 갭곡선을 수식으로 표현하면 (인플레이션율＝목표인플레이션율－(GDP갭반응 계수/인플레이션반응계수)×GDP갭＋명목이자율갭/인플레이션반응계수)이다. CB곡선에서 GDP갭반응계수와 인플레이션반응계수는 양수이므로 중앙은행 등 이자율갭곡선은 음의 기울기를 가지는 직선이 된다. 절편의 부호는 명목이자율 갭의 부호에 따라 결정된다. 이런 특성을 반영하여 〈그림 5-4〉에서 중앙은행 등이자율갭곡선을 양수의 절편과 음수의 기울기를 가진 직선으로 표시하고 있다. 명목이자율갭의 크기가 증가하면 어떻게 되는가? 기울기의 변화없이 절편의 값만 증가하기 때문에 직선은 위로 수평이동한다. <그림 5-4>에서 명목이자율갭이 증가하여 중앙은행 등이자율갭 직선이 위로 이동하는 상황을 점선으로 표시한 직선을 사용하여 보여주고 있다.

「민간부문 등이자율갭곡선」의 도출과정은 다음과 같다. 소비자의 생애효용 극대화로부터 도출된 IS곡선을 사용하여 민간부문 등이자율갭곡선을 도출한다. 민간부문 등이자율갭곡선을 수식으로 표현하면 (GDP갭 = 예상GDP갭 + 이자율반응계수 × (예상인플레이션갭) - 이자율반응계수 × 명목이자율갭)이다. 예상인플레이션율갭의 정의를 수식의 형태로 표현하면 (예상인플레이션율갭 = 예상인플레이션율 - 목표인플레이션율)이다. 예상인플레이션율과 중앙은행이 발표한 목표인플레이션율이 서로 일치하게 되면 예상인플레이션율갭은 민간부문 등이자율갭곡선에서 사라진다. 민간부문 등이자율갭곡선의 식을 보면 현재시점에서 결정되는 인플레이션율의 변화에 직접적으로 영향을 받는 부분이 없다는 것을 알 수 있다. 이런 특성을 반영하여 <그림 5-4>에서 민간부문 등이자율갭곡선은 수직선으로 나타난다. 명목이자율갭의 크기가 증가하면 어떻게 되는가? 이자율반응계수가 양수이기 때문에 명목이자율갭이 증가하면 민간부문 등이자율갭곡선을 만족시키는 생산갭은 감소한다. 그 결과 민간부문 이자율갭곡선은 좌측으로 수평이동한다. <그림 5-4>에서는 명목이자율갭이 증가하여 민간부문 등이자율갭 직선이 좌측으로 수평이동하는 상황을 점선으로 표시한 수직선을 사용하여 보여주고 있다.

위에서 설명한 두 개의 등이자율갭곡선을 사용하여 총수요곡선을 도출하는 과정을 설명한다. <그림 5-4>를 보면 실선으로 표시된 두 개의 그래프가 교차하는 점을 A점으로 표시하고 있다. A점은 최초의 상황에서 중앙은행 등이자율갭곡선과 민간부문 등이자율갭곡선의 교차점이다. 최초의 상황에서 측정한 값보다 명목이자율갭의 값이 증가하는 상황을 가정한다. 명목이자율갭의 값이 증가하면 두 개의 등이자율갭의 곡선은 이동한다. 최초의 상황과 구분하기 위해 명목이자율갭의 증가가 발생한 이후의 등이자율갭곡선은 점선으로 표시한다. 중앙은행 등이자율갭곡선과 민간부문 등이자율갭곡선에 대하여 각각 실선으로 표시된 등이자율갭곡선은 점선으로 표시된 등이자율갭곡선으로 이동한다. 점선으로 표시된 두 개의 등이자율갭곡선이 교차하는 점이 B점이다. A점과 B점을 연결하는 직선을 그리면 총수요곡선의 그래프가 완성된다. <그림 5-4>에서 검은색직선을 총수요곡선으로 표시하고 있다. 총수요곡선은 음수의 기울기와 양수의 절편을 가진 직선으로 나타난다.

<표 5-3>의 마지막 줄에 있는 단기 필립스곡선의 식을 총수요곡선이 정의된 평면에 그릴 수 있다. 민간 경제주체들의 예상인플레이션율이 양수인 경우 단기 필립스곡선은 기울기가 양수이고 절편이 양수인 직선으로 표시할 수 있다. 총수요곡선은 기울기가 음수이고, 절편이 양수인 직선으로 표시된다는 것을 보였다. 이런 경우 총수요곡선의 절편이 단기 필립스곡선의 절편보다 더 크다면 두 직선의 교차점이 <그림 5-4>에서 정의된 평면에 존재한다. 균형인플레이션율과 균형GDP갭이 모두 양수이다. 본 장에서 설명하고 있는 모형은 실질GDP의 단기적 변동을 설명하는 거시경제의 균형모형이라고 할 수 있다. 앞에서 설명한 내용을 정리하여 모형의 특징을 몇 가지 항목으로 구분하여 요약할 수 있다. (1) 미래시점에서 벌어질 거시경제상황에 관한 민간 경제주체의 예상이 현재시점에서 결정되는 균형인플레이션율과 GDP갭의 값에 영향을 미친다. (2) 과거시점의 인플레이션이 현재시점의 인플레이션에 영향을 미치는 경로가 없다. 과거시점의 GDP갭이 현재시점의 GDP갭에 영향을 미치는 경로가 없다.[29] (3) 거시경제상황의 변화에 대응하는 중앙은행 정책대응방식이 총수요곡선의 기울기에 영향을 미친다.

다음에서는 모형의 장기균형과 단기균형은 서로 다르다는 점을 설명한다. 장기균형은 단기균형과 어떠한 점에서 차이가 나는가? 장기균형에서는 인플레이션율과 GDP갭이 하나의 값으로 고정된다는 조건이 부과되기 때문에 장기균형에서 성립하는 두 개의 조건은 다음과 같이 정리할 수 있다. (1) 인플레이션의 기

---

[29] 과거시점의 GDP갭과 인플레이션율이 현재시점의 균형에 영향을 미치는 과정이 명시적으로 포함된 모형이 가능하지만, 본 책의 범주를 넘는 것으로 판단되기 때문에 추가적인 설명을 생략한다.

■: 〈표 5-6〉 인플레이션목표와 장기모형

장기조건	$\pi = \pi^e, \quad x = x^e$
CB곡선	$i = r^* + \overline{\pi} + \theta_\pi(\pi - \overline{\pi}) + \theta_x x$
장기IS곡선	$i = r^* + \pi^e \rightarrow i = r^* + \pi$
인플레이션목표와 장기총수요곡선	$\pi = -(\dfrac{\theta_x}{\theta_\pi - 1})x + \overline{\pi}$
장기필립스곡선	$\pi = (\dfrac{\kappa}{1-\beta})x$

주: $\overline{\pi}$는 중앙은행의 장기인플레이션목표치를 나타낸다. θ_π는 1보다 큰 양수이다. θ_x는 양수이다.

간 간 변동이 없기 때문에 현재시점의 인플레이션율과 다음시점의 인플레이션율은 동일한 값을 가진다. (2) GDP갭의 기간 간 변동이 없기 때문에 현재시점의 GDP갭과 다음시점의 GDP갭이 동일한 값을 가진다. 두 개의 조건을 단기총수요곡선과 단기필립스곡선에 각각 적용하면 장기총수요곡선과 장기필립스곡선이 도출된다.

<표 5-6>의 첫째 줄에서는 두 변수의 기간 간 변동이 없다는 사실을 민간 경제주체가 정확히 알고 있다는 상황을 추가하여 장기모형에서 (예상인플레이션=현재시점의 인플레이션)과 (예상GDP갭=현재시점의 GDP갭)의 등식이 성립한다는 것을 보여주고 있다. <표 5-6>의 둘째 줄은 CB곡선의 식을 보여주고 있다. 장기모형에서도 중앙은행은 계속해서 CB곡선이 함의하는 방식으로 단기명목이자율을 조정하는 것으로 가정한다. <표 5-6>의 셋째 줄은 장기IS곡선의 식을 보여주고 있다. 장기IS곡선을 도출하기 위해 GDP갭의 장기조건을 IS곡선에 대입하면 피셔방정식이 도출된다. 화살표 왼편에 있는 식에서 볼 수 있듯이 피셔방정식은 (명목이자율=실질이자율+예상인플레이션율)의 등식을 의미한다. 인플레이션의 장기조건을 피셔방정식에 대입하면 화살표 오른편에 있는 식이 도출된다. <표 5-6>의 둘째 줄에 있는 식과 셋째 줄에 있는 식을 결합하여 장기총수요곡선의 식을 도출할 수 있다. <표 5-6>의 넷째 줄은 앞에

서 설명한 장기총수요곡선의 식을 보여주고 있다. 장기인플레이션의 조건을 단기필립스곡선에 대입하면 장기필립스곡선이 도출된다. <표 5-6>의 다섯째 줄은 장기필립스곡선의 식을 보여주고 있다.

<표 5-6>에서 정리한 장기모형이 함의하는 점은 중앙은행이 장기인플레이션목표를 달성하기 위해서 장기인플레이션목표가 충족시켜야 하는 조건이 있다는 것이다. 인플레이션은 결국 민간부문이 결정하기 때문에 민간부문이 제공하는 장기균형조건과 상충되지 않는 인플레이션목표치를 선택해야 한다는 것이다. 이런 조건을 인플레이션목표치의「상호일치성」으로 부르기로 한다.「상호일치성」은 인플레이션목표와 CB곡선이 함의하는 암묵적인 GDP갭의 장기목표는 장기필립스곡선을 만족시켜야 한다는 것이다. CB곡선이 함의하는 GDP갭의 장기목표는 무슨 뜻인가? 현실경제에서 인플레이션타기팅을 실시하는 국가에서는 중앙은행이 인플레이션목표를 명시적으로 발표하는 것으로 끝나지 않는다. 인플레이션목표를 달성해야 하는 책임이 부여된다. 또한 일반적으로 인플레이션목표치가 장기적으로 달성되는 상황에서 (실질GDP＝잠재GDP)의 등식이 성립하여 GDP갭이 제로가 되는 상황을 가정하고 있다. CB곡선이 통화정책의 운용방식을 나타낸다면 발표된 인플레이션목표가 달성된 상황에서 CB곡선이 함의하는 GDP갭의 값이 제로가 되는 상황을 의미한다. 이런 상황에서 CB곡선이 함의하는 GDP갭의 장기목표는 제로이다.

중앙은행이 발표한 인플레이션목표치가 달성되는 상황에서 장기필립스곡선이 함의하는 GDP갭은 제로가 아닐 수 있다. 이런 경우 장기필립스곡선이 함의하는 GDP갭과 CB곡선이 함의하는 GDP갭의 불일치가 발생한다.「상호일치성」은 중앙은행이 발표한 인플레이션목표치가 달성된 상황에서 (장기필립스곡선의 GDP갭＝CB곡선의 GDP갭)의 등식이 성립해야 한다는 조건을 말한다. <그림 5-5>에서는 상호일치성조건이 위배되었을 때 어떠한 상황이 벌어지는지를 그림으로 보여주고 있다. <그림 5-5>의 수평축은 장기 GDP갭을 나타내고, 수직축은 장기인플레이션율을 나타낸다. 장기총수요곡선과 장기총공급곡선의 교차점이 장기균형점이 된다. 기울기가 양수인 직선은 장기총공급곡선이다. 장기총공급곡선의 식은 <표 5-6>의 마지막 줄에 정리되어 있다. 장기총수요곡선

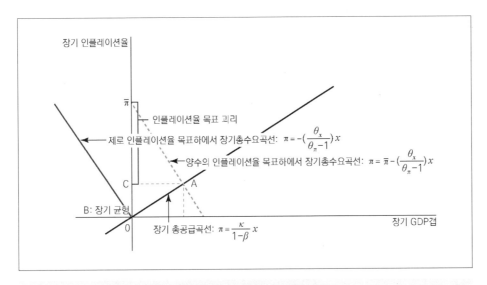

그림 안의 라벨:

장기 인플레이션율

$\bar{\pi}$ — 인플레이션율 목표 괴리

제로 인플레이션율 목표하에서 장기총수요곡선: $\pi = -\left(\dfrac{\theta_x}{\theta_\pi - 1}\right)x$

양수의 인플레이션율 목표하에서 장기총수요곡선: $\pi = \bar{\pi} - \left(\dfrac{\theta_x}{\theta_\pi - 1}\right)x$

C   A

B: 장기 균형

0   장기 총공급곡선: $\pi = \dfrac{\kappa}{1-\beta}x$

장기 GDP갭

〈그림 5-5〉 균형의 결정과 인플레이션목표의 괴리현상

은 총수요곡선이 함의하는 장기인플레이션의 목표괴리와 장기 GDP갭의 목표괴리의 관계를 나타낸다. 장기총수요곡선은 중앙은행의 장기인플레이션 목표의 값에 따라 위치가 달라진다. 실선으로 표시한 장기총수요곡선은 제로인플레이션율을 목표로 선택한 경우이다. 이 경우 장기총수요곡선은 원점을 지나는 음의 기울기를 가진 직선으로 나타난다. 점선으로 표시된 장기총수요곡선은 중앙은행이 양수의 인플레이션목표를 발표하는 경우이다. 이 경우 장기인플레이션목표가 장기균형인플레이션율과 달라질 수 있다. 그림을 보면 장기총수요곡선과 장기필립스곡선의 교차점은 중앙은행이 발표한 인플레이션목표와 비교하여 더 낮은 곳에 위치한다. 따라서 <그림 5-5>는 인플레이션의 목표괴리현상이 지속적으로 발생한다는 것을 함의하고 있다. 이런 결과가 발생하는 이유는 무엇인가? 중앙은행의 CB곡선이 함의하는 GDP갭의 장기목표와 인플레이션목표가 달성된 상황에서 장기필립스곡선이 함의하는 GDP갭의 상호일치성이 만족되지 않기 때문이다.

인플레이션목표치와 GDP갭의 목표치가 상호일치성을 충족시키지 않으면 실제 인플레이션율이 인플레이션목표치에 비해 낮게 형성될 수 있다. 단기 필립스곡선이 수평선에 가까울 정도로 평탄한 경우 총수요곡선의 이동을 통해서 인플레이션목표와 GDP갭에 부과된 목표를 동시에 달성하는 것이 어렵게 된다. 높은 인플레이션율이 지속적으로 유지되면 필립스곡선의 기울기가 크게 달라질 수 있다. 앞에서 설명한 분석을 통해서 얻은 정책적 함의를 정리하여 인플레이션목표의 달성을 위한 몇 개의 조건을 제시해본다. (1) 장기필립스곡선을 만족하는 인플레이션과 GDP갭의 목표치를 설정해야 한다. (2) 자연이자율을 정확히 알고 있어야 한다. (3) 인플레이션목표와 자연이자율의 합과 일치하는 경기중립명목이자율이 정확히 알려져야 한다. (4) CB곡선의 식이 앞에서 설명한 조건들과 정확히 일치하도록 구성되어야 하고, 아울러 테일러 원칙이 만족되어야 한다. (5) 민간부문의 경제주체들이 중앙은행의 발표를 신뢰해야 한다.

제5절 통화정책의 실제운용: 인플레이션타기팅제도

한국의 인플레이션타기팅제도에 대하여 간단히 설명한다. 본 책에서는 인플레이션타기팅제도라는 용어를 사용하고 있지만, 한국은행의 홈페이지를 찾아보면 「물가안정목표제도」라는 용어를 발견할 수 있다. 물가안정목표제도는 사실상 본 책에서 사용하는 인플레이션타기팅제도와 일치한다. 그 이유는 <그림 5-6>에서 볼 수 있듯이 한국은행의 물가안정목표는 인플레이션율에 부과되기 때문이다.[30] 그림을 보면 2000년부터 2006년까지의 기간 동안 물가안정목표는 근원물가지수의 상승률을 사용하여 물가안정목표를 부과한 것으로 표시하고 있다. 또한 2007년부터 현재시점까지 이르는 기간 동안 소비자물가상승률을 사용하여 물가안정목표를 부과한 것으로 표시하고 있다. 2000년부터 2015년까지 기간 중 물가안정목표범위가 회색으로 구분되어 있다.

이런 방식으로 진행되었다는 것은 물가안정목표를 발표할 때 하나의 목표수치만 발표하는 것이 아니라 목표범위를 발표하는 방식으로 진행되었다는 것을

---

30) <그림 5-6>에서는 한국은행의 홈페이지에서 있는 그래프를 그대로 복사하여 보여주고 있다.

〈그림 5-6〉 한국은행 인플레이션목표

의미한다. 같은 기간 중에서 검은색 수평선은 물가안정목표 중심치를 나타내는 것으로 표시되어 있다. 중앙은행이 총력을 기울여서 달성하려는 단 하나의 목표치는 아니지만 중심치를 목표로 달성하려는 의지가 있다는 점을 함의하는 것으로 해석해볼 수 있다. 중심치를 기준으로 평가하면 2000년부터 2015년까지 기간에서 하나의 인플레이션목표치를 찾으라고 한다면 연 3퍼센트의 물가상승률이다. 2016년 이후 인플레이션목표치는 연 2퍼센트의 물가상승률이다.

어떻게 인플레이션목표치를 설정하는가? 이 질문의 답변을 위해 한국은행의 홈페이지에 있는 설명을 발췌하여 아래에 인용한다. 통화량 등의 중간목표를 두지 않고 통화정책의 최종목표인 물가상승률 자체를 목표로 설정한다. 한국은행은 (한국은행법 제6조 제1항에 의거하여) 정부와의 협의를 거쳐서 중기적인 물가안정목표를 설정하고 있다. 물가안정목표는 모든 시점에서 항상 달성되어야 하는 것이 아니다. 실제의 물가상승률이 중기적인 시계에서 물가안정목표에 근접하도록 하는 것을 목표로 한다는 것이다. <그림 5-6>을 보면 인플레이션율의 실제값과 인플레이션목표를 같이 수록하고 있기 때문에 인플레이션목표가 어느 정도 달성되고 있는가를 알 수 있다. 2016년부터 2020년까지 기간을 보면 대부분의 시점에서 푸른색실선으로 표시된 인플레이션율의 실제값이 검은색 수평선으로 표시된 목표인플레이션보다 더 낮게 나타나고 있다. 이런 상황을 가리켜서 「저인플레이션현상」이라고 할 수 있다.

「저인플레이션현상」은 왜 발생하는가? 하나의 요인이 만들어내는 현상으로 이해하기 보다는 몇 개의 요인이 복합적으로 만들어내는 현상일 수도 있다는 점이다. 첫 번째 요인은 공급요인이다. 해외에서 수입되는 원유와 원자재의 가격 하락으로 인해 물가상승률이 낮아지는 현상이 나타날 수 있다는 것이다. 두 번째 요인은 총수요 요인이다. 총수요가 지속적으로 부진한 상황이 나타나면서 물가상승률의 저하현상도 같이 나타날 수 있다. 세 번째 요인은 구조적인 요인이다. 제조업부문의 생산자동화, 글로벌경쟁의 심화, 해외저가수입품의 확대 등으로 인해 물가상승률을 낮아지는 결과가 발생할 수 있다. 네 번째 요인은 정책적 요인이다. 하나의 사례를 소개하면 <그림 5-5>에서 보여주고 있는 것과 같은 이유로 목표인플레이션괴리현상이 나타날 수도 있다는 것이다.

인플레이션타기팅에서 중요한 부분은 중앙은행의 정책적 결정에 관한 민간 경제주체의 신뢰성이다. 중앙은행이 자신이 설정한 목표를 달성하기 위해 최선을 다할 것이라는 믿음이 있어야 소비자와 기업은 중앙은행이 제시한 물가안정 목표가 실제로 달성이 될 것이라는 믿음을 가질 수 있다. 중앙은행의 발표가 있다고 해서 민간 경제주체의 믿음이 그대로 형성되는 것은 아니다. 민간 경제주체의 믿음이 형성되는 타당한 이유가 있어야 한다. 이를 위해 어떠한 제도적인 보완이 필요한가? 실제 인플레이션율과 인플레이션목표의 괴리가 미리 정해진 수준보다 더 커지면 인플레이션목표의 달성을 위한 중앙은행의 정책적인 노력을 보장하는 제도적인 장치가 필요하다.

이런 맥락에서 「중앙은행의 책임」의 개념을 생각해볼 수 있다. 중앙은행의 책임은 중앙은행이 인플레이션목표괴리현상이 발생하면 중앙은행총재가 책임을 진다는 것을 말한다. 「소비자물가상승률이 6개월 동안 연속하여 목표치를 ±0.5%p 초과하여 벗어나면 한국은행총재가 직접 기자간담회 등을 통해 목표괴리현상의 원인, 소비자물가상승률의 전망경로, 목표달성을 위한 통화신용정책 운영방향 등을 설명한다. 실제물가상승률이 목표치를 ±0.5%p 초과하여 벗어나는 상황이

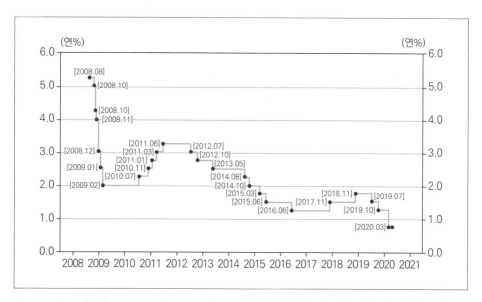

〈그림 5-7〉 한국은행 기준금리의 추이

지속되면 3개월마다 계속해서 설명하는 책임을 이행한다.」위에서 설명한 내용의 제도적 장치가 마련되면 인플레이션목표괴리현상이 사라질 것인가? <표 5-6>에서 요약하고 있는 모형의 함의에 따르면 목표인플레이션괴리현상을 제거하기 위해 통화정책의 적절한 운용이 중요하다는 것이다. 독자들의 기억을 되살리기 위해 앞에서 인플레이션목표가 만족시켜야 하는 「상호일치성」의 개념을 설명하였다. 상호일치성의 정책적 함의는 목표자체가 잘못 설정되면 목표달성을 위한 책임을 부여할 수 있는 충분한 제도적 장치가 마련되더라도 인플레이션목표가 달성되지 않는다는 것이다.

실제 통화정책의 운영이 CB곡선이 함의하는 방식으로 진행되고 있는가? 중앙은행이 금융통화위원회를 열어서 기준금리의 목표치를 설정할 때 CB곡선의 방식을 그대로 준수하여 목표치를 결정하지 않는다. 다양한 통로를 통해서 실제의 상황을 파악하고 많은 정보를 수집하여 미래시점에서 벌어질 것으로 예측되는 상황을 예측하는 과정을 거치기 때문에 CB곡선과 같은 단순한 형태로 기준금리의 결정과정을 정확히 설명하기 어렵다는 주장은 일리가 있다. 보다 더 많은 중요한 변수들의 움직임을 반영하여 신중하면서도 유연한 태도로 기준금리의 목표치를 조정하고 있다는 견해를 인정하더라도 인플레이션타기팅의 기본적인 목적은 인플레이션목표의 달성이기 때문에 인플레이션괴리가 발생하면 이를 제거하거나 완화시키는 방향으로 기준금리를 조정하는 것을 부인하기 어렵다. 이런 측면에 맞추어서 CB곡선은 최소한 인플레이션타기팅제도가 실시되는 국가에서 기준금리의 가장 중요한 포인트를 반영하고 있다고 주장할 수 있다.

　<그림 5-7>은 2008년부터 2020년까지 기간 중 한국은행기준금리의 추이를 보여주고 있다.[31] 2014년에는 연 2.5퍼센트보다 약간 낮은 수준에서 단계적으로 하락하는 모습을 보인다. 2015년 이후부터 2020년까지 기간 동안 기준금리는 글로벌 금융위기가 진행되던 시기의 2퍼센트보다 더 낮은 수준으로 유지되어 왔다. 2020년에는 0.5퍼센트를 유지하고 있다. 2010년대 후반의 특징을 요약하면 기준금리가 다른 시기에 비해 상대적으로 더 낮은 수준으로 유지되고 있지만, 인플레이션율의 실제값은 목표치보다 낮게 실현되었다는 것이다. '인플레이션목표치가 잘못 책정되었는가?', '인플레이션타기팅 제도가 제대로 작동하지 않는가?' 등의 의문이 가능하다. 인플레이션타기팅 제도가 작동하더라도 앞에서 이미 정리한 몇 가지의 이유로 저인플레이션현상이 나타날 수 있을 가능성을 부인하는 확실한 근거는 아직 부족하다고 볼 수 있다.

　기준금리결정의 제도적인 측면을 설명하기 위해 한국은행 홈페이지에 제시되어 있는 내용을 그대로 인용한다. 「금융통화위원회가 결정하는 금리는 한국은행이 금융기관과 환매조건부증권(RP)매매, 자금조정예금 및 대출 등의 거래를 할 때 기준이 되는 정책금리로서 간단히 '기준금리'(base rate)라고도 한다. 금융통화위원회는 물가동향, 국내외 경제상황, 금융시장 여건 등을 종합적으로 고려하여 연 8회 기준금리를 결정하고 있다. 기준금리 결정회의(본회의)를 기준으로 할 때, 본회의 전일에는 열리는 '동향보고회의'에서 한국은행의 주요 부서는 금융통화위원회 위원들에게 국내외 금융·경제 상황에 대한 종합적인 보고를 하며, 이어서 위원들간의 토론이 이루어진다. 금융통화위원회에서 기준금리를 결정할 때 국내물가, 실물경기상황, 금융·외환시장상황, 세계경제흐름 등을 종합적으로

---

31) <그림 5-7>에서는 한국은행의 홈페이지에 있는 그래프를 그대로 복사하여 보여주고 있다.

장기총공급곡선	$\pi^* = \dfrac{\kappa}{1-\beta} x^*$
장기목표제약조건	$\overline{\pi} = \pi^*,\ \overline{x} = x^*$
IS곡선의 식	$x = x^e - \delta(i - r^* - \pi^e)$
필립스곡선의 식	$\pi = \beta\pi^e + \kappa x$
CB곡선의 식	$i = r^* + \overline{\pi} + \theta_\pi(\pi - \overline{\pi}) + \theta_x(x - \overline{x})$

주: π^*와 x^*는 각각 장기총공급곡선을 만족하는 인플레이션율과 GDP갭을 나타낸다. $\overline{\pi}$와 $\overline{x}$는 각각 중앙은행이 선택한 인플레이션목표치와 GDP목표치를 나타낸다. δ는 총수요의 이자율반응계수를 나타내고, 양수로 가정한다.

고려(look－at－everything approach)한다. 이렇게 결정된 기준금리는 초단기금리인 콜금리에 즉시 영향을 미치고, 장단기 시장금리, 예금 및 대출 금리 등의 변동으로 이어져 궁극적으로는 실물경제 활동에 영향을 미치게 된다.」

앞에서 설명한 인플레이션타기팅의 실제 운용을 반영한 뉴케이지언 단순모형을 간단히 정리한다. 인플레이션타기팅의 실제운용을 반영한다는 표현의 뜻은 무엇인가? <그림 5－6>에서 보여주고 있는 물가안정목표와 <그림 5－7>에서 보여주고 있는 기준금리목표의 역할이 모형에 반영된다는 의미이다. 개념위주의 설명을 위해서 복잡한 모형보다는 단순모형으로 정리한다. 단순모형에 포함되는 균형조건들은 앞에서 이미 설명한 수식들이기 때문에 중복설명을 피하기 위해 자세한 설명은 생략하고 <표 5－7>에 정리한다. <표 5－7>의 수식에서 이미 앞에서 사용한 변수들의 정의는 생략한다. <표 5－7>의 첫째 줄은 장기필립스곡선의 식이다. 둘째 줄은 중앙은행이 선택하는 인플레이션율목표치와 GDP갭목표치가 장기필립스곡선의 식을 만족시켜야 한다는 조건이다. 셋째 줄은 IS곡선의 식이다. 넷째 줄은 필립스곡선의 식이다. 다섯째 줄은 CB곡선의 식이다.[32]

---

32) 본 장의 뉴케인지언 단순모형은 2003년 미국 프리스턴 대학교 출판사에서 출간한 우드포드의 저서 「Interest and Prices」의 제4장에 있는 모형과 유사하다.

<그림 5-6>에서 보여주고 있는 물가안정목표는 <표 5-7>의 뉴케인지언 단순모형에서 $\bar{\pi}$로 표시되는 것으로 해석할 수 있다. <그림 5-6>에서는 한국은행의 물가안정목표는 시간이 지나면서 변동해왔지만, <표 5-7>의 단순모형에서는 하나의 상수로 가정하고 있다. 보다 현실적인 모형으로 확장하기 위해 물가안정목표의 변동을 반영하는 것이 필요하다는 점을 인정하지만, 이런 작업은 본 책의 범주를 넘는 것으로 간주하여 단순모형만 분석한다는 점을 지적한다. <그림 5-7>에서 보여주고 있는 기준금리는 <표 5-7>의 뉴케인지언 단순모형에서는 i로 표시되는 것으로 해석할 수 있다. <표 5-7>의 마지막 줄에 있는 CB곡선의 식이 현실경제에서 기준금리목표가 결정되는 방식을 정확하게 반영하고 있는가? 이 질문과 유사한 질문에 대하여 앞에서도 이미 정리한 부분이 있다. 구체적인 <표 5-7>에 있는 CB곡선의 구체적인 식을 기준으로 다음과 같이 다시 정리할 수 있다.

앞에서 인용된 한국은행의 홈페이지에 있는 기준금리의 제도적인 측면에 관한 설명을 읽어보면 <표 5-7>의 CB곡선에 포함되는 인플레이션괴리와 GDP갭보다 더 많은 변수들에 대한 정보가 기준금리의 결정을 위해 필요하다는 점을 알 수 있다. 이런 측면에서 CB곡선의 식은 실제 한국은행의 기준금리결정과정을 매우 단순하게 기술하고 있다. 그러나 미국의 경우를 보면 <그림 4-4>에서 볼 수 있듯이 CB곡선의 값이 연방기금금리를 상당히 근접하여 설명하고 있다. 종합하면 비록 중앙은행의 실제 목표금리결정과정에 대한 단순모형임에도 불구하고, 실제자료의 설명력이 상당히 높다는 점을 지적할 수 있다.

중앙은행이 물가안정목표와 같이 GDP갭목표를 명시적으로 설정하는 것은 일종의 고용안정책무로 간주할 수 있다. 2021년을 기준으로 할 때 고용안정책무가 미국의 중앙은행에게는 명시적으로 부여되어 있지만, 한국의 중앙은행에게는 그렇지 않다. <표 5-7>의 마지막 줄에 있는 CB곡선의 식과 같이 GDP갭의 목표괴리를 고려하여 기준금리의 목표치를 선택한다면 고용안정책무의 명시적인 제약이 없을지라도 고용안정을 염두에 두고 통화정책을 운영하는 것으로 해석할 수 있다. 그러나 CB곡선의 높은 현실설명력은 중앙은행이 암묵적으로 GDP갭목표를 설정하여 기준금리를 선택한다는 실증적인 증거로 해석할 수는 없다는 점을 지적한다.

제5장 연습문제

01 필립스곡선의 기울기가 작아질수록 목표인플레이션율을 달성하기가 어렵다는 주장이 있다. 이러한 주장의 근거를 본 장에서 설명한 필립스곡선을 포함하는 뉴케인지언 모형을 사용하여 평가하시오.

02 해외로 제품을 생산하는 공장을 이전하는 기업의 비중이 증가할수록 필립스곡선의 기울기가 낮아질 수 있다는 주장이 있다. 이러한 주장의 근거를 본장에서 설명한 필립스곡선을 포함하는 뉴케인지언 모형을 사용하여 평가하시오.

03 일반적으로 소비자물가지수로 측정한 인플레이션율이 소비자들이 체감하는 제품가격의 상승률보다 더 낮다고 한다. 이러한 사실이 발생할 수 있는 이유를 본 장에서 설명한 명목가격경직성에 관한 실증분석 결과를 이용하여 설명하시오.

04 동일한 품목 안에서도 동일한 시점에서 명목가격이 하락하는 브랜드와 상승하는 브랜드가 존재할 수 있는 가능성이 있기 때문에 소비자 물가지수에 포함되는 품목의 종류를 줄이더라도 체감물가와 지수물가 간의 괴리를 제거하는 것이 어렵다는 주장이 있다. <그림 5-1>의 그래프를 사용하여 이런 주장을 평가하시오.

05 저인플레이션 국가의 명목가격경직성이 고인플레이션 국가의 명목가격경
직성보다 높다고 한다. 이러한 실증적 사실을 본 장에서 설명한 명목가격
경직성의 모형에 반영하려면 어떻게 수정되어야 하는지를 설명하시오.

06 인플레이션타기팅은 장기적으로 인플레이션을 하향 안정화시키는 동시에
인플레이션율의 변동성도 낮추는 효과를 가져다 줄 수 있다는 주장이 있
다. 이런 주장을 본 장에서 분석한 필립스곡선이 포함된 뉴케인지언 모형
을 사용하여 평가하시오.

07 한국의 경우 한국은행법에 물가안정책무는 명시되어 있지만, 고용안정책
무는 명시되어 있지 않은 것으로 알려져 있다. 이에 대하여 일반적으로 세
가지의 견해가 가능하다. 첫 번째 견해를 요약하면 다음과 같다. 고용안정
책무가 부여되지 않더라도 경기순환을 고려한 통화정책을 실시해왔기 때
문에 고용안정책무의 명시적인 부과의 여부가 통화정책의 실제 운용에서
는 큰 차이를 발생시키지 않을 것이다. 두 번째 견해를 요약하면 다음과
같다. 첫 번째의 견해를 인정할지라도, 물가안정책무와 고용안정책무의 상
대적인 중요성을 중앙은행이 결정해야 할 때 자의적인 선택의 가능성을
제거할 수 있기 때문에 통화정책의 투명성을 제고할 수 있는 이점이 있을
수 있다. 세 번째 견해는 한국은행법에 고용안정책무를 명시적으로 추가하
는 것은 중앙은행의 통화정책 결정에 정치적 중립성을 저해하는 효과를
가져다 줄 수 있다. 세 가지 견해를 본 장에서 설명한 뉴케인지언 모형에
의거하여 평가하시오.

08 「가상화폐가 가치저장과 결제수단으로 사용되고 있기 때문에 가상화폐시장이 확대되면 장기적으로 인플레이션율이 상승할 수 있다. 가상화폐를 담보로 하는 대출이 가능하다면 증권시장의 유동성이 증가하여 자산가격의 상승으로 이어질 수 있다.」 본 장의 내용을 참고하여 위의 주장을 평가하시오.

09 중앙은행의 독립성을 두 종류의 독립성으로 나누어 설명할 수 있다고 주장하는 학자가 있다. 첫째는 목표선택의 독립성(goal independence)이다. 둘째는 정책운용의 독립성(instrument independence)이다.
   (1) 두 종류의 독립성이 개념에 대하여 간단히 설명하시오.
   (2) 두 종류의 독립성이 인플레이션타기팅의 효율적 운영과 어떻게 연결되는지를 분석하시오.
   (3) 한국의 경우 위에서 설명한 두 종류의 독립성 중 어느 하나도 보장되지 않고 있다는 주장이 있다. 이런 주장을 평가하시오.

10 <표 5-7>의 뉴케인지언 단순모형을 사용하여 다음의 문제에 답하시오.
   (1) 민간부문 등이자율갭곡선과 중앙은행 등이자율갭곡선의 식을 도출하시오.
   (2) 위의 답을 사용하여 총수요곡선의 식을 도출하시오. 또한 예상인플레이션율과 예상GDP갭의 변화가 총수요곡선에 미치는 효과를 수식을 사용하여 설명하시오.
   (3) 「가계와 기업의 낙관적인 기대를 유도하기 위해 정부는 낙관적인 경제전망을 발표할 유인이 있다.」 본 장의 내용을 참고하여 위의 주장을 평가하시오. 위의 주장과 관련된 실제사례가 있는지를 설명하시오.

제6장

총수요변화와
노동시장

거시경제학

6장 총수요변화와 노동시장

본 장에서는 총수요변화가 고용에 미치는 효과를 분석한다. 정부가 국민소득에 장단기적인 효과를 목표로 실시하는 각종 경제정책이 어떠한 과정을 거쳐서 임금과 고용에 영향을 미치는지를 파악하는 것은 현실경제에서 중요한 관심을 받는 주제이다. 앞에서 설명한 IS−CB모형과 뉴케인지언의 단순모형은 정부의 총수요관리정책이 국민소득에 미치는 효과를 분석하지만, 노동시장에서 결정되는 임금과 고용에 미치는 효과는 생략되어 있다. 거시경제정책의 노동시장효과를 분석하기 위해 어떻게 보완할 것인가? 이 질문에 답하기 위해 노동시장을 어떻게 설명할 것인가를 먼저 설명해야 한다. 본 장의 노동시장모형에서는 노동시장의 수요곡선과 공급곡선이 교차하는 점에서 균형임금과 균형고용이 결정되는 것으로 가정한다. 노동시장의 수요곡선은 수요법칙이 작용하여 우하향하는 곡선이고, 노동시장의 공급곡선은 공급법칙이 작용하여 우상향하는 곡선이다. 따라서 본 장에서는 총수요관리정책이 노동공급곡선과 노동수요곡선을 이동시켜서 노동시장의 균형임금과 균형고용을 변화시키는 과정을 설명한다.

총수요관리정책의 노동시장효과는 기계적으로 항상 동일한 방향으로 나타나지 않을 가능성이 있다는 점을 지적한다. 수요곡선과 공급곡선이 교차하는 점에서 균형임금과 균형고용이 결정되는 노동시장모형에서는 거시경제정책의 변화가 노동수요곡선과 노동공급곡선 중에서 어느 곡선에 미치는 효과가 상대적으로 더 강하게 작용하는지에 따라 결과가 달라진다. 기업이 결정하는 노동수요곡선을 이동시키는 경로가 충분히 확보되는 상황에서 총수요증가는 고용증대와 실질임금상승을 동시에 달성하여 가계의 노동소득이 증가하는 결과가 발생한다. 그러나 기업이 결정하는 노동수요곡선을 이동시키는 경로가 없다면 총수요증가는 고용증대와 실질임금상승을 동시에 달성하지 못할 수 있기 때문에 가계의 노동소득이 증가하는 결과는 불투명해질 수 있다. 이런 이유로 본 장에서는 총수요관리정책이 노동수요곡선을 이동시키는 경로를 반영하여 통화정책과 재정정책의 변화가 균형임금과 균형고용에 미치는 효과를 설명한다.

현실경제에서 총수요변화의 고용효과를 어떻게 정확하게 측정할 수 있는가의 이슈가 중요하다는 점은 따로 강조할 필요가 없을 것으로 생각한다. 다양한 방법들이 제시될 수 있겠지만 본 책의 수준을 벗어나지 않는 범위 안에서 두 개의 방법을 생각해볼 수 있다. 첫째, 거시경제정책의 총수요효과를 알면 오쿤의 법칙을 사용하여 거시경제정책의 실업률효과를 분석할 수 있다. 오쿤의 법칙은 관측된 자료에서 성립히는 생산갭과 실업률갭 간에 음의 선형관계가 성립함을 의미한다. 그러므로 거시경제정책이 생산갭에 미치는 효과와 오쿤의 법칙을 알고 있다면 거시경제정책의 실업률효과를 분석할 수 있다. 오쿤의 법칙은 자연실업률의 결정과 같이 묶어서 설명하는 것이 바람직할 것으로 판단되어 제7장에서 설명한다. 둘째, 산업연관표를 사용하여 거시경제정책의 고용효과를 분석할 수 있다. 산업연관표를 알면 고용유발계수와 취업유발계수를 알 수 있다. 두 개의 계수는 최종수요의 변화가 총산출에 투입되는 근로자의 수에 미치는 효과를 측정하는 것으로 해석되기 때문이다. 본 장의 앞부분에서는 산업연관표를 사용한 분석을 먼저 소개한다.[33]

본 장의 노동시장모형이 가지는 중요한 특징은 노동괴리의 개념이 반영된다는 것이다. 노동괴리는 노동시장의 효율성조건에서 괴리가 발생하는 정도를 나타내는 척도를 말한다. 최적배분이 달성되는 경제에서는 노동시장의 균형조건은 (노동의 한계생산＝여가를 위한 소비의 한계대체율)의 등식이 된다. 본 장의 모형에서는 앞에서 설명한 노동시장의 효율성조건이 성립하지 않는 상황을 고려한다. 노동괴리는 노동의 공급곡선에서 나타나는 노동시장괴리와 노동의 수요곡선에서 나타나는 생산물시장괴리를 반영한다. 이런 측면에서 제3장에서 분석한

---

33) 본 장에서 설명하는 노동시장모형 이외에도 현실의 다양한 노동시장특성을 반영한 다른 형태의 노동시장모형도 있다. 예를 들어, 근로자와 기업이 제공하는 일자리는 개별 특성이 있어서 노동시장의 근로자들이 모두 동일한 기술과 능력을 가지고 있다고 가정하거나 기업에서 제공하는 일자리가 모두 동일한 업무를 수행하는 것으로 가정한 노동시장모형을 사용하여 분석하는 것은 현실경제의 노동시장의 특성을 제대로 반영하지 못하는 것이라는 비판이 가능하다. 이런 모형은 자연실업률의 결정과 밀접한 관계가 있기 때문에 제7장에서 다룬다.

잠재GDP모형과 비교하여 본 장의 모형에서는 최적배분이 달성되지 않는다는 점을 지적한다. 현실경제에서 노동괴리가 실제로 존재하는가? 현실경제의 실제 자료를 사용하여 노동괴리의 존재를 확인할 수 있는가? 효용함수와 생산함수의 구체적인 형태를 안다고 가정하면 노동괴리의 이론적인 정의를 이용하여 노동괴리를 측정할 수 있다. 따라서 본 장에서는 한국자료에서 나타난 노동괴리의 추이를 소개한다. 아울러 본 장의 모형을 사용하여 노동괴리변동의 거시경제효과를 분석한다.

제1절   총수요의 고용효과

총수요의 고용효과는 총수요가 변화할 때 고용수준이 어느 정도 반응하는지를 의미한다. 총수요의 고용효과는 현실경제에서 계획되거나 실시되는 다양한 경제정책의 고용효과를 분석할 때 중요한 이슈라고 할 수 있다. 실제 현실경제에서 경제정책의 고용효과를 예측할 때 많은 경우 산업연관표를 사용한다. 그 이유는 산업연관표는 최종수요의 변화가 각 산업의 노동투입에 미치는 효과를 반영하여 작성되고 있기 때문이다. 앞에서 산업연관표에 관한 설명이 없었기 때문에 산업연관표를 이해하기 위해 필요한 용어부터 간단히 소개한다. 총수요의 변화가 발생할 때 노동투입의 반응을 측정하기 위해 노동유발효과의 개념을 사용한다. 노동유발효과는 소비, 투자, 수출 등의 변화로 인해 최종수요의 변화가 발생하면 생산량의 변화가 뒤따르게 되어 기업의 노동수요도 반응하게 된다는 개념을 반영한다. 본 장에서는 산업연관분석의 관련용어의 개념을 설명할 때 한국은행 홈페이지의 경제용어사전에 정리되어 있는 설명을 발췌하여 인용한다. 독자들이 필요할 때 쉽게 접근할 수 있다는 장점을 반영한 것이다.

총수요의 고용효과를 측정하기 위해 산업연관분석을 이용한다면 먼저 고용유발계수와 취업유발계수의 개념을 알아야 한다. 다음에서는 어떠한 과정을 거쳐서 고용유발계수와 취업유발계수의 값이 측정되는지를 설명한다. 산업연관분석의 기본적인 구조를 이해하는 데 도움이 되는 세 개의 조건을 설명한다. 첫째,

(총산출＝총투입)의 등식이다. 총산출은 중간재생산과 부가가치생산의 합이다. 위의 등식은 시장청산조건이라고 해석할 수 있다. 그러나 앞에서 설명한 거시경제모형을 설명할 때 사용한 시장청산조건과 비교하여 차이가 나는 부분이 있다는 점을 지적한다. 앞에서 설명한 거시경제모형에서는 부가가치의 균형결정을 분석하는 것에 초점을 맞추어서 설명하고 있기 때문에 중간재의 역할이 고려되지 않았다는 점이다. 그 이유는 앞에서 설명한 거시경제모형의 초점은 부가가치의 합으로 정의되는 GDP의 균형결정이었기 때문이다.

둘째, (총투입지출액＝최종수요＋중간재수요)의 등식이나. 최종수요는 부가가치의 총액으로 측정된다. 두 번째 등식은 중간재가 총산출의 생산하기 위해 투입된다는 점을 반영하고 있다. 위의 문단에서 본 장에서 소개하고 있는 산업연관분석의 용어인 「총산출」의 정의는 앞에서 설명한 거시경제모형에서 설명한 총생산함수의 산출과 다르다는 점을 지적하였다. 동일한 맥락에서 위의 등식에서 사용된 용어인 「최종수요」는 앞에서 설명한 거시경제모형의 총수요와 일치하는 개념이라고 할 수 있다.

셋째, (중간재투입액＝a×총산출액)의 등식이다. 중간재투입을 위해 지불하는 금액은 총산출액에 비례한다는 조건이다. 위의 등식에서 a는 0과 1 사이의 상수로서 「중간투입계수」라고 부른다. a의 값에 대한 가정은 중간재투입액이 총산출액보다 작다는 가정을 반영하는 것으로 볼 수 있다. 일반적으로 생산된 재화와 서비스의 가치가 이를 위해 투입된 비용보다 더 크다는 점을 반영한 것으로 이해할 수 있다. 현실경제에서 a의 값은 항상 일정한 상수로 고정되어 있지 않을 수 있다. 생산기술의 변화 등을 반영하여 시간이 지나면서 a의 값은 달라질 수 있다. 이런 점을 반영하여 산업연관표를 일정한 주기를 두고 업데이트한다. 현실경제에서 중간재투입액과 총산출액이 서로 비례하는지에 관한 의문이 있을 수 있다. 이 부분에 관한 서로 다른 견해가 가능하지만 본 장에서는 산업연관분석에서 부여하고 있는 가정을 그대로 소개하기로 한다.

앞에서 설명한 세 개의 조건이 함의하는 최종수요와 총산출의 관계는 무엇인가? 앞에서 총수요의 변화가 발생하면 생산량의 변화가 발생한다는 점을 지적하였다. 총수요가 변화할 때 총산출이 어느 정도 반응하는지를 나타내는 식을 앞

시장청산조건	$X = aX + Y \rightarrow X = (\dfrac{1}{1-a})Y$
노동수요함수	$N = nX$
최종수요의 고용효과	$N = (\dfrac{n}{1-a})Y$

주: X는 총산출액, Y는 부가가치총액, N은 근로자의 수를 나타낸다. a의 값은 1보다 작은 상수이다.

에서 설명한 세 개의 조건을 사용하여 도출한다. 이를 위해 앞에서 설명한 세 개의 조건을 역순으로 대입하는 과정을 거친다. 구체적으로 설명하면 세 번째 조건을 두 번째 조건에 대입하여 정리한 식을 다시 첫 번째 조건인 시장청산조건에 대입한다.

〈표 6-1〉은 앞에서 설명한 과정을 거쳐서 얻은 결과를 기호를 사용하여 정리한다. 첫째 줄에서 화살표 왼쪽의 식에서 좌변은 총산출이고, 우변은 중간투입과 최종수요의 합이다. 이 식에서 X는 총산출액, Y는 최종수요이다. 최종수요는 부가가치총액으로 정의된다. 중간투입액을 나타내는 항에서 중간투입과 총산출액이 비례한다는 가정이 적용되어 있음을 알 수 있다. 화살표 오른쪽에 있는 식은 왼쪽에 있는 식을 간단히 정리한 것이다. 오른쪽에 있는 식의 좌변은 총산출액을 나타낸다. 따라서 화살표의 오른쪽에 있는 식은 산업연관분석에서 함의하는 최종수요 한 단위 증가로 인해 발생하는 총산출의 증가를 나타내는 식이다. 이 식을 사용하여 「생산유발계수」의 개념을 정의할 수 있다. 「생산유발계수」는 최종생산의 한 단위 증가가 발생시키는 총산출의 증가를 말한다. 〈표 6-1〉의 첫째 줄에서 화살표 오른쪽에 있는 식을 이용하면 생산유발계수는 $1/(1-a)$가 된다.

산업연관분석을 이용한 고용효과분석에서는 선형노동수요함수를 가정하고 있다. 취업자 또는 임금근로자의 수요는 총산출에 비례한다고 가정한다. 선형노동함수는 〈표 6-1〉의 둘째 줄에 수식으로 표시되어 있다. 이 식에서 N은 근로자의 수를 나타내고, n은 양수로 가정한다. 선형노동수요함수의 가정이 부과되면 자료를 사용하여 n의 값을 추정할 수 있다. N을 측정하기 위해 근로자를 어떻게 정의하는지에 따라서 n의 값이 달라진다. 두 가지의 경우가 있다. 첫째, N을 피용자로 정의한다. 피용자는 임금근로자를 말한다. 이 경우 추정된 n의 값을 고용계수라고 정의한다. 수식으로 정리하면 (고용계수=피용자의 수/총산출)이다. 둘째, N을 취업자로 정의한다. 취업자는 피용자, 자영업자, 무급가족종사자의 합이다. 이 경우 추정된 n의 값을 취업계수로 정의한다. 수식으로 정리하면 (취업계수=취업자의 수/총산출)이다.

산업연관분석에서 노동유발효과는 노동계수와 산업연관표의 생산유발계수를 곱하여 산출한 노동유발계수를 이용하여 측정된다. 노동계수는 일정기간 동안 생산에 투입된 노동량을 총산출로 나눈 비율이다. 노동계수는 산출액 10억원당 투입되는 노동량의 크기로 정의된다. 노동유발계수는 노동계수와 생산유발계수를 기초로 산출됨에 따라 어느 품목 부문의 생산물 한 단위(산출액 10억원) 생산에 직접 필요한 노동량뿐만 아니라 생산파급과정에서 간접적으로 필요한 노동량까지 포함하는 개념이다. 투입노동을 어떻게 정의하는가에 따라 노동량의 포괄범위가 달라진다. 임금근로자만 포함할 수도 있고, 임금근로자와 자영업자를 모두 포함할 수도 있다. 노동량을 파악할 때 피용자(임금근로자)만 포함하면 「고용계수」이다. 노동량을 파악할 때 피용자(임금근로자)와 자영업자 및 무급가족종사자를 모두 포함하면 「취업계수」이다. 노동계수 대신 그 자리에 고용계수를 이용하면 고용유발계수 또는 취업계수를 이용하면 취업유발계수이다

<표 6−1>의 셋째 줄에서는 최종수요의 고용효과를 수식으로 정리하고 있다. 고용계수를 나타내는 n의 값과 중간재 투입계수를 나타내는 a의 값을 알면 <표 6−1>의 셋째 줄에 있는 공식을 사용하여 계산할 수 있다는 것이다. 앞에서 설명한 내용을 결합하면 최종수요변화가 고용에 미치는 효과를 측정할 수 있다는 점을 설명한다. 이를 위해서 최종수요가 변화하더라도 생산유발계수와 고용계수 또는 취업계수는 영향을 받지 않는다는 가정이 부과되어야 한다. 만약 최종수요의 변화가 발생할 때 생산유발계수와 고용계수 또는 취업계수가 같이 변화한다면 이를 반영해야 하기 때문에 최종수요의 변화가 각종 계수에 미치는 효과가 어떠한 과정을 거쳐서 나타나는지에 대한 설명이 추가되어야 한다.

	2000	2005	2010	2015
소비	28.1	22.2	15.9	13.8
투자	22.0	16.5	12.7	11.3
수출	17.5	12.2	7.9	7.8
최종수요계	23.7	17.9	12.3	11.3

주: 취업유발계수는 최종수요에 의한 취업유발인원을 국산품최종수요로 나눈 비율이다. 한국은행이 2019
년 5월에 발표한 「2015년 고용표 작성결과(보도자료)」에 수록되어 있는 표를 복사하여 정리하고
있다

<표 6-2>는 한국은행이 2019년 5월에 발표한 『2015년 고용표작성결과
(보도자료)』에 수록된 취업유발계수의 추이를 보여주고 있다. 이 표에서는 최종
수요 10억원당 취업유발인원을 나타내는 취업유발계수는 2015년에 11.3명이다.
취업유발계수에는 직접적으로 유발되는 취업효과와 간접적으로 유발되는 취업
효과를 모두 반영한다. 취업유발계수가 가지고 있는 정보는 다음과 같이 인용하
여 설명할 수 있다.「취업유발계수 11.3명은 소비, 투자, 수출 등 국산품 최종수
요 2,114.7조원을 충족시키는 과정에서 2,383만명의 취업자가 창출(=2,383만명
/2,114.7조원)되었음을 의미한다.」또한 총수요를 구성하는 각각의 항목별에 대
해서도 취업유발계수가 추정된다. 각 항목별로 소비 13.8명, 투자 11.3명, 수출
7.8명이다. 2010년과 2015년을 비교할 때 취업유발계수는 전반적으로 하락한다.
특히 소비에 의한 취업유발효과가 가장 큰 폭으로 하락하고 있다.

<표 6-3>에서는 한국은행이 발표한 고용유발계수의 추이를 정리하고 있
다. 앞에서 설명한 취업유발계수의 추이와 비교하는 데 도움이 될 것으로 판단
하여 간단히 요약하여 인용한다. 최종수요 10억원당 임금근로자(피용자)의 고용
유발효과를 측정하는 고용유발계수는 2015년에 8.1명이다. 최종수요를 구성하
는 항목별로 추정치를 보면 소비 9.6명, 투자 8.5명, 수출 5.8명의 순으로 나타나
고 있다. 2010년과 2015년을 비교할 때 소비와 투자의 고용유발효과는 모두 감
소한 반면 수출은 증가한다. 한국은행이 발표한 문서에 따르면, 이런 결과는 수

	2000	2005	2010	2015
소비	15.1	12.9	10.4	9.6
투자	14.8	11.2	9.2	8.5
수출	11.1	8.3	5.5	5.8
최종수요계	13.8	11.1	8.4	8.1

주: 고용유발계수는 최종수요에 의한 고용유발인원을 국산품최종수요로 나눈 비율이다. 한국은행이 2019
년 5월에 발표한 「2015년 고용표 작성결과(보도자료)」에 수록되어 있는 표를 복사하여 정리하고
있다.

출의 생산유발계수가 2010년 1.890의 값에서 2015년 1.908의 값으로 증가하고,
아울러 컴퓨터, 전자, 광학 기기, 운송 장비의 임금 근로자 비중이 상승하였기
때문이다.

산업연관분석을 사용하여 총수요의 노동시장효과를 분석할 때 발생하는 몇
가지 이슈를 다음과 같이 정리할 수 있다. 첫째, 산업연관분석에서는 GDP생산
에 투입되는 근로자의 수를 파악하고 있다는 것이다. 총생산함수에 투입되는 노
동투입은 (근로자수×일인당노동시간)이기 때문에 고용계수와 취업계수를 사용
하여 총수요의 노동시장효과를 분석하는 것과 차이가 있을 수 있다는 점이다.
둘째, 앞에서 설명한 산업연관분석에서는 최종수요의 변화에 의해서 생산유발계
수와 고용계수 또는 취업계수가 달라지지 않는 것으로 가정하였다. 현실경제에
서는 노동시장에 영향을 미치는 제도적인 변화가 발생하거나 최종수요가 큰 폭
으로 감소한 이후 회복되는 상황에서 고용계수와 취업계수의 값이 달라질 가능
성이 있다는 점이다. 셋째, 산업연관분석은 최종수요와 고용이 단순선형함수로
표시될 수 있다고 가정하고 있다. 실제 현실경제에서 최종수요의 변화가 고용에
영향을 미치는 경로에는 여러 개 변수의 상호작용이 포함되어 있기 때문에, 단
순선형함수를 사용하여 과정을 이해하기에는 충분하지 않다는 점이다.

노동괴리의 개념과 측정

　노동시장의 효율성조건은 최적배분이 실현되는 경제에서 가계의 노동시간을 결정하는 조건이다. 제3장에서 설명한 모형에 따르면 최적배분이 실현되는 경제에서 가계의 노동시간은 (여가를 위한 소비의 한계대체율＝노동의 한계생산)의 등식을 만족한다는 것을 설명하였다. 현실경제에서는 다양한 이유로 노동시장의 효율성조건이 그대로 성립하지 않을 것이라고 예상할 수 있다. 이런 현실적인 측면을 반영하여 노동괴리(labor wedge)라는 개념을 생각해볼 수 있다. 노동괴리는 노동시장의 효율성조건이 성립하지 않는 상황에서 발생하는 「여가를 위한 소비의 한계대체율와 노동의 한계생산의 불일치」로 정의할 수 있다. 노동괴리(labor wedge)는 노동의 한계생산을 여가를 위한 소비의 한계대체율로 나눈 비율로 측정할 수 있다.[34] 재화시장과 노동시장이 완전경쟁이고, 재화가격과 임금이 완전신축적인 경우 여가를 위한 소비의 한계대체율으로 노동의 한계생산을 나눈 비율은 항상 1이다. 따라서 노동시장의 효율성조건이 충족되는 상황에서 노동괴리의 척도는 1이 된다.

　노동괴리는 노동시장에서 발생하는 괴리와 생산물시장에서 발생하는 괴리로 분리할 수 있다. 전자를 노동시장괴리(labor market wedge), 후자를 생산물시장괴리(product market wedge)로 부른다. 노동시장괴리는 여가를 위한 소비의 한계대체율과 실질임금의 차이가 존재할 때 발생한다. 생산물시장괴리는 실질임금과 노동의 한계생산의 차이가 존재할 때 발생한다. 앞에서 노동괴리의 척도는 노동의 한계생산을 여가를 위한 소비의 한계대체율로 나눈 비율로 정의하였다. 여기에 맞추어 노동시장괴리는 실질임금을 여가를 위한 소비의 한계대체율로

---

34) 노동괴리의 척도는 비율로 측정되기 때문에 저자의 선택에 따라서 분자와 분모의 위치를 바꾸어 정의할 수 있다. 본 장에서 제시한 척도와 반대로 정의한다면 노동괴리(labor wedge)의 척도는 여가를 위한 소비의 한계대체율을 노동의 한계생산으로 나눈 비율로 정의될 수도 있다는 점을 지적한다. 노동괴리의 정의를 명시적으로 제시한 연구논문의 제목은 샤이머(Robert Shimer)가 2009년 미국 경제학회의 학술지(American Economic Journal: Macroeconomics, 제1권 1호, 280페이지부터 297페이지)에 게재한 「Convergence in Macroeconomics: The Labor Wedge」이다.

나눈 비율로 측정한다. 생산물시장괴리는 실질임금으로 노동의 한계생산을 나눈 비율로 측정한다. 앞에서 정의한 척도를 이용하면 (노동괴리＝노동시장괴리× 생산물시장괴리)의 등식이 성립한다. 이런 등식을 정의하는 이점은 노동시장괴리와 생산물시장괴리의 노동괴리의 발생에 대한 상대적 공헌을 측정할 수 있다는 것이다.

노동시장괴리와 생산물시장괴리를 실제 자료를 사용하여 측정할 수 있는가? 두 가지 이슈가 있다. 첫 번째 이슈는 노동시장괴리와 생산물시장괴리의 실제 자료를 사용하여 측정하기 위해 효용함수와 생산함수를 알아야 한다. 두 번째 이슈는 각종 세금이 노동공급과 소비지출의 결정에 미치는 효과를 측정하는 것이다. 순서를 바꾸어서 두 번째 이슈를 먼저 설명한다. 소비지출이나 노동소득에 비례해서 세금이 부과되기 때문에 세전실질임금과 세전소비지출을 세후실질임금과 세후소비지출 등으로 대체한다고 주장할 수 있지만, 본 장에서는 단순모형에 중점을 두고 소개하기 때문에 조세의 효과를 생략하기로 한다. 일반적으로 소비세율과 소득세율은 단기적으로 조정되기 어렵기 때문에 노동괴리, 노동시장괴리, 생산물시장괴리 등의 단기적인 변동을 분석하는 것이 일차적인 목적이므로 조세효과를 생략하고 분석을 진행한다. 이처럼 소비지출과 노동소득에 부과되는 세금이 없다고 가정하면 각각의 척도를 다음과 같은 형태의 등식으로 정리할 수 있다. (노동괴리＝노동한계생산×소비한계효용/여가한계효용), (노동시장괴리＝실질임금×소비한계효용/여가한계효용), (생산물시장괴리＝노동한계생산/실질임금)이다.

첫 번째 이슈로 돌아간다. 현실경제에서 실제로 소비지출과 생산을 담당하는 가계와 기업의 효용함수와 생산함수는 어떠한 형태일 것인가의 질문을 쉽게 대답하기 어렵다. 자세한 내용의 설명을 진행하는 것은 본 책의 범주를 넘기 때문에 후생함수의 실제 형태에 관한 논의는 생략한다. 본 장의 분석에서는 거시경제학에서 많이 사용되는 로그함수형태의 효용함수와 코브－더글러스 생산함수를 선택하여 설명을 진행한다. 소비와 여가의 효용함수는 각각 로그함수이면서 가법적 분리가능(additively separable)한 것으로 가정한다. 이런 형태의 효용함수와 생산함수가 실제 상황을 정확히 반영하는가에 관한 의문을 가질 수 있지

■■ 〈표 6-4〉 노동괴리의 단순모형

효용함수	$U(C,L) = \log C + b \log L$
생산함수	$Y = AK^\alpha H^{1-\alpha}$
시간제약	$\overline{H} = H + L$
노동괴리	$\Delta = \dfrac{MPL}{MRS} \rightarrow \Delta = (\dfrac{1-\alpha}{b})(\dfrac{\overline{H}-H}{Hs_C})$
노동시장괴리	$\mu_L = \dfrac{w}{MRS} \rightarrow \mu_L = (\dfrac{s_H}{s_C})(\dfrac{\overline{H}-H}{bH})$
생산물시장괴리	$\mu_P = \dfrac{MPL}{w} \rightarrow \mu_P = \dfrac{1-\alpha}{s_H}$

주: s_C는 총수요에서 민간소비의 비중, s_H는 GDP에서 노동소득의 비중으로 정의되는 노동소득분배율, Δ은 노동괴리, μ_L은 노동시장괴리, μ_P는 생산물시장괴리, w는 실질임금을 나타낸다. C는 소비지출, L은 여가시간, H는 노동시간, K는 자본스톡, A는 총요소생산성, $\overline{H}$는 가계에게 가용한 총시간을 나타내는 양의 상수이다.

만, 거시경제학의 실증분석에서 이들을 선택하여 진행된 연구도 다수 있다는 점을 지적한다.

　〈표 6-4〉의 첫째 줄에서는 가계의 효용함수를 수식으로 보여주고 있다. 〈표 6-4〉의 둘째 줄에서는 코브-더글러스 생산함수의 식이 있다. 첫째 줄에서 b는 소비로부터 얻는 효용수준과 비교하여 여가로부터 얻는 효용의 상대적인 중요성을 나타낸다. 효용함수와 생산함수에 나타나는 기호는 앞에서 계속 사용해온 기호이기 때문에 기호의 정의를 생략한다. 셋째 줄에서는 가계의 시간제약을 나타내는 수식이 포함되어 있다. 가계는 효용극대화를 통해서 가용한 총시간을 노동시간과 여가시간으로 배분한다. 〈표 6-4〉의 첫째 줄부터 셋째 줄까지는 가계의 선호와 기업의 생산기술을 설명하는 부분이다. 다음에서는 첫째 줄에서 셋째 줄까지 설명한 부분을 사용하여 노동괴리, 노동시장괴리, 생산물시장괴리의 구체적인 형태를 도출한다. 〈표 6-4〉의 넷째 줄에서 화살표 왼편은 첫째 줄의 효용함수를 가정하여 도출한 여가를 위한 소비의 한계대체율

과 한계생산을 사용하여 노동괴리를 나타낸 것이다. 화살표 오른편에 있는 식은 둘째 줄에 있는 생산함수를 가정하여 계산한 노동의 한계생산을 화살표 왼편에 있는 식에 대입하여 정리한 식이기 때문에 화살표 오른편과 왼편의 식은 모두 동일한 내용을 담고 있다. 따라서 화살표의 오른편과 왼편에 있는 두 식은 서로 다른 형태이지만, 모두 노동괴리를 나타낸다.

    <표 6-4>의 넷째 줄에서 화살표의 오른편에 있는 식을 보면 노동괴리는 여가시간을 GDP 중에서 민간소비지출이 차지하는 비중과 노동시간의 곱으로 나눈 비율의 곱에 비례한다. 비례상수는 두 개 상수의 비율이다. 분모에 해당하는 b는 소비효용과 비교하여 여가효용의 상대적인 중요성을 나타내는 양의 상수이다. 분자에 해당하는 $(1-\alpha)$는 노동투입의 산출탄력성을 나타내는 양의 상수이다. 노동투입의 산출탄력성이 노동괴리의 식에 포함되는 것은 코브-더글러스 생산함수를 가정하였기 때문이다. <표 6-4>의 다섯째 줄에서 화살표 왼편의 식은 노동시장괴리의 정의식이라고 할 수 있다. 화살표의 왼편에서 노동시장괴리는 실질임금을 여가를 위한 소비의 한계대체율로 나눈 비율로 정의된다. 첫째 줄의 효용함수를 가정하면 여가를 위한 소비의 한계대체율을 수식으로 표시할 수 있다. 이를 화살표의 왼편에 있는 정의식에 대입한 후 정리하여 오른편에 있는 식을 도출한다. 이런 이유로 다섯째 줄에 있는 화살표의 오른편과 왼편에 있는 두 식이 서로 다른 형태로 보이지만, 모두 노동시장괴리이다.[35]

    노동시장괴리와 노동괴리는 명칭은 유사성이 있지만 서로 다른 척도라는 점을 지적한다. <표 6-4>의 넷째 줄과 다섯째 줄에서 설명한 내용을 바탕으로 두 척도의 관계를 간단하게 정리할 수 있다. 넷째 줄과 다섯째 줄에서 각각 화살표 오른편에 있는 식을 사용하여 정리하면 (노동괴리＝노동시장괴리×노동

---

35) <표 6-4>에 있는 노동시장괴리와 생산물시장괴리의 정의와 동일한 정의를 사용한 연구논문의 제목은 카라바부니스(Loukas Karabarbounis)가 2014년 Review of Economic Dynamics (제17권 2호, 206페이지부터 223페이지)에 게재한 「The Labor Wedge: MRS vs. MPN」이다. 카라부니스의 논문에서 정의한 노동괴리의 척도는 <표 6-4>에서 정의한 노동괴리의 척도에 로그함수를 취한 것으로 간주할 수 있다. 카라부니스의 논문에서 가정한 효용함수는 본 장에서 가정한 효용함수와 다르기 때문에 관측된 자료를 사용하여 추계한 값은 다를 수 있다는 점을 지적한다.

산출탄력성/노동소득분배율)의 등식이 성립한다. 노동소득분배율은 GDP 중에서 노동소득이 차지하는 비중을 말한다. <표 6-4>의 여섯째 줄에서 화살표 왼편은 생산물시장괴리의 정의식이라고 할 수 있다. 둘째 줄에 있는 생산함수를 가정하여 화살표 왼편에 있는 식에 적용하면 오른편의 식이 도출된다. 이런 이유를 반영하여 여섯째 줄에 있는 화살표의 오른편과 왼편에 있는 두 식이 서로 다른 형태이지만, 모두 생산물시장괴리를 나타낸다. 화살표 오른편에 있는 식을 수식의 형태로 정리하면 (생산물시장괴리=노동산출탄력성/노동소득분배율)의 등식으로 설명할 수 있다.

노동소득분배율은 요소소득 중에서 노동소득이 차지하는 비중이기 때문에 분배수준을 알려주는 척도로 간주하기도 한다. 따라서 노동소득분배율이 어떠한 이유로 생산물시장괴리에 영향을 미치는가의 질문이 가능하다. 그 이유는 <표 6-4>의 둘째 줄에서 볼 수 있듯이 총생산함수가 코브-더글러스 생산함수로 주어지는 경우 비용최소화는 (실질한계비용=노동소득분배율/노동산출탄력성)의 등식을 함의하기 때문이다. 그 이유는 다음과 같다. 총생산비용을 최소화하기 위해 충족시켜야 하는 조건 중의 하나는 (실질임금=실질한계비용×노동한계생산)의 등식이다. 또한 (노동한계생산=노동산출탄력성×노동평균생산)의 등식이 성립한다. 이 식을 비용최소화의 조건에 대입하면 (실질임금=실질한계비용×노동평균생산×노동산출탄력성)이다. 앞에서 도출한 식과 (노동소득분배율=실질임금/노동평균생산)의 등식을 결합하면 (실질한계비용=노동소득분배율/노동산출탄력성)의 등식이 도출되는 것을 확인할 수 있다.

명목한계비용 대비 물가수준의 비율은 평균적으로 GDP 한 단위를 산출하기 위해 필요한 한계비용 대비 GDP 명목가격의 비율로 해석할 수 있다. 생산물시장의 시장구조가 완전경쟁인 상황이라면 (명목가격=명목한계비용)의 조건이 만족되기 때문에 (물가수준=명목한계비용)의 등식이 성립해야 한다. 생산물시장의 시장구조가 불완전경쟁이면 (물가수준>명목한계비용)의 부등호가 성립한다. <표 6-4>에서 정의한 생산물시장괴리는 물가수준이 명목한계비용으로부터 어느 정도 괴리되는지를 나타내는 척도로 해석할 수 있다. 따라서 생산물시장괴리의 지표에 노동소득분배율이 포함되는 이유는 한 나라의 소득분배상황을

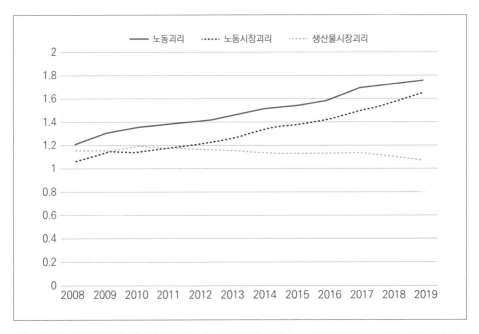

범례: ── 노동괴리   ······· 노동시장괴리   ······ 생산물시장괴리

〈그림 6-1〉 노동괴리의 변화

나타내는 지표의 역할을 반영한 것이 아니라 생산물시장에서 기업이 결정하는 가격과 한계생산비용의 격차를 나타내는 지표의 역할을 반영한 것이라고 표현하는 것이 더 정확하다고 볼 수 있다.

　<그림 6-1>은 <표 6-4>에서 도출한 공식을 적용하여 추계한 노동괴리, 노동시장괴리, 생산물시장괴리의 값을 보여주고 있다. 최근의 변화에 초점을 맞추기 위해 2008년부터 2019년까지의 기간 중 연간 자료를 사용하여 작성하였다.36) 푸른색실선은 노동괴리의 추이를 나타낸다. 검은색점선은 노동시장괴리의 추이를 나타낸다. 생산물시장괴리는 푸른색점선으로 나타난다. 노동괴리와 노동시장괴리는 2008년부터 2019년까지 기간 중 지속적으로 증가하는 모습을 보인다. 생산물시장괴리는 2008년부터 2019년까지 기간 중 서서히 감소하는 모습을 보인다. 노동괴리는 2008년에 약 1.2의 값에서 2019년에 1.8의 값으로 상승한

---

36) 통계청의 국가통계포털(KOSIS)과 한국은행의 경제통계시스템에 수록되어 있는 근로자당 연평균 실제 근로시간(전체 취업자), 민간소비비중, 노동소득분배율 등의 자료를 사용하여 작성하였다.

다. 노동시장괴리는 2008년에 약 1보다 약간 큰 값에서 2019년에 1.6을 넘는 수준으로 상승한다. 생산물시장괴리는 1.2의 값에 약간 못 미치는 수준에서 2019년에 1에 근접하는 수준으로 감소한다.

다음에서는 <그림 6-1>에서 노동괴리의 지속적인 상승이 나타나는 이유를 설명한다. 2008년부터 2019년까지 기간 중 민간소비의 비중과 일인당 노동시간의 자료를 <표 6-1>의 넷째 줄에 있는 노동괴리의 식에 대입하면 각 년도에서 노동괴리의 값을 계산할 수 있다. 두 개 상수의 비율로 정의되는 계수의 값에 대하여 정규화의 가정이 부과된다. 구체적으로 $b = \alpha$의 값을 노동괴리의 식에 대입한다. 각각의 상수에 적절한 값을 부여하여 노동괴리의 식에 대입하는 것이 바람직하지만, 효용함수의 파라미터와 노동투입의 산출탄력성의 정확한 값이 무엇인가에 관하여 서로 다른 의견들이 있을 수 있기 때문에 앞에서 설명한 바와 같이 정규화의 가정을 부여한다. 이런 이유로 <그림 6-1>의 그래프는 노동괴리가 실제경제에서 1보다 큰 값을 가지는지 아니면 1보다 작은 값을 가지는지를 판별하는 데 유용한 정보를 제공한다고 주장하기는 어렵다.

상수의 값을 어떻게 선택하는가와 관계없이 성립하는 실증적인 현상은 푸른색 실선으로 표시되는 노동괴리의 값이 시간이 지나면서 지속적으로 증가하는 모습을 보인다는 것이다. 그 이유는 일인당 노동시간이 지속적으로 감소하면서, 민간소비의 비중도 지속적으로 하락하기 때문이다. 노동괴리의 값이 항상 하나의 상수로 고정되어 있는 것이 아니라 변동하고 있다는 것을 보여준다. 노동괴리의 증가현상과 관련된 한국자료에서 나타나는 두 가지 현상을 구체적으로 설명한다. 첫 번째 현상은 GDP에서 민간소비의 비중은 감소하고, 순수출과 정부지출의 비중은 증가한다는 것이다.[37] 총수요에서 민간소비가 차지하는 비중은 각각 2017년 47.55%, 2018년 48.02%, 2019년 48.55%이다. 2000년대 초반 민간소비의 비중은 각각 2000년 54.5%, 2001년 55.4%, 2002년 56.1%이다. 20여 년을 지나면서 민간소비의 비중이 약 8%정도 감소한다. 2000년대 초반 순수출의

---

[37] 한국은행 통계시스템의 국민소득자료에서 지출항목별 경제구조(명목)에 수록되어 있는 자료를 인용한다. 참고로 제10장의 <그림 10-1>에서는 지출항목별 비중추이를 막대그래프로 보여주고 있다.

비중은 2000년 1.78%, 2001년 1.35%, 2002년 1.19%이다. 최근 3년 동안 순수출의 비중은 2017년 4.74%, 2018년 4.43%, 2019년 2.90%를 기록한다. 동일한 기간 중 순수출의 비중은 약 2−3% 정도 증가하였다. 2000년대 초반 정부소비의 비중은 2000년 10.90%, 2001년 11.76%, 2002년 11.74%이다. 최근 3년 동안 정부소비의 비중은 2017년 15.42%, 2018년 16.05%, 2019년 17.16%를 기록한다. 2000년 이후 20여년에 걸쳐서 정부소비의 비중은 약 5−6% 증가한다. 두 번째 현상은 일인당 노동시간이 감소하고 있다는 것이다. 취업자를 대상으로 추계한 일인당 노동시간은 2008년 주당 42.87시간, 2016년 39.77시간, 2018년 38.33시간, 2019년 37.87시간으로 감소하고 있다. 이런 자료의 특성을 반영하여 노동괴리의 척도는 증가하는 것으로 나타난다.

<그림 6−1>을 보면 검은색점선으로 표시된 노동시장괴리와 푸른색실선으로 표시된 노동괴리를 비교하면 노동시장괴리의 추이를 다음과 같은 두 개의 항목으로 정리할 수 있다. 첫째, 이미 앞에서도 언급한 바와 같이 지속적으로 상승하고 있다. 둘째, 노동시장괴리는 노동괴리보다 작은 값을 가지면서 대체로 평행하게 움직이는 모습을 보인다. 검은색점선과 푸른색실선이 완전히 평행하게 움직이는 것은 아니고, 2018년과 2019년에는 차이가 약간 감소하는 모습을 보인다는 점을 지적한다. 이런 모습이 나타나는 이유는 <표 6−4>의 다섯째 줄에서 볼 수 있듯이 노동시장괴리는 노동괴리와 노동소득분배율의 곱에 비례하기 때문이다. 두 척도의 정의를 반영하여 노동소득분배율이 증가하는 기간에는 노동괴리와 노동시장괴리의 간격이 감소하고 노동소득분배율이 감소하는 기간에는 노동괴리와 노동시장괴리의 간격이 증가하는 현상이 나타난다. 또한 노동소득분배율의 변동이 크지 않다면 두 척도의 간격도 완만하게 움직인다.

<그림 6−1>에서 푸른색점선으로 표시된 생산물시장괴리는 서서히 감소하는 모습을 보인다는 점이 다른 두 개의 척도와 차이가 나는 점이다. 생산물시장괴리는 <표 6−4>의 여섯째 줄에서 노동소득분배율의 역수에 비례하는 것으로 정의된다. 국민소득계정을 집계하는 과정에서 추계된 노동소득분배율의 자료가 공식적으로 발표되고 있기 때문에 <표 6−4>의 여섯째 줄에 있는 정의를 사용하여 생산물시장괴리의 값을 계산할 수 있다. <표 6−4>의 이론모형에서는 모든

가계가 기업에게 고용되기 때문에 자영업자의 역할을 담당하는 경제주체가 없는 것으로 가정하고 있다. 그러나 실제 경제에서는 자영업자를 기업가로 간주하여 자영업자의 소득을 기업가의 이윤으로 분류할 것인가 아니면 자신이 경영하는 기업에 고용된 근로자의 소득으로 분류할 것인가의 이슈가 있다. 따라서 자영업자의 소득을 어떻게 처리하는가에 따라서 현실경제에서 발표되는 노동소득분배율의 값이 달라진다. 구체적으로 어떠한 정의를 적용하는 것이 보다 더 바람직한 것인가에 대하여 자세하게 설명하는 것은 본 책의 범주를 넘는 것이라고 판단되어 생략한다. 앞에서 설명한 노동시장괴리와 생산물시장괴리의 값을 계산하기 위해 사용된 노동소득분배율의 자료는 「노동소득분배율＝피용자보수/(피용자보수＋영업잉여)」의 정의가 적용된 한국은행의 홈페이지에 있는 자료이다.

　다른 나라의 자료에서 나타난 노동괴리의 특징을 간단히 소개하는 것이 독자들의 이해에 도움이 될 것으로 생각된다. 샤이머는 2009년에 출간한 연구논문에서 미국자료를 사용하여 추계한 노동괴리의 척도는 경기불황국면에서 높아지는 특성이 있음을 보인다.[38] 샤이머는 노동괴리척도가 경기역행적인 특성을 보이는 이유를 세 개의 방향으로 정리하고 있다. 첫 번째 포인트는 노동과 소비에 부과되는 세금이 경기불황국면에서 상대적으로 높아진다면 노동괴리가 불황에서 높아지는 특성이 관측될 수 있다는 것이다. 두 번째 포인트는 노동괴리를 설명하는 모형에서 가정한 효용함수와 생산함수의 형태가 틀릴 수 있다는 것이다. 세 번째 포인트는 가계의 효용함수에서 노동비효용을 나타내는 계수가 상수로 고정되어 있지 않고 경기순환국면에 따라 달라질 수 있다는 것이다. 불황국면에서 근로자의 노동비효용이 증가한다는 것이다.

　앞의 설명은 미국의 분기별 노동괴리척도에서 나타나는 특성을 정리한 것이다. <그림 6-1>은 한국의 연도별 노동괴리척도이기 때문에 분기별 자료에서 나타나는 단기적인 경기변동의 특성을 보여주지 못한다. <그림 6-1>을 설명

---

[38] 샤이머의 노동괴리척도와 <표 6-4>의 노동괴리척도는 동일하지 않기 때문에 척도의 크기가 다르게 나타날 수 있다는 점을 지적한다. 샤이머의 노동괴리척도를 τ로 표시하면 $\Delta = (1-\tau)^{-1}$의 관계가 성립한다. 따라서 두 변수의 경기순환적인 특성은 같게 나타나지만 척도의 크기는 다를 수 있다. 샤이머가 2009년에 출간한 연구논문의 제목은 앞에서 이미 인용한 「Covergence in Macroeconomics: The Labor Wedge」이다.

하는 부분에서 이미 설명한 바와 같이 한국의 자료에서도 취업자를 대상으로 추계한 일인당 노동시간이 대체로 감소하는 가운데 노동괴리척도는 상승하는 모습이 나타난다. 따라서 관측된 자료의 시간단위가 다르지만 일인당 노동시간과 노동괴리척도는 대체로 반대방향으로 변화하는 경향이 있다는 것은 확인할 수 있다는 점을 지적한다. 노동괴리의 기간 간 변동에 추가적인 실증분석이 있을 수 있지만 더 이상 자세히 언급하는 것은 본 책의 범주를 넘는 것으로 간주하여 생략한다. 다만 본 장의 뒷부분에서는 제3장에서 분석한 잠재GDP모형과 유사한 모형을 사용하여 노동괴리의 일시적인 변동이 거시경제의 주요변수에 미치는 효과를 분석한다는 점을 지적한다.

제3절 ▷ 노동괴리와 노동시장

<그림 6−1>을 보면 실제자료를 사용하여 추계한 노동괴리의 값은 시간에 따라 달라진다는 점을 확인할 수 있다. 노동괴리가 상수로 고정되어 있는 노동시장모형보다는 노동괴리의 기간 간 변동이 반영된 노동시장모형이 실제상황을 더 잘 설명하는 것을 의미한다고 해석할 수 있다. 이런 이유로 다음에서는 노동괴리의 기간 간 변동이 반영된 노동시장모형을 설명한다. 특히 노동시장마크업은 상승하고 생산물시장마크업은 하락하면 <그림 6−1>에서 나타난 세 개의 척도의 변화가 발생할 수도 있다는 점을 다음에서 소개하는 노동시장모형에서 설명한다. 제2장에서 설명한 노동시장모형과 비교할 때 차이가 나는 부분은 본 장에서 설명하는 노동시장모형에서는 노동시장괴리와 생산물시장괴리를 나타내는 변수들이 노동공급곡선과 노동수요곡선에 영향을 미치는 상황이 반영된다는 것이다. 어떻게 노동시장괴리와 생산물시장괴리를 반영하는가? <표 6−4>의 다섯째 줄과 여섯째 줄에서 화살표 왼쪽에 있는 두 개의 식은 각각 노동시장괴리와 생산물시장괴리의 정의를 나타낸다. 노동시장괴리와 생산물시장괴리를 정의할 때 사용한 식이 노동시장의 공급함수와 수요함수가 된다.

<표 6−5>는 노동괴리를 반영한 노동시장모형을 수식으로 보여주고 있다.

노동시장괴리와 노동공급함수	$\mu_L = \dfrac{w(\overline{H} - H)}{bC} \rightarrow w = \mu_L \dfrac{bC}{\overline{H} - H}$
생산물시장괴리와 노동수요곡선	$\mu_P = \dfrac{MPL}{w} \rightarrow w = (\dfrac{(1-\alpha)A}{\mu_P})(\dfrac{K}{H})^{\alpha}$
마크업과 노동시장괴리	$\Delta = \mu_L \mu_P$

주: Δ는 노동괴리, μ_L은 노동시장괴리, μ_P는 생산물시장괴리를 나타낸다.

<표 6-5>의 첫째 줄을 먼저 설명한다. 가계가 자신의 노동공급으로부터 받는 금전적인 대가는 실질임금으로 평가된다. 노동공급으로 발생하는 비용은 여가의 한계효용을 소비의 한계효용으로 나눈 비율로 측정된다. 앞의 두 문장을 결합하면 노동시장괴리가 없는 상황에서 (노동서비스의 실질가격＝노동서비스의 실질한계비용)의 등식이 성립한다는 것을 의미한다. 이런 해석을 따르면 노동서비스의 시장이 완전경쟁이고, 노동서비스의 가격이 완전신축적인 변동을 보이는 상황에서 노동시장괴리가 사라진다. 노동시장이 불완전경쟁이라면 어떤 상황을 말하는가? 개념적으로 노동서비스의 공급자가 독점력이 가지고 있는 상황이거나, 노동서비스의 수요자가 독점력을 가지고 있는 상황이 가능하다. 전자의 경우는 <표 6-5>의 첫째 줄에서 화살표 왼쪽에서 노동시장괴리를 나타내는 변수의 값이 1보다 작은 경우이고, 후자의 경우는 1보다 큰 경우이다.

<그림 6-2>는 노동시장괴리가 내생적으로 결정되는 과정을 보여주는 하나의 사례를 그림으로 정리하고 있다. <그림 6-2>에서 보여주고 있는 사례의 주요 가정은 노동서비스의 수요곡선은 우하향하는 푸른색직선으로 표시할 수 있다는 것이다. <그림 6-2>에서 보여주고 있는 내용은 동일한 노동서비스를 제공하는 근로자들의 노동조합이 노동조합에 소속되어 있는 근로자들의 노동소득을 극대화하는 명목임금을 계산하는 과정이라고 해석할 수 있다. 차별화된 노동서비스를 제공하는 근로자들은 다른 노동조합을 설립하여 자신들의 명목임금의 결정하는 역할을 위임한다고 가정한다. 이런 방식으로 결정된 노동

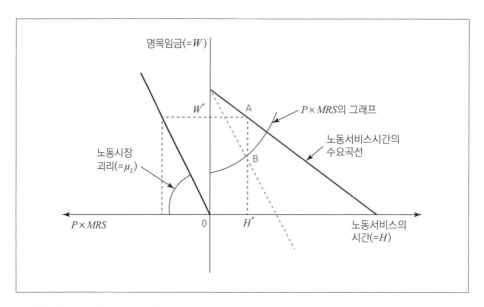

〈그림 6-2〉 노동시장괴리의 결정

서비스의 시간을 노동조합에 가입한 근로자들은 그대로 준수하기 때문에 동일한 노동조합에 가입한 근로자들의 노동시간은 동일한 것으로 가정한다.

　　노동조합은 노동조합에 가입한 근로자가 가지고 있는 작업능력과 선호를 구체적으로 정확히 알고 있다고 가정한다. 자영업으로 분류된 직종에 종사하는 사람들도 동일 직종의 다양한 업무를 처리하는 협회가 존재하고, 협회가 협회원들의 시간당 임금에 관한 가이드라인을 결정하는 방식을 생각해볼 수 있다. 이런 경우에도 협회에 근무하는 사람들은 협회에 가입한 사람들의 작업능력과 선호를 구체적으로 정확히 알고 있다고 가정한다. 본 장의 설명에서는 노동조합과 협회를 구분하지 않고 노동조합이라는 하나의 용어를 사용하기로 한다. 노동조합은 노조원들의 효용함수를 정확히 알고 있기 때문에 여가를 위한 소비의 한계대체율을 정확히 계산할 수 있다고 가정한다. 구체적으로 노동조합이 노조원의 효용함수를 <표 6-4>의 첫째 줄에 있는 효용함수로 가정하여 여가를 위한 소비의 한계대체율을 계산하면, 여가를 위한 소비의 한계대체율은 노동시간의 증가함수가 된다.

<그림 6-2>를 보면 여가를 위한 소비의 한계대체율에 물가지수를 곱한 함수의 그래프가 우상향하는 푸른색곡선으로 표시되어 있다. 본 장의 모형에서 노동조합은 명목임금을 결정하는 것으로 가정하고 있기 때문에 동일한 단위로 맞추기 위해서 물가지수를 여가를 위한 소비의 한계대체율의 앞에 곱한다는 점을 지적한다. 물가지수의 값은 재화시장의 균형에서 결정되는 것으로 가정하여, 노동조합이 명목임금을 결정할 때 물가지수의 값은 자신의 결정과 관계없이 결정되는 것으로 간주한다. 따라서 ($P \times MRS$)의 수식으로 표시된 푸른색곡선이 우상향하는 모습이 나타나는 것은 노동서비스의 시간이 증가하면서 여가를 위한 소비의 한계대체율이 증가하는 것을 반영한 것이다. 또한 노동서비스의 수요 곡선이 우하향하는 직선이라는 점을 반영하여 노동서비스의 한계수입곡선은 푸른색점선으로 표시된 직선이 된다. 노동조합은 명목노동소득을 극대화하는 명목임금을 결정하기 때문에 노동서비스의 한계수입도 명목단위로 측정된다.

<그림 6-2>의 오른편에 있는 그림에서는 노동서비스의 한계수입곡선과 여가를 위한 소비의 한계대체율곡선이 만나는 점에서 노동소득을 극대화하는 명목임금과 노동서비스의 시간이 결정된다는 것을 보여주고 있다. 한계수입곡선과 한계대체율곡선의 교차점은 B점으로 표시되어 있다. B점에서 수직선을 올려서 수요곡선과 교차하는 점은 A점으로 표시되어 있고, 이 점에서 노동서비스의 가격인 명목임금이 결정된다. B점에서 수직선을 내려서 수평축과 만나는 점에서 노동서비스의 시간이 결정된다. A점과 B점의 차이는 실질임금과 여가를 위한 소비의 한계대체율의 차이를 반영하고 있다. <그림 6-2>의 왼편에 있는 그림은 A점에서 수직축 좌표의 값을 B점에서 수직축 좌표의 값으로 나눈 비율을 보여주고 있다. 왼편에 있는 그림에서는 오른편에 있는 그림에서 결정된 명목임금과 노동서비스의 시간이 함의하는 노동시장괴리는 원점을 지나는 검은색 직선의 기울기라는 점을 보여주고 있다.

다음에서는 <그림 6-2>에 수록되어 있는 그래프들은 모두 <표 6-5>의 첫째 줄에서 화살표 왼쪽에 있는 식이 도출되는 과정을 그림으로 설명하고 있다는 점을 확인한다. 이를 위해 <그림 6-2>에서 왼편에 있는 그림에서 원점을 지나는 검은색직선의 기울기를 나타내는 기호와 <표 6-5>의 첫째 줄에

서 화살표 왼편에 있는 식의 좌변에 있는 기호는 서로 동일한 기호라는 점을 지적한다. 좌변에 있는 기호는 노동시장괴리를 나타낸다. 화살표 왼쪽에 있는 식에서 우변은 실질임금을 여가를 위한 소비의 한계대체율로 나눈 비율이다. 여가를 위한 소비의 한계대체율은 <표 6-4>의 첫째 줄에서 가정한 효용함수를 사용하여 도출한 것이다.

노동시장괴리는 무엇을 나타내는가? 노동시장괴리의 결정을 설명하는 이론이 단 하나만 있다고 단정하기는 어렵다. <그림 6-2>에서 설명하고 있는 내용을 기초로 노동시장괴리는 다음과 같이 해석할 수 있다. <그림 6-2>에서 설명하고 있는 내용에 따르면 노동시장괴리는 노동서비스의 명목가격을 노동서비스의 명목한계비용으로 나눈 비율이라고 해석할 수 있다. 이런 견해에 따르면 노동시장괴리는 노동서비스의 효용비용 대비 명목임금의 마크업이라고 할 수 있다. <그림 6-1>에서 보여준 것과 같이 실제 자료를 사용하여 추계한 노동시장괴리가 변동한다는 것은 노동서비스의 효용비용 대비 명목임금의 마크업이 변동하는 것을 의미한다. 노동서비스의 마크업에 포함되는 변수들은 거시경제의 성장과 경기변동의 영향을 받는다는 점을 생각하면 다양한 이유로 노동서비스의 효용비용 대비 명목임금의 마크업이 변동할 수 있다는 점을 쉽게 이해할 수 있다. 보다 자세한 내용을 구체적으로 진행하는 것은 본 책의 범주를 넘는 내용의 설명이 필요하다고 판단되어 생략하기로 한다.

앞의 설명을 따르면 <표 6-5>의 첫째 줄에 있는 식은 불완전경쟁의 노동시장에서 성립하는 노동공급함수이다. <표 6-5>의 첫째 줄에서 화살표 왼쪽의 식은 <표 6-4>의 다섯째 줄의 화살표 왼쪽의 식과 동일하다. 독자들의 편의를 위해서 <표 6-4>의 다섯째 줄에 있는 식을 <표 6-5>의 첫째 줄에서 화살표 왼쪽에 그대로 복사하여 수록한다. 따라서 <표 6-5>에서 이용할 노동시장괴리의 정의는 <표 6-4>에 있는 수식을 설명할 때 사용한 것과 동일하다는 것을 알 수 있다. 화살표 오른쪽의 식은 좌변에 실질임금이 오기 때문에 노동공급곡선을 그릴 때 편리하게 사용할 수 있도록 왼쪽의 등식에서 변수의 위치를 수정한 것이다. <표 6-5>의 화살표 오른편에 있는 등식을 보면 노동시간이 증가할 때 우변의 값이 증가한다. 따라서 개별가계의 노동공급이 변할 때 노동시장괴리가 영향을 받지 않는다면 화살표 오른쪽의 식은 노동공급곡선을 나타내는 식이 된다. 화살표 오른쪽의 식에서 노동시장괴리의 변화는 노동공급곡선을 이동시키는 효과를 발생시킨다는 것을 확인할 수 있다.

<표 6-5>의 둘째 줄에 있는 식은 불완전경쟁의 생산물시장이 존재하는 경우 노동시장에서 성립하는 노동수요함수를 나타낸다. 생산물시장이 불완전경쟁인지의 여부가 노동수요함수에 영향을 미치는 이유는 제품이 판매되는 생산물시장의 시장구조가 기업이 결정하는 노동수요에 영향을 미치기 때문이다. 생산물시장의 시장구조가 완전경쟁에서 불완전경쟁으로 바뀌면 어떻게 노동수요곡선이 달라지는가? 본 장에서는 생산물시장의 시장구조가 완전경쟁인 상황에서 도출된 노동수요곡선과 비교하여 새로운 변수가 추가된다는 것이 차이점이라는 것을 보인다. 독자들은 앞에서 설명한 내용에 비추어 이미 어떠한 변수가 추가되는지를 짐작할 것으로 생각한다. 본 장에서 제시하는 답은 생산물시장의 시장구조가 불완전경쟁이면 생산물시장괴리를 나타내는 변수가 노동수요함수에 추가된다는 것이다.

제2장에서 설명한 모형과 비교하여 설명하는 것이 독자들의 이해에 도움이 될 것으로 생각하여, 본 장에서 설명하는 모형은 생산물시장의 시장구조가 완전경쟁에서 불완전경쟁으로 달라진다는 점을 제외하고 다른 부분은 제2장에서 이미 가정한 내용을 그대로 유지한다. 따라서 <표 6-4>의 둘째 줄에서 볼 수 있듯이 개별기업이 코브-더글러스 생산함수로 나타나는 생산기술을 사용하여 제품을 생산하기 위해 노동과 자본을 생산요소시장에서 고용한다는 가정은 그대로 유지된다. 이처럼 생산물시장의 시장구조가 완전경쟁에서 불완전경쟁으로 바뀌면서 새롭게 추가되는 변수는 마크업이다. 본 장에서 마크업은 생산물의 가격을 한계비용으로 나눈 비율로 정의된다. 생산물시장의 시장구조가 완전경쟁이면 이윤극대화의 조건이 (가격=한계비용)의 등식이기 때문에 (마크업=1)의 조건이 성립한다. 생산물시장의 시장구조가 불완전경쟁이면 일반적으로 (가격>한계비용)의 부등식이기 때문에 (마크업>1)의 조건이 성립한다.

<그림 6-3>에서는 마크업이 어떻게 결정되는지를 설명하고 있다. <그림 6-3>의 오른편에 있는 평면에서 수직축은 명목가격을 나타내고, 수평축은 수

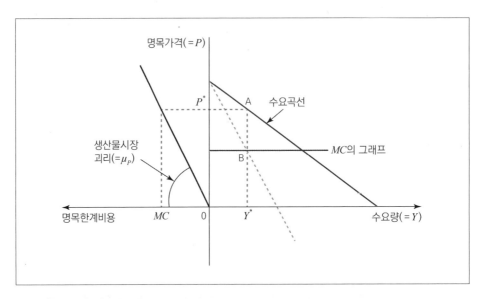

〈그림 6-3〉 생산물시장괴리의 결정

요량을 나타낸다. 기업의 수요곡선이 우하향하는 푸른색실선이고, 한계수입곡선은 푸른색점선이다. 명목한계비용은 개별기업의 수요량 또는 산출량의 변화에 관계없이 결정되기 때문에 수평선으로 표시된다. B점에서 이윤극대화의 조건인 (한계수입＝한계비용)의 등식이 성립한다. B점에서 수직선을 올려서 수요곡선과 교차하는 점은 A점으로 표시되어 있고, 이 점에서 명목가격이 결정된다. B점에서 수직선을 내려서 수평축과 만나는 점에서 수요량이 결정된다. 따라서 A점과 B점의 차이는 명목가격과 명목한계비용의 차이를 반영하고 있다. ＜그림 6－3＞의 왼편에 있는 그림은 A점에서 수직축 좌표의 값을 B점에서 수직축 좌표의 값으로 나눈 비율을 보여주고 있다. 왼편에 있는 그림은 오른편에 있는 기업의 이윤극대화를 통해서 결정된 생산물시장괴리는 원점을 지나는 검은색직선의 기울기라는 점을 보여주고 있다.

불완전경쟁의 생산물시장에서 이윤극대화를 추구하는 기업이 어떻게 노동수요를 결정하는지를 설명하기 위해 「노동의 한계수입생산(marginal revenue product of labor)」의 개념을 설명한다. 노동의 한계수입생산은 노동투입을 한 단위 더 증가시켜서 나타나는 총수입의 증가분으로 정의되기 때문에 (노동의 한계수입생산＝한계수입×노동의 한계생산)의 등식이 성립한다. 앞에서 설명한 모형의 가정을 반영하면 (총생산비용＝노동비용＋자본임대비용)의 등식이 성립한다는 것을 알 수 있다. 개별기업의 노동수요는 노동시장의 전체규모에 비해 매우 작기 때문에 노동시장에서 결정되는 시장임금에 영향을 미치지 못하는 것으로 가정하면 개별기업은 모두 노동시장의 균형에서 결정되는 실질임금을 주어진 것으로 받아들인다. 실질임금을 노동시장에서 결정되는 것으로 간주한다면 기업이 노동투입을 한 단위 더 증가시킬 때 나타나는 총비용의 증가는 실질임금이다. 따라서 이윤극대화를 추구하는 기업은 노동투입을 (노동의 한계수입생산＝실질임금)의 조건이 만족되는 수준으로 결정한다.

다음에서는 생산물시장의 시장구조가 노동의 한계수입생산에 어떠한 영향을 미치는지를 설명한다. (노동의 한계수입생산＝한계수입×노동한계생산)의 등식에 기업의 생산량 결정을 위한 이윤극대화조건을 대입한다. 생산량의 결정을 위한 이윤극대화 조건은 (한계수입＝한계비용)이다. 두 개의 수식 중에서 후자를 전자에 대입하면 (노동의 한계수입생산＝한계비용×노동한계생산)의 등식이 성립한다. 이 등식은 노동의 명목한계수입생산과 실질한계생산에 모두 동일하게 적용할 수 있다. 화폐(명목)단위로 표시한 등식에 (마크업＝명목제품가격/명목한계비용)의 등식을 대입하여 정리하면 (마크업×노동의 명목한계수입생산＝명목제품가격×노동한계생산)의 등식이 성립한다. 앞에서 설명한 이윤극대화를 달성하는 노동투입의 조건은 (노동의 명목한계수입생산＝명목임금)의 등식이다. 두 식을 결합하면 (마크업×실질임금＝제품의 실질가격×노동의 한계생산)의 등식이 성립한다.

위에서 도출한 식은 개별기업의 노동수요를 결정하는 식이다. 노동시장에서 시장수요는 개별기업의 노동수요를 합하여 산출할 수 있다. 모든 기업이 동일한 생산함수를 사용하여 제품을 생산한다고 가정한다. 동일한 실질임금이 적용되고, 동일한 형태의 코브－더글러스 생산함수를 가지고 있기 때문에 노동의 한계생산은 개별기업의 산출량에 따라 달라지지 않고 모든 개별기업에게 동일하다. 개별기업의 제품가격이 다르기 때문에 개별기업의 마크업도 서로 다를 수 있다. 그러나 물가지수는 개별 명목가격의 가중평균으로 정의되고, 제품의 실질가격은 개별 명목가격을 물가지수로 나눈 비율이다. 따라서 개별 실질가격의 가중평균은 1이 된다.

이런 특성을 반영하면 (마크업×실질임금＝제품의 실질가격×노동의 한계생산)의 조건에서 (좌변의 가중평균＝평균마크업×실질임금)의 등식과 (우변의 가중평균＝노동의 한계생산)의 등식이 성립한다. 노동시장에서 시장수요를 나타내는 식은 (평균마크업×실질임금＝노동의 한계생산)의 등식이다. ＜표 6-5＞로 돌아가서 둘째 줄에서 화살표 왼편에 있는 수식과 생산물시장의 시장구조가 불완전경쟁이라는 가정을 부과하여 도출한 노동수요곡선을 비교한다. 생산물시장괴리를 나타내는 기호가 평균마크업과 같을 때 ＜표 6-5＞의 둘째 줄에서 화살표 왼편에 있는 수식은 앞에서 도출한 노동시장의 수요곡선과 같다는 것을 알수 있다. 화살표 오른쪽의 식은 좌변에 실질임금이 오기 때문에 노동수요곡선을 그릴 때 편리하게 사용할 수 있도록 왼쪽의 등식에서 변수의 위치를 수정한 것이다. 앞에서 도출한 노동수요곡선을 이용하여 생산물시장괴리의 외생적인 변화가 노동시장의 균형에 미치는 효과를 분석할 수 있다. ＜표 6-5＞의 셋째 줄에서는 첫째 줄과 둘째 줄에 있는 식을 결합하여 (노동괴리＝노동시장괴리×생산물시장괴리)의 등식이 성립한다는 것을 의미한다.

제4절　총수요의 변화와 노동시장균형

박리다매의 가격정책은 다른 기업에 비해 제품 한 단위당 부과되는 이익마진을 낮추고 그 결과 제품가격의 하락을 통해 매출을 증가시키는 가격정책을 말한다. 많은 기업들이 박리다매의 가격정책을 실시하게 되면 마크업이 하락한다. 그 결과로 제품수요가 증가하면 증가한 제품수요를 맞추기 위해 생산량을 늘려야 한다. 이 경우 생산량이 증가하면서 마크업은 하락한다. 따라서 기업들이 박리다매의 가격정책을 채택하면 마크업은 경기역행적인 특성을 가지게 된다. 박리다매의 가격정책을 실시하는 상황에서 통화정책과 재정정책의 변화가 노동시장에 미치는 효과는 어떠한 모습으로 나타나는가? 경기부양을 위한 통화정책 또

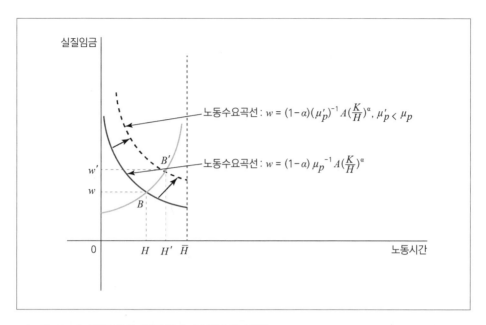

노동수요곡선: $w = (1-\alpha)(\mu_p')^{-1} A (\frac{K}{H})^{\alpha}$, $\mu_p' < \mu_p$

노동수요곡선: $w = (1-\alpha)\mu_p^{-1} A (\frac{K}{H})^{\alpha}$

〈그림 6-4〉 마크업의 변화와 노동시장의 변화

는 재정정책이 실시되어 총수요가 증가되었다고 가정하자. 이 경우 총수요의 증가를 통해 경기를 부양시키려는 정부의 노력이 어떠한 경로를 통해서 노동시장에 영향을 미치는가?

  박리다매의 가격정책을 추진하는 기업은 판매량을 늘리기 위해서 제품 단위당 이윤을 희생시키는 것으로 볼 수 있다. 박리다매의 가격정책은 제품 단위당 이윤은 낮아질지라도 판매량이 큰 폭으로 늘기 때문에 총이윤은 오히려 증가할 수 있다는 점을 이용하는 것이다. 박리다매의 가격정책이 실효성이 있는 경제를 가정한다. 이런 경제에서 정부가 실시하는 거시경제정책의 결과로 총수요가 증가하면 기업의 마크업은 하락하게 된다. 마크업이 하락하면 <표 6-5>에서 요약되어 있는 노동시장모형에 따르면 노동수요곡선이 우측으로 이동한다. 노동수요곡선이 우측으로 이동하여 형성되는 새로운 균형에서 실질임금은 더 높고, 노동시간은 증가한다는 것을 알 수 있다. 그 결과 노동소득도 증가하고 노동소득분배율도 상승한다.

  <그림 6-4>에서는 앞에서 설명한 마크업의 변화가 노동시장의 균형에 미

치는 효과를 그림으로 보여주고 있다. 정부가 거시경제정책을 실시하기 이전의 노동시장균형은 푸른색실선으로 표시된 노동수요곡선과 노동공급곡선이 교차하는 B점이다. 정부가 거시경제정책을 실시하여 마크업이 하락하게 되면 노동수요곡선이 위로 이동한다. <그림 6-4>에서 점선으로 표시된 노동수요곡선이 거시경제정책이 실시되어 총수요의 증가와 마크업의 하락이 발생하면서 새롭게 형성된 노동수요곡선이다. 새로운 균형점은 새롭게 형성된 노동수요곡선과 이동이 없이 그대로 있는 노동공급곡선이 만나는 점에서 형성된다. 원래의 균형과 새로운 균형을 비교하면 새로운 균형에서 실질임금은 더 높고, 노동시간은 증가한다는 것을 알 수 있다.

앞에서 설명한 내용에서는 비자발적 실업의 가능성을 인정하지 않았다. 그 이유는 노동시장에서 균형임금과 균형고용이 항상 달성되는 것으로 가정하였기 때문이다. 다음에서는 총수요의 변화가 비자발적인 실업에 미치는 효과를 설명한다. 비자발적 실업은 노동시장에서 결정되는 임금수준을 받고 노동서비스를 제공할 의사가 있는 근로자들이 고용되지 못해서 발생하는 실업을 말한다. 본 장의 노동시장모형에서 비자발적 실업은 현재시점의 시장임금에서 노동공급곡선을 사용하여 계산한 노동공급시간을 노동수요곡선을 사용하여 계산한 노동수요시간으로 차감한 나머지로 측정할 수 있다. 어떠한 상황에서 비자발적 실업이 발생하는가? 노동시장의 시장임금이 (노동수요=노동공급)의 등식을 의미하는 노동시장의 청산조건이 성립하는 상황에서 결정되는 균형임금보다 더 높은 수준으로 결정되는 상황에서 비자발적 실업이 발생한다. 어떠한 경우에 노동시장의 시장임금이 균형임금보다 더 높아지는가? 다양한 서로 다른 설명이 가능할 수 있지만. 본 장에서는 암묵적 계약, 효율성 임금, 임금의 경직성 등의 존재로 발생한다는 견해를 소개한다.

효율성 임금가설은 기업가는 자신이 채용한 근로자의 생산성을 높이는 수단으로 균형임금보다 더 높은 임금을 지불할 수 있다는 견해이다. 암묵적 계약은 위험중립적인 기업가와 위험기피적인 근로자의 협상을 통해서 결정되는 임금계약을 말한다. 위험중립적인 기업가가 보험의 특성이 반영된 임금을 근로자에게 제공하게 되면 계약임금은 균형임금보다 상대적으로 더 높아지는 상황이 가능하다. 단순한 사례를 들기 위해 완전한 소비평탄화가 위험기피적인 근로자의 효용극대화를 달성하는 것으로 가정한다. 효용극대화와 일치하는 소비수준을 어느 상황에서나 달성할 수 있는 실질임금이 지급된다면 모든 근로자는 기업이 제시한 계약을 받아들일 의사가 있다. 이런 임금수준은 노동시장의 균형임금보다 더 높을 수 있다.

앞에서 설명한 암묵적 계약가설은 실질임금의 경직성을 의미하는 것으로 볼 수 있다. 현실경제에서 많은 경우 임금협상은 앞으로 한 해 동안 유효할 명목임금을 결정하는 것으로 알려져 있다. 일단 임금계약이 체결되면 계약기간 동안 원칙적으로 명목임금의 상승과 하락이 용인되지 않기 때문에 임금계약이 함의하는 실질임금이 균형실질임금보다 높아질 수 있다. 임금계약의 내용을 구체적으로 설명하지 않더라도 명목임금의 하방경직성이 존재하는 상황에서도 실질임금이 균형실질임금보다 더 높아질 수 있다는 점을 설명할 수 있다. 명목임금의 하방경직성이 존재한다면 일단 한 번 달성된 명목임금수준은 앞으로 어떠한 상황이 발생할지라도 더 낮은 수준으로 하락하지 않는다는 제약조건이 부과된 것으로 간주할 수 있다.

경기순환이 있는 경제에서 불황국면에서 기업의 노동투입이 감소하면, 노동수요곡선이 아래로 이동하게 되어 균형임금이 하락하는 현상이 발생한다. 이처럼 불황국면에서 균형실질임금이 크게 하락하면 균형임금에 대응하는 명목임금의 수준도 하락한다. 명목임금의 하방경직성을 반영하여 명목임금의 하방조정이 불가피하면 노동시장의 실질임금이 균형실질임금보다 더 높은 상황이 발생한다. <그림 6-5>에서는 앞에서 설명한 내용을 반영하여 노동시장에서 시장임금이 노동시장의 균형을 나타내는 A점에서 결정된 균형임금보다 더 높은 상황을 그림으로 보여주고 있다. 시장임금은 w로 표시하고, 균형임금은 w^*로 표시한다. 이 경우 발생하는 비자발적 실업의 크기는 B점과 C점을 잇는 선분으로 표시된다.

앞에서 노동시장괴리는 노동공급곡선을 이동시키고, 생산물시장괴리는 노동수요곡선을 이동시키는 것으로 설명하였다. <그림 6-5>를 보면 비자발적인 실업이 존재하는 상황에서 노동시장괴리와 생산물시장괴리가 변동하게 되면 비

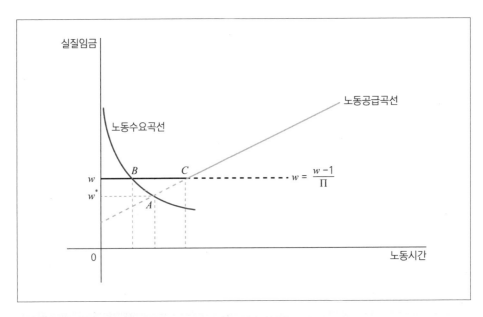

〈그림 6-5〉 비자발적 실업

자발적인 실업의 크기에 영향을 미치게 된다는 점을 알 수 있다. <그림 6-4>의 설명과 결합하여 다음과 같이 설명할 수 있다. 생산물시장괴리가 감소하여 노동수요곡선이 위로 이동하게 되면 현재의 시장실질임금수준이 유지되는 상황에서 비자발적 실업이 감소함을 알 수 있다. <표 6-5>의 첫째 줄에 있는 노동공급곡선을 보면 노동시장괴리가 상승하면 노동공급곡선이 위로 이동한다는 것을 알 수 있다. 노동시장괴리가 증가하여 노동공급곡선이 위로 이동하게 되면 현재의 시장실질임금수준이 유지되는 상황에서 비자발적 실업이 감소함을 알 수 있다.

제5절   노동괴리의 거시경제효과

본 절에서는 노동괴리의 일시적인 변화가 단기적인 경기순환의 원인이 될 수 있음을 보인다. 통화정책과 재정정책의 변화가 총수요에 미치는 효과가 생략된 균형모형을 분석하기 때문에 본 절의 모형은 노동괴리의 효과를 반영한 잠재 GDP모형으로 간주할 수 있다. 따라서 본 절의 모형과 제3장에서 설명한 잠재 GDP모형의 차이점을 간단히 정리한다. 첫 번째 차이점은 시장경제의 최적배분 달성 여부와 관련이 있다. 제3장에서 분석한 잠재GDP모형은 시장경제에서 최적배분이 달성되는 경우이고, 본 절에서 분석할 잠재GDP모형은 시장경제에서 최적배분이 달성되지 않는 경우이다. 경제왜곡(economic distortion)은 최적배분의 효율성조건이 충족되지 않는 상황으로 정의된다. 이런 의미에서 노동괴리는 경제왜곡을 반영한다. 본 절에서 분석하는 모형의 정책적인 함의는 무엇인가? 구조개혁(structural reform)의 잠재GDP효과를 생각해볼 수 있다. 경제왜곡을 완화시키는 효과를 발생시키는 민간경제주체의 자발적인 노력과 정부의 정책을 포함하는 일련의 행위를 구조개혁이라고 정의할 수 있다.[39] 노동괴리를 경제왜곡의 원인으로 간주할 수 있다면 성공적인 구조개혁은 노동괴리를 감소시킬 것으로 기대할 수 있다. 이런 측면에서 본 절의 모형을 사용하여 구조개혁의 결과로 발생하는 노동괴리감소의 잠재GDP효과를 분석할 수 있다는 점을 지적한다.

두 번째 차이점은 본 절의 모형에서는 잠재GDP를 변동시키는 요인이 추가될 수 있다는 점을 반영한다. 제3장에서 분석한 모형은 생산성충격의 중요성을 강조하는 경기변동의 단일요인모형으로 간주할 수 있다. 생산성충격과 노동괴리의 일시적인 변동을 동시에 고려할 수 있기 때문에 본 절에서 분석하는 모형은

---

39) 생산물시장과 노동시장의 경쟁(competition)을 증가시키는 구조개혁(structural reform)을 의미한다. 구조개혁의 시점에 따라서 구조개혁의 성과가 달라질 수 있음을 지적한 연구논문의 제목은 에걸슨(Gauti Eggertsson), 페레로(Andrea Ferrero), 라포(Andrea Raffo)가 2014년 Journal of Monetary Economics(61권 C호, 2페이지부터 22페이지)에 게재한 「Can Structural Reforms Help Europe?」이다.

	공급	수요	균형
노동시장	$w_t = \mu_L \dfrac{bC_t}{\overline{H} - H_t}$	$w_t = \dfrac{(1-\alpha)Y_t}{\mu_P H_t}$	$C_t = \dfrac{(1-\alpha)A_t}{b\Delta_t}\left(\dfrac{K_t}{H_t}\right)^{\alpha}(\overline{H} - H_t)$
자본임대시장	K_t 고정되어 있음	$R_t = \dfrac{\alpha}{\mu_P}\dfrac{Y_t}{K_t}$	$R_t = \dfrac{\alpha}{\mu_P}\dfrac{Y_t}{K_t}$
채권시장	정부의 국채발행	가계의 채권투자	$\beta\dfrac{C_t}{C_{t+1}}(1 + r_{t+1}) = 1$
자본재시장	자본스톡의 공급	자본스톡의 수요	$\beta\dfrac{C_t}{C_{t+1}}(R_{t+1} + 1 - \delta) = 1$

주: w_t 는 실질임금, R_t 는 실질임대료이다. 동일한 기호에서 하첨자 $(t+1)$은 다음시점을 의미한다.

경기변동의 복수요인모형이라고 할 수 있다. 노동괴리의 일시적인 충격이 발생하면 거시경제의 주요변수에 어떠한 효과가 발생하는가? 본 절의 모형을 사용하여 노동괴리의 일시적인 증가가 외생적으로 발생하면 소비와 고용이 감소한다는 것을 보인다. 이런 결과는 실제자료를 사용하여 작성된 노동괴리척도의 경기 역행적인 특성과 일치한다. 따라서 첫 번째 포인트는 노동괴리와 사회후생의 관계와 관련된 노동괴리의 규범적인 측면이고, 두 번째 포인트는 노동괴리와 경기순환의 관계와 관련된 노동괴리의 실증적인 측면이다.

다음에서는 본 절에서 분석할 모형을 구체적으로 설명한다. 앞에서 가계의 소비와 노동공급에 관한 결정과 기업의 생산과 생산요소의 수요에 관한 결정을 이미 설명하였다. 기억을 되살리기 위해 〈표 6-6〉에서는 산출물과 생산요소의 시장에서 성립하는 균형조건들을 정리한다. 〈표 6-6〉의 첫째 줄은 노동시장의 균형조건을 보여주고 있다. 이 식을 보면 노동괴리가 노동시장의 균형조건에 포함되어 있다는 것을 확인할 수 있다. 둘째 줄은 자본임대시장의 균형조건을 보여주고 있다. 둘째 줄에 있는 자본임대시장의 균형조건에서 생산물시장괴리가 자본임대수요에 영향을 미치고 있음을 보여주고 있다. 자본임대수요함수에 생산물시장괴리가 포함되는 이유는 앞에서 이미 설명한 바와 같이 개별기업

■■ 〈표 6-7〉 노동괴리와 균형배분의 결정

노동시간	$C_t = \dfrac{1-\alpha}{b\Delta_t}(\dfrac{K_t}{H_t})^\alpha(\overline{H}-H_t)$
자본스톡의 축적	$\beta\dfrac{C_t}{C_{t+1}} = (\alpha\dfrac{Y_{t+1}}{K_{t+1}}+1-\delta)^{-1}$
사회자원제약식	$C_t + K_{t+1} = Y_t + (1-\delta)K_t$
총생산함수	$Y_t = K_t^\alpha H_t^{1-\alpha}$
노동괴리의 변화	$\Delta_{t+k}=1, \quad k=1,2,\cdots$ $\Delta_t = \Delta$ $\Delta_{t-k}=1, \quad k=1,2,\cdots$

주: β는 1보다 작은 양수이고, Δ는 1보다 큰 양수이다. 둘째 줄에 있는 균형조건의 식에서는 $\mu_P=1$ 의 조건이 반영되어 있다. 위의 균형조건에서는 총요소생산성의 값이 항상 1이라고 가정하고 있다.

이 자신이 생산하는 제품시장에서 독점력이 있기 때문이다. 동일한 이유로 첫째 줄에 있는 노동수요함수에도 생산물시장괴리가 포함된다는 것을 알 수 있다. 셋째 줄에 있는 식은 소비자의 채권투자에 적용되는 효용극대화조건이다. 자본재의 축적은 소비자가 담당하는 것으로 가정한다. 따라서 <표 6−6>의 넷째 줄에 있는 식은 자본재 축적에 적용되는 효용극대화조건이다.

<표 6−6>의 첫째 줄에 있는 노동시장의 균형조건을 나타내는 식에서 $\Delta_t = 1$의 등식이 만족될 때 노동시장의 효율성조건이 성립한다. 노동괴리의 거시경제효과를 분석하기 위해 다음과 같은 방식으로 노동괴리의 값이 일시적으로 증가하는 상황을 고려한다. 과거시점에서는 항상 노동시장의 효율성조건이 만족되어 온 것으로 가정한다. 현재시점에 들어와서 노동괴리의 갑작스러운 증가가 발생한다. 그러나 다음시점에서는 다시 노동시장의 효율성조건이 성립한다. 이런 상황을 수식으로 바꾸어 설명하면 다음과 같은 노동괴리의 기간 간 변화에 대한 두 개의 제약조건이다. 첫째, <표 6−7>의 다섯째줄에 있는 무한수열이 성립한다. 둘째, $(\Delta > 1)$의 부등식이 성립한다. 하나의 조건이 추가된다. 노동시장의 균형조건에 들어있는 노동괴리의 기간 간 변화가 거시경제에 미치는 효과에 초점을 맞추

기 위해 생산물시장괴리는 없는 것으로 가정한다. 이를 수식으로 나타내면 두 개의 조건에 더하여 하나의 조건이 다음과 같이 추가된다. 셋째, $(\mu_P = 1)$의 등식이 성립한다.

<표 6-7>에서는 실질GDP, 실질소비, 자본스톡, 근로시간 등의 값을 계산하기 위해 필요한 네 개의 균형조건을 정리하고 있다. <표 6-7>에서 첫째 줄에서부터 넷째 줄에 있는 네 개의 식이 네 개의 내생변수가 만족시켜야 하는 균형조건이다. 네 개의 내생변수가 미지수가 되는 네 개의 식으로 구성된 연립방정식을 나타낸다. 이들은 <표 6-6>에 있는 시장경제의 균형조건 중에서 필요한 것만 모아서 다시 정리한 것이다. 네 개의 식으로 구성된 연립방정식을 풀면 생산, 소비, 자본스톡, 근로시간의 무한수열은 앞에서 설명한 노동괴리의 무한수열의 함수가 된다. 생산, 소비, 자본스톡, 근로시간의 무한수열을 보면 노동괴리의 일시적인 변화가 거시경제의 주요변수에 미치는 효과를 알 수 있다.

노동시장의 효율성조건이 만족되지 않을 때 어떠한 일이 벌어지는가? 노동괴리가 일시적으로 증가하면 최적배분이 달성되는 경제와 비교하여 단기적으로 생산, 소비, 고용이 모두 감소한다는 것을 보일 수 있다. 따라서 노동시장의 효율성조건이 만족되지 않는다는 것이 노동시장에만 영향을 미치는 것이 아니라 거시경제 전반에 걸쳐 영향을 미친다는 것이다. 이런 결과는 가계가 소비와 노동공급을 동시에 결정하기 때문에 소비와 생산의 결정이 서로 연결된다는 점을 반영한다. <그림 6-6>은 현재시점에서 일시적으로 노동시장괴리가 발생하는 상황에서 소비와 근로시간의 균형결정을 보여주고 있다. <그림 6-6>에서 수직축은 민간소비지출이고, 수평축은 일인당 근로시간이다. <그림 6-6>에서는 단기(short-run)에는 자유롭게 조정되지 않는 변수가 있다는 제약을 반영하여 자본스톡이 고정되어 있는 것으로 가정한다. $K_t = K_{t+1} = K^*$의 제약조건이 부과된다. 이런 제약이 자원제약곡선과 노동시장의 균형조건에 모두 적용된다.

<그림 6-6>에서 검은색곡선은 자원제약곡선을 나타낸다. 자원제약의 식에는 자본스톡이 상수로 고정된다는 제약이 반영되어 있다. 자원제약곡선의 기울기는 노동의 한계생산이므로 양수가 된다. 한계생산체감의 법칙을 반영하여 기울기의 값은 근로시간이 증가하면서 감소한다. 노동시장의 균형조건을 나타내

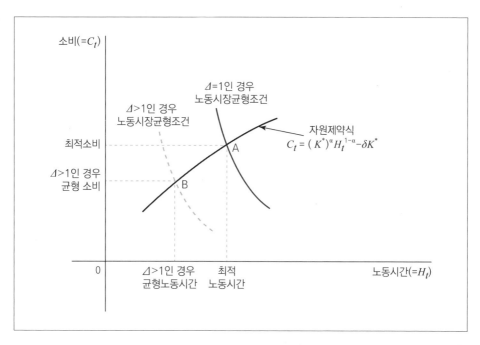

〈그림 6-6〉 노동괴리의 증가와 균형소비와 근로시간의 변화

는 곡선은 푸른색으로 표시된다. 푸른색점선과 푸른색실선으로 두 개의 곡선을 구분하고 있다. 푸른색실선은 노동괴리가 존재하지 않는 경우이고, 푸른색점선은 노동괴리가 존재하는 경우이다. 따라서 <그림 6-6>에서는 노동괴리가 증가하면서 노동시장의 균형조건을 나타내는 곡선이 아래로 이동한다는 것을 보여주고 있다.

두 개의 점이 표시되어 있다. A점은 푸른색실선과 검은색실선이 교차하는 점이다. B점은 푸른색점선과 검은색실선이 교차하는 점이다. K^*의 값이 노동괴리가 없는 균제상태에서 성립하는 자본스톡의 크기로 정의되는 경우 A점은 노동괴리가 없는 균제상태에서 균형소비와 균형근로시간을 달성하는 점이다. 따라서 A점은 최적배분에서 달성되는 균형점이다. B점은 현재시점에 들어와서 노동괴리가 증가하는 상황에서 달성되는 균형점이다. 노동괴리가 존재하면 최적배분의 상황과 비교하여 소비와 근로시간이 모두 감소한다는 것을 알 수 있다. 근로시간의 감소는 총산출의 감소로 이어진다. 따라서 본 절의 모형에서 노동괴리의 일시적인 증가는 실질GDP의 일시적인 감소로 이어진다는 것을 알 수 있다. 이런 결과는 실제자료를 사용하여 작성된 노동괴리척도의 경기역행적인 특성과 일치한다. 자본스톡의 신축적인 변동을 반영하는 경우에는 모형의 해를 계산하기 위해 보다 더 복잡한 계산과정을 거쳐야하기 때문에 본 책의 범위를 넘는 것으로 간주하여 생략하기로 한다.

제6장 연습문제

01 산업연관분석에서 중간재와 최종재의 노동수요함수가 다르다. 중간투입액을 I로 표시할 때 노동수요는 $N_1 = n_1 I$의 등식을 만족한다. 최종재의 경우 노동수요는 $N_2 = n_2 Y$의 등식을 만족한다.

(1) <표 6-1>의 첫째 줄에 있는 시장청산조건을 적용하여 총수요의 고용효과를 수식으로 표시하시오.

(2) 총산출액 대비 중간투입액의 비중이 증가하면 총수요의 고용효과에 어떠한 영향을 미치는지를 (1)에서 도출한 수식을 사용하여 설명하시오.

(3) 중간재산업에서 노동수요는 감소하는 가운데 최종재산업의 노동수요가 증가하는 변화가 발생하면 고용유발계수에 어떠한 영향을 미치는지를 (1)에서 도출한 수식을 사용하여 설명하시오.

02 「노동소득분배율이 상승하고 민간소비비중이 감소하면 노동시장괴리와 노동괴리가 증가한다.」 본 장의 내용을 참고하여 노동시장괴리와 노동괴리의 정의를 설명하시오. 또한 위의 주장을 평가하시오.

03 「노동시장괴리의 증가는 비자발적 실업을 감소시키고, 생산물시장괴리의 증가는 비자발적 실업을 증가시킨다.」 위의 주장을 본 장의 내용을 사용하여 평가하시오.

04 「대기업과 중소기업의 양극화가 심화되면서 노조의 임금교섭력이 강화되는 상황이 지속되면서 노동시장의 괴리는 증가하고 생산물시장의 괴리는 감소한다.」 위의 주장을 본 장의 내용을 사용하여 평가하시오.

05 근로소득세율의 변화가 노동시장괴리에 미치는 효과를 설명하시오.

06 「인터넷 판매와 택배를 통한 배송이 일반화되면서 박리다매의 가격정책을 선택하는 기업의 비중이 높아졌다. 따라서 과거에 비해 총수요변화의 고용효과가 증가하였다.」 위의 주장을 본 장의 내용을 사용하여 평가하시오.

07 「노동괴리가 지속적으로 감소할 것으로 예측되면 자연이자율이 낮아지는 상황이 발생한다. 그 결과 중앙은행의 경기중립실질이자율도 낮아진다.」 위의 주장을 본 장의 내용과 제3장의 내용을 사용하여 평가하시오.

08 「노동괴리가 증가하면서 근로시간이 감소하면 여가시간은 증가하기 때문에 노동괴리의 감소가 항상 사회후생을 감소시키지 않을 수 있다. 장기적인 노동괴리의 증가가 발생할 때 여가증가의 후생증가효과가 소비감소의 후생감소효과를 상쇄한다면 노동괴리의 증가로 인해 사회후생은 오히려 증가할 수도 있다.」 <표 6-7>에서 요약한 시장경제의 균형조건을 사용하여 위의 주장을 평가하시오.

09 <그림 6-4>와 <그림 6-5>의 모형을 사용하여 다음의 문제에 답하시오.

(1) 마크업과 생산물시장괴리는 서로 어떠한 관계가 있는지 설명하시오.

(2) 명목임금경직성이 존재하면서 물가상승률이 제로인 시점에서 균형실질GDP의 결정을 수식을 사용하여 설명하시오.

(3) 위 문제의 답을 이용하여 과거시점의 실질임금이 현재시점에서 결정되는 실질GDP에 미치는 효과를 설명하시오.

(4) 위 문제의 답을 이용하여 생산물시장괴리의 단기적 변동이 실질GDP에 미치는 효과를 설명하시오.

10 「명목임금의 하방경직성이 존재할 때 디플레이션 현상이 지속되면 비자발적 실업이 발생할 수 있다. 이런 상황에서 생산물시장괴리가 하락하면 비자발적 실업을 감소시키는 효과가 발생한다.」 본 장에서 설명한 모형을 사용하여 위의 주장을 평가하시오.

11 「노동괴리가 증가하면서 근로시간이 감소하면 여가시간이 증가하기 때문에 노동괴리의 증가가 항상 사회후생을 감소시키지 않을 수 있다. 장기적인 노동괴리의 증가가 발생할 때 여가증가의 후생증가효과가 소비감소의 후생효과를 상쇄한다면 노동괴리의 증가로 인해 사회후생은 오히려 증가할 수도 있다.」 본 장에서 설명한 모형을 사용하여 위의 주장을 평가하시오.

제7장

자연실업률의 결정

7장 자연실업률의 결정

　본 장의 주요목표는 자연실업률(natural rate of unemployment)의 결정을 설명하는 거시경제모형을 소개하는 것이다. 자연율가설(natural rate hypothesis)을 주장한 프리드만이 제시한 자연실업률의 이론적인 정의를 요약하여 소개한다.[40] 자연실업률은 상품시장과 노동시장의 구조적인 특성이 반영된 일반균형모형의 균형조건을 만족시키는 실업률 수준이다. 상품시장과 노동시장의 구조적인 특성에는 불완전 시장구조, 수요와 공급의 확률적 변동성, 구인광고가 있는 빈 일자리와 취직하려는 근로자 등에 관한 정보의 수집비용, 근로자의 이동비용 등을 포함한다. 자연실업률의 개념은 현실적인 유용성이 있는가? 자연실업률은 획득할 수 있는 자료들을 집계만 한다고 해서 알 수 있는 변수가 아니기 때문에 관측되는 변수가 아니라고 할 수 있다. 실업률은 획득할 수 있는 자료들을 집계하여 관측할 수 있는 변수이지만, 자연실업률은 직접적인 관측이 불가능한 변수이다. 이런 단점에도 불구하고 자연실업률의 개념이 가지고 있는 현실적인 유용성이 있다.

　자연실업률 개념의 현실적 유용성과 관련된 첫 번째 포인트는 자연실업률은 통화정책의 지속가능한 고용안정목표가 될 수 있다는 점이다. 자연실업률은 통화정책의 영역 밖에서 결정되지만, 실업률과 자연실업률의 차이를 조정하는 것은 통화정책의 영역 안에 있다는 견해가 가능하다. 실업률과 자연실업률의 차이를 실업률갭이라는 용어를 사용하여 나타낼 수 있다면 통화정책을 통해서 실업률갭을 조정할 수 있다는 것이다. 이런 견해는 자연율가설의 내용을 반영하기 때문에 「프리드만 견해」라고 할 수 있다. 프리드만 견해에 따르면 통화정책의 지속가능한 고용안정목표는 (실업률＝자연실업률)의 등식으로 표현할 수 있다.

---

40) 프리드만(Milton Friedman)이 1968년 미국경제학회의 학술지(American Economic Review, 58권 1호, 1페이지부터 17페이지)에 게재한 논문의 제목은 「The Role of Monetary Policy」이다. 프리드만은 이 논문에서 자연실업률의 정의를 명시적으로 설명하고 있으며, 통화정책의 실물효과와 한계를 설명하고 있다.

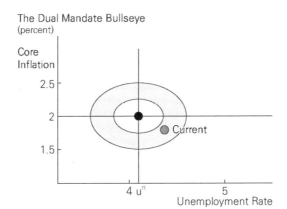

FEDERAL RESERVE BANK of CHICAGO

Last Updated: 04/14/20
The Federal Reserve's Dual Mandate

The Dual Mandate Bullseye
(percent)

The monetary policy goals of the Federal Reserve are to foster economic conditions that achieve both stable prices and maximum sustainable employment.

〈그림 7-1〉 미국 중앙은행의 통화정책목표

통화정책을 사용하여 실제 실업률이 자연실업률보다 더 낮은 상황을 일시적으로 달성할 수는 있지만, 지속적으로 유지할 수는 없다는 것이다.

앞의 내용에 덧붙여서 실제 통화정책에서도 자연실업률의 개념을 받아들여서 통화정책의 성과를 평가할 수 있다는 점이다. 간단히 요약하여 자연실업률을 추정하여 실제로 사용하고 있는 사례가 있다는 것이다. <그림 7-1>에서는 미국 중앙은행인 연방준비위원회의 복수책무(dual mandate)를 그림으로 설명하고 있다. 연방준비위원회의 복수책무는 미국 중앙은행은 물가안정과 지속가능한 최대고용수준이 달성되는 경제상황이 만들어질 수 있도록 통화정책을 실시해야 한다는 것이다.[41] <그림 7-1>에서는 수평축은 실업률, 수직축은 인플레이션율을 나타내는 평면에서 연방준비위원회의 인플레이션율의 목표치가 연 2퍼센

---

41) <그림 7-1>에서는 미국 시카고 연방은행(Federal Reserve Bank of Chicago)의 홈페이지에 수록되어 있는 그래프를 그대로 복사하여 보여주고 있다.

트이고 실업률의 목표치가 4퍼센트를 약간 상회하는 것으로 표시하고 있다. <그림 7-1>에서 표시되어 있는 실업률의 목표치는 어떻게 결정되는가? 실업률의 목표치가 자연실업률이라고 볼 수 있다. 이런 해석에 따르면 자연실업률은 현실경제에서 실제로 실시되고 있는 통화정책의 목표가 된다. <그림 7-1>에서 실제 상황은 푸른색의 점으로 표시되어 있고, 중앙은행의 목표는 검은색의 점으로 표시되어 있다. 이 그림에서 나타내고 있는 상황은 실현된 인플레이션율은 목표치보다 더 낮고, 실현될 실업률은 목표치보다 더 높은 것으로 나타난다.

<그림 7-1>을 기준으로 목표를 달성하기 위해서 앞으로 통화정책이 어떻게 실시되어야 하는지에 대하여 판단해보면 다음과 같다. 인플레이션율과 실업률을 각각의 목표치에 근접시키려면 인플레이션율을 상승시키고, 실업률은 낮추어야 한다. 따라서 경기확장적인 통화정책을 실시해야 하기 때문에 중앙은행은 적절한 시기에 적절한 폭으로 단기명목이자율을 낮추어야 한다.

두 번째 포인트는 자연실업률은 다양한 요인의 변화를 반영하여 변화하기 때문에 그 자체로도 거시경제의 중요한 지표가 될 수 있다는 것이다. 정부가 제공하는 실업수당의 변화는 자연실업률에 영향을 미친다. 실업수당이 제공하는 금전적인 혜택이 증가하면 실업상태에 있는 근로자의 고용되기 위한 노력이 상대적으로 낮아질 수 있어서 자연실업률이 높아질 수 있다는 점이 지적되어 왔다. 모리스, 리치, 트레이시 등이 미국의 자료를 사용하여 개인의 생애주기와 실업률 간의 관계를 분석한 연구결과를 인용하면 다음과 같다.[42] 각 연령별로 실업률을 측정하면 실업률은 25세 전후 연령에서 측정한 실업률이 다른 연령대에 비해 높게 나타난다. 연령이 높아지면서 40대 중반에 이르기까지 실업률은 낮아지는 모습을 보인다. 이런 결과에 비추어 보면 연령이 높은 근로자들이 젊은 근로자들에 비해 실업상태에 있을 가능성이 낮기 때문에 전체 근로자들의 평균연령이 높아질수록 자연실업률은 낮아질 수 있다는 점도 지적되고 있다.

---

42) 모리스(Michael Morris), 리치(Robert Rich), 트레이시(Joseph Tracy) 등이 2019년 미국 달라스 연방은행의 홈페이지(Dallas Fed Economics)에 게재한 연구논문의 제목은 「A Natural Approach to Estimating the Natural Rate of Unemployment」이다. 이 논문에서 저자들은 인구의 연령별 구조, 기존 생산기술의 폐기, 해외경쟁 등이 자연실업률에 영향을 미칠 수 있음을 지적하고 있다.

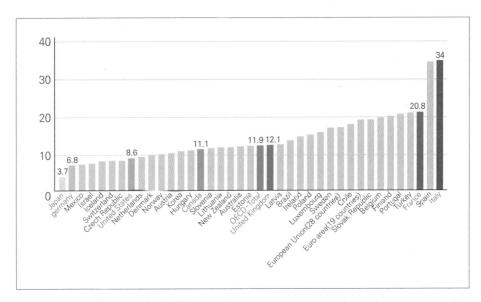

〈그림 7-2〉 OECD국가 청년실업률 비교

　　한국에서도 청년실업률은 높게 나타난다. 통계청이 발표한 자료에 따르면 청년실업률은 2016년 9.8퍼센트, 2017년 9.8퍼센트, 2018년 9.5퍼센트를 유지하고 있다. <그림 7-2>에서는 OECD국가의 청년실업률을 비교하고 있다.[43] OECD 회원국에서도 청년실업률이 높은 것을 알 수 있다. 예를 들어 OECD국가 전체를 놓고 측정하면 청년실업률은 11.9퍼센트이다. <그림 7-2>에서 나타난 한국의 청년실업률은 10퍼센트를 약간 넘는 것으로 나타난다. 일본의 청년실업률이 OECD국가 중 가장 작은 3.7퍼센트이다. 미국의 청년실업률은 8.6퍼센트로 나타난다. 독일의 청년실업률은 6.8퍼센트로 한국의 청년실업률보다 낮다. 그러나 영국, 프랑스, 이탈리아 등을 포함하는 많은 유럽국가의 청년실업률은 한국보다 더 높게 나타난다. 통계청에서 발표한 한국의 청년실업률과 OECD에서 발표한 한국의 청년실업률의 차이가 발생하는 이유는 두 기관에서 채택하고 있는

---

43) OECD 홈페이지의 데이터베이스에 있는 「Youth unemployment rate」그림을 그대로 복사하여 보여주고 있다. COVID-19가 발생하기 이전의 자료이기 때문에 2020년과 2021년의 수치보다 낮게 나타난다는 점을 지적한다.

청년연령의 정의가 다르기 때문이다. 예를 들어, OECD에서 채택하고 있는 청년의 연령범위는 15세−24세이고, 통계청에서 채택하고 있는 청년의 연령범위는 15세−29세이다.

자연실업률은 자료의 수집을 통해서 직접적으로 관측되지 않기 때문에 추정되어야 한다는 점을 지적한다. 자연실업률을 실제로 추계하여 발표하고 있는 미국의 의회예산국은 총수요의 변동으로 인해 발생하는 부분이 제외된 실업률을 자연실업률이라고 정의한다. 또한 장기 자연실업률을 토대로 잠재GDP를 추계한다고 밝히고 있다. 미국의 의회예산국이 제시하고 있는 자연실업율의 정의는 실제로 관측되는 실업률은 자연실업률과 순환실업률의 합으로 구성된다는 견해를 반영하고 있다. 순환실업률은 거시경제의 일시적인 경기변동에 의해서 발생하는 실업을 말한다. 실업률과 실질GDP 사이에 성립하는 실증적인 관계를 나타내는 「오쿤의 법칙」이 자연실업률과 잠재GDP를 연결하는 식이다. 오쿤의 법칙을 갭률의 형태로 나타내면 생산갭률은 순환실업률의 선형함수이다. 수식의 형태로 설명하면 (실질GDP−잠재GDP)/잠재GDP = −a×(실업률−자연실업률)의 형태가 된다. 이 식에서 a는 양수이다. 실업률과 자연실업률을 알 때 오쿤의 법칙을 이용하여 잠재GDP를 추계할 수 있다. 따라서 앞에서 인용한 장기 자연실업률을 토대로 잠재GDP를 추계한다는 미국 의회예산국의 설명은 오쿤의 법칙을 염두에 둔 표현이라고 할 수 있다.

앞 장의 노동시장모형과 본 장의 노동시장모형은 어떠한 차이가 있는지 궁금할 것이다. 그러나 앞 장의 노동시장모형을 사용하여 실업현상이 발생하는 이유를 설명하지 못하는 것은 아니다. 예를 들어, 앞 장에서 설명한 노동시장에서도 균형임금보다 더 높은 수준의 임금이 지급되는 상황이 발생하면 노동의 초과공급이 발생하여 「비자발적 실업」이 발생한다. 「맨큐의 경제학 원론」에서는 최저임금법, 노조와의 임금협상, 효율성 임금 등의 이유로 균형임금보다 더 높은 임금이 지급될 수 있다는 점을 지적하고 있다.[44] 그러나 앞 장에서 설명한 노동시

---

44) 기업이 근로자의 생산효율성을 높이기 위해 균형임금보다 더 높은 임금을 근로자에게 자발적으로 지불할 수 있다는 견해를 효율성 임금(efficiency wage) 가설이라고 한다. 높은 수준의 임금을 지불하는 것이 근로자의 노동효율성제고에 도움이 되는 이유를 다음과 정리할 수 있다. (1) 근로자의 건강증진에 기여한다. (2) 근로자의 이직을 줄인다. (3) 근로자의 근무노

장모형에서는 근로자들이 제각기 서로 다른 기술을 가지고 있으며 일자리의 업무를 수행하기 위해 필요한 기술과 지식도 일자리마다 다를 수 있다는 점이 명시적으로 반영되지 않았다. 또한 구인광고가 있는 빈 일자리와 취직하려는 근로자 등에 관한 정보의 수집비용과 근로자의 일자리 탐색과정 등이 명시적으로 반영되지 않았다. 본 장에서는 앞 장의 모형과는 달리 노동시장의 매칭기능을 명시적으로 반영한 노동시장모형을 사용하여 자연실업률의 결정을 설명한다.[45]

제1절 노동시장의 매칭기능과 베버리지곡선

일자리 탐색과 「자발적 실업」의 개념에 대하여 설명한다. 근로자들은 제각기 서로 다른 기술과 적성을 가지고 있다. 일자리도 제각기 서로 다른 특성을 가지고 있다. 업무를 수행하기 위해 특별한 기술이 있어야 일자리가 많이 있다. 따라서 근로자들은 자신이 보유한 기술과 능력에 맞는 일자리를 찾아야 한다. 기업도 일자리의 업무를 제대로 수행할 수 있는 적임자를 찾아야 한다. 하지만 채용할 수 있는 근로자에 대한 정보가 기업에 전파되거나, 빈 일자리에 대한 정보가 실업자에게 전파되는 데 시간이 걸린다. 그 결과 가장 적합한 일자리를 찾기 위해 근로자들은 자발적으로 실업상태를 감수해야 한다. 사실 「마찰적 실업」이라는 용어도 많이 사용된다. 마찰적 실업은 근로자가 직업을 찾거나 바꾸는 과정에서 일시적으로 생기는 실업을 말한다. 직장을 탐색한다는 의미에서 「탐색적 실업」으로 부르기도 한다. 이런 의미에서 마찰적 실업은 근로자가 자발적으로 실업상태를 선택해야 하는 상황을 설명하는 대표적인 사례로 볼 수 있다.

앞에서 설명한 내용이 반영된 노동시장의 균형은 어떠한 특징이 있는가? 앞

력을 증가시킨다. (4) 고용의 질을 높인다.

45) 본 장에서 소개하는 내용은 모르텐센 – 피사리드(Mortensen – Pissarides) 모형이다. 자세한 내용이 담긴 논문과 저서는 다음과 같다. 1994년에 모르텐센과 피사리드의 공저로 Review of Economic Studies(61권 3호, 397페이지부터 415페이지)에 게재된 「Job Creation and Job Destruction in the Theory of Unemployment」이다. 또한 2000년에 MIT대학 출판사에서 출간된 피사리드의 저서는 「Equilibrium Unemployment Theory」이다.

장에서 설명한 노동시장모형에서는 수요곡선과 공급곡선이 교차하는 점에서 결정되는 균형임금과 고용을 분석하고 있기 때문에 균형임금을 받고 기꺼이 일하고자 하는 모든 사람들이 고용되는 상황이 균형이 달성된 상황이다. 앞 장에서 설명한 노동시장의 균형에서는 자발적인 실업이 없는 상황이다. 본 장의 노동시장모형에서 설명하는 장기균형의 개념은 앞 장에서 설명한 균형개념과는 다르다는 점을 지적한다. 본 장의 장기균형에서는 (노동시장수요＝노동시장공급)의 상황을 명시적으로 강조하지 않는다. 실업자와 취업자의 수가 항상 고정되는 상황이 노동시장의 장기균형에서 성립하는 조건이라고 가정한다는 점을 지적한다.

실업자와 취업자의 수가 고정되어 있다고 해서 개별 근로자의 고용상황에서 변동이 없다는 것은 아니다. 개별 근로자는 실업상태에서 취업상태로 전환되거나 취업상태에서 실업상태로 전환되는 고용상황의 변동이 가능하다. 노동시장에서 항상 일자리흐름과 근로자흐름이 존재한다는 점이 반영되어야 한다는 것이다. 일자리흐름의 개념은 다음과 같다. 매 시점마다 새로운 일자리가 창출되기도 하지만 기존에 있던 일자리 중에서도 소멸되는 일자리가 있다는 것이다. 근로자흐름의 개념은 다음과 같다. 매 시점마다 실업자에서 새로 취업자가 되거나 기존의 취업자 중에서 새로 실업자가 되는 근로자가 존재한다는 것이다. 특정한 시점에서 실업자의 상태로 된다고 하여 그 이후 모든 시점에서 영원히 실업자가 되는 것은 아니라는 것이다.

개별 일자리의 생성과 소멸은 항상 존재하지만, 장기균형이 달성되면 경제 전체의 실업자와 취업자의 수는 변동이 없어야 한다는 것이다. 장기균형이 달성되기 위해 (실업자군에 새로 들어오는 사람의 수＝실업자군을 나가는 사람의 수)의 등식이 만족되어야 한다. 또는 (취업자군에 새로 들어오는 사람의 수＝취업자군을 나가는 사람의 수)의 등식이 만족되어야 한다. 두 개의 등식을 결합하면 (취업자군에 새로 들어오는 사람의 수＝실업자군에 새로 들어오는 사람의 수)의 등식이 성립한다. 장기균형의 상황에서는 실업자 중에서 새로 취업하는 사람의 비중과 취업자 중에서 새로 실업자가 되는 사람의 비중이 상수로 고정되어 있다. 실업자 중에서 새로 취업자가 되는 사람의 비중을 q, 취업자 중에서 새로 실업자가 되는 사람의 비중을 s로 표시하면, 앞에서 설명한 장기균형의 조건은 ($s \times$취업자군＝$q \times$실업자군)의 등식으로 표시된다.

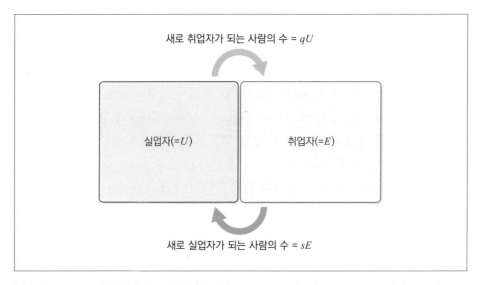

새로 취업자가 되는 사람의 수 = qU

실업자(=U)

취업자(=E)

새로 실업자가 되는 사람의 수 = sE

〈그림 7-3〉 노동시장의 구조와 장기균형

　〈그림 7-3〉은 앞에서 설명한 노동시장의 구조를 그림으로 보여주고 있다. 〈그림 7-3〉을 작성하기 위해 사용된 세 개의 가정을 요약한다. (1) (노동력＝취업자군＋실업자군)의 등식이 항상 성립한다. (2) 노동력의 크기도 항상 일정한 상수로 고정되어 있다. 사각형의 전체 면적이 노동력을 나타낸다. (3) 취업자는 자신의 직장을 떠나면 반드시 실업자가 된다. 사실 현실경제에서는 직장을 다니면서도 새로운 직장을 탐색할 수 있으므로 반드시 실업상태를 거쳐서 다른 직장으로 옮겨갈 이유는 없다. 본 장의 모형에서는 중요한 개념의 설명에 초점을 맞추기 위해 단순화가정을 적용한다.[46] 수직선을 기준으로 왼편 사각형 면적은 실업자군의 크기, 오른편 사각형의 면적은 취업자군의 크기를 나타낸다.

---

46) 직장인이 이직하는 이유를 조사한 결과를 정리한 2013년 7월 13일의 MK News에 게재된 기사내용을 인용한다. 「현재의 직장에서 이직을 원하는 이유로 '연봉 등의 경제적 이유 (46%)', '업무가 적성과 맞지 않아서(23.6%)', '상사·후배·동료와의 인간관계(14.7%)' 등으로 답했다. 이직할 기업을 선택할 때 가장 중요한 요소는 연봉(29.8%)이었으며, 업무의 커리어향상(27.3%)도 고려대상이었다.」 이처럼 다양한 이유로 현재의 직장으로부터 이직하는 직장인과 새로 취직하는 실업자 등이 존재하기 때문에 항상 근로자흐름이 존재한다.

전체 면적은 노동력의 크기를 나타낸다. 정규화하여 전체 면적을 1이라고 가정한다. 검은색화살표를 사용하여 왼편 사각형에서 오른편 사각형으로 넘어가는 사람들과 오른편 사각형에서 왼편 사각형으로 넘어가는 사람들을 표시하고 있다. 따라서 검은색화살표는 앞에서 설명한 근로자의 흐름을 나타낸다.

전체 면적을 정규화하기 때문에 발생하는 분석의 편의가 있지만, 실업자와 실업률의 구분이 없어진다는 점으로 인해 발생할 수 있는 혼동을 미리 지적하는 것이 바람직하다. 노동력의 크기를 1이라는 수치로 정규화하기 때문에 앞의 그림에서 실업자와 실업률은 동일한 변수가 된다는 것이다. 이런 이유를 반영하여 후속하는 내용에서는 실업자를 나타내는 변수인 대문자 U를 실업률을 나타내는 변수로 사용한다.

푸른색화살표로 나타내는 근로자의 흐름은 어떻게 결정되는가? 실업자군의 실업자가 취업자군의 새로 들어오는 사람이 되는 과정을 설명하라는 질문으로 해석할 수 있다. 실업자는 취업되기 위해 구직활동을 한다. 또한 기업이 빈 일자리에 새로운 근로자를 고용하기 위해 사원을 모집하는 구인광고를 낸다. 기업은 구인광고를 보고 요청한 서류를 제출한 사람들을 서류심사와 인터뷰하는 과정을 거쳐서 새로운 근로자를 고용한다. 근로자의 구직활동과 기업의 구인활동이 이루어지는 곳을 노동시장이라고 할 수 있다. 노동시장의 기능을 어떻게 설명해야 하는가? 노동시장은 구직활동을 하는 근로자와 기업이 제공하는 빈일자리를 연결시켜주는 역할을 수행하는 것으로 설명할 수 있다. 노동시장의 기능이 수행되면 어떠한 결과를 얻게 되는가? 구직활동을 하는 실업자 중에서 새로 취업되는 사람의 수를 노동시장의 성과로 볼 수 있다. 근로자 한 사람과 하나의 빈일자리가 매칭된다는 것을 인정하면, (구직활동을 하는 실업자 중에서 새로 취업되는 사람의 수=구인광고가 난 빈 일자리 중에서 새로 채워지는 일자리의 수)의 등식이 성립한다. 노동시장의 성과는 매칭된 일자리의 수 또는 매칭된 근로자의 수로 측정할 수 있다. 실업자들과 기업들이 노동시장에 참가하여 노동시장의 성과가 산출된다는 점을 반영하면 실업자군의 크기와 빈일자리의 수는 노동시장의 성과가 산출되기 위해 필요한 투입요소로 간주할 수 있다.

상대적으로 규모가 큰 노동시장과 규모가 작은 노동시장이 존재할 수 있는

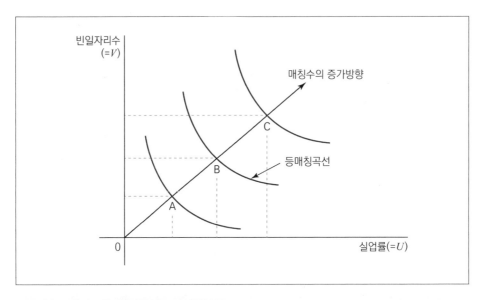

세로축: 빈일자리수 (=V)

매칭수의 증가방향

등매칭곡선

C

B

A

0

가로축: 실업률(=U)

〈그림 7-4〉 노동시장의 기능과 매칭함수

상황을 추상적으로 생각해볼 수 있다. 어떻게 노동시장의 규모를 구별할 것인
가? 이 질문에 답하기 위해 두 개의 항목을 생각해본다. (1) 노동시장의 규모는
노동시장에 참가하는 구직활동을 하는 근로자의 수와 구인활동을 하는 기업의
수로 측정한다. (2) 노동시장의 규모가 클수록 새로 일자리를 찾는 근로자의 수
도 크다. 위에 설명한 두 개의 항목을 만족시키는 함수가 있다면, 이는 노동시장
의 매칭기능을 나타낸다는 의미에서 '매칭함수'로 부르기로 한다. 구체적으로 수
식의 형태로 나타낸다면 구직활동을 하는 실업자의 수와 구인활동을 하는 기업
의 수가 동시에 증가하면 매칭되는 일자리의 수도 증가하는 특성을 가진 함수를
생각할 수 있다.

　　〈그림 7-4〉는 앞에서 정의한 매칭함수의 특성을 그림으로 보여주고 있
다. 수평축은 실업자의 수를 나타내고, 수직축은 구인광고가 난 빈일자리의 수
를 나타낸다. 앞에서 설명한 내용에 따르면 수평축의 크기와 수직축의 크기가
동시에 커지는 상황이 노동시장의 규모가 커지는 상황이다. 세 개의 점이 각각
A점, B점, C점으로 표시되어 있다. 노동시장의 규모는 세 개의 점 중에서 A점이
가장 작고, B점이 중간이고, C점이 가장 크다. 원점을 지나는 직선으로 표시된

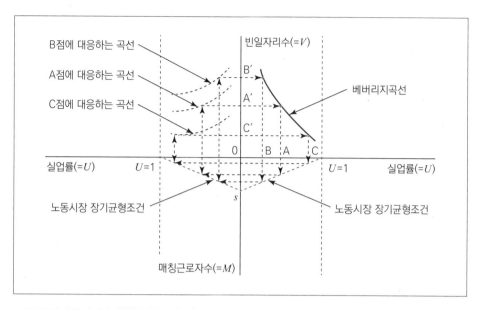

〈그림 7-5〉 베버리지곡선의 도출

내용을 보면 노동시장의 규모가 커지면서 매칭의 수가 증가하는 것을 나타내고 있다. 각각의 점을 지나는 푸른색곡선이 있다. 푸른색곡선들은 일종의 「등매칭곡선」으로 부를 수 있다. 「등매칭곡선」은 임의의 매칭되는 근로자의 수를 선택했을 때 동일한 매칭수를 유지하기 위해 필요한 실업자의 수와 빈일자리의 수의 궤적으로 정의된다. <그림 7-4>에서 보여주고 있는 푸른색곡선은 앞에서 정리한 두 가지 특성에 추가하여 두 개의 추가적인 특성을 가지고 있기 때문에 아래에 정리한다. (3) 노동시장의 규모가 증가할 때 증가하는 비율과 동일한 비율로 매칭수도 증가한다. (4) 등매칭곡선은 음의 기울기를 가지면서 동시에 원점에 대하여 볼록하다.

    <그림 7-3>과 <그림 7-4>에 있는 두 개의 그림을 결합하여 노동시장의 장기균형에서 성립하는 실업률과 빈일자리의 관계를 분석한다. 이를 위해 노동시장의 장기균형을 나타내는 그래프가 어떻게 도출되는지를 설명한다. <그림 7-3>에서 보여주고 있는 노동시장의 근로자흐름을 이용하여 노동시장의 장기균형에서 성립하는 조건을 설명한다. 실업자의 수와 취업자의 수가 고정되

어 있는 상황이 되기 위해 (새로 실업자가 되는 사람의 수=매칭되는 사람의 수)의 등식이 성립해야 한다. 앞에서 설명한 (노동력=1)의 가정을 부과하면 (새로 실업자가 되는 사람의 수=이직률×(1-실업자의 수))의 등식이 성립한다. 앞의 설명을 기호를 사용하여 다시 설명하면 다음과 같다. <그림 7-3>에서 이직률은 s라는 기호로 표시한다. 실업자의 수는 U, 매칭된 근로자의 수는 M으로 표시한다. 앞에서 정의한 기호를 사용하여 노동시장의 장기균형 조건을 수식으로 표시하면 $M=s(1-U)$의 등식이다. 이 등식을 만족시키는 매칭근로자 수와 실업률의 궤적을 노동시장에서 성립하는 장기균형조건의 그래프라고 할 수 있다.

<그림 7-5>에서는 베버리지곡선의 그래프가 도출되는 과정을 보여주고 있다. 4개의 평면으로 나누어져 있다. 제1사분면에서 수평축은 실업률이고, 수직축은 빈일자리수이다. 제2사분면에서 수평축은 실업률이고, 수직축은 빈일자리수이다. 제3사분면은 수평축은 실업률이고, 수직축은 새로 매칭된 근로자의 수이다. 제4사분면은 수평축은 실업률이고, 수직축은 새로 매칭된 근로자의 수이다. 제1사분면에 있는 곡선은 베버리지곡선이다. 제2사분면에 있는 곡선은 매칭함수의 그래프이다. 제3사분면에 있는 점선은 노동시장의 장기균형조건을 나타낸다. 제4사분면은 노동시장의 장기균형조건을 나타낸다. 앞에서 이미 등매칭곡선과 장기균형조건의 그래프에 대하여 설명을 했다.

<그림 7-5>의 목적은 4개의 평면을 이용하여 제1사분면에 있는 베버리지곡선의 도출과정을 설명하는 것이다. 그림을 사용하여 베버리지곡선의 도출과정을 설명한다는 것은 무슨 의미인가? 제1사분면의 수평축에서 임의로 선택된 한 점에 대하여 노동시장의 장기균형조건과 매칭함수를 충족시키는 제1사분면의 수직축에 있는 한 점을 찾을 수 있다는 것을 이용한다는 것이다. 제1사분면의 수평축에 세 개의 점이 있다. 이 중에서 A점을 선택한 것으로 가정하자. 이 점에서 제4사분면으로 수직축을 내려서 제4사분면에 있는 직선과 만나는 점을 찾는다. 이 점에서 왼쪽으로 수평선을 그려서 제4사분면의 수직축과 만나는 점을 찾는다. 제3사분면에 있는 직선을 사용하여 제3사분면의 수평축에서 한 점을 찾을 수 있다. <그림 7-5>에서는 이런 과정을 검은색점선으로 표시하고 있다.

제2사분면의 수평축에서 위로 수직선을 올려서 푸른색곡선과 만나는 점을 찾을 수 있다. 이 점의 수직축 좌표가 A점에 대응하는 빈 일자리수의 값이다. <그림 7-5>에서는 A'으로 표시되어 있다.

앞에서 설명한 방식을 다른 점에 대해서도 계속해서 그대로 적용할 수 있다. 제1사분면의 수평축에 표시되어 있는 B점과 C점에 대해서도 동일한 방식이 적용된다. <그림 7-5>에서 동일한 방식을 적용하여 찾기 위해 각각의 경우 화살표 방향으로 따라가면 B점에 대응하는 점은 B', C점에 대응하는 점은 C'이라는 것을 알 수 있다. 제1사분면의 안에서 세 개의 점을 연속으로 연결하면 도출하려는 곡선을 그릴 수 있다. 이런 방식을 사용하여 도출한 곡선은 <그림 7-5>의 제1사분면에서 우하향하는 푸른색실선으로 표시된 곡선으로 나타난다. 푸른색실선으로 표시된 곡선이 베버리지곡선이다. 베버리지곡선이 함의하는 실업률과 빈 일자리수의 관계를 정리하면 다음과 같다. 기울기의 부호가 음수이기 때문에 실업률과 빈 일자리수는 서로 반대 방향으로 움직인다는 것을 의미한다. 실업률과 빈 일자리수가 서로 반대방향으로 움직이는 이유는 무엇인가? 실업률이 증가할수록 동일한 조건을 제시하는 일자리를 채우려는 사람의 수가 증가하여 빈 일자리수가 감소하는 것으로 해석할 수 있다.

<그림 7-5>에서 도출된 베버리지곡선과 동일한 형태의 곡선을 실제 자료를 사용하여 그릴 수 있다는 것을 보일 수 있다. 구인광고가 난 일자리의 수를 알 수 있다면 실제 자료를 사용하여 실업률과 빈 일자리수의 관계를 분석할 수 있기 때문이다. 그 결과 <그림 7-5>에서 보여준 것과 유사한 형태의 그래프를 그릴 수 있다는 것을 보일 수 있다. 베버리지곡선은 이론적으로만 성립하는 추상적인 관계를 나타내는 것이 아니라 현실경제에서 실제로 성립하는 실증적인 관계를 나타낸다는 점을 지적한다. 이런 측면에서 베버리지곡선은 매칭함수의 가정을 정당화하는 실증적인 증거로 간주할 수 있다.

<그림 7-6>은 2000년부터 2010년까지 월별로 수집된 미국의 자료를 사용하여 작성된 베버리지곡선을 보여주고 있다.[47) 2000년부터 2007년까지 자료

---

47) 그림의 출처는 바르니천(Reqis Barnichon), 엘스비(Michael Elsby), 호빈(Bart Hobijn), 사힌 (Aysequl Sahin) 등이 미국 샌프란시스코 연방은행의 연구논문시리즈(2010-32)에 등록한

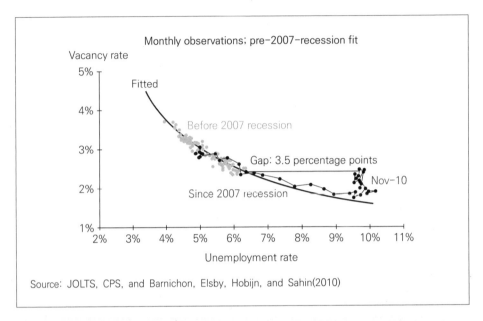

Monthly observations; pre-2007-recession fit

Vacancy rate

5%
Fitted
4%
Before 2007 recession
3%
Gap: 3.5 percentage points
Nov-10
2%
Since 2007 recession
1%
2% 3% 4% 5% 6% 7% 8% 9% 10% 11%
Unemployment rate

Source: JOLTS, CPS, and Barnichon, Elsby, Hobijn, and Sahin(2010)

〈그림 7-6〉 미국의 베버리지곡선

에서 나타난 빈 일자리수와 실업률 간의 관계는 푸른색의 점들로 표시된다. 2008년부터 2010년까지 자료에서 나타난 빈 일자리수와 실업률 간의 관계는 검 정색의 점들로 표시된다. <그림 7-6>에 있는 점들을 부드럽게 이어지는 곡 선을 사용하여 나타내면 검은색으로 표시된 반비례 곡선의 형태가 나타난다는 것을 보여주고 있다. 이를 베버리지곡선이라고 말한다. 따라서 <그림 7-6>의 그래프는 관측된 자료를 사용하여 베버리지곡선이 존재할 수 있음을 보여주고 있다. 푸른색의 점과 검은색의 점은 불황이 시작되기 이전과 불황이 발생한 이 후 수집된 자료를 사용하고 있다는 차이가 있다. <그림 7-6>을 사용해서 강 조하고 있는 점은 불황이 시작된 이후 베버리지곡선의 이동이 발생하였을 가능 성이 크다는 것이다. 검은색의 점들이 뭉쳐있는 부분은 검은색의 곡선으로부터 수평으로 3.5퍼센트 정도 우측으로 이동한 곳에 위치한다는 점을 표시하고 있 다. 따라서 베버리지곡선은 한 곳에 항상 머물러있는 것이 아니라 경제상황의

「Which Industries Are Shifting the Beveridge Curve?」이다.

장기균형	$qU = sE$
노동력의 정의	$U + E = 1$
실업률과 취업률의 결정	$U = \dfrac{s}{q+s}; \quad E = \dfrac{q}{q+s}$
짝짓기함수	$M = AU^{1-\alpha}V^{\alpha}$
베버리지곡선	$V = (\dfrac{s}{A})^{1/\alpha}(1-U)^{1/\alpha}U^{-(1-\alpha)/\alpha}$

변화를 반영하여 위치를 이동할 수 있다는 것을 확인할 수 있다.

　〈표 7-1〉의 첫째 줄에 있는 식은 장기균형조건을 수식으로 나타내고 있다. 또한 경제 전체에서 가용한 노동력(labor force)은 항상 고정되어 있다고 가정한다. 특히 노동력의 크기를 항상 1로 고정하여 정규화의 가정이 부과된다. 노동력은 실업자와 취업자의 합이다. 〈표 7-1〉의 둘째 줄에 있는 조건을 첫째 줄에 있는 식에 대입하여 정리하면 장기균형의 실업률과 취업률이 결정된다. 셋째 줄에 정리되어 있는 장기균형의 실업률과 취업률은 이직률과 취업률의 함수가 된다. 넷째 줄에서 보여주고 있는 매칭함수는 코브-더글러스함수의 형태를 가정하고 있다. A는 노동시장 매칭기능의 효율성을 나타내고, α는 1보다 작은 양수이다.

　〈그림 7-5〉에서 이미 설명한 베버리지곡선의 도출과정을 수식을 사용하여 반복한다. 도출하는 방식은 앞에서 설명한 방식을 그대로 적용한다. 매칭함수와 노동시장의 장기균형조건을 결합하여 다음과 같은 두 개의 단계를 거쳐서 베버리지곡선의 식을 도출할 수 있다. (1) 〈표 7-1〉의 둘째 줄에 있는 식을 첫째 줄에 있는 식에 대입하여 실업률의 함수로 정리하여 $M = s(1-U)$의 등식을 도출한다. (2) (1) 단계에서 도출한 식을 넷째 줄에 있는 매칭함수의 식에 대입하여 좌변에 빈 일자리수를 나타내는 변수가 위치하도록 정리하면 다섯째 줄에 있는 식이 도출된다. 〈표 7-1〉의 다섯째 줄에 있는 식이 함의하는 빈 일

자리수와 실업률 간의 관계는 무엇인가? 빈일자리수와 실업률은 서로 반대방향으로 움직이는 경향이 있다는 것이다. (빈일자리수의 증가와 실업률의 감소) 또는 (빈일자리수의 감소와 실업율의 증가)의 상황을 의미한다. 다섯째 줄에 있는 식이 함의하는 빈일자리와 실업률의 관계는 현실경제에서 수집할 수 있는 자료를 사용하여 관측된 두 변수의 관계와 일치한다. 이런 의미에서 다섯째 줄에 있는 식을 베버리지곡선의 식이라고 부른다.

제2절 ▶ 자연실업률의 결정

기업은 빈 일자리에 적합한 근로자를 채용하기 위해 비용을 지불하고 구인광고를 낸다. 본 장에서 분석하는 모형에서는 근로자의 채용을 위해 기업이 비용을 지불한다는 점이 반영된다. 기업은 이윤극대화를 추구하기 때문에 비용의 지불 여부를 결정하기 위해 비용의 지불로 발생할 이득도 계산한다. 기업은 일자리 창출과 관련된 비용을 근로자를 채용할 수 있는지의 여부를 알기 이전에 미리 지급하는 것으로 가정한다. 본 장에서는 일자리 한 단위에 대하여 기업이 지불하는 비용은 일정하게 상수로 가정한다. 이를 「일자리창출 단위비용」이라고 부르기로 한다.

기업의 이득은 무엇인가? 일단 일자리가 채워지면 생산이 시작되어 제품의 판매수입에서 임금을 지불하고 남는 기업이윤이 발생한다. 채용된 근로자와 맺어진 고용관계는 계속해서 지속될 수 있기 때문에 기업이윤도 고용관계가 지속되는 한 계속해서 발생한다. 이런 특성을 반영하여 고용관계가 새로 시작된 이후 발생하는 모든 미래 기업이윤흐름의 현재가치를 (일자리 단위당 생애수입)이라고 부르기로 한다. 또한 일자리창출 단위비용을 지불하는 시점에서 새로운 근로자를 채용할 수 있는지의 여부가 확실하게 정해지지 않는다. 기업이 노동시장에 구인광고를 낸 빈 일자리가 채워질 확률만 알고 있다. 따라서 일자리창출 단위비용을 지불하는 시점에서 기업의 예상수입은 (예상수입＝빈 일자리 채워질 확률×일자리 단위당 생애수입)의 등식으로 표현할 수 있다.

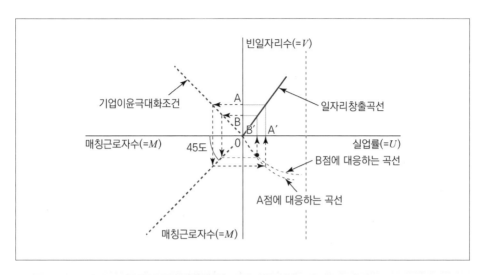

〈그림 7-7〉 **일자리 창출곡선의 도출**

모든 기업은 빈 일자리를 채우기 위해 구인광고를 내는 시장에 자유롭게 진입할 수 있다고 가정한다. 이런 진입자유의 가정이 반영되면 균형에서 일자리창출의 예상이윤은 제로가 되어야 한다. 예상이윤이 제로라는 조건을 간단히 정리하면 (일자리창출 단위비용＝빈 일자리 채워질 확률×일자리 단위당 생애수입)의 등식이다. 일자리창출에 대한 기업의 이윤극대화를 반영한다고 볼 수 있다. 일자리창출에 대한 기업의 이윤극대화와 노동시장의 매칭기능을 반영한 빈 일자리와 실업률의 관계는 기업의 일자리창출이 어떻게 결정되는지를 설명하는 것으로 해석할 수 있다. 일자리창출을 결정하는 조건을 나타내는 함수의 그래프를 일자리창출곡선으로 정의한다. 일자리창출곡선은 베버리지곡선이 정의된 평면과 동일하게 정의된 평면에서 원점을 지나는 직선의 형태로 나타난다.

〈그림 7-7〉은 일자리창출곡선의 도출과정을 그림으로 보여주고 있다. 4개의 평면으로 나누어져 있다. 제1사분면에서 수평축은 실업률, 수직축은 빈일자리수이다. 제2사분면에서 수평축은 새로 매칭된 근로자의 수, 수직축은 빈일자리수이다. 제3사분면은 수평축은 새로 매칭된 근로자의 수, 수직축은 새로 매칭된 근로자의 수이다. 제4사분면은 수평축은 실업률, 수직축은 새로 매칭된 근로자의 수이다. 제1사분면에 있는 직선이 일자리창출곡선이다. 제2사분면에

있는 직선이 일자리창출의 진입자유조건을 반영한 기업이윤극대화의 그래프이다. 제3사분면에 있는 직선은 원점을 지나는 직선이다. 제4사분면은 매칭함수의 그래프이다. 제1사분면을 보면 일자리창출곡선은 베버리지곡선이 정의된 평면에서 원점을 지나는 직선의 형태로 나타난다는 것을 보여주고 있다.

<그림 7-7>의 목적은 4개의 평면을 이용하여 제1사분면에 있는 일자리창출곡선의 도출과정을 설명하는 것이다. <그림 7-7>에서 일자리창출곡선의 도출과정을 설명하기 위해 그림을 사용하는 것은 <그림 7-5>에서 베버리지곡선의 도출과정을 설명하기 위해 그림을 사용한 것과 비교할 수 있다. 두 경우의 차이점을 간단히 요약한다. 첫 번째 차이점은 각각의 방식에서 사용되는 균형조건이 다르다는 것이다. 베버리지곡선의 경우 장기균형조건이 사용되었다. 일자리창출곡선의 경우 일자리창출의 예상이윤이 제로가 된다는 조건이 사용된다. 두 번째 차이점은 출발점이 다르다는 것이다. <그림 7-7>에서는 제1사분면의 수직축에서 임의로 선택된 한 점에 대하여 제로예상이윤의 조건과 매칭함수를 충족시키는 제1사분면의 수평축에 있는 한 점을 찾을 수 있다는 점을 이용한다.

제1사분면의 수직축에 두 개의 점이 있는 것을 볼 수 있다. 이 중에서 A점을 선택한 것으로 가정하자. A점에서 왼편으로 수평선을 그리면 제2사분면에 있는 직선과 만나는 점이 있다. 이 점에서 아래로 수직선을 그려서 제2사분면의 수평축과 만나는 점을 찾는다. 제3사분면에 그려져 있는 직선은 원점을 지나고 기울기가 45도인 직선이다. 이 직선을 이용하면 제3사분면의 수직축에서 한 점을 찾을 수 있다. 제4사분면에서 A점에 대응하는 매칭함수의 그래프가 있다. 이 곡선을 이용하면 제1사분면에서 한 점을 찾을 수 있다. <그림 7-7>에서는 이런 과정을 검은색점선으로 표시하고 있다. 제1사분면의 수직축 좌표인 A점에 대응하는 수평축의 값은 A'로 표시되어 있다.

앞에서 설명한 방식을 다른 점에 대해서도 계속해서 그대로 적용할 수 있다. 제1사분면의 수직축에 표시되어 있는 B점에 대해서도 동일한 방식이 적용된다. <그림 7-7>에서 동일한 방식을 적용하여 찾기 위해 각각의 경우 화살표 방향으로 따라가면 B점에 대응하는 점은 B'로 표시되어 있다는 것을 알 수 있다.

구인활동이 성공할 확률	$q = \dfrac{M}{V}$
제로 예상이윤의 조건	$q\Omega = 1$
일자리창출곡선의 식	$V = \theta U$

주: θ는 일자리창출곡선의 기울기를 나타내고, $\theta = (A\Omega)^{1/(1-\alpha)}$로 정의된다.

제1사분면의 안에서 두 개의 점을 연속으로 연결하면 도출하려는 곡선을 그릴 수 있다. 제1사분면에서 우상향하는 푸른색실선으로 표시된 원점을 지나는 직선으로 나타난다. 이 직선이 일자리창출곡선이다. 일자리창출곡선이 함의하는 실업률과 빈 일자리수의 관계를 정리하면 다음과 같다. 기울기의 부호가 양수이기 때문에 실업률과 빈 일자리수는 서로 비례한다는 것을 의미한다. 실업률과 빈 일자리수가 서로 같은 방향을 움직이는 이유는 무엇인가? 개별기업이 예상하는 일자리 단위당 예상이윤과 일자리창출 결정의 상호작용이 반영된 결과로 해석할 수 있다. 실업률이 상승하는 상황을 가정하자. 이런 상황에서 빈 일자리의 수가 예전과 그대로 있다면 개별기업이 예상하는 빈 일자리 단위당 매칭 확률은 증가한다. 그 결과 새로 일자리를 창출하여 얻을 것으로 예상되는 이윤은 증가하기 때문에 새로 일자리를 창출하려는 기업이 증가해야 한다. 따라서 빈 일자리의 수가 증가한다.

일자리창출곡선은 일자리창출의 결정조건과 노동시장의 매칭기능이 함의하는 빈 일자리와 실업률 간의 관계를 나타내는 것으로 해석할 수 있다. 앞의 설명에서는 개념의 설명에 초점을 맞추었기 때문에 일자리창출곡선의 도출과정에서 노동시장의 매칭기능이 어떠한 역할을 하는지가 명확하지 않다. 생략된 부분을 보충하기 위해 수식의 형태를 빌어서 설명한다. 먼저 (Ω = 일자리 단위당 생애수입/일자리창출 단위비용)이라고 정의한다. 또한 빈 일자리가 채워질 확률은 정의에 의해서 〈표 7-2〉의 첫째 줄에 정리되어 있다. 예상이윤이 제로라는 균형조건이 기호로 표시되어 〈표 7-2〉의 둘째 줄에 정리되어 있다. 〈표 7-2〉의 첫째 줄과 둘째 줄에 있는 식에서 q를 소거하여 도출한 식을 〈표

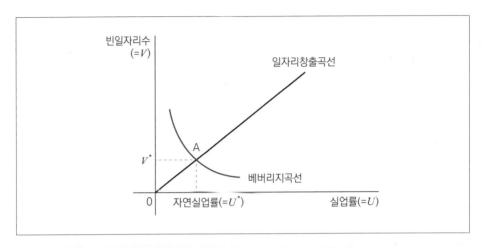

〈그림 7-8〉 **자연실업률의 결정**

7-1>의 넷째 줄에 있는 매칭함수에 대입한 후 정리하면 <표 7-2>의 셋째 줄에 있는 식이 도출된다. 이 식이 일자리창출곡선의 식이다. 앞에서 이미 설명한 바와 같이 일자리창출곡선은 베버리지곡선이 정의되는 평면과 동일한 평면에서 원점을 지나는 직선의 형태로 나타난다는 것을 수식을 사용하여 확인할 수 있다.

<그림 7-8>에서는 베버리지곡선과 일자리창출곡선이 교차하는 점에서 균형 빈 일자리와 자연실업률이 결정된다는 것으로 보여주고 있다. <그림 7-8>에서는 U^*와 V^*로 표시되어 있다. 별표 표시가 있는 두 변수의 값은 <표 7-1>의 다섯째 줄과 <표 7-2>의 셋째 줄에 있는 두 식을 동시에 만족시키는 빈 일자리와 실업률의 값이다. 베버리지곡선이 이동하거나 일자리창출 곡선이 이동하면 그 결과 균형점이 다른 곳으로 이동한다. <표 7-1>의 다섯째 줄에 정리되어 있는 베버리지곡선의 식을 보면 취업자의 이직률을 나타내는 s의 값이 변화하거나 노동시장 매칭기능의 효율성을 나타내는 변수인 A의 값이 변화하면 베버리지곡선이 이동한다는 것을 알 수 있다.

A와 s의 값은 기업의 일자리창출에도 영향을 미칠 수 있다. 우선 <표 7-2>의 셋째 줄에 있는 θ의 정의를 보면 노동시장 매칭기능의 효율성을 나타내는 A의 값이 커지면 일자리창출곡선의 기울기가 증가한다. 또한 이직률을 나

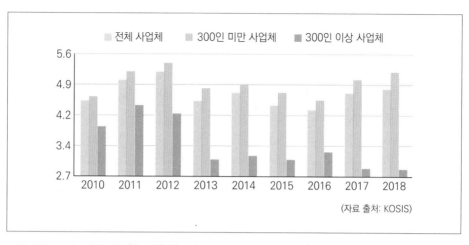

전체 사업체 ■ 300인 미만 사업체 ■ 300인 이상 사업체

(자료 출처: KOSIS)

〈그림 7-9〉 취업자의 이직률 추이

타내는 s의 값이 증가하면 근로자와 기업 간 고용관계의 지속성이 낮아져서 단위당 생애수입을 감소시키는 효과가 발생할 수 있다는 점을 지적할 수 있다. 이런 효과가 반영되면 이직률이 상승할 때 Ω의 값이 작아진다. 그 결과 일자리창출곡선의 기울기가 낮아진다.

앞에서 설명한 자연실업률의 결정모형을 사용하여 <그림 7-6>의 상황을 설명할 수 있는가? <그림 7-6>에서 검은색의 점들이 모여 있는 부분은 약 10퍼센트의 실업률 수준에서 검은색실선으로 표시한 베버리지곡선보다 더 높은 곳에 위치하고 있다. 따라서 검은색의 점들이 일자리창출곡선과 베버리지곡선이 교차하여 생성된 점들이라고 주장하기 위해서 베버리지곡선과 일자리창출곡선이 모두 이동해야 한다는 것을 설명할 수 있어야 한다. <표 7-1>의 다섯째 줄을 보면 이직률이 상승하게 되면 동일한 실업률 수준에 대하여 베버리지곡선의 값을 증가시키므로 베버리지곡선을 위로 이동시킨다. 앞에서 이직률이 상승하면 일자리창출곡선의 기울기가 낮아질 수 있다는 점도 지적하였다. 따라서 푸른색의 점들이 관측된 이유를 본 장의 모형을 사용하여 설명해야 한다면 이직률의 상승이 기여한 바가 있다고 주장할 수 있다. 그러나 극심한 불황이 발생할 때 노동시장의 매칭기능도 약화될 가능성도 있다. 이런 점이 반영된다면 이직률의 변화가 매우 크지 않더라도 본 장의 모형을 사용하여 <그림 7-6>의 상황을 설명하는 데 도움이 될 수 있음을 지적한다. 노동시장의 매칭기능 약화가 아닐지라도 일자리창출곡선의 기울기가 낮아질 수 있다는 점을 지적할 수 있다. 예를 들어, 극심한 불황이 지속될 것으로 예상되면 단위당 일자리 생애수입이 감소한다. 이처럼 신규채용으로부터 예상되는 이득이 낮아지면 Ω의 값이 감소하여 일자리창출 곡선의 기울기도 낮아진다.

현실경제에서 이직률은 어떻게 변화하는가? <그림 7-9>에서는 한국의 자료를 사용하여 추계한 취업자의 이직률 추이를 보여주고 있다. 고용기준으로 300인 이상을 고용하는 기업과 300인 미만을 고용하는 기업으로 구분하여 이직률의 추이를 보여주고 있다. 2018년의 자료를 보면 300인 이상을 고용하는 기업들에 취업한 사람들의 이직률은 3퍼센트를 유지한다. 또한 300인 미만을 고용하는 기업들에 취업한 사람들의 이직률은 5퍼센트를 넘는 것으로 나타난다. 대기업에 취업하고 있는 근로자들의 이직률이 상대적으로 훨씬 낮게 나타난다는 것을 알 수 있다. 푸른색막대그래프는 전체 사업체의 이직률 평균을 나타내고 있다. 300인 미만을 고용하는 기업의 비중이 상대적으로 높기 때문에 푸른색막대그래프는 300인 이상을 표시하는 짙은푸른색막대그래프에 비해 300인 미만을 표시하는 회색막대그래프에 더 가까운 수치를 보여주고 있다.

막대그래프로 표시된 이직률의 변화를 보면 이직률은 항상 일정한 값을 유지하는 것이 아니라 시간이 지나면서 변화하는 모습을 보이고 있다. 2010년의 자료를 보면 이직률이 상대적으로 높은 시기가 있는 것으로 나타난다. 예들 들어, 2011년과 2012년 무렵의 이직률이 2015년과 2016년 무렵의 이직률에 비해 높게 나타난다. <그림 7-9>가 함의하고 있는 점은 매우 극심한 불황이 발생하여 도산하거나 구조조정을 하는 기업이 늘어나면 자발적이든 비자발적이든 현재의 직장에서 떠나야 하는 근로자의 비중이 장기적으로 높아질 수 있다는 것이다.

지속적인 고용과 일자리 창출비용의 역할

 앞에서 분석한 자연실업률의 결정모형에서는 (Ω = 일자리 단위당 생애수입/일자리창출 단위비용)의 등식이 성립한다는 가정을 부과하여 설명을 진행하였다. 「일자리 단위당 생애수입」이라는 표현은 새로 시작된 근로자와 일자리의 매칭이 여러 기간에 걸쳐서 지속될 가능성을 반영되고 있다. 일자리 단위당 생애수입은 근로자와 일자리가 결합되어 생산된 제품을 시장에서 판매하여 발생한 수입으로 구성된다. 근로자와 일자리의 결합이 여러 시점에 걸쳐 지속될 수 있기 때문에 생애수입이라는 표현이 사용된다. <그림 7-10>에서는 현재시점에서 시작된 고용관계가 앞으로 지속될 가능성이 있다는 점과 이를 고려하여 일자리 단위당 생애수입을 계산해야 한다는 점을 세 개의 시점으로 구분하여 보여주고 있다. 0기 시점은 기업이 노동시장에서 구인활동을 하는 단계를 말한다. 매칭이 되면 채용이 성공하는 것을 의미하고, 매칭이 되지 않으면 채용이 실패하는 것을 의미한다. 기업이 구인광고를 내는 시점에서 채용비용을 지불해야 한다. 일자리의 서로 다른 특성에 관계없이 고정비용을 지불하는 것으로 가정한다. 채용이 성공할 확률이 q로 표시되어 있다. 이는 구인광고가 나간 일자리 단위당 채용성공의 확률이다.

 1기 시점은 채용이 결정된 이후 한 시점이 지난 상황이다. 근로자가 채용되더라도 채용되는 시점에서 바로 생산이 시작되는 것이 아니라 다음시점부터 생산이 시작된다. 새로 맺어진 고용관계는 언제든지 유지되거나 종결될 수 있다. 생산을 마친 이후 기업이윤의 크기에 관계없이 근로자가 새로운 직장을 찾아서 그만두거나 기업이 직장을 폐쇄할 수 있다. 이런 이유로 고용관계가 단절될 확률이 s로 표시된다. 고용관계가 단절될 확률은 모든 기업에게 동일하게 같은 크기로 나타난다. 고용관계가 다음시점에도 지속될 확률은 $(1-s)$이다. 고용관계가 유지되어 생산이 지속되면 기업이윤도 계속해서 발생한다. 2기 시점은 1기 시점의 고용관계가 지속되는 상황과 단절되는 상황을 분리하여 보여주고 있다. 1기 시점의 고용관계가 단절되면 새로운 근로자를 채용하는 과정을 시작하게 된다. 1기 시점의 고용관계가 단절되지 않고 지속되면 0기 시점에서 채용된 근

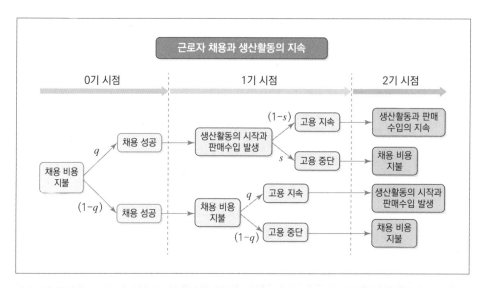

근로자 채용과 생산활동의 지속

| 0기 시점 | 1기 시점 | 2기 시점 |

채용 비용 지불 → q → 채용 성공 → 생산활동의 시작과 판매수입 발생 → $(1-s)$ → 고용 지속 → 생산활동과 판매수입의 지속

생산활동의 시작과 판매수입 발생 → s → 고용 중단 → 채용 비용 지불

채용 비용 지불 → $(1-q)$ → 채용 성공 → 채용 비용 지불 → q → 고용 지속 → 생산활동의 시작과 판매수입 발생

채용 비용 지불 → $(1-q)$ → 고용 중단 → 채용 비용 지불

〈그림 7-10〉 고용관계의 지속과 기업의 실질이윤

로자가 2기 시점의 생산을 담당하여 판매수입이 계속 발생한다.

　〈그림 7-10〉의 함의는 새로운 고용관계가 시작되면 먼 미래 시점까지 단절되지 않고 기업이윤을 발생시킬 수 있다는 것이다. 0기 시점에서 채용비용을 지불할 때 기업은 채용성공으로 인해 앞으로 발생할 수 있는 모든 이윤을 계산하여 0기 시점의 행동을 선택한다. 미래지향적인 기업은 채용성공으로 인해 고용관계가 새로 시작되면서 발생할 수 있는 실질이윤의 현재가치를 계산한다. 미래시점에서 발생할 실질이윤의 현재가치는 어떻게 계산하는가? 앞에서 이미 설명한 바와 같이 할인인자를 사용한다. 1기에서 산출될 GDP 한 단위를 0기에서 산출된 GDP의 단위로 평가할 때 β가 된다고 가정한다면 β가 할인인자이다. 할인인자의 값은 통상 1보다 작은 양수로 가정한다.

　고용관계가 단절될 수 있는 가능성이 있기 때문에 이를 반영한 실질이윤의 현재가치를 계산해야 한다는 점을 지적한다. 고용관계가 단절되지 않는 상황에서만 실질이윤의 발생이 지속되기 때문에 고용관계가 단절되지 않을 확률이 반영되어야 한다. 이런 점을 고려하면 2기 시점에서 발생할 실질이윤을 1기 시점의 GDP 단위로 평가하기 위한 할인인자는 $\beta(1-s)$이다. 따라서 임의의 미래시

기업이윤	$(q\beta)\sum_{t=0}^{\infty}(\beta(1-s))^{t}\Pi_{t+1}$
일자리창출 단위비용 대비 생애수입의 비율	$\Omega_0 = (\dfrac{\beta}{\gamma+\tau})(\sum_{t=0}^{\infty}(\beta(1-s))^{t}\Pi_{t+1})$
물가지수의 정의	$\overline{P}=\sum_{i=1}^{N}\omega_i\overline{P_i} \ \rightarrow \ \sum_{i=1}^{N}\omega_iP_i=1$
마크업의 식	$P_i=\mu_iR \ \rightarrow \ \mu R=1, \ \mu=(\sum_{i=1}^{N}\omega_i\mu_i)$
결합잉여의 식	$\Pi=(1-\varphi)(\mu-1)R \ \rightarrow \ \Pi=(1-\varphi)(1-R)$
일자리창출 단위비용 대비 생애수입의 비율	$\Omega=\dfrac{\beta(1-\varphi)(1-R)}{(\gamma+\tau)(1-\beta(1-s))}$

주: Π_t는 임의의 t시점에서 발생할 실질이윤, μ_i는 개별기업의 마크업, P_i는 개별기업의 실질가격이다.

점에서 발생할 실질이윤을 1기 시점의 GDP 단위로 평가하기 위한 할인인자는 $\beta(1-s)$의 거듭제곱이다. 0기 시점에서 채용된 근로자가 무한 기간까지 계속해서 생산을 담당할 수 있을 가능성이 있기 때문에 일자리 단위당 생애수입은 무한급수의 형태로 나타난다. 이런 점이 반영된 일자리 단위당 생애수입의 식이 <표 7-3>의 첫째 줄에 정리된다.

이 식의 내용을 정확히 설명하면 0기 시점의 GDP단위로 평가한 일자리 단위당 예상 생애수입이다. <표 7-3>의 첫째 줄에서 중괄호부분은 1기 시점부터 앞으로 발생할 실질이윤의 흐름을 1기의 GDP단위로 평가한 것이다. 0기 시점의 GDP단위로 평가하기 위해 중괄호 앞에 β를 곱해야 한다. 또한 구인광고를 내더라도 적절한 근로자를 찾을 수 있는지 확실하게 결정되지 않은 상태에서 모집관련비용을 미리 지불해야 한다. 모집관련비용이 결정된 시점에서 평가한 이득은 적절한 근로자를 찾을 확률이 반영되어야 하기 때문에 q도 곱해져야 한다는 점이 반영되어 있다.

일자리창출비용은 서로 독립적인 두 부분으로 구성되는 것으로 가정한다. 첫째, 구인광고비용을 포함하는 모집관련비용이다. 모집관련비용을 γ로 나타낸다. 둘째, 기존의 고용관계가 파기되어 생산을 중단하면 일자리는 제품시장에서 퇴출되는 것으로 가정한다. 구인광고를 낸 빈 일자리에 대하여 새로운 고용관계가 형성되어 생산을 시작하기 이전에 지불해야하는 고정비용이 존재하는 것으로 가정한다. 이런 비용을 τ로 나타내고, 여기에 기업이 제품시장에 진입하기 위해 지불하는 진입비용이 포함된 것으로 해석한다. 근로자를 채용하여 생산을 시작하기 이전에 진입비용을 지불하기 때문에 적절한 근로자를 채용하지 못해서 생산을 시작하지 못하면 이미 지불한 진입비용을 회수하지 못한다.

기업은 앞에서 설명한 비용만 지불하면 빈 일자리의 구인광고시장에서 자유롭게 진입과 탈퇴할 수 있다. 따라서 균형에서 (일자리 단위당 예상 생애수입＝일자리 창출비용)의 조건이 만족된다. 앞에서 이 조건을 사용하여 일자리창출곡선의 식을 도출하였다. 앞에서 설명한 단위당 일자리 창출비용과 단위당 일자리 생애수입의 수식을 사용하여 정의한 기호 Ω의 값을 <표 7−3>의 둘째 줄에 있는 식으로 정리할 수 있다. 이 식에서 Ω_0는 0기에서 평가한 Ω의 값을 의미한다.

근로자는 노동시장의 매칭기능에 의해서 새로 만나게 되는 기업에서 채용을 받아들일 것인지 아니면 다른 일자리를 찾을 것인지를 선택한다. 근로자의 선택과정은 다음과 같다. 기업이 제공할 실질임금이 유보임금보다 더 낮다면 근로자는 기업에서 근무하지 않는다. 그러나 실질임금이 유보임금과 같거나 더 높다면 기업에서 근무한다. 여기서 유보임금은 근로자가 기업의 채용을 받아들이는 최저수준의 실질임금으로 정의된다. 유보임금은 근로자가 기업의 채용을 받아들일 때 감당해야 하는 기회비용이다. 따라서 노동시장의 매칭기능에 의해 기업에 채용될 때 근로자가 얻는 순이득은 (실질임금−유보임금)이 된다. 이를 근로자잉여로 정의한다. 앞의 설명을 요약하면 근로자가 새로운 일자리에서 근무하기 위해 근로자잉여가 비음수가 되어야 한다.

근로자의 실질임금은 어떻게 결정되는가? 근로자와 기업이 상호 고용계약을 체결할 때 임금협상을 거쳐서 실질임금이 결정된다. 근로자와 기업 간 임금협상은 결합잉여의 배분을 결정하는 과정으로 간주할 수 있다. 결합잉여는 근로자잉여와 기업이윤의 합이다. (근로자잉여＝실질임금−유보임금)의 식과 (기업이윤

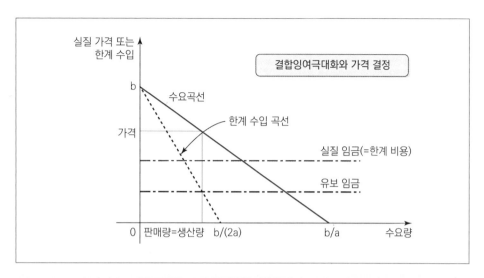

<그림 7-11> 결합잉여극대화와 제품가격의 결정

=판매수입－실질임금)의 식을 합하면 (결합잉여＝판매수입－유보임금)이다. 임금협상에 의해서 임금이 결정되기 때문에 결합잉여 중 근로자잉여가 차지하는 비중은 근로자 협상력을 반영한다. 본 장에서 설명하는 임금협상모형에서는 근로자와 기업가의 상대적인 협상력을 나타내는 지수가 존재하는 것으로 가정한다. 협상력을 나타내는 지수의 값이 크면 협상력이 높다는 것을 의미한다. 근로자의 협상력이 높으면 기업가의 협상력이 낮다는 점이 반영되기 위해 (근로자협상력＋기업가 협상력＝1)의 조건이 만족되는 것으로 가정한다. 협상결과를 요약하면 다음과 같다. 결합잉여 중 근로자잉여가 차지하는 비중은 근로자 협상력과 같다. 또한 결합잉여 중 기업이윤이 차지하는 비중은 기업가 협상력과 같다. 이를 수식의 표현을 빌어서 간단히 설명하면 두 개의 조건이다. (근로자잉여＝근로자협상력×결합잉여)와 (실질이윤＝기업협상력×결합잉여)의 조건이다.

개별기업의 제품가격은 어떻게 결정되는가? 개별기업은 각각 차별화된 제품을 생산하기 때문에 각각의 기업은 우하향하는 수요곡선을 가지고 있다. 따라서 기업은 제품가격을 직접 결정한다. <그림 7-11>은 제품가격의 결정을 설명하고 있다. 제품시장이 불완전경쟁시장이라는 점을 반영하여 우하향하는 푸른색 실선은 수요곡선, 우하향하는 검은색점선은 한계수입곡선이다. 한계수입곡선은 수요곡선보다 아래에 위치한다. 유보임금의 수준은 개별기업의 의사결정과 독립적으로 결정되는 것으로 가정한다. 유보임금을 검은색점선의 수평선으로 표시하고 있다. 본 장의 모형에서 기업은 결합잉여극대화의 결과로 제품가격을 결정하는 것으로 가정한다. 따라서 <그림 7-11>에서는 유보임금과 한계수입곡선이 교차하는 점에서 결정된 수요량과 일치하는 가격을 제품가격으로 선택한다는 것으로 나타내고 있다. 앞에서 임금협상을 통해서 결정된 실질임금은 제품가격과 유보임금의 가중평균이 된다. 이런 경우 우하향하는 수요곡선을 가진 기업의 제품가격은 수요량의 함수이므로 실질임금도 수요량의 함수가 된다. 따라서 제5장의 가정과 달리 노동시장에서 결정되는 실질임금수준을 수평선으로 나타낼 수 없다.

<그림 7-11>에서 실질임금은 개별기업의 수요량과 무관하게 결정되는 것으로 가정하여 수평선으로 그리고 있다. 앞 장에서 설명한 이윤극대화와 본 장에서 설명한 결합잉여극대화를 그림으로 비교하여 설명하고 있다는 점을 지적한다. <그림 7-11>을 보면 앞 장에서 설명한 이윤극대화와 본 장에서 설명하는 결합잉여극대화는 다른 결과를 발생시킬 수 있다는 점을 알 수 있다. 일반적으로 실질임금이 유보임금보다 더 높기 때문에 <그림 7-11>에서도 실질임금을 나타내는 점선이 유보임금을 나타내는 점선보다 더 높게 위치하고 있다. 따라서 결합잉여극대화의 경우 이윤극대화에 비해 산출량은 더 많고, 가격은 더 낮은 것으로 나타난다.

명목물가지수는 개별명목가격의 가중평균이다. 이를 실질가격에 적용하면 실질가격의 가중평균은 1이 된다. 수식을 사용하여 요약하면 <표 7-3>의 셋째 줄에 정리되어 있다. 본 장에서 마크업은 실질(명목)가격을 실질(명목)유보임금으로 나눈 비율로 정의한다. 앞에서 설명한 결합잉여극대화의 결과 마크업은 1보다 크다. 또한 개별 기업이 동일한 수요함수를 가지고 있지 않다면 개별 기업의 마크업도 다르다. 기업의 결합잉여극대화의 조건을 셋째 줄에 있는 식에 대입하면 넷째 줄에 있는 식에서 볼 수 있듯이 평균 마크업과 유보임금은 서로 역수이다.

다음에서는 앞에서 설명한 임금협상의 결과로 결정되는 기업이윤을 수식으로 설명한다. 이를 위해 φ는 근로자의 협상력을 나타내는 기호로 정의한다. 제품가격과 유보임금의 차이를 유보임금으로 나눈 비율로 마크업율로 정의하면 결합잉여는 마크업률에 유보임금을 곱한 값으로 결정된다. 이제 기업의 결합잉여의 결정을 나타내는 식은 다섯째 줄에 있는 식이 된다. 이 식에서 Π는 개별기업의 가중치를 사용하여 계산한 실질이윤의 가중평균이다. 따라서 화살표 왼편에 나오는 식은 실질이윤의 가중평균이 어떻게 결정되는지를 보여주고 있다. 다섯째 줄에 있는 식의 화살표 왼편에 있는 식에 마크업의 식을 대입하여 평균마크업을 소거하면 화살표 오른편에 있는 식이 도출된다. 실질이윤이 매 시점마다 일정하다는 가정이 부과되면 여섯째 줄에 있는 식이 도출된다. 이 식은 <표 7-2>의 일자리창출곡선에서 정의한 Ω의 내생적 결정을 수식으로 설명한다는 점을 지적한다.

<표 **제4절**> **경제정책과 자연실업률**

경제적 규제는 진입규제와 가격규제로 분리할 수 있다. 진입규제는 사업인가와 허가, 직업 면허와 특허, 수입규제 등을 포함한다. 가격규제는 최고가격제 및 최저가격제 등과 같은 가격과 관련된 규제를 말한다. 우리나라에서도 규제완화의 거시경제적 효과 중 하나로 일자리창출효과가 지적되어 왔다. 예를 들기 위해 다음의 신문기사를 인용한다. 「1998년 외환위기 이후 규제완화를 통해 민간 일자리가 창출된 5가지 주요 업종을 발굴하여 규제완화 전후 일자리창출효과를 조사하면 진입규제와 영업규제의 완화는 약 20%에서 많게는 2배 이상 새로운 일자리가 창출된다.」 「규제완화에 따른 일자리 추정이 주먹구구식으로 이루어지는 하나의 예다. 일자리 추정은 일반적으로 투자 예상 금액에다 한국은행이 내놓은 산업별 취업유발계수를 적용하는데 어느 계수를 가지고 오느냐에 따라 결과가 크게 달라진다.」는 비판도 찾아볼 수 있다.[48]

<표 7-4>에서는 OECD국가의 상품시장 규제지수 추이를 보여주고 있다.[49] 1998년의 규제지수의 값과 2013년 규제지수의 값을 비교하면 <표

---

[48] http://www.hani.co.kr/arti/PRINT/637661.html의 주소에 있는 기사의 일부 내용을 인용한다.

[49] <표 7-4>는 OECD 홈페이지의 「Indicators of Product Market Regulation」에 있는 자료를 다운로드 받아서 발췌하여 작성되었다. 상품시장규제지수는 1998년 이후부터 5년마다 업

	Product market regulation			
	1998	2003	2008	2013
Canada	1.91	1.64	1.53	1.42
France	2.38	1.77	1.52	1.47
Germany	2.23	1.80	1.40	1.28
Italy	2.36	1.80	1.51	1.29
Japan	2.11	1.37	1.43	1.41
Korea	2.56	1.95	1.94	1.88
United Kingdom	1.32	1.10	1.21	1.08
United States	1.63	1.44	1.59	1.59
China	.	.	3.17	2.86
Russia	.	.	2.69	2.22
South Africa	.	.	2.65	2.21

7-4〉에 포함되어 있는 국가들 모두 규제완화가 이루어진 것으로 나타난다. 한국에서는 1998년 2.56과 2013년 1.88이 기록되어 15년의 기간 동안 0.68의 감소가 있었던 것으로 나타나 있다. 같은 기간 동안 일본에서는 0.7의 감소가 있었고, 미국에서는 0.04의 감소가 있었던 것으로 나타나 있다. 미국, 일본, 영국, 캐나다, 프랑스, 독일, 이탈리아 소위 G7국가 규제지수의 값은 한국보다 더 낮다. <표 7-4〉에 포함된 국가 중에서 한국보다 더 높은 나라는 중국, 러시아, 남아프리카 등이다.

　본 장에서 설명한 모형을 사용하여 규제완화의 고용효과를 분석할 수 있다. 규제완화가 진입비용을 감소시키면 일자리창출곡선의 기울기가 증가하여 곡선

데이트되어 왔음을 밝히고 있다.

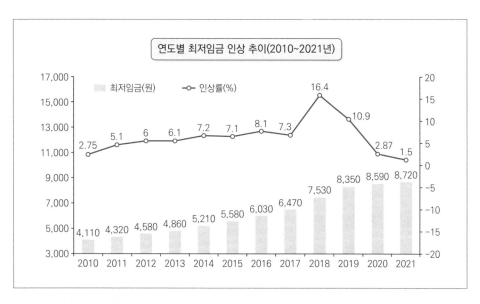

연도별 최저임금 인상 추이(2010~2021년)

〈그림 7-12〉 최저임금의 추이

의 그래프는 위로 회전이동하게 된다. 그러나 규제완화로 인해 제품시장에 진입하는 기업의 수가 증가하면서 개별기업의 이윤이 낮아질 수도 있다. 이런 효과는 일자리창출곡선의 그래프를 아래로 회전이동하게 한다. 따라서 진입비용의 감소효과가 실질이윤의 감소효과보다 더 큰 경우 일자리창출곡선과 베버리지곡선이 만나는 점에서 결정되는 실업률은 감소하고 빈 일자리 수는 증가한다.

본 장에서 설명한 모형이 함의하는 최저임금의 고용효과에 대하여 생각해볼 수 있다. 이를 위해 먼저 우리나라에서 실시되고 있는 최저임금에 대하여 설명한다. 최저임금위원회의 홈페이지에서 제공하고 있는 최저임금제도의 개념에 대하여 간단히 요약한다. 「최저임금제도는 국가가 노·사간의 임금결정과정에 개입하여 임금의 최저수준을 결정하고, 사용자에게 이 수준 이상의 임금을 지급하도록 법으로 강제함으로써 저임금 근로자를 보호하는 제도」로 정의하고 있다. 「헌법의 제32조 제1항에 국가는 법률이 정하는 바에 의하여 최저임금제를 시행하여야 한다」고 규정되어 있는 것으로 밝히고 있다. <그림 7-12>는 최저임금위원회 (2020년 7월 14일 보도자료)에서 제공한 최저임금의 추이를 보여주고 있다. 2018년과 2019년에 각각 16.4퍼센트와 10.9퍼센트의 증가율을 기록하고 있다.

앞에서 설명한 모형에서 근로자의 유보임금은 근로자가 기업이 제시한 조건을 수락할 때 발생하는 근로자의 기회비용으로 간주할 수 있다. 최저임금의 변화는 근로자가 기업이 제시한 조건을 수락하지 않고 다른 일자리를 탐색하는 것을 선택할 때 예상되는 임금수준에 영향을 미칠 수 있다. 이런 측면을 반영해서 최저임금의 지속적인 상승이 근로자의 유보임금을 상승시키는 효과가 발생할 수 있다. <표 7-2>의 마지막 줄에 정리되어 있는 식은 근로자의 유보임금이 상승할 때 일자리창출곡선의 기울기가 감소하는 것을 함의한다. 다른 변수는 그대로 있는 상황에서 유보임금만 상승하면 (베버리지곡선은 그대로 있는 상황에서) 일자리창출곡선만 아래로 회전 이동한다. 베버리지곡선은 우하향하는 곡선이므로 새로운 균형점은 예전의 균형점에 비해서 오른편에 위치하게 된다. 따라서 최저임금의 상승으로 인해 유보임금이 증가하면 실업률은 증가하고, 빈 일자리는 감소한다.

제7장 연습문제

01 「미국의 2020년 자연실업률은 약 4.5퍼센트로 추정되고 있다. 한국의 자연실업률은 미국의 자연실업률보다 더 낮은 수준일 것으로 추정된다. 그 이유는 한국의 노동시장에 참가하는 근로자의 다양성과 일자리의 다양성이 미국의 노동시장에 참가하는 근로자보다 낮기 때문이다.」 본 장에서 설명한 베버리지곡선과 일자리창출곡선을 사용하여 위의 주장을 평가하시오.

02 「노동시장에서 기업과 일자리를 찾은 근로자를 연결시켜주는 역할이 효율적으로 진행될수록 베버리지곡선은 보다 가파른 형태의 우하향하는 곡선이 된다. 노동시장의 일자리 연결기능이 효율적일수록 노동시장의 자생적인 유연성이 증가할 가능성이 높다. 이런 효과가 기업의 고용결정에 반영되기 때문에 노동시장의 일자리 연결기능이 효율적일수록 일자리창출곡선은 보다 가파른 기울기를 가진 직선이 된다.」 본 장에서 설명한 베버리지곡선과 일자리창출곡선을 사용하여 위의 주장을 평가하시오.

03 「한국의 실업률변동은 미국의 실업률변동보다 더 낮게 나타난다. 따라서 미국의 중앙은행에게 부여된 이중책무(dual mandate) 제도를 한국의 중앙은행에 적용한다면 금융시장의 저금리현상이 지속적으로 빈번하게 발생할 가능성이 높다. 그 결과 발생할 가능성이 있는 주식시장과 주택시장 등을 포함하는 자산시장의 과열현상을 예방할 수 있는 실효성이 있는 제도적인 장치가 필요하다.」 본 장의 내용을 참고하여 위의 주장을 평가하시오.

04 「제로금리가 실시되는 시기에는 지나치게 물가안정목표만 고수한다면 중앙은행의 경기회복에 대한 의지가 약하다는 인식이 강하게 작용할 수 있다. 이런 상황에서는 선제적 지침을 지속적으로 실시하더라도 선제적 지침의 실물효과가 제한적으로 나타날 수 있다. 민간경제 주체가 중앙은행이 고용안정의 중요성을 잊지 않고 있다는 것을 확신하게 하는 정책적 소통수단이 필요하다. 한국과 같은 소규모개방경제에서도 비록 제로금리가 실시되지 않더라도 유사한 효과를 기대할 수 있기 때문에 앞에서 언급한 정책적 소통수단의 확보가 중요하다.」 본 장의 내용을 참고하여 위의 수장을 평가하시오.

05 「OECD의 홈페이지에서 발표되어 있는 자료에 따르면 한국의 청년실업률은 미국, 독일, 일본의 청년실업률보다 더 낮지만, 영국, 프랑스, 이탈리아의 청년실업률보다 더 높다. 한국의 청년실업문제는 OECD의 홈페이지에 나타난 자료가 함의하는 것보다 더 심각할 수 있다. 그 이유는 한국의 청년실업문제에서 25세부터 30세까지의 연령대를 포함하는 청년층에서 희망하는 직장을 쉽게 찾을 수 없기 때문이다.」 본 장의 내용을 참고하여 위의 주장을 평가하시오.

06 「OECD의 회원국자료를 사용하여 대기업과 중소기업의 상대적 고용비중을 조사하면 한국자료에서 비대칭성이 다른 나라에 비해 크게 나타난다. 대기업과 중소기업의 상대적 고용비중의 비대칭성 문제를 완화하면 일자리창출곡선이 위로 이동하기 때문에 청년실업과 중년실업의 문제를 완화할 가능성이 있다. 이런 상황은 중소기업의 고용지원정책만으로는 해결하기 어렵다. 대기업과 중소기업의 고용에 지속가능한 효과가 같이 나타나는 정책이 필요하다.」 본 장의 내용을 참고하여 위의 주장을 평가하시오.

07 「효율성 임금이 대기업 위주로 확대되면 청년실업률이 높아질 가능성이 높다.」 본 장의 내용을 참고하여 위의 주장을 평가하시오.

08 고용률은 생산가능인구 중에서 취업한 사람의 비율을 말한다. 실업률은 경제활동인구 중에서 실업상태에 있는 사람의 비율을 말한다. 다음의 문제에 답하시오.

1) 고용률, 경제활동참가율, 실업률의 관계를 수식을 사용하여 설명하시오.

2) 「고용률과 경제활동참가율이 동시에 하락하는 가운데 경제활동참가율의 하락폭이 상대적으로 크면 실업률이 감소하는 현상이 발생할 수 있다. 고용률과 경제활동참가율이 동시에 상승하는 가운데 경제활동참가율의 상승폭이 상대적으로 크면 실업률이 증가하는 현상이 발생할 수 있다. 이와 같은 이유로 실업률보다는 고용률이 거시경제의 경기순환 국면과 일치하는 변화를 보이는 노동시장의 변수라고 할 수 있다.」 위의 주장이 현실경제에서 실제로 나타나는 현상에 근거한 것인지의 여부를 평가하시오.

제8장

2000년대 이후 거시경제의 변화

8장 2000년대 이후 거시경제의 변화

　2000년부터 2020년까지 20여 년의 세월이 흐르는 동안 다양한 거시경제이슈들이 제기되었을 것으로 짐작할 수 있다. 이런 생각이 든다면 2000년 이후 거시경제의 변화를 요약하는 주요 거시경제이슈는 무엇인가의 질문을 던져볼 수 있다. 본 장에서는 앞에서 이미 설명한 내용에 추가하여 다음과 같은 다섯 개의 이슈를 소개한다. 네트워크의 거시경제적인 측면, 자산 및 소득불평등의 거시경제효과, 가계부채의 거시경제효과, 기업규모분포의 거시경제효과, 일자리 없는 경기회복 등이다. 이런 주제들은 2000년대가 시작된 이후 새롭게 나타난 거시경제이슈들이라고 주장하는 것은 아니다. 그럼에도 불구하고 본 장에서 명시적으로 다루는 이유는 2007년과 2008년에 걸쳐서 시작된 금융위기의 원인을 이해하고, 금융위기로 인해 발생한 불황을 극복하는 과정에서 나타난 현상을 설명하는데 도움이 된다는 견해를 반영한 것이다.

　네트워크경제로 진화하면서 하나의 산업에서 발생한 산업경기순환이 산업연관의 네트워크를 통해서 다른 산업에 전달되는 과정을 거쳐서 거시경제 전체에 영향을 미치는 경로의 중요성이 증가할 수 있다는 추측이 가능하다. 이런 추측은 경기변동의 발생요인 중에서 미시경제적인 요인의 상대적인 중요성이 증가했을 가능성을 함의한다. 거시경제의 경기순환을 의미하는 경기변동은 거시경제적인 요인의 단기적인 변동을 반영하여 발생하는 것이라는 견해를 경기변동발생의 전통적인 견해라고 할 수 있다. 따라서 앞에서 설명한 바와 같이 미시경제적인 요인의 상대적인 중요성이 증가한다는 것은 경기변동이 발생하는 원인에 관한 전통적인 견해의 현실설명력이 약화되는 것이다.

　본 장의 첫 번째 부분에서는 수없이 많은 작은 산업들로 구성된 거시경제에서 거시경제적인 요인의 상대적인 중요성을 강조한 전통적인 견해를 뒷받침하는 이론적인 근거를 먼저 간단히 설명한다. 또한 미시경제적인 요인의 상대적인 중요성이 증가할 수 있는 경제상황의 단순사례를 제시한다. 사실 경기변동의 발생에서 미시경제적인 요인의 중요성을 분석한 연구는 1980년대에 시작된 실물적 경기변동이론에서도 찾아볼 수 있다는 점을 지적한다. 구체적으로 예를 들면 롱과 플로서가 1983년에 출간한 논문에서는 여러 개의 서로 다른 산업이 존재하는 실물적 경기변동모형을 분석하고 있다.[50] 그러나 본 장에서는 관련연구를 모두 소개하지 않고, 2010년대에 출간된 논문의 내용을 위주로 요약하기로 한다.

자산 및 소득불평등의 거시경제효과를 설명하는 부분에서는 소득불평등의 영구적인 증가가 발생하면 소득 대비 가계부채의 비율이 영구적으로 증가하여 결국 경제위기로 이어질 가능성을 제기한 최근 연구를 소개한다. 쿰호프, 란시에르, 위난트 등이 2015년에 발표한 연구논문의 내용을 간단히 요약한다.[51] (1) 소득을 기준으로 상위 5퍼센트에 해당하는 고소득그룹은 소득기준 95퍼센트에 해당하는 비고소득그룹에게 대출하여 금융자산을 축적한다. (2) 고소득그룹의 소득비중이 영구적으로 증가하는 상황이 발생하면 비고소득그룹의 (소득 대비) 부채비율이 증가하게 된다. 이런 경우 소득격차와 자산격차가 동시에 심화된다. (3) 소득불평등이 심화되면서 (소득 대비) 가계부채의 비율이 상승하게 되면 금융취약성이 증가하여 금융위기와 실물경제위기가 동시에 발생할 가능성이 높아진다.

금융위기의 여파로 대불황으로부터 회복하는 과정에서 예전의 사례에 비교하여 경기회복의 속도가 느리게 나타난다는 점이 지적되어 왔다. 특히 고용의 회복속도가 GDP의 회복속도보다 훨씬 낮게 나타난다는 것이다. 경기침체가 발생하더라도 빠른 속도로 복원되는 능력을 갖춘 경제가 보다 바람직하다고 볼 수 있다. 따라서 본 장에서는 고용의 회복속도가 상대적으로 더 낮아지는 이유와 관련된 최근의 연구결과를 소개한다. 업무의 자동화를 위한 투자 등이 경기순환

---

50) 롱(John Long)과 플로서(Charles Plosser)가 1983년 미국 시카고대학의 학술지(Journal of Political Economy, 91권 1호, 39페이지부터 69페이지)에 출간한 논문의 제목은 「Real Business Cycles」이다.

51) 쿰호프(Michael Kumhof), 란시에르(Romain Ranciere), 위난트(Pablo Winant) 등이 2015년 미국 경제학회의 학술지(American Economic Review, 105권 3호, 1217페이지부터 1245페이지)에 출간한 논문의 제목은 「Inequality, Leverage, and Crises」이다.

의 수축국면이나 회복국면에서 실행되면 정형화된 업무를 수행하는 일자리에 종사하는 취업자 수는 감소되고, 이미 사라진 일자리 중에서 다시 복원되지 않는 일자리의 비중이 높아지는 현상이 나타난다. 그 결과 실질GDP가 경기침체 이전의 수준으로 회복될지라도 고용의 회복은 상대적으로 느리게 나타난다.

제1절 네트워크경제의 거시경제적인 측면

네트워크경제는 다양한 서로 다른 개별기업과 개별산업이 네트워크의 형태로 연결되어 경제활동이 진행되는 경제를 말한다. 2000년대에 들어서 글로벌경제에 나타난 큰 변화 중의 하나는 제품과 서비스의 생산에서 국가 간 연결성이 높아지면서 네트워크경제의 특징이 심화되었다는 것이다. 본 장의 첫째 주제는 앞에서 요약한 네트워크경제의 심화라는 현상이 반영된 경기변동의 요인분석이다. 경기변동의 요인분석은 거시경제의 경기순환을 발생시키는 원인을 식별하는 것을 말한다. 네트워크경제가 제공하는 중요한 함의는 경기순환발생의 거시경제적인 요인과 미시경제적인 요인의 상대적 중요성이다. 네트워크경제의 심화는 경기순환발생의 거시경제적인 요인보다 미시경제적인 요인이 상대적으로 더 중요하게 되는 거시경제의 변화를 발생시킬 수 있는가를 생각하게 한다는 것이다. 거시경제 안에서 다양한 산업이 존재해 하나의 네트워크경제를 구성한다는 점을 인정한다면 거시경제는 여러 개의 서로 다른 산업으로 구성되어 있다는 점은 이미 인정한 것으로 간주할 수 있다.

여기에 덧붙여서 각각의 시점에서 산업별 경기순환의 국면이 항상 같은 방향으로 진행되지 않고 서로 엇갈려서 진행될 수 있다는 점을 생각해야 한다. 개별산업에서는 자체적으로 호황과 불황이 반복되어 발생한다. 조선업, 자동차산업, 반도체산업 등과 같은 개별산업에서도 수주실적 또는 판매량이 상대적으로 높은 시점과 낮은 시점이 있다는 사실은 뉴스미디어의 경제보도를 통해서 쉽게 확인할 수 있다. 산업별 경기순환은 어떠한 이유로 발생하는가? 다른 산업과는 전혀 관계없이 특정한 개별산업에 국한된 요인의 변화를 반영하여 산업별 경기순환이 발생할 수도 있다. 예를 들면, 특정한 개별산업에서만 적용되는 생산기술의 발전으로 인해 생산량이 늘어날 수도 있다. 만약 모든 산업에서 발생하는 산업별 경기순환이 이처럼 산업별 국지적 요인을 반영한다면 거시경제의 경기순환이 발생하는 원인도 거시경제를 구성하는 다양한 개별산업의 특수요인이 집적되어 발생할 가능성을 제기해볼 수 있다.

만약 거시경제의 경기순환은 상대적으로 작은 무수히 많은 개별산업의 경기순환이 모여서 나타나는 현상이라고 생각한다면 경기순환의 미시경제적인 요인이 사실상 존재하지 않는다는 견해를 생각해볼 수 있다. 경기순환의 미시경제적인 요인이 존재할 수 없다는 견해를 뒷받침하는 이론적인 근거는 무엇인가? 「대수의 법칙(law of large number)」을 적용한 논리라고 간단하게 답할 수 있다. 「대수의 법칙」은 서로 독립적이면서 동일한 분포를 따르는 확률변수들로 구성된 표본의 평균은 표본의 수가 커지면서 모집단의 실제 평균에 근접하게 된다는 것이다. 하나의 거시경제는 무수히 많은 개별산업들의 집합으로 볼 수 있다는 점은 앞에서 이미 설명했다. 대수의 법칙을 경기순환의 척도에 적용하면 어떠한 결과가 발생하는지를 설명한다. 거시경제의 경기순환을 측정하는 척도는 개별산업의 산출량을 평균하여 작성된 지수로 정의한다. 수없이 많은 서로 다른 산업의 생산변동이 반영된 경기순환의 척도에서 대수의 법칙이 작용한다면 개별산업의 미시경제적인 요인의 변화가 거시경제의 경기순환에 미치는 영향이 없을 것이라고 결론지을 수 있다. 이런 상황을 가정하면 미시경제적인 요인은 유효성이 있는 경기변동요인이 아니라는 견해로 이어진다는 점을 쉽게 이해할 수 있다.

앞에서 설명한 내용은 하나의 이론적인 가설이라고 할 수 있다. 거시경제의 경기변동발생에서 미시경제적인 요인이 없다는 견해가 현실경제에서 실제로 유효한 주장인가의 여부를 정확히 판단하는 것은 쉽지 않은 작업이라고 할 수 있다. 그러나 현실경제에서 개별산업의 산출과 실질GDP는 어떠한 관계가 있는지를 살펴보는 것은 앞에서 설명한 내용의 현실적인 의미를 파악하는 데 도움이 될 것으로 보인다. 이런 측면을 반영하여 <그림 8-1>에서는 미시경제적인 산업경기와 거시경제적인 경기순환을 나타내는 변수의 관계를 보여주고 있다. 왼편 그림은 반도체산업과 제조업의 분기별 생산지수를 사용하여 두 변수의 증

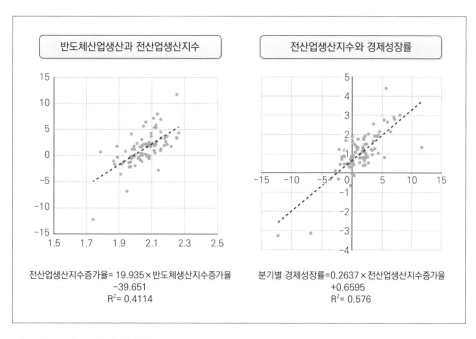

〈그림 8-1〉 미시경제적인 산업경기와 거시경제적인 경기순환

가율이 어떠한 관계가 있는지 보여주고 있다. 왼쪽 그림을 작성하기 위해 사용된 자료는 「산업통계 분석시스템」의 홈페이지에 수록되어 있는 1999년 1분기부터 2020년 4분기까지 제조업생산지수(계절조정)와 반도체산업생산지수(계절조정)를 다운로드 받아서 계산한 한 분기 동안 증가율이다. 두 개의 자료는 모두 2015년이 기준년도가 된다.

<그림 8-1>의 왼쪽 그림에서 수평축은 반도체산업생산지수의 증가율이고, 수직축은 제조업생산지수의 증가율이다. 수직축의 측정단위는 퍼센트이고, 수평축의 측정단위는 퍼센트가 아닌 현재시점의 값과 이전시점의 값의 성장률이다. 이렇게 두 축의 측정단위를 선택한 이유는 반도체산업생산지수의 성장률이 지난 20여 년간 매우 크다는 점을 반영한 것이다. 푸른색으로 표시된 점은 표본기간 동안 임의의 한 분기에서 반도체산업생산지수증가율과 제조업생산지수증가율의 조합을 나타낸다. 푸른색점선은 반도체산업생산지수증가율과 제조업생산지수증가율의 관계를 잘 나타내는 직선으로 해석할 수 있다. 푸른색점선으로 표시된 직

선의 함의를 요약하면 반도체산업의 성장률이 높아지는 시기에 제조업전체의 성장률도 높아지는 경향이 있다는 것이다. 이런 해석에서 주의할 점은 왼편 그림에서 보여주고 있는 두 변수의 관계는 두 변수의 공행운동을 함의할지라도, 두 변수의 인과관계에 관한 결정적인 단서로 해석할 수 없다는 점을 지적한다.

<그림 8-1>의 오른쪽 그림에서 수평축은 제조업생산지수증가율이고, 수직축은 실질GDP의 분기별 성장률(인접한 분기의 변화율)이다. 수평축과 수직축의 측정단위는 모두 퍼센트이다. 오른편 그림을 작성하기 위해 사용한 우리나라 분기별 경제성장률(계절조정)의 자료는 미국의 세인트루이스 연방은행 홈페이지의 공개되어 있는 데이터베이스에서 다운로드 받은 자료이다. 푸른색으로 표시된 점은 표본기간 동안 임의의 한 분기에서 제조업생산지수증가율과 실질GDP의 성장률의 조합을 나타낸다. 푸른색점선은 제조업생산지수증가율과 분기별 실질경제성장률의 관계를 잘 나타내는 직선으로 해석할 수 있다. 푸른색점선으로 표시된 직선의 함의를 요약하면 제조업의 성장률이 높아지는 시기에 실질 경제성장률도 높아지는 경향이 있다는 것이다. 앞에서 이미 설명한 바가 있지만 오른쪽 그림에서 보여주고 있는 두 변수의 관계는 두 변수의 공행운동을 함의할지라도, 두 변수의 인과관계에 관한 결정적인 단서로 해석할 수 없다는 점을 지적한다.

<그림 8-1>에 있는 두 개의 그림을 연결하면 서로 다른 두 개의 경로가 가능하다는 점을 이해할 수 있다. 첫 번째 경로에서는 반도체산업의 호황을 반영하여 반도체산업의 성장률이 일시적으로 높아지는 상황을 생각하기로 한다. <그림 8-1>의 왼편 그림에서 제시하고 있는 함의를 이용하여 제조업의 성장률이 일시적으로 높아질 것으로 예상할 수 있다. 이제 오른편의 그림에서 제시하고 있는 함의를 이용하여 경제성장률이 일시적으로 높아질 것으로 예상할 수 있다. 반도체산업의 호황이 분기별 경제성장률을 일시적으로 상승시킬 수 있는 경로가 있을 가능성을 제시하고 있다는 점을 인정한다면 경기변동발생의 미시경제적인 요인의 가능성도 인정하는 것으로 볼 수 있다.

두 번째 경로에서는 첫 번째 사례와 반대의 방향으로 인과관계가 발생한다. 먼저 반도체산업과는 관계없는 이유로 분기별 경제성장률이 일시적으로 높아지는 상황을 생각하기로 한다. <그림 8-1>의 오른쪽 그림에서 제시하고 있는

■▪ 〈표 8-1〉 산업규모 비대칭성의 거시경제효과

		과거시점	현재시점	미래시점	시계열 평균
산업A		1	-1	0	0
산업B		0	1	-1	0
산업C		-1	0	1	0
횡단면 평균 생산갭	균등분포 (1/3,1/3,1/3)	0	0	0	0
	비균등분포 (7/10,2/10,1/10)	0.6	-0.5	-0.1	0

함의를 이용하여 경기호황국면에서 제조업의 성장률이 일시적으로 높아질 것으로 예상할 수 있다. 왼쪽 그림의 함의는 제조업 전체의 호황국면에서 반도체의 수요가 증가하여 반도체산업생산지수의 증가율이 일시적으로 높아질 수 있다고 예측하는 것이 현실경제의 상황을 반영하지 않은 억측이라고 주장하기 어렵다는 것이다. <그림 8-1>에 있는 두 개의 그림은 경기변동발생의 거시경제적인 요인으로 인해서 경기호황국면에서 반도체산업생산지수의 증가율이 일시적으로 증가하는 현상이 발생할 가능성이 있다는 점도 함의한다는 것이다. 앞의 설명을 정리하면 <그림 8-1>은 두 개의 가능한 경로 중에서 하나의 경로만 존재한다는 결론을 내리는 것에 대해 도움이 되지 않을 수 있다. 추가적인 정보가 없는 상황에서 판단해야 한다면 <그림 8-1>은 두 개의 경로가 모두 가능하다는 것을 함의하는 것으로 이해하는 것이 보다 더 안전한 결론이라는 점을 함의하는 것으로 볼 수 있다.

<표 8-1>에서는 세 개의 산업으로 구성된 가상적인 거시경제를 상정한다. 개별산업의 경기 국면은 산업별 생산갭으로 측정된다. 호황, 경기중립, 불황 등의 세 국면이 존재한다. 호황의 생산갭은 1, 경기중립의 생산갭은 0, 불황의 생산갭은 -1이다. 경기순환의 개별국면이 진행되는 순서는 모든 개별산업에 동일하게 적용된다. 모든 개별산업에 대하여 (불황→중립→호황→불황→중립) 등의 순서로 진행된다. 개별산업에서 생산갭의 평균값은 제로이다. <표 8-1>의

첫째 줄에 있는 산업A의 경우 수평축의 방향으로 산술평균이 제로이다. 둘째 줄에 있는 산업B의 경우와 셋째 줄에 있는 산업C의 경우도 모두 동일하게 수평축의 방향으로 산술평균은 제로가 된다는 것을 알 수 있다. 이런 특성은 산업별 경기순환이 존재하지만 장기적으로 경기중립의 상황으로 수렴한다는 가정을 반영한 것이다.

<표 8-1>에서 보여주고 있는 사례에서는 각각의 시점마다 개별산업은 모두 서로 다른 경기 국면에 있는 것으로 가정한다. 이런 가정이 부여되면 개별산업의 비중이 모두 동일한 경우 생산갭의 산업평균은 항상 제로가 된다. 개별산업의 비중이 모두 동일하지 않다면 생산갭의 산업평균은 항상 제로가 되지 않는다. 균등분포인 경우 개별산업의 비중은 모두 동일하게 1/3이지만, 비균등분포인 경우 산업A의 비중은 0.7, 산업B의 비중은 0.2, 산업C의 비중은 0.1이다. 균등분포의 경우 과거시점 GDP갭＝현재시점의 GDP갭＝미래시점의 GDP갭＝0이다. 비균등분포인 경우 과거시점의 GDP갭은 0.6, 현재시점 GDP갭은 －0.5, 미래시점의 GDP갭은 －0.1이다. 따라서 균등분포인 경우 거시경제의 경기순환이 없지만, 비균등분포인 경우 거시경제의 경기순환이 발생한다.

임의의 산업에서 생산되는 제품이 다른 산업의 중간재로 투입될 수 있다는 점을 반영하면 여러 개의 개별산업이 하나의 그룹을 형성하여 경기순환의 국면이 서로 같은 방향으로 이동하는 상황이 가능하다. 이런 상황을 가리켜서 개별산업의 경기순환이 공행(comovement)한다고 말한다. <표 8-1>에서 보여주고 있는 사례에서는 개별산업의 규모는 다르지만 세 개의 산업이 겪는 경기순환의 국면이 공행하지 않고, 서로 독립적인 경기순환의 국면을 겪는다고 가정하고 있다. 이런 가정을 완화하여 산업별 경기순환의 국면이 공행할 가능성을 인정하면 비록 산업규모의 대칭성이 만족될지라도 거시경제의 경기순환이 발생할 수 있다. 개별산업 산출이 확률변수라면 서로 다른 산업 간 산출의 공분산을 추계할 수 있다. 구체적인 설명을 위해 모든 개별산업 산출의 공분산이 제로인 상황을 가리켜서 개별산업 산출의 독립변동이라고 말한다. 개별산업 산출의 공분산이 양수인 상황을 가리켜서 개별산업 산출의 공행변동이라고 말한다.

<표 8-2>에서는 개별산업 산출의 공행변동이 존재하는 상황과 개별산업

	과거시점		현재시점		미래시점		시계열 평균	
	독립 변동	공행 변동	독립 변동	공행 변동	독립 변동	공행 변동	독립 변동	공행 변동
산업A	1	1	-1	-1	0	0	0	0
산업B	0	1	1	-1	-1	0	0	0
산업C	-1	-1	0	0	1	1	0	0
횡단면 평균 생산갭 균등분포 (1/3,1/3,1/3)	0	1/3	0	-2/3	0	1/3	0	0

산출의 독립변동이 존재하는 상황을 비교하고 있다. 과거시점, 현재시점, 미래시점을 나타내는 각각의 열을 두 개의 열로 나누어서 보여주고 있다. 왼편에 있는 열은 독립변동의 사례이고, 오른편에 있는 열은 공행변동의 사례이다. 독립변동의 사례에서는 각각의 시점마다 개별산업은 모두 서로 다른 경기순환의 국면에 있는 것으로 가정한다. 이런 가정이 부여되면 개별산업의 비중이 모두 동일한 경우 생산갭의 산업평균은 항상 제로가 된다. 독립변동은 앞에서 이미 설명한 사례에 해당한다. 독립변동과 공행변동의 경우 모두 세 개의 산업비중은 균등분포를 따른다. 따라서 〈표 8-1〉과 비교하여 새로운 함의가 있는 부분은 공행변동의 사례이다.

　〈표 8-2〉에서 보여주고 있는 공행변동의 사례에서는 산업A와 산업B가 항상 같은 경기순환의 국면에 있는 것으로 가정한다. 과거시점에서 산업A와 산업B는 호황국면에 있다. 두 산업의 과거시점 생산갭은 1이다. 과거시점에서 산업C는 불황국면에 있고, 생산갭은 -1이다. 현재시점으로 넘어오면서 산업A와 산업B는 불황국면으로 들어간다. 두 산업의 현재시점 생산갭은 -1이다. 현재시점에서 산업C는 경기중립이고, 생산갭은 제로이다. 미래시점에서 산업A와 산업B는 경기중립이다. 두 산업의 미래시점 생산갭은 제로이다. 미래시점에서 산업C는 호황국면으로 들어간다. 산업C의 미래시점 생산갭은 1이다. 공행운동이든 독립운동이든 모든 개별산업의 과거시점, 현재시점, 미래시점에서 생산갭의 산술평

균은 제로이다. 거시경제에 대해서도 동일한 결과가 성립한다. 공행운동이든 독립운동이든 과거시점, 현재시점, 미래시점에서 GDP갭의 산술평균은 제로이다.

<표 8-2>의 마지막 줄에서 공행운동의 경우 각 시점의 GDP갭은 과거시점에서 1/3, 현재시점에서 -2/3, 미래시점에서 1/3이 된다는 것을 보여주고 있다. 따라서 개별산업 산출의 공행변동이 존재할 때 거시경제의 경기순환이 발생할 수 있다는 것을 보여주고 있다. <표 8-1>과 <표 8-2>에서 분석한 사례에서는 개별산업산출의 확률변동이 거시경제 경기순환의 원인이 될 가능성을 보여주고 있다. 현실경제의 실제상황을 생각해볼 때 산업규모의 비대칭성과 산업생산의 공행변동이 없다고 주장하기 어렵다는 점을 지적한다. 이런 점을 반영하면 <표 8-1>과 <표 8-2>의 단순사례는 거시경제의 경기변동에서 미시경제변수의 역할이 클 가능성을 시사한다. 단순한 가능성만 제시하고 있기 때문에 정확한 결론을 위해서 현실경제의 실제상황에서 수집할 수 있는 다양한 자료에 의거한 실증분석이 필요하다는 점을 지적한다.

제2절 **소득불평등의 거시경제효과**

<그림 8-2>의 상단에 있는 그림에서는 미국의 상위 1퍼센트 소득비중과 가계부채비율의 추이를 비교하고 있다. 검은색실선은 소득을 기준으로 상위 1퍼센트에 해당하는 가계가 총소득에서 차지하는 비중이다. 푸른색실선은 모든 가계를 대상으로 작성된 소득 대비 가계부채비율이다.[52] 두 실선은 각각 1995년의 관측치를 1로 고정하고, 다른 시점의 관측치를 1995년의 관측치를 사용하여 나눈 비율이다. 1995년부터 금융위기가 발생하는 시점까지의 기간 중 두 변수가

---

[52] 세계불평등데이터베이스(World Inequality Database)에서 다운로드 받은 GDP 대비 상위 1퍼센트 소득의 비중 자료와 OECD의 홈페이지에서 다운로드 받은 (순소득 대비) 가계부채의 비율자료를 사용하여 그래프를 작성하였다. <그림 8-2>에 수록된 두 개의 그래프는 저자가 2020년 계량경제학보(Journal of Economic Theory and Econometrics, 31권 3호, 71페이지부터 118페이지)에 게재한 「Macroeconomic Changes since 2000 and DSGE Models」에도 수록되어 있음을 밝힌다.

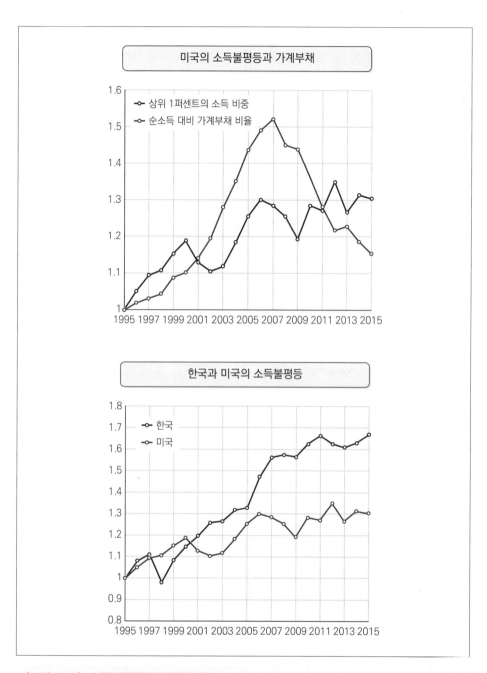

〈그림 8-2〉 소득불평등과 가계부채

보여주는 변화의 크기를 동일한 기준으로 비교하는 데 용이하다고 판단되어 정규화한 지수를 사용한다. 상단 그림에서 검은색실선으로 표시하고 있는 고소득그룹의 소득비중은 1995년부터 2000년 기간 중 증가하는 모습을 보인다. 2001년과 2002년에 하락하는 모습을 보인다. 2002년의 저점을 지나면 2005년까지 상승하여 2006년의 정점에서는 2000년의 수준보다 더 높은 수준을 기록한다. 2006년의 정점에서 2007년부터 금융위기가 진행되었던 기간 중에는 감소한다. 경제상황이 회복되면서 다시 예전 수준으로 회복되는 모습을 보인다. 2012년에는 2006년의 징점을 회복한다.

두 가지 포인트를 요약한다. 첫 번째 포인트는 상단 그림의 검은색실선을 작성하기 위해 소득을 기준으로 상위 1퍼센트에 해당하는 가계를 고소득그룹으로 정하고 있지만, 앞에서 이미 소개한 연구결과를 포함하여 모든 관련연구에서 고소득그룹의 기준을 위한 임계값은 상위 1퍼센트로 고정되어 있지 않다는 점을 지적한다. 두 번째 포인트는 앞에서 인용한 쿰호프, 란시에르, 위난트 등이 사용한 자료와 상단 그림의 검은색실선을 작성하기 위해 사용된 자료는 서로 다른 임계값을 사용하여 작성된 고소득그룹의 소득비중이지만 추세적으로 유사한 변화를 보인다는 점을 지적한다. 소득을 기준으로 상위 5퍼센트를 임계값으로 사용하여 고소득그룹의 소득비중을 작성하는 경우 1983년 22퍼센트에서 2008년 34퍼센트로 증가하기 때문에 금융위기가 발생하기 이전까지 증가하는 모습을 보인다. 푸른색실선으로 표시된 (소득 대비) 가계부채비율은 1995년부터 감소하는 시점이 없이 지속적으로 증가하여 2007년에 정점에 도달한다. 금융위기가 발생한 이후 계속해서 낮아지는 모습을 보여서 2015년의 수준은 2001년의 수준에 근접한다. 1995년부터 2015년의 기간에서 종모양의 모습을 보이고 있다.

상단 그림의 목적은 금융위기가 발생하기 이전의 미국자료를 보면 소득불평등과 가계부채비율이 추세적으로 증가하는 모습이 나타난다는 것을 확인하는 것이다. 두 개의 변수가 추세적으로 증가하는 모습을 보인다고 하여 소득불평등심화가 가계부채비율증가의 원인이거나 반대로 가계부채비율증가가 소득불평등심화의 원인이라는 것을 나타내는 실증적인 증거는 아니라는 점을 지적한다. 원인과 결과의 인과관계를 나타내는 실증적인 증거로 사용할 수 없다면 상단 그림을 보여준 이유는 무엇인가? 상단 그림에서 보여주고 있는 두 변수의 관계를 설명하는 거시경제이론이 있는지의 궁금증이 적어도 실제로 관측이 가능한 자료에 기초한 궁금증이라는 점이다. 이런 측면을 반영하여 본 장의 앞부분에서는 이미 앞에서 설명한 쿰호프, 란시에르, 위난트 등의 견해가 반영된 모형을 소개한다. 저자가 본 책의 범주에 맞추기 위해 여러 개의 단순화가정을 부여하였기 때문에 쿰호프, 란시에르, 위난트 등이 제시한 모형과 동일하지 않다는 점을 지적한다. 고소득그룹의 소득비중이 영구적으로 증가하는 상황이 발생하면 고소득그룹의 금융저축이 비고소득그룹의 대출증가로 이어지기 때문에 비고소득그룹의 (소득 대비) 부채비율이 증가하게 된다는 것이다. 여기에 덧붙여서 소득불평등이 심화되면서 (소득 대비) 가계부채비율이 상승하게 되면 금융취약성이 증가하여 금융위기와 실물경제위기가 동시에 발생할 가능성이 높아진다.

<그림 8-2>의 하단 그림에서는 한국과 미국에서 발생한 소득불평등의 정도를 비교하고 있다. 소득불평등의 척도는 고소득그룹의 소득비중이다. 고소득그룹을 정의하는 기준은 소득을 기준으로 상위 1퍼센트이다. 세계불평등데이터베이스(World Inequality Database)로부터 다운로드 받은 자료를 사용하고 있다. 검은색실선은 한국자료이고, 푸른색실선은 미국자료이다. 미국의 상황은 앞에서 이미 설명한 것으로 대체하여 생략하기로 한다. 한국에서는 외환위기를 반영하여 1998년의 관측치는 1995년의 수준보다 더 낮아지는 모습을 보인다. 1999년부터 2015년까지의 기간 중에서는 인접한 기간과 비교하여 낮아지는 모습이 나타나지 않는다. 증가하는 속도는 다르지만 지속적으로 증가하는 모습을 보인다. 2005년부터 2007년까지의 두 해 동안 고소득그룹의 소득비중이 큰 폭으로 상승한다. 2010년대 들어서 2010년부터 2015년까지의 기간에서는 고소득그룹 소득비중의 증가속도는 2000년대 후반과 비교하여 낮아지는 모습을 보인다.

하단 그림의 함의를 다음과 같이 요약할 수 있다. 1995년부터 2015년 기간 중 소득을 기준으로 구분한 고소득그룹 소득비중은 한국에서 미국보다 더 큰 폭으로 상승한다는 것이다. 1995년의 관측치를 기준으로 평가할 때 2015년의 고

소득그룹의 소득비중은 미국은 1.3배 상승하고 한국은 1.7배 상승하는 것으로 나타난다. 이런 변화가 한국의 소득불평등이 미국보다 더 높다는 것을 의미하는 가? 이 질문의 답은 <그림 8-2>에서 보여주고 있는 자료에서 나타나지 않는 다는 것이다. 소득수준을 기준으로 상위 1퍼센트의 가계가 차지하는 소득비중의 2015년 관측치를 보면 미국은 약 20퍼센트, 한국은 약 12퍼센트로 나타난다. 2015년의 관측치를 기준으로 미국 고소득그룹의 소득비중이 한국 고소득그룹의 소득비중보다 더 높게 나타난다는 점을 지적한다.

본 절에서는 항상소득가설의 소비모형을 사용하여 <그림 8-2>의 상단 그림에서 나타난 소득불평등과 가계부채비율이 같이 상승하는 상황을 설명할 수 있다는 점을 보인다. 본 절에서 분석하는 항상소득가설의 소비모형은 앞에서 분석한 항상소득가설의 소비모형과는 차이가 있다. 그 이유는 앞에서 분석한 모형에서는 모든 소비자들을 동질적인 경제주체로 가정하였기 때문이다. 본 절에서 분석하는 모형에서는 소득불평등의 효과를 분석하기 위해서 다음과 같은 가정을 도입한다. (1) 경제 전체에서 모든 가계는 두 개의 서로 다른 그룹으로 나누어진다. 고소득그룹은 소득을 기준으로 상위 1퍼센트에 속하는 가계들로 구성되어 있다. 비고소득그룹은 고소득그룹에 속하지 않는 나머지 가계들로 구성된다. (2) 경제 전체의 인구수는 1이다. 인구수가 고정된 상황을 가정하기 때문에 모형의 단순화를 위해 전체 인구수는 1이라고 가정한다. (3) 고소득그룹의 인구수를 γ, 비고소득그룹의 인구수를 $(1-\gamma)$라고 가정한다. (4) 소득불평등의 영구적인 변화는 고소득그룹 소득비중의 영구적인 변화로 측정된다.

<표 8-3>은 앞에서 설명한 세 개의 가정이 반영된 항상소득가설의 소비모형을 수식으로 정리하고 있다. 첫째 줄에 있는 식을 보면 일인당 실질GDP는 두 그룹의 일인당 실질소득을 가중 평균하여 계산된다. 둘째 줄에 있는 식과 셋째 줄에 있는 식은 각각 고소득그룹 소득비중과 비고소득그룹 소득비중을 정의하고 있다. 이 식에서 고소득그룹의 소득비중은 ω로 표시된다. 앞에서 설명한 네 번째 가정에 따르면 소득불평등의 영구적인 증가가 발생할 때 ω의 크기가 영구적으로 증가한다. 소득불평등의 영구적인 증가가 발생할 때 셋째 줄에 있는 식으로 정의된 변수의 크기는 영구적으로 감소한다. 따라서 ω의 값과 실질GDP

■ ⟨표 8-3⟩ 항상소득가설의 소비모형

일인당 실질GDP의 정의	$y = \gamma y_a + (1-\gamma) y_b$
고소득그룹 소득비중의 정의	$\omega = \gamma \dfrac{y_a}{y}$
비고소득그룹 소득비중의 정의	$1 - \omega = (1-\gamma) \dfrac{y_b}{y}$
고소득그룹 예산제약	$W_a' = (1+r)(W_a + y_a - c_a)$
고소득그룹 소비지출	$c_a = a y_a^*$
고소득그룹의 일인당 실질GDP	$y_a = y_a^* + y_a^o$
비고소득그룹 소비지출	$c_b = y_b + L_b$
비고소득그룹 예산제약	$B_b' = (1+r)(B_b + L_b)$
지급능력비율의 정의	$B_b' = \tau P, \quad B_b = \tau P_{-1}$
대출가능자금시장의 수요함수	$r = \dfrac{(1-\gamma)\tau(1+\pi)}{(1-\gamma)\tau + L/P_{-1}} - 1, \; L = (1-\gamma) L_b$
대출가능자금시장의 공급함수	$S = \gamma S_a$

주: y는 일인당 실질GDP, y_a는 고소득그룹의 일인당 실질소득, y_b는 비고소득그룹의 일인당 실질소득, ω는 실질GDP 대비 고소득그룹의 소득비중, W_a는 고소득그룹 일인당 부(wealth)의 실질가치, r은 실질이자율, c_a는 고소득그룹 일인당 실질소비지출, y_a^*는 고소득그룹의 항상소득, a는 양의 상수, y_a^o는 고소득그룹의 일시적인 소득이다. 또한 c_b는 비고소득그룹의 일인당 실질소비지출, L_b는 비고소득그룹의 일인당 신규 은행대출, B_b'은 다음시점으로 이월되는 비소득그룹의 일인당 실질부채잔고, τ는 지급능력비율, π는 주택가격상승률, P_{-1}은 전기의 주택가격, S는 총가계저축, L은 총가계신규대출이다.

대비 가계부채의 비율이 서로 같은 방향으로 변화한다는 것을 보이는 것이 본절에서 항상소득가설의 소비모형을 분석하는 목적이다.

고소득그룹과 비고소득그룹의 예산제약과 소비지출을 설명한다. ⟨표 8−3⟩의 넷째 줄에 있는 식은 고소득그룹에 속하는 가계의 기간 간 예산제약을 나타내는 식이다. 고소득그룹에 속하는 가계는 소득 중에서 소비하고 남는 부분은 모두 은행에 예금하는 것으로 가정한다. 현재시점의 은행예금 한 단위에 대한 다음시점의 이자율은 r로 표시된다. 넷째 줄에 있는 식의 좌변은 다음시점에서 고소득그룹의 자산을 나타낸다. 고소득그룹은 자신의 소비지출을 충분히 감당할 수 있는 소득을 받는 것으로 가정하여 고소득그룹의 자산은 항상 비음수의 값을 가지는 것으로 가정한다. 고소득그룹에 속하는 가계는 항상소득가설의 소비모형 과 동일한 방식으로 소비지출을 결정한다. 이런 가정을 반영하여 다섯째 줄에서 볼 수 있듯이 고소득그룹 일인당 소비지출은 항상소득에 비례한다. 여섯째 줄에 있는 식은 고소득그룹 일인당 실질GDP는 항상소득과 일시적 소득의 합으로 구 성된다는 것으로 보여주고 있다.

고소득그룹과 비고소득그룹의 차이는 소비지출을 위한 금융기관의 대출여부 에 반영된다. 고소득그룹은 소비지출자금을 마련하기 위해 금융기관으로부터 대 출을 받지 않아도 되지만, 비고소득그룹은 소비지출자금을 마련하기 위해 금융 기관으로부터 대출을 받아야 한다고 가정한다. 비고소득그룹은 자신의 소득만으 로 소비지출을 충분히 감당할 수 없기 때문에 은행대출을 받아서 부족한 부분을 보충한다. 왜 이런 가정을 도입하는가? 주택이 제공하는 서비스 및 각종 전자제 품과 차량 등의 내구재가 제공하는 서비스를 구매하기 위한 지출을 모두 포괄하 여 소비지출로 정의한다면 소득보다 더 클 가능성이 높다. 예를 들어, 주택매수 를 위해서 은행대출을 받는 상황을 주택서비스를 소비하기 위한 은행대출로 간 주한다. 따라서 비고소득그룹의 소비지출은 <표 8-3>의 일곱째 줄에 있는 식과 같이 결정된다. <표 8-3>의 여덟째 줄에 있는 수식은 비고소득그룹의 일인당 실질부채잔고의 기간 간 변화를 나타낸다. 여덟째 줄에 있는 식이 함의 하는 것은 현재시점이 지나면서 축적된 비고소득그룹의 부채잔고는 지난시점까 지 축적된 부채잔고와 현재시점에서 새로 추가된 은행대출원금의 합에 대하여 적용된 원리금이다.

소득불평등의 변화가 대출가능자금시장의 균형에 미치는 효과를 분석한다. 대출가능자금시장의 시장청산조건은 (자금공급＝자금수요)의 등식이다. 은행은 최종수요자와 최종공급자를 연결시켜주는 중개기능을 수행한다. 대출가능자금 시장에서 활동하는 은행은 자유롭게 진입과 탈퇴가 가능하다. 모형의 단순화를 위해 자금중개비용도 없다고 가정한다. 대출가능자금시장의 자금공급은 고소득그룹의 저축이고, 대출가능자금시장의 자금수요는 비고소득그룹의 소비지출을 충당하는 은행대출이다. 구체적인 수치로 예를 든다면 고소득그룹에서 1000억 원의 저축이 발생하면 은행은 전액을 비고소득그룹에 대출한다. 이런 점이 반영된 대출가능자금시장의 시장청산조건은 <표 8-4>의 첫째 줄에 정리되어 있다. 이 식의 좌변은 최종자금공급을 나타내고, 우변은 최종자금수요를 나타낸다.

원리금의 상환은 어떻게 결정되는가? <표 8-3>의 여덟째 줄에 있는 식이 만족되도록 원금과 이자가 결정되어야 한다. <표 8-3>의 여덟째 줄에 있는 식의 양변에 비고소득그룹의 인구비중을 곱하면 비고소득그룹 전체에 만족되어야 하는 조건이 된다. 앞에서 비고소득그룹의 소비지출에 사용되는 은행대출금은 1000억으로 가정하였다. 단위를 생략하면 $(1-\gamma)L_b = 1000$의 등식을 의미한다. 과거시점에서 은행에 상환하기로 약속한 부채를 500억이라고 가정한다. 앞에서와 같이 단위를 쓰지 않는다면 $(1-\gamma)B_b = 500$의 등식을 의미한다. 이자율이 20퍼센트라고 가정하면 $r = 0.2$이다. 다음시점에서 비고소득그룹 전체가 은행에 상환하기로 약속한 금액은 <표 8-3>의 여덟째 줄에 있는 식이 만족시키는 수준이다. 앞의 설명을 이 식의 좌변에 반영하여 계산하면 다음시점에서 비고소득그룹 전체가 은행에게 상환하기로 약속한 금액은 1800이다.

비고소득그룹에 공급되는 대출가능자금은 어떻게 결정되는가? 현실경제에서는 서로 다른 다양한 이유로 은행대출을 신청할 수 있다. 앞에서 은행대출이 비고소득그룹의 소비지출을 충당하기 위해 사용되는 것으로 가정하고 있다. 그 이유는 은행대출은 비내구재의 소비지출에 사용되는 것이 아니라 주택서비스와 자동차 등을 포함하는 내구재소비를 위해 사용되는 점을 반영하고 있기 때문이다. 이런 측면을 반영하여 본 절의 모형에서는 비고소득그룹에게 제공되는 은행대출이 모두 주택담보대출이라고 가정한다. 은행은 주택담보대출을 어떻게 결정하는가? 상환되어야 하는 원금과 이자의 합이 담보로 제공된 자산이 지니고 있는 시장가치보다 작아야 한다는 제약이 부과된다. 단순형태로 부과된 일종의 채무상환능력제약(solvency constraint)조건이다.[53]

---

53) 담보인정비율은 담보자산의 시장가치 대비 총대출금으로 정의된다. 본 장의 모형에서 비고

지급능력비율이 은행대출을 결정하기 이전에 결정된다면 채무상환능력제약이 은행대출금을 결정하게 된다. 지급능력비율은 양의 상수를 나타내는 τ의 값으로 고정되어 있는 것으로 가정한다. 이 경우 앞에서 설명한 채무상환능력제약이 현재시점에서 만족되면 (다음시점에서 약속한 원리금상환액＝τ×현재시점의 주택가격)의 등식이 만족된다. 이전시점에서도 채무상환능력제약의 등식이 만족되었다고 가정하면 (현재시점에서 약속한 원리금상환액＝τ×과거시점의 주택가격)의 등식이 만족된다. 말로 표현한 두 개의 등식을 기호를 사용하여 표현하면 <표 8-3>의 아홉째 줄에 있는 식이 된다. 채무상환능력제약을 사용하여 현재시점에서 비고소득그룹에게 공급되는 신규 은행대출금을 계산할 수 있다. 구체적으로 설명하면 <표 8-3>의 아홉째 줄에 있는 두 개의 등식을 여덟째 줄에 대입하여 대출가능자금시장의 수요함수를 도출할 수 있다. 이런 방식으로 도출된 대출가능자금시장의 수요함수는 열째 줄에 정리되어 있다. 마지막 줄에 있는 대출가능자금시장의 공급함수는 고소득그룹의 저축총합이 대출가능자금시장의 자금공급이 된다는 점을 반영하여 도출된다.

<표 8-3>에서 도출한 대출가능자금시장의 수요함수와 공급함수를 사용하여 대출가능자금시장의 균형을 분석할 수 있다. 본 절에서는 소득불평등의 변화가 대출가능자금시장의 균형에 미치는 효과에 집중하기 위해 대출가능자금시장에서 정부와 기업의 수요를 생략한다. <그림 8-3>은 앞에서 설명한 대출가능자금시장의 수요함수와 공급함수를 사용하여 대출가능자금시장의 균형을 그림으로 보여주고 있다. <표 8-3>에서 도출한 대출가능자금시장의 공급함수와 수요함수의 그래프가 각각 푸른색실선으로 표시되어 있다. 수요곡선과 공급곡선이 정의된 평면의 수평축은 대출가능자금의 수요와 공급을 나타내고, 수직축은 이자율을 나타낸다. 공급곡선을 수직선으로 표시하고 있다. 수직선의 형태로 표시되는 이유는 고소득그룹의 노동소득은 이자율의 변화에 직접적인 영향을 받지 않는다는 가정이 반영되었기 때문이다. 우하향하는 푸른색실선으로 표

소득그룹은 과거의 은행대출을 상환하지 않고 이월하기 때문에 총대출금은 $(B_0 + L_0)$이다. 따라서 담보인정비율제약조건과 채무상환능력제약조건은 다르다는 점을 지적한다. 담보인정비율제약조건이 성립하는 경우는 본 절의 연습문제에서 다루고 있다.

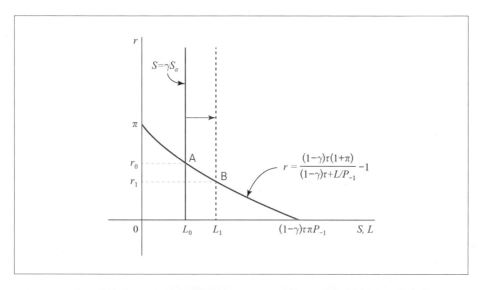

〈그림 8-3〉 소득불평등의 금융시장효과

시되는 수요곡선은 <표 8-3>의 열째 줄에 있는 식에 주택가격상승률과 지급
능력비율은 이자율의 변화에 직접적인 영향을 받지 않는다는 가정이 반영된 것
이다.

<그림 8-3>에서 소득불평등의 대출가능자금시장효과를 볼 수 있다. 고소
득그룹의 소득비중이 높아지면서 소득불평등과 고소득그룹의 저축총합이 증가
한다. 이런 상황으로 인해 대출가능자금시장의 공급곡선이 우측으로 이동하면
대출가능자금시장의 균형은 A점에서 B점으로 이동한다. 새로운 균형을 나타내
는 B점의 균형이자율은 A점의 균형이자율보다 아래에 위치하지만, B점의 대출
총액은 A점의 대출총액보다 오른쪽에 위치한다. 결국 소득불평등이 높아지면서
비고소득그룹에게 제공되는 대출총액이 증가한다. 재화시장의 균형조건은 어떻
게 되는가? 대출가능자금시장의 청산조건과 재화시장의 청산조건은 서로 연결되
어 있다는 것을 보인다. 대출가능자금시장에서 (수요=공급)의 등식이 성립할
때 재화시장에서도 (수요=공급)의 등식이 성립한다는 것을 보인다.

<표 8-4>의 첫째 줄에 있는 식은 대출가능자금시장의 균형조건이다. 앞
에서 이미 <그림 8-3>을 사용하여 대출가능자금시장의 균형을 설명하였기

■■■ 〈표 8-4〉 소득불평등과 부채비율

대출가능자금시장의 시장청산조건	$L = S \rightarrow \gamma S_a = (1-\gamma)L_b$
재화시장의 청산조건	$\begin{cases} c_a = y_a + S_a \\ c_b = y_b - L_b \end{cases} \rightarrow \quad c = y + (\gamma S_a - (1-\gamma)L_b)$
대출가능자금시장의 청산조건과 재화시장의 청산조건	$\gamma S_a = (1-\gamma)L_b \rightarrow c = y$
고소득그룹의 일인당 저축	$S_a = y_a - a y_a^* = (1-a)y_a^* + y_a^o$
비고소득그룹 은행대출총합	$L = \gamma((1-a)y_a^* + y_a^o)$
소득 대비 은행대출	$\dfrac{L}{y} = \dfrac{\omega(1-a+m_a)}{1+m_a}$
부채비율의 기간 간 변화	$b' = \alpha'(b + \dfrac{\omega(1-a+m_a)}{1+m_a})$
조정계수의 정의	$\alpha' = \dfrac{1+r}{1+g'}$

주: S_a는 고소득그룹 일인당 실질저축, m_a는 고소득그룹의 항상소득 대비 일시소득의 비율, b는 소득
　　대비 부채의 비율, g'는 현재시점부터 다음시점까지 일인당 실질GDP의 증가율이다.

때문에 대출가능자금시장의 균형조건에 관한 설명은 생략한다. 둘째 줄에서는 재화시장의 청산조건을 설명하고 있다. 총수요는 고소득그룹과 비고소득그룹의 소비지출의 합으로 정의된다. 총생산은 고소득그룹과 비고소득그룹의 실질소득의 합으로 정의된다. 둘째 줄에서 화살표 왼쪽에 있는 식들은 고소득그룹과 비고소득그룹의 개별가계에 적용되는 소비와 저축의 식이다. 두 식을 모든 가계에 대하여 합하면 화살표 오른쪽에 있는 식이 도출된다. 화살표 오른쪽에 있는 식을 보면 첫째 줄에 있는 식이 만족될 때 재화시장의 시장청산조건이 만족된다는 것을 알 수 있다. 셋째 줄에서는 대출가능자금시장의 시장청산조건이 만족되면 재화시장의 청산조건이 성립한다는 것을 수식으로 정리하고 있다.

　　고소득그룹의 소비지출은 항상소득가설에서 주장하는 내용에 따라서 결정된다고 가정하였다. 이를 반영하여 고소득그룹의 일인당 실질저축을 계산할 수 있

다. 고소득그룹의 일인당 실질저축의 결정을 나타내는 식은 <표 8-4>의 넷째 줄에 있는 식이다. 넷째 줄에 있는 식을 첫째 줄에 있는 대출가능자금시장의 청산조건에 대입하면 비고소득그룹의 은행대출총합을 계산할 수 있다. 비고소득그룹의 은행대출총합을 실질GDP로 나눈 비율을 계산하면 여섯째 줄에 있는 식이 도출된다. 비고소득그룹의 예산제약에 대입하여 정리하면 부채비율의 기간 간 변화를 나타내는 식을 계산할 수 있다. 부채비율의 기간 간 변화를 나타내는 식은 일곱째 줄에 정리되어 있다. 이 식이 함의하는 점은 다음과 같다. 여덟째 줄에 정의되어 있는 조정계수의 값이 고정되어 있다는 가정하에서 고소득그룹의 소득이 GDP에서 차지하는 비중이 증가하면 경제전체의 소득 대비 부채 비율이 증가한다는 것이다. <그림 8-2>에서 보여준 고소득그룹 소득비중과 가계부채 비율이 지속적으로 증가하는 모습이 나타나는 현상을 설명할 수 있다는 점을 확인할 수 있다.

가계부채의 증가를 우려해야 하는 이유는 무엇인가? 이 질문에 대한 하나의 답변은 가계부채의 확대로 인해 발생할 수 있는 부정적인 거시경제효과이다. 미안, 수피, 베르너 등은 2017년에 발표한 연구논문에서 일정한 기간 동안에 걸쳐서 축적된 가계부채와 앞으로 다가올 미래시점의 경제성장률이 서로 어떠한 관계가 있는지를 분석한다.[54] 이들이 제시한 분석결과를 간단히 요약하면 다음과 같다. (1) 가계부채비율의 급격한 증가는 약 3년의 기간에 걸쳐 거시경제에 영향을 미친다. (2) 초기단계에서는 일종의 가계부채호황이 발생한다. 이 기간 중에는 소득 대비 소비 비중이 늘어나고 소비재 수입이 확대되면서 GDP도 증가한다. (3) 초기단계의 경기확대현상이 사라진 후에는 경제성장률의 하락으로 이어진다.

미미한 수준의 가계부채확대가 경제성장률의 하락으로 이어진다고 보기는

---

54) 미안(Atif Mian), 수피(Amir Sufi), 베르너(Emil Verner) 등이 2017년 미국 하버드대학교 경제학과의 학술지(Quarterly Journal of Economics, 132권 4호, 1755페이지부터 1817페이지)에 출간한 논문의 제목은 「Household Debt and Business Cycles Worldwide」이다. 또한 미안과 수피가 2018년 미국 경제학회의 학술지(Journal of Economic Perspectives, 32권 3호, 31페이지부터 58페이지)에 출간한 논문의 제목은 「Finance and Business Cycles: The Credit-Driven Household Demand Channel」이다.

어렵다. 따라서 가계부채확대가 경제성장률의 하락으로 연결되는 현상이 나타나기 위해 가계부채비율이 어느 정도로 확대되어야 하는지의 궁금증이 있을 수 있다. 가계부채비율의 확률적 변동이 존재한다고 가정할 때 가계부채비율을 기준으로 적용할 수 있는 임계값은 (평균수준＋표준편차)이다. 가계부채비율의 예상하지 못한 증가가 임계값을 상회하면 초기에는 호황이 나타나지만 결국 경제성장률의 하락으로 이어질 가능성이 있다고 볼 수 있다. 미국자료의 사례를 소개하면 가계부채비율이 6.2퍼센트 증가하면 향후 실질GDP는 2.1퍼센트 감소한다는 깃이다. 미국자료에서 나타난 결과는 글로벌 금융위기로 발생한 대불황의 기간을 분석대상의 기간에 포함하는지의 여부에 따라 민감하게 달라질 수도 있다. 대불황의 기간을 제외하면 가계부채비율의 경제성장률하락효과가 30퍼센트 정도 감소한다. 그럼에도 불구하고 가계부채 비율이 증가하여 발생하는 경제성장률하락효과는 여전히 존재한다는 것이 미안과 수피의 주장이다.

이런 현상은 어떠한 경로를 거쳐서 발생하는가? 두 개의 경로가 가능성이 있다. 첫째 경로는 신용주도의 가계수요경로(credit-driven household demand channel)이다. 가계소비지출이 매개가 되어 신용순환(credit cycles)과 경기순환(business cycles)이 서로 밀접하게 연결된다.[55] 미안과 수피가 2018년에 발표한 연구논문에 따르면 다음과 같은 두 단계를 거친다. (1) 신용공급의 급격한 확대가 발생하면 신용순환 초기단계에서는 가계소비지출의 증가로 인해 경기호황이 발생한다. (2) 시간이 지나면서 경기확대의 효과는 사라지고, 오히려 이미 축적된 가계부채가 소비지출에 부담을 주게 되어 경기침체가 발생할 수 있다. 미안과 수피의 연구에서는 현실경제에서 실제로 신용공급충격이 발생한 몇 개의 사례를 제시하고 있다. 2000년대 초반 유로의 도입과 2007-2008년 기간 미국에서 발생한 대불황의 원인 중의 하나로 지목된 대출기준의 완화 등이다.

두 번째 경로에서 강조되는 점은 가계의 한계소비성향이 모든 가계에 걸쳐서 일률적으로 동일하지 않다는 점이다. 제1장에서 설명한 절대소득가설에서는 한계소비성향은 소득수준에 관계없이 1보다 작은 양수로 고정되어 있는 것으로

---

55) 미안과 수피가 2018년에 발표한 논문의 제목은 「Finance and Business Cycles: The Credit-Driven Household Demand Channel」이다. 앞의 각주에서 학술지의 정보를 요약하고 있다.

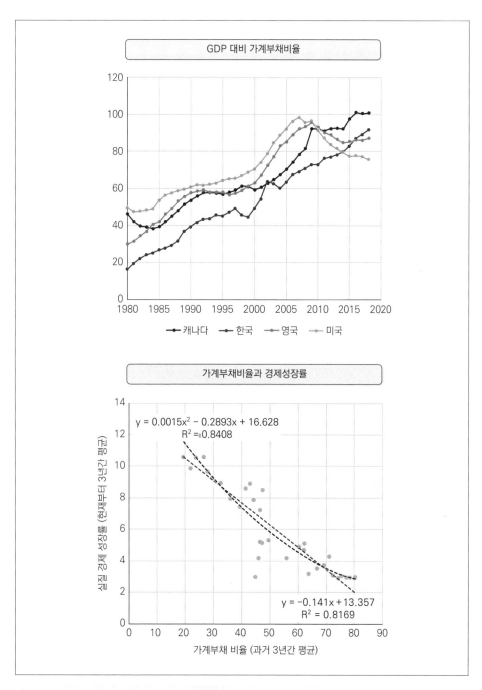

GDP 대비 가계부채비율

가계부채비율과 경제성장률

$y = 0.0015x^2 - 0.2893x + 16.628$
$R^2 = 0.8408$

$y = -0.141x + 13.357$
$R^2 = 0.8169$

〈그림 8-4〉 가계부채의 거시경제효과

가정하였다. 그러나 가계의 한계소비성향은 가계의 부채수준에 영향을 받을 수 있다. 부채수준이 상대적으로 높은 가계의 한계소비성향이 더 높다면 어떠한 결과가 발생할 것인지를 생각해볼 수 있다. 가계소득이 일시적으로 감소하는 상황에서 소비지출의 반응은 어떻게 달라질 수 있는지를 생각해볼 수 있다. 일시적인 소득감소가 동일한 크기로 발생할지라도 부채수준이 높은 경우 소비지출감소의 폭이 더 크게 나타나기 때문에 총수요감소효과도 더 크게 나타날 가능성이 높다.

<그림 8-4>의 상단에 있는 그림에서는 한국, 캐나다, 미국, 영국 등의 가계부채비율의 추이를 비교하고 있다. 가계부채비율은 가계부문에게 공급된 은행대출과 가계부문이 발행한 채권 발행액의 합을 GDP로 나눈 비율로 정의되고, IMF의 홈페이지(IMF DataMapper)에서 다운로드 받아서 1980년-2018년 기간 중 자료를 보여주고 있다. 짙은 푸른색실선은 한국의 부채비율, 회색실선은 영국, 푸른색실선은 미국, 검은색 실선은 캐나다를 각각 나타낸다. 미국과 영국의 경우 글로벌 금융위기를 기준으로 그 이전에는 지속적으로 상승하다가 그 이후 낮아지고 있다. 특히 미국의 경우 금융위기 시점에서 100퍼센트의 정점을 기록한 이후 지속적으로 낮아져서 2018년 기준 80퍼센트 미만을 기록하고 있다. 영국의 경우 금융위기 시점에서 약 95퍼센트의 정점을 기록한 이후 지속적으로 낮아져서 2018년 기준 약 85퍼센트 정도를 기록하고 있다. 이처럼 미국과 영국은 금융위기를 겪으면서 GDP 대비 가계부채비율이 조정과정을 거쳐 감소하는 모습을 보이지만, 캐나다는 금융위기가 진행되는 과정에서 일정한 수준을 유지하다가 그 이후 증가하는 모습을 보이고 있다는 점이 미국과 영국의 변화과정과 차이가 난다. 한국은 1980년 당시 16.5퍼센트로 최하위를 기록하고 있지만, 그 이후 현재까지 지속적으로 가계부채의 비율이 증가하고 있다. 특히 2014년에는 미국보다 더 높은 수준으로 올라가고, 2016년에는 영국보다 더 높은 수준으로 올라가는 모습을 보이고 있다. 따라서 2010년대에 들어 한국의 GDP 대비 가계부채의 비율은 미국과 영국의 수치보다 더 높아져서 다른 나라에 비해 높은 수준이라는 것을 알 수 있다.

<그림 8-4>의 하단에 있는 그림에서는 한국자료를 사용하여 가계부채비

율과 미래시점에서 발생할 경제성장률의 관계를 보여주고 있다.[56] 2000년부터 2018년까지 기간 중 연도별 자료를 사용하여 작성된 산점도이다. 수평축은 각 년도에 대하여 해당년도를 제외한 과거 3년간 관측된 가계부채비율의 평균을 나타낸다. 수직축은 각 년도에 대하여 해당년도를 포함한 미래 삼년 간 실질경제성장률의 평균을 나타낸다. 산점도가 함의하는 점은 과거 삼년간 가계부채비율이 높은 시점에서 앞으로 삼년간 실질경제성장률은 낮아지는 경향이 있다는 것이다. 푸른색점선으로 표시된 선형 회귀식의 기울기는 -0.141이고, 수정된 R-square를 보면 0.8169이다. <그림 8-4>가 함의하는 내용을 두 개의 항목으로 요약할 수 있다. (1) 두 변수가 음의 상관관계가 있다는 것이다. 가계부채비율이 1%포인트 상승하게 되는 상황에서 실질경제성장률이 약 -0.14%포인트 낮아지는 상황이 관측되는 경향이 있다는 것이다. (2) 과거 삼년 간 가계부채비율의 평균이 미래 삼년 간 실질경제성장률에 대한 설명력이 낮지 않다.

제3절 기업규모분포의 거시경제효과

2000년대에 들어 거시경제적인 충격에 추가하여 미시경제적인 충격도 유의성이 있는 경기변동의 원천이 될 가능성이 있다는 주장을 담은 연구들이 제시되고 있다. 첫 번째로 소개되는 내용은 가바익스의 분석이다.[57] 현실 경제에서 대기업의 비중이 높기 때문에 대기업의 생산에 대한 특수요인들이 거시경제 전체

---

56) 한국의 경제성장률은 「e-나라지표」의 데이터베이스에 있는 실질GDP성장률이고, 한국의 가계부채비율은 앞에서 설명한 <그림 8-4>의 상단에 있는 그림을 작성하기 위해 사용한 자료이다. 또한 <그림 8-4>에 수록된 두 개의 그림은 계량경제학보에 게재한 「Macroeconomic Change since 2000 and DSGE Models」에도 수록되어 있음을 밝힌다.

57) 가바익스(Xavier Gabaix)가 2011년 미국 계량경제학회의 학회지(Econometrica, 79권 3호 733페이지부터 772페이지)에 출간한 논문의 제목은 「The Granular Origin of Aggregate Fluctuations」이다. 본 절의 후속되는 내용에서도 동일한 논문내용을 인용한다. 또한 가바익스가 2016년 미국 경제학회의 학술지(Journal of Economic Perspectives, 30권 1호, 185페이지부터 206페이지)에 출간한 멱법칙에 관한 서베이논문의 제목은 「Power Laws in Economics: An Introduction」이다.

실질GDP의 정의	$Y = \sum_{i=1}^{N} Y_i$
개별기업 성장률의 확률적 변동	$\dfrac{\Delta Y_i}{Y_i} = \sigma \epsilon_i$
경제성장률의 결정	$\dfrac{\Delta Y}{Y} = \sigma \sum_{i=1}^{N} \omega_i \epsilon_i, \quad \omega_i = \dfrac{Y_i}{Y}$
경제성장률의 표준편차	$\sigma_G = \sigma (\sum_{i=1}^{N} \omega_i^2)^{1/2}$
동일규모의 가정과 거시경제변동성	$\sigma_G = \dfrac{\sigma}{N^{1/2}}$
Gabaix의 가정	$P(Y_i > x) = bx^{-\zeta}$
멱법칙의 함수	$y = bx^{-\zeta}$
멱법칙과 거시경제변동성	$\sigma_G = \dfrac{\nu_\zeta \sigma}{\ln N}$ if $\zeta = 1$ $\sigma_G = \dfrac{\nu_\zeta \sigma}{N^{\zeta/(1+\zeta)}}$ if $1 < \zeta < 2$
개별기업상호작용과 거시경제변동성	$\sigma_G = \sigma (\sum_{i=1}^{N} \omega_i^2)^{1/2} (1+m)^{1/2}$
개별기업상호작용의 척도	$m = 2 \sum_{l=1}^{N} \sum_{j=l+1}^{N} \rho_{ij} \omega_i \omega_j$

주: Y_i는 개별기업의 실질부가가치, Y는 실질GDP, σ는 양수, ϵ_i는 평균이 제로이면서 분산이 1인 확률변수, ω_i는 개별기업의 부가가치비중, b는 양수, $P(Y_i > x)$는 개별기업의 부가가치가 x보다 클 확률, ρ_{ij}는 두 기업 부가가치 증가율의 상관계수이다.

의 경기순환에 작지 않은 효과를 미칠 수 있다는 것이다. 미시경제적 충격이 경제성장률의 변동성을 발생시키는 요인이 되기 어렵다는 주장의 근거는 다음과 같이 설명할 수 있다. 수없이 많은 산업 또는 기업이 존재하는 거시경제에서 개별 기업이 다른 기업과 거래하지 않고 독립적으로 생산 활동을 진행한다면 대수의 법칙이 작용한다. 기업의 수 또는 산업의 수가 충분히 많으면 실적이 높은 기업의 산출과 실적이 낮은 기업의 산출이 서로 상쇄되어 개별 기업의 변동은 총생산 수준에 영향을 미치지 못한다는 주장이 가능하다.

이와 같은 주장을 구체적으로 설명하기 위해 N개의 기업으로 구성된 거시경제의 경제성장률의 변동성과 개별 기업 부가가치 증가율의 변동성 간의 관계에 대하여 분석한다. <표 8-5>의 첫째 줄에서는 실질GDP의 정의를 수식으로 나타내고 있다. 실질GDP는 개별기업의 실질부가가치의 총합이다. 둘째 줄에서는 개별기업의 성장률은 확률적으로 변동하는 것으로 가정한다. 개별기업의 성장률이 확률변수라고 가정하면 확률변수의 분포를 설명해야 한다. 개별기업의 성장률은 동일한 분포함수를 따르면서 서로 독립적으로 결정되는 확률변수라고 가정한다. 셋째 줄에 있는 식에서는 첫째 줄과 둘째 줄에 있는 식을 결합하면 경제성장률은 개별기업 성장률의 가중평균이라는 것을 수식으로 보여주고 있다. 경제성장률의 결정을 설명하는 식을 이용하여 경제성장률의 표준편차를 계산할 수 있다. 경제성장률의 표준편차를 사용하여 거시경제의 변동성을 측정한다면 넷째 줄에 있는 식은 거시경제의 변동성이 어떻게 결정되는지를 설명하는 식이라고 볼 수 있다.

<표 8-5>의 넷째 줄에 있는 식의 함의를 두 가지로 요약할 수 있다. 첫째, 개별기업의 변동성이 동일하더라도 개별기업 부가가치 비중의 값이 달라지면 거시경제의 변동성도 달라진다. 둘째, 개별기업 부가가치비중의 값은 기업규모분포의 형태에 의해서 결정된다. 모든 기업의 규모가 같다면 $\omega_i = 1/N$의 등식이 성립한다. 이 식을 대입하여 정리하면 다섯째 줄에 정리되어 있는 식이 도출된다. 위의 식이 함의하는 것은 기업의 수가 증가하면서 경제성장률의 표준편차가 감소하는 속도가 비교적 크다는 것이다. 그러나 모든 기업의 규모가 같지 않다면 경제성장률의 표준편차가 감소하는 속도가 작게 나타날 수 있다는 것이다. 기업규모분포가 거시경제변동성에 미치는 효과를 설명하기 위해 가바익스가 2011년에 발표한 연구논문에서 제시한 결과를 인용한다. 개별기업의 규모가 모두 같다는 가정을 다른 가정으로 대체한다. <표 8-5>의 여섯째 줄에 있는 식을 기업규모분포함수로 가정한다. 확률의 값이 1보다 작다는 조건을 만족시키기 위해 $x > b^{(1+\varsigma)}$의 조건이 만족되어야 한다.

분포함수와 관련된 보충설명을 추가한다. 두 개의 변수 간의 관계를 분석할 때 하나의 변수가 다른 변수에 대한 거듭제곱의 형태로 표시할 수 있을 때 멱법칙(power law)이 성립한다. 이 경우 두 변수 간의 관계를 상수인 탄력성으로

나타낼 수 있다. 예를 들어, x명의 근로자를 고용하고 있는 기업의 수를 y로 표시할 때 두 변수 간의 관계를 지수를 사용하여 나타낼 수 있다면 두 변수 간 멱법칙이 성립한다. 멱법칙이 성립하는 두 변수의 관계를 수식으로 표현하면 <표 8-5>의 일곱째 줄에 있는 함수이다. 미국자료의 실증분석에서는 $\zeta = 1.059$가 되는 것으로 알려져 있기 때문에 근사적으로 $\zeta = 1$의 값이 만족되는 것으로 간주한다면 기업규모에 대한 지프의 법칙(Zipf's law)이 성립한다고 주장할 수 있다.

거시경제의 변동성은 어떻게 달라지는가? 개별기업의 부가가치가 임의의 양수값을 나타내는 x보다 클 확률을 앞에서 설명한 멱법칙이 성립하는 지수함수로 가정한다. <표 8-5>의 여덟째 줄에서 볼 수 있듯이 ζ의 값에 따라서 경제성장률의 표준편차는 달라진다. 기업규모분포에 대한 지프의 법칙이 성립한다면 기업의 수가 증가하면서 경제성장률의 표준편차가 감소하는 속도는 $\ln N$에 의해서 결정된다. 어느 정도 달라지는지에 대한 구체적인 감을 제시하기 위해 기업의 수가 일백만인 경우 $N^{1/2} = 1000$과 $\ln N = 13.8155$이다. <표 8-5>의 다섯째 줄에 있는 식과 <표 8-5>의 여덟째 줄에서 첫째식을 비교하면 후자의 경우 동일한 N과 σ의 값에 대하여 기업 성장률의 표준편차가 경제성장률 표준편차에 공헌하는 정도가 72.38배 증가한다. 따라서 경제성장률의 표준편차가 감소하는 속도가 낮아지기 때문에 충분히 큰 기업의 수에 대해서도 개별기업의 충격이 경제성장률의 변동성에 유의적인 영향을 미칠 수 있는 가능성이 높아진다는 것이다.

앞에서 설명한 가바익스모형에서는 개별기업의 생산과정이 서로 연결되어 있을 가능성을 반영하지 않고 있다는 점을 지적한다. 제6장의 앞부분에서도 설명한 바와 같이 현실경제에서는 하나의 제품을 생산하기 위해 다양한 중간재들이 투입되기 때문에 서로 다른 산업과 기업의 영향을 직·간접적으로 받게 된다. 이처럼 산업연관효과를 반영된다면 앞에서 설명한 기업규모분포의 거시경제효과는 어떻게 달라지는가의 질문이 가능하다. 산업과 기업 간 연결을 반영한 미시경제적인 요인의 거시경제효과를 분석한 다양한 연구가 있지만 그 중에서도 아세모그루, 카르바르호, 오즈다그라르, 타흐바즈-살레히 등 네 명의 저자가 2012년에 발표한 논문과 아세모글루와 아자르 등이 2020년에 발표한 논문에 담겨있는 내용을 요약하여 인용한다.[58]

기업 또는 산업 간 발생하는 투입－산출의 연결이 존재하면 한 산업 또는 한 기업에 국한하여 발생하는 충격도 다른 기업과 산업으로 파급될 수 있다. 기업 부가가치 생산의 상호간 상관관계의 크기에 따라 미시경제적인 충격의 거시경제 변동성에 대한 유효한 효과의 여부가 달라질 수 있다. 기업성장률의 상호작용을 고려한다면 <표 8-5>의 아홉째 줄에 있는 식이 된다. 이 식에서 m은 기업성장률의 상호작용이 경제성장률 표준편차에 미치는 효과를 나타내는 부분으로 해석할 수 있다.

2016년에 발표한 연구논문에서 가바익스는 대기업비중이 높다면 대기업생산 및 대기업매출에만 영향을 미치는 변화일지라도 거시경제 전체에 유효한 영향을 줄 수 있다는 자신의 주장이 현실설명력이 높다는 점을 보이기 위해 한국과 미국의 상황을 설명하고 있다. 한국의 사례에서는 상위 10개 재벌그룹이 GDP의 54퍼센트, 수출의 51퍼센트를 담당하고 있다는 점을 지적하고 있다. 미국의 사례에서는 상위 50개 대기업의 매출이 총생산의 25퍼센트를 차지하고 있다는 사실을 지적하고 있다. 그러나 이런 주장에서 보충되어야 하는 측면이 있다면 노동시장에서 대기업의 상대적인 역할은 생산물시장에서 대기업의 상대적인 역할과 달라질 수 있다는 점이다. 한국자료를 보면 노동시장의 상대적인 비중과 생산물시장의 상대적인 비중의 비대칭성이 크게 나타난다는 것을 알 수 있다. 그 이유는 한국에서는 부가가치를 기준으로 하면 대기업 비중이 높지만, 고용을 기준으로 하면 중소기업의 비중이 높게 나타나기 때문이다. 이는 대기업의 거시경제적인 생산효과와 고용효과는 차이가 있을 가능성을 시사한다.

<그림 8-5>에서는 OECD의 홈페이지에서 다운로드 받은 네 개의 그림을 복사하여 인용하고 있다.[59] 첫 번째 그림에서는 각각의 OECD 회원국에 대하여

---

58) 아세모그루(Daron Acemoglu), 카르바르호(Vasco Carvalho), 오즈다그라르(Asuman Ozdaglar), 타흐바즈－살레히(Alireza Tahbaz－Salehi) 등 네 명의 저자가 2012년 미국 계량경제학회의 학술지(Econometrica, 80권 5호, 1977페이지부터 2016페이지)에 출간한 논문의 제목은 「The Network Origin of Aggregate Fluctuations」이다. 아세모글루(Daron Acemoglu)와 아자르(Pablo Azar)가 2020년 미국 계량경제학회의 학술지(Econometrica, 88권 1호, 33페이지부터 82페이지)에 출간한 논문의 제목은 「Endogenous Production Networks」이다.

59) <그림 8-5>에 수록된 그래프는 OECD에서 발간한 보고서인 「Entrepreneurship at a Glance 2016」의 53페이지에 있는 「Figure 2.22. Contribution of SMEs and large

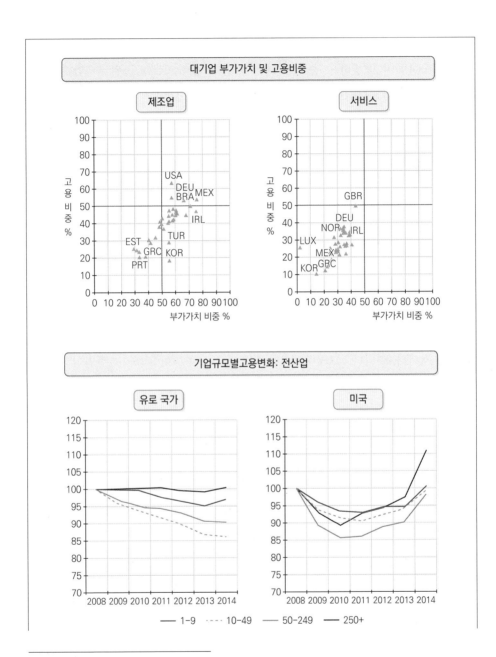

enterprises to employment and value added」을 그대로 복사하여 정리한 것임을 밝힌다. 또한 OECD에서 발간한 보고서인 「Entrepreneurship at a Glance 2017」의 43페이지에 있는 「Figure 2.8. Employment by enterprise size, Euro area and United States」을 그대로 복사하여 정리한 것임을 밝힌다.

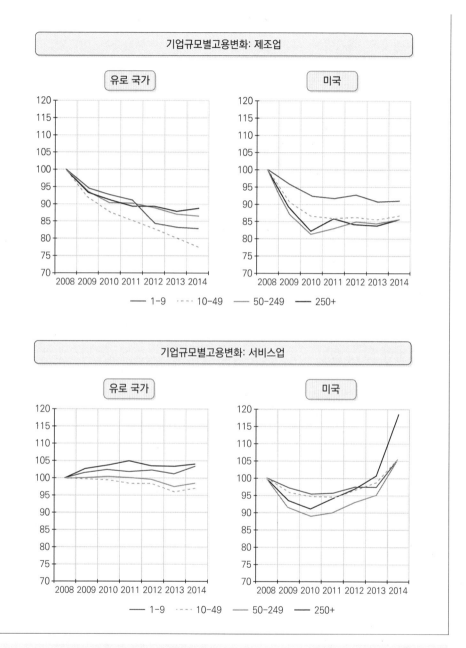

〈그림 8-5〉 기업규모의 거시경제효과

대기업의 부가가치비중과 고용비중을 제조업과 서비스업으로 나누어 보여주고 있다. 수평축은 대기업의 부가가치비중을 나타내고, 수직축은 대기업의 고용비중을 나타내고 있다. 제조업부문에서 미국의 경우 대기업 부가가치 비중은 60퍼센트보다 약간 작고, 고용비중은 60퍼센트보다 약간 큰 것으로 나타난다. 따라서 부가가치 비중과 고용비중의 차이가 작다. 한국의 경우 대기업 부가가치비중은 50퍼센트 중반이고 고용비중은 20퍼센트보다 약간 낮게 나타난다. 따라서 고용비중은 부가가치 비중에 비해 매우 낮다. 서비스부문에서는 부가가치비중과 고용비중이 서로 비슷히게 약 15퍼센트 수준에 머물러 있다. 서비스부문에서 중소기업 부가가치비중은 약 85퍼센트이고, 중소기업 고용비중은 약 90퍼센트이다. 따라서 서비스부문에서는 대기업보다는 중소기업의 상대적인 중요성이 압도적으로 더 높다고 할 수 있다.

앞에서 설명한 내용에 비추어보면 거시경제의 경기순환이 반복되는 과정에서 대기업과 중소기업의 역할이 다를 수 있음을 짐작해볼 수 있다. 글로벌 금융위기로부터 회복되는 과정에서 대기업과 중소기업의 고용이 어떻게 변화하는지를 소개한다. <그림 8-5>의 두 번째 그림에서는 2008년부터 2014년까지의 기간 중 미국과 유로국가에서 발생한 전산업 고용변화를 비교하고 있다. 고용규모를 기준으로 네 개의 그룹으로 나누어 각 그룹의 고용변화를 보여주고 있다. 각각의 그룹에 대하여 2008년의 고용수준을 1로 정규화하고 있다. 글로벌 금융위기가 전개되면서 250인 이상을 고용하고 있는 대기업 그룹에서 유로국가와 미국은 차이를 보인다. 유로국가 대기업 고용수준은 거의 변화가 없다. 미국의 경우는 2010년에 2008년 대비 90퍼센트 수준으로 고용감소를 보이다가 2014년에 이르러 110퍼센트로 증가하는 모습을 보인다. 50-249인 사이를 고용하는 기업의 경우 유로국가의 경우 약간씩 지속적으로 감소하여 2014년에는 2008년 대비 90퍼센트 수준이 된다. 미국의 경우 2010년에 2008년 대비 85퍼센트로 감소했다가 2014년에 거의 2008년 수준으로 회복되어 가고 있는 모습을 보이고 있다. 이와 같은 차이는 노동시장의 제도가 다른 점과 아울러 미국이 상대적으로 더 큰 폭으로 금융위기의 충격을 받았을 수 있다는 점을 반영할 수 있다.

글로벌 금융위기를 겪는 과정에서 제조업과 서비스업에 속하는 기업들의 반응이 다르게 나타난 점을 지적할 수 있다. <그림 8-5>의 세 번째 그림에서는

OECD 홈페이지에서 다운로드 받은 2008년부터 2014년까지의 기간 중 미국과 유로국가에서 발생한 제조업부문 고용변화를 기업규모별로 나누어 보여주고 있다. 미국과 유로국가 모두 2014년까지 제조업부문 고용은 금융위기 이전으로 회복되지 않는다는 점이 공통점이다. 그러나 기업규모별 고용의 변화는 차이가 있다. 미국의 경우 10인 미만을 고용하는 기업보다는 10인 이상을 고용하는 기업들의 고용감소가 상대적으로 더 크게 나타난다. 유로국가의 경우는 50인 이상을 고용하는 기업보다는 50인 미만을 고용하는 기업들의 고용감소가 상대적으로 더 크게 나타난다.

<그림 8-5>의 네 번째 그림에서는 2008년부터 2014년까지의 기간 중 미국과 유로국가에서 발생한 서비스업부문 고용변화를 기업규모별로 나누어 보여주고 있다. 유로국가의 경우 서비스업부문 고용은 크게 영향을 받지 않은 것으로 보인다. 미국의 경우 2010년까지 고용감소가 나타나지만 그 이후 회복하는 모습을 보인다. 특히 2014년에 이르러 모든 기업의 고용이 금융위기이전 수준 이상으로 회복되는 것을 볼 수 있다. 따라서 미국의 경우 금융위기로부터 발생한 경기침체로부터 벗어나 회복되는 과정에서 서비스 부문이 경제전체의 고용회복을 주도했다고 볼 수 있다.

관련문헌에서는 경기순환국면 변화가 발생할 때 대기업과 중소기업의 일자리 파괴 및 창출 반응이 다르다는 점이 지적되어 왔다. 예를 들어, 모스카리니와 포스텔-비나이가 2012년에 발표한 연구논문에서는 대기업의 일자리 창출에서 중소기업 일자리 창출을 뺀 차이가 거시경제 전체의 실업률과 어떠한 관계가 있는지를 분석한다.[60] 이들의 주장은 일자리 창출의 기업규모별 차이는 현재 실업률이 추세보다 더 높은 시기에 낮아지고, 추세보다 더 낮은 시기에 높아지는 모습을 나타낸다는 것이다. 그 이유는 대기업은 실업률이 높은 시기에 중소기업보다 상대적으로 더 큰 폭으로 일자리를 감소시키고, 실업률이 낮은 시기에 중소기업보다 상대적으로 더 크게 일자리를 창출하기 때문이다.

---

60) 모스카리니(Giuseppe Moscarini)와 포스텔-비나이(Fabien Postel-Vinay)가 2012년 미국 경제학회에서 출판하는 학술지(American Economic Review, 102권 6호, 2509페이지부터 2539페이지)에 출간한 논문의 제목은 「The Contribution of Large and Small Employers to Job Creation in Times of High and Low Unemployment」이다.

현실경제에서 총생산함수의 생산성향상은 어떻게 나타나는가? 총생산함수를 수식으로 나타낼 때 추상적인 변수로 표시된 기술혁신이 현실경제에서 실현되는 과정을 나타내는 하나의 사례가 생산과 유통의 자동화와 디지털화(digitalization)라고 답할 수 있다. 자동화가 거시경제 전체에 미치는 효과는 무엇인가? 자동화의 결과로 사람의 노동서비스가 직접 투입되어야 하는 작업과정의 일부가 없어진다. 이런 현상을 가리켜서 기술진보의 어두운 측면을 나타내는 용어라고 할 수 있는 기술적 실업(technological unemployment)이라는 용어가 사용되어 왔다.[61] 기술적 실업이 지속적으로 증가하여 미래의 불확실성이 증가하면서 발생하는 소비지출의 감소가 지속적인 경기부진으로 이어질 가능성이 제기되기도 한다.

자동화의 노동시장효과를 어떻게 분석할 것인가? 자동화의 결과로 생산성이 향상된다는 점에 착안하여 생산성향상의 노동시장효과를 생각해볼 수 있다. 생산성향상의 노동시장효과가 강조된 거시경제이론 중의 하나가 실물적 경기변동이론이다. 실물적 경기변동이론의 대표적인 모형은 제3장에서 소개한 잠재GDP의 결정을 설명하는 모형과 사실상 동일하다. 이런 모형에서는 총요소생산성이 증가하거나 또는 노동확장형기술진보가 발생하면 노동수요곡선을 우측으로 이동시켜서 균형 일인당 노동시간과 균형 실질임금을 증가시킨다. 이런 상황을 자동화의 결과로 발생하는 상황이라고 할 수 있는가? 자동화의 결과로 기술적 실업이 발생하는 것으로 해석한다면 앞에서 설명한 결과가 현실경제의 실제상황을 정확히 반영하고 있는지에 대한 의문이 생긴다. 왜냐하면 현실경제에서 기술진보가 생산과정에 반영되는 초기단계에서는 노동시장의 총수요곡선이 증가하여 일인당 노동시간이 증가하는 현상만 나타나지 않기 때문이다.

본 절에서는 제7장에서 설명한 일자리탐색모형을 사용하여 자동화의 고용효

---

61) 기술혁신의 단기적인 일자리감소효과를 인정할지라도 기술혁신의 장기적인 실업률증가효과를 인정하지 하지 않을 수 있다는 점을 지적한다.

■:: 〈표 8-6〉 자동화의 고용효과와 자동화의 결정

취업자의 기간 간 변화	$E^{'} = E + (M - sE)$
취업자의 증가	$E^{'} > E \leftrightarrow M > sE$
취업자의 감소	$E^{'} < E \leftrightarrow M < sE$
개별업무의 실질부가가치	$V = QK + H$
실질생산비용	$TC = rK + wH$
자동화의 선택	$Y = QK$
비자동화의 선택	$Y = H$
자동화 비중의 결정	$\phi = (\dfrac{\overline{Q} - r/w}{\overline{Q} - \underline{Q}})a$

주: V는 개별업무의 결과물, Q는 개별업무에 투입되는 자본스톡의 생산성, r은 자본스톡의 실질임대
료, w는 실질임금, ϕ는 자동화되는 업무의 비중, $\overline{Q}$는 개별업무 자본생산성의 상한, $\underline{Q}$는 개별업
무 자본생산성의 하한, a는 자동화가 가능한 업무의 비중이다.

과를 설명한다. <표 8-6>의 첫째 줄에 있는 식은 취업자의 기간 간 변화를
설명한다. 취업자군의 기간 간 변화는 다음시점과 현재시점의 취업자수의 변화
를 말한다. 다음시점의 취업자수가 결정되는 과정을 수식으로 나타내면 (다음시
점취업자수＝현재시점취업자수＋새로운취업자수－새로운실업자수)의 등식이다.
우변에서 (현재시점취업자수)라고 표시된 부분의 우측에 있는 부분은 현재시점
에 들어와서 (새로 취업한 사람의 수)에서 (취업자에서 새로 실업자가 된 사람
의 수)를 감한 차이로 정의되기 때문에 취업자군의 순증을 나타낸다. <표
8-6>에서는 현재시점의 생산과정에 투입되는 취업자의 수를 E, 노동시장의
매칭기능에 의해서 새로 취업자로 구분되는 사람의 수를 M, 취업자 중에서 이
직하는 사람의 비중을 s로 표시하고 있다. 따라서 새로 실업자가 되는 사람의
수는 sE이다. 첫째 줄에 있는 식은 앞에서 설명한 다음시점의 취업자수가 결정
되는 과정을 기호로 나타내고 있다. 둘째 줄에 있는 식은 취업자군의 순증이 양
수인 상황을 설명하고 있다. 셋째 줄에 있는 식은 취업자군의 순증이 음수인 상

황을 설명하고 있다.

<표 8-6>에 있는 식을 사용하여 자동화가 고용에 미치는 효과를 생각해 보자. 첫째, 먼저 자동화가 진행되면서 현재시점에서 취업하고 있는 근로자의 업무가 사라지게 되면 일자리가 사라지게 되어 이직하는 취업자의 수가 증가한다. 둘째, 자동화가 진행되면서 예전에 비해 기업이 공급하는 전체 일자리수도 감소하여 기업의 구인광고도 줄어들 가능성이 있다. 이런 상황이 발생하면 노동시장의 매칭기능에 의해서 새로 취업자가 되는 근로자의 수도 감소한다. 따라서 취업자군의 순증이 음수의 값을 가질 수 있다는 것을 알 수 있다. 앞에서 요약한 자동화의 단기적인 고용효과를 수식을 사용하여 확인할 수 있다. 제7장에서 취업자의 수가 항상 일정한 상황을 장기균형으로 가정하였다. 자동화의 고용효과를 알아보기 위해 현재시점에 들어오기 이전의 과거시점에서는 노동시장이 장기균형에 놓여 있었고, 동시에 현재시점에 들어와서 기업들이 자동화를 시작하는 것으로 가정한다. 이런 가정이 도입되면 현재시점에서 어떠한 상황이 발생하는가? $M = sE$의 상황에서 M이 감소하면서 sE가 증가하는 상황이 된다. <표 8-6>의 둘째 줄과 셋째 줄을 비교하면 앞에서 설명한 상황은 셋째 줄의 식에 해당하는 상황이라는 것을 알 수 있다. 따라서 현재시점의 취업자수와 비교하여 다음시점의 취업자수는 감소한다. 일자리탐색모형을 사용하여 자동화의 단기적인 고용효과를 분석하면 자동화의 결과로 실업률의 증가와 취업자수의 감소가 나타날 가능성을 확인할 수 있다.

<표 8-6>의 넷째 줄부터 여덟째 줄까지 포함하는 부분에 있는 수식들은 자동화의 결정을 설명하고 있다. 모형의 주요가정은 다음과 같다. (1) 제품의 산출량은 서로 다른 업무에서 산출되는 실질부가가치의 합이다. (2) 개별업무의 실질부가가치는 자본과 노동의 선형결합으로 생산된다. 개별업무의 생산함수는 <표 8-6>의 넷째 줄에 있다. (3) 전체 업무 중에서 자동화가 가능한 업무의 비중은 a이다. a는 1보다 작은 양수의 값을 가진다. 모든 업무가 자동화가 가능한 것은 아닐 수 있는 가능성을 고려한다. (4) 자동화가 가능한 개별업무의 자본생산성은 균등분포를 따르는 확률변수이다. 자본생산성의 상한이 $\overline{Q}$이고, 하한이 Q인 구간에서 임의의 값을 가질 확률은 $(1/(\overline{Q} - Q))$이다. (5) 자본스톡의 임

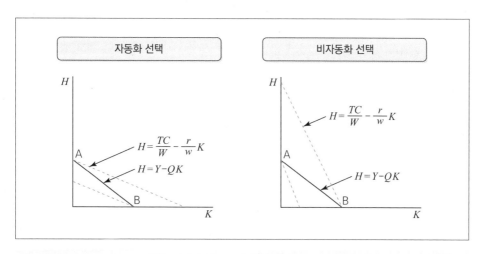

〈그림 8-6〉 **자동화의 결정**

대시장과 노동시장은 완전경쟁이다. 개별기업의 자본임대와 고용은 시장에서 결정되는 생산요소의 가격에 영향을 미치지 못한다.

　기업이 생산비용을 최소화하는 자본과 노동의 투입을 결정하는 과정에서 자동화의 여부를 선택하게 된다는 것을 보인다. 기업은 <표 8−6>의 넷째 줄에 있는 생산함수와 다섯째 줄에 있는 비용함수를 사용하여 생산비용을 최소화하는 생산요소의 투입량을 결정한다. <표 8−6>의 넷째 줄에 있는 생산함수는 선형함수이기 때문에 자본스톡만 생산에 투입하든가 아니면 노동만 투입하는 코너해가 발생한다는 점을 그림을 사용하여 설명할 수 있다. <표 8−6>의 넷째 줄에 있는 생산함수의 식을 사용하여 수평축에 자본투입, 수직축에 노동투입을 나타내는 평면에서 등산출곡선을 그릴 수 있다. <표 8−6>의 다섯째 줄에 있는 생산비용의 함수를 사용하여 수평축에 자본투입, 수직축에 노동투입을 나타내는 평면에서 등비용곡선을 그릴 수 있다. 등산출곡선과 등비용곡선을 사용하면 주어진 부가가치의 산출량을 달성하기 위해 생산비용을 최소화하는 자본과 노동의 투입량을 알아낼 수 있다.

　<그림 8−6>을 보면 두 개의 그림이 있다. 왼편 그림은 생산비용최소화의 해가 (노동투입＝0)로 나타난다는 것을 보여주고 있다. 오른편 그림은 생산비용최소화의 해가 (자본투입＝0)로 나타난다는 것을 보여주고 있다. 실선으로 표시

한 직선은 등생산곡선의 그래프이다. (부가가치 산출량＝등생산곡선의 절편)의 등식이 성립하기 때문에 부가가치 산출량이 고정되면 실선으로 표시한 직선의 위치는 고정된다. 점선으로 표시된 직선은 등생산비용곡선의 그래프이다. 등생산곡선과 등비용곡선의 기울기가 다른 경우 생산비용최소화의 점은 두 곳에서 가능하다. A점과 B점은 각각 등생산곡선의 수직축 절편과 수평축 절편이다. 왼편 그림에서 볼 수 있듯이 등생산곡선이 등비용곡선보다 더 가파르다는 조건이 만족되면 자본만 투입한다. 오른편 그림의 경우 등생산곡선이 등비용곡선보다 더 평평하다. 이런 조건이 만족되면 노동만 투입한다.

등비용곡선의 기울기는 임대료를 임금으로 나눈 비율의 함수이고, 등생산곡선의 기울기는 자본생산성의 함수이다. <그림 8-6>에 있는 등비용곡선과 등생산곡선의 식을 보면 (임대료/임금)과 자본생산성의 값을 비교하여 자동화의 여부가 결정된다는 것을 알 수 있다. 자본생산성이 (임대료/임금)의 비율보다 더 큰 업무의 경우 기업은 자동화를 선택한다. (임대료/임금)의 값이 자동화되는 업무의 자본생산성에 대한 임계치가 된다는 점과 개별업무의 자본생산성은 균등분포를 따른다는 점을 결합하여 자동화되는 업무의 비중을 계산할 수 있다. <표 8-6>의 여덟째 줄에 자동화되는 업무의 비중이 수식으로 정리되어 있다. 이 식의 함의는 정리하면 다음과 같다. (1) 실질임대료가 낮을수록 자동화비율이 높아진다. (2) 실질임금이 높아질수록 자동화비율이 높아진다. (3) 자동화가 가능한 업무의 비중이 높아질수록 자동화비율이 높아진다. 기술진보에 의해서 자동화가 가능한 업무영역이 증가하면 a의 값이 증가하는 것으로 해석할 수 있다.

자동화로 인해 발생하는 「일자리 양극화 현상」(job polarization)의 실증분석 결과를 소개한다. 오토르와 도른은 2013년에 발표한 연구논문에서 1980년부터 2005년까지 기간 중 수집된 미국의 자료에서 일자리 양극화 현상이 나타난다는 것을 보인다. 이들의 연구결과를 두 개의 항목으로 요약할 수 있다.[62] (1) 저숙

---

62) 오토르(David Autor)와 도른(David Dorn)이 2013년 미국 경제학회에서 출판하는 학술지 (American Economic Review, 103권 5호, 1553페이지부터 1597페이지)에 게재한 논문의 제목은 「The Growth of Low-Skill Service Jobs and the Polarization of the US Labor Market」이다. 후속되는 내용에서 인용한 논문의 출처는 다음과 같다. 자이모비치(Nir Jaimovich)

련도 일자리가 차지하는 비중과 고숙련도 일자리가 차지하는 비중은 증가한다. 중간숙련도 일자리가 차지하는 비중은 상대적으로 낮아지고 있다. (2) 정형화되어 있으면서 동시에 컴퓨터 프로그램을 이용한 작업을 자동화하는 비용이 낮아지는 추세와 다양성을 추구하는 소비자들의 선호가 서로 상호작용하여 일자리 양극화가 발생한다. 앞에서 설명한 두 개의 항목을 보면 중간숙련도 일자리의 비중이 낮아지는 이유를 자동화와 연결시켜서 설명하고 있다는 것을 알 수 있다. 일자리 양극화 현상과 경기변동은 어떠한 관계가 있는가? 일자리 양극화 현상은 매년 같은 속도로 진행되지 않는다. 호황기보다 불황기에 더욱 두드러지게 진행되는 비대칭성이 있다는 주장을 소개한다. 자이모비치와 시우가 2020년에 발표한 연구논문에서 다음과 같은 실증분석의 결과를 제시하고 있다. 「경기순환의 수축국면에서 정형화된 업무를 수행하는 일자리에 종사하는 취업자 수는 감소한다. 뒤이어 나타나는 경기순환의 회복국면에서 이미 사라진 일자리 중에서 다시 복원되지 않는 일자리의 비중이 높기 때문에 거시경제의 총산출이 회복된다고 할지라도 거시경제 전체의 고용이 회복되는 속도는 상대적으로 느리게 나타난다.」

와 시우(Henry Siu)가 2020년 하버드대학교 케네디행정대학원에서 편집하고 있는 학술지 (Review of Economics and Statistics, 102권 1호, 129페이지부터 147페이지)에 게재한 논문의 제목은 「Job Polarization and Jobless Recoveries」이다.

제8장 연습문제

01 3개의 산업으로 구성된 거시경제의 경제성장률의 변동성을 계산하는 다음의 문제를 <표 8-5>에서 설명한 내용을 적용하여 답하시오.

(1) 하나의 산업에 하나의 기업만 존재하는 것으로 가정하시오. 산업규모의 분포에 대하여 <표 8-1>에서 가정한 균등분포와 비균등분포를 사용하시오. 비균등분포인 경우 경제성장률의 표준편차를 균등분포인 경우 경제성장률의 표준편차로 나눈 비율을 계산하시오.

(2) 개별산업의 상관계수에 대하여 <표 8-1>에서 가정한 산업별 독립적인 운동과 공행운동의 경우를 사용하시오. 공행운동의 경우 산업 A와 산업 B의 상관계수는 1이다. 다른 산업과 산업 C의 상관계수는 0이다. 공행운동의 경우 경제성장률의 표준편차를 독립적인 운동의 경우 경제성장률의 표준편차로 나눈 비율을 계산하시오.

02 대수의 법칙(law of large number)과 <표 8-5>에서 정리하고 있는 멱법칙이 거시경제의 경기순환에 함의하는 점을 간단히 설명하시오.

03 「가계부채를 우려하는 이유 중의 하나는 과도한 가계부채의 부정적인 거시경제효과이다. 그러나 한국경제는 미국경제와 차이점이 있기 때문에 과도한 가계부채의 부정적인 거시경제효과가 잘 나타나지 않는 경향이 있다.」 본 장의 내용을 참고하여 위의 주장을 평가하시오.

04 「한국의 소득불평등은 미국의 소득불평등과 비교하여 더 낮은 수준이지만 소득불평등이 증가하는 속도가 더 높기 때문에 앞으로 과도한 가계부채와 주택가격의 하락으로 인한 총체적인 금융위기의 발생가능성이 높다.」 본 장의 내용을 참고하여 위의 주장을 평가하시오.

05 「한국의 경우 대기업의 부가가치비중과 고용비중의 비대칭성이 심화되면서 청년실업문제가 악화되는 경향이 있다.」 본 장의 내용을 참고하여 위의 주장을 평가하시오.

06 「고령화가 급속하게 진행될지라도 업무자동화와 산업로봇의 활용이 높은 경제에서는 성장잠재력이 오히려 증가하여 장기적인 경제성장률이 상대적으로 더 높게 나타나는 경향이 있다.」 본 장의 내용을 참고하여 위의 주장을 평가하시오.

07 「숙련도가 높은 중소기업의 근로자를 대기업이 스카우트하는 현상이 확산되면서 노동시장에서 발생하는 일자리 밀렵현상(job poaching)이 심화되면 개별 중소기업에게 손실을 발생시키지만, 생애최초의 직장을 중소기업에서 시작하려는 청년층이 늘어나서 청년실업률을 완화시키는 결과를 가져올 수도 있다. 일자리 양극화는 대기업의 일자리 밀렵현상은 감소시키고, 경쟁기업 중심의 대기업 간 일자리 밀렵현상은 증가시킨다.」 본 장의 내용을 참고하여 위의 주장을 평가하시오.

08 본 장에서 설명한 소득불평등을 반영한 항상소득가설의 소비모형을 사용
하여 다음의 문제에 답하시오.

(1) <표 8-3>에서 사용한 기호를 사용하여 담보인정비율을 수식으로
정의하시오. 담보인정비율을 δ로 표시하시오.

(2) 지급능력비율을 나타내는 τ와 담보인정비율을 나타내는 δ의 관계를
수식을 사용하여 설명하시오.

(3) 채무상환능력제약조건이 없는 상황을 가정하시오. 담보인정비율 제약
조건이 성립하는 것으로 가정하시오. 신규대출총액과 이자율의 관계를
수식으로 나타내시오.

(4) 실질이자율이 외생적으로 결정된다고 가정하시오. 위의 문제에서 도출
한 수식을 사용하여 소득 불평등과 주택가격상승률의 관계를 설명하
시오.

제**9**장

경제성장

9장 경제성장

　한국경제에서 중요한 이슈 중의 하나는 잠재성장률의 급속한 하락이 진행되는 가운데 저출산과 고령화로 인해 성장잠재력이 약화되는 것이다. 이런 상황에서 「지속가능한 경제성장」의 중요성은 다양한 매체를 통해서 잘 알려져 있다. 지속가능한 경제성장은 무슨 뜻인가? 물가상승이 거의 없는 저물가시대에 일인당 GDP가 3만 달러의 수준에서 4만 달러의 수준으로 영구적인 상승이 발생하는 상황을 가리켜서 지속가능한 경제성장이라고 하는지의 질문을 던져볼 수 있다. 솔로우 경제성장모형의 함의를 반영하여 설명한다면 지속가능한 경제성장의 개념에는 성장률의 영구적인 증가가 포함되어야 한다는 것이다. 이런 맥락에서 지속가능한 경제성장은 일인당 실질GDP의 영구적인 변화보다는 장기적인 평균 경제성장률의 영구적인 변화에 초점이 맞추어져 있다는 점을 지적한다.

　지속가능한 경제성장은 실제 현실경제에서 쉽게 달성될 수 있는가? 수십년에 걸쳐 계속해서 등장하는 이슈라는 점을 보면 지속가능한 경제성장이 좋은 것이기는 하지만 쉽게 유지되거나 오지 않는 것이라는 느낌이 든다. 현실경제에서 지속적인 경제성장을 달성하거나 경제퇴보를 경험하는 국가의 사례를 찾아보면 지속가능한 경제성장의 달성에 대한 힌트가 있을 수 있다. 실제 사례에서 성장기적(growth miracle)과 성장재앙(growth disaster) 등의 표현이 있다는 점으로 미루어볼 때 한 나라의 일인당 실질GDP는 다른 나라의 일인당 실질GDP와 비교하여 급속한 증가와 급격한 퇴보의 가능성이 동시에 공존한다는 것을 알 수 있다. 일반적으로 지속가능한 경제성장은 쉽지 않을 수 있다는 점을 실제 현실경제의 자료에서 찾아볼 수 있다.

　여러 나라의 인구규모와 각종 거시경제지표를 장기간에 걸쳐 정리한 데이터 베이스를 이용한 실증분석의 결과에 따르면 일인당 실질소득과 경제성장률이 높은 국가와 낮은 국가의 차이는 시간이 지나도 줄어들지 않을 수 있다. 본 장의 앞부분에서는 소득격차와 성장률격차에 관한 실증분석의 결과를 「경제성장의 실증적 사실」이라는 제목으로 요약하여 소개한다. 이 부분에서는 국가 간 소득격차와 성장률의 격차가 크다는 점을 설명한다. 소득격차와 성장률격차는 시간이 지나면서 줄어들지 않는다는 것으로 보인다.

동북아시아국가로 제한하여 국가 간 소득격차와 성장률 격차를 보더라도 최근에도 크게 나타나는 것을 볼 수 있다. 1960년 일인당 실질GDP를 기준으로 할 때 중국은 미국과 비교할 경우 소득격차는 감소하지만, 일본과 한국을 비교할 경우 소득격차는 감소하지 않는다. 최근 20년에 가까운 기간 동안 일본은 거의 제로퍼센트의 성장률을 보이고 있는 반면, 중국은 높은 성장률을 기록하였다는 점을 높고 볼 때 동북아시아 국가 간 성장률의 격차도 작지 않음을 확인할 수 있다.

본 장의 이론부분에서 주요 목표는 경제성장모형을 사용하여 성장원천(sources of growth) 또는 성장엔진(engine of growth)의 개념을 설명하는 것이다. 이를 위해 첫 번째 단계에서는 솔로우 경제성장모형을 사용하여 지속적인 균형성장(persistent balanced growth)의 개념과 지속적인 균형성장을 위한 노동확장형 기술진보의 역할을 설명한다. 솔로우 경제성장모형은 지속적인 균형성장을 위해 지속적인 기술진보가 필요하다는 사실을 명확하게 설명하지만, 기술진보의 외생적인 변화를 가정한다는 점을 들어 「외생적 경제성장모형」으로 구분할 수 있다. 두 번째 단계에서는 개별 경제주체의 의사결정에 의해서 기술진보가 이루어지는 구체적인 과정이 포함된 일련의 경제성장모형을 간단히 요약한다. 기술진보가 거시경제 내부에서 결정된다는 특성을 강조하여 이런 부류의 모형을 총칭하여 「내생적 경제성장모형」이라고 부른다. 내생적 경제성장모형에서는 효율적인 GDP산출에 도움이 되는 지식축적이 기술진보로 이어진다는 점과 효율적인 GDP산출에 유용한 지식은 R&D 활동의 산출물이거나 근로자들의 근로학습(learning-by-doing)의 산출물로 간주된다는 점을 강조하는 것으로 요약할 수 있다.

내생적 경제성장모형과 외생적 경제성장모형(솔로우 경제성장모형)의 구조는 어떠한 차이가 있는가? 가장 간단한 형태의 답변은 총생산함수의 형태를 사용한 답변이다. 외생적 경제성장모형(솔로우 경제성장모형)에서는 개별 생산요소 투입에서 한계생산체감의 법칙을 가정하고 있다. 내생적 경제성장모형에서는 자본투입에서 한계생산체감의 법칙이 성립하지 않는다. 자본투입의 한계생산은 자본투입이 증가하더라도 일정한 상수를 유지하거나 오히려 증가할 수도 있다는 것이다. 이런 차이가 발생하는 이유는 내생적 경제성장모형은 GDP산출을 위해 투입된 자본스톡의 일차적인 산출효과와 기술진보에 직접적인 영향을 미치는 지식의 산출을 위해 투입된 자본스톡의 이차적인 산출효과를 모두 고려하기 때문이다.

경제성장의 실증적 사실

일인당 실질소득수준과 경제성장률의 국가 간 차이가 크게 나타난다는 점이 관련연구에서 계속해서 지적되어 왔다. 관련연구에서 제시한 경제성장에 관한 실증적 사실들을 다음과 같이 요약할 수 있다.[63] (1) 국가 간 소득격차가 크게 나타난다. 또한 과거에 비해 줄어들지 않고 오히려 증가하는 모습이 나타난다. (2) 임의의 특정한 시점에서 측정된 일인당 실질소득과 그 이후부터 일정한 기간 동안 측정된 경제성장률은 서로 관계가 없는 것으로 나타난다. (3) 국가 간 성장률의 격차도 크다. (4) 세계에서 가장 빠른 속도로 성장하는 국가의 경제성장률은 100년 전에 비해 증가하였다. 따라서 국가 간 경제성장률의 격차가 발생하는 원인과 지속가능한 경제성장을 가능하게 하는 요인의 분석 등이 주요 연구주제라고 할 수 있다.

지속적인 경제성장을 달성하거나 경제퇴보를 경험하는 국가의 사례를 종종 찾아볼 수 있다. 큰 폭의 성장률 격차가 지속적으로 유지되는 사례가 드물지 않다. 따라서 성장기적(growth miracle)과 성장재앙(growth disaster)이라는 표현을 자주 찾아볼 수 있다. 이는 한 나라의 일인당 실질 국민소득(또는 총소득)이

---

63) 경제성장의 실증적 사실을 분석한 연구논문들이 매우 많기 때문에 최근에 출간된 서베이논문만 인용한다. 존스(Charles Jones)는 Elsevier 출판사가 2016년에 출판한 Handbook of Macroeconomics(제2A권 제1장, 3페이지부터 69페이지)에 「The Facts of Economic Growth」의 제목으로 게재한 서베이논문에서 경제성장과 관련한 다양한 실증적 사실을 정리하고 있다.

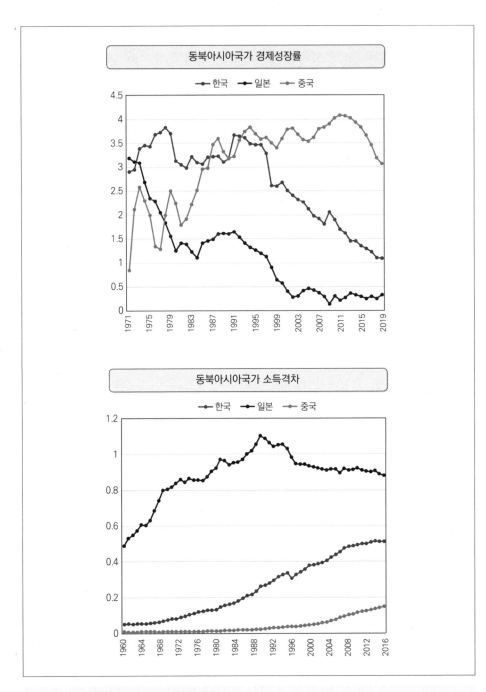

〈그림 9-1〉 동북아시아의 경제성장

다른 나라의 그것과 비교하여 일정 기간 동안 지속적으로 매우 급속한 증가를 보이거나 매우 급격하게 퇴보하는 현상을 말한다. 로머의 거시경제학 교과서에서는 1946년 이후 20년간 서독의 경제성장, 1960년 근방에서 시작된 싱가포르와 한국의 경제성장, 1970년대 초반 칠레의 경제성장, 1980년 근방에 시작된 중국의 경제성장 등을 성장기적의 사례로 포함하고 있다.[64]

<그림 9-1>의 첫 번째 그림에서는 동북아시아의 한국, 중국, 일본의 경제성장률을 비교하고 있다.[65] 각 년도 수치는 경기변동의 단기적 효과를 완화하기 위해 당해 연도를 기준으로 최근 10년 동안 평균 경제성장률을 나타낸다. 구체적으로 설명하면 1971년 수치는 1961년부터 1971년까지 10년간 일인당 실질GDP의 증가율 평균치로 정의된다. 푸른색선은 한국의 경제성장률을 나타낸다. 검은색선은 일본의 경제성장률을 나타낸다. 회색선은 중국의 경제성장률을 나타낸다. 한국은 1971년부터 외환위기가 발생한 1998년까지 높은 경제성장률을 유지하다가 2000년대에 들어서 완만하게 낮아지는 모습을 보여주고 있다. 1970년대 중국의 경제성장률은 큰 폭의 등락을 보인다. 그 이후 1980년대 중반부터 상승하기 시작하여 1980년대 후반부터 계속해서 높은 수준을 유지하고 있다. 1970년대 일본의 경제성장률은 1970년대 지속적인 하락을 기록한 이후 1980년대 중반부터 1990년대 초반까지 안정세를 유지한다. 1990년대에서도 지속적인 하락을 기록한 이후 2000년 이후 계속해서 낮은 경제성장률을 유지하고 있다. 앞에서 국가 간 경제성장률 격차에 대한 실증적 사실은 국가 간 경제성장률 격차가 크게 나타난다는 것이다. <그림 9-1>의 첫 번째 그림을 보면 동북아시아 국가 간 성장률의 격차도 작지 않음을 확인할 수 있다.

<그림 9-1>의 두 번째 그림에서 푸른색선은 1960년부터 2019년까지 미국의 일인당 실질GDP 대비 한국의 일인당 실질GDP의 비율을 보여주고 있다. 미국 일인당 실질GDP 대비 한국의 일인당 실질GDP의 비율은 1960년 5퍼센트

---

64) 로머(David Romer)의 거시경제학 교과서는 2012년에 출간된 McGraw-Hill 출판사의 「Advanced Macroeconomics」 4판을 의미한다.

65) <그림 9-1>과 <그림 9-2>는 미국세인트루이스연방은행의 데이터베이스(FRED)에 있는 1인당 실질GDP의 자료를 사용하여 작성하였다. 미국, 한국, 중국, 일본의 1인당 실질GDP는 2010년이 기준년도이고, 표본기간은 1960부터 2019년이다.

수준에서 시작하여 2019년에는 50퍼센트 수준으로 상승한다. 한국과 미국의 소득격차는 지속적으로 감소한 것을 알 수 있다. 검은색선은 일본을 나타낸다. 일본은 1960년 미국의 50퍼센트 수준에서 시작하여 지속적으로 증가하여 1990년 대 초반 정점에 도달하여 미국의 일인당 실질GDP보다 더 높아진다. 그러나 1990년대 중반 미국의 일인당 실질GDP보다 더 낮아지고, 2019년에는 약 90퍼센트 수준에 머물러있다. 회색실선은 중국을 나타낸다. 중국은 1960년 미국의 1퍼센트 수준에서 2019년에는 14퍼센트로 상승한다. 동북아시아 국가들은 모두 1960년 당시 미국과 소득격차를 완화시키는 경제성장을 달성한 것으로 나타나지만, 한국과 중국의 소득격차를 일인당 실질GDP로 측정하면 1960년 수준보다 더 증가한 것을 볼 수 있다. 일본과 중국의 소득격차도 일인당 실질GDP로 측정하면 1960년 수준보다 더 증가한 것을 볼 수 있다. 따라서 중국은 1960년을 기준으로 하면 미국의 소득과 비교할 때 소득격차는 감소하지만, 일본과 한국의 소득과 비교할 때 소득격차는 감소하지 않는다. 앞에서 설명한 국가 간 소득격차에 대한 실증적 사실은 국가 간 소득격차가 크게 나타나고. 과거에 비해 줄어들지 않고 오히려 증가하는 모습이 나타난다는 것이다. <그림 9-1>의 두 번째 그림을 보면 국가 간 소득격차에 대한 실증적 사실이 어느 정도 성립하고 있음을 볼 수 있다.

　　앞에서 설명한 실증적 사실들은 충분히 많은 국가를 포함하는 데이터베이스에서 성립한다. 두 번째 실증적 사실은 소득수준과 경제성장률 간의 관계가 뚜렷하게 나타나지 않는다는 것이다. 동북아시아 국가들만 분석한다면 분석하는 국가의 수가 매우 작다는 단점이 있다. 그러나 <그림 9-2>에서는 동북아시아 국가들의 자료를 사용하여 각 시점의 일인당 실질GDP와 그 이후 10년 동안 실현된 경제성장률 평균의 관계를 보여주고 있다. <그림 9-2>에서는 한국, 일본, 중국의 자료를 사용하여 생성된 점들을 국가의 구분 없이 모두 동일한 평면에서 보여주고 있다. 수평축은 동북아시아 각국의 일인당 실질GDP를 미국 일인당 실질GDP로 나눈 비율을 백분율로 나타낸다. 수직축은 소득비율이 측정된 년도의 다음 년도부터 시작하여 10년 동안 평균 경제성장률을 나타낸다.

　　<그림 9-2>의 산점도는 동북아시아 국가의 자료를 사용하여 특정 시점에

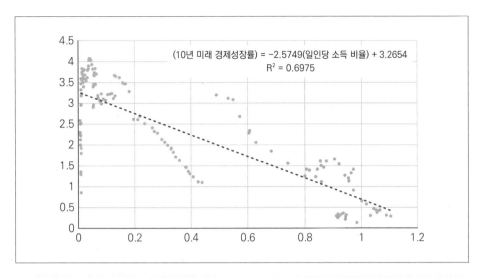

（10년 미래 경제성장률) = −2.5749(일인당 소득 비율) + 3.2654
$R^2 = 0.6975$

〈그림 9-2〉 소득수준과 경제성장률

서 측정된 일인당 실질소득과 그 이후부터 일정한 기간 동안 측정된 경제성장률
이 어떠한 관계를 보이는지를 보여주고 있다고 해석할 수 있다. 푸른색점이 함
의하는 두 변수의 관계를 직선의 식으로 요약한 추세선의 식은 음수의 기울기를
가지는 직선의 식이다. 미국의 일인당 실질GDP와 비교하여 일인당 실질GDP가
낮은 시점부터 시작하여 그 이후 10년을 포함하는 기간의 평균 경제성장률이 일
인당 실질GDP가 상대적으로 높은 시점부터 그 이후 10년을 포함하는 기간의
평균 경제성장률보다 더 높게 나타나는 경향이 있다. <그림 9-2>의 산점도
에서 보여주고 있는 점들의 패턴에 기초한 결론을 정리할 때 유의해야할 점이
있다. 국가 간 비교가 목적일 때에는 하나의 국가에 대하여 하나의 점이 대응되
도록 하는 것이 분석의 목적에 더 부합하는 방식이라고 주장할 수 있다. 이런
주장에 따르면 세 개의 국가만 포함하는 자료에서는 세 개의 점만 생성되기 때
문에 <그림 9-2>에서 함의하는 내용은 보편적인 실증적 사실로 인정되기 어
렵다는 주장이 가능하다는 점을 지적한다.

솔로우의 경제성장모형

솔로우 경제성장모형은 네 개의 균형조건으로 구성되어 있다. 첫째 조건은 소비와 투자의 결정을 설명하는 균형조건이다. 둘째 조건은 자본스톡의 축적을 설명한다. 셋째 조건은 총생산함수이다. 넷째 조건은 총생산함수에 투입되는 노동투입이 시간이 지나면서 어떻게 변화하는지를 설명하는 식이다. 경제성장모형은 시간이 지나면서 경제규모가 어떻게 달라지는지를 설명하기 때문에 소득, 소비, 투자, 자본스톡, 노동투입 등의 변수는 동일한 변수일지라도 서로 다른 시점에서 서로 다른 값을 가진다. 각 변수의 기간 간 변화를 나타내기 위해 각 변수를 나타내는 기호의 하첨자를 나타내는 부분에 t를 붙여 각 변수의 시점을 표시한다. t는 현재시점이고, $(t+1)$은 다음시점을 나타낸다.

<표 9-1>의 첫째 줄에 있는 식은 투자의 결정을 나타낸다. 솔로우 경제성장모형에서 실질투자는 실질GDP에 비례한다. GDP 대비 투자의 비율이 상수로 고정되어 있는 식은 다음과 같은 과정을 거쳐서 도출된다. (1) 세금이 없다고 가정하면 (가계소득＝소비＋저축)의 등식이 성립한다. (2) 솔로우 경제성장모형에서 중요한 가정 중의 하나가 저축은 가계소득에 비례한다는 가정이다. 저축률이 1보다 작은 양의 상수로 고정되어 있다고 가정한다. (3) 폐쇄경제에서 균형재정인 경우 (저축＝투자)의 균형조건이 성립한다. 앞에서 설명한 (1), (2), (3)의 세 항목을 연결하면 (투자＝저축률×실질GDP)의 등식이 성립한다. 제2장에서 설명한 생애주기적자모형에서는 가계의 소비와 저축은 생애효용극대화를 통해서 결정되는 것으로 설명하였다. <표 9-1>에서 설명하고 있는 솔로우 경제성장모형에서는 생애주기적자모형과는 달리 소비와 저축이 소득에 비례한다는 가정을 사용하고 있다는 점을 지적한다.

<표 9-1>의 둘째 줄에 있는 식은 자본스톡을 축적하는 과정을 설명한다. 먼저 화살표 왼쪽에 있는 식을 설명한다. 투자의 회임기간(gestation period) 또는 회임시차(gestation lag)를 반영하기 위해 신규투자의 규모는 현재 시점에서 결정될지라도 신규투자가 생산과정에 사용될 수 있는 자본스톡으로 전환되는 데 한 시점이 소요된다고 가정한다. 현재시점에 들어와서 새로 추가되는 신규

■■ 〈표 9-1〉 솔로우 경제성장모형

투자결정	$I_t = s\,Y_t$
자본축적	$K_{t+1} = I_t + (1-\delta)K_t \;\rightarrow\; K_{t+1} = s\,Y_t + (1-\delta)K_t$
총생산함수	$Y_t = A K_t^{\alpha} N_t^{1-\alpha}$
인구변화	$N_t = (1+n)N_{t-1}$
일인당 실질GDP와 일인당 자본스톡의 정의	$y_t = \dfrac{Y_t}{N_t}, \quad k_t = \dfrac{K_t}{N_t}$
일인당 실질GDP	$y_t = A k_t^{\alpha}$
일인당 자본축적	$k_{t+1} = \bar{s}\,k_t^{\alpha} + (1-\bar{\delta})k_t \;\rightarrow\; k_{t+1} - k_t = \bar{s}\,k_t^{\alpha} - \bar{\delta}k_t$
계수의 정의	$\bar{s} = \dfrac{sA}{1+n}, \qquad \bar{\delta} = \dfrac{\delta+n}{1+n}$
일인당 자본스톡증가율	$\dfrac{\Delta k_{t+1}}{k_t} = \dfrac{\bar{s}}{k_t^{(1-\alpha)}} - \bar{\delta}$

주: Y_t 는 실질GDP, K_t 는 자본스톡, I_t 는 투자, N_t 는 노동투입, y_t 는 일인당 실질GDP, k_t 는 일인당 자본스톡, s 는 저축률을 나타내는 상수, δ 는 감가상각률, α 는 자본스톡의 산출탄력성이다.

자본스톡과 더 이상 생산과정에 투입되지 못하고 폐기처분되고 남은 자본스톡이 있다. 화살표 왼편에 있는 식에서 우변의 첫째 항은 새로 추가되는 신규 자본스톡을 나타내고, 둘째 항은 더 이상 생산과정에 투입되지 못하고 폐기처분되는 자본스톡을 감하고 남는 부분을 나타낸다. 감가상각(depreciation)은 각각의 시점에서 더 이상 생산과정에 투입되지 못하고 폐기처분되는 부분을 결정한다. 감가상각률(depreciation rate)은 생산에 투입된 자본스톡 중에서 폐기처분되는 자본스톡의 비중을 나타낸다. 감가상각률은 1보다 작은 양의 상수로 가정한다. 두 개의 항이 더해져서 다음시점에서 생산에 투입할 수 있는 자본스톡이 결정된다. 따라서 화살표 왼편에 있는 식은 다음시점에서 생산과정에 투입될 수 있는 자본스톡이 현재시점에서 어떻게 결정되는지를 설명하는 식이다.

생산요소시장과 관련하여 다음과 같은 몇 개의 가정이 추가된다. (1) 수없이 많은 개별기업들이 존재한다. (2) 개별기업은 모두 동일한 생산기술을 가지고 있다. (3) 노동시장과 자본임대시장은 모두 완전경쟁시장이다. (4) 기업은 (노동한계생산=임금)과 (자본한계생산=임대료)의 등식이 각각 만족되도록 노동수요와 자본임대수요를 결정한다. (4) 자본임대시장에 공급되는 자본스톡은 <표 9-1>의 둘째 줄에 있는 식에 의해서 결정된다. (5) 노동시장의 공급은 <표 9-1>의 넷째 줄에 있는 식에 의해서 결정된다. 노동공급의 증가율은 양의 상수이다. 셋째 줄에 있는 식은 총생산함수를 나타낸다. 총생산함수는 노동시장과 자본임대시장의 균형에서 결정되는 균형노동과 균형자본과 최종재화시장의 균형에서 결정되는 실질GDP의 기술적인 관계를 나타내는 함수를 말한다. 앞에서 설명한 가정에 따르면 개별기업의 생산함수와 총생산함수는 함수형태가 동일하다. 본 장에서는 코브-더글러스 생산함수의 형태를 가정한다. 셋째 줄에 있는 식에서 α는 자본투입이 1퍼센트 증가할 때 발생하는 산출량의 증가분을 나타내는 자본의 산출탄력성이고, $(1-\alpha)$는 노동투입이 1퍼센트 증가할 때 발생하는 산출량의 증가분을 나타내는 노동의 산출탄력성이다.

솔로우 경제성장모형에서 함의되는 실질GDP의 기간 간 변화를 분석하려면 어떻게 하는가? 실질GDP의 기간 간 변화를 알아야 솔로우 경제성장모형이 함의하는 경제성장경로를 분석할 수 있기 때문에 위의 질문이 가능하다. 솔로우 경제성장모형의 균형조건을 구성하는 연립방정식을 풀어야 한다고 답할 수 있다. 어떤 연립방정식을 말하는가? 첫째 줄에 있는 식부터 넷째 줄에 있는 식까지 네 개의 식을 하나의 그룹으로 묶어서 솔로우 경제성장모형의 균형조건이라고 부르기로 한다. 솔로우 경제성장 균형조건은 네 개의 수식으로 구성되어 있으며, 하첨자가 부과되어 있는 네 개의 거시경제변수를 포함하고 있다. 따라서 네 개의 변수 (Y, I, K, N)가 어떻게 결정되는지를 설명하는 연립방정식으로 간주할 수 있다.

<표 9-1>에서 정리하고 있는 솔로우 경제성장모형의 균형조건이 함의하는 거시경제의 기간 간 변화를 분석한다. 먼저 거시경제 전체의 경제규모와 개인의 실질소득을 구분해야 한다는 점을 지적한다. 한 나라의 경제규모가 크다고 해서 일인당 실질GDP도 같이 높지 않을 수 있다. 따라서 장기적인 경제성장이

일반적인 가계의 후생에 미치는 효과는 경제전체의 규모보다는 일인당 실질소득의 변화에 더 잘 반영되어 있다고 생각할 수 있다. 이런 측면을 반영하여 솔로우 경제성장모형이 함의하는 일인당 실질GDP의 기간 간 변화를 분석한다. <표 9-1>에 포함되어 있는 수식에서 동일한 문자에 대하여 경제전체의 실질GDP와 자본스톡은 대문자이고, 일인당 실질GDP와 자본스톡은 소문자이다. <표 9-1>의 다섯째 줄에서는 일인당 실질GDP와 자본스톡의 정의를 수식으로 표시하고 있다.

일인당 실질GDP의 산출은 어떻게 결정되는가? 이 질문에 답하기 위해 셋째 줄에 있는 총생산수함수의 식에서 양변을 노동투입으로 나누고 나서 다섯째 줄에 있는 일인당 실질GDP와 일인당 자본스톡의 정의를 적용하여 여섯째 줄에 있는 식을 도출한다. 여섯째 줄에 있는 식은 총생산함수가 함의하는 일인당 실질GDP의 생산함수이다. 일인당 실질GDP는 총요소생산성과 일인당 자본스톡의 함수이다. 여섯째 줄에 있는 식을 보면 총요소생산성의 수준이 고정되어 있을 때 일인당 자본스톡의 기간 간 변화가 일인당 실질GDP의 기간 간 변화를 결정한다는 것을 알 수 있다. 이런 특성을 반영하여 솔로우 경제성장모형이 함의하는 일인당 자본스톡의 기간 간 변화에 초점을 맞추기로 한다.

일인당 자본스톡의 기간 간 변화는 자본스톡의 기간 간 변화의 식을 사용하여 도출한다. 다음과 같이 세 단계를 거쳐서 도출된다. (1) 셋째 줄에 있는 총생산함수의 식을 둘째 줄에 있는 화살표의 오른쪽에 있는 식에 대입한다. (2) 앞의 단계에서 도출된 식의 양변을 다음시점의 노동투입의 수로 나눈 후에 다섯째 줄에 있는 일인당 실질자본스톡의 정의를 적용한다. (3) 앞의 단계에서 도출된 식에 넷째 줄에 있는 노동투입의 기간 간 변화의 식을 적용하여 간단하게 정리한다. 일곱째 줄에 있는 화살표의 왼편에 있는 식은 앞에서 설명한 (1), (2), (3)의 단계를 거쳐서 도출된 일인당 자본스톡의 기간 간 변화를 설명하는 식이다. 이 식에 있는 계수는 각각 저축률과 감가상각률을 나타내는 알파벳 기호와 동일한 기호의 위에 선분을 붙여서 저축률과 감가상각률의 영향을 받지만 차이가 있다는 점을 나타내고 있다. 두 계수의 정확한 정의는 여덟째 줄에 정리되어 있다. 여덟째 줄에서 새로 정의된 두 계수에는 인구증가율과 총요소생산성 등을 나타내는 기호가 포함되어 있다. 따라서 인구증가율과 총요소생산성의 변화가 발생하면 여덟째 줄에서 정의된 계수의 값이 변화하여 일인당 자본스톡에 영향을 미치게 된다.

일곱째 줄에 있는 식의 유용성은 무엇인가? 화살표 왼편에 있는 식의 우변은 현재시점의 일인당 자본스톡의 함수이다. 좌변은 다음시점의 일인당 자본스톡이다. 현재시점의 자본스톡을 알면 이 식을 이용해서 다음시점의 자본스톡을 계산할 수 있다. 일곱째 줄에 있는 식의 유용성은 인접한 두 시점의 일인당 자본스톡의 값을 기계적으로 반복하여 계산할 수 있도록 한다는 것이다. 경제가 최초로 시작하는 시점에서 일인당 자본스톡 값이 얼마인지 알고 있다고 하자. 이 경우 일곱째 줄의 화살표 왼편에 있는 식을 순차적으로 반복해서 사용하면 최초시점 이후 모든 시점의 일인당 자본스톡을 기계적으로 계산할 수 있다. 결국 시간이 무한히 지난 후 일인당 자본스톡의 값이 어디로 수렴하는지의 여부를 알 수 있다는 것을 의미한다. 시간이 무한히 지난 후 일인당 자본스톡의 값을 찾아내는 일이 경제성장분석에서 중요한 작업 중의 하나이다. 시간이 무한히 지난 후에 발생할 상황에 관심을 가져야 하는 이유는 무엇인가? 첫째 이유는 한 나라의 장기적인 경제상황을 나타내기 때문이다. 둘째 이유는 장기적인 상황에 정확히 도달하기 위해 무한의 시간이 필요하지만 장기적인 경제상황과 유사한 특성을 보이는 근방에 도달하는 데 걸리는 시간은 상대적으로 짧은 유한 시간일 수 있다는 것이다. 따라서 현실적인 함의가 있을 수 있다는 것이다.

<표 9-1>의 일곱째 줄에 있는 식을 이용하여 자본스톡의 기간 간 변화를 분석할 때 그래프를 사용할 수 있다는 것을 설명한다. 어떤 그래프를 이용하는 것인가? 수평축은 현재시점의 일인당 자본스톡이고, 수직축은 다음시점의 일인당 자본스톡인 평면에 일곱째 줄에 있는 화살표 왼편에 있는 식의 그래프를 그리면 원점을 지나면서 위로 올라가는 모습의 곡선을 그릴 수 있다. 여덟째 줄에 있는 계수의 값에 제약이 부과된다. 앞에 있는 계수는 양수의 값을 가진다. 뒤에 있는 계수는 1보다 작은 양수의 값을 가진다. 두 개의 제약이 만족되면 곡선은 현재시점에서 일인당 자본스톡의 값이 증가하면 다음시점의 일인당 자본스톡의 값이 증가하여 곡선의 값이 커진다.

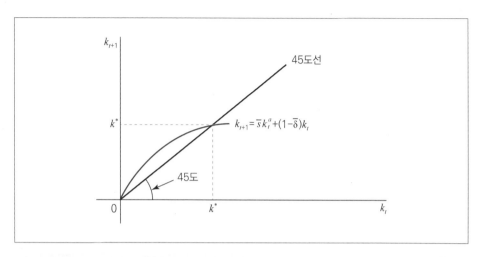

〈그림 9-3〉 일인당 자본스톡의 변화

<그림 9-3>은 앞에서 설명한 내용을 그림으로 보여주고 있다. 이 그림을 사용하여 「페이즈-다이어그램(phase-diagram)」에 의거한 동태모형분석을 설명한다. 페이즈-다이어그램은 균형조건의 그래프를 포함하기 때문에 그래프를 이용한 분석이다. 페이즈-다이어그램을 이용한 분석의 내용을 두 개의 단계로 구분하여 설명한다. 첫 번째 단계에서는 분석하는 변수를 선택하여 수평축은 현재시점의 값, 수직축은 다음시점의 값으로 정의된 평면에서 균형조건의 그래프를 그린다. <그림 9-3>은 솔로우 경제성장모형의 페이즈-다이어그램을 보여주고 있고, 푸른색곡선은 일인당 자본스톡의 기간 간 변화를 나타내는 균형조건의 그래프이다. 두 번째 단계는 첫 번째 단계에서 작성한 그래프가 원점을 지나는 기울기가 45도인 직선과 교차하는 점을 찾는 작업이다. 이 작업의 목표는 분석하는 변수의 균제상태에서 결정되는 균형값을 찾는 것이다. 균제상태에서 결정되는 일인당 자본스톡은 k^*로 표시한다. <그림 9-3>을 보면 원점을 지나는 직선과 푸른색곡선이 서로 교차하는 점에서 균제상태의 일인당 자본스톡이 결정된다.

균제상태(steady state)는 균형변수가 시간이 변화하더라도 항상 동일한 유한값을 가지는 상황을 말한다. 페이즈-다이어그램을 이용하여 솔로우 경제성장모형에서 균제상태가 존재하는지의 여부를 확인할 수 있다는 것을 설명하였다. 균제상태의 특성에 대한 분석이 추가되어야 한다. 균제상태의 특성을 나타내는 두 개의 기준은 유일성(uniqueness)과 안정성(stability)이다. 유일성은 무엇인가? 유일성은 원점을 제외한 점에서 균제상태의 값이 단 하나 존재하는 것을 말한다. 안정성은 무엇인가? 임의의 균제상태에 대하여 원점이 아닌 균제상태의 점이 아닌 다른 어느 점에서 시작하더라도 시간이 흐르면서 동일한 균제상태로 수렴한다면 안정성이 있다고 말한다. 유일성과 안정성이 왜 중요한가? 장기적으로 분석하고 있는 경제가 어디로 갈 것인가를 예측하는 데 도움이 되기 때문이다. 특히 안정적인 균제상태가 단 하나 존재한다면 원점을 제외한 어느 곳에서 시작하든 시간이 무한히 지나면서 균제상태로 수렴하게 된다.

<그림 9-3>을 사용하여 솔로우 경제성장모형에서 함의하는 균제상태의 안정성 여부를 판별할 수 있다. 두 경우를 분석해야 한다. 첫 번째 경우는 최초 출발점이 균제상태보다 작은 양수이다. 두 번째 경우는 최초 출발점이 균제상태보다 큰 양수이다. 두 경우 모두 최초 일인당 자본스톡과 동일한 크기를 가진 수평축의 점에서 수직선을 올려서 균형조건의 그래프와 교차하는 점을 찾은 후 이 점에서 다시 수평선을 그려서 45도선과 교차하는 점을 찾는다. 교차점에서 수직선을 내려서 수평축과 만나는 점을 찾으면, 이 점이 바로 다음 시점에서 일인당 자본스톡의 값이 된다. 이런 작업을 계속 반복하면 시간이 지나면서 형성되는 일인당 자본스톡의 궤적을 수평축에 표시할 수 있다. 일인당 자본스톡의 궤적이 균제상태의 값에 수렴하면 안정적인 균제상태이다. 앞에서 설명한 방식을 적용하면 솔로우 경제성장모형에서는 단 하나의 안정적인 균제상태가 존재한다는 것을 알 수 있다.

솔로우 경제성장모형의 균제상태는 파라미터의 값에 의존한다. 저축률의 변화와 인구증가율의 변화가 솔로우 경제성장모형의 균제상태에 미치는 효과를 설명한다. <그림 9-4>의 왼편에서는 저축률의 영구적인 상승이 균제상태의 일인당 자본스톡에 미치는 효과를 보여주고 있다. <그림 9-4>의 오른편에서는 인구증가율의 영구적인 상승이 균제상태의 일인당 자본스톡에 미치는 효과를 보여주고 있다. <그림 9-4>의 수평축은 현재시점에서 보유하고 있는 일

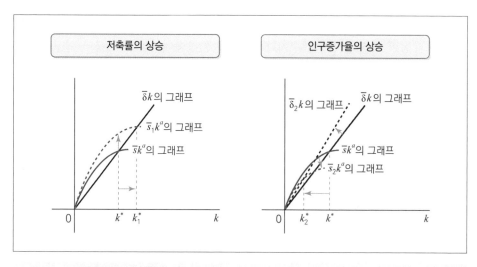

〈그림 9-4〉 균제상태의 변화

인당 자본스톡을 나타낸다. <그림 9-4>에 있는 그래프를 그리기 위해 <표 9-1>의 일곱째 줄에 있는 화살표의 오른편에 있는 식을 사용한다. 오른편에 있는 식의 좌변은 일인당 자본스톡의 증가를 나타낸다. 균제상태에서는 (일인당 자본스톡의 증가=0)의 조건이 만족된다. 따라서 균제상태에서는 화살표 오른쪽에 있는 식의 우변에서 두 항이 서로 같아야 한다.

우변에 있는 두 항을 보면 모두 현재시점의 일인당 자본스톡의 함수이다. 두 개의 항이 모두 일인당 자본스톡의 함수라는 점을 이용하면 각각의 항에 대응하는 두 개의 그래프를 그릴 수 있다. 첫째 항은 원점을 지나는 곡선이다. 둘째 항은 원점을 지나는 직선이다. <그림 9-4>의 오른편과 왼편에 있는 그림에서 모두 원점을 지나는 곡선과 원점을 지나는 직선이 있는 것을 볼 수 있다. 원점을 지나는 곡선은 첫째 항에 대응하는 그래프이고, 원점을 지나는 직선은 둘째 항에 대응하는 직선이다. <표 9-1>의 일곱째 줄에서 화살표의 오른쪽에 있는 식에 의하면 푸른색곡선과 푸른색직선이 교차하는 점이 (일인당 자본스톡의 증가=0)의 조건을 만족하는 점이다. 푸른색곡선과 검은색직선이 교차하는 점에서 수직으로 아래로 내려서 수평축과 만나는 점이 균제상태의 일인당 자본스톡이다.

푸른색곡선과 푸른색직선이 교차하는 점은 저축률과 인구증가율 등과 같은 상수로 가정한 파라미터의 함수이다. 실제 현실경제에서는 저축률과 인구증가율은 시간이 지나면서 달라진다는 것을 알 수 있다. 이런 점을 반영하여 <표 9-1>의 솔로우 경제성장모형을 사용하여 저축률과 인구증가율의 장기적인 거시경제효과를 분석한다. <그림 9-4>의 왼편에 있는 그림에서는 저축률이 상승하면 양수의 값을 가지는 일인당 자본스톡에 대하여 원점을 지나는 곡선이 위로 이동하는 것을 보여주고 있다. 원점을 지나는 직선은 저축률과 관련이 없기 때문에 변화가 없다. 따라서 저축률이 상승한 이후 형성되는 새로운 교차점과 원래의 교차점을 비교하면 일인당 자본스톡이 증가한 것을 알 수 있다. 저축률의 상승은 <표 9-1>의 여덟째 줄에 정의되어 있는 두 개의 계수 중에서 앞에 있는 계수의 값을 증가시킨다. 이를 반영하여 <그림 9-4>의 왼편에 있는 그림을 보면 저축률의 상승은 푸른색곡선의 식에 있는 계수의 값을 $\bar{s}$에서 $\bar{s}_1$로 증가시키는 것으로 표시하고 있다. 일인당 실질GDP는 일인당 자본스톡의 증가함수이기 때문에 저축률이 증가하면 균제상태의 일인당 실질GDP도 증가한다.

　　<그림 9-4>의 오른편에 있는 그림에서는 인구증가율이 균제상태의 일인당 자본스톡에 미치는 효과를 보여주고 있다. 인구증가율의 상승이 곡선의 계수에 미치는 효과는 <표 9-1>의 여덟째 줄에 있는 계수의 정의에 나타난다. 앞에 있는 계수는 곡선의 계수이고 뒤에 있는 계수는 직선의 기울기이다. 인구증가율이 상승하면 곡선의 계수는 감소하고, 직선의 기울기는 증가한다. 오른편 그림을 보면 곡선의 계수가 감소하는 효과는 $\bar{s}$에서 $\bar{s}_2$로 감소하는 것으로 표시된다. 직선의 기울기가 증가하는 효과는 $\bar{\delta}$에서 $\bar{\delta}_2$로 증가하는 것으로 표시된다. 이런 계수의 변화를 반영하면 인구증가율의 상승으로 인해 푸른색곡선은 일인당 자본스톡이 양수인 구간에서 아래로 이동하고, 푸른색직선은 위로 이동한다. 인구증가율의 상승이 발생한 이후의 그래프는 점선으로 표시되어 있다. 새로운 균제상태는 점선으로 표시된 푸른색곡선과 검은색직선이 교차하는 점이다. 새로운 균제상태의 일인당 자본스톡과 이전의 일인당 자본스톡을 비교하면 일인당 자본스톡이 감소한다는 것을 확인할 수 있다. 일인당 실질GDP와 일인당 자본스톡은 같은 방향으로 변화하기 때문에 인구증가율이 상승하면 균제상태의 일인

당 실질GDP도 감소한다.

국민소득과 경제성장률의 국가 간 격차에 관한 솔로우 경제성장모형의 함의는 「수렴가설(convergence hypothesis)」의 표현으로 많이 인용된다. 솔로우 경제성장모형에서는 균제상태가 서로 동일한 국가들을 대상으로 일인당 실질GDP가 낮은 국가와 일인당 실질GDP가 높은 국가의 경제성장률을 비교할 때 일인당 실질GDP가 낮은 국가의 경제성장률이 더 높게 나타난다. 현재 시점에서 일인당 실질GDP가 낮은 국가는 앞으로 경제성장률이 더 높게 유지되기 때문에 시간이 지나면서 일인당 실질GDP가 더 높은 국가의 소득수준에 근접하게 된다. 따라서 솔로우 경제성장모형에 의하면 시간이 지나면서 국가 간 소득격차가 감소한다. 앞에서 설명한 수렴가설은 솔로우 경제성장모형의 균형조건을 사용하여 확인할 수 있다. 예를 들어, <표 9-1>의 일곱째 줄에 있는 식의 양변을 일인당 자본스톡으로 나누고 나서 정리하면 아홉째 줄에 있는 식이 도출된다. 이 식의 좌변은 일인당 자본스톡의 증가율을 나타낸다. 이 식의 우변은 일인당 자본스톡의 감소함수이다. 아홉째 줄에 있는 식의 함의는 일인당 자본스톡이 증가하면 일인당 자본스톡의 증가율은 감소하게 된다는 것이다. 일인당 실질GDP와 일인당 자본스톡은 같은 방향으로 움직이기 때문에 다음과 같은 문장으로 결론을 요약할 수 있다. 「일인당 실질GDP가 상대적으로 낮은 국가의 경제성장률이 더 높다.」

제3절 기술진보와 지속가능한 경제성장

앞에서 설명한 모형에서는 일인당 실질GDP의 영구적인 변화에 초점이 맞추어져 있다. 그러나 경제성장률의 영구적인 변화에 초점을 맞추어 볼 수 있다. 어떠한 차이가 있는가? 지속가능한 경제성장의 개념을 이용하여 설명한다. 경제성장률을 일인당 실질GDP의 증가율로 측정한다면 <그림 9-4>에서 나타내고 있는 균제상태의 일인당 실질GDP는 하나의 값으로 고정되기 때문에 <표 9-1>의 솔로우 경제성장모형에서 균제상태에서 경제성장률은 제로가 된다.

■■■ 〈표 9-2〉 지속가능한 경제성장모형

균제상태의 균형	균제상태의 일인당 실질GDP	$y^* = A^{1/(1-\alpha)} m^\alpha$
	균제상태의 일인당 자본스톡	$k^* = A^{1/(1-\alpha)} m$
	계수의 정의	$m = s\left(\dfrac{1}{n+\delta}\right)^{1/(1-\alpha)}$
노동확장형 기술진보와 총생산함수		$Y_t = K_t^\alpha (Z_t N_t)^{1-\alpha}$
노동확장형 기술진보		$Z_{t+1} = (1+z) Z_t$
실효노동 단위당 실질GDP와 자본스톡		$y_t = \dfrac{Y_t}{Z_t N_t}, \quad k_t = \dfrac{K_t}{Z_{t-1} N_t}$
자본축적		$K_{t+1} = s Y_t + (1-\delta) K_t$
실효노동 단위당 자본축적		$k_{t+1} = \hat{s} k_t^\alpha + (1-\hat{\delta}) k_t$
계수의 정의		$\hat{s} = \dfrac{s}{(1+n)(1+z)^\alpha}, \qquad \hat{\delta} = \dfrac{\delta + n + z + nz}{(1+n)(1+z)}$

주: Z_t는 노동확장형 생산성, y_t는 실효노동 단위당 실질GDP, k_t는 실효노동 단위당 일인당 자본스톡이다.

지속가능한 경제성장을 균제상태에서도 일인당 실질GDP가 증가하는 상황을 의미하는 것으로 해석한다면 〈표 9-1〉에 있는 균형조건은 지속가능한 경제성장이 없는 상황을 나타내고 있다. 후속되는 질문은 솔로우 경제성장모형에서는 지속가능한 경제성장이 불가능하다고 함의하는 것인지의 의문이 가능하다. 이런 질문의 답은 〈표 9-1〉에 있는 균형조건을 약간 수정하면 지속가능한 경제성장이 존재하는 경제성장모형이 된다는 것이다.

사실 〈표 9-1〉의 솔로우 경제성장모형은 이미 경제성장률의 영구적인 변화를 발생시키는 요인에 대한 힌트를 제시하고 있다. 이를 확인하기 위해 〈표 9-1〉의 아홉째 줄에 있는 식을 이용하여 균제상태의 일인당 자본스톡을 계산한다. 이를 여섯째 줄에 있는 식에 대입하여 균제상태의 일인당 실질GDP를 계산한다. <표 9-2>의 첫째 줄과 둘째 줄에 있는 식은 각각 <표 9-1>의 솔로우 경제성장모형이 함의하는 균제상태의 일인당 실질GDP와 일인당 자본스톡이다. <표 9-2>의 첫째 줄을 보면 균제상태의 일인당 실질GDP는 두 개의 부분으로 나누어져 있다. 첫째, 영구적으로 증가할 수 없는 파라미터와 변수의 영향을 받는 부분은 모두 m으로 정리하고 있다. 둘째, 총요소생산성은 무한히 증가할 수 있는 변수로 간주하여 총요소생산성의 영향을 받는 부분을 독립적으로 구분하고 있다.

<표 9-1>에서 정리하고 있는 솔로우 경제성장모형의 균형조건이 제공하는 함의는 다음과 같이 요약할 수 있다. 인구증가율과 저축률의 영구적인 변화는 일인당 실질GDP의 값을 영구적으로 변화시킬 수 있지만 일인당 실질GDP의 성장률은 영구적으로 증가시킬 수 없다. 일인당 실질GDP의 증가율로 측정한 경제성장률에 대한 영구적인 효과와 일인당 실질GDP의 값에 대한 영구적인 효과를 구분하기 위해 전자를 성장효과(growth effect)라고 하고 후자를 수준효과(level effect)라고 말한다. 이런 차이를 반영하여 설명하면 <표 9-1>의 솔로우 경제성장모형에서 인구증가율과 저축률의 영구적인 변화는 수준효과만 있고 성장효과는 없다. 솔로우 경제성장모형에서 성장효과는 어떻게 발생하는가? 이 질문에 대한 답을 <표 9-2>의 첫째 줄에 있는 식에서 찾을 수 있다. 이 식을 보면 총요소생산성을 나타내는 A의 값이 지속적으로 증가하면 일인당 실질GDP와 일인당 자본스톡도 모두 지속적으로 증가한다는 것을 알 수 있다.

총요소생산성을 나타내는 A의 값이 지속적으로 증가한다는 가정이 추가되면 <그림 9-3>에서 보여주고 있는 페이즈-다이어그램을 사용하여 일인당 실질GDP와 일인당 자본스톡의 균제상태를 찾는 방식을 그대로 사용할 수 없다. 그 이유는 균제상태에서 일인당 자본스톡과 일인당 실질GDP의 값이 고정되지 않고 계속 증가하기 때문이다. 따라서 기술진보가 지속적으로 진행되는 경제에서는 경제성장을 분석하기 위해 앞에서 설명한 경제성장모형의 수정이 필요하다는 점을 알 수 있다. 어떠한 수정이 필요한가? 이 질문에 답하기 위해 먼저 균형성장경로(balanced growth path)의 개념을 설명한다. 균형성장경로는 일인당 실질국민소득, 일인당 실질소비, 일인당 실질투자, 일인당 자본스톡 등의 변수들

이 모두 동일한 성장률을 유지하는 상황을 말한다.

　　<표 9-2>의 제목은 지속가능한 경제성장모형이다. <표 9-2>에서 정리하고 있는 균형조건은 <표 9-1>의 솔로우 경제성장모형을 균제상태에서 지속적인 균형성장이 달성되도록 수정한 형태의 경제성장모형이라고 해석할 수 있다. 어떤 부분을 수정하였는지 요약해서 알려달라는 요청을 받으면 다음과 같이 답할 수 있다. 총생산함수가 코브-더글러스 형태라는 점은 그대로 유지하면서 노동확장형 기술진보(labor-augmenting technology progress)의 역할을 반영한다. 노농확상형 기술진보과 총요소생산성은 어떠한 차이가 있는가? 규모수익불변의 특성을 만족하는 총생산함수를 가정할 때 다음과 같이 구분할 수 있다. 노동확장형 기술진보는 1퍼센트의 기술진보가 발생하면 노동투입을 늘리지 않더라도 노동투입을 1퍼센트 증가시킨 것과 동일한 크기로 산출을 증가시키는 효과를 발생시킨다. 개념적으로 노동투입의 효율성만 직접적으로 증가시키는 생산성향상으로 이해할 수 있다. 총요소생산성은 <표 9-1>의 셋째 줄에서 볼 수 있듯이 1퍼센트의 생산성 향상이 발생하면 생산요소의 투입량이 그대로 있더라도 노동투입과 자본투입을 각각 1퍼센트 증가시킨 것과 같은 효과가 발생한다.

　　<표 9-2>의 둘째 줄에 있는 식은 총생산함수를 나타낸다. <표 9-1>의 셋째 줄에 있는 식과 비교하여 다른 점은 「노동확장형 기술진보」가 반영되어 있다는 것이다. 노동확장형 기술진보가 반영되면 실효노동투입과 실제노동투입이 다르다. 실효노동투입은 노동의 기술적 효율성이 반영된 노동투입이다. 기호를 사용하여 실효노동투입의 개념을 설명할 수 있다. 현재시점에서 노동확장형 기술수준은 Z, 실제노동투입은 N이라면 실효노동투입은 ZN이 된다. <표 9-2>의 둘째 줄에 있는 총생산함수의 식을 보면 실효노동투입이 포함되어 있음을 확인할 수 있다. <표 9-1>의 셋째 줄에 있는 총생산함수의 식과 비교하면 총요소생산성의 역할은 생략되어 있다는 것을 알 수 있다. 지속가능한 경제성장모형에서는 노동확장형 기술진보의 역할을 중점적으로 분석하기 위해 $A = 1$이라고 가정한다. 이런 가정을 부가하는 것이 총요성생산성의 역할이 중요하지 않다는 것을 의미하는 것은 아니라는 점을 지적한다. <표 9-2>의 셋째 줄에 있는 식은

노동확장형 기술진보의 외생적인 변화를 나타내는 식이다.

　<표 9-2>에서 총생산함수의 식을 제외한 다른 균형조건들은 <표 9-1>의 균형조건들과 동일하다. 두 모형의 차이점은 무엇인가? 일인당 자본스톡의 기간 간 변화를 나타내는 식을 도출하지 않고, 실효노동 단위당 자본스톡의 기간 간 변화를 나타내는 식을 도출한다. 실효노동 단위당 자본스톡의 정의와 실효노동 단위당 실질GDP의 정의는 <표 9-2>의 넷째 줄에 수식으로 정리되어 있다. 실효노동 단위당 자본스톡의 기간 간 변화는 경제전체 자본스톡의 기간 간 변화의 식을 사용하여 도출한다. 다음과 같이 세 단계를 거쳐서 도출된다. (1) <표 9-2>의 둘째 줄에 있는 총생산함수의 식을 <표 9-2>의 다섯째 줄에 있는 식에 대입한다. (2) (현재시점에서 평가한 노동확장형 기술수준×다음시점의 노동투입)의 식으로 정의된 값을 사용하여 앞에서 도출된 식의 양변을 나눈 후에 <표 9-2>의 넷째 줄에 있는 실효노동 단위당 자본스톡의 정의를 적용한다. (3) 앞에서 도출된 식에 노동투입의 기간 간 변화의 식을 적용하여 간단하게 정리한다. 여섯째 줄에 있는 식은 앞에서 설명한 (1), (2), (3)의 단계를 거쳐서 도출된 실효노동 단위당 자본스톡의 기간 간 변화를 설명하는 식이다. <표 9-2>의 일곱째 줄에서는 여섯째 줄에 있는 식에서 사용된 기호의 정의를 보여주고 있다. 새로 정의되는 두 개의 기호는 각각 저축률과 감가상각률을 나타내는 기호와 유사하지만, 인구증가율과 노동확장형 기술진보율 등이 포함된다. 따라서 인구증가율과 노동확장형 기술진보율의 변화가 발생할 때 계수의 값이 변동하게 되어 실효노동 단위당 자본스톡의 기간 간 변화에도 영향을 미친다.

　<그림 9-5>에서는 <표 9-2>의 여섯째 줄에 있는 실효노동 단위당 자본스톡의 기간 간 변화의 식을 사용하여 작성한 페이즈-다이어그램을 보여주고 있다. <그림 9-3>을 설명할 때 이미 페이즈-다이어그램의 작성방법을 설명하였기 때문에 <그림 9-5>의 작성방법에 관한 설명은 생략한다. <그림 9-5>와 <그림 9-3>에 있는 곡선은 서로 유사한 모습을 보이지만, 소문자 k의 정의가 다르다. <그림 9-5>에서 소문자 k는 실효노동 단위당 자본스톡이고, <그림 9-3>에서 소문자 k는 일인당 자본스톡이다. <그림 9-5>를 보면 노동확장형

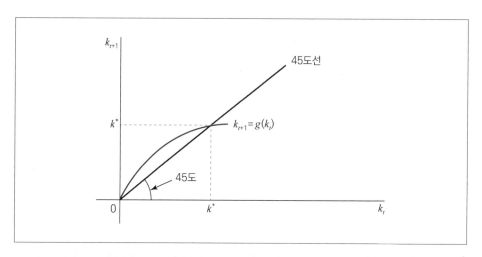

〈그림 9-5〉 노동확장형 기술진보의 성장모형

기술진보가 반영된 지속가능한 경제성장모형에서도 단 하나의 유일한 안정적인 균제상태가 존재한다. <그림 9-3>의 균제상태와 <그림 9-5>의 균제상태는 서로 다른 특성을 가지고 있다는 점을 지적한다. <그림 9-3>와 <그림 9-5>의 균제상태는 어떠한 차이점이 있는가? <표 9-1>의 솔로우 경제성장모형에서는 균제상태에서 일인당 실질GDP와 일인당 자본스톡에 대한 성장경로가 없다. <표 9-2>의 노동확장형 기술진보가 반영된 경제성장모형에서는 균제상태에서 일인당 실질GDP와 일인당 자본스톡에 대한 지속적인 성장경로가 있다. 구체적으로 설명하면 노동확장형 기술진보율이 양수의 값으로 고정되어 있는 경우 균제상태에서도 일인당 국민소득과 일인당 자본스톡이 지속적으로 증가한다는 점이다. 앞에서 정의한 「균형성장경로」가 존재한다는 것을 의미한다. 균형성장경로에서 달성되는 일인당 국민소득으로 측정한 경제성장률은 노동확장형 기술진보율과 같다.

솔로우 경제성장모형의 함의는 지속적인 경제성장을 위해 지속적인 기술진보가 중요하다는 것이다. 솔로우 경제성장모형의 함의를 실제 경제에 적용하고 싶다면 먼저 실제로 거시경제에서 발생하는 기술진보를 측정할 수 있는지 궁금해질 것으로 추측된다. 이런 궁금증은 결국 경제성장의 원천(sources of economic growth)에 대한 실증적인 궁금증으로 볼 수 있다. 다음에서 소개하는 성장회계(growth

■■ 〈표 9-3〉 총생산함수와 솔로우잔차

솔로우잔차와 총요소생산성	$Y_t = A_t K_t^{\alpha} N_t^{1-\alpha} \rightarrow \log A_t = \log Y_t - (\alpha \log K_t + (1-\alpha) \log N_t)$
총요소생산성증가율	$\log\left(\dfrac{A_t}{A_{t-1}}\right) = \log\left(\dfrac{Y_t}{Y_{t-1}}\right) - \left(\alpha \log\left(\dfrac{K_t}{K_{t-1}}\right) + (1-\alpha) \log\left(\dfrac{N_t}{N_{t-1}}\right)\right)$
노동의 산출탄력성과 노동소득분배율	$MPL = (1-\alpha) A \left(\dfrac{K}{N}\right)^{\alpha} = (1-\alpha) \dfrac{Y}{N} \rightarrow \dfrac{N\, MPL}{Y} = 1-\alpha$

주: MPL는 노동의 한계생산이다.

accounting)와 솔로우잔차(Solow residual)는 경제성장의 원천을 실증적으로 분석할 수 있게 하는 중요한 개념이다. 성장회계는 총생산함수의 특성을 반영하여 경제성장률은 생산요소의 투입에 의해서 설명되는 부분의 증가율과 총요소생산성의 증가율로 구성된다는 것이다. 솔로우잔차는 성장회계의 개념을 적용하여 경제성장률에서 생산요소의 투입에 의해서 설명되는 부분의 증가율을 뺀 나머지로 총요소생산성의 증가율을 정의하기 때문에 성장회계의 개념을 적용하여 추계된 총요소생산성에 붙여진 이름을 말한다.

〈표 9-3〉의 첫째 줄에서 화살표 왼쪽에 있는 총생산함수의 식 양변에 로그함수를 취한 후 화살표의 오른쪽에 나오는 식과 같이 정리한다. 화살표 오른쪽에 있는 식에는 이미 성장회계의 개념이 반영되어 있다. α의 값과 현재 시점의 실질GDP와 자본 및 노동투입량을 알고 있다면 화살표 오른쪽에 있는 식을 사용하여 현재시점의 총요소생산성 수준을 추계할 수 있다. 동일한 방식으로 이전시점의 총요소생산성 수준을 추계할 수 있기 때문에 총요소생산성의 증가율을 추계할 수 있다. 따라서 〈표 9-3〉의 둘째 줄에서 볼 수 있듯이 총요소생산성의 증가율은 경제성장률에서 생산요소의 투입에 의해서 설명되는 부분의 증가율을 뺀 나머지로 추계될 수 있음을 보일 수 있다.

다음에서는 국민소득계정을 사용하여 자본투입의 산출탄력성 또는 노동투입의 산출탄력성을 추계할 수 있다는 점을 설명한다. 이를 위해 먼저 재화와 생산요소가 거래되는 시장의 시장구조가 모두 완전경쟁이라고 가정한다. 이런 가정이 부가되면 기업은 자신의 이윤극대화를 위해 (노동의 한계생산＝실질임금)과 (자본의 한계생산＝자본임대료)의 조건이 만족하도록 자본투입량과 노동투입량을 결정한다. 또한 <표 9-3>의 첫째 줄에서 볼 수 있는 코브-더글러스생산함수를 가정하면 노동(자본)의 한계생산과 노동(자본)의 평균생산은 비례한다. 이제 위의 두 조건을 결합하면 GDP 대비 자본소득의 비율은 자본의 산출탄력성과 같다. 마찬가지로 GDP 대비 노동소득의 비율은 노동의 산출탄력성과 같다.

위의 설명을 수식을 사용하여 설명하기 위해 <표 9-3>의 첫째 줄에 있는 생산함수를 미분하여 노동의 한계생산을 계산하여 아래의 식에 정리한다. 이 식에서 MPL는 노동의 한계생산을 나타낸다. (노동한계생산＝실질임금)의 등식과 (노동소득＝실질임금×노동투입시간)의 등식을 이용하면 <표 9-3>의 셋째 줄에 있는 식에서 화살표 다음에 오는 식의 좌변은 노동소득분배율이 된다. 또한 이 식의 우변은 노동의 산출탄력성이다. 노동소득분배율은 GDP 대비 노동소득의 비율로 정의된다. 노동소득분배율은 GDP를 발표하기 위해 수집되는 자료를 사용하여 추계할 수 있기 때문에 한국은행이나 통계청의 홈페이지에서 발표된다. 따라서 노동소득분배율의 값을 노동투입의 산출탄력성 또는 자본투입의 산출탄력성의 값으로 대입하여 총요소생산성의 증가율을 측정할 수 있다.

제4절   내생적 경제성장모형

솔로우 경제성장모형은 일인당 국민소득의 지속적인 증가를 위해 기술진보가 필요하다는 것을 명확하게 설명하고 있음에도 불구하고, 기술진보가 외생적으로 진행되는 것으로 가정하였기 때문에 외생적 경제성장모형이다. 기술진보가 지속적인 경제성장을 위해 중요하다는 점을 인식하고, 개별 경제주체의 의사결정에 의해서 기술진보가 이루어지는 구체적인 과정이 포함된 일련의 경제성장모형이 제시된다. 기술진보가 거시경제 내부에서 결정된다는 특성을 강조하여 이들을 내생적 경제성장모형이라고 부른다. 내생적 경제성장모형에서는 GDP산출에 유용한 지식축적이 기술진보로 이어진다는 점을 강조한다. GDP산출에 유

〈표 9-4〉AK경제성장모형

총생산함수	$Y_t = AK_t$
투자결정	$I_t = sY_t$
자본축적	$K_{t+1} = I_t + (1-\delta)K_t \rightarrow K_{t+1} = sY_t + (1-\delta)K_t$
인구변화	$N_t = (1+n)N_{t-1}$
경제성장률의 결정	$\dfrac{Y_{t+1} - Y_t}{Y_t} = sA - \delta \rightarrow \dfrac{y_{t+1} - y_t}{y_t} = \dfrac{sA - (\delta + n)}{1+n}$

용한 지식은 어떻게 축적되는가? 이 질문에 대한 답변으로서 제시되는 지식축적 과정은 다음과 같다. 첫째, 지식축적은 자본스톡과 노동투입이 재화생산을 위한 요소투입과 별개로 투입되는 R&D 활동의 산출이다. 둘째, 지식축적은 근로자들의 근로학습(learning-by-doing)의 산출이다.

내생적 경제성장모형과 솔로우 경제성장모형은 어떠한 차이가 있는가? 이 질문에 대한 답변은 간단하다. 가장 눈에 띄는 차이점은 총생산함수의 형태에서 나타난다. 구체적으로 설명하면 솔로우 경제성장모형의 총생산함수에서는 <표 9-1>의 셋째 줄과 <표 9-3>의 둘째 줄에서 볼 수 있듯이 모든 생산요소에 대하여 한계생산체감의 법칙이 성립한다. 내생적 경제성장모형에서는 자본투입의 경우 한계생산체감이 발생하지 않는다. 자본투입의 한계생산이 일정한 상수이거나 체증할 수도 있다. 이런 차이가 발생하는 이유는 무엇인가? 내생적 경제성장모형에서는 자본스톡의 일차적인 산출효과와 기술진보에 반영된 자본스톡의 이차적인 산출효과가 모두 총생산함수에 반영되기 때문이다.

앞에서 설명한 차이점을 반영하여 내생적 경제성장모형의 특성을 가장 단순한 형태로 잘 나타내기 때문에 많이 인용되는 모형은 「AK경제성장모형」이다. 이를 후속되는 부분에서는 AK모형이라고 부르기로 한다. AK모형의 가장 큰 특징은 <표 9-4>의 첫째 줄에 있는 식과 같이 실질GDP가 자본스톡에 비례하는 형태의 총생산함수를 가정하고 있다는 점이다. 다른 부분은 <표 9-1>과 <표 9-2>에서 이미 설명한 경제성장모형과 동일하다고 가정한다. <표 9-4>

의 둘째 줄, 셋째 줄, 넷째 줄에 있는 균형조건은 각각 <표 9-1>의 첫째 줄, 셋째 줄, 넷째 줄과 동일하다. AK모형의 균형조건은 첫째 줄, 둘째 줄, 셋째 줄, 넷째 줄 등에 있는 네 개의 균형조건으로 구성되는 하나의 그룹을 의미한다. 네 개의 균형조건으로 구성된 연립방정식으로 해석할 수 있다. 균형조건으로 구성된 연립방정식은 무엇을 의미하는가? 「연립방정식을 풀어서 해를 계산한다」는 말의 의미를 쉽게 표현하면 미지수를 기지수의 함수로 표현하는 것을 말한다. 균형조건으로 구성된 연립방정식에서 미지수의 역할을 하는 것은 균형이 성립하는 상황에서 변수의 값이 결정되는 변수이다. 이런 해석에 의하면 AK모형은 네 개의 거시경제변수 (Y, I, K, N)가 어떻게 결정되는지를 실명하는 연립방정식이라고 할 수 있다.

<표 9-4>의 다섯째 줄에 있는 식은 AK모형이 제시하고 있는 지속적인 경제성장에 대한 함의를 요약하고 있다. 총생산함수의 식과 다음시점의 자본스톡을 결정하는 식을 보면 현재시점의 실질GDP와 다음시점의 자본스톡이 현재시점의 자본스톡에 비례한다는 것을 확인할 수 있다. AK모형의 균형조건은 단순한 형태의 연립방정식이 된다. 경제전체의 규모를 나타내는 실질GDP로 측정한 경제성장률의 결정을 단순히 말로 표현하면 (GDP성장률=저축률×생산성-감가상각률)이 된다. 앞에서 말로 정리한 식을 기호를 사용하여 정리하면 <표 9-4>의 다섯째 줄에 있는 화살표의 왼편에 있는 식이 된다. 일인당 실질GDP로 측정한 경제성장률의 결정을 나타내는 식을 도출하기 위해 인구증가율의 효과를 반영해야 한다. 일인당 실질GDP로 측정한 경제성장률의 결정을 나타내는 식은 <표 9-4>의 다섯째 줄에 있는 화살표의 오른편에 있는 식이다.

<표 9-4>의 AK모형과 <표 9-1>의 솔로우 경제성장모형이 제공하는 함의를 비교하기로 한다. AK모형에서는 페이즈-다이어그램을 사용하여 균제상태를 분석하지 않더라도 일인당 실질GDP의 균제상태를 계산할 수 있다. <표 9-4>의 다섯째 줄에서 화살표 오른쪽에 있는 식을 사용하여 일인당 실질GDP의 증가율이 제로가 될 조건을 계산할 수 있다. 이 조건은 (저축률×생산성=감가상각률+인구증가율)의 등식이다. AK모형이 함의하는 지속가능한 경제성장의 요인은 무엇인가? <표 9-4>의 다섯째 줄에서 화살표 오른쪽에 있는 식을 사

용하여 일인당 실질GDP가 항상 양수일 조건을 계산할 수 있다. (저축률×생산성>감가상각률+인구증가율)의 부등식이다. 좌변의 값과 우변의 값을 비교하여 좌변의 값이 영구적으로 상대적인 증가가 발생하면 일인당 실질GDP의 증가율이 영구적으로 상승한다는 것을 확인할 수 있다. 솔로우 경제성장모형과 비교할 때 AK모형에서는 지속가능한 경제성장을 달성하게 하는 요인의 수가 증가한다는 것을 알 수 있다. 특히 솔로우 경제성장모형을 설명할 때 지속적인 경제성장을 유지하기 위해 지속적인 기술진보가 필요하다는 점을 강조하였다. AK모형에서는 저축률과 인구증가율의 영구적인 변화도 일인당 실질GDP로 측정된 경제성장률의 영구적인 변화를 발생시킬 수 있다는 것을 알 수 있다.

AK모형의 지속가능한 경제성장에 관한 함의를 다음과 같이 세 개의 항목으로 요약한다. (1) 양수의 경제성장률이 영구적으로 지속되기 위한 자본스톡의 생산효율성에 최소치가 있다. 「자본투입효율성의 임계값」이라고 부르기로 한다. (2) <표 9-4>의 AK모형에서 「자본투입효율성의 임계값」은 감가상각률과 인구증가율의 합을 저축률로 나눈 비율과 같다. (3) 자본스톡의 생산효율성이 「자본투입효율성의 임계값」보다 클수록 일인당 실질GDP의 장기평균성장률이 높아진다. 둘째 항목에서 자본투입효율성의 임계값이 감가상각률, 인구증가율, 저축률 등의 함수가 되는 이유는 무엇인가? 총생산함수를 보면 실질GDP는 자본투입에 비례하여 결정된다는 점을 반영하여 일인당 실질GDP의 생산함수는 일인당 자본투입에 비례한다. 일인당 자본투입을 낮추는 두 개의 요인은 감가상각과 인구증가이고, 일인당 자본을 증가시키는 요인은 저축률이다.

AK모형에서는 R&D를 담당하는 경제주체가 자신의 이득과 비용을 고려하여 어떻게 결정하는지에 대한 구체적인 설명이 없다. 단지 기술진보를 담당하는 R&D 부문의 총생산함수가 가정에 의해서 추가된 것으로 볼 수 있다. 그러나 실제상황을 좀 더 정확히 반영하려면 이윤을 추구하는 개별경제주체의 자발적인 선택에 의해서 R&D가 진행된다는 점을 구체적으로 반영한 경제성장모형이 제시되는 것이 바람직하다. 이런 견해가 반영된 경제성장모형은 몇 가지 새로운 특징을 가진다. 첫째, 개별기업이 재화와 용역을 생산하기 위해 불완전한 대체재인 다양한 종류의 중간재가 투입되어야 한다. 둘째, R&D 투자의 이득은 새로운 유형의 중간재개발과 공급독점의 확보로 인해 발생하는 독점이윤이다. 따라서 개별경제주체들은 나중에 발생할 중간재시장의 독점이윤을 통해 보상이 있을 것으로 기대하기 때문에 R&D 투자비용을 자발적으로 부담한다.

중간재의 역할이 반영된 경제성장모형에서 총생산함수의 기술진보는 어떻게 결정되는 것인가? R&D 투자로 인해 새로운 아이디어가 산출되면 이는 최종재생산에 투입되는 중간재의 종류가 증가한다. 최종재생산에 투입되는 차별화된 중간재의 종류가 많을수록 최종재생산의 기술진보가 이루어진 것으로 간주할 수 있나. 예를 들어, 서로 다른 유형의 중간재이더라도 모두 단 하나의 투입만 필요한 것으로 가정하자. 이 경우 최종재생산에 투입되는 전체 중간재 투입량은 서로 다른 유형의 중간재 개수와 같다. 동일한 특성이 총생산함수에도 그대로 반영된다. 따라서 총생산함수의 생산성은 서로 다른 유형의 중간재 개수에 의해서 결정된다.

현실경제에서는 새로운 유형의 중간재가 개발되는 대신 기존의 중간재의 기술적 효율성이 증가할 경우에도 기술개발의 효과가 나타난다. 중간재의 생산과정에 투입되는 수량과 서로 다른 유형의 중간재 개수의 변화가 없을지라도 중간재 단위당 품질수준이 향상되어 최종재의 산출량이 증가한다. 앞에서 설명한 노동확장형 기술진보와 비교하여 설명하면 「중간재확장형 기술진보」로 설명할 수 있다. 중간재확장형 기술진보의 수준이 중간재의 단위당 품질수준을 나타내는 척도가 될 수 있다. 중간재확장형 기술진보의 과정을 설명하기 위해 동일한 중간재에 대하여 일종의 「품질의 사다리」가 있는 것으로 가정한다. 예를 들어, 낮은 품질의 중간재, 중간 품질의 중간재, 높은 품질의 중간재, 최상 품질의 중간재 등이 존재한다. 이런 모형에서 R&D 투자가 성공하면 개별기업은 기존에 사용해온 중간재의 품질과 비교하여 한 단계 더 높은 품질의 중간재를 최종재생산에 투입할 수 있다. 이 경우 동일한 특성이 총생산함수에도 그대로 반영된다면 총생산함수의 생산성은 중간재의 단위당 품질수준에 의해서 결정된다.

현실경제에서는 통상 동일업종에서 다수의 기업이 존재한다. 동일업종에서 서로 경쟁하는 기업들 사이에서도 기술격차 또는 생산성격차가 존재할 가능성이 높다. 기술혁신에 의해서 새로운 기술이 출현하고, 특허권에 의해서 경쟁기업이 새로운 기술을 적용하여 생산하는 것에 대한 제한이 부과되어 기술격차가 발생할 수 있다. 특허권에 의한 신기술의 사용에 대한 보호가 아닐지라도 새로운 기술을 이해하여 실제생산과정에 적용하는 경영자 또는 관리자의 능력이 다르기 때문에 동일업종에서도 기술격차가 발생할 수 있다. 기술혁신은「생산공정혁신」과「제품혁신」으로 나누어 볼 수 있다.「생산공정혁신」은 동일한 제품을 생산하더라도 생산과정을 개선하여 제품의 질을 제고하거나 생산비용을 낮추는 생산기술의 변화를 말한다.「제품혁신」은 새로운 제품을 산출하는 생산기술의 변화를 말한다. 또한 범용기술혁신과 분야별 기술혁신으로 나누어 볼 수 있다. 범용기술혁신은 여러 산업에 걸쳐 생산기술향상에 영향을 주는 기술혁신을 말한다. 범용기술혁신은 거시경제적인 생산성향상의 효과를 발생시킨다. 앞에서 설명한 중간재를 반영한 경제성장모형에서 두 종류의 기술혁신이 적용된 것으로 볼 수 있다. 중간재의 개수가 증가하여 총생산함수의 기술진보를 달성하는 모형에서는 제품혁신을 반영한 것으로 볼 수 있다.

모든 기업이 R&D 투자의 결과로 발생하는 기술혁신을 통해서 생산성향상을 달성하는가? 기업은 자체적인 기술혁신의 결과로 탄생한 새로운 기술을 제품생산에 적용할 수 있지만, 다른 기업이 개발한 새로운 기술을 모방(imitation)하여 제품생산에 적용할 수 있다. 세거스트롬이 1991년에 발표한 연구논문에서는 미국기업들이 최초로 발견한 반도체 기술혁신과 일본기업들의 최초 상업생산 간 1년의 시차만 존재한다는 점을 강조하고 있다.[66] 특허를 받은 기술혁신의 60퍼센트 정도가 4년 이내에 모방된다는 것이다. 세거스트롬은 모방을 위한 R&D 투자와 순수한 기술혁신을 위한 R&D 투자를 구분하고 있다. 모방을 위한 R&D 투자의 이득은 무엇인가? 질문에 답하기 위해 다음과 같은 상황을 생각해보자. 하나의 선도기업과 다수의 추종기업들이 생산하는 제품시장에서 시장 밖에 있는 잠재적인 경쟁기업이 모방을 위한 R&D 투자의 결과로 모방에 성공하면 시장에 진입하여 복수의 선도기업이 경쟁하는 제품시장이 된다. 독점이윤이 존재하는

---

66) 세거스트롬(Paul Segerstrom)이 1991년 미국 시카고 대학에서 발간되는 경제학 학술지인 Journal of Political Economy(99권 4호, 807페이지부터 827페이지)에 출간한 논문의 제목은 「Innovation, Imitation, and Economic Growth」이다.

시장에 성공적으로 진입할 수 있다면 모방을 위해 필요한 R&D 투자비용을 자발적으로 지불할 수 있다.

현실경제에서는 동일제품을 생산하는 동종업계에서도 활동하는 기업 간 기술격차와 생산성격차가 있다면 많은 사람들이 공감하는 기준을 적용하여 글로벌 최상위기술부터 글로벌 최하위기술까지 기술수준에 따라 등급을 부여할 수 있다. 글로벌 최상위기술이 새롭게 업데이트되면 새로운 최상위기술이 모든 기업에 즉각적으로 확산되지 않는다. 그 이유는 다음과 같이 설명할 수 있다. 많은 경우 동일한 제품을 생산하는 기업들이 한 나라에만 존재하는 것이 아니라 서로 다른 여러 나라에 걸쳐 존재한다. 국가별 차이가 있기 때문에 글로벌 최상위기술이라도 국가별 차이에 순응된 형태가 되어야 받아들일 수 있다. 이런 이유로 최상위기술을 가진 기업이 글로벌 최상위기술의 변화를 먼저 습득하고 국가별 차이에 순응시킨 후 다른 기업에게 확산되는 경향이 있다. 또한 기술무역을 통한 서로 다른 국가에서 활동하는 기업 간 기술확산을 생각해볼 수 있다. 정부부처에서 발간한 기술무역통계보고서에 의하면 기술무역은 기술지식 및 기술서비스 등과 관련된 상업적 비용지출과 수입이 있는 국가 간 거래로 정의된다. 여기에는 특허판매 및 사용료, 발명, 노하우의 전수, 기술지도, 엔지니어링 컨설팅, 연구개발 서비스 등이 포함된다. 이런 기술무역을 통해 글로벌 상위기술이 이머징국가로 확산될 수 있다.

앞에서 설명한 솔로우 경제성장모형은 총요소생산성의 향상 또는 노동확장형 기술진보 등이 지속적인 경제성장의 성장동력이라는 점을 알려준다. 어떻게 거시경제 전체의 생산성을 지속적으로 향상시킬 수 있는지의 질문이 가능하다. 앞에서 설명한 내용에 의거하여 답을 제시한다면 많은 기업의 R&D 투자와 근로학습을 통한 지속적인 지식축적이 실제 생산과정에서 효율적으로 적용되어야 한다는 것이다. 이런 시각이 틀린 것은 아니지만 기술진보가 지속적인 경제성장의 중요한 원인이라는 점과 더불어 재고해야 할 부분이 있다는 주장을 소개한다. 간단히 요약하면 지속가능한 경제성장을 위해 필수적인 기술진보도 결과물이라는 주장이다. 기술진보의 미시적인 의사결정단위가 개인과 기업이라는 점을 생각한다면 총요소생산성의 향상 또는 노동확장형 기술진보도 개인과 기업의 자발적인 선택의 결과라는 점을 쉽게 이해할 수 있다. 이런 맥락에서 개인과 기업의 자발적인 의사결정이 바람직한 방향으로 진행될 수 있도록 각종 제도와 경제 및 사회구조 등을 포함하는 국가의 펀더멘탈이 경제성장에 중요한 요인이라는 주장이 가능하다.

홀과 존스는 1999년에 발표한 연구논문에서 사회기반구조(social infrastructure)의 중요성을 강조한다.[67] 사회기반구조는 개인의 기술력 축적과 기업의 자본축적 및 생산활동을 보장하는 경제적인 환경을 결정하는 다양한 제도와 정부의 정책으로 정의된다. 자본스톡, 생산성, 근로자 일인당 평균 생산량의 국가 간 격차는 사회기반구조의 국가 간 차이를 반영한다고 주장한다. 바람직한 사회기반구조는 어떻게 달성될 수 있는가? 개인과 기업은 미래에서 발생할 경제적 보상을 염두에 두고 자신의 경제적인 행동을 선택한다. 또한 개인과 기업의 경제적 선택은 사회 전체에도 영향을 미칠 수 있다. 이런 측면을 반영하여 개인과 기업의 의사결정에 의해서 발생하는 개인적 수익(private returns)과 사회적 수익(social returns)을 구분해야 할 필요가 있다. 결국 바람직한 사회기반구조는 사회적 수익과 개인적 수익의 일치가 달성될 수 있도록 적절한 시장가격의 형성을 보장하는 역할을 해야 한다.

사회적 수익과 개인적 수익의 일치를 달성하기 위한 사회기반구조의 형성은 무엇을 의미하는가? 사적인 이득을 목적으로 발생하는 전용(diversion)이 없는 상황을 생각해 볼 수 있다. 사적인 이득을 목적으로 발생하는 전용은 자원의 불법적인 점유 및 사용, 불법적인 강탈, 거대한 사적인 조직과 세력이 형성되어 구성원의 경제적인 이득을 보호하는 사례 등을 들 수 있다. 사적인 이득을 목적으로 발생하는 자원의 전용을 방지하고, 개별경제주체가 노력하여 생산한 산출물을 제대로 보장하는 사회적 제도가 근로자 일인당 산출량을 제고하기 위해 필요하다. 공적전용의 부작용도 가능하다. 홀과 존스의 논문에서는 수용(expropriation), 몰수적인 세금부과(confiscatory taxation), 부패(corruption) 등을 공적전용의 사례로 포함하고 있다. 정부는 전용이 없는 사회기반구조를 효율적으로 공급할 수 있는 조직이면서 동시에 공적전용의 주체가 될 수도 있다는 점을 지적하고

---

67) 홀(Robert Hall)과 존스(Charles Jones)가 1999년 미국 하버드대학 경제학과에서 발간하는 경제학 학술지인 Quarterly Journal of Economics(114권 1호, 83페이지부터 116페이지)에 출간한 연구논문의 제목은 「Why do some countries produce so much more output per worker than others?」이다.

있다. 아울러 규제와 법률은 전용을 막기도 하지만 전용을 위한 수단으로 사용될 수도 있다는 점도 지적하고 있다.

제9장 연습문제

01 <표 9-1>의 솔로우 경제성장모형을 사용하여 다음의 문제에 답하시오.

(1) 총생산함수에서 자본투입의 산출탄력성을 0.5로 가정하시오. 저축률이 10%에서 20%로 상승할 때 균제상태의 일인당 실질GDP가 증가하는 크기를 계산하시오. 균제상태의 일인당 자본스톡이 증가하는 크기를 계산하시오.

(2) 총생산함수에서 자본투입의 산출탄력성을 0.5로 가정하시오. 총요소생산성의 수준이 2배 증가할 때 균제상태의 일인당 실질GDP가 증가하는 크기를 계산하시오.

(3) <표 9-3>을 이용하여 노동소득분배율을 계산하시오.

02 A국의 일인당 실질GDP의 증가율은 10%, 일인당 자본스톡의 증가율은 10%, 노동소득분배율은 0.5이다.

(1) 재화시장과 생산요소시장은 모두 완전경쟁이다. 모든 가격변동은 완전신축적인 것으로 가정하시오. <표 9-3>의 수식을 사용하여 총요소생산성의 증가율을 계산하시오.

(2) 재화시장은 불완전경쟁이고 생산요소시장은 완전경쟁이다. 모든 가격변동은 완전신축적인 것으로 가정하시오. 모든 재화시장에서 마크업은 1.5로 고정되어 있다. <표 9-3>의 수식을 사용하여 총요소생산성의 증가율을 계산하시오.

(3) (1)과 (2)의 답을 비교하여 어느 경우 총요소생산성의 증가율이 더 높게 추계되는지를 설명하시오.

03   <표 9-2>의 지속가능한 경제성장모형에서 인구증가율의 감소가 장기
적으로 일인당 실질GDP에 미치는 효과를 <그림 9-4>의 방법을 사용
하여 분석하시오.

04   <표 9-4>의 AK모형에서 인구증가율의 감소가 장기적으로 일인당 실질
GDP에 미치는 효과를 분석하시오.

05   노동확장형 기술진보의 증가율과 인구증가율은 다음의 식을 만족시키는
것으로 가정하시오.

$$z = b + a(n - \overline{n})$$

(1) 위에서 가정한 수식의 그래프를 수평축은 노동증가율이고 수직축은
노동확장형 기술진보의 증가율을 나타내는 평면에 그리시오.
$0 < b < a\overline{n}, \ a > 0, \ \overline{n} > 0$ 등의 조건이 성립하는 것으로 가정하시오.

(2) 위에서 가정한 노동확장형 기술진보의 증가율과 인구증가율의 관계가
만족될 때 인구증가율 감소가 지속적인 균형성장경로에서 일인당 실
질GDP에 미치는 효과를 분석하시오.

(3) 한국의 인구성장률은 1970년 2.18%에서 2020년 0.14%로 낮아진다. 노
동확장형 기술진보의 증가율과 인구증가율의 관계가 현실경제의 실제
상황을 잘 설명하는지의 여부를 평가하시오.

06 「한국의 인구성장률은 OECD 회원국 중에서 미국, 영국, 프랑스 등의 인구성장률보다 더 낮고, 일본의 인구성장률보다 더 높은 것으로 나타난다. 인구성장률의 차이는 OECD 회원국 중에서도 사회기반구조의 차이를 반영하는 것으로 볼 수 있다. 따라서 한국에서도 사회기반구조의 개선을 통해서 저출산과 고령화의 문제를 완화시킬 수 있다.」 본 장의 내용을 참고하여 위의 주장을 평가하시오.

제**10**장

개방거시경제 모형

10장 개방거시경제 모형

세계 모든 국가에서 대외거래가 경제활동에서 차지하는 비중이 높다고 하기는 어렵다. 국가 간 무역거래가 자유롭게 진행되고, 환율도 외환시장에서 자유롭게 결정되는 국가에서는 반드시 대외거래가 차지하는 비중이 높아야 한다는 법칙이 정당화되기는 어렵다. 국가별로 거시경제활동 중에서 대외거래가 차지하는 상대적 중요성이 다를 수 있다. 이런 점을 반영하여 다음과 같은 몇 가지 질문들이 가능하다. 한국경제의 대외개방성은 어느 수준인가? 한국경제의 대외개방성이 높다면 한국경제의 자율성이 약화되는가? 최근 한국의 일인당 국민소득 수준에 비추어 볼 때 한국경제는 신흥국 또는 선진국 중에서 어디에 속하는 것으로 보아야 하는가? 한국경제를 단순한 소국개방경제로 분류해야 하는가? 먼저 한국경제의 대외개방성을 파악하기 위해 대외거래의 상대적인 중요성을 알려주는 지표를 소개한다. 첫째 지표는 총수요에서 순수출이 차지하는 비중이다. 둘째 지표는 (수출＋수입)을 GDP로 나눈 비중으로 정의되는 대외의존도이다.

개방경제에서는 수출에서 수입을 뺀 차이로 정의되는 순수출(net export)이 총수요에 포함된다. 따라서 개방경제를 가정한 거시경제모형에서는 (총수요＝민간소비＋투자지출＋정부지출＋순수출)의 식이 성립한다. <그림 10−1>은 「한국은행 경제통계시스템」에서 다운로드 받은 한국의 총수요구조를 나타내는 막대그래프를 그대로 복사하여 보여주고 있다. 2000년부터 2019년까지 기간 중 민간소비, 정부소비, 총자본형성(투자지출), 순수출 등 네 개의 항목이 차지하는 비중의 추이를 보여주고 있다. 총수요 중에서 민간소비가 차지하는 비중은 노란색으로 표시되어 있다. 짙은 푸른색으로 표시된 영역이 다른 항목을 나타내는 영역에 비해 가장 크다는 것을 알 수 있다. 예를 들어, 민간소비의 비중은 2014년 49.9%, 2015년 48.5%, 2016년 48.0%, 2017년 47.5%를 기록하고 있다. 순수출이 총수요에서 차지하는 비중은 검은색으로 표시되어 있다. 순수출의 비중이

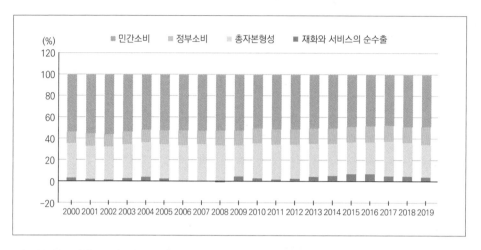

(%) ■ 민간소비 ■ 정부소비 ■ 총자본형성 ■ 재화와 서비스의 순수출

〈그림 10-1〉 한국의 총수요구조

네 개의 항목 중에서 가장 작다는 것을 쉽게 확인할 수 있다. 그럼에도 불구하고 순수출의 비중은 2013년을 기준으로 할 때 과거 기간의 수치보다 확대되었음을 보여주고 있다. 예를 들어, 2014년에 5.0%, 2015년 6.8%, 2016년 6.7%, 2017년 4.7%를 차지하고 있다.

앞에서 설명한 거시경제이론들에서는 가계, 기업, 정부 등의 세 개의 경제주체로 구성된 폐쇄경제를 분석하였다. 개방경제 중에서도 대내경제여건이 거시경제의 성과를 주로 결정하는 경제와 다른 나라와의 대외거래가 큰 영향을 미치는 국가로 나누어 볼 수 있다. 앞에서 설명한 〈그림 10-1〉을 보면 총수요에서 순수출이 차지하는 비중을 보면 다른 변수들에 비해 상대적으로 크지 않기 때문에 한국경제가 해외부문에 의존하는 정도가 낮다는 인상을 받을 수도 있다. 순수출의 비중도 거시경제의 주요한 특징을 알려주는 지표이지만, 개방경제에서 해외부문과의 상호작용이 차지하는 크기를 측정하는 지표로 많이 인용되는 것은 수출과 수입을 합한 금액을 GDP로 나눈 비율로 정의된다는 점을 지적한다. 대외의존도가 클수록 해외의 상황변화가 거시경제에 미치는 영향이 커지게 된다. 수출의 확대는 국내기업이 생산하는 제품의 시장규모가 확대되는 것을 의미하기 때문에 지속적인 경제성장을 위해서 긍정적인 측면이 있다. 이런 수출확대를 뒷받침하기 위해 수입확대도 같이 진행되는 경향이 있기 때문에 대외의존도

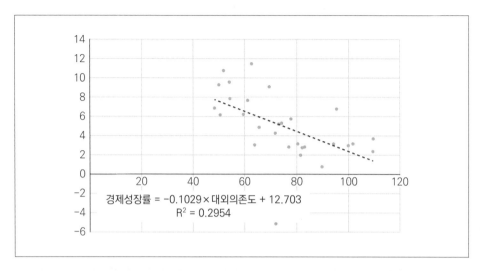

〈그림 10-2〉 대외의존도와 경제성장률

의 확대도 지속적인 경제성장에 실질적인 기여가 있다. 그러나 지나치게 높은
대외의존도는 궁극적으로 거시경제의 불안정성을 확대시키는 효과를 발생시킬
수 있다는 점이 지적되어 왔다.

　　<그림 10-2>에서는 1990년부터 2019년까지 기간 중 연도별 자료를 사용
하여 대외의존도와 경제성장률 사이의 관계를 보여주고 있다.[68] 수평축은 대외
의존도를 나타내고, 수직축은 실질경제성장률을 나타낸다. 1990년부터 2019년
까지 기간 중 각 년도의 대외의존도와 경제성장률은 하나의 푸른색점으로 표시
되어 있다. 먼저 대외의존도의 추이를 간단히 설명한다. 2004년과 2005년 70%
대 초반을 기록한다. 2011년부터 2013년까지 기간 중 대외의존도는 100%를 넘
는 수치를 보인다. 2010년대 초반이 지나면서 대외의존도는 감소하여 2017년부
터 2019년까지 기간 중 대외의존도는 80%대 초반을 기록하고 있다. 실질GDP의
증가율로 측정한 경제성장률은 2004년과 2005년 각각 5.2%와 4.3%이다. 2011
년과 2012년에는 각각 3.7%와 2.4%이다. 2017년부터 2019년까지 기간 중에는

---

[68] 국가지표체계(e-나라지표)의 홈페이지에 있는 자료를 다운로드 받아서 작성하였다. 대외의
　　존도는 수출액, 수입액, 국외수취요소소득, 국외지급요소소득 등의 합을 GDP로 나눈 비율
　　이다. 경제성장률은 2015년 기준 실질GDP의 증가율이다.

경제성장률이 각각 3.2% 2.9%, 2%의 수치를 기록한다.

관측된 점들의 관계를 직선으로 표시해야 한다는 제약을 만족시키면서 이들의 관계를 가장 잘 나타내는 직선의 식이 표시되어 있다. 직선의 식을 보면 대외의존도와 경제성장률은 음의 상관관계가 있음을 알 수 있다. 따라서 적어도 대외의존도가 높아지면서 경제성장률도 높아지는 현상을 찾아볼 수 없다는 것을 확인할 수 있다. 그러나 <그림 10-2>에서 보여주고 있는 푸른색점은 개방경제의 무역확대를 통해서 실질적인 경제성장을 달성할 수 있다는 주장이 현실경제에서 성립하지 않는다는 실증적인 증거로 해석할 수 없다는 점을 지적한다. 사실 한국경제도 수출위주의 성장전략으로 고속성장을 기록한 기간이 있었기 때문에 대외의존도가 상승하면서 높은 경제성장률을 기록하는 시기가 있었다. 따라서 1960년부터 1980년대 후반에 이르는 기간을 중점적으로 분석하면 <그림 10-2>에서 나타나는 형태와 전혀 다른 형태가 나올 가능성이 있다.

그러나 1990년대 말 외환위기를 거치면서 대외의존도와 경제성장률 사이의 관계는 변화하는 모습을 보인다. 2000년대에 들어서 경제성장률은 지속적으로 낮아지는 현상이 나타난다. 그러나 대외의존도는 오히려 증가하는 모습이 나타난다. 이는 지속적인 수출확대정책을 통해서 지속적인 성장을 달성한다는 주장을 뒷받침하는 실증적인 증거를 자료의 단순분석을 통해서 찾기 어렵다는 것을 함의한다.

순수출 또는 무역수지는 경기순환에서 어떠한 모습을 보이는가? 일반적으로 해외수출의 부진으로 인한 불황의 가능성과 해외수출의 증가를 통한 경기회복의 가능성이 많이 언급되기 때문에 무역수지 흑자의 확대와 경기호황은 같이 발생하는 것으로 생각한다. 이런 측면을 반영하여 관련문헌을 보면 순수출의 경기순환적인 특성을 설명하려는 다양한 학문적인 시도를 찾아볼 수 있다. 이런 경우에 순수출은 순수출을 GDP로 나눈 비율을 의미한다. 많은 국가의 실제 자료에서 순수출을 GDP로 나눈 비율은 경기역행적인 모습을 보인다는 점을 지적한다.

<그림 10-3>은 두 개의 그림을 보여주고 있다.[69] 왼편 그림은 1990년부

---

69) 국가지표(e-나라지표)의 홈페이지에 있는 자료를 다운로드 받아서 작성하였다. 무역수지는 수출액(통관기준)과 수입액(통관기준)의 차이를 말한다. 경제성장률은 2015년 기준 실질

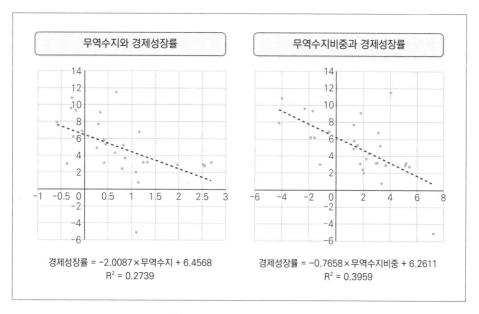

<그림 10-3> 무역수지와 경제성장률

터 2019년까지 기간 중 연도별 자료를 사용하여 무역수지와 경제성장률 사이의 관계를 보여주고 있다.[70) 오른편 그림은 동일한 기간 중 연도별 자료를 사용하여 무역수지비중과 경제성장률 사이의 관계를 보여주고 있다. 왼편 그림의 수평축은 무역수지, 오른편 그림의 수평축은 무역수지비중을 나타낸다. 두 그림에서 수직축은 모두 실질경제성장률을 나타낸다. 왼편 그림에서 1990년부터 2019년까지 기간 중 각 년도 무역수지와 경제성장률은 하나의 푸른색점으로 표시되어 있다. 오른편 그림에서 1990년부터 2019년까지 기간 중 각 년도 무역수지비중과 경제성장률은 하나의 푸른색점으로 표시되어 있다.

<그림 10-3>에서도 <그림 10-2>에서 설명한 방식과 동일한 방식을 사용하여 두 변수 간에 어떠한 관계가 성립하는지를 분석한다. <그림 10-3>

GDP의 증가율이다.

70) <그림 10-3>의 무역수지는 무역수지의 관측치를 표본기간 동안 무역수지의 표준편차로 나눈 비율이다. 원화 단위로 측정된 무역수지의 관측치가 크기 때문에 모든 관측치를 동일한 수치로 나누어서 변환된 수치로 비교한다.

에 있는 두 개의 그림에서도 앞에서 이미 설명한 바와 같이 관측된 점들의 관계를 직선으로 표시해야 한다는 제약을 만족시키면서 이들의 관계를 가장 잘 나타내는 직선의 식이 표시되어 있다. 왼편 그림에 있는 직선의 식을 보면 무역수지와 경제성장률은 음의 상관관계가 있음을 알 수 있다.

오른편 그림에 있는 직선의 식을 보면 무역수지비중과 경제성장률도 음의 상관관계가 있음을 알 수 있다. 따라서 적어도 단순히 관측된 자료를 그대로 사용하는 경우 순수출 또는 무역수지의 크기가 증가하면서 경제성장률이 높아지는 현상을 찾아볼 수 없다는 것을 확인할 수 있다. 오히려 무역수지 또는 무역수지의 비중은 경기역행적인 모습을 보이는 경향이 있다는 것을 확인할 수 있다. 이런 분석결과가 무역수지와 경제성장률의 관측치가 어떠한 상관관계를 보이는지를 나타내는 것이기 때문에, 수출확대를 통해서 경기를 부양하려는 정책의 효과가 없다는 것을 함의하는 실증적인 증거는 아니라는 점을 지적한다. 무역수지는 경기순응적인 변수가 아니고, 오히려 경기역행적인 변수라는 점을 보여주고 있다고 정리할 수 있다. 두 그림의 직선 식에서 서로 다른 값을 비교하고 있기 때문에 계수의 값이 차이가 나는 것은 당연하다. 계수의 절대값을 보면 오른편 그림의 계수의 절대값이 상대적으로 더 작게 나타난다. 그 이유는 다음과 같이 설명할 수 있다. 오른편 그림에서 수평축은 무역수지를 명목 GDP로 나눈 비율에 100을 곱한 수치이기 때문에 왼편 그림의 수평축이 나타내는 변수보다 더 큰 폭으로 변동한다. 따라서 동일한 변수의 변동을 설명하기 위해 오른편의 경우 계수가 상대적으로 더 작아야 한다는 점을 반영한다. 결론적으로 무역수지가 당연히 경기순응적이라는 믿음은 실제 자료에서는 쉽게 정당화될 수 있지 않다는 것이다.

제1절 개방경제모형의 주요 특징

제2장에서 설명한 소비자의 생애주기적자모형을 개방경제의 소비자에게 적용한다. 중요한 차이점은 개방경제에서는 총소득과 총지출의 괴리가 발생할 때 해외로부터 차입할 수 있다는 점이다. 이런 차이를 반영하기 위해 총소득과 총지출을 인구수로 나눈 일인당 총소득과 일인당 총지출을 사용하여 일인당 평균

〈표 10-1〉 개방경제와 1인당 생애주기적자모형

현재시점 예산제약식	$W' = (1+r) W + Y - (C+I+G)$
미래시점 예산제약식	$W' = (1+r')^{-1} (C'+I'+G'-Y'+W'')$
현재가치 예산제약식	$C+I+G+ \dfrac{C'+I'+G'}{1+r'} = Y + \dfrac{Y'}{1+r'} + (1+r) W - \dfrac{W''}{1+r'}$
현재시점 국민소득계정	$Y = C+I+G+NX$
미래시점 국민소득계정	$Y' = C'+I'+G'+NX'$
대외자산의 변화와 무역수지	$W' = (1+r) W + NX$ $W' = (1+r')^{-1} (W''-NX')$
대외자산과 무역수지의 현재가치	$NX + \dfrac{NX'}{1+r'} + (1+r) W - \dfrac{W''}{1+r'} = 0$
대외부채와 무역수지의 현재가치	$NX + \dfrac{NX'}{1+r'} + \dfrac{D''}{1+r'} = (1+r) D$

주: W는 현재시점이 시작할 때 보유한 대외자산, r은 대외자산의 수익률, NX는 무역수지(또는 순수
출)를 나타낸다. $D(=-W)$는 현재시점이 시작될 때 보유한 대외부채를 나타낸다. 동일한 변수의
다음시점에서 결정될 값은 동일한 기호의 상첨자에 쉼표를 붙여서 표시한다.

생애주기적자모형을 작성한다. 단순모형에서 소비자의 해외자산(= W)은 만기
가 한 기인 해외채권의 보유를 의미하고, 소비자의 대외부채(= D)는 만기가 한
기인 해외채권의 발행을 의미한다. 두 경우 모두 국제금융시장에서 결정되는 이
자율(= r)과 동일한 수준의 이자율이 적용된다. 현재시점의 일인당 총수입은 일
인당 금융수입(= $(1+r)W$)과 일인당 생산소득(= Y)의 합이다. 현재시점의 일
당 총지출은 일인당 소비지출(= C), 일인당 투자지출(= I), 일인당 정부지출
(= G)의 합으로 정의된다. 다음시점이 시작될 때 일인당 해외자산에 투자할 수
있는 총자산의 크기는 (일인당 총수입 – 일인당 총지출)이다. 따라서 수식의 형
태로 정리하면 (다음시점 일인당 해외자산 = 일인당 총수입 – 일인당 총지출)의
등식이 된다. <표 10-1>의 첫째 줄에는 동일한 내용을 기호를 사용하여 나타
낸 수식이 정리되어 있다.

앞에서 설명한 내용을 요약하면 해외자산의 축적과정이라고 할 수 있다. 또
한 금융수입과 금융지출이 포함된 현재시점에서 발생하는 모든 현금흐름이 위

의 등식을 만족시켜야 하기 때문에 <표 10-1>의 첫째 줄에 있는 식은 현재시점의 예산제약식이다. 동일한 맥락에서 <표 10-1>의 둘째 줄에 있는 수식은 다음시점에서 성립하는 예산제약식이다. <표 10-1>의 첫째 줄과 둘째 줄에 있는 두 개의 예산제약식을 사용하여 현재가치 예산제약식을 도출한다. 이를 위해서 제2장에서 설명한 방식을 다음과 같이 그대로 적용한다. 첫째 단계에서 미래시점의 예산제약식을 현재시점의 예산제약식에 대입할 때 현재시점의 예산제약식에 있는 미래시점의 해외자산을 소거한다. 그 이유는 다음과 같다. 미래시점의 해외자산은 첫째 줄과 둘째 줄에 있는 식의 좌변에 있는 변수이다. 첫째 줄에 있는 식과 둘째 줄에 있는 식에서 공통으로 포함되는 변수가 미래시짐의 해외자산이라는 것을 쉽게 확인할 수 있다. 두 식을 결합하기 위해 공통으로 들어가 있는 변수를 소거한다. 둘째 단계에서 현재가치 예산제약식의 좌변에는 일인당 총지출의 현재가치를 기록한다. 우변에는 일인당 총수입의 현재가치와 최초에 보유하고 있던 해외자산으로부터 발생하는 원리금의 합에서 다음시점에서 더 먼 미래시점으로 이월될 해외자산을 빼고 남은 부분을 기록한다.

개방경제가 폐쇄경제와 다른 점은 순수출 또는 무역수지가 제로가 아니라는 점이다. 이런 차이점은 국민소득계정에 반영된다. <표 10-1>의 넷째 줄에 있는 식은 현재시점의 국민소득계정, 다섯째 줄에 있는 식은 다음시점의 국민소득계정을 나타낸다. 현재시점과 다음시점의 국민소득계정을 현재시점과 다음시점의 예산제약식에 각각 대입하여 정리하면 <표 10-1>의 여섯째 줄에 있는 두 개의 식이 도출된다. 여섯째 줄에 있는 두 식에서 다음시점과 현재시점에서 일인당 해외자산의 규모가 달라진다면 이는 순수출과 해외자산의 이자수입을 반영한다는 것을 알 수 있다. 해외자산의 이자수입은 무역수지에는 포함되지 않지만 경상수지에는 포함된다. <표 10-1>에서 가정하고 있는 단순모형을 사용하여 경상수지와 무역수지를 구분한다면, (경상수지=이자소득+무역수지)의 등식이 성립한다는 점을 지적한다. (경상수지=다음시점의 해외자산-현재시점의 해외자산)의 등식이 성립한다.

위에서 설명한 내용을 기호를 사용하여 수식으로 표현하기 위해 두 개의 기호를 정의한다. 먼저 경상수지를 나타내는 기호는 CA이고, 대외부채를 나타내는 기호는 D이다.

$$W^{'} = (1+r)W + NX \ \rightarrow \ CA = W^{'} - W \ \rightarrow \ CA + (D^{'} - D) = 0$$

<표 10−1>의 첫째 줄에 있는 수식 또는 여섯째 줄의 첫째 줄에 있는 식은 모두 현재시점에서 개방경제의 예산제약을 나타내는 식이다. 위의 식에서 첫째 화살표의 왼편에 있는 식은 <표 10−1>의 첫째 줄에 있는 식이다. 첫째 화살표의 오른편에 있는 식을 보면 (경상수지＝해외자산의 변화)로 표현이 가능하다는 것을 알 수 있다. 둘째 화살표의 오른편에 있는 식은 (경상수지적자＋자본순유입＝0) 또는 (경상수지흑자＋자본순유출＝0) 등으로 설명할 수 있다.

<표 10−1>의 일곱째 줄에 있는 식은 셋째 줄에 있는 현재가치 예산제약식과 동일한 식이다. 셋째 줄에 있는 식과 일곱째 줄에 있는 식의 차이점은 일곱째 줄에 있는 식에서는 순수출 또는 무역수지를 나타내는 기호가 들어가 있다는 점이다. 따라서 동일한 식을 다른 변수를 사용하여 정리한 것이다. 첫째 항과 둘째 항을 더하면 현재시점의 순수출과 다음시점의 순수출의 현재가치 합이 된다. 셋째 항과 넷째 항을 더하면 최초에 보유하고 있던 해외자산으로부터 발생하는 원리금의 합에서 다음시점에서 더 먼 미래시점으로 이월될 해외자산을 빼고 남은 부분이다. 일곱째 줄의 제약식은 최초시점에서 해외자산이 있는 경우를 가정하여 도출하였다. 만약 최초시점에서 대외부채가 있는 경우는 어떻게 달라지는가? 여덟째 줄에 있는 식은 일곱째 줄에 있는 식과 동일한 내용이지만 최초시점에서 대외부채가 있는 경우를 가정하여 현재가치 예산제약을 수식으로 보여주고 있다.

지금까지 설명한 내용을 몇 가지 포인트로 정리한다. 첫째 포인트는 일인당 생애주기적자모형을 사용하여 개방경제에서 성립하는 제약식이 존재한다는 점을 보일 수 있다. 둘째 포인트는 대외부채가 있다면 현재시점과 미래시점 중 최소한 어느 한 시점에서는 무역수지의 흑자가 있어서 대외부채를 상환해야 한다는 것이다. 다음시점에서 더 먼 미래시점으로 이월될 해외자산이 제로인 경우에는 (현재시점의 대외부채＝순수출의 현재가치 합)의 등식이 성립한다. 셋째 포인트는 <표 10−1>에서 정리한 단순모형을 사용하여 경상수지, 무역수지, 자본수지의 차이를 보일 수 있다는 점이다.

개방경제에서 발생하는 부채위기의 사례는 개방경제에 적용되는 예산제약이 작동하는 과정이라는 점을 보인다. 이를 위해서 <표 10-1>에 정리되어 있는 개방경제에 적용되는 예산제약이 나타내는 수식을 사용한다.

(조건 1) 현재시점보다 한 기 이전시점에서 최초로 무역거래가 시작되었다.
(조건 2) 경제위기가 발생하면 일시적으로 대외거래가 없는 자급자족의 경제가 된다.

위에서 설명한 두 개의 조건이 충족된다고 가정한다. 모든 사람들이 다음시점에서 경제위기가 진행될 것으로 예상되는 상황에서 개방경제에 적용되는 현재가치 예산제약이 어떻게 작동하는지를 설명한다. (조건 1)에서 요약된 내용을 현재시점의 예산제약(<표 10-1>의 여섯째 줄에서 첫 번째 식)에 적용하여 다음의 식과 같이 과거시점의 무역수지와 현재시점의 무역수지 사이에 성립하는 제약식을 도출한다.

$$NX = -(1+r)NX_{-1} - D' \rightarrow CA = -CA_{-1} - D'$$

위의 식에서 화살표 왼편에 있는 식은 현재시점에서 무역수지의 결정을 설명하는 것으로 해석할 수 있다. 이 식을 보면 현재시점의 무역수지와 이전시점의 무역수지는 직선의 식을 만족한다는 것을 보여주고 있다. 이자율이 직선의 기울기, 현재시점의 해외자산은 직선의 절편으로 해석할 수 있다.

<그림 10-4>는 수평축이 과거시점의 무역수지, 수직축이 현재시점의 무역수지를 나타내는 평면 위에서 정리한 제약식의 그래프를 보여주고 있다. 현재시점에서 대외부채를 얻을 수 있는 경우와 그렇지 않은 경우에 따라서 직선의 절편이 달라진다는 것을 보여주고 있다. 검은색 직선은 현재시점의 국제금융시장에서 채권을 발행할 수 있는 경우를 나타낸다. 과거시점에서 발행한 채권의 원리금을 지불하기 위해서 현재시점에 새로 채권을 발행하여 대외부채를 롤오버할 수 있는 상황이다. 이런 상황을 나타내는 직선의 절편은 음수가 된다. 푸른

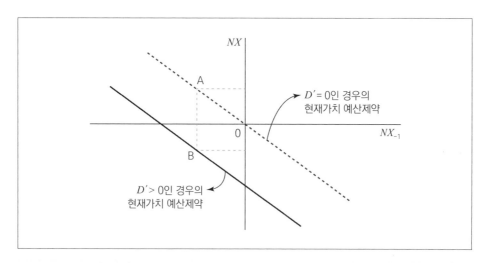

<그림 10-4> 개방경제의 현재가치 예산제약과 서든스톱

색점선은 현재시점에서 새로 채권을 발행할 수 없는 경우이다. 국제금융시장에서 추가적인 자금조달이 불가능하기 때문에 무역수지의 흑자를 만들어서 과거시점의 원리금을 지불해야 한다. 이런 상황을 나타내는 직선의 절편은 제로가 된다.

　　많은 경우 서든스톱(sudden stop)은 일정한 기간 동안 발생하는 일정수준이상의 자본순유입의 감소를 말한다. 경상수지역전(current account reversal)은 일정한 기간 동안 발생하는 경상수지적자의 감소를 말한다. 엄밀하게 정의한다면 서든스톱과 경상수지역전의 두 상황은 항상 서로 같은 현상이라고 말하기 어려울 수도 있다.[71] 그럼에도 불구하고 현실경제에서는 외환위기가 진행되는 상황에서 경상수지역전과 서든스톱이 같이 관측되는 경우가 많이 있다. 본 장의

---

71) 세바스티안 에드워드(Sebastian Edwards)가 2004년에 출간한 연구논문에서 제시한 정의를 소개하면 다음과 같다. 경상수지역전(current account reversal)은 한 해 동안 GDP 대비 4퍼센트보다 더 큰 폭으로 경상수지적자의 감소가 발생하는 상황으로 정의한다. 서든스톱(sudden stop)은 한 해 동안 GDP 대비 5퍼센트보다 더 큰 폭으로 순자본유입의 감소가 발생하는 상황으로 정의한다. 세바스티안이 2004년 미국 경제학회의 학술지인 American Economic Review (94권 2호, 59페이지부터 64페이지)에 게재한 논문의 제목은 「Financial Openness, Sudden Stops, and Current‐Account Reversals」이다.

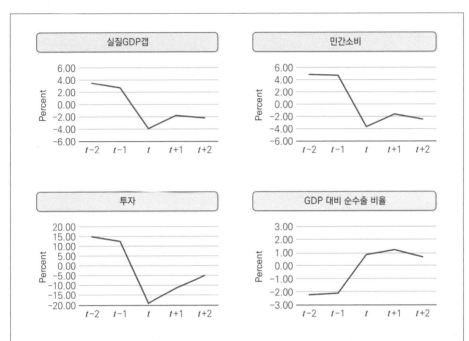

주: 멘도자(Enrique Mendoza)의 연구논문인 Sudden Stops, Financial Crises, and Leverage (American Economic Review, 2010, 100권 5호, 1941페이지부터 1966페이지)에 수록된 Figure 1. Macroeconomic Dynamics around Sudden Stops Events in Emerging Economies의 일부를 저자가 복사하여 수정하였음을 밝힌다.

〈그림 10-5〉 신흥국 서든스톱의 거시경제효과

단순모형에서는 개방경제에 적용되는 예산제약을 사용하여 두 현상이 동시에 나타나는 상황을 설명한다. 특히 앞에서 설명한 경상수지역전과 서든스톱의 개념을 〈그림 10-4〉에서 보여주고 있는 A점과 B점의 차이를 설명하는 데 사용할 수 있다. A점은 이전시점과 비교하여 현재시점에서 자본순유입이 감소하면서 서든스톱과 경상수지역전이 동시에 발생하는 상황이다. B점은 서든스톱과 경상수지역전이 발생하지 않는 상황이다.

〈그림 10-5〉에서는 멘도자(Mendoza)가 2010년에 발표한 연구논문에 수록되어 있는 서든스톱의 거시경제효과를 보여주고 있다. 1980년대부터 2000년대 초반까지의 기간 동안 신흥국에서 발생한 33개의 서든스톱을 대상으로 수집

된 연도별 자료를 기초로 작성된 그림을 수록하고 있다. 각각의 서든스톱에 대하여 서든스톱이 발생한 연도를 기준으로 발생 이전 2년과 발생한 이후 2년을 포함하여 총 5년 동안의 자료를 수집하여 서든스톱이 발생한 시점을 전후로 주요거시경제변수의 변화를 보여주고 있다. <그림 10-5>에서 t는 서든스톱이 발생한 연도를 나타낸다. 서든스톱이 발생하기 이전에는 순수출 비중이 -2퍼센트 정도 추세보다 낮은 수준을 보이다가 서든스톱이 발생하는 연도에 추세보다 1퍼센트 높은 수준으로 증가한다. 따라서 순수출의 비중을 기준으로 서든스톱이 발생한 해에 3퍼센트의 역전현상이 발생한다는 것을 알 수 있다.

　　<그림 10-5>에서는 서든스톱은 거시경제의 불황으로 이어진다는 점을 보여주고 있다. 왼편 상단에 있는 그래프는 서든스톱이 발생하는 연도를 기준으로 각각 전후 2년간 실질GDP의 변화를 보여주고 있다. 실질GDP에서 추세를 제거한 부분으로 측정하고 있기 때문에 GDP갭률이라고 해석할 수 있다. 서든스톱이 발생하기 이전 시기에는 경기호황이 나타나는 것으로 볼 수 있다. 실질GDP의 경우 서든스톱이 발생하기 두 해 전에는 약 4퍼센트 수준, 한 해 전에는 약 2퍼센트 수준이다. 두 해 동안 모두 양수의 값을 보이기 때문에 실질GDP의 추세치를 경기중립의 상황이라고 평가한다면 두 해 동안 경기호황을 기록한 것으로 볼 수 있다. 서든스톱이 발생하는 해에는 실질GDP가 추세보다 -4퍼센트 정도 낮아진다. 실질GDP의 추세치를 기준으로 하여 약 6퍼센트 정도 실질GDP의 감소가 발생하는 것으로 볼 수 있다. 서든스톱이 발생한 이후 2년간 실질GDP는 추세치로 회귀하지 못하고 추세치보다 낮은 수준에 머물러 있다.

　　경기순환에서 자주 관측되는 특징은 주요 거시경제변수들의 공행운동이다. <그림 10-5>에서 오른편 상단은 민간소비의 변화, 왼편 하단은 투자의 변화를 보여주고 있다. 두 그림을 보면 민간소비와 투자 모두 서든스톱이 발생하는 이전 시점에서 추세치보다 더 높은 수준을 유지하다가 서든스톱이 발생하는 해에 추세치보다 더 낮은 수준으로 떨어진다. 서든스톱이 발생하고 나서 두 해가 지나도록 민간소비와 투자는 추세치 수준으로 회복되지 않는다. 투자에서는 서든스톱의 발생을 전후로 급격한 변동이 발생함을 보여주고 있다. 서든스톱이 발생하기 이전에 추세치에 비해 약 15퍼센트와 10퍼센트를 넘는 높은 수준을 기

록하고 있는 것을 볼 수 있다. 서든스톱이 발생하는 해에는 추세치보다 −20퍼센트 정도 하락하는 투자의 감소를 보여주고 있다. 투자변동의 진폭은 실질GDP 또는 민간소비 등의 진폭보다 더 크다는 것을 확인할 수 있다.

제2절 개방경제의 경기변동요인

개방경제에서는 재화, 서비스, 금융증권 등의 대외거래가 실질적으로 진행되고 있기 때문에 불황과 호황의 원인도 대내적 요인과 대외적 요인으로 구분하여 분석한다. 실물경제의 대외적 요인은 수출과 수입을 포함하는 대외무역을 통해서 국내경제에 영향을 미친다. 소국개방경제(small−open economy)는 자국과 외국에서 생산되는 재화의 해외시장가격과 국제금융시장에서 결정되는 해외이자율에 영향력을 미칠 수 없는 국가를 말한다. 투자자금의 국가 간 이동이 자유로운 상태에서는 해외에서 발생하는 다양한 외생적인 변동이 그대로 국내경제에 전달될 수 있다는 것이다. 따라서 경제규모가 상대적으로 큰 국가와 비교할 때 상대적으로 소국개방경제에서 대외적 요인으로 인해 호황과 불황이 발생할 가능성이 높다는 것을 의미한다.

개방경제의 경기변동을 분석하는 다양한 연구들이 있지만 본 장에서는 최근에 많이 언급되고 있는 세 가지의 이슈를 중점적으로 소개한다. 첫 번째 이슈는 소국개방경제의 특성을 가지고 있는 신흥국(emerging country)의 경기변동특성이 무엇인가에 관한 이슈이다. 실제 현실경제에서 크고 작은 여러 개의 서로 다른 원인으로 신흥국의 경기순환이 발생할 것이라는 점을 부인하기 어렵다. 그럼에도 불구하고 어떠한 거시경제이론모형이 신흥국의 경기순환을 잘 설명하는가의 질문에 대하여 요약된 답변을 제시해야 한다면 두 가지의 가설을 소개할 수 있다. 첫 번째 가설은 「확률추세가설(stochastic trend hypothesis)」이다. 총생산함수의 생산기술의 발전을 나타내는 변수가 확률적으로 변동하는 것이 신흥국 경기순환의 주요인이라는 가설이다. 두 번째 가설은 「금융왜곡가설(financial friction hypothesis)」이라고 할 수 있다. 신흥국의 투자수익률에 포함되는 수익률프리미엄이 신흥국이 가지고 있는 대외부채의 크기를 반영하여 조정되는 상황에서 수익률프리미엄의 변동이 신흥국 경기순환에 중요한 함의를 가진다는 가설이다. 금융왜곡이라는 용어를 사용하는 이유는 금융왜곡의 존재로 인해서 수익률프리미엄이 대외부채의 크기를 반영하여 조정되는 상황이 발생하기 때문이다.

첫 번째 가설의 주요내용을 다음과 같이 정리할 수 있다. 2007년에 발표한 논문에서 아귀아르와 고핀나스는 소국개방경제라고 할 수 있는 신흥국의 경기변동은 선진국(developed country)의 경기변동과 구별되는 특성이 있다고 주장한다.[72] 구체적으로 설명하면 확률적으로 변동하는 GDP추세(stochastic trend)의 증가율이 소국개방경제의 신흥국에서 발생하는 경기변동의 주요인이라는 것이다. 확률적 추세를 반영한 경기변동모형을 사용하여 신흥국에서 발생하는 해외투자자금의 유입이 갑작스럽게 중단되고, 해외로 자금이 대규모로 유출되는 상황을 의미하는 서든스톱(sudden stop)의 현상도 설명할 수 있다는 점을 보인다.

일인당 국민소득이 높은 국가 중에서도 소국개방경제로 분류할 수 있는 국가들이 많이 있다. 아귀아르와 고핀나스의 분류를 소개하면 다음과 같다. '오스트레일리아, 오스트리아, 벨기에, 캐나다, 덴마크, 핀란드, 네덜란드, 뉴질랜드, 노르웨이, 포르투갈, 스페인, 스웨덴, 스위스' 등을 소국개방경제인 선진국으로 분류한다. 또한 '아르헨티나, 브라질, 에쿠아도르, 이스라엘, 한국, 말레이시아, 멕시코, 페루, 필리핀, 슬로바키아, 남아프리카 공화국, 타일랜드, 터키' 등을 소국개방경제인 신흥국으로 분류한다. 앞에서 설명한 선진국과 신흥국 그룹에 속하는 개별국가의 경제성장률과 실질GDP갭의 표준편차를 사용하여 경기변동의 변동성을 측정한다. 그 결과 평균적으로 신흥국의 경기변동은 선진국의 경기변동과 비교하여 두 배의 변동성이 나타난다는 실증분석결과를 제시한다. 솔로우 경

---

72) 아귀아르(Mark Aguiar)와 고핀나스(Gita Gopinath)가 2007년 미국 시카고대학의 경제학술지 Journal of Political Economy(115권 1호, 69페이지부터 102페이지)에 출간한 논문의 제목은 「Emerging Market Business Cycles: The Cycle Is Trend」이다. 뒤에서 인용되는 가르시아치코(Javier Garcia-Cicco), 판크라지(Roberto Pancrazi), 우리베(Martin Uribe) 등이 2010년 미국 경제학회지 American Economic Review(100권 5호, 2510페이지부터 2531페이지)에 출간한 논문의 제목은 「Real Business Cycles in Emerging Market Countries?」이다.

제성장모형에서 이미 설명한 바와 같이 총생산함수의 생산성이 GDP의 추세를 결정한다. 이런 맥락을 반영하여 첫 번째 가설의 내용을 간단하게 요약하면 「신흥국 경기순환은 GDP추세변동」이라는 표현을 제시할 수 있다.

다음에서는 두 번째 가설의 주요 내용을 소개한다. 2010년에 발표한 논문에서 가르시아치코, 판크라지, 우리베 등이 강조하는 두 개의 포인트를 요약한다. 첫 번째 포인트에서는 소국개방경제의 특성을 가진 신흥국이 분석대상인 거시경제모형의 현실설명력을 평가하는 기준을 제시한다. 신흥국 경기변동의 중요한 변수는 무역수지(trade balance)이다. 그 이유는 신흥국에서 발생하는 전형적인 경제위기는 무역수지의 대규모 역전현상이 같이 나타나기 때문이다. 따라서 소국개방경제를 설명하는 거시경제이론모형이라면 실제로 관측된 무역수지의 자료를 잘 설명할 수 있는 능력이 있어야 한다. 두 번째 포인트는 1900년부터 2005년까지 약 100년에 걸친 오랜 기간 동안을 놓고 보면 선진국과 신흥국의 경기순환 변동성에서 실질적인 차이가 없다는 실증적인 증거를 제시한다. 그러나 1980년대 이후만을 국한하여 분석한다면 선진국과 신흥국의 경기순환 변동성에서 실질적인 차이가 있다는 점도 지적한다.

앞에서 정리한 두 번째 가설의 주요내용에서는 금융왜곡과 관련된 설명이 명시적으로 드러나지 않는다. 그러면 두 번째 견해를 금융왜곡가설이라고 해야 하는 이유가 무엇인가? 앞에서 설명한 신흥국 경기순환의 특성은 총생산함수의 생산성 변동이 경기변동의 원인이라는 점을 강조하는 거시경제이론모형으로 설명할 수 없다. 이런 모형의 부족한 점을 보완하는 하나의 방법은 금융왜곡이 국가 간 자본이동에 실질적인 영향을 미치는 경로를 포함하는 것이다. 금융왜곡이 투자자금의 대차거래에서 은행과 대출신청자 사이에 발생하는 정보의 비대칭성을 반영하는 것이라면 정보격차로 나타날 수 있는 문제를 완화하는 수단으로서 대출신청자의 부채수준과 대출이자율을 연동하여 책정할 수 있다. 대출신청을 제출하기 이전에 이미 축적된 부채가 많은 차입자는 그렇지 않은 차입자와 비교할 때 부도위험이 상대적으로 더 높다고 평가한다면 다른 측면에서는 동일한 조건이라고 할지라도 대출이자율을 더 높게 책정할 수 있다. 이런 맥락에서 신흥국 대외부채에 적용되는 이자율프리미엄은 대외부채 수준과 함께 증가하는 것으로 가정한다.

국제금융시장의 투자위험에 대한 평가가 외생적으로 급격하게 변동하여 발생할 수 있는 상황들을 설명하기 위해 외생적인 충격으로 인해 금융왜곡의 크기가 급변할 수 있는 가능성을 모형에 반영한다. 현재시점 소비효용과 다음시점 소비효용의 상대적인 중요성이 외생적으로 변동할 가능성을 모형에 반영하면 현재시점 소비와 다음시점 소비의 (자국 거주자의) 주관적인 교환비율이 외생적으로 변동할 가능성이 발생한다. 소비의 기간 간 대체를 나타내는 무차별곡선의 위치가 (다른 변수들의 변화가 없더라도) 외생적인 이유로 이동하는 효과가 발생할 수 있다. 이런 효과는 대내적인 요인에 의해서도 자본유출의 선택이 급격하게 바뀔 수 있는 가능성을 모형에 반영하는 것으로 볼 수 있다. 결국 앞에서 설명한 내용들을 종합하면 두 번째 견해는 금융왜곡의 존재를 인정하는 동시에 금융왜곡의 정도를 나타내는 변수가 급변할 수 있는 가능성이 포함되어야 신흥국 경기변동에서 중요한 역할을 담당하는 무역수지 자료의 통계적 특성을 설명할 수 있다는 견해라고 요약할 수 있다. 이런 측면을 반영하여 두 번째 견해를 금융왜곡가설이라고 부를 수 있다는 것이다.

두 번째 이슈는 「글로벌금융순환(global financial cycle)」의 존재와 실물효과이다. 세계의 여러 나라를 대상으로 자산가격, 비금융기관에게 제공된 대출금, 자본유출과 자본유입의 국가별 자료를 수집하여 공통적으로 움직이는 부분을 찾을 수 있다면 글로벌금융순환이 존재한다는 실증적인 증거라고 해석할 수 있다. 최근 국제결제은행의 보고서에서는 글로벌 금융순환은 개별국가의 경기순환과 연결되어 있다는 실증적인 증거가 제시되어 있다.[73] 많은 국가에서 국내 금융순환보다는 글로벌 금융순환이 더 밀접하게 전통적인 경기순환과 연결되어 있다는 실증적인 증거도 같이 제시되어 있다. 이런 결과가 국내 금융순환이 실물경기에 미치는 효과가 작다는 것을 의미하는 것은 아니라는 점을 지적한다. 국내 금융순환은 중기적인 주기의 실물경기순환에 미치는 효과가 크고, 글로벌 금융순환은 단기적인 주기의 실물경기순환에 미치는 효과가 크다는 점을 밝히

---

73) 알다소로(Inaki Aldasoro), 아브지에프(Stefan Avdjiev), 보리오(Claudio Borio), 디시야타트 (Piti Disyatat) 등이 2020년 국제결제은행 발간논문(BIS Working Paper 864권)으로 발표한 연구논문의 제목은 「Global and Domestic Financial Cycles: Variations on a Theme」이다.

고 있다. 이런 맥락에서 앞에서 사용한 「전통적인 경기순환」이라는 용어는 단기적인 주기의 실물경기순환을 의미한다.

글로벌금융순환이 발생하는 원인은 무엇인가? 글로벌금융순환은 「미국 통화정책의 국제적 전달경로」가 존재하기 때문에 발생한다는 주장이 있다. 「미국 통화정책의 국제적 전달경로」는 미국의 통화정책 변화가 다른 나라의 실물경기변동에 영향을 미치는 과정을 말한다. 미국 통화정책의 국제적 전달경로는 미국의 통화정책 변화에 대한 글로벌 금융중개기관과 글로벌 자산가격의 반응을 통해서 발생할 수 있다. 이를 설명하기 위해 다음과 같은 하나의 간단한 예를 들 수 있다. 미국의 중앙은행이 연방기금금리를 높이면 금융거래와 실물거래에서 달러화 의존도가 높은 국가에서 달러공급을 감소시키는 결과를 초래하게 되기 때문에 이들 국가에서 자본유출이 발생한다는 것이다. 미국 이외의 다른 국가들은 이런 상황에 대처하기 위해서 정책금리를 상승시키는 정책을 실시하게 된다. 앞에서 설명한 내용의 주요 포인트는 미국의 중앙은행이 통화정책기조를 변화시키면 다른 나라의 중앙은행이 이에 맞추어서 통화정책기조를 같은 방향으로 변화시키는 상황이 나타난다는 것이다. 환율이 자유롭게 외환시장에서 결정되는 국가에서도 이런 결과가 나타난다면 미국 이외의 국가에서 대내경제상황에 맞추어서 통화정책을 실시할 수 있는 능력을 의미하는 소위 「통화정책의 자율성」이 약화된다.

세 번째 이슈는 경기순환에서 무역의 역할이다. 무역이 한 나라에서 발생한 거시경제의 충격을 다른 나라로 전이시키는 경로를 제공할 가능성이 있다는 점은 쉽게 생각할 수 있다. 두 개의 나라를 하나는 A국, 다른 하나는 B국이라고 하자. B국과는 전혀 상관없는 이유로 A국의 특수한 상황을 반영한 경기불황이 A국에 발생한 것으로 가정하자. A국과 B국의 경제가 서로 무역으로 연결되어 있다면 B국의 경기불황이 발생할 가능성이 높다. 두 가지 경로를 생각해볼 수 있다. 첫째 경로는 최종재 무역경로이다. A국의 거주민이 B국에서 생산된 제품을 구매하기 위한 지출의 규모가 크게 감소하여 B국의 경기불황이 연쇄적으로 발생할 가능성이 높다. 둘째 경로는 중간재 무역경로이다. 최종재를 생산하기 위해 필요한 중간재를 자국에서 생산하지 않기 때문에 다른 나라에서 생산된 중간재를 수입하여 최종재를 생산하는 상황을 생각할 수 있다. A국의 총수요가 감소하면서 B국에서 생산되는 중간재의 수입도 줄어들면 B국에서도 수출의 감소가 발생한다. 이런 과정에서 철도운송과 해운업 등 무역관련 서비스의 수요도 감소하면서 다른 분야에도 실효적인 영향이 미칠 수 있다.

실제 현실경제에서도 글로벌가치사슬의 심화 등으로 인해 중간재무역의 비중이 증가되면서 국가 간 경기순환의 전이에서 무역의 역할이 중요해지고 있다는 점을 시사하는 사례를 찾아볼 수 있다. 한국 OECD대표부의 홈페이지에서 소개하고 있는 글로벌가치사슬의 설명을 인용한다. 「가치사슬(value chains)이란 재화와 서비스의 구상(conception), 생산(production), 소비자에게 전달, 사용과 폐기에 이르는 전범위의 활동을 말하며, 운송·통신 수단 발달로 이러한 활동들이 글로벌하게 이루어져 글로벌가치사슬(global value chain)을 형성하고 있다. 주요 다국적기업들은 원료·부품조달, 생산 및 판매활동의 50% 이상을 모국이 아닌 해외에서 활동하고 있다.」 이런 설명을 보면 글로벌가치사슬이 널리 확산되면서 무역을 통한 국가 간 경제적인 연결성이 강화되었음을 짐작할 수 있다. 따라서 글로벌가치사슬이 심화되면서 거시경제의 경기순환에서 무역의 역할이 상대적으로 증가해왔다는 점을 미루어 짐작할 수 있다.

경기순환의 국가 간 전이과정에서 무역의 실효적인 역할을 주장할 수 있는 실제 사례가 있는가? 무역의 역할을 모든 사람들이 인정하는 하나의 수치로 제시하기는 쉽지 않을 것으로 보인다. 그럼에도 불구하고 글로벌 금융위기가 진행되던 시기에 세계경제 전체의 교역수준이 크게 감소하는 현상에 관한 실증분석의 결과를 간단히 소개한다. 2008년 9월 미국에서 발생한 금융위기의 여파가 실물경제의 침체로 연결되면서 「대불황」을 겪게 된다. 2008년부터 2009년까지의 기간 동안 세계경제 전체의 규모를 기준으로도 불황이 발생하였기 때문에 이 기간을 「글로벌 불황」이라고도 할 수 있다. 글로벌 불황에서 나타난 특징 중의 하나가 무역의 감소가 큰 폭으로 발생한 것이다. 이튼, 코텀, 네이만, 로말리스 등이 2016년에 발표한 연구논문에서는 2008년 3분기－2009년 2분기의 기간 중 나타난 무역의 감소는 GDP 대비 약 20퍼센트 수준에 이르는 것으로 밝히고 있다.[74]

---

74) 이튼(Jonathan Eaton), 코텀(Sumuel Kortum), 네이만(Brent Neiman), 로말리스(John Romalis) 등이 2016년 미국 경제학회의 학술지인 American Economic Review(106권 11호,

이처럼 큰 폭으로 무역의 감소가 발생한 이유에 대하여 다양한 견해가 가능하다. 이튼, 코텀, 네이만, 로말리스 등이 요약한 내용을 소개하면 세 가지의 견해로 분류할 수 있다. 첫째 견해는 무역신용의 감소이다. 금융위기가 진행되는 기간 중에는 실물의 외상신용거래도 타격을 받을 수 있다는 점을 반영하여 무역거래와 통상적으로 병행되는 외상신용거래도 금융위기 기간 중 크게 감소하여 무역거래 자체가 위축되었다는 점을 강조하는 견해로 해석할 수 있다. 둘째 견해는 보호무역의 강화이다. 일반적으로 선진국에서는 단기적인 경기회복의 이유로 보호무역을 강화시키는 정책을 실시하지 않을 것으로 생각된다. 다만 최근 미국과 중국의 무역마찰과 그 여파로 인해 나타날 수 있는 경기침체에 대한 우려를 보면 경제위기가 진행되는 과정에서 보호무역의 기조가 강화되는 가능성을 전혀 배제할 수 없을 것으로 보인다. 셋째 견해는 국가 간 수직적인 가치체인의 약화 또는 해체이다. 2000년대에 들어 글로벌가치사슬이 강화되면서 대기업들이 중간재의 무역을 통해서 긴밀하게 연결되어 있기 때문에 최종재의 총수요감소는 무역의 감소가 증폭되는 효과를 발생시킬 수 있다는 견해를 반영한다.

첫째 견해와 둘째 견해는 무역의 국가 간 경기순환 전이경로에서 금융요인과 제도요인의 중요성을 강조하는 견해이다. 이튼, 코텀, 네이만, 로말리스 등은 금융요인과 제도요인보다는 실물요인의 지배적인 역할을 주장한다. 실물요인의 지배적인 역할을 주장하는 근거로 내구재 산업에서 발생한 투자효율성의 하락이 전체 무역의 감소에서 64퍼센트를 설명하고, 비내구재 산업에서 발생한 수요침체가 전체 무역의 감소에서 18퍼센트를 설명한다는 분석결과를 제시하고 있다.

<그림 10−6>에서는 1991년부터 2019년까지 기간 중 한국의 경제성장률과 무역수지비중을 비교하고 있다.[75] 1990년대에는 무역수지비중과 경제성장률이 서로 반대방향으로 움직이는 경향을 볼 수 있다. 특히 외환위기를 전후한 1997년−1999년의 기간 중에는 무역수지비중과 경제성장률이 서로 반대방향

3401페이지부터 3438페이지)에 출간한 연구논문의 제목은 「Trade and the Global Recession」이다.

75) <그림 10−6>과 <그림 10−3>의 자료는 동일한 자료를 사용한다. 그러나 <그림 10−6>에서는 시간이 지나면서 두 변수가 어떻게 달라지는지를 보여주고 있다는 것이 <그림 10−3>과 다른 점이다.

〈그림 10-6〉 경제성장률과 무역수지비중

으로 이동하는 모습이 뚜렷하게 나타난다. 이 기간 중 두 변수의 모습은 <그림 10-5>에서 보여주고 있는 서든스톱이 진행되는 과정에서 나타나는 거시경제 주요변수의 추이와 유사하다. 2007년 이후부터 무역수지 비중과 경제성장률이 같은 방향으로 움직이는 경향이 나타난다는 것을 눈으로 확인할 수 있다. 1990년대의 무역수지 비중과 경제성장률의 관계와 2010년대의 무역수지 비중과 경제성장률의 관계는 다른 모습을 보인다. 1990년대에는 무역수지비중의 경기역행성이 관측되었지만, 2010년대에 들어서 무역수지비중의 경기순응성이 나타나는 것으로 해석이 가능하다. 이런 변화가 소규모개방경제로 분류되는 한국경제에서 경기변동요인의 구조적인 변화를 반영하는지의 여부에 대한 보다 자세한 논의는 본 책의 범위를 넘는 것으로 간주하여 생략하기로 한다. 앞에서 소개한 과거시점의 연구에서는 한국이 신흥국으로 분류되었지만, 현재시점에서는 선진국으로 분류되고 있음을 지적한다.

인플레이션타기팅제도를 실시하는 많은 국가에서는 중앙은행이 단기명목이자율을 경기상황에 맞추어 조정한다. 국가 간 투자자금의 이동이 자유로운 상황에서 다른 나라의 단기명목이자율보다 자국의 단기명목이자율이 더 높다면, 높은 수익률을 얻기 위해 대규모 단기투자자금의 국내유입이 가능할 수 있다는 점을 생각할 때 개방경제에서 중앙은행이 명목이자율을 조정할 수 있는 충분한 능력이 있는지에 대한 의문이 들 수 있다. 이런 의문에 대한 보다 체계적인 답변을 제시하기 위해 먼저 이자율평형조건을 설명한다.

한국 무위험채권에 투자하는 대안과 미국 무위험채권에 투자하는 대안이 있다고 하자. 투자자들은 두 개의 대안 중 하나의 대안을 선택할 때 상대적으로 더 높은 투자수익을 제공하는 대안을 선택하는 것으로 가정하자. 먼저 한국 무위험채권에 투자하는 대안의 투자수익을 계산한다. 한국 무위험채권에 1원을 투자하여 얻는 다음시점의 총수입은 (1＋한국명목이자율)이다. 동일한 1원을 미국의 무위험채권에 투자하기 위해 우선 달러화로 환전해야 한다. 달러화로 환전하면 (1/원·달러환율)의 원금이 확보된다. 이를 미국 무위험채권에 투자하여 얻는 다음시점의 총수입을 달러화로 측정하면 ((1＋미국명목이자율)/원·달러환율)이다. 한국 무위험채권으로부터 얻는 총수익과 비교하기 위해 원화로 환전해야 한다. 미래시점에서 실현될 원·달러환율의 크기를 현재시점에서 정확히 알 수 없기 때문에 다음시점 원·달러환율의 예상치를 사용하여 계산한다. 따라서 미국 무위험채권에 투자하는 대안이 제공할 것으로 예상되는 총수익을 원화단위로 계산하면 (1＋미국명목이자율)×(미래 원·달러환율예상치/원·달러환율)이 된다.

투자자금은 투자수익이 높은 곳으로 자유롭게 이동할 수 있다고 가정한다. 이런 가정이 만족될 때 한국 무위험채권의 매수가 미국 무위험채권의 매수보다 더 높은 투자수익을 제공하는 것으로 판단되는 상황에서 어떠한 조정이 발생하는지를 설명한다. 투자자들은 한국 무위험채권을 선호하기 때문에 달러화의 수요가 감소한다. 이 경우 달러화 대비 원화의 상대적 가치가 상승하게 되어 현재시점의 원·달러환율은 하락한다. 그 결과 미국 무위험채권의 예상투자수익이 상승한다. 다음에서는 한국 무위험채권의 매수가 미국 무위험채권의 매수보다 더 낮은 투자수익을 제공하는 것으로 판단되는 상황에서 어떠한 조정이 발생하는지를 설명한다. 투자자들은 미국 무위험채권을 선호하기 때문에 달러화의 수요가 증가한다. 이 경우 달러화 대비 원화의 상대적 가치가 하락하게 되어 현재 시점의 원·달러환율은 상승한다. 그 결과 미국 무위험채권의 예상투자수익이 감소한다.

앞에서 설명한 내용을 다음과 같이 정리할 수 있다. 다음의 두 가정이 만족된다고 가정하자. 첫째, 투자자들이 모두 위험중립적인 선호를 가지고 있다. 둘째, 투자자금의 자유로운 국가 간 이동이 허용된다. 이런 가정이 충족되는 상황에서 두 개의 투자 대안으로부터 예상되는 투자수익률이 다르면 투자자금의 국가 간 이동이 발생하여 원·달러환율의 조정이 발생한다. 특히 원·달러환율은 두 개의 투자대안으로부터 예상되는 투자수익률이 같아지는 방향으로 조정된다는 것이다. 따라서 균형에서 두 투자대안의 예상수익률이 같아진다. 균형조건을 수식으로 표시하면 아래와 같다.

$$(1+i) = (1+i^*)(\frac{E^e}{E}) \to i \approx i^* + \Delta E^e$$

위 식에서 i는 한국 단기명목이자율, i^*는 미국 단기명목이자율, E는 현재시점의 원·달러환율, E^e는 예상원·달러환율, ΔE^e는 원·달러환율의 예상증가율을 나타낸다.

화살표 왼편에 있는 식은 앞에서 설명한 균형조건을 기호를 사용하여 수식으로 표현한 것이다. 첫째식의 왼편은 1원을 한국 무위험채권에 투자하여 얻을 것으로 예상되는 투자수익이다. 첫째식의 오른편은 1원을 미국 무위험채권에 투자하여 얻을 것으로 예상되는 투자수익을 원화단위로 계산한 것이다. 화살표 오른쪽에 있는 식은 첫째식의 근사식이다. 첫째식의 양변에 로그를 취한 뒤 $\log(1+x) \approx x$의 근사식을 적용한 것이다. 근사식의 정확성은 x의 값이 제로에 가까울수록 크다. 둘째식은 한국과 미국의 이자율 차이는 원·달러환율의 예상변화율과 같다는 것을 의미한다. 이를 「이자율평형조건(interest parity condition)」이라고 한다. 채권투자수익률의 차이가 있다면 이는 화폐보유로부터 얻을 것으로 예상되는 수익률의 차이로 보정되어야 한다는 것으로 해석할 수도 있다.

먼저 앞에서 설명한 이자율평형조건이 실제로 성립한다면 어떠한 이슈들이 등장할 수 있는지에 대하여 설명한다. 첫 번째 이슈는 다음과 같은 질문으로 요약할 수 있다. 중앙은행이 개방경제에서 이자율의 조정을 통해서 인플레이션타기딩제도를 운영할 때 통화정책의 자율성이 보장될 수 있는가? 이자율평형조건을 사용하여 두 가지 방향으로 답변을 정리할 수 있다. 첫 번째 답은 고정환율제도를 선택하면 통화정책의 자율성이 사라지고, 자유변동환율제도를 선택하면 통화정책의 자율성을 유지할 수 있다는 것이다. 미래시점에서도 고정환율제도가 성공적으로 유지되어 현재시점과 동일한 환율수준으로 유지될 것이라는 경제주체의 믿음이 중요하다는 점을 지적한다. 그 이유는 이런 경제주체의 믿음이 있어야 현재시점의 환율과 미래시점의 환율이 같을 것이라는 예상이 성립하게 되기 때문이다.

구체적인 예를 들기 위해서 정부가 현재시점부터 앞으로 계속해서 원·달러환율을 달러당 1,000원으로 고정시키는 것으로 발표한 것으로 가정하자. 이제 정부의 발표를 모든 사람들이 신뢰한다면 모든 사람들이 예상하는 다음시점의 원·달러 환율은 달러당 1,000원이다. 이런 상황을 앞에서 설명한 이자율평형조건에 대입하여 도출되는 결과를 수식으로 정리하면 다음과 같다.

$$E^e = 1000, \ E = 1000 \ \rightarrow \ i = i^*$$

위의 식은 화살표 왼쪽의 등식을 이자율 평형조건에 대입하면 화살표 오른쪽의 등식이 도출된다는 의미이다. 화살표 오른쪽의 등식은 한국의 명목이자율과 미국의 명목이자율이 같다는 조건이다.

두 번째 답은 자유변동환율제도를 선택하더라도 경제주체들이 미래시점에서 결정될 환율수준을 어떻게 예측하는지에 따라 달라질 수 있다는 것이다. 예를 들어, 환율의 예측치가 정태적 기대가설에 의해서 결정된다고 가정하자. 정태적 기대가설이 의미하는 것은 미래시점의 상황은 현재시점의 상황과 항상 동일할 것으로 예상하기 때문에 미래시점의 예상환율은 현재시점의 환율과 같다고 예상한다. 정태적 기대가 성립되는 상황을 앞에서 설명한 이자율평형조건에 대입하여 도출되는 결과를 수식으로 정리하면 다음과 같다.

$$E^e = E \rightarrow i = i^*$$

위의 식은 화살표 왼쪽의 등식을 이자율 평형조건에 대입하면 화살표 오른쪽의 등식이 도출된다는 의미이다. 화살표 오른쪽의 등식은 한국의 명목이자율과 미국의 명목이자율이 같다는 조건이다.

앞에서 설명한 두 경우에서 화살표 오른쪽의 등식은 한국과 미국의 명목이자율이 같다는 조건이라는 점을 지적했다. 이 등식이 소국개방경제의 통화정책에 대하여 제공하는 함의를 정리하기로 한다. 소국개방경제의 정부는 국제금융시장에서 결정되는 해외이자율을 조정할 수 있는 능력이 없다는 가정과 균형에서 차익거래이득이 없다는 조건이 부과되면 소국개방경제의 명목이자율은 국제금융시장에서 결정되는 해외이자율수준과 항상 같아야 한다는 것으로 해석할 수 있다. 따라서 앞에서 설명한 두 경우를 요약하면 소국개방경제의 정부가 고정환율제도를 선택하면 통화정책의 자율성이 사라지는 결과를 초래하지만, 변동환율제도를 유지하더라도 민간경제주체가 현재시점의 상황이 항상 미래시점에서도 그대로 유지될 것이라고 예상한다면 통화정책의 자율성이 유지하기 어렵게 될 수도 있다는 것이다. 통화정책의 자율성이 있다고 할지라도 중앙은행이 적정수준을 벗어난 이자율수준으로 이자율조정이 가능하다는 것은 아니다. 중앙은행이 이자율수준을 경제주체들이 적정하다고 판단하는 수준과 큰 차이가 나도록 조정하는 경우 큰 폭의 환율변동이 발생하여 국내경제상황을 악화시키는 결과가 발생할 수 있다는 점을 지적한다.

두 번째 이슈는 해외수입품의 국내가격이 포함되는 물가지수와 해외수입품의 국내가격이 포함되지 않은 물가지수를 구분해야 한다는 점이다. 이런 차이가

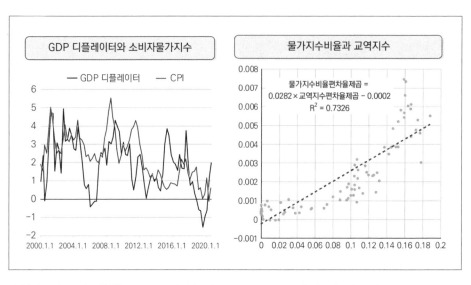

〈그림 10-7〉 국내물가지수인플레이션율과 소비자물가지수인플레이션율

현실경제에서도 중요한 차이가 될 수 있다는 점을 강조하기 위해 GDP디플레이터와 소비자물가지수의 차이를 설명한다. GDP디플레이터는 국내기업들이 산출하는 재화와 서비스의 국내가격을 포함하여 작성되는 물가지수이다. 소비자물가지수는 국내산출소비재와 해외수입소비재의 국내가격을 포함하여 작성되는 물가지수이다. 이런 점을 반영하여 본 장에서는 GDP디플레이터와 같이 국내에서 생산된 재화와 서비스의 국내가격을 사용하여 작성된 물가지수를 국내물가지수로 부르기로 한다.

앞에서 설명한 바와 같이 서로 다른 두 개의 물가지수가 가능하기 때문에 어느 물가지수의 상승률에 대하여 목표치를 설정하는 것이 바람직한 것인가에 대한 궁금증을 가질 수 있다. 이런 이슈를 분석하는 문제는 농산품, 석유가격, 공공서비스 등의 가격을 제거하고 작성된 물가지수의 상승률(core inflation rate)과 이들을 포함한 원지수의 상승률(headline inflation rate)을 구분하는 것과는 다른 측면을 반영하고 있다는 점을 지적한다. 제5장에서 이미 설명한 바와 같이 한국은행은 소비자물가지수 원지수의 상승률에 목표치를 설정하고 있기 때문에 국내물가지수의 상승률이 아니라 소비자물가지수의 상승률을 인플레이션타기팅의 목표변수로 선택하고 있다. 현실적으로 국내물가지수의 상승률과 소비자물가지수의 상승률은 큰 차이를 보이지 않기 때문에 GDP디플레이터로 측정한 인플레이션율을 사용하든가 아니면 소비자물가지수로 사용하든가 큰 차이가 없다는 견해도 가능하다. 이런 견해를 직접 확인하기 위해 <그림 10-7>의 왼편 그림은 2000년부터 2020년까지 기간 중 GDP디플레이터 상승률과 소비자물가지수 상승률의 추이를 보여주고 있다.[76]

푸른색실선은 소비자물가지수의 상승률이고, 검은색실선은 GDP디플레이터의 상승률을 나타낸다. 두 변수 모두 전년 동기 대비 상승률로 측정한 연간 물가상승률을 나타내고 있다. 두 변수의 차이가 크게 나타나는 시기와 그렇지 않은 시기로 구분할 수 있다. 서로 다른 방향으로 움직이고 있는 시기도 나타난다는 것을 확인할 수 있다. 예를 들면, 2016년과 2017년 소비자물가지수의 상승률은 1퍼센트 미만을 보이고 있지만, GDP디플레이터는 4퍼센트에 근접하는 수준까지 높아지는 모습을 보인다. 그러나 2018년과 2019년 기간 중 GDP디플레이터 인플레이션율은 음수이고, 소비자물가지수는 0퍼센트에 가까운 수준의 양수를 기록하고 있다. 따라서 목표인플레이션율을 2퍼센트로 책정할 때 목표치를 달성한 시기의 판단이 달라질 수 있다.

두 개의 인플레이션율이 차이를 보이는 이유는 무엇인가? 현실적으로 다양한 이유가 있을 수 있지만, 본 장에서는 단순모형을 사용하여 설명한다. 두 인플레이션율의 차이는 사실상 정의로부터 어느 정도 예견할 수 있다. 부연하여 설명하면 해외로부터 수입된 재화와 서비스를 국내거주자가 소비하면 이들의 국내가격이 소비자물가지수에 포함되지만, GDP디플레이터에는 포함되지 않는다는 것이다. GDP디플레이터로 소비자물가지수를 나눈 비율은 해외에서 생산된 재화와 서비스의 국내가격을 국내에서 생산된 재화와 서비스의 국내가격으로 나눈 비율의 함수가 된다는 것을 알 수 있다. 국내에서 생산된 재화와 서비스의 국내가격으로 작성된 물가지수를 수출물가지수로 측정하고, 해외에서 생산된 재

---

76) <그림 10-7>에 있는 두 개의 그림은 미국 세인트루이스 연방은행 데이터베이스(FRED)에 있는 한국의 분기별 물가지수자료를 다운로드 받아서 작성하였다. 두 개의 물가지수는 모두 2015년 기준으로 작성되었다. 교역조건은 한국은행 경제통계시스템의 순상품교역조건지수(2015년 기준)이다.

화와 서비스의 국내가격으로 작성된 물가지수를 수입물가지수로 측정한다면 앞에서 설명한 물가지수의 비율은 교역조건을 나타낸다고 볼 수 있다.

소비자물가지수를 GDP디플레이터로 나눈 비율과 교역조건은 실제 자료에서 어떠한 관계가 있는가? 이 질문의 답은 <그림 10-7>의 오른편 그림에서 찾아볼 수 있다. 2000년 1분기부터 2020년 3분기까지의 기간 중 상품교역지수와 물가지수비율의 분기별 자료를 사용하여 작성한 산포도를 보여주고 있다. 수평축은 분기별 상품교역지수 관측치와 표본평균의 차를 표본평균으로 나눈 비율의 로그값의 제곱을 니타낸다. 이를 교역지수편차율제곱이라고 부른다. 수직축은 분기별 물가지수비율의 관측치와 표본평균의 차를 표본평균으로 나눈 비율의 로그값의 제곱을 나타낸다. 이를 물가지수편차율제곱이라고 부른다. 오른편 그림에서 각각의 점은 표본기간 중 각 분기에서 관측된 값을 표시한다. <그림 10-7>의 오른편 그림에 수록된 그래프가 함의하는 점을 요약하면 다음과 같다. 소비자물가지수를 GDP디플레이터로 나눈 비율과 교역조건의 실증적인 관계는 선형함수의 형태로 나타나지 않지만, 비선형함수의 형태가 존재할 가능성은 확인할 수 있다는 것이다.

<그림 10-7>의 오른편 그림에 있는 그래프가 제공하는 국내물가지수와 소비자물가지수의 인플레이션율 차이에 대한 함의는 무엇인가? <그림 10-7>의 오른편 그림에서 점선으로 표시한 직선을 보면 기울기가 양수인 직선이다. 직선의 식은 박스 안에 수식으로 표시되어 있다. 따라서 수직축을 나타내는 변수와 수평축을 나타내는 변수의 관계는 근사적으로 양수의 기울기를 가진 직선으로 나타낼 가능성을 확인할 수 있다. 수직축을 나타내는 변수의 현재시점에서 측정한 값과 이전시점에서 측정한 값의 차이는 소비자물가지수의 인플레이션율과 국내물가지수의 인플레이션율의 차이를 나타내는 것으로 해석할 수 있다. 또한 수평축을 나타내는 변수의 현재시점에서 측정한 값과 이전시점에서 측정한 값의 차이는 교역조건의 증가율이다. <그림 10-7>의 오른편 그림에서 점선으로 보여주고 있는 직선의 관계가 성립한다고 가정하자. 이런 가정이 성립하면 소비자물가지수의 인플레이션율과 GDP인플레이션율의 차이는 교역조건의 증가율과 비례한다. 이를 수식으로 표시하면 다음과 같다.

$$\pi = \pi_H + \tau \pi_T$$

이 식의 좌변은 소비자물가지수의 인플레이션율, 우변의 첫째항은 국내물가지수의 인플레이션율, 우변의 둘째항은 교역조건의 상승률에 비례하는 항을 나타낸다. 여기서 τ는 1보다 작은 양수로 정의되는 비례상수를 나타낸다.

다음에서는 위에서 설명한 내용을 바탕으로 소비자물가지수의 인플레이션율을 통화정책의 목표변수로 선택하는 경우와 국내물가지수의 인플레이션율을 통화정책의 목표변수로 선택하는 경우를 비교한다. 먼저 국내물가지수의 인플레이션율을 통화정책의 목표변수로 선택한다면 중앙은행은 대내요인으로 인한 물가의 변화에 대응하는 인플레이션타기팅제도를 운용하려는 의도가 있다는 것으로 해석할 수 있다. 교역조건은 대외요인과 환율의 변화를 직접적으로 반영하는 변수라고 해석할 수 있다. 따라서 소비자물가지수의 인플레이션율을 통화정책의 목표변수로 설정한다면 대내요인에 추가하여 대외요인과 환율의 변동으로 발생하는 물가의 변화에 대응하는 인플레이션타기팅제도를 운용하려는 의도가 있다는 것으로 해석할 수 있다. 따라서 분석대상이 폐쇄경제에서 개방경제로 확장되면서 인플레이션타기팅의 운용을 설명하는 거시이론모형에서도 보다 더 다양한 이슈들이 등장할 수 있다는 점을 알 수 있다.

물론 중앙은행의 실제 선택에서는 본 장에서 다루고 있는 단순모형을 사용한 이론적인 구분보다 훨씬 복잡한 이슈들이 포괄적으로 추가될 수 있다는 점을 지적한다. 본 장에서는 복잡한 분석기법을 요구하는 거시경제이론모형을 설명하지 않지만, 앞에서 설명한 내용과 관련이 있는 기존연구의 내용을 간단히 정리한다. 갈리가 2007년에 발간한 교과서에서 제시한 구분을 빌리면 다음과 같이 구분할 수 있다.77) 국내물가지수의 상승률로 측정된 인플레이션율에 대하여 목표치를 설정하는 경우를 국내물가지수인플레이션타기팅(domestic inflation targeting), 소비자물가지수의 상승률로 측정된 인플레이션율에 대하여 목표치를 설정하는 경우는 소비자물가지수인플레이션타기팅(CPI inflation targeting)으로 구분할 수 있다.

---

77) 갈리(Jordi Gali)가 2007년에 출간한 교과서의 제목은 「Monetary Policy, Inflation, and the Business Cycle」이다. 2015년에 출간된 제2판의 내용을 간략하게 암시하고 있는 부제는 「An Introduction to the New Keynesian Framework and Its Applications」이다.

두 개의 서로 다른 대안 중에서 어느 대안을 선택하는 것이 거시경제에 바람직한 결과를 가져다주는가? 해외수입품을 생산하는 기업이 국내가격을 어떻게 결정하는지를 먼저 설명해야 한다. 그 이유는 외국기업이 국내에서 판매하는 제품의 국내가격을 책정할 때 환율변동을 국내가격에 그대로 반영하지 않는 경우가 가능하기 때문이다. 해외기업은 해외시장에서는 자신이 생산한 제품과 서비스의 가격을 달러화로 표시하고, 국내시장에서는 원화로 표시하는 것으로 가정하자. 두 경우를 생각할 수 있다. 첫 번째 경우는 (국내가격＝달러화로 표시된 해외가격×원·달러환율)의 등식으로 결정되는 경우이다. 두 번째 경우는 위의 등식과 관계없이 국내시장의 시장수요곡선을 반영하여 국내가격을 설정할 수 있다. 이 경우 국내소비자를 더 많이 확보하기 위해 원·달러환율의 상승이 있더라도 국내가격을 그대로 유지할 수 있다. 따라서 원·달러환율의 1퍼센트 상승을 국내가격에 그대로 반영하여 국내가격을 1퍼센트 높이는 경우와 국내가격을 그대로 유지하여 환율상승을 기업이 부담하는 경우가 있을 수 있다. 본 장에서는 전자의 경우만 설명한다. 후자의 경우는 본책의 범위를 넘는 기술적인 이윤극대화의 문제를 풀기 때문에 생략하기로 한다.

갈리의 교과서에서 요약한 결과에 따르면 다음과 같다. 중앙은행은 인플레이션율에 대한 목표와 생산갭의 안정을 달성하기 위해 제5장에서 설명한 이자율준칙을 사용하는 것으로 가정한다. 이런 가정을 적용한 후 동일한 조건에서 「소비자물가지수인플레이션타기팅」을 실시하는 경우와 「국내물가지수인플레이션타기팅」을 실시하는 경우에 대하여 거시경제 주요변수의 표준편차를 계산하여 비교할 수 있다. 예를 들어, 두 경우에 대하여 생산갭의 표준편차, 소비자인플레이션율의 표준편차, 국내물가지수인플레이션율의 표준편차, 명목환율의 표준편차, 교역조건의 표준편차 등을 계산할 수 있다. 표준편차를 사용하여 각 변수의 변동성을 측정할 경우 「소비자물가지수인플레이션타기팅」을 선택할 때 교역조건과 명목환율의 변동성이 더 낮게 나타난다. 그러나 「국내물가지수인플레이션타기팅」을 선택할 때 생산갭의 변동성이 소비자물가지수인플레이션을 선택할 때 생산갭의 변동성보다 더 낮다. 이론적으로 두 방식의 우열을 가리기는 쉽지 않다는 점을 지적한다. 독자들의 보다 명확한 이해를 돕기 위해서 소규모개방경제의 뉴케인지언 단순모형을 후속되는 부록에서 설명한다.

부록 소규모개방경제의
뉴케인지언 단순모형

본 절에서는 소규모개방경제의 뉴케인지언 단순모형을 소개한다. 먼저 단순모형의 기본구조에 대하여 설명한다. 세계경제는 소규모개방경제인 자국과 자국을 제외한 다른 나라를 모두 합쳐서 외국으로 구성되는 것으로 가정한다. 소규모개방경제의 특성을 어떻게 정의할 것인가? 소규모개방경제의 결정이 세계경제에 미치는 영향이 없지만, 세계경제의 변화는 소규모개방경제에 영향을 미치는 것으로 가정한다. 본 절에서 소개하는 소규모개방경제모형은 제5장에서 설명한 뉴케인지언 단순모형의 생산구조와 시장구조를 그대로 유지한다. 이런 가정이 도입되면 국내에서 생산되는 재화와 해외에서 생산되는 재화는 서로 다른 재화이다. 국내거주자와 해외거주자는 각각 국내에서 생산되는 재화와 해외에서 생산되는 재화를 모두 소비한다. 이런 가정으로 인해 국내에서 생산되는 재화의 해외수요와 해외에서 생산되는 재화의 국내수요가 발생한다. 국내에서 생산된 재화의 국내시장과 해외시장의 가격은 모두 국내기업이 결정한다. 해외에서 생산된 재화의 해외시장과 국내시장의 가격은 모두 해외기업이 결정한다. 동일한 개별재화의 국내가격과 해외가격에 대하여 일물일가의 법칙이 성립하는 것으로 가정한다.

국내에서 거주하는 개별소비자는 국내와 해외에서 생산된 모든 차별화된 재화를 소비한다. 특히 개별소비자는 다양한 개별재화로 구성된 하나의 소비묶음(consumption basket)을 소비한다. 소비자물가지수는 소비묶음 한 단위의 명목비용으로 정의된다. 국내거주자의 소비재는 국내거주자의 소비묶음으로 정의된다. 해외거주자의 소비재도 국내거주자의 소비재가 결정되는 방식으로 결정된다. 그러나 국내거주자의 소비묶음과 해외거주자의 소비묶음에 포함되는 개별재화의 비중이 서로 다르기 때문에 국내거주자의 소비재와 해외거주자의 소비재는 서로 동일한 재화가 아니다. 실질환율은 국내거주자의 소비재와 해외거주자의 소비재의 교환비율을 나타낸다. 앞에서 설명한 바와 같이 국내소비재와 해외소비재가 다르다는 점을 인정하고 있기 때문에 본 절에서 소개하는 소규모개방경제 뉴케인지언 단순모형의 주요특징 중의 하나는 실질환율이 항상 1로 고정되어 있지 않고 경제상황에 따라 변동한다는 것이다.

어느 변수가 분자와 분모에 오는지에 따라서 교환비율이 달라지기 때문에 실질환율의 정의를 명확하게 할 필요가 있다. 본 절에서는 실질환율(real exchange rate)을 국내 소비재로 평가한 외국 소비재 한 단위의 가치로 정의한다. 교역조건 (terms of trade)은 국내에서 생산된 재화로 평가한 외국에서 생산된 재화의 가치로 정의한다. 이런 차이를 반영하여 교역조건은 자국과 외국에서 생산된 재화의 물가지수의 비율을 사용하여 측정되고, 실질환율은 자국과 외국의 소비자물가지수의 비율을 사용하여 측정된다. 또한 앞에서 설명한 교역조건의 정의는 상품교역조건지수의 역수가 된다. 상품교역조건지수는 우리나라 상품 한 단위 수출대금으로 수입할 수 있는 상품의 양을 지수화한 것으로 정의된다. 이런 정의에 맞추어서 상품교역조건지수는 수출물가지수를 수입물가지수로 나눈 비율로 측정되기 때문에 상품교역조건지수는 교역조건의 역수가 된다.

원래모형에서 균형조건은 내생변수의 비선형함수로 표시되지만, 본 절에서는 선형함수로 단순화된 균형조건을 소개한다. 원래모형과 단순모형은 서로 어떠한 관계가 있는가? 단순모형의 균형조건에 나타나는 모든 변수는 원래의 균형조건에서 나타나는 변수에 로그함수를 취한 것으로 정의된다. 그 결과 단순모형의 균형조건은 원래모형의 균형조건에 대하여 로그선형근사를 취한 결과 도출된 수식이라고 할 수 있다. 구체적으로 설명하면 앞에서 이미 인용한 갈리의 교과서에서 분석한 「갈리-모나첼리(Gali-Monacelli) 모형」에 로그선형근사를 적용한 균형조건이라고 할 수 있다. 또한 단순모형에 나타나는 모든 변수는 원래모형에도 나타난다. 단순모형에서 나타나는 변수와 원래모형에서 나타나는 변수는 동일한 기호를 사용한다. 동일한 변수에 대하여 단순모형에서는 알파벳의 소문자를 사용하여 표시하고, 원래모형에서는 알파벳의 대문자를 사용하여 표시한다. 단순모형을 분석하는 이점은 무엇인가? 모든 균형조건이 선형방정식의 형태

■:■ 〈표 10A-1〉 소규모개방경제의 균형조건과 IS곡선의 도출

국내재화(실질GDP)의 상대가격과 교역조건	$p = (1-\tau)p_H + \tau p_F \rightarrow p - p_H = \tau z \rightarrow \pi = \pi_H + \tau \pi_T$
실질환율과 교역조건	$q = p_F - p \rightarrow q = (1-\tau)z$
국내재화(실질GDP)의 총수요함수	$y = (1-\tau)\{-\epsilon(p_H - p) + c\} + \tau\{-\epsilon(p_H - p - q) + c^*\}$
실질환율의 결정	$c = c^* + \sigma^{-1}q \rightarrow c = c^* + \sigma^{-1}(1-\tau)z$
국내재화(실질GDP)의 총수요와 교역조건	$y = c^* + \delta_o z \rightarrow g_H^e = g_F^e + \delta_o \pi_T^e$
교역조건과 이자율평형조건	$c = c^e - \sigma^{-1}(i - \pi^e - \log\beta) \rightarrow \pi_T^e = i - \pi_H^e - \log\beta - \sigma g_F^e$
IS곡선의 식	$y = y^e - \delta_o(i - \pi_H^e - \log\beta) + \tau(\omega-1)g_F^e \rightarrow x = x^e - \delta_o(i - \pi_H^e - r_H^*)$
이자율반응계수의 정의	$\delta_o = \delta(1 + \tau(\omega-1)), \ \omega = (\epsilon\sigma-1)(2-\tau)+1$

주: p는 소비자물가지수, p_H는 국내물가지수, p_F는 국내화폐단위로 평가한 해외물가지수, z는 교역조
건, π는 소비자물가지수증가율, π_H는 국내물가지수증가율, π_T는 교역조건증가율, q는 실질환율,
y는 총수요, c는 국내실질소비, c^*는 해외실질소비, g_H^e는 국내총수요예상증가율, g_F^e는 해외총수
요예상증가율, r_H^*는 자연이자율, τ는 국내수요비중, ϵ는 국내생산재화의 가격탄력성, σ는 상대적
위험기피도, β는 할인인자, δ는 상대적 위험기피도의 역수, δ_o는 소규모개방경제의 이자율반응계수
이다.

가 되기 때문에 모형분석이 상대적으로 쉽다는 것이다. 그 이유는 단순모형의
균형조건을 동시에 만족시키는 내생변수의 값을 찾는 문제는 선형연립방정식의
해를 찾는 문제가 되기 때문이다. 본 절에서는 중요한 개념에 초점을 맞추기 위
해서 로그선형근사를 도출하는 방식에 관한 설명은 생략하기로 한다.

먼저 〈표 10A-1〉의 첫째 줄에서 화살표 왼쪽의 식에 있는 소비자물가지
수의 정의를 설명한다. 소비자물가지수는 국내에서 생산된 재화의 국내가격과
해외에서 생산된 재화의 국내가격의 가중평균으로 정의된다. 해외에서 생산된
재화의 국내가격에 부여하는 가중치를 τ로 표시한다. 또한 국내에서 생산된 재
화로 구성된 물가지수를 국내물가지수로 정의한다. 소비자물가지수의 식에 교역
조건의 식을 대입하면 첫째 줄의 화살표 오른쪽의 식에서 볼 수 있듯이 소비자
물가지수에서 국내물가지수를 뺀 차이는 교역조건에 비례한다는 것을 보일 수

있다. 둘째 줄에서는 실질환율과 교역조건의 관계를 수식으로 도출한다. 소규모 개방경제의 가정으로 인해 해외 소비자물가지수에서 국내에서 생산된 재화의 해외가격이 차지하는 비중은 제로가 된다. (해외 소비자물가지수＝해외에서 생산된 재화의 물가지수)의 등식이 성립하기 때문에 이를 실질환율의 정의에 적용하면 둘째 줄에서 화살표 왼쪽의 식이 도출된다. 첫째 줄에서 도출한 결과를 둘째 줄에서 화살표 왼쪽의 식에 대입하면 화살표 오른쪽의 식이 도출된다. 이 식은 단순모형에서는 실질환율과 교역조건은 서로 비례한다는 것을 보여주고 있다. 비례상수는 소비자물가지수를 작성할 때 국내에서 생산된 재화에 부여하는 가중치이다.

셋째 줄에서는 자국에서 생산된 재화의 총수요는 국내거주자의 국내수요와 해외거주자의 해외수요로 구성된다는 점을 보여주고 있다. 국내수요와 해외수요는 어떻게 결정되는가? 각각의 수요함수는 두 변수에 의해서 결정된다. 첫째 변수는 상대가격이다. 국내소비자에게 적용되는 자국에서 생산된 재화의 상대가격은 국내물가지수를 소비자물가지수로 나눈 비율로 정의한다. 해외소비자에게 적용되는 자국에서 생산된 재화의 상대가격은 국내물가지수를 소비자물가지수로 나눈 비율을 다시 실질환율로 나눈 비율로 정의한다. 따라서 자국수요의 로그함수는 국내물가지수의 로그함수에서 소비자물가지수의 로그함수를 뺀 차이의 선형함수이고, 외국수요의 로그함수는 국내물가지수의 로그함수에서 소비자물가지수의 로그함수와 실질환율의 로그함수를 뺀 차이의 선형함수가 된다. 두 경우 모두 수요함수의 가격탄력성은 ϵ으로 표시한다. 둘째 변수는 국내거주자와 해외거주자의 소비지출수준이다. 이런 이유로 셋째 줄에 있는 수식에서 국내소비지출을 나타내는 변수($=c$)와 해외 소비지출을 나타내는 변수($=c^{*}$)가 포함된다.

넷째 줄에 있는 균형조건은 실질환율의 결정을 보여주고 있다. 실질환율은 재화시장에서 결정되는 국내소비재와 해외소비재의 교환비율이라고 해석할 수 있다. 따라서 균형에서는 해외거주자의 소비에 대한 한계효용을 국내거주자의 소비에 대한 한계효용으로 나눈 비율과 실질환율이 같아진다.[78] 상대적 위험기

---

[78] 제11장에서는 글로벌경제의 생애주기적자모형에서 성립하는 효용극대화의 조건으로부터 동일한 실질환율의 결정조건을 도출할 수 있음을 보인다. 따라서 본 절에서는 실질환율의 결정조건이 도

피도가 상수로 고정된 효용함수를 가정하면 해외거주자의 소비에 대한 한계효용을 국내거주자의 소비에 대한 한계효용으로 나눈 비율이 국내 소비지출을 해외 소비지출로 나눈 비율의 증가함수가 된다. 국내소비지출과 해외소비지출의 로그함수의 차이는 실질환율의 로그함수에 비례한다. 비례상수는 상대적 위험기피도의 역수가 된다.

다음에서는 앞에서 설명한 네 개의 균형조건을 사용하여 국내에서 생산된 재화(실질GDP)의 총수요와 교역조건의 관계를 설명하는 식을 도출한다. 도출방법은 단순하지만 여러 개의 식을 묶어서 단순한 하나의 식을 도출하는 과정이므로 다소 복잡한 계산이 필요하다. 첫째 줄, 둘째 줄, 넷째 줄에 있는 식을 셋째 줄에 있는 식과 결합하여 도출된 식을 다섯째 줄에 정리한다. 다섯째 줄에서 화살표 왼쪽에 있는 식을 보면 국내에서 생산된 재화의 총수요는 외국의 실질소비와 교역조건의 선형함수가 된다는 것을 알 수 있다. 화살표 오른쪽에 있는 식은 화살표 왼쪽에 있는 식이 함의하는 총수요예상증가율의 결정을 나타내고 있다.

제2장에서 생애주기적자모형의 생애효용극대화의 결과로 「기간 간 한계대체율×(1＋실질이자율)＝1」의 조건이 성립한다는 것을 설명하였다. 이 조건은 소규모개방경제에서도 성립하기 때문에 로그선형근사를 적용하여 여섯째 줄에 수식으로 정리한다. 첫째 줄에서 마지막에 있는 식과 넷째 줄에서 화살표 오른쪽의 식을 여섯째 줄에서 화살표 왼쪽의 식에 대입하여 정리하면 화살표 오른쪽의 식이 도출된다. 이 식은 교역조건의 예상증가율은 예상실질이자율과 해외예상소비증가율의 차이에 정비례하는 것을 나타내고 있다. 어떤 의미인가? 해외예상소비증가율은 해외예상실질이자율에 비례한다면 여섯째 줄에서 화살표 오른쪽의 식은 교역조건의 예상증가율로 표시한 실질이자율평형조건이 된다.[79]

다섯째 줄과 여섯째 줄의 화살표 오른쪽에 있는 식을 결합하면 일곱째 줄에서 화살표 왼쪽의 식이 도출된다. 실질GDP의 총수요와 예상실질이자율이 서로

출되는 과정에 대한 설명을 생략한다. 본 절에서 가정한 상대적 위험기피도가 상수인 효용함수는 $U(C) = (C^{1-\sigma} - 1)/(1-\sigma)$이다.

79) 국내소비자와 해외소비자가 동일한 효용함수를 가지고 있다는 가정 하에서 여섯째 줄의 화살표 오른쪽에 있는 식은 교역조건의 예상증가율로 표시한 실질이자율평형조건이라는 것을 보일 수 있다. 도출과정은 생략하기로 한다.

음의 관계가 있음을 보이고 있다. 제5장에서 IS곡선을 GDP갭과 예상실질이자율의 갭이 서로 음의 관계가 있음을 의미하는 식으로 표시하였다. 화살표 왼쪽의 식을 이용하면 제5장에서 도출한 폐쇄경제의 IS곡선이 소규모개방경제에서도 그대로 성립한다는 것을 보일 수 있다. 이를 위해 일곱째 줄에서 화살표 왼쪽의 식이 자연율경제에서도 성립한다고 가정한다. 화살표 왼쪽의 식에서 자연율경제의 IS곡선을 빼면 화살표 오른쪽의 식이 도출된다. 이 식을 보면 제5장에서 설명한 IS곡선과 동일한 형태를 가지고 있음을 확인할 수 있다. 그러나 여기서 주의할 점은 국내물가지수의 예상인플레이션율로 평가한 예상실질이자율에 대하여 동일한 형태의 IS곡선이 성립한다는 점이다.

위에서 도출한 IS곡선의 형태는 폐쇄경제의 IS곡선과 비교하여 동일한 형태일지라도 기울기는 달라질 수 있다. 동일한 크기의 CB곡선이 이동할 때 소규모개방경제에서 IS곡선의 기울기가 더욱 평평해지면 통화정책의 변화가 총수요에 미치는 효과는 커질 수 있다. 이런 점을 반영하여 통화정책의 실물효과는 소규모개방경제에서 폐쇄경제보다 더 크게 나타나는지의 질문이 가능하다. 이 질문의 답은 소규모개방경제에서 IS곡선이 평탄해지기 때문에 국내물가지수인플레이션율을 목표변수로 선택하는 경우 동일한 크기의 외생적인 이자율충격이 총수요에 미치는 효과가 커진다는 것이다. 제5장에서 IS곡선의 기울기는 이자율반응계수의 역수인 δ^{-1}이고, 본 장에서 IS곡선의 기울기는 이자율반응계수의 역수인 δ_0^{-1}이다. <표 10A-1>에 정의되어 있는 소규모개방경제의 이자율반응계수와 폐쇄경제의 이자율반응계수는 어떤 차이가 있는가? 여덟째 줄에 있는 이자율반응계수의 정의를 보면 $\epsilon\sigma > 1$의 부등식이 성립할 때 소규모개방경제의 이자율반응계수가 폐쇄경제의 이자율반응계수보다 더 커진다. 따라서 이 조건이 만족된다면 소규모개방경제와 폐쇄경제에서 중앙은행이 동일한 형태의 CB곡선을 유지한다면 동일한 크기의 외생적인 이자율충격이 총수요에 미치는 효과는 소규모개방경제에서 더욱 커진다. 어떠한 경로를 통해서 이런 결과가 발생하는지를 설명할 수 있는가? 총수요함수를 보면 국내생산재화에 대한 가격탄력성이 높을수록 국내생산재화(실질GDP)의 총수요는 교역조건의 변화에 민감하게 변화한다는 것을 알 수 있다. 또한 예상실질이자율의 변동을 발생시키는 중앙은행의 명목이자율조정은 이자율평형조건을 통해서 교역조건의 예상변화율에 영향을 미친다. 위의 두 경로를 결합하면 가격탄력성이 높을 때 중앙은행의 명목이자율 조정이 실질GDP의 예상총수요변화에 미치는 효과가 더 커진다는 것을 알 수 있다.

본 절에서 설명하는 소규모개방경제모형이 통화정책의 자율성에 대하여 어떠한 함의가 있는지를 생각해볼 수 있다. 다시 설명하면 국내의 경제상황에 비추어볼 때 해외의 통화정책에 민감하게 순응하는 통화정책을 실시하게 되는 경로가 있는지를 생각해볼 수 있다. 답을 미리 설명하면 자연이자율경로가 존재할 수 있다는 것이다. 제5장에서 볼 수 있듯이 소규모개방경제의 중앙은행은 단기 명목이자율이 국내 자연이자율과 국내 경제상황에 반응하는 이자율준칙을 선택할 수 있다. 이런 상황에서 해외의 통화정책이 소규모개방경제의 자연이자율에 영향을 미치는 경로가 있다면 국내 경제상황과 관계없이 단기명목이자율을 조정하는 경우가 존재할 수 있다. 따라서 앞에서 설명한 소규모개방경제의 모형에서 해외의 통화정책이 국내 자연이자율에 영향을 미칠 수 있는 가능성을 제시하는지를 살펴보는 것이 의미가 있다. <표 10A-1>의 여섯째 줄에 정리되어 있는 교역조건의 변화로 표시한 이자율평형조건을 보면 소규모개방경제의 자연이자율은 국내 자연율경제에서 발생할 교역조건의 예상증가율과 해외의 예상소비증가율에 영향을 받을 수 있음을 확인할 수 있다. 다섯째 줄에 정리되어 있는 식을 보면 자연율경제에서 발생할 교역조건의 예상증가율은 국내 잠재성장률에서 해외 예상경제소비증가율을 뺀 차이에 의존한다. 그 결과 소규모개방경제에서 자연이자율은 해외의 예상실질이자율의 함수가 된다. 후속되는 질문은 단기 명목이자율을 자연이자율에 연동시키는 것이 바람직한 것인지의 여부이다. 이런 형태의 이자율준칙의 이점은 일곱째 줄에 있는 IS곡선의 식에 확인할 수 있듯이 자연이자율의 외생적인 변동이 총수요에 미치는 효과를 차단할 수 있다는 것이다.

소규모개방경제의 필립스곡선은 어떻게 달라질 것인가? 개방경제에서 개별기업은 자신이 생산한 재화를 국내시장과 해외시장에서 판매할 수 있다. 이런 상황에서 두 가지의 가격설정방식을 생각해볼 수 있다. 첫째 방식은 원화단위로

국내물가지수 인플레이션율의 결정	$\pi_H = \beta \pi_H^e + \gamma(s - \bar{s})$
단위비용편차와 GDP갭	$x = \lambda_o(s - \bar{s})$
비용함수의 계수	$\lambda_o = (\delta_o^{-1} + \epsilon_n^{-1})^{-1}, \ \lambda = (\delta^{-1} + \epsilon_n^{-1})^{-1}$
필립스곡선의 식	$\pi_H = \beta \pi_H^e + \kappa_o x, \quad \kappa_o = \gamma \lambda_o^{-1}, \quad \kappa = \gamma \lambda^{-1}$

주: ϵ_n은 노동공급이 임금탄력성, λ_o는 소규모개방경제에서 비용함수의 계수, λ는 폐쇄경제에서 비용
함수의 계수, κ_o는 소규모개방경제에서 필립스곡선의 기울기, κ는 폐쇄경제에서 필립스곡선의 기
울기를 나타낸다.

국내가격을 선택하고, 달러가격은 국내가격에 원·달러환율을 나눈 비율로 결정
하는 것이다. 이런 방식을 선택하면 개별기업은 하나의 이윤극대화문제를 풀어
서 가격을 선택하면 된다. 둘째 방식은 원화가격과 달러가격을 선택하는 이윤극
대화의 문제가 서로 다른 경우이다. 다양한 이유로 서로 다른 이윤극대화의 문
제를 풀어서 명목가격을 선택해야 하는 이유가 있을 수 있다. 하나의 사례를 든
다면 국내시장과 해외시장의 평균적인 가격고정기간이 다를 수 있다. 국가별로
평균적인 물가상승률이 서로 다르다면 해외시장의 상황을 적극적으로 반영하여
달러가격을 조정하는 가격정책을 실시하는 것이 기업이윤을 늘리는 선택이 될
수도 있다는 것이다.

　본 장에서는 첫째 방식으로 재화가격을 선택하는 경우를 분석한다. 첫째 방
식을 선택한다면 제5장에서 설명한 가격설정모형을 그대로 적용할 수 있다. 단
하나 달라지는 점은 필립스곡선을 도출할 때 실질단위생산비용은 실질GDP의
단위로 측정하고, 실질임금은 소비자물가지수를 사용하여 측정한다는 점을 고려
해야 한다는 것이다. 이런 차이점을 반영하면 단위비용편차의 GDP갭에 대한 반
응계수의 크기가 달라진다. 앞에서 설명한 내용이 반영된 필립스곡선의 도출과
정은 〈표 10A-2〉에 수식으로 정리되어 있다. 첫째 줄에 있는 식이 함의하는
점은 국내물가지수인플레이션율의 균형결정조건은 제5장에서 분석한 인플레이
션율의 균형결정조건과 동일한 형태로 도출된다는 것이다. 첫째 줄에 있는 국내

IS곡선의 식	$x = x^e - \delta_o(i - \pi_H^e - r_H^*)$
필립스곡선의 식	$\pi_H = \beta \pi_H^e + \kappa_o x$
순수 인플레이션타기팅과 CB곡선의 식	$i = r_H^* + \theta_\pi \pi_H$
완전한 안정화의 조건	$\theta_\pi > 1$
GDP갭과 국내물가지수인플레이션율의 기간 간 변화	$\begin{pmatrix} x^e \\ \pi_H^e \end{pmatrix} = A \begin{pmatrix} x \\ \pi_H \end{pmatrix}$
행렬의 정의	$A = \begin{pmatrix} (1 + \beta^{-1}\delta_o\kappa_o) & (\theta_\pi - \beta^{-1})\delta_o \\ -\beta^{-1}\kappa_o & \beta^{-1} \end{pmatrix}$
변수의 변환	$v_1 = V_1' \begin{pmatrix} x \\ \pi_H \end{pmatrix}; \quad v_2 = V_2' \begin{pmatrix} x \\ \pi_H \end{pmatrix}$

주: 소규모개방경제모형과 폐쇄경제모형에서 IS곡선의 이자율반응계수와 필립스곡선의 기울기는 모두
동일한 기호를 사용하지만, 기호의 정의는 서로 다를 수 있다. 따라서 알파벳 o에 해당하는 기호
를 사용하여 소규모개방경제의 계수를 구분한다.

물가지수 인플레이션율의 균형조건은 인플레이션율이 실질단위생산비용의 편차
의 함수로 표시된다는 것을 보여주고 있다. 둘째 줄에서는 필립스곡선을 도출하
기 위해서 실질단위생산비용의 편차와 GDP갭의 관계를 나타내는 균형조건을
보여주고 있다. 셋째 줄에서는 실질단위생산비용의 편차의 GDP갭에 대한 반응
계수의 정의를 수식으로 보여주고 있다. 이 식을 보면 소규모개방경제의 실질단
위비용편차의 GDP갭에 대한 반응계수는 폐쇄경제의 반응계수와 서로 다르다는
점을 보여주고 있다. 실질단위비용편차의 GDP갭에 대한 반응계수는 IS곡선에서
GDP갭의 예상실질이자율에 대한 반응계수의 함수가 된다는 것을 알 수 있다.
넷째 줄에서는 소규모개방경제에서 성립하는 필립스곡선의 식이 정리되어 있다.
또한 소규모개방경제에서 필립스곡선의 기울기와 폐쇄경제에서 필립스곡선의
기울기를 비교하고 있다. 앞에서 이미 설명한 바와 같이 <표 10A-1>의 여덟

째 줄에 있는 이자율반응계수의 정의를 보면 $\epsilon\sigma > 1$의 조건을 만족될 때 소규모 개방경제의 이자율반응계수가 폐쇄경제의 이자율반응계수보다 더 커진다. 이 조건이 만족된 소규모개방경제의 필립스곡선의 기울기가 폐쇄경제의 필립스곡선의 기울기보다 더 작다는 것을 알 수 있다.

소규모개방경제의 인플레이션타기팅에 관한 가장 중요한 포인트는 국내물가지수의 완전한 안정화를 통해서 GDP갭의 완전한 안정화를 달성할 수 있다는 것이다. 이런 결론에 가장 사회적으로 바람직한 국내물가지수인플레이션율의 값은 제로라는 점이 암묵적으로 포함되어 있음을 지적한다. 따라서 중앙은행이 국내물가지수인플레이션율의 값에 목표치를 설정하여 발표한다면 제로의 값을 목표치로 부여하는 것이 최적의 선택이라는 것을 의미한다. 다음과 같은 질문이 후속되는 질문이라고 할 수 있다. 단기명목이자율에 목표치를 조정하는 방식으로 운영되고 있는 통화정책의 실제 운영방식을 그대로 유지하더라도 국내물가지수의 완전한 안정을 달성할 수 있는 구체적인 방안이 있는가? 본 절에서 설명한 소규모개방경제의 뉴케인지언 단순모형이 제공하는 함의를 세 개의 항목으로 정리할 수 있다. 첫째, 국내물가지수인플레이션율의 목표치를 제로로 선택한다. 둘째, 단기명목이자율이 국내물가지수인플레이션율에만 반응하는 이자율준칙을 실시한다.[80] 셋째, 국내물가지수인플레이션율의 반응계수를 1보다 큰 양수로 선택한다.

<표 10A-3>에서는 소규모개방경제의 뉴케인지언 단순모형이 제공하는 인플레이션 타기팅의 함의를 수식을 사용하여 정리한다. 소규모개방경제의 인플레이션타기팅에 관한 함의는 이미 앞에서 정리하였다. 따라서 <표 10A-3>의 역할은 균형조건의 식이 앞의 설명과 일치하는지를 확인하는 작업이라고 할 수 있다. 이를 위해 소규모개방경제의 뉴케인지언 단순모형을 구성하는 세 개의 균형조건을 정리한다. 첫째 줄은 IS곡선의 식, 둘째 줄은 필립스곡선의 식, 셋째 줄은 이자율준칙의 식이다. 제 5장에서 정리한 폐쇄경제의 뉴케인지언 단순모형

---

[80] 단기명목이자율이 현재시점의 국내물가지수인플레이션율과 GDP갭에 모두 반응하는 경우에도 적절한 반응계수를 선택하면 동일한 결과가 가능하지만, 국내물가지수인플레이션율에만 연동하는 가장 단순한 형태의 이자율준칙을 사용한다. 그 이유는 가장 단순한 조건이 이론적으로는 물가안정목표달성을 위해 지켜야 하는 가장 완화된 제약조건이기 때문이다.

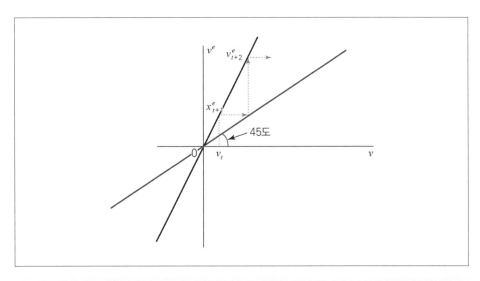

〈그림 10A-1〉 미래시점의 예측치의 기간 간 변화

과 동일한 구조를 가지고 있음을 알 수 있다. 분석을 단순하게 진행하기 위해 이자율준칙에서 단기명목이자율이 GDP갭에 반응하는 부분을 생략한다. 이 경우 GDP갭에 반응하는 부분을 생략하고 있기 때문에 경기순환국면이 어떻게 진행되는지 상관하지 않고 중앙은행은 물가안정목표의 달성에만 집중한다는 의미에서 순수한 인플레이션타기팅이라고 부르기로 한다.

첫 번째 작업은 이자율준칙의 식을 IS곡선의 식에 대입하여 명목이자율을 소거한 뒤에 모형이 함의하는 국내물가지수 인플레이션율과 GDP갭으로 구성된 두 개의 선형점화식을 도출하는 것이다. 첫 번째 작업의 결과는 다섯째 줄에 정리되어 있다. 다섯째 줄에 있는 식은 두 개의 변수가 구성하는 두 개의 선형점화식을 행렬과 벡터를 사용하여 간단하게 표시하고 있다. 여섯째 줄에서 다섯째 줄의 식에서 사용된 행렬 A의 정의를 보여주고 있다. 두 번째 작업은 다섯째 줄에 있는 식이 함의하는 국내물가지수의 인플레이션율과 GDP갭의 기간 간 변화를 분석하는 것이다.

두 번째 작업을 설명하기 이전에 현재시점의 변수와 동일한 변수의 다음시점의 값에 대한 예측치가 동시에 포함된 선형점화식의 해를 계산하는 방법에 대하여 설명한다. 개념위주의 설명을 위해서 벡터의 점화식이 아니라 스칼라의 점화식을 사용한다. <그림 10A−1>에서는 $v^e = av$의 점화식을 사용하여 작성한 페이즈−다이어그램을 보여주고 있다. 수평축은 현재시점의 값이고 수직축은 다음시점의 값을 나타낸다. 실선의 직선은 a의 값이 1보다 큰 양수라는 가정을 도입하여 작성한 점화식의 그래프를 나타낸다. 점선의 직선은 기울기가 45도인 원점을 지나는 직선을 나타낸다. 점화식은 현재시점뿐만 아니라 앞으로 모든 시점에서도 성립할 것으로 가정한다. 이런 가정 하에서 현재시점의 값이 v_t일 때 다음시점부터 무한히 먼 미래시점에서 성립할 것으로 예상되는 변수의 값이 어떻게 달라지는지를 계산할 수 있다. <그림 10A−1>을 보면 수평축의 값이 v_t로 표시되는 점에서 시작하는 점선이 있다. 이 점선은 현재시점부터 먼 미래시점으로 갈수록 예측치가 증가하는 것을 보여주고 있다. 미래시점의 예측치는 무한시간이 지난 후에 무한히 큰 값으로 발산한다는 것을 알 수 있다. 이런 경우 미래시점의 예측치가 무한히 큰 값으로 발산하지 않고 유한값을 가진다는 조건을 만족하는 변수의 값은 제로이다. 어느 시점에서든 변수의 값이 제로가 된다면 무한히 먼 미래시점에서도 변수의 값은 제로가 된다.

앞에서 설명한 분석방법은 오로지 뉴케인지언 단순모형에서만 성립하는 분석방법인지 아니면 다른 거시경제모형에서도 사용될 수 있는 분석방법인지의 여부에 대하여 궁금할 수 있다. 이런 질문에 대한 답은 다른 거시경제모형에서도 일반적으로 사용될 수 있다는 것이다. 앞에서 설명한 분석방법의 개념을 다음과 같이 정리할 수 있다. 먼저 현재시점으로부터 시간거리로 매우 멀리 떨어진 시점에서 변수의 값에 대한 예측치를 「먼 미래 예측치」로 정의한다. 이런 정의를 적용하여 「먼 미래 예측치의 유한성」의 개념을 생각해볼 수 있다. 「먼 미래 예측치의 유한성」은 「먼 미래 예측치」는 유한한 값을 가져야 한다는 것이다. <그림 10A−1>에서는 변수의 값이 제로가 아닌 경우 「먼 미래 예측치의 유한성」이 충족되지 않는다는 것을 보여주고 있다. 따라서 「먼 미래 예측치의 유한성」이 충족되는 단 하나의 상황은 변수의 값이 항상 제로가 되어야 한다는 것이다.

다음에서는 <그림 10A−1>의 분석방법을 <표 10A−3>의 다섯째 줄에 있는 벡터의 점화식에 적용한다. 요점을 정리하면 벡터의 선형점화식을 다수의 스칼라의 점화식으로 분해하여 각각의 스칼라의 점화식에 대하여 <그림 10A-1>의 방식을 적용한다는 것이다. 행렬 A의 전치행렬의 고유치와 고유벡터를 사용한다. 행렬 A의 전치행렬은 두 개의 서로 다른 고유치와 각각의 고유치에 대응하는 2×1의 열벡터를 가지고 있는 것으로 가정한다. 두 개의 고유치를 각각 λ_1과 λ_2로 표시한다. 두 개의 고유벡터를 V_1과 V_2로 표시한다. <표 10A-3>의 일곱째 줄에서는 고유벡터에 포함되는 원소를 계수로 하는 GDP갭과 국내물가지수인플레이션율의 선형함수를 정의한다. 두 개의 고유벡터가 존재하기 때문에 두 개의 서로 다른 선형함수를 정의할 수 있다. 각각의 선형함수는 v_1과 v_2로 표시한다. 고유벡터의 정의를 사용하면 선형함수의 값에 대하여 성립하는 두 개의 점화식이 존재한다는 것을 알 수 있다. 이를 수식으로 표시하면 각각 $v_1^e = \lambda_1 v_1$와 $v_2^e = \lambda_2 v_2$의 등식이 된다. 두 개의 점화식에서 계수는 모두 고유치가 된다. 이제 <그림 10A-1>의 분석방법을 적용하기 위해 고유치의 절대값이 1보다 큰 조건을 찾아야 한다. 두 개의 고유치 모두 절대값이 1보다 크다면 「먼 미래 예측치의 안정성」이 충족되기 위해서 현재시점을 포함하여 앞으로 모든 시점에서 선형함수의 값이 항상 제로가 되어야 한다. 이런 조건은 결국 GDP갭과 국내물가지수인플레이션의 값은 항상 제로임을 의미한다. 고유치의 절대값이 1보다 크기 위해서 어떠한 조건이 충족되어야하는가? <표 10A-3>의 넷째 줄에 있는 이자율준칙의 국내물가지수인플레이션에 대한 반응계수는 1보다 큰 양수가 되어야 한다는 것이다. 따라서 <표 10A-3>에 정리되어 있는 소규모개방경제의 뉴케인지언 단순모형은 인플레이션타기팅을 통해서 국내물가지수와 GDP갭의 완전한 안정화를 동시에 달성할 수 있다는 것을 보여준다.

소비자물가지수인플레이션율에 물가안정목표를 부여하더라도 적절한 이자율준칙을 선택하면 국내물가지수와 GDP갭의 완전한 안정을 달성할 수 있다는 것을 보일 수 있다. 소비자물가지수인플레이션율의 최적 물가안정목표와 국내물가지수인플레이션율의 최적 물가안정목표는 서로 다른 특성을 가지고 있다는 점을 지적한다. 앞의 설명에서 이미 설명한 바와 같이 본 절의 소규모개방경제모형에서는 국내물가지수인플레이션율의 최적 물가안정목표는 제로이다. 그러나 소비자물가지수인플레이션율의 최적 물가안정목표는 고정되어 있는 상수가 아니

■■ 〈표 10A-4〉 소비자물가지수인플레이션타기팅과 물가안정목표의 달성

IS곡선의 식	$x = x^e - \delta_o(i - \pi_H^e - r_H^*)$
필립스곡선의 식	$\pi_H = \beta\pi_H^e + \kappa_o x$
소비자물가지수 물가안정목표와 CB곡선의 식	$i = r_H^* + \theta_\pi(\pi - \bar{\pi}) + \theta_x x_{-1}$
소비자물가지수인플레 이션율갭의 결정	$\pi = \bar{\pi} + \pi_H + \tau\delta_o^{-1}(x - x_{-1})$
완전한 안정화의 조건	$\theta_\pi > 1, \quad \theta_x = \tau\theta_\pi\delta_o^{-1} > 0$
GDP갭과 국내물가지수인플레이 션율의 기간 간 변화	$\begin{pmatrix} x^e \\ \pi_H^e \end{pmatrix} = A\begin{pmatrix} x \\ \pi_H \end{pmatrix}$
행렬의 정의	$A = \begin{pmatrix} (1 + \delta_o(\beta^{-1}\kappa_o + \theta_x)) & (\theta_\pi - \beta^{-1})\delta_o \\ -\beta^{-1}\kappa_o & \beta^{-1} \end{pmatrix}$
변수의 변환	$v_1 = V_1'\begin{pmatrix} x \\ \pi_H \end{pmatrix}; \quad v_2 = V_2'\begin{pmatrix} x \\ \pi_H \end{pmatrix}$

주: 소규모개방경제모형과 폐쇄경제모형에서 IS곡선의 이자율반응계수와 필립스곡선의 기울기는 모두 동일한 기호를 사용하지만, 기호의 정의는 서로 다를 수 있다. 따라서 알파벳 o에 해당하는 기호를 사용하여 소규모개방경제의 계수를 구분한다. $\bar{\pi}$는 소비자물가지수인플레이션율의 목표를 나타낸다.

라 시간이 지나면서 변동한다. 그 이유는 자연율경제에서 소비자물가지수인플레이션율은 상수로 고정되지 않고, 시간이 지나면서 변동하기 때문이다. 그럼에도 불구하고 소비자물가지수인플레이션율의 최적 물가안정목표를 항상 정확하게 인지할 수 있다면, 중앙은행은 통화정책의 적절한 운영을 통해서 소비자물가지수인플레이션율의 최적 물가안정목표와 GDP갭의 완전한 안정화를 동시에 달성할 수 있다는 것을 보일 수 있다.

〈표 10A-4〉에서는 수식을 사용하여 본 절에서 분석하고 있는 소규모개방제의 뉴케인지언 단순모형에서 위의 주장이 성립한다는 것을 보인다. 첫째 줄은 IS곡선의 식, 둘째 줄은 필립스곡선의 식, 셋째 줄은 이자율준칙의 식이다. <표

10A-3>과 <표 10A-4>를 비교하면 첫째 줄과 둘째 줄의 식은 서로 동일한 식이다. 셋째 줄에 있는 이자율준칙의 식이 다르다는 것을 확인할 수 있다. 단기 명목이자율은 소비자물가지수인플레이션갭과 과거의 GDP갭에 반응한다. 넷째 줄에 소비자물가지수인플레이션율갭의 결정조건이 정리되어 있다. 이 식은 <표 10A-1>의 첫째 줄에 있는 식과 다섯 째 줄에 있는 식을 결합하여 도출할 수 있다. 소비자물가지수인플레이션갭은 국내물가지수인플레이션율와 GDP갭의 증가율에 의해서 결정된다. 이 식을 셋째 줄에 있는 이자율준칙의 식에 대입하면 소비자물가지수의 갭을 소거할 수 있다. 그 결과 단기명목이자율을 국내물가지수인플레이션율와 GDP갭의 함수로 표시할 수 있다.

<표 10A-3>의 셋째 줄에 있는 이자율준칙의 식과 동일한 형태의 식이 도출되기 위해서 GDP갭의 반응계수가 충족시켜야 하는 제약조건이 있다. 이 조건이 다섯째 줄에 정리되어 있다. 앞에서 도출한 소비자물가지수인플레이션타기팅을 선택할 때 성립하는 단기명목이자율과 국내물가지수인플레이션의 균형조건을 첫째 줄과 둘째 줄에 있는 식에 대입하여 정리하면 GDP갭과 국내물가지수인플레이션율의 기간 간 변화를 나타내는 두 개의 점화식이 도출된다. 여섯째 줄에서는 두 개의 선형점화식을 행렬과 벡터를 사용하여 간단하게 표시하고 있다. 일곱째 줄에서 여섯째 줄의 식에서 사용된 행렬 A의 정의를 보여주고 있다. <표 10A-3>과 <표 10A-4>를 비교하면 <표 10A-4>에 있는 행렬 A에 θ_x가 추가되어 있는 것이 단 하나의 차이점이라는 것을 알 수 있다.

이미 앞에서 설명한 방식을 적용하여 모형의 해를 분석할 수 있다. <표 10A-4>의 여섯째 줄에 있는 점화식을 다수의 스칼라의 점화식으로 분해하여 각각의 스칼라의 점화식에 대하여 <그림 10A-1>의 방식을 적용한다. 행렬 A의 두 개의 고유치가 모두 절대값이 1보다 크기 위해서 어떠한 조건이 충족되어야하는가? 이 조건은 <표 10A-4>의 다섯째 줄에 두 개의 부등식으로 정리되어 있다. 첫째, 이자율준칙의 소비자물가지수인플레이션율에 대한 반응계수는 1보다 큰 양수가 되어야 한다. 둘째, GDP갭에 대한 반응계수는 양수가 되어야 한다. 이런 조건이 만족되면 <표 10A-4>에 정리되어 있는 소비자물가지수인플레이션타기팅을 선택하여 국내물가지수와 GDP갭의 완전한 안정화를 동시에

달성할 수 있다는 것을 보여준다. 이는 <표 10A-3>에 정리되어 있는 국내물가지수인플레이션타기팅을 선택하는 경우와 동일한 결과가 도출된다는 것을 의미한다. 그러나 <표 10A-4>의 다섯째 줄에서 볼 수 있듯이 이자율준칙의 과거GDP갭에 대한 반응계수가 특정한 값을 만족시켜야한다는 제약이 있음을 지적한다.

제10장 연습문제

01 「경제성장의 초기단계에서는 대외의존도가 경제성장을 견인하는 효과가 있지만, 경제발전의 성숙기에 진입하면 대외의존도를 나타내는 지표의 단순한 확대는 안정적인 경제성장보다는 단기적인 경기순환을 증폭시키는 부정적인 효과를 발생시킬 가능성이 높다.」 본문의 내용을 참고하여 위의 주장을 평가하시오.

02 「2010년부터 2020년까지 기간 중 한국과 미국의 (GDP 대비) 민간소비비중을 비교하면 한국의 민간소비비중이 약 15퍼센트보다 더 낮게 나타난다. 이런 차이는 미국의 순수출비중은 음수이고 한국의 순수출비중은 양수라는 점을 고려하더라도 한국의 민간소비비중을 안정적으로 확대시키는 방식을 통해서 지속가능한 경제성장을 달성할 수 있다는 점을 시사한다.」 본문의 내용을 참고하여 위의 주장을 평가하시오.

03 <표 10-1>에 있는 수식을 사용하여 다음의 문제에 답하시오.
   (1) <표 10-1>의 둘째 줄에서 수식으로 정리되어 있는 미래시점의 대외예산제약을 사용하여 다음의 식이 성립함을 보이시오.

$$m = \theta(m^{'} + x^{'})$$

이 식에서 사용된 기호의 정의는 $m = D^{'}/Y$, $x = NX/Y$, $\theta = (1+g)/(1+r)$이다. 실질이자율과 결제성장률은 상수로 고정되어 있다고 가정하시오.

(2) <표 10-1>의 첫째 줄에서 수식으로 정리되어 있는 현재시점의 대
   외예산제약을 사용하여 다음의 식이 성립함을 보이시오.

$$\frac{m_{-1}}{\theta} = m + x$$

(3) 위의 두 문제에서 제시한 답을 사용하여 균제상태의 대외불균형은 다
   음과 같이 쓸 수 있음을 보이시오.

$$\frac{m}{\theta} - \frac{x}{1-\theta}$$

04 「정부가 달러화표시 채권을 해외에서 발행하면 제4장에서 설명한 재정불
   균형의 개념을 적용하여 해외투자자가 인지하는 정부의 재정불균형을 측
   정할 수 있다. 이 경우 국내에서 재정흑자가 발생하더라도 달러화로 환전
   하여 해외투자자에게 지급할 수 없다면 해외투자자에게 적용되는 정부의
   재정불균형은 급속히 증가한다. 금융기관이 해외에서 조달한 자금의 정부
   지급보증을 확대하면 해외투자자에게 적용되는 정부의 재정불균형은 급속
   히 증가한다.」 본문의 내용을 참고하여 위의 주장을 평가하시오.

05 「우리나라의 경우 국내금융순환은 주로 주택가격의 변화와 연결되어 있
   고, 글로벌금융순환은 미국의 통화정책에 민감하게 반응하는 투자자금이
   주식시장과 채권시장의 거래와 증권가격에 미치는 효과를 반영하는 경향
   이 있다.」 본문의 내용을 참고하여 위의 주장을 평가하시오.

06 「GDP디플레이터 인플레이션율을 선택하지 않고, 소비자물가지수의 인플레이션율에 물가안정목표를 설정하면 환율의 변동성은 감소하여 수출과 수입이 많은 기업에게 상대적으로 유리하지만 대내경제의 변동성이 증가하는 부담을 지불해야 한다.」 본문의 내용을 참고하여 위의 주장을 평가하시오.

07 「무역수지흑자가 지속적으로 진행되는 시기에는 소비자물가지수의 인플레이션율에 물가안정목표를 설정하면 목표인플레이션율보다 더 낮은 인플레이션율이 자주 나타나는 저물가현상의 가능성이 더 높다.」 본문의 내용을 참고하여 위의 주장을 평가하시오.

자연율가설과 개방거시경제

11장 자연율가설과 개방거시경제

　서로 다른 화폐의 교환비율을 의미하는 환율은 원칙적으로 외환시장에서 자유롭게 결정되는 가격변수로 간주된다. 거시경제이론의 분석결과와 현실경제에 실제로 참여하는 여러 경제주체들 모두 환율변동이 실물거시경제에 미치는 효과가 미미하다고 주장하기 어렵다. 이런 점을 고려하여 외환시장에서 결정되는 환율변동을 제한할 수 있는 명시적인 제도가 바람직할 수도 있다는 견해도 가능하다. 그 결과 현실경제에서도 고정환율제도와 변동환율제도 등을 포함하는 다양한 형태의 외환제도가 실시되고 있다. 또한 환율이 외환시장에서 자유롭게 결정되는 것을 보장하는 국가에서도 필요할 때 정부당국이 외환시장에 개입하여 자국에 유리하게 조정하는 관행도 실제로 발생하고 있다는 것을 부인하기 어렵다.

　'환율의 적정수준이 존재하는가? 환율의 적정수준이 존재한다면 어떻게 결정되는가? 외환시장에서 자유롭게 결정되는 환율은 장기적으로 적정수준과 일치되는가?' 위에서 제시한 세 개의 질문에 대한 답변이 앞에서 설명한 내용과 일치성을 유지해야 한다는 조건을 부과한다면 자연율가설이 성립하는 개방경제의 외환시장에서 자유롭게 결정되는 환율을 개념적으로 머릿속에 떠올릴 수 있다. 앞에서 자연율가설이 성립하는 경제에서 결정되는 이자율을 자연이자율(natural rate of interest)이라고 했다. 자연율경제의 개념과 동일한 맥락이라는 점을 강조하기 위해 자연환율(natural rate of exchange)이라는 개념도 가능할 것으로 생각한다.

　본 장에서는 자연환율이 환율의 적정수준이고, 세계의 모든 국가에서 자유로운 외환거래가 보장되면 시장환율은 장기적으로 자연환율로 수렴할 것이라고 가정한다. 이런 가정을 바탕으로 환율변동을 분석하려면 환율갭의 개념도 같이 등장한다. 명목환율갭과 실질환율갭의 구분을 위해 자연실질환율과 자연명목환율의 구분이 필요하다. 앞에서 경기중립명목이자율은 자연실질이자율과 중앙은행이 선택한 목표인플레이션율의 합으로 정의하였다. 이렇게 정의할 때 중앙은행이 적정인플레이션율을 목표인플레이션율로 선택한다는 가정이 같이 포함되어 있다. 앞에서 설명한 자연율가설과 동일한 분석의 틀을 유지하기 위해 자연명목환율을 자연실질환율과 국가 간 적정인플레이션율의 차이의 합으로 정의한다.

명목환율을 정부가 발표한 수준으로 고정시키는 정책을 가리켜서 고정환율제도라고 한다. 자연환율이 계속해서 변동하는 가운데 무한 기간 동안 고정환율제도를 성공적으로 유지할 수 있는가? 자연율가설의 함의는 서로 다른 국가들이 모두 서로 다른 화폐를 사용하는 한, 자연환율이 계속해서 변화하는 상황에서 명목환율을 일정한 수준에 고정시키는 것은 쉽지 않은 것이라는 점이다. 예를 들어, 큰 폭의 환율갭이 지속적으로 유지될 수 있는가? (자연환율과 비교하여) 자국화폐 교환비율의 지속적인 고평가를 인위적으로 유지시키려면 외환보유고를 계속해서 소진하게 된다. 그 결과 대외거래의 결제를 위해 지불해야 하는 달러화가 부족하게 되면 외환위기가 발생하게 된다. 1997년 말 한국이 겪은 외환위기를 발생시킨 직·간접적인 원인들을 다양한 측면에서 제시할 수 있겠으나, 직접적으로 연결되는 원인은 외환보유고의 소진이라고 할 수 있다는 점을 하나의 관련 사례로 들 수 있다.

(자연환율과 비교하여) 자국화폐 교환비율을 인위적으로 저평가시키면 어떠한 일이 예상되는가? 적어도 일정 기간 동안 저평가시켜서 얻을 수 있는 이득이 있다는 점을 현실적으로 부인하기 어렵다. 화폐가치의 상대적인 저평가를 통해서 수출증가를 달성할 수 있다면 경기부양을 위해 정부당국이 다양한 정책수단을 동원하여 일정 기간 동안 인위적으로 저평가시키려는 유인이 있을 수 있다는 점을 쉽게 이해할 수 있다. 실제로 현실경제에서 중앙은행을 포함하는 정부당국의 외환시장개입이 빈번하게 발생하고 있다는 점이 현실적인 유용성이 있음을 나타내는 실증적인 증거이다. 외환시장개입이 제공하는 실효적인 효과가 있는가? 질문에 대한 답변으로서 하나의 사례를 들면 미국 재무성이 반기별로 의회에 제출하는 환율보고서에서 환율조작국과 관찰대상국을 지정하고 있다. 한 나라의 정부가 다른 나라의 외환 시장개입을 모니터링하기 위한 지속적인 정책적인 노력을 하고 있다는 자체가 (정상적으로 판단할 때) 지속적인 외환시장개입

의 실효성이 있다는 것을 부인하기 쉽지 않다.

본 장의 후반부에서는 개방경제의 자연율가설은 하나의 추상적인 이론이 아니라 (비록 명시적인 이름이 제시되는 것은 아니지만) 실제로 실시되고 있는 다양한 정부정책에 활용되고 있는 개념이라는 점을 강조한다. 같은 맥락에서 외환시장의 개입, 중앙은행 통화스왑과 외환보유액의 축적 및 활용 등과 같은 정책들은 명목환율갭과 실질환율갭의 단기적인 변동성을 완화시키는 것은 물론 아울러 지속적인 괴리가 제거되도록 하는 정책적 노력이라고 해석할 수 있다는 점을 보인다. 이런 주장을 뒷받침할 수 있는 환율결정모형이 존재하는가? 본 장에서 소개하는 환율결정모형에서는 국가 간 투자자금이동을 통해 발생할 수 있는 예상초과수익률의 효과를 앞 장에서 설명한 이자율평형조건에 반영하여 실질환율이 결정된다. 또한 미래지향적인 투자자들은 미래시점의 경제상황이 확률적으로 변동한다는 점을 반영하여 예상초과수익률을 결정한다. 따라서 본 장에서 소개하는 환율결정모형에서는 미래시점에서 발생할 외환시장과 거시경제의 상황에 대한 투자자들의 예측이 현재시점의 명목환율갭과 실질환율갭에 영향을 미치는 경로가 반영되어 있다. 그 결과 중앙은행 통화스왑과 외환보유액의 크기 등은 미래지향적인 투자자의 기대에 영향을 미치기 때문에 명목환율갭과 실질환율갭에 영향을 미치게 된다.

제1절　자연환율의 결정

글로벌경제에 서로 다른 두 개의 국가가 존재하는 것으로 가정하는 모형에서 자연(실질)환율이 결정되는 모형을 소개한다. 하나는 자국(home country)이고, 다른 하나는 외국(foreign country)이다. 자국의 인구수는 n이고, 외국의 인구수는 $(1-n)$이라고 가정한다. n은 1보다 작은 양수로 가정한다. 글로벌경제의 전체 인구수는 두 나라의 인구수를 합하여 계산할 수 있다. 앞의 가정에 따르면 글로벌경제의 전체 인구수는 1이다. 이런 가정은 상수로 고정되어 있는 글로벌경제의 전체 인구수를 정규화한 것으로 해석할 수 있다. n의 크기가 매우 작다는 가정이 부과되면 자국의 결정이 글로벌경제에 미치는 영향이 무시할 정도로 작아진다. 따라서 이는 자국을 소국개방경제라고 가정한 것으로 볼 수 있다.

복잡한 모형을 소개하기 보다는 실질환율의 결정에 관한 개념을 중점적으로 설명하기 위해 단순화 가정이 적용된 모형을 설명한다. 이런 측면에서 두 개의 가정을 먼저 설명한다. (1) 두 나라의 실질소득은 외생적으로 결정된다. 따라서 두 나라 모두 부존자원경제이다. (2) 두 나라의 소비자들은 모두 자국에서 생산된 재화와 외국에서 생산된 재화를 결합하여 산출한 재화를 소비한다. 두 번째 가정의 의미를 다음과 같이 설명할 수 있다. 가계가 소비하는 소비재는 자국과 외국의 재화가 모두 투입되어 생산된 산출물로 간주할 수 있다. 이런 가정이 함의하는 점은 각국에서 생산된 재화의 명목가격과 소비재의 명목가격을 구분해야 한다는 것이다. 예를 들면, 각국에서 생산된 재화의 명목가격은 GDP디플레이터에 대응되고, 소비재의 명목가격은 소비자물가지수에 대응되는 것으로 해석할 수 있다.

소비자물가지수는 어떻게 결정되는가? 자국제품의 국내가격과 외국제품의 국내가격의 함수로 정의된다. 소비자물가지수의 두 가지 특성을 설명한다. (1) 국내화폐로 측정한 소비재지출액은 소비자물가지수와 소비재의 수량의 곱으로 표시된다. 이를 수식을 사용하여 설명한다. 소비자물가지수를 P_H로 표시하고, 국내거주자 소비재 수요량을 C_H로 표시하면 국내화폐로 측정한 소비재지출액은 $(P_H C_H)$이다. (2) 소비자물가지수는 자국제품의 국내가격과 외국제품의 국내가격이 같은 비율로 증가하면 소비자물가지수도 동일한 비율로 증가한다. 소비자물가지수를 자국제품의 국내가격과 외국제품의 국내가격에 대한 일차동차함수로 정의한다면 이런 특성을 만족시킨다.

자국제품의 외국가격은 어떻게 결정되는가? 이를 설명하기 위해 먼저 명목환율을 정의한다. 명목환율은 자국화폐단위로 측정한 외국화폐 한 단위의 가격으로 정의된다. 이런 명목환율의 정의는 원·달러환율과 동일한 방식이다. 앞의 질문에 대한 답변은 자국제품의 달러가격이 어떻게 결정되는지를 설명하는 것이다. (명목환율)×(자국제품 달러가격)＝(자국제품 국내가격)이 성립한다. 이 등식이 함의하는 것은 외국화폐단위로 나타낸 자국제품의 가격은 차익거래이득이 발생하지 않도록 일물일가의 법칙(law of one price)이 성립하는 상황에서 결정된다는 것이 강서구 내다. 외국제품의 국내가격은 어떻게 결정되는가? 동일한 원칙이 적용되기 때문에 (명목환율)×(외국제품 달러가격)＝(외국제품 국내가격)이 성립한다.

교역조건과 실질환율의 정의를 설명한다. 기호를 사용하여 설명하기 위해 자국의 소비자물가지수를 P_H, 자국제품의 국내가격을 V_H, 외국제품의 국내가격을 V_F로 표시한다. 교역조건은 자국제품 한 단위를 외국에 팔아서 수입할 수 있는 외국제품의 수량을 나타낸다. 교역조건을 계산할 때 동일한 화폐단위로 통일해서 측정해야 한다. 자국의 화폐단위로 측정하면 교역조건은 자국제품의 국내가격 대비 외국제품의 국내가격의 비율이 된다. 이를 기호로 나타내면 (V_F/V_H)이다. 일물일가의 법칙이 적용되면 외국화폐단위로 교역조건을 측정하더라도 자국화폐단위로 측정한 값과 동일한 값이 된다. 다음에서는 실질환율에 대하여 설명한다. 실질환율은 자국소비재 한 단위 대비 외국소비재 한 단위의 가격의 비율로 정의된다. 실질환율의 값은 (명목환율)×(외국소비자물가지수)를 (자국소비자물가지수)로 나눈 비율이다. 실질환율의 정의를 기호로 표시하기 위해 외국의 소비자물가지수를 P_F, 명목환율을 E, 실질환율을 Q로 나타낸다. 위의 기호를 사용하면 실질환율의 정의는 $Q=EP_F/P_H$의 등식이 된다.

앞에서 복잡한 모형을 설명한다는 인상이 들 수 있지만, 글로벌경제에 적용되는 자원제약은 간단한 수식으로 표시된다. 정부의 역할이 전혀 없는 상황에서 (자국실질소비지출＋외국소비지출＝글로벌경제 총(실질)소득)의 등식이 성립한다. 글로벌경제의 사회후생은 자국거주자와 외국거주자 효용의 합으로 정의한다. 글로벌경제의 사회후생을 정의할 때 각국의 개별 소비자들에 적용되는 비중은 모두 동일하다. 그러나 국가별 인구수가 다르기 때문에 국가별 비중은 다를 수 있다. 자국거주자의 효용함수는 $U(C_H)$, 외국거주자의 효용함수는 $U(C_F)$로 표시한다.[81] 국내거주자의 효용은 국내거주자의 소비재 수요량을 나타내는 C_H의 함수이고, 외국거주자의 효용은 외국거주자의 소비재 수요량을 나타내는 C_F의 함수이다. 두 나라로 구성된 글로벌경제에서 사회후생은 두 나라 사회후생의

---

81) 함수 $U(x)$는 이차미분이 존재하는 동시에 연속함수인 오목함수로 가정하여 관련문헌에서 많이 사용되는 효용함수의 형태를 포함한다.

가중평균이 된다. 각 나라의 인구비중이 가중치로 사용된다. 따라서 글로벌경제의 사회후생함수는 $nU(C_H) + (1-n)U(C_F)$ 이다.

글로벌경제의 실질산출량을 자국소비재 단위로 측정하여 Y로 표시한다. 또한 Y_H는 자국에서 생산된 재화의 산출량이고, Y_F는 외국에서 생산된 재화의 산출량을 나타낸다. Y_H의 명목가격은 V_H이고, Y_F의 명목가격은 V_F이다. 앞에서 글로벌경제의 실질산출량은 자국소비재 단위로 측정되는 것으로 가정하였기 때문에 $nV_HY_H + (1-n)EV_FY_F = P_HY$의 등식이 성립한다. 위의 등식에서 좌변에서는 두 나라의 화폐가 서로 다르기 때문에 자국과 외국에서 생산된 재화 한 단위의 명목가치가 다르다는 점이 반영되었다. 자국소비재 단위로 평가하면 자국의 산출량은 (V_HY_H/P_H) 이다. 자국소비재 단위로 평가하면 외국의 산출량은 (EV_FY_F/P_H) 이다. 앞에서 글로벌경제의 실질산출량이 어떻게 결정되는지를 설명하였다. 글로벌경제의 자원제약은 글로벌경제의 실질총산출은 글로벌경제의 실질총소비와 같다는 조건이다. 이를 수식으로 표시하여 자국소비재 단위로 측정한 글로벌경제의 자원제약식은 $nC_H + (1-n)QC_F = Y$이다.

다음에서는 앞에서 설명한 글로벌경제의 자원제약식과 사회후생함수를 사용하여 자연환율(natural rate of exchange)의 결정을 설명한다. 두 개의 단계로 나누어 설명할 수 있다. 첫 번째 단계에서는 자원제약식을 만족시키는 자국소비와 외국소비의 수없이 다양한 조합들 중에서 사회후생을 극대화하는 소비조합을 찾는다. 이것이 글로벌경제에서 달성가능한 소비재의 배분 중에서 최적 배분이다. 두 번째 단계에서 자연환율을 정의한다. 최적 소비배분에서 달성되는 자국소비재와 외국소비재의 교환비율이 자연환율이다.

<그림 11-1>은 자연환율이 정의되는 상황을 그림으로 보여주고 있다. 수평축은 외국거주자의 일인당소비, 수직축은 자국거주자의 일인당소비를 나타낸다. 절편이 양수이고, 기울기가 음수인 직선이 글로벌경제 자원제약식의 그래프이다. 자원제약식의 그래프를 그릴 때 자국소비재와 외국소비재의 교환비율을 나타내는 Q는 자국소비와 외국소비의 변화에 영향을 받지 않는 것으로 가정한다. 무차별곡선의 분석에 의거하여 효용극대화를 설명하면 (무차별곡선의 기울기 = 제약식의 기울기)의 조건이 만족될 때 효용극대화가 달성된다. <그림

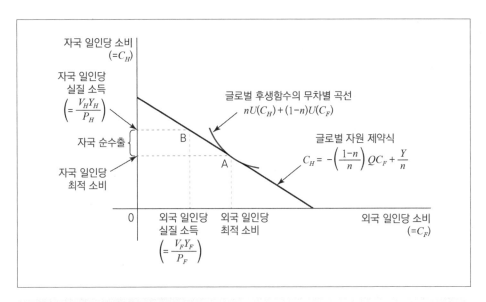

자국 일인당 소비
(=C_H)

자국 일인당
실질 소득
$\left(=\dfrac{V_H Y_H}{P_H}\right)$

글로벌 후생함수의 무차별 곡선
$nU(C_H)+(1-n)U(C_F)$

자국 순수출 {

글로벌 자원 제약식
$C_H = -\left(\dfrac{1-n}{n}\right)QC_F + \dfrac{Y}{n}$

B

A

자국 일인당
최적 소비

0 외국 일인당
실질 소득
$\left(=\dfrac{V_F Y_F}{P_F}\right)$ 외국 일인당
최적 소비 외국 일인당 소비
(=C_F)

〈그림 11-1〉 **자연환율의 결정**

11-1〉에서는 효용극대화조건을 만족하는 점을 A점으로 표시한다. 이를 정리하면 (자연환율＝외국거주자한계효용/국내거주자한계효용)의 등식이 성립한다는 것을 알 수 있다.

　〈그림 11-1〉에서 B점은 각 나라의 부존자원점이다. B점은 자국과 외국의 일인당 실질소득을 나타낸다. 이 점을 소비하는 경우 두 나라에서 순수출은 제로가 된다. 그 이유는 자국에서 산출된 제품의 실질가치와 자국거주자 소비의 실질가치가 같기 때문이다. 그러나 A점과 B점이 달라지면 순수출이 제로가 아니다. 〈그림 11-1〉에서는 자국 순수출이 양수인 상황을 보여주고 있다. 자연환율이 달성되면 자국과 외국에서 무역적자 또는 무역흑자가 없는 상황이 되는가의 질문이 가능하다. (수출＝수입)의 등식이 장기적인 균형에서 달성되어야 하는 것으로 간주하고, 이런 특성을 만족하는 균형에서 달성되는 환율을 균형환율이라고 정의할 수 있다. 〈그림 11-1〉을 사용하여 설명한 모형에서 달성되는 자연환율은 반드시 (수출＝수입)의 조건을 만족시켜야 한다는 조건을 부과하지 않는다. 두 나라의 자연율경제에서 달성되는 일인당 실질소비와 두 나라 거주자의 효용함수의 형태를 알 수 있다면 〈그림 11-1〉에서 설명하고 있는 가

상적인 효용극대화모형을 사용하여 자연(실질)환율을 계산할 수 있다는 점을 지적한다. 또한 본 책에서는 본 장에서 다루고 있는 자연환율이 장기적인 무역수지균형에서 달성되는 균형실질환율로 수렴하는지의 여부에 관한 자세한 설명은 생략한다.

<그림 11-1>의 모형에서는 자국의 거주자와 외국의 거주자가 단 하나의 시점만 생존한다는 가정이 암묵적으로 부여된 것으로 간주할 수 있다. 이런 의미에서 정태적인 상황을 가정하여 자연환율의 결정을 설명한 것으로 볼 수 있다. 보다 더 현실적인 모형으로 확장하는 것이 바람직하다. 여러 방향으로 확장이 가능하지만 저축을 통해서 소비의 기간 간 대체가 가능한 상황을 인정하는 경우를 생각하기로 한다. 소비자들이 현재시점에서 태어나서 다음시점에서 사망하는 매우 단순한 상황을 가정한다. 또한 자국거주자가 자국소비재 한 단위를 현재시점에서 국내에 투자하면 다음시점에서 $(1+r_H)$의 실질수익을 창출할 수 있는 기술이 있다. 외국에서는 외국거주자가 외국소비재 한 단위를 현재시점에서 투자하면 다음시점에서 $(1+r_F)$의 실질수익을 창출할 수 있는 기술이 있다.

앞에서 설명한 가정들이 추가되면 <그림 11-1>에서 분석한 모형과 비교하여 제약조건이 어떻게 달라지는가? <표 11-1>의 첫째 줄에서는 현재시점의 자원제약식을 보여주고 있다. <그림 11-1>에서 분석된 모형과 비교하여 달라진 점은 국내거주자의 국내투자와 해외거주자의 해외투자가 추가된 것이다. <표 11-1>의 둘째 줄에서는 다음시점의 자원제약식을 보여주고 있다. 자국거주자의 국내투자로부터 받는 수익과 외국거주자의 해외투자로부터 받는 수익이 포함되어 있다. <표 11-1>의 첫째 줄과 둘째 줄에 있는 두 개의 제약식은 글로벌경제 전체 시민의 복지를 극대화하는 글로벌정부의 제약식으로 간주할 수 있다. 글로벌정부는 두 기간 존재하는 것으로 가정할 때 생애전체의 자원제약식은 <표 11-1>의 첫째 줄과 둘째 줄에 있는 두 개의 제약식을 결합하여 도출할 수 있다. 이미 제2장에서 도출하는 방식에 대하여 설명했으므로 도출과정에 관한 자세한 설명은 생략하기로 한다.

도출된 생애전체 자원제약식은 <표 11-1>의 셋째 줄에 정리되어 있다. 셋째 줄에 있는 식은 차익거래이득이 존재하지 않는다는 제약이 부과되지 않은 상

현재시점 제약식	$n(C_H+I_H)+(1-n)Q(C_F+I_F)=Y$
미래시점 제약식	$nC_H^{'}+(1-n)Q^{'}C_F^{'}=Y^{'}+(n(1+r_H)I_H+(1-n)Q^{'}(1+r_F)I_F)$
차익거래이득과 생애전체 제약식	$n(C_H+\dfrac{C_H^{'}}{1+r_H})+(1-n)Q(C_F+\dfrac{Q^{'}C_F^{'}}{Q(1+r_H)})=W-(1-n)QI_F\Delta$
단위당 차익거래이득	$\Delta=1-(1+\hat{r}_F)/(1+r_H);\ 1+\hat{r}_F=Q^{'}(1+r_F)/Q$
무차익거래이득과 실질환율결정	$\Delta=0 \rightarrow r_H=\hat{r}_F \rightarrow 1+r_H=\dfrac{Q^{'}(1+r_F)}{Q}$
무차익거래이득과 생애전체 제약식	$n(C_H+\dfrac{C_H^{'}}{1+r_H})+(1-n)Q(C_F+\dfrac{C_F^{'}}{1+r_F})=W$

주: I_H는 자국거주자의 국내투자, I_F는 외국거주자의 해외투자를 나타낸다. W는 자국 소비재단위로
　　측정한 글로벌경제의 항상소득을 나타낸다. $W=Y+(1+r_H)^{-1}Y^{'}$

태이다. 그 이유는 차익거래이득이 없다는 조건이 부과되지 않고, 첫째 줄과 둘째 줄에 있는 식을 단순히 결합하여 셋째 줄에 있는 식이 도출되기 때문이다. 셋째 줄에 있는 식의 우변에 있는 두 개의 항을 설명한다. 첫째 항에 있는 W는 자국 소비재단위로 측정한 글로벌경제의 항상소득을 나타낸다. 둘째 항에 있는 Δ는 단위당 차익거래이득의 크기를 나타낸다. Δ의 구체적인 정의는 〈표 11-1〉의 넷째 줄에 수식으로 정리되어 있다.

왜 Δ를 차익거래이득을 나타내는 변수로 해석하는가? 그 이유는 Δ의 값이 제로가 아니라면 소비자들은 자신이 보유한 투자자금이 없을지라도 다음시점에서 투자수익을 낼 수 있는 투자전략이 존재하기 때문이다. 이런 상황은 Δ의 값이 음수이거나 양수일 때 모두 가능하다. 따라서 오로지 Δ의 값이 제로일 때만 차익거래이득이 존재하지 않는다. Δ의 값이 제로가 아니라면 어떤 상황이 벌어지는가? 먼저 〈표 11-1〉의 셋째 줄에 있는 식을 사용하여 설명한다. 셋째 줄에 있는 식의 우변은 현재시점과 다음시점의 소비지출에 필요한 소득을 나타낸다. 좌변은 생애전체의 소비지출을 나타낸다. 등식이기 때문에 우변의 값이 증

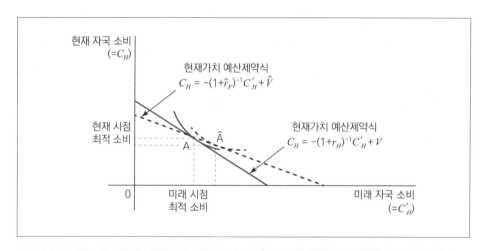

현재 자국 소비
$(=C_H)$

현재가치 예산제약식
$C_H = -(1+\hat{r}_F)^{-1}C'_H + \hat{V}$

현재 시점
최적 소비

현재가치 예산제약식
$C_H = -(1+r_H)^{-1}C'_H + V$

A $\hat{A}$

0   미래 시점
최적 소비

미래 자국 소비
$(=C'_H)$

〈그림 11-2〉 생애효용극대화: 「국내투자수익률 < 해외투자수익률」

가하면 좌변의 값이 나타내는 소비지출의 크기도 같이 증가한다.

차익거래이득이 있다면 <표 11-1>의 셋째 줄에 있는 식의 우변의 크기를 소비자는 언제든지 원하는 수준으로 조절할 수 있는 능력을 가지게 된다는 것이 문제가 된다. 이런 상황이 발생하면 유한값을 가지는 최적 소비점이 존재하지 않기 때문이다. 그 이유는 최적 소비점이 달성될 수 있는 소득수준보다 더 높은 소득수준을 차익거래의 이득을 통해 실현하여 달성할 수 있기 때문이다. 어떠한 방식으로 <표 11-1>의 셋째 줄에 있는 우변의 크기를 조정할 수 있는가? $\Delta > 0$의 경우 $I_F < 0$의 값을 선택하면 우변 둘째항의 부호가 양수가 되기 때문에 생애전제에서 가용한 소득수준이 증가한다. $\Delta < 0$의 경우에도 $I_F > 0$의 값을 선택하면 우변 둘째항의 부호가 양수가 되기 때문에 생애전체의 소득수준이 증가한다. 따라서 Δ의 값이 제로가 아니라면 필요한 소비지출이 어느 수준으로 정해져도 셋째 줄에 있는 등식을 만족시키는 적절한 I_F의 값을 찾을 수 있다는 것을 확인할 수 있다.

<표 11-1>에서는 생애전체에 걸쳐서 실행될 소비지출에 적용되는 제약을 설명했기 때문에 다음에서는 생애효용극대화는 어떻게 달성되는가를 설명한다. 본 장의 개방경제모형에서도 제2장에서 설명한 생애효용극대화의 원리를 적용한다. <그림 11-2>에서는 무차별곡선분석을 사용하여 두 기간 동안 생존하

는 소비자의 생애효용극대화를 설명하고 있다. <표 11-1>에 있는 생애전체에 적용되는 제약을 보면 자국거주자의 미래소비는 국내투자수익률로 할인되고 있다는 것을 확인할 수 있다. 이를 반영하여 자국거주자는 국내투자만 선택하는 것으로 가정하여 자국거주자에게 적용되는 생애전체 예산제약을 도출할 수 있다. <그림 11-2>에서는 자국거주자는 국내투자만 선택한다는 가정이 반영된 생애전체 예산제약의 그래프를 실선으로 표시하고 있다.[82]

<그림 11-2>에서 우하향하는 곡선들은 자국거주자의 생애효용을 사용하여 도출된 무차별곡선들을 나타낸다. 푸른색의 무차별곡선과 푸른색의 직선이 접하는 점을 A점으로 표시하고 있다. 자국거주자는 국내투자만 선택한다는 제약이 부과된 상황에서 달성되는 생애효용극대화의 점으로 해석할 수 있다. 이렇게 해석한다면 A점에서 달성된 생애효용극대화는 국가 간 자본이동에 제약이 부과된 상황에서만 성립하는 것인지의 질문이 가능하다. 이 질문에 대한 답변을 다음과 같이 요약한다. 무차익거래이득의 조건이 부과되면 A점은 자국거주자에게 국내투자만 아니라 해외투자도 자유롭게 선택할 수 있는 상황에서도 생애효용극대화의 점이 된다. 이런 답변이 성립한다는 것을 보이기 위해 먼저 해외투자의 투자수익률을 계산해야 한다.

자국거주자가 해외투자를 선택하면 자국소비재 단위로 평가할 때 어느 정도 투자수익을 받는가? <표 11-1>의 넷째 줄에 정의되어 있는 $\hat{r}_F$는 자국거주자가 해외투자를 선택할 때 다음시점에서 실현될 투자수익률을 나타낸다. 자국거주자가 해외투자를 실행하기 위해 자국소비재를 외국소비재로 교환해야 한다. 현재시점에서 자국소비재 한 단위를 제공하여 얻는 외국소비재의 크기는 현재시점 실질환율의 역수이다. 다음시점에서 실현된 해외투자수익은 외국소비재로 지급되기 때문에 외국소비재를 자국소비재로 교환해야 한다. 다음시점에서 외국소비재 한 단위를 제공하여 얻는 자국소비재의 크기는 다음시점 실질환율이다. 따라서 미래시점 실질환율을 현재시점 실질환율로 나눈 비율이 $\hat{r}_F$의 정의에 포

---

82) <그림 11-2>와 <그림 11-3>에 등장하는 V와 $\hat{V}$은 제2장에서 설명한 생애주기적자 방식을 적용하여 도출되는 예산선의 절편을 나타낸다. 본 장의 모형을 사용하여 도출하는 과정은 연습문제에서 다루고 있다.

함되어 있다.

자국거주자가 자유롭게 해외투자를 선택할 수 있도록 허용되는 상황에서 다음과 같은 두 가지 경우를 나누어 볼 수 있다. 첫째, (국내소비재 단위로 평가한) 해외투자수익률이 국내투자수익률보다 높은 경우이다. 둘째, (국내소비재 단위로 평가한) 해외투자수익률이 국내투자수익률보다 낮은 경우이다. <그림 11-2>는 첫째 경우에 해당한다. (국내소비재 단위로 평가한) 해외투자수익률이 국내투자수익률보다 높은 경우의 생애효용극대화를 점선으로 보여주고 있다. 점선으로 표시된 직선은 자국거주자가 해외투자를 선택한다는 가정이 부과되었을 때 도출되는 예산제약의 그래프이다.

<그림 11-2>에서 점선으로 표시된 직선과 곡선이 접하는 ($\hat{A}$로 표시되어 있는) 점이 자국거주자가 해외투자를 선택할 때 달성되는 생애효용극대화를 나타낸다. 점선으로 표시된 직선이 국내투자만 선택하는 경우의 효용극대화의 점을 나타내는 A점을 지나고 있다는 것을 발견할 수 있다. 따라서 자국거주자가 국내투자만 선택할 때 달성되는 생애효용극대화에서 실현되는 소비점도 선택가능하다는 것을 알 수 있다. $\hat{A}$에서 달성되는 생애효용수준과 A점에서 달성되는 생애효용수준을 비교하면 어느 경우가 더 높은 효용수준을 제공하는가? 점선을 사용하여 표시한 효용극대화의 효용수준이 실선을 사용하여 표시한 효용극대화의 효용수준보다 더 높다는 것을 무차별곡선의 위치를 비교하여 확인할 수 있다. 따라서 해외투자가 허락되면 A점은 최적 소비점이 되지 않을 것이라는 점을 알 수 있다.

<그림 11-3>은 둘째 경우에 해당한다. (국내소비재 단위로 평가한) 해외투자수익률이 국내투자수익률보다 낮은 경우의 생애효용극대화를 점선으로 보여주고 있다. 점선으로 표시된 직선은 자국거주자가 해외투자를 선택한다는 가정이 적용되었을 때 도출되는 예산제약의 그래프이다. 독자들의 이해를 돕기 위해 <그림 11-2>와 <그림 11-3>에서 푸른색곡선과 푸른색직선은 모두 동일한 그래프이기 때문에 서로 대칭적인 상황을 나타내는 그림이라고 해석할 수 있다는 점을 지적한다. 사실 <그림 11-2>와 <그림 11-3>에서 채택하고 있는 방식도 동일하다. 따라서 <그림 11-3>에서도 점선으로 표시된 직선은

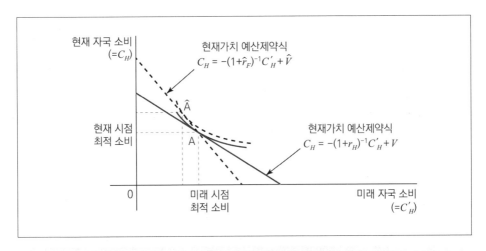

현재 자국 소비
(=C_H)

현재가치 예산제약식
$C_H = -(1+\hat{r}_F)^{-1}C'_H + \hat{V}$

$\hat{A}$

현재 시점
최적 소비

A

현재가치 예산제약식
$C_H = -(1+r_H)^{-1}C'_H + V$

0   미래 시점
최적 소비

미래 자국 소비
(=C'_H)

〈그림 11-3〉 생애효용극대화: 「국내투자수익률 > 해외투자수익률」

자국거주자가 해외투자를 선택한다는 가정이 적용되었을 때 도출되는 예산제약의 그래프이다. <그림 11-3>에서 점선의 직선은 실선의 직선보다 더 가파르다. 그 이유는 앞에서도 설명했지만 해외투자수익률이 국내투자수익률보다 낮기 때문이다.

<그림 11-3>에서도 <그림 11-2>와 같이 점선으로 표시된 직선과 곡선이 접하는 ($\hat{A}$로 표시되어 있는) 점이 자국거주자가 해외투자를 선택할 때 달성되는 생애효용극대화를 나타낸다. 또한 점선으로 표시된 직선이 국내투자만 선택하는 경우의 효용극대화의 점을 나타내는 A점을 지나고 있기 때문에 자국거주자가 국내투자만 선택할 때 달성되는 생애효용극대화에서 실현되는 소비점도 선택가능하다. $\hat{A}$에서 달성되는 생애효용수준이 A점에서 달성되는 생애효용수준보다 더 높기 때문에 해외투자가 허락되면 A점은 최적 소비점이 되지 않을 것이라는 점을 알 수 있다.

<그림 11-2>와 <그림 11-3>을 보면 해외투자가 자유롭게 가능할지라도 A점이 생애효용극대화의 점이 되는 조건은 (국내투자수익률=자국소비재 단위로 평가한 해외투자수익률)의 등식이라는 것을 확인할 수 있다. <표 11-1>의 다섯째 줄에 있는 식을 보면 위의 등식이 무차익거래이득의 조건과 동일하다는 것을 확인할 수 있다. 무차익거래이득의 조건을 부과하면 생애전체의 제약식

■■ 〈표 11-2〉 실질이자율과 실질환율

무차익거래이득과 실질이자율평형조건	$1 + r_H = \dfrac{(1 + r_F) Q'}{Q}$
투자(저축)결정의 효용극대화조건	$\beta \dfrac{U'(C'_H)(1 + r_H)}{U'(C_H)} = 1; \ \ \beta \dfrac{U'(C'_F)(1 + r_F)}{U'(C_F)} = 1$
실질환율의 결정	$Q = \dfrac{U'(C_F)}{U'(C_H)}$
명목환율의 결정	$E = \dfrac{Q P_H}{P_F}$

주: 자국의 실질이자율, 소비, 자연이자율은 H라는 하첨자를 붙여서 표시하고, 외국의 실질이자율, 소비, 자연이자율은 F라는 하첨자를 붙여서 표시한다. $U'(C)$는 한계효용함수를 나타낸다. 동일한 변수에 어포스트로피의 기호를 상첨자의 자리에 붙이면 미래시점의 값을 나타낸다.

은 어떻게 되는가? <표 11-1>의 여섯째 줄에 있는 식은 무차익거래이득의 조건을 <표 11-1>의 셋째 줄에 있는 생애전체의 제약을 나타내는 식에 대입한 후 정리한 식이다. 이 식을 보면 자국거주자의 미래소비는 국내투자수익률로 할인이 되어 있고, 외국거주자의 미래소비는 해외투자수익률로 할인되어 있다. 이처럼 거주하는 국가의 이자율로 할인하고 있을지라도 국가 간 투자자금의 자유로운 이동이 허용되고 있다는 점을 지적한다.

<표 11-2>에서는 앞에서 그림을 사용하여 설명한 효용극대화의 조건들과 무차익거래이득의 조건을 수식으로 정리한다. 첫째 줄에 있는 식은 차익거래이득이 존재하지 않는다는 조건을 사용하여 도출하였지만 이 조건은 실질이자율에 대하여 적용되는 이자율평형조건이다. 서로 두 나라에서 발행되고 있는 실질무위험채권을 두 나라의 거주자가 자유롭게 선택할 수 있는 상황에서 두 나라의 이자율이 만족시켜야 하는 조건이다. 첫째 줄에 있는 실질이자율평형조건은 경제상황의 확률적 변동이 존재하지 않는 단순모형을 사용하여 도출되었다는 점을 지적한다. 미래시점에서 경제상황이 확률적으로 변동한다는 점이 반영된 이자율평형조건은 본 장의 뒷부분에서 다루기로 한다. 둘째 줄에 정리되어 있는 두 개의 식은 <그림 11-2>와 <그림 11-3>에서 보여주고 있는 생애효용

극대화조건을 수식으로 정리한 것으로 볼 수 있다. 구체적으로 설명하면 두 개의 그림에서 A점에서 성립하는 조건이 둘째 줄에서 앞에 있는 수식에 대응된다. 둘째 줄에서 첫 번째의 식은 자국거주자가 국내투자를 선택할 때 적용되는 생애효용극대화조건이다. 두 번째의 식은 외국거주자가 해외투자를 선택할 때 적용되는 생애효용극대화조건이다.

<표 11-2>의 셋째 줄은 <그림 11-1>의 A점에서 만족되는 효용극대화조건을 나타낸다. 셋째 줄의 식은 실질환율은 외국거주자의 (소비)한계효용을 자국거주자의 (소비)한계효용으로 나눈 비율로 결정된다는 것을 보여주고 있다. 넷째 줄의 식은 실질환율이 결정된 상태에서 실질환율을 두 나라 소비자물가지수의 비율로 나누어 주면 명목환율과 같아진다는 것을 보여준다. 참고로 <표 11-2>에서 채택하고 있는 명목환율의 정의는 국내화폐단위로 평가한 외국화폐의 가격이다.

앞에서 단순개방경제모형을 사용하여 분석한 실질환율의 결정과정을 이용하여 자연(실질)환율의 결정과정을 설명한다. 본 장에서 소개하는 자연(실질)환율의 정의는 간단하다. 자연환율은 두 나라의 경제가 모두 자연율경제의 상태에 놓여있을 때 성립하는 실질환율로 정의된다. 무역수지가 제로가 되는 상태에서 성립하는 실질환율을 균형환율이라고 정의한다면 앞에서 정리한 자연환율의 정의에는 무역수지가 제로라는 균형환율의 조건이 포함되어 있지 않다는 점을 지적한다. 자연(실질)환율의 정의는 무역수지보다는 실질이자율평형조건에 초점을 맞춘 것으로 볼 수 있다. 실질이자율평형조건에 초점을 맞춘다면 무역수지보다는 투자자금의 이동으로 인해 발생하는 환율변동에 초점을 맞추는 것으로 해석할 수 있다.

이런 측면을 강조하는 이유는 단기적으로 확률적인 변동을 보이는 변수의 적정 수준을 판단할 때 자연환율은 자연율가설의 개념과 부합하는 적정 수준이라고 볼 수 있기 때문이다. 중앙은행의 목표가 자연율경제의 생산수준과 인플레이션율을 달성하는 것이라고 한다면 이것이 개방경제에서 중요한 역할을 하는 실질환율에는 어떠한 함의가 있는가를 알려준다고 볼 수 있다. 자연율가설을 개방경제에 적용하여 자연환율을 정의한다면 추상적인 개념으로만 끝날 것인가 아

이자율평형조건과 자연실질환율변화	$1+r_H^* = (1+r_F^*)\overline{Q}'/\overline{Q}$
자연실질환율과 한계효용	$\overline{Q}= \dfrac{U'(C_F^*)}{U'(C_H^*)}$
자연명목환율의 결정	$\overline{E}= \dfrac{\overline{Q}\,\overline{P_H}}{\overline{P_F}}$

주: 자연실질환율, 자연명목환율, 자연물가지수은 실질환율, 명목환율, 물가지수를 나타내는 기호의 위에 줄을 붙여서 구분한다. 각국의 자연실질이자율과 자연율경제의 소비는 실질이자율과 소비를 나타내는 기호의 상첨자가 오는 자리에 별표를 붙여서 구분한다.

니면 실제 현실경제의 자료를 사용하여 실증분석이 가능한가? 이런 의문은 자연율가설에서 제시하는 변수들은 자료의 직접적인 수집을 통해서 관측되지 않기 때문에 현실적 유용성이 떨어진다는 주장이 가능하기 때문이다. 제3장에서는 미국의 자료를 사용하여 추계된 자연이자율의 추이를 분석하였다. 유사한 방법을 적용하여 다른 나라의 자연이자율도 추계할 수 있다면 자연환율을 추계할 수 있다는 점을 강조한다.

　〈표 11-3〉의 첫째 줄에서는 앞에서 설명한 가정들을 적용하여 도출한 (커버되지 않은) 이자율평형조건을 보여주고 있다. 이 식을 보면 자연환율의 변화는 두 나라의 자연이자율의 함수임을 확인할 수 있다. 〈표 11-3〉의 첫째 줄에 있는 식은 자연환율의 수준이 아니라 자연환율의 변화가 포함되어 있기 때문에 두 나라의 자연이자율 차이를 알지라도 새로운 조건이 첨가되지 않으면 이 식을 직접적으로 이용하여 현재시점 자연환율의 수준을 추계하기는 어렵다. 제2장에서 설명한 생애효용극대화모형의 분석결과를 적용하면 자연환율의 수준을 추계하는데 보다 더 유용한 식으로 도출할 수 있다. 소비자들은 미래시점의 한계효용을 현재시점의 한계효용으로 나눈 비율로 미래시점의 소득을 현재시점의 가치로 환산하는 것으로 간주할 수 있다. 〈표 11-2〉의 셋째 줄에 있는 식과 〈표 11-3〉의 둘째 줄에 있는 식을 보면 두 식의 차이는 소비를 나타내는 변수들에 별표가 상첨자로 붙어있는지의 여부이다. 따라서 〈표 11-3〉의 둘째 줄에서는

<표 11-2>의 셋째 줄에 있는 식을 사용하여 두 나라에서 자연율경제가 달성되는 상황에서 결정되는 실질환율이라는 점을 수식으로 보여주고 있다.

자연환율의 개념과 균형환율의 개념을 구분할 필요가 있다. (수출=수입)의 등식이 성립하는 상황을 무역수지의 균형이 달성된 것으로 정의할 수 있다. 또한 무역수지의 균형이 달성되는 상황에서 실질환율을 균형실질환율로 정의할 수 있다. 균형실질환율과 <표 11-2>에서 정의된 자연실질환율은 일치하지 않을 수 있다는 점을 지적한다. <그림 11-1>을 사용하여 자연실질환율과 균형실질환율의 차이를 구분할 수 있다. <그림 11-1>에서 B점은 부존자원점을 나타내기 때문에 (수입=수출)의 상황이 달성된다. B점은 앞에서 정의한 무역수지균형의 조건을 만족시키는 것으로 해석할 수 있다. 실질환율은 외국소비자의 한계효용을 자국소비자의 한계효용으로 나눈 비율이 된다는 점은 앞에서 설명하였다. 따라서 B점이 자국과 외국거주자의 소비점이 되는 상황을 가정하여 한계효용의 비율을 계산하면 이것이 하나의 균형실질환율수준이 된다. 이처럼 균형실질환율을 계산하는 것은 순수출이 제로가 되는 상황을 상정하고 있다는 것을 지적한다. 무역수지균형의 개념에는 수출과 수입의 규모가 클지라도 (수출=수입)의 등식이 성립하는 상황을 포함한다는 점을 지적한다. 이런 맥락에서 무역수지균형은 수출과 수입이 전혀 없는 상황에서만 달성되는 것이 아니라는 점을 강조한다.

거시경제가 장기적으로 자연율경제로 수렴하게 된다는 가정과 함께 단기적으로 실질환율은 자연환율로부터 벗어날 수 있는 가능성을 반영한 모형을 생각해볼 수 있다. <표 11-3>의 첫째 줄에 있는 식을 도출할 때 사용한 이자율평형조건은 미래시점에서 확률적 변동이 발생할 가능성이 전혀 없다는 가정이 부과되었다. 미래시점에서 발생할 확률적 변동의 가능성이 반영되면 이런 가능성이 실질환율의 결정모형에 반영되어야 한다. 다음에서 소개하는 「실질환율갭 결정모형」에서는 미래시점에서 경제상황의 일시적인 확률적 변동이 발생할 가능성이 반영된다.

실질환율갭의 결정

   미래시점에서 일시적인 확률적 변동이 발생할 가능성이 존재하기 때문에 자
국화폐단위로 가격이 표시된 다양한 금융증권과 실물자산에 투자하는 위험이
발생할 수 있다. 이런 종류의 위험에 노출된 증권을 매수할 때 투자자들은 위험
부담에 대한 금전적인 보상으로 그렇지 않은 증권과 비교하여 상대적으로 더 높
은 예상수익률을 요구한다. 다음에서는 앞에서 설명한 이유로 발생하는 예상초
과수익률이 실질환율의 결정에 영향을 미칠 수 있다는 점을 반영한 이자율평형
조건을 소개한다.[83] 하나의 구체적인 예를 들어 설명하기 위해 미국의 달러화단
위로 원금과 이자가 표시된 만기가 1기인 채권투자와 원화단위로 원금과 이자
가 표시된 만기가 1기인 채권투자 중 하나를 선택하는 외국투자자의 결정과정
을 설명한다. 외국투자자는 위험기피적인 선호를 가지고 있는 것으로 가정하여
예상 수익률의 크기와 위험의 크기를 같이 고려한 투자대안을 선택하는 것으로
가정한다.

   <표 11-4>의 첫째 줄에 있는 식은 1달러를 원화로 환전하여 원화로 표시
된 채권에 투자한 외국투자자의 달러화로 표시한 원리금을 나타낸다. 이 식에서
i_K는 원화로 표시된 채권의 명목이자율을 나타낸다. <표 11-4>의 둘째 줄에
있는 식은 1달러를 달러화로 표시된 채권에 투자한 외국투자자의 달러화로 표
시한 원리금을 나타낸다. 이 식에서 i_{US}는 달러화로 표시된 채권의 명목이자율
을 나타낸다. 첫째 줄과 둘째 줄에 있는 식은 모두 실현된 투자수익률을 나타낸
다. 외국투자자가 원화로 표시된 채권에 투자하는 경우 다음시점에서 실현될 명
목환율의 값을 현재시점에서 미리 알지 못하는 경우 다음시점에서 실현될 수익
률을 현재시점에서 정확히 알 수 없다는 점을 지적한다.

---

83) 엥겔(Charles Engel)은 2016년 미국 경제학회의 학술지(American Economic Review, 2권
    160호 436페이지부터 474페이지)에 출간된 연구논문에서 예상초과수익률의 효과를 반영한
    이자율평형조건을 사용하여 실질환율결정모형을 도출하고 있다. 본 장에서는 미래시점의 경
    제상황이 확률적으로 변동한다는 조건이 첨가되는 경우 엥겔의 (실질)환율결정모형을 자연
    환율과 실질환율의 결정에 적용하여 실질환율갭의 결정을 설명한다는 점을 지적한다.

외국투자자의 한국채권 투자수익률	$V_K^{'} = \dfrac{(1+i_K)E}{E'}$
외국투자자의 미국채권 투자수익률	$V_{US}^{'} = 1 + i_{US}$
외국투자자의 실현된 초과수익률	$\Lambda^{'} = \dfrac{(1+i_K)E}{(1+i_{US})E'}$
실질환율의 정의	$Q = \dfrac{EP_{US}}{P_K}; \quad Q^{'} = \dfrac{E^{'}P_{US}^{'}}{P_K^{'}}$
실질환율의 변화와 명목환율의 변화	$\dfrac{Q^{'}}{Q} = \dfrac{E^{'}\Pi_{US}^{'}}{E\Pi_K^{'}}$
(실현된) 실질이자율과 명목이자율	$1 + r_{US}^{'} = \dfrac{1+i_{US}}{\Pi_{US}^{'}} \; ; \; 1 + r_K^{'} = \dfrac{1+i_K}{\Pi_K^{'}}$
실질환율의 변화와 실현된 초과수익률	$\Lambda^{'} = \dfrac{(1+r_K^{'})Q}{(1+r_{US}^{'})Q^{'}}$
실질이자율평형조건: 선형근사식	$q = q^e + r_{US}^e - r_K^e + \lambda^e$
자연이자율평형조건: 선형근사식	$\bar{q} = \bar{q}^e + r_{US}^* - r_K^* + \bar{\lambda}$
이자율평형조건과 실질환율갭의 변화	$\hat{q} = \hat{q}^e + \hat{r}_{US}^e - \hat{r}_K^e + \hat{\lambda}^e$
실질환율갭의 미래지향적 결정조건	$\hat{q} = \Delta_r + \Delta_\lambda$
명목환율갭의 미래지향적 결정조건	$\hat{\epsilon} = \Delta_i + \Delta_\lambda$

주: 임의의 변수 X를 소문자로 표시하면 로그값을 나타낸다. 수식으로 표시하면 $x = \ln X$이다. $\hat{x}(=\ln(X/\bar{X}))$는 임의의 변수 X의 갭을 나타낸다. 이런 표기법이 적용된 변수는 실질환율과 명목환율이다. 동일한 변수일지라도 하첨자의 차이로 서로 다른 국가의 변수를 구분하고 있다. 예를 들어, 한국과 미국의 명목이자율은 각각 i_K와 i_{US}, 한국과 미국의 소비자물가지수는 각각 P_K와 P_{US}, 한국과 미국의 현재시점 소비자물가지수를 과거시점 물가지수로 나눈 비율은 각각 Π_K와 Π_{US}이다. Δ_r는 현재시점부터 시작하여 무한시점 이후까지 미국과 한국의 실질이자율갭에 대한 예측치의 차이의 합, Δ_λ는 현재시점부터 시작하여 무한시점 이후까지 외국인투자의 초과수익률 갭의 합이다.

<표 11-4>의 셋째 줄에는 원화단위로 표시된 채권에 투자할 때 다음시점에서 실현될 초과수익률의 정의가 수식으로 정리되어 있다. 초과수익률은 왜 발생하는 것인가? 미국의 명목이자율과 한국의 명목이자율이 모두 무위험이자율이라고 할지라도 다음시점에서 결정되는 명목환율의 값이 미리 알려져 있지 않다면 한국의 투자자가 달러화로 표시된 채권투자로부터 실현되는 수익률 또는 미국의 투자자가 원화로 표시된 채권투자로부터 실현되는 수익률을 투자여부를 결정하는 시점에서 미리 알 수 없다. 채권투자의 원금을 돌려받지 못해서 발생할 부도위험이 없는 상황에서도 실현된 수익률의 예상치 못한 변동으로 인한 위험이 존재할 수 있다. 이런 위험에 대한 금전적인 보상을 예상초과수익이라고 해석할 수 있다. 투자자로 하여금 자발적인 위험부담을 선택하게 하는 예상초과수익의 크기는 투자자의 선호를 반영한 위험기피의 정도를 반영하여 결정된다. 초과수익의 크기에 대한 구체적인 분석은 본 책의 범위를 넘기 때문에, 본 장에서는 투자자의 선호에 대한 구체적인 분석을 생략한다.

　　<표 11-4>의 셋째 줄에 있는 식에서 명목환율의 변화를 실질환율의 변화로 대체하여 실질환율의 결정모형을 도출한다. 이를 위해 몇 단계의 선행 작업을 먼저 설명한다. <표 11-4>의 넷째 줄에서는 실질환율과 명목환율 간의 관계를 수식으로 보여주고 있다. <표 11-4>의 넷째 줄에 있는 식에서 실질환율은 한국의 소비재 단위로 평가한 미국의 소비재 가치로 정의된다. 따라서 실질환율을 계산하기 위해 명목환율에 두 나라의 소비자 물가지수의 비율이 곱해진다. 이 식에서 한국과 미국의 소비자물가지수는 각각 P_K와 P_{US}로 표시된다. <표 11-4>의 다섯째 줄에서는 미래시점의 실질환율을 현재시점의 실질환율로 나눈 비율과 미래시점의 명목환율을 현재시점의 명목환율로 나눈 비율의 차이는 미국과 한국에서 발생할 다음시점의 인플레이션 차이를 반영한다는 점을 수식으로 보여주고 있다. 이 식에서 한국과 미국의 현재시점 소비자물가지수를 과거시점 물가지수로 나눈 비율은 각각 Π_K와 Π_{US}로 표시된다. <표 11-4>의 여섯째 줄에서는 실질이자율과 명목이자율 간의 관계를 나타내는 피셔방정식을 미국의 이자율과 한국의 이자율에 적용하고 있다.

　　<표 11-4>의 다섯째 줄과 여섯째 줄에 있는 두 개의 식을 모두 <표

11-4>의 셋째 줄에 대입하고 명목환율과 명목이자율을 나타내는 변수들을 소거하여 도출한 식을 <표 11-4>의 일곱 번째 줄에 정리한다. 이 식은 <표 11-4>의 셋째 줄에 있는 식과 동일한 내용을 가지고 있지만 포함되어 있는 변수들이 다르다. <표 11-4>의 셋째 줄과 일곱 째 줄에 있는 식은 모두 외국 투자자가 원화단위로 표시된 채권에 투자할 때 다음시점에서 실현될 예상초과 수익률의 결정모형이라고 해석할 수 있다. 그러나 셋째 줄에 있는 식은 초과수익률을 명목이자율과 명목환율의 함수로 표시하고 있고, 일곱째 줄에 있는 초과수익률은 실질환율과 실질이자율의 함수로 표시하고 있다는 차이가 있다.

<표 11-4>의 일곱째 줄에 있는 식의 양변에 자연로그를 취하여 도출한 식의 양변에 기댓값을 취하여 <표 11-4>의 여덟째 줄에 있는 식을 도출한다. <표 11-4>에서는 같은 알파벳 문자에 대하여 대문자와 소문자의 표기를 발견할 수 있다. 이 경우 소문자는 대문자로 표시된 변수의 자연로그 값을 나타낸다. 또한 변수의 상첨자를 첨가하는 부분에 e를 붙이면 미래시점의 값에 대한 예측치를 나타낸다. <표 11-4>의 여덟째 줄에 있는 식은 미래시점에서 실현될 초과수익률, 실질환율, 실질이자율 등의 변수들에 대하여 현재시점에서 예측한 예상초과수익률, 예상실질환율, 예상실질이자율 등을 포함하고 있다는 점을 지적한다. 아홉째 줄에 있는 식은 자연환율도 실질환율과 동일한 방식으로 결정된다는 가정을 적용하면 여덟째 줄에 있는 식을 이용하여 자연환율의 결정과정을 설명할 수 있다는 것이다. 두 개의 차이점이 있다. 첫 번째 차이점은 양국이 모두 자연율경제의 상태에 있기 때문에 실질이자율 대신 자연이자율을 사용한다는 점이다. 두 번째 차이점은 양국이 자연율경제의 상태에 있을 때 결정되는 초과수익률은 그렇지 않은 경우와 다를 수 있다는 것이다.

<표 11-4>의 열째 줄에서 볼 수 있듯이 여덟째 줄에 있는 식에서 아홉째 줄에 있는 식을 빼면 실질환율갭의 결정모형이 도출된다. 여러 단계를 거쳐서 도출하는 과정을 설명하였기 때문에 다소 복잡하다고 여길 수 있다. 중심이 되는 아이디어를 강조하여 단순하게 설명하면 「이자율평형조건이 함의하는 실질환율갭의 결정모형」이다. <표 11-4>의 열째 줄에 있는 식을 보면 현재시점의 실질환율 갭을 결정하는 네 개의 요인이 있다는 것을 확인할 수 있다. 또한

네 개 요인의 공통점이 있다는 것도 발견할 수 있다. 현재시점에서 실현된 값을 알지 못하기 때문에 모두 미래시점에서 실현되는 변수들의 예측치를 사용하고 있다는 것이다. 동일한 변수일지라도 현재시점에서 미래시점의 거시경제상황이 어떻게 전개될 것인가의 판단이 달라지면 예측치의 값이 달라진다. 미래에 대한 비관적인 전망 또는 낙관적인 전망의 여부에 따라 실질환율갭의 값이 크게 달라질 수 있다는 것이다. 따라서 본 장에서 소개하는 모형은 현재시점 환율갭의 미래지향적 결정을 강조하는 모형이라고 할 수 있다.

지금까지 설명을 뒤돌아보면 본 장에서 소개하는 환율의 결정모형에서는 외환시장의 수요와 공급이 환율에 미치는 효과가 명시적으로 나타나있지 않다. 환율은 외환시장에서 발생하는 수요와 공급에 의해서 결정되는 가격변수로 정의된다는 점을 생각하면 다음의 질문이 가능하다. 외환시장 수요와 공급의 역할이 없는 모형을 사용하여 환율갭의 결정을 설명하는 것이 가능한 이유는 무엇인가? 두 가지의 가정 때문이라고 할 수 있다. 첫째 가정은 단기금융투자로 인한 외환시장의 수요와 공급이 환율의 변동을 발생시키는 주요인이라는 가정이다. 둘째 가정은 외환시장의 균형에서 차익거래이득이 존재하지 않는다는 가정이다. 차익거래이득이 존재한다면 어떻게 되는가? 차익거래이득을 실현시킬 수 있는 방향으로 투자자의 투자자금이 이동하여 금융증권의 가격과 환율의 조정이 뒤따르게 된다. 이런 가격변수의 조정은 차익거래이득이 사라질 때까지 계속 진행된다. 따라서 본 장의 모형은 균형에서 차익거래이득이 없다는 조건을 사용하여 환율의 결정을 설명하는 것으로 해석할 수 있다.

미래시점에서 실현될 값에 관한 예측치가 어떤 이유로 환율결정의 주요 변수들이 되는가? 수식을 사용하는 대신 앞에서 정리한 직관적인 설명에 의거하여 답을 제시할 수 있다. 차익거래이득은 미래시점에서 실현되기 때문에 미리 정확히 알 수 없고, 투자자들은 투자를 결정하는 시점에서 앞으로 실현될 값의 예측치를 사용하여 각각의 선택이 제공할 금전적인 이득을 판단하기 때문이다. 현재시점의 투자선택을 위해 미래시점의 상황을 예측해야 한다면 다음시점의 상황만 예측하면 되는 것인가? 아니면 보다 더 먼 미래시점의 상황을 예측하는 것도 필요한가? <표 11-4>의 열째 줄에 있는 식이 함의하는 것은 바로 다음시점의 상황에 대한 예측으로 충분하다는 것을 보여주고 있다. 여기에는 암묵적인 조건이 부여되어 있다. 다음시점의 실현될 환율에 관한 예측치를 가지고 있다면 다음시점의 상황에 대한 예측만으로 충분하다.

그러나 후속되는 질문은 다음과 같다. 다음시점에서 실현될 환율에 대한 현재시점의 예측치는 어떻게 계산하는가? 이 질문의 답을 준비하면서 다음과 같은 생각이 들 것이다. <표 11-4>의 열째 줄에 있는 식을 이용한다면 미래시점에서 발생할 상황의 분석은 바로 다음시점의 분석으로 끝나는 것이 아니다. 두 기 또는 세 기 이후를 포함하는 보다 더 먼 미래시점까지 계속해서 연속적으로 진행되어야 한다. 이런 연속적인 미래시점의 상황분석을 진행하기 위해 <표 11-4>의 열째 줄에 있는 식은 현재시점에서도 성립하지만 어느 미래시점에서도 성립한다는 가정이 필요하다.

어느 정도까지 먼 미래로 상황분석을 확장해야 하는가? 이를 위해 무한히 먼 미래시점까지도 <표 11-4>의 열째 줄에 있는 식과 동일한 형태의 식이 성립한다고 가정한다. 또한 다음의 가정이 추가된다. 민간의 경제주체와 정부당국은 모두 먼 미래시점에서 경제상황은 자연율경제와 동일하게 될 것이라고 가정한다. 이런 가정이 적용되면 실질환율은 먼 미래시점에서 자연환율로 수렴한다고 볼 수 있다. 단기적으로 실질환율은 자연환율로부터 괴리가 발생할 수 있지만 장기적으로 자연환율로 수렴한다는 것이다. 이런 가정은 경제주체들이 현재시점에서 형성하는 먼 미래예측의 값의 결정을 설명하는 것이므로 일종의 「먼 미래예측의 앵커」라고 할 수 있다. 이런 가정은 무한히 먼 미래시점에서 실질환율갭이 제로(0)가 된다는 가정으로 해석할 수 있다.

<그림 11-4>에서는 위의 설명이 반영된 도출과정을 수식을 사용하여 보여주고 있다. 무한히 먼 미래시점도 포함하여 각각의 시점에서 성립하는 식을 합하는 작업이라는 점을 명시적으로 보이기 위해서 모든 변수에 대하여 하첨자로 표시되는 부분에 아라비아 숫자를 붙여서 각각의 시점을 구분한다. 제로로 표시된 시점이 현재시점이다. 현재시점부터 매우 먼 미래시점까지 동일한 형태의 조건이 성립할 것으로 예상한다고 가정한다. 첫째 줄에 있는 식에서 좌변은 현재시점 실질환율갭이고 우변의 첫째 항은 한 기 이후 미래시점 실질환율갭의

$$\hat{q}_0 = \hat{q}_1^e + \hat{d}_1^e + \hat{\lambda}_1^e$$
$$\hat{q}_1^e = \hat{q}_2^e + \hat{d}_2^e + \hat{\lambda}_2^e$$
$$\hat{q}_2^e = \hat{q}_3^e + \hat{d}_3^e + \hat{\lambda}_3^e$$
$$\vdots \quad \vdots \quad \vdots \quad \vdots \quad \vdots \quad \vdots$$
$$+)\quad \hat{q}_T^e = \hat{q}_{T+1}^e + \hat{d}_{T+1}^e + \hat{\lambda}_{T+1}^e$$
$$\overline{\hat{q}_0 = \hat{q}_{T+1}^e + \Delta_r + \Delta_\lambda}$$

〈그림 11-4〉 이자율평형조건 무한급수: 도출과정

기댓값이다. 둘째 줄에 있는 식에서 좌변은 한 기 이후 미래시점 실질환율갭의 기댓값이고, 우변의 첫째 항은 두 기 이후 미래시점 실질환율갭의 기댓값이다. 첫째 줄에 있는 식과 둘째 줄에 있는 식을 합한다는 의미는 각각의 식에서 좌변에 있는 항들의 합과 우변에 있는 항들의 합을 등호로 연결하는 것이다. 두 식을 더하면 한 기 이후 다음시점 실질환율갭의 기댓값이 좌변의 합과 우변의 합에 들어가기 때문에 서로 상쇄가 된다.

각 줄에 있는 식에서 우변의 둘째 항에 대하여 설명한다. 둘째 항은 미국 예상실질이자율에서 한국 예상실질이자율을 감한 차이로 정의되는 국가 간 예상실질이자율 차이의 갭을 나타낸다. <그림 11-4>에 있는 수식에서는 새로운 기호를 사용하여 국가 간 예상실질이자율의 차이를 표시하고 있다. 구체적으로 수식의 정의를 쓰면 $d = r_{US}^e - r_K^e$이다. 미국과 한국이 모두 자연이자율 수준을 달성하고 있는 상태에서 국가 간 예상실질이자율의 차이는 다른 변수들과 동일한 방식을 사용하여 표시한다. 따라서 국가 간 예상실질이자율의 차이에 대해서도 갭의 개념을 적용할 수 있다. 갭을 나타낼 때는 동일한 기호의 머리에 해트(hat) 기호를 씌우기로 한다. 따라서 $\hat{d}(=d-\bar{d})$의 기호를 사용하여 「예상실질이자율차이갭」을 나타낸다. 첫째 줄에서 우변의 둘째 항은 1기에서 실현될 변수의 값을 0기 시점에서 예상한 값이다. 둘째 줄에서 우변의 둘째 항은 2기에서 실현될 변수의 값을 0기 시점에서 예상한 값이다. 하첨자에 있는 숫자는 각각의 변수가 실현될 시점을 표시하고 있기 때문에 첫째 줄에서 우변의 둘째 항은 $\hat{d}_1^e$ 이고, 둘째 줄에서 우변의 둘째 항은 $\hat{d}_2^e$ 이다.

각 줄에 있는 식에서 우변의 셋째 항에 대하여 설명한다. 셋째 항은 외국인 투자자의 한국에서 채권투자에 대한 「예상초과수익률갭」을 나타낸다. 「예상초과수익률갭」에 대해서도 「예상실질이자율차이갭」을 표시하는 방식과 동일한 방식을 사용하고 있다. 구체적으로 설명하기 위해 <표 11-4>의 아홉째 줄에서 볼 수 있듯이 미국과 한국이 모두 자연이자율 수준을 달성하고 있는 상태에서 달성되는 초과수익률의 값을 표시하기 위해 초과수익률을 나타내는 기호에 윗줄을 첨가하여 표시하고 있다는 것을 지적한다. 「예상초과수익률갭」은 외국인 투자자의 예상초과수익률이 자연율경제의 초과수익률과 달라지는 정도를 측정하는 변수이다. 따라서 $\hat{\lambda}^e(=\lambda^e-\bar{\lambda})$ 의 기호로 표시하고, 「예상초과수익률갭」이라고 부르기로 한다. 둘째 항과 마찬가지로 첫째 줄에서 우변의 셋째 항은 1기에서 실현될 변수의 값을 0기 시점에서 예상한 값이고, 둘째 줄에서 우변의 셋째 항은 2기에서 실현될 변수의 값을 0기 시점에서 예상한 값이다. 따라서 예상초과수익률갭의 상첨자에 기댓값을 나타내는 기호를 첨가하여 표시하고 있다.

<그림 11-4>에서는 한 기 이후 미래시점 실질환율갭의 기댓값이 좌변과 우변에 모두 있어서 서로 상쇄가 된다는 것을 실선으로 표시된 사선을 이용하여 보여주고 있다. 두 기 이후 미래시점 실질환율갭의 기댓값도 동일한 이유로 사라진다는 것으로 실선으로 표시된 사선을 이용하여 보여주고 있다. 이제 <그림 11-4>에서 $T=\infty$ 로 확장되었을 때를 생각해보자. 앞에서 이미 설명한 것과 같이 무한히 먼 미래시점의 실질환율갭의 기댓값이 제로가 된다고 가정하면 <그림 11-4>에서 보여주고 있는 덧셈의 결과는 <표 11-4>의 열한번째 줄에 있는 무한급수와 같아진다는 것을 알 수 있다. <그림 11-4>와 <표 11-4>에서 예상실질이자율갭 차이의 무한급수를 Δ_r 로 표시한다. <표 11-4>의 열두 번째 줄에서 예상명목이자율갭 차이의 무한급수를 Δ_i 로 표시한다. 또한 예상초과수익률갭의 무한급수를 Δ_λ 로 표시한다.

무한급수가 유한값을 가지도록 하기 위해 자국과 외국의 먼 미래시점에서 실현될 실질이자율갭에 대한 예측치와 예상초과수익율에 대한 예측치에 대해서

도 앞에서 설명한 가정과 동일한 내용의 가정이 부여된다. 구체적으로 설명하면 무한히 먼 미래시점에서 실질이자율갭이 제로가 된다고 예상한다는 조건이다. 이런 조건이 부여되면 현재시점부터 무한히 먼 미래시점에서 실현될 실질이자율갭의 예상치까지 모두 더한 것으로 정의되는 무한급수는 유한값을 가진다. 그 결과 미국 실질이자율갭의 예측치들로 구성된 무한급수에서 한국 실질이자율갭의 예측치들로 구성된 무한급수를 뺀 차이도 유한값을 가진다. 예상초과수익률의 갭과 명목이자율의 갭에 대해서도 동일한 결과가 성립한다. <표 11-4>의 열한 번째 줄과 열두 번째 줄에 있는 수식은 실질환율갭과 명목환율갭이 각각 두 개의 무한급수로 구성되어 있음을 보여주고 있다. 다소 복잡한 도출과정을 설명해야 하지만, 도출된 결과는 간단히 정리된다는 것을 알 수 있다. 두 개의 무한급수는 모두 미래시점의 상황에 대한 예측을 반영하고 있기 때문에 수식의 제목에 「미래지향적 결정조건」이라는 단어를 포함시킨다.

제3절 외환시장규제와 외환시장개입의 효과

본 절에서는 앞에서 설명한 명목환율갭의 결정모형을 사용하여 외환시장규제와 외환시장개입이 환율에 미치는 효과를 설명한다. 현실경제에서 실시되고 있는 외환시장규제와 외환시장개입의 배경과 목적을 이해하기 위해 먼저 한국은행의 홈페이지에 있는 외환정책과 외환제도의 개념에 대한 설명을 간단히 인용한다. 외환시장은 외환의 수요와 공급을 연결시켜주는 기능과 외환거래의 형성, 유통, 결제 등 외환거래와 관련된 일련의 업무를 모두 포괄하는 것으로 볼 수 있다. 외환시장은 「은행간시장」과 「대고객시장」으로 구분된다. 한국은행의 홈페이지에 있는 설명을 인용하면 다음과 같다. 「은행간시장은 좁은 의미에서의 외환시장을 의미하는 것으로 거래 당사자가 모두 은행이며, 도매시장의 성격을 갖는다. 대고객시장은 일종의 소매시장의 성격을 갖는 시장으로 은행과 개인 및 기업 등 고객 간에 외환거래가 이루어지는 시장을 의미한다. 은행들이 대고객거래의 결과 발생한 외환포지션의 변동을 은행간시장을 통해 조정하는 과정에서 대고객시장과 은행간시장의 연계가 이루어진다.』

환율정책의 목표가 변화하는 배경과 최근의 주요 이슈에 관한 설명은 다음과 같이 요약되어 있다. 『1990년대 들어 자본자유화와 개방화가 본격적으로 추진되었으며, 1997년말 외환위기 이후 환율제도를 자유변동환율제도로 변경하면서 환율정책의 목표도 국제수지 흑자 달성보다는 환율의 변동성 완화 등 시장안정에 보다 큰 비중을 두게 되었다. … 2008년 글로벌 금융위기 이후에는 거시경제 안정, 외환보유액의 적정 관리 등 일차적인 위기방지 노력은 물론 경제 전반의 시스템리스크를 줄일 수 있는 거시건전성 제고가 중요하다는 인식이 범세계적으로 확산되었다. 이에 따라 국제기구 등을 중심으로 동 논의가 활발히 진행되고 있으며 우리나라도 두 차례에 걸쳐 「자본유출입 변동 완화방안」을 마련하는 등 거시건전성 제고를 위해 노력하고 있다.』 외환제도의 변화에 대한 설명은 다음과 같다. 「우리나라는 1997년 외환위기 이후 IMF의 권고를 수용하여 규제·관리 위주의 「외국환관리법」을 폐지하고 외환거래 지원을 주 내용으로 하는 「외국환거래법」을 제정하였다. 「외국환거래법」은 민간부문의 경상거래 및 자본거래를 전면적으로 자유화하고 국가경제 측면에서 필요한 최소한의 사항만을 제한하고 있다.』

본 절에서 설명하는 외환시장규제의 주요사례는 2010년에 도입된 소위 「외환건전성 3종 세트」의 일부 규제이다. 자본유출입의 변동성을 완화하기 위해 도입된 외환시장규제로 볼 수 있다. 첫째 규제는 선물환 포지션 규제이다. 선물환 포지션은 선물환의 매수액과 매도액의 차이로 정의된다. 선물환 포지션 규제는 선물환 포지션의 규모가 자본에 비해 과도하게 크지 않도록 하는 규제이다. 이를 구체적으로 설명하면 ((선물환자산 − 선물환부채)/(은행의 자기자본))의 비율이 미리 정해진 최대치를 넘지 않아야 한다는 규제이다. 선물환 포지션 규제가 환율변동에 미치는 효과를 이해하기 위해 아래와 같이 가상적인 하나의 사례를 생각해보기로 한다.

단순한 사례를 제시하기 위해 선물환부채가 없는 금융기관의 의사결정을 몇 단계로 나누어서 설명한다. (1) 외국은행지점을 포함한 한국의 금융기관이 해외에서 단기로 달러화를 차입하여 외환시장에서 달러를 매도한다. (2) 현재시점의 환율로 환전하여 마련한 원화자금을 한국의 채권에 투자한다. (3) 현재시점의 선물환시장에서 매수하는 달러화의 규모는 ((1＋한국이자율)×현물환율/선물환율)이다. (4) 다음시점에서 달러화의 차입에 대한 원리금을 상환한다. 상환하는 원리금은 (1＋미국이자율)이다. ((1＋한국이자율)×현물환율/선물환율)＞(1＋미국이자율)의 부등식이 성립하는 것으로 가정하자. 이 경우 외국은행지점을 포함한 한국의 금융기관은 달러화 자금을 해외에서 조달하여 한국의 원화표시 채권에 투자하면 양의 이윤을 얻을 수 있다. 따라서 이런 상황이 진행된다면 금융기관의 선물환 매수포지션이 증가하고, 외환시장에서는 달러화공급의 증가를 반영하여 현재시점의 원·달러환율은 하락한다. 선물환 포지션 규제가 실시되면 금융기관의 해외차입의 규모에 제약이 부과되기 때문에 앞에서 설명한 상황에서도 해외차입의 규모에 제약이 부과되어 결국 원·달러환율이 하락하는 크기에도 제약이 주어진다.

둘째 규제는 「외환건전성부담금규제」이다. 외국환거래법의 제21조 4항에 따르면 「비예금성외화부채등의 잔액」은 부과기간 동안의 남아 있는 만기가 1년 미만인 비예금성외화부채의 월말 잔액의 합계액을 12로 나누어 계산한 값을 말한다. 외환건전성부담금규제는 정부가 「비예금성외화부채등의 잔액」에 대하여 일정 비율을 대통령령을 정하는 금융회사에 부과 및 징수하는 것을 말한다. 외화예금을 제외한 비예금성 단기부채에 대하여 부담금이 징수된다는 조항으로 미루어 볼 때 「외환건정선부담금규제」는 금융기관의 과도한 해외단기차입을 완화하는 것이 목적이다. 셋째 규제는 「외국인 채권투자 과세제도」이다. 외국인 투자자가 한국에서 얻는 이자소득에 대하여 소득세를 부과하는 규제이다. 이자소득세가 부과되면 한국에서 외국인 투자자가 채권투자로부터 얻는 세후소득이 감소하기 때문에 국내로 유입되는 외국인 투자자금의 규모를 감소시키는 효과가 발생한다. 외국인 투자자금이 대규모로 유입되면 원·달러 환율의 하락폭이 커지고 한국의 이자율도 크게 낮아진다. 채권투자를 위해 유입된 외국인 투자자금의 규모가 클수록 대규모의 자본유출이 발생할 가능성이 더 높아진다. 「외국인 채권투자 과세제도」는 이런 상황을 완화시키기 위한 목적으로 부과된 규제수단이라고 할 수 있다.

〈표 11-5〉 외환시장규제의 환율효과

외국인 투자자 이자소득세와 이자율평형조건	$E_p = E_p' \dfrac{(1+i_{US})\Lambda'}{(1-\tau_K)(1+i_K)}$
외국인 투자자 이자소득세와 명목환율갭	$\hat{\epsilon}_p = \hat{\epsilon} + \tau_K$
선물환 포지션 규제와 이자율평형조건	$E_p = F \dfrac{(1+i_{US})\Lambda^e}{(1-m)(1+i_K)}$
선물환 포지션 규제와 명목환율갭	$\hat{\epsilon}_p = \hat{\epsilon} + m$

주: τ_K는 외국인 투자자 이자소득세율, E_p은 외환시장규제가 있는 경우 명목환율, F_p는 외환시장규제가 있는 경우 선물환, m은 선물환 포지션 규제의 강도를 나타내는 변수, $\hat{\epsilon}_p$는 외환시장규제가 있는 경우 명목환율갭을 나타낸다.

<표 11-5>에서는 앞에서 설명한 환율갭의 모형을 사용하여 「외환건전성 3종 세트」의 외환시장규제가 환율갭에 미치는 효과를 분석한다. 본 절에서 분석하는 사례에서는 설명의 편의를 위해서 현재시점에서만 일시적으로 외환시장규제가 부과되는 상황을 가정하고 있다는 점을 지적한다. 첫째 사례는 「외국인 채권투자 과세제도」의 효과이다. 외국인 투자자에게 이자소득세가 부과되는 상황에서는 세전이자소득과 세후이자소득을 구분해야 한다. 마찬가지로 세전명목이자율과 세후명목이자율을 구분해야 한다. <표 11-5>의 첫째 줄에서는 외국인 투자자에게 이자소득세가 부과되는 상황을 반영하여 명목이자율평형조건에서 세후명목이자율을 사용하고 있다. <표 11-5>의 둘째 줄에 있는 식은 「외국인 채권투자 과세제도」가 있는 경우 명목환율갭의 결정을 보여주고 있다. 첫째 줄에 있는 식에서 둘째 줄에 있는 식을 도출하기 위해 <그림 11-4>에서 요약하고 있는 여러 단계를 거쳐야 한다. 이미 앞에서 설명하였기 때문에 도출과정의 자세한 설명은 생략한다.

<표 11-5>의 둘째 줄에 있는 식을 보면 소득세율을 나타내는 변수가 우변의 둘째 항에 있다. 이자소득세율을 나타내는 변수가 우변의 둘째 항에 나타나는 과정만 간단히 설명한다. 첫째 항의 양변에 로그함수를 취해서 둘째 항을

도출하는 과정에서 근사식이 사용된다는 것을 설명해야 한다. 구체적으로 설명하면 「$\log(1-\tau_K) \approx -\tau_K$」의 근사식이 사용된다. <표 11-5>의 둘째 줄에 있는 식이 함의하는 이자소득세의 일시적 도입이 환율에 미치는 효과는 다음과 같다. 먼저 외환시장에서 달러공급이 증가하여 원·달러환율이 낮아지면서 외국인 채권투자 과세제도가 없는 상황을 가정한다. 이 경우 <표 11-5>의 둘째 줄에 있는 식의 우변 첫째 항의 값이 낮아진다. 이런 상황에서 이자소득세가 부과되면 <표 11-5>의 둘째 줄에 있는 식의 우변 둘째 항의 값이 양수가 된다. 그 결과 외환시장에서 달러공급이 증가하여 첫째 항의 값이 낮아지는 효과를 둘째 항의 값이 증가하여 상쇄한다는 것이 <표 11-5>의 둘째 줄에 있는 식의 요점이다.

「외환건전성부담금규제」는 「외국인 채권투자 과세제도」와 동일하지 않지만 비예금성외화부채의 잔액에 일정한 비율을 곱하여 산정한 수치로 징수된다는 점을 지적한다. 앞에서 이미 설명한 <표 11-5>의 첫째 줄과 둘째 줄에서 설명하고 있는 수식과 유사하기 때문에 「외환건전성부담금규제」의 효과를 독립적으로 분석하지 않고 생략하기로 한다. 선물환 포지션 규제의 환율효과에 대하여 설명한다. 먼저 선물환 포지션 규제의 효과는 균형에서 차익거래이득이 없다는 제약조건이 만족되어야 한다는 점을 이용하여 분석할 수 있다는 것을 지적한다. 설명의 편의를 위해서 앞에서 설명한 단순모형을 계속 이용한다. 나중에는 완화될 가정이지만 단순모형에서는 외환시장의 거래자들이 모두 위험중립적인 선호를 가진 것으로 가정한다. [(1+한국이자율)×현물환율/선물환율] > (1+미국이자율)의 상황에서는 차익거래의 이득이 발생한다. 균형에서 차익거래이득이 없기 위해서 [(1+한국이자율)×현물환율/선물환율] = (1+미국이자율)의 등식이 성립해야 한다. 그러나 선물환 포지션 규제가 있는 경우 차익거래이득이 있는 상황에서 현물환율이 결정된다. 따라서 선물환 포지션 규제의 강도를 나타내는 변수를 m으로 표시하고, 이 변수의 값은 0과 1 사이의 폐구간에서 결정된다고 가정하면, 균형에서 ((1+한국이자율)×현물환율×(1-m)/선물환율) = (1+미국이자율)의 등식이 성립한다.

앞에서 외환시장의 거래자들이 모두 위험중립적인 선호를 가진 것으로 가정하였다. 단순모형에 적용되었던 투자자 위험중립의 가정을 완화하면 어떻게 될 것인가? 앞에서 설명한 사례와 같이 초과수익률의 역할을 반영하면 된다. 이미 앞에서 설명한 사례에서 Δ'을 다음시점에서 실현될 초과수익률을 나타내는 변수로 사용하였다. 선물환율을 사용하고 있기 때문에 다음시점에서 발생할 환위험을 미리 제거한 상황이므로 예상초과수익률을 나타내는 변수인 Δ^e를 사용한다. <표 11-5>의 셋째 줄에서는 앞에서 설명한 내용을 반영한 명목이자율평형조건을 보여주고 있다. <표 11-5>의 넷째 줄에 있는 식은 선물환 포지션 규제가 있는 경우 명목환율갭의 결정을 보여주고 있다. 셋째 줄의 식에서 넷째 줄의 식을 도출하기 위해 <그림 11-4>에서 요약하고 있는 방식을 적용해야 한다. 이미 앞에서 설명하였기 때문에 자세한 설명은 생략한다.

넷째 줄의 식에서는 선물환 포지션 규제가 있는 경우 명목환율갭은 선물환 포지션 규제가 없는 상황에서 결정된 명목환율갭과 선물환 포지션 규제의 강도를 나타내는 변수의 합으로 표시된다. 외환시장에서 결정되는 원화가치가 상승하면 원화가치가 명목환율갭의 값이 낮아진다. <표 11-5>의 넷째 줄이 함의하는 선물환 포지션 규제의 함의를 설명한다. 먼저 외환시장에서 달러공급이 증가하여 원·달러환율이 낮아지면서 선물환 포지션 규제가 없는 상황을 가정한다. 이 경우 <표 11-5>의 넷째 줄에 있는 식의 우변 첫째 항의 값이 낮아진다. 이런 상황에서 선물한 포지션 규제가 부과되면 <표 11-5>의 넷째 줄에 있는 식의 우변 둘째 항의 값이 양수가 된다. 둘째 줄에 있는 식의 경우와 마찬가지로 외환시장에서 달러공급이 증가하여 첫째 항의 값이 낮아지는 효과를 둘째 항의 값이 증가하여 상쇄한다는 것이 <표 11-5>의 넷째 줄에 있는 식의 요점이다.

앞에서는 외환시장규제의 효과에 대하여 설명하였다. 다음에서는 외환시장개입의 효과에 대하여 설명한다. 외환시장의 정부개입은 외국화폐가 거래되는 시장에서 경제정책당국이 외국화폐를 매수하거나 매도하는 행위를 말한다. 원칙적으로 정부당국이 외환시장에서 달러화를 매수하여 축적하는 행위는 외환시장개입이라고 할 수 있다. 그러면 정부활동에 필요한 재화와 용역의 해외구매대금을 외국화폐로 지불하기 위해 외국시장에서 정부가 달러를 매수한다면 이를 외환시장의 개입으로 보아야 할 것인가? 이런 질문에 대하여 원칙적으로 모든 정부당국의 달러매수 또는 달러매도를 「불공정한 의도를 가진 외환시장개입」으로 간주하기 어렵다는 답변이 가능하다. 미국 재무성이 외환시장의 개입 여부를 판단하기 위해 실제로 적용하고 있는 개념을 소개하는 것이 현실적으로 유용할 것으로 보인다. 이런 측면을 반영하여 미국의 재무성이 사용하고 있는 「지속적인 일방개입(persistent one-sided intervention)」의 개념을 소개할 수 있다. 12개월 동안 최소한 6회에 걸쳐 반복적으로 진행된 달러화의 순매수 총액이 GDP의 2퍼센트를 넘는다면 「지속적인 일방개입」이 있는 것으로 간주한다.[84] 지속적인 일방개입의 현실적인 이슈에 대해서는 본 장의 후반부에서 다시 설명하기로 한다.

　　외환시장개입의 방식에 따라 몇 가지 서로 다른 사례로 구분할 수 있다. 서로 다른 사례를 구분하기 위해 두 개의 기준이 제시할 수 있다. 첫째 기준은 외환시장개입의 대상이 되는 시장이다. 둘째 기준은 외환시장개입이 국내경제에 미치는 효과를 차단하는 후속정책이 실시되는지의 여부이다. 첫째 기준에 따르면 정부는 현물외환시장과 선물외환시장 중에서 하나의 시장에만 개입할 수도 있고, 두 개의 시장에 모두 개입할 수 있다. 둘째 기준에 따르면 불태화개입(sterilized intervention)과 태화개입(non-sterilized intervention)으로 구분할 수 있다. 불태화개입은 본원통화의 공급량에 영향을 미치지 않고 외환시장에 개입하는 경우를 말한다. 중앙은행이 자신이 발행한 국내화폐를 사용하여 외환시장에서 달러화를 매수하면 중앙은행이 보유하는 자산의 크기가 증가한다. 이는 중앙은행의 부채도 같은 크기로 증가하는 것을 의미하기 때문에 중앙은행이의 추가적인 조치가 없다면 본원통화의 공급이 증가한 것이 된다. 본원통화의 공급 증가를 제거하려면 중앙은행이 보유하고 있는 국채를 팔아야 한다. 결국 불태화개입은 중앙은행이 보유한 국채의 일부를 해외증권으로 대체하는 행위로 해석할 수 있다.

---

84) 본문에 요약되어 있는 「지속적인 일방개입」의 개념은 미국 재무성이 의회에 제출하기 위해 2020년 12월에 작성한 「Macroeconomic and Foreign Exchange Policies of Major Partners of the United States」의 66페이지 하단에 있는 설명을 참조하여 작성되었음을 밝힌다. 재무성이 제출한 보고서의 조사대상국가는 주요무역거래국가이다. 양자간 무역거래의 규모가 400억 달러를 넘는 국가를 주요 무역거래국가로 간주한다.

선물외환시장개입과 이자율평형조건	$E_p = F_p \dfrac{(1+i_{US})\varLambda^e}{(1+i_K)}$
선물외환시장개입과 명목환율갭	$\hat{\epsilon}_p = \hat{\epsilon} + \gamma_f$
현물외환시장개입과 이자율평형조건	$E_p = F \dfrac{(1+i_{US})\varLambda^e}{(1+i_K)}(1+\gamma_s)$
현물외환시장개입과 명목환율갭	$\hat{\epsilon}_p = \hat{\epsilon} + \gamma_s$

주: $\gamma_f(=F_p/F-1)$는 정부개입이 있는 경우 선물환율의 정부개입이 없는 경우 선물환율로부터 괴리되
는 정도를 나타내는 척도, $\gamma_s(=E_p/E-1)$는 정부개입이 있는 경우 현물환율의 정부개입이 없는
경우 현물환율로부터 괴리되는 정도를 나타내는 척도, E_p은 정부개입이 있는 경우 명목환율, F_p는
정부개입이 있는 선물환율, $\hat{\epsilon}_p$는 정부개입이 있는 경우 명목환율갭을 나타낸다.

〈표 11-6〉에서는 앞에서 설명한 명목환율갭의 모형을 사용하여 외환시장
에서 실행되는 정부개입의 환율효과를 분석한다. 앞의 경우와 마찬가지로 본 절
에서 분석하는 정부개입의 사례에서는 설명의 편의를 위해서 현재시점에서만
일시적으로 정부개입이 있는 상황을 가정한다. 외환시장개입의 첫째 사례는 선
물외환시장에서 일시적인 정부개입이다. 〈표 11-6〉의 첫째 줄에 있는 식은
선물외환시장에 정부개입이 있는 경우 성립하는 이자율평형조건이다. 우변의 첫
째 항이 정부개입이 있는 경우 선물환율을 나타낸다. 둘째 줄에 있는 식은 선물
외환시장에 일시적인 정부개입이 있는 경우 명목환율갭의 결정식이다. 선물외환
시장에서 정부개입이 있는 경우 명목환율갭은 선물외환시장에서 정부개입이 없
는 경우 명목환율갭과 정부개입이 선물환율에 미치는 효과를 나타내는 척도의
합이 된다는 것을 보여주고 있다. 외환시장규제의 모형과 마찬가지로 첫째 줄의
식에서 둘째 줄의 식을 도출하기 위해 〈그림 11-4〉에서 요약하고 있는 방식
을 적용해야 한다. 이미 앞에서 설명한 과정이기 때문에 도출과정의 자세한 설
명은 생략한다.

〈표 11-6〉의 둘째 줄에 있는 식의 함의를 간단히 정리한다. 둘째 줄에 있
는 식에서 우변의 둘째 항이 정부개입의 효과를 반영한 변수로 정의된다. 정부
개입의 효과를 반영한 변수는 다음과 같이 변동한다. 정부가 선물외환시장에서

달러를 매수하면 선물환율이 하락하고, 정부가 선물외환시장에서 달러를 매도하면 선물환율이 상승한다. 선물외환시장에서 정부개입의 척도를 표시하는 γ_f의 값은 정부가 선물외환시장에서 달러를 매수하면 음수가 되고, 정부가 선물외환시장에서 달러를 매도하면 양수가 된다. 선물외환시장에서 정부개입을 반영한 환율은 어떻게 결정되는가? 이를 설명하기 위해 먼저 이전시점까지 명목환율갭의 값이 제로였지만, 현재시점으로 넘어오면서 현물외환시장에서 달러화의 공급이 큰 폭으로 증가하는 상황이 발생하는 것으로 가정한다. 이런 상황에서 정부개입이 없다면 명목환율갭의 값은 음수의 값을 기록하게 된다. 그러나 원·달러 환율의 급락을 완화하는 정부개입이 실시되면 γ_f의 값이 양수가 되어 두 개의 값이 서로 상쇄된다. 명목환율갭은 <표 11-6>의 둘째 줄에 있는 식에서 우변에 있는 두 개의 항의 합이 되므로 정부개입의 크기에 따라 명목환율갭이 제로에 가까운 음수가 될 수도 있다. 따라서 외환시장에서 정부개입을 통해서 환율의 급격한 변동을 완화시키는 효과가 나타난다는 것을 명목환율갭의 모형을 사용하여 확인할 수 있다.

외환시장개입의 둘째 사례는 현물외환시장에서 일시적인 정부개입이다. <표 11-6>의 셋째 줄에 있는 식은 현물외환시장에 정부개입이 있는 경우 성립하는 이자율평형조건이다. 셋째 줄에 있는 식은 (정부개입이 있는 경우 현물환율의 수준=정부개입이 없는 경우 현물환율의 수준×(1+정부개입의 크기))의 형태로 정리되어 있다는 점을 지적한다. 셋째 줄에 있는 식에서 γ_s는 정부개입의 크기를 나타낸다. 넷째 줄에 있는 식은 현물외환시장에 일시적인 정부개입이 있는 경우 명목환율갭의 결정식이다. 넷째 줄에 있는 식은 내용은 다르지만 둘째 줄에서 설명하고 있는 사례와 동일한 형식으로 표시되어 있다. 현물외환시장에서 정부개입이 있는 경우 명목환율갭은 현물외환시장에서 정부개입이 없는 경우 명목환율갭과 정부개입이 현물환율에 미치는 효과를 나타내는 척도의 합이 된다는 것이다. 다른 사례와 마찬가지로 셋째 줄의 식에서 넷째 줄의 식을 도출하기 위해 <그림 11-4>에서 요약하고 있는 방식을 적용해야 하지만, 이미 앞에서 설명하였기 때문에 도출과정의 자세한 설명은 생략한다.

<표 11-6>의 넷째 줄에 있는 식의 함의를 간단히 정리한다. 넷째 줄에 있는

식에서 우변의 둘째 항이 정부개입의 효과를 반영한 변수로 정의된다. 정부개입의 효과를 반영한 변수는 다음과 같이 변동한다. 정부가 현물외환시장에서 달러를 매수하면 현물환율이 하락하고, 정부가 현물외환시장에서 달러를 매도하면 현물환율이 상승한다. 현물외환시장에서 정부개입의 척도를 표시하는 γ_s의 값은 정부가 현물외환시장에서 달러를 매수하면 음수가 되고, 정부가 현물외환시장에서 달러를 매도하면 양수가 된다. 현물외환시장에서 정부개입을 반영한 환율은 어떻게 결정되는가? 이를 설명하기 위해 먼저 이전시점까지 명목환율갭의 값이 제로였지만, 현재시점으로 넘어오면서 현물외환시장에서 달러화의 공급이 큰 폭으로 증가하는 상황이 발생하는 것으로 가정한다. 이런 상황에서 정부개입이 없다면 명목환율갭의 값은 음수의 값을 기록하게 된다. 그러나 원·달러환율의 급락을 완화하는 정부개입이 실시되면 γ_s의 값이 양수가 되어 두 개의 값이 서로 상쇄된다. 명목환율갭은 <표 11-6>의 넷째 줄에 있는 식에서 우변에 있는 두 개의 항의 합이 되므로 정부개입의 크기에 따라 명목환율갭이 제로에 가까운 음수가 될 수도 있다. 따라서 명목환율갭모형을 사용하여 현물외환시장의 정부개입을 통해서 환율의 급격한 변동을 완화시키는 효과가 나타난다는 것을 확인할 수 있다.

앞에서 외환시장개입의 환율효과를 설명하였다. 현실경제에서 외환시장개입의 환율효과는 국제상품시장에서 거래되는 수출품 달러가격에 영향을 미칠 수 있기 때문에 과도한 외환시장개입은 국가 간 이익충돌을 발생시킬 여지가 있다. 이런 점을 반영하여 다음에서는 외환시장개입의 현실적인 이슈를 소개한다. 미국 재무성은 반기별로 의회에 제출하는 환율보고서에서 「환율조작국」과 「관찰대상국」을 지정하여 발표하는 것으로 알려져 있다.[85] 실제로 환율조작국을 지정한 사례가 있다. 예를 들면, 2019년 8월 중국의 사례와 2020년 12월 베트남과 스위스의 사례가 있다. 환율조작국이라고 지정하기 위한 조건은 무엇인가? 양자무역거래흑자의 규모, 경상수지흑자의 규모, 외환시장개입의 규모 등을 기준으로 환율조작국을 지정하는 것으로 알려져 있다.

---

85) 보고서의 명칭은 「Macroeconomic and Foreign Exchange Policies of Major Partners of the United States」이고, 보고서를 작성하는 법적인 근거로 두 개의 법안을 명시하고 있다. 구체적으로 법안의 명칭을 소개하면 「Omnibus and Competitive Act of 1988」와 「Trade Facilitation and Trade Enforcement Act of 2015 (Section 701)」이다.

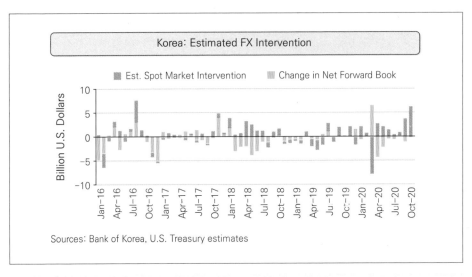

<그림 11-5> 한국의 외환시장개입에 관한 미국 재무성의 평가

　미국 재무성은 다음에서 소개하는 세 가지 기준을 모두 충족시키는 국가를 「환율조작국」으로 지정하는 것으로 밝히고 있다. (1) 양자무역거래흑자(bilateral trade surplus)에 적용되는 기준은 12개월 동안 최소한 200억 달러 이상의 무역흑자이다. (2) 경상수지흑자에 적용되는 기준은 12개월 동안 최소한 GDP의 2퍼센트 이상의 경상수지흑자이다. (3) 외환시장개입의 규모에 적용되는 기준은 「지속적인 일방개입」이 있는 것으로 판단되고, 아울러 순매수규모가 12개월 동안 최소한 GDP의 2퍼센트 이상을 기록하는 경우이다. 사실 자유변동환율제도를 실시하고 있는 국가에서는 원칙적으로 외환시장개입이 없어야 한다. 따라서 현재 많은 국가에서는 외환시장개입은 원칙적으로 발생하지 않기 때문에 현실적인 중요성이 낮다는 주장을 제시할 수 있다. 이런 주장에 대하여 미국의 환율보고서에서는 최근 한국의 경우에도 외환시장개입으로 추정되는 사례들이 있는 것으로 기록되어 있다는 점을 지적한다.

　<그림 11-5>에서는 2020년 12월 미국 재무성이 미국 의회에 제출한 보고서에 수록된 그림을 복사하여 보여주고 있다. 2016년부터 2020년까지 기간 중 한국의 외환시장개입을 요약하고 있다. 푸른색막대로 구분된 부분은 현물외환시

장의 개입이고, 검은색막대로 구분된 부분은 선물외환시장의 개입이다. 푸른색막대와 검은색막대가 빈번하게 나타나고 있기 때문에 실제 외환시장개입은 현물외환시장개입과 선물외환시장개입이 실효적으로 실시되고 있다는 것을 확인할 수 있다. 푸른색막대와 검은색막대가 동시에 나타나는 상황도 있다. 동시에 나타나는 경우에도 푸른색막대와 검은색막대의 부호가 서로 다른 경우와 같은 경우가 있다. 이런 모습은 현물외환시장개입과 선물외환시장개입이 동시적으로 실시되는 경우도 있다는 것을 시사한다. 외환시장개입의 규모는 어느 정도인가? 외환시장개입의 크기는 푸른색막대와 검은색막대의 길이로 측정된다. 2020년 초반에는 50억 달러가 넘는 현물외환시장의 개입과 선물외환시장의 개입이 서로 다른 방향으로 동시에 실시되었던 것으로 나타난다. 결론적으로 <그림 11-5>는 <표 11-6>에서 정리되어 있는 명목환율갭모형의 현실적인 측면을 보여주고 있다고 할 수 있다.

제4절 　중앙은행 유동성스왑과 외환보유액

　　미국의 연방준비위원회(중앙은행)와 한국은행은 글로벌 금융위기와 COVID-19 위기가 진행되고 있던 시기에 중앙은행 유동성스왑(central bank liquidity swap) 계약을 체결한다. 2008년 10월 29일 미국 연방준비위원회는 브라질, 멕시코, 한국, 싱가포르 등의 국가들과 일시적인 통화스왑창구를 개설할 것을 발표했다. 각각의 국가에 설정된 최대인출가능액은 300억 달러로 설정되었다. 2020년 3월 20일 미국 연방준비위원회는 오스트레일리아, 브라질, 덴마크, 한국, 멕시코, 노르웨이, 뉴질랜드, 싱가포르, 스웨덴 등의 국가들과 일시적인 중앙은행 유동성스왑계약창구를 개설하는 것으로 발표했다. 각각의 국가에 설정된 최대인출가능액은 600억 달러로 설정되었다.

　　중앙은행 유동성스왑(또는 중앙은행 통화스왑)에서 채택되는 거래방식을 설명한다. 중앙은행 유동성스왑거래는 두 번의 거래로 구성된다. 첫째 거래는 거래시점의 시장환율을 기준으로 거래당사국 중앙은행이 동일한 가치의 자국화폐를 서로 교환한다. 예를 들어, 첫번째 거래에서 미국의 중앙은행은 1억 달러를 한국의 중앙은행에 공급한다고 가정하자. 이 때 달러당 1,100원이 외환시장에서 시장환율이라면 한국의 중앙은행은 1,100억원을 미국의 중앙은행에 제공한다. 유동성스왑계약의 만기가 3개월로 합의된다면 3개월 지난 후에 두번째 거래가 이루어진다. 두번째 거래에서는 첫번째 거래에서 적용되었던 동일한 환율을 기준으로 동일한 가치의 거래당사국 화폐를 반대방향으로 교환한다. 따라서 앞에서 설명한 예의 두번째 거래에서 미국의 중앙은행은 원화 1,100억원을 한국의 중앙은행에게 상환하고, 한국의 중앙은행은 미국의 중앙은행에게 1억 달러를 상환한다.

미국 뉴욕연방은행 홈페이지에서는 2020년 다양한 국가와 진행된 중앙은행 유동성스왑거래창구의 거래실적을 제공하고 있다. 코로나(바이러스)위기 기간과 금융위기 기간 중 우리나라의 거래실적을 간단히 소개한다. 최근 거래실적부터 정리하기로 한다. 코로나(바이러스)위기가 진행되고 있는 2020년 기간 중 우리나라의 경우 최초 실적은 2020년 4월 2일부터 4월 9일 기간 중 7일 동안 진행된 실적과 4월 2일부터 6월 25일 기간 중 84일 동안 진행된 실적이다. 거래규모는 각각 8억 달러와 792억 달러이고, 이자율은 각각 0.5173%와 0.9080%이다. 금융위기가 진행되었던 기간 중 2008년부터 2009년 기간 중 거래실적은 보다 더 빈번하게 나타나기 때문에 모든 거래실적을 소개하는 대신 2008년 말 거래실적과 2009년 후반의 거래실적만 비교한다. 첫째, 2008년 12월 4일부터 2009년 2월 26일까지 84일에 걸쳐 진행된 한국은행 유동성스왑거래 실적을 정리한다. 거래규모는 40억 달러이고, 이자율은 6.84%이다. 원·달러환율은 달러당 1,459원이다. 둘째, 2009년 9월 24일부터 2009년 12월 17일까지 84일 동안 진행된 한국은행 유동성스왑거래 실적을 정리한다. 이 당시 거래규모는 40억 달러이고, 이자율은 0.77%이다. 원·달러환율은 달러당 1203.5원을 기록하고 있다.[86]

---

86) <그림 11-6>에 있는 그래프들은 저자가 2015년 서울대학교 경제연구소의 학술지인 Seoul Journal of Economics(28권 2호, 237페이지부터 263페이지)에 게재한 「Forward Guidance and Financial Stability in a Model of Optimal Central Bank Swap Lines」에 수록된 그림의 자료를 사용하였음을 밝힌다.

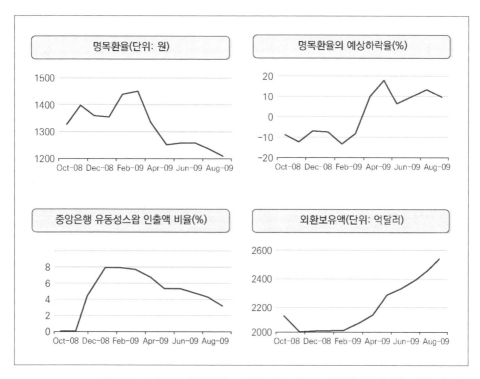

〈그림 11-6〉 금융위기 기간 중 중앙은행 통화스왑과 원·달러의 환율변화

　　본 장에서 중앙은행 유동성스왑을 소개하는 이유는 앞에서 설명한 명목환율
갭의 결정모형의 현실적인 함의와 관련이 있기 때문이다. 연관성을 설명하기 위
해 먼저 <표 11-4>의 마지막 두 줄을 보면 예상초과수익률의 무한급수가 실
질환율갭과 명목환율갭을 결정하는 요인이라는 점을 지적한다. 한국의 중앙은행
과 미국의 중앙은행의 통화스왑계약이 원화로 표시된 금융증권에 투자하는 외
국인 투자자들이 판단하는 통화위험을 안정화시키는 효과를 가지고 있다면
<표 11-4>에 있는 예상초과수익률의 무한급수를 감소시킬 수 있다. <표 11-4>
에서 요약된 명목환율갭의 결정모형을 사용하여 중앙은행 유동성스왑의 효과가
있을 수 있는 가능성을 이론적으로 주장할 수 있지만, 실제자료에서도 확인할
수 있는지의 의문을 제기할 수 있다. 정확한 인과관계를 수량적으로 분석하는
것은 본 책의 범주를 넘기 때문에 금융위기가 진행되는 시기의 자료를 사용하여

중앙은행의 유동성스왑이 실시되는 시점에서 어떠한 변화가 발생하였는지에 대한 설명만 자료를 사용하여 진행한다.

<그림 11-6>에서 왼편 상단에 있는 그림은 2008년 10월부터 2009년 9월까지 원·달러환율의 월별 추이를 보여주고 있다. 오른편 상단에 있는 그림은 동일한 기간 중 원·달러 환율의 월별 예상변화율을 보여주고 있다. 이 그림에서는 명목환율의 예상변화율을 선물환율을 원·달러환율로 나눈 비율로 측정하고 있다. 왼편 하단에 있는 그림은 동일한 기간 중 중앙은행 유동성스왑의 추이를 보여주고 있다. 오른편 하단에 있는 그림은 동일한 기간 중 외환보유고의 월별 추이를 보여주고 있다. 왼편 하단에 있는 그림에서 중앙은행 유동성스왑의 월별 추이는 중앙은행 유동성스왑의 누적치를 외환보유고로 나눈 비율로 측정하고 있다. 이처럼 비율로 측정한다면 중앙은행 유동성스왑의 규모가 변화하지 않을지라도 외환보유고가 증가하거나 감소하면 변화할 가능성이 있다는 단점이 있다. 오른편 하단에 있는 그림을 보면 2008년 11월부터 2009년 2월까지 기간 중에는 외환보유고의 비중이 매우 일정하게 유지되고 있다는 것을 알 수 있다. 따라서 이 기간 중에는 외환보유고의 조정이 거의 없었기 때문에 적어도 이 기간 중에 발생하는 중앙은행의 유동성스왑의 변화를 반영하고 있다고 할 수 있다.

명목환율은 2008년 11월 달러당 1,400원을 기록하고 나서 2008년 12월과 2009년 1월에 하락한다. 중앙은행 유동성스왑의 총규모는 2008년 12월과 2009년 1월에 각각 외환보유고의 약 5퍼센트와 8퍼센트를 기록한다. 외환보유고의 규모는 2008년 10월부터 2008년 11월까지 기간 중 100억 달러 이상의 감소를 보인 이후 2008년 12월부터 2009년 2월까지 기간 중에는 거의 변화가 없는 것으로 나타난다. 따라서 중앙은행 유동성스왑의 증가하는 모습을 보이는 시기에 원·달러 환율은 하락하는 모습이 나타나는 것을 볼 수 있다. 이 당시 외환보유고의 규모가 더 이상 감소하지 않는 동시에 명목환율도 달러당 1,400원보다 더 높게 조정되지 않는 결과가 발생하는 것을 한국의 경제성장률이 음수를 기록하는 시기에 명목환율이 안정되는 상황으로 해석한다면 <그림 11-6>에 수록된 그림들은 적어도 중앙은행의 유동성스왑이 명목환율의 안정에 유효한 효과가 있을 가능성을 제시하는 것으로 볼 수 있다.

한국은행의 홈페이지에 있는 외환보유액의 정의를 소개하면 다음과 같다. 「외환보유액은 중앙은행이나 정부가 국제수지 불균형을 보전하거나 외환시장 안정을 위해 언제든지 사용할 수 있도록 보유하고 있는 대외 지급준비자산을 말한다.」 외환보유액의 유용성에 대한 설명도 아래에 같이 인용한다. 「외환보유액은 긴급시 국민경제의 안전판일 뿐만 아니라 환율을 안정시키고 국가신인도를 높이는 데 기여한다. 긴급사태 발생으로 금융기관 등 경제주체가 해외차입을 하지 못하여 대외결제가 어려워질 경우에 대비하고 외환시장에 외화가 부족하여 환율이 급격하게 상승할 경우 시장안정을 위해 사용한다. 외환보유액을 많이 갖고 있다는 것은 그만큼 국가의 지급능력이 충실하다는 것을 의미하므로 국가신인도를 높여 민간기업 및 금융기관의 해외 자본조달 비용을 낮추고 외국인투자를 촉진하게 된다.」

<그림 11-6>에 수록된 그림들을 보면 한국은행의 홈페이지에 적혀있는 외환보유액의 역할을 제대로 수행하려면 어느 정도의 외환보유액이 필요한가의 질문이 가능하다. 외환보유액의 적정규모에 관한 기계적인 공식은 쉽지 않을 수 있다. 그 이유 중의 하나는 국가별로 외환보유액의 주요 목적이 다를 수 있기 때문이다. 국가별 외환보유액의 자료를 살펴보면 경제규모와 비교하여 국가별 차이가 크게 나타나는 것을 확인할 수 있다. 외환보유액의 실제 자료를 보면 다음과 같은 세 개의 그룹으로 나누어 볼 수 있다. (1) 외환보유액의 상대적 비중이 작은 선진국이다. 영국, 프랑스, 캐나다, 독일, 이탈리아 등과 같은 국가들의 외환보유액은 GDP 대비 5% 이하의 수준을 기록하고 있다. (2) 외환보유액의 상대적 비중이 실효적으로 큰 국가이다. 한국, 중국, 일본, 인도, 멕시코, 브라질, 말레이시아, 베트남 등의 국가는 15%-30%의 범위에 이르는 외환보유고를 보유하고 있다. (3) 외환보유액의 상대적 비중이 매우 큰 국가이다. 스위스, 타이완, 싱가포르 등의 국가는 70%-130%의 범위에 이르는 외환보유고를 보유하고 있다.

외환보유액이 무역거래 또는 해외부채상환액과 비교하여 과도하게 많다고 판단되는 국가와 경제규모와 비교하여 과도하게 작다고 판단되는 국가들이 있다는 점을 발견할 수 있다. 이런 외환보유액의 차이가 일인당 국민소득 등과 같

은 지표를 기준으로 할 때 경제발전 정도를 반영하지 않는다는 점도 동시에 발견할 수 있다. 위의 설명을 보면 유로를 사용하는 국가는 대체로 GDP 대비 외환보유액이 작다는 것을 알 수 있다. 스위스의 경우 스위스 프랑을 사용하기 때문에 주변의 다른 유럽국가에 비해 외환보유액이 높다고 할 수 있다. 일본의 경우 일인당 국민소득 수준이 비슷한 유로화를 사용하는 유럽국가보다 GDP 대비 외환보유액의 비중이 더 높다는 것을 알 수 있다. 일본의 경우도 독자적인 엔화를 화폐로 사용하고 있기 때문에 경제발전 정도가 유사한 국가에 비해 외환보유액이 높다고 할 수 있다.

여기에 덧붙여서 외환보유액을 축적하기 위해 비용을 지불해야 한디는 점을 지적할 수 있다. 외환보유액의 금전적인 비용을 설명하기 위해 중앙은행이 외환시장에서 달러화를 매수하는 방식으로 외환보유액을 축적하는 상황을 가정하자. 달러화를 매수하기 위해 필요한 자금을 조달하기 위해 국내에서 채권을 발행하거나 해외에서 달러화로 표시된 채권을 발행할 수 있다. 간단한 예를 들기 위해 달러화로 표시된 채권의 발행이 가능한 것으로 가정한다. 또한 외환보유액을 어떠한 형태로 보유하는지의 이슈가 있다. 달러화로 가지고 있지 않고 미국의 재무성이 발행한 채권의 형태로 보유하는 경우 재무성이 지급하는 이자소득이 발생한다. 앞에서 설명한 사례에서는 외환보유액 1달러의 비용은 한국이 발행한 달러화 채권의 이자율에서 미국 재무성이 발행한 채권의 이자율을 뺀 차이가 된다. 따라서 외환보유액의 비용을 계산하는 단순공식으로 (외환보유액의 달러비용＝외평채 스프레드×외환보유)의 등식을 생각해볼 수 있다.

위에서 설명한 국가별 외환보유액의 차이를 보면 외환보유액의 비용이 상대적으로 작을 것으로 예상되는 국가가 더 많은 외환보유액을 보유하고 있는 것으로 보이지 않는다는 것을 알 수 있다. 오히려 상대적으로 높은 비용을 지불해야 할 것으로 보이는 국가에서 더 높은 외환보유액을 가지고 있는 것으로 보인다. 높은 비용을 지불하고서도 더 많은 외환보유액을 보유하는 국가는 외환보유액의 유용성을 상대적으로 더 높게 평가하는 것을 생각할 수 있다. 앞에서 인용한 한국은행 홈페이지의 설명을 보면「환율을 안정시키고」의 표현이 있다. 외환보유액의 환율안정효과를 설명하는 경제모형은 무엇인가? <표 11－4>의 마지막 두 줄에 정리되어 있는 실질환율갭과 명목환율갭의 결정모형을 사용하여 외환보유액의 환율안정효과를 설명할 수 있다. 중앙은행 유동성스왑의 환율안정효과가 발생하는 경로와 동일하게 외국인 투자자들이 판단하는 통화위험을 안정시키는 효과를 생각해 볼 수 있다는 점을 지적한다.

제11장 연습문제

01 자국소비자와 외국소비자의 효용함수는 각각 $U(C_H) = \ln C_H$와 $U(C_F) = \ln C_F$로 가정하시오.

(1) <그림 11−1>에서 성의한 사회후생힘수의 무차별곡선의 함수를 도출하시오. 무차별곡선의 기울기는 자국소비자의 소비를 외국소비자의 소비로 나눈 비율의 함수가 됨을 보이시오.

(2) 위의 문제에 대한 답을 사용하여 <그림 11−1>의 A점에서 성립하는 조건을 계산하시오.

(3) 위의 문제에 대한 답을 사용하여 <그림 11−1>의 B점에서 사회후생함수의 극대화가 달성될 조건을 도출하시오.

(4) <그림 11−1>의 B점에서 사회후생함수의 극대화가 달성되기 위해 필요한 명목환율의 조건을 도출하시오.

(5) 「화폐의 교환방정식(equation of exchange)이 성립하면서 화폐유통속도가 일정한 상수로 고정되어 있는 상황에서 무역수지균형과 일치하는 환율은 두 나라 화폐공급량의 비율에 의존한다.」 위의 문제에 대한 답을 사용하여 평가하시오.

02 「무역수지균형과 일치하는 환율과 경기중립과 일치하는 환율이 다르다. 무역수지균형과 일치하는 환율보다 경기중립과 일치하는 환율이 높은 상황에서 환율을 무리하게 조정하여 경기과열이나 물가불안정을 초래할 가능성이 있다.」 본 장의 내용을 참고하여 위의 주장을 평가하시오.

03 <표 11-5>에서 분석하고 있는 외환시장규제의 두 가지 사례에 대하여 <그림 11-4>에서 요약하고 있는 방법을 적용하여 이자율평형조건으로 부터 명목환율갭의 결정식을 도출하시오. 본문에서는 외환시장규제가 한 기간 동안 실시되는 것으로 가정하였다. 외환시장규제가 두 기간 동안 실시되는 것으로 가정하면 명목환율갭의 결정식이 어떻게 달라지는지를 수식을 사용하여 설명하시오.

04 「한국은행이 통화안정증권을 사용하여 불태화정책을 실시하면 무역수지흑자가 지속되거나 해외자본유입이 지속적으로 증가하는 기간 중 통화안정증권의 발행 잔액이 크게 증가하는 경향이 있다.」 본 장의 내용을 참고하여 위의 문장을 평가하시오.

05 한국이 보유하고 있는 외환보유액을 모두 미국 재무성이 발행한 10년 만기 채권으로 보유하는 것으로 가정하시오. 미국 재무성이 발행한 10년 만기 채권의 이자율과 한국정부가 발생한 10년 만기 외평채의 이자율 차이가 20베이시스포인트, 한국이 보유하고 있는 외환보유액의 크기를 4,500억 달러로 가정하시오. 한국은 외환보유액을 위해 필요한 자금을 외평채를 발행하여 충당하는 것으로 가정하시오.

(1) 위의 가정이 충족되는 상황에서 발생하는 외환보유액의 비용을 계산하시오.

(2) 「통화안정증권의 발행보다 외평채의 발행을 가정하여 계산하면 외환보유액의 비용이 더 낮아진다.」 위의 주장을 평가하시오.

(3) 「중앙은행이 외환보유액을 위해 필요한 자금을 통화량을 늘려서 조달하게 되면 외환보유액의 비용이 없다.」 위의 주장을 평가하시오.

06 외국투자자의 기간 간 한계 대체율(intertemporal marginal rate of substitution) 을 m'으로 표시하시오

(1) <표 11-4>에 있는 기호를 사용하여 외국투자자의 한국채권투자에 대한 효용극대화 조건을 설명하시오.

(2) <표 11-4>에 있는 기호를 사용하여 외국투자자의 미국채권투자에 대한 효용극대화 조건을 설명하시오.

(3) 예상초과수익률은 실현된 초과수익률과 외국투자자의 기간 간 한계대체 율의 공분산과 어떠한 관계가 있는지를 수식을 사용하여 설명하시오.

07 자국의 소비자에게 적용되는 현재시점의 기간 간 예산제약은 다음과 같이 수식을 사용하여 표시할 수 있다.

$$C_H + W'_H = X_H + A_H$$

또한 다음시점의 기간 간 예산제약은 다음과 같이 수식을 사용하여 표시 할 수 있다.

$$C_H + W''_H = X'_H + (1 + r_H) W'_H$$

(1) 위의 두 식에서 X_H와 X'_H은 각각 소비재 단위로 평가한 자국의 소비 자가 현재시점과 다음시점에서 받는 실질소득으로 해석할 수 있다. 본 장의 기호를 사용하여 X_H와 X'_H을 수식으로 나타내시오.

(2) 위에 있는 두 개의 기간 간 예산제약식이 함의하는 현재가치 예산제약 식의 도출과정을 <표 2-1>에서 기술한 방식을 사용하여 설명하시오.

(3) (2)의 문제에서 제시한 답을 사용하여 <그림 11-2>와 <그림 11-3> 에 있는 V가 어떻게 결정되는지를 수식을 사용하여 설명하시오.

(4) 앞에서 사용한 방식을 사용하여 <그림 11-2>와 <그림 11-3>에 있는 $\hat{V}$가 어떻게 결정되는지를 수식을 사용하여 설명하시오.

(5) 위에 있는 두 개의 기간 간 예산제약식에 있는 기호를 사용하여 <표 11-1>의 I_F가 어떻게 결정되는지를 설명하시오.

제12장

자산가격버블의
거시경제적 측면

12장 자산가격버블의 거시경제적 측면

자산가격버블의 거시경제적 측면은 무엇인가? 이 질문에 대한 답변은 다양한 방향으로 제시될 수도 있다. 본 장에서 강조하는 측면은 자산가격의 변동을 수반하는 금융사이클과 실물거시경제의 경기순환이 서로 밀접하게 연결될 가능성이다. 이런 가능성을 중요하게 생각하는 이유는 많은 민간경제주체의 투자대상인 주택과 토지를 포함하는 실물자산이 급격한 가격등락을 보이는 시기에는 자산시장에만 국한된 현상으로 끝나지 않고 실물거시경제에도 무시하지 못할 여파가 파급될 가능성이 있기 때문이다. 이와 같은 주장을 뒷받침하기 위해 주식 또는 부동산의 가격 등과 같은 자산가격과 가계순자산이 서로 밀접하게 같은 방향으로 움직이는 기간 중 경제성장률도 동일한 방향으로 상승과 하락을 보이는 경향이 있다는 실증적 사실을 소개한다. 마틴과 벤츄라는 2012년에 발표한 연구논문에서 1995년부터 2009년 기간 중 미국 자료를 분석하면 가계와 비영리법인이 보유한 순자산을 GDP로 나눈 비율이 5–6년의 기간에 걸쳐 급속하게 증가하여 정점에 도달하고 나면 그 이후 급속하게 감소하는 모습이 두 차례 나타난다는 것을 보여주고 있다.[87] 두 차례의 사례는 모두 자산가격의 상승과 연결되어 있으며, 같은 기간 동안 GDP, 민간소비, 자본스톡 등을 포함하는 실물 거시경제 주요변수들의 증가율도 등락을 보인다.

표본기간을 1995년–2009년의 기간이 아니라 1995년–2019년의 기간으로 확장하면 앞에서 설명한 두 변수의 실증적인 관계가 유지되는지도 궁금할 수 있다. 따라서 <그림 12–1>에서는 1995년–2020년 기간 중 미국과 한국의 자료를 사용하여 가계순자산비율과 경제성장률 간의 관계를 보여주고 있다. <그림

---

[87] 마틴(Alberto Martin)과 벤튜라(Jaum Ventura)가 미국 경제학회의 학술지(American Economic Review, 102권 6호, 3033페이지부터 3058페이지)에 발표한 논문의 제목은 「Economic Growth with Bubbles」이다. 이들의 논문에서는 미국, 유럽, 일본 등의 자료가 모두 포함되어 있지만, 본 장에서는 미국 자료를 사용한 부분만 소개하기로 한다.

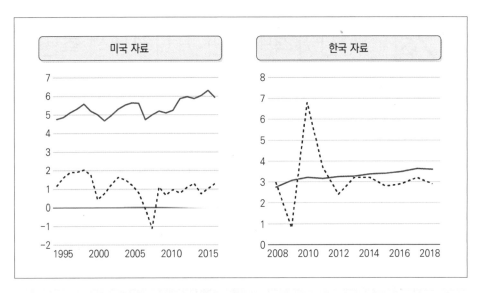

〈그림 12-1〉 가계순자산비율과 경제성장률

12-1>의 왼편 그림은 미국 자료를 사용하여 작성된 그래프이고, 오른편 그림은 한국자료를 사용하여 작성된 그래프이다.[88] 검은색실선은 가계순자산비율을 나타내고, 검은색점선은 경제성장률을 나타낸다. 왼편 그림을 보면 첫째 순환에서는 푸른색실선과 점선의 고점과 저점이 나타나는 시점이 거의 유사한 것으로 보인다. 둘째 순환에서는 고점과 저점의 발생시점이 약간 차이가 있다. 경제성장률의 고점이 먼저 나타난 이후 가계순자산비율의 고점이 뒤따라 나타나는 것으로 보인다. 저점은 가계순자산비율의 저점이 먼저 나타난 이후 경제성장률의 저점이 뒤따라 나타나는 것으로 보인다.

그림에도 불구하고 <그림 12-1>의 왼편 그림을 보면 가계순자산비율의 변동과 경제성장률의 변동이 같이 움직이는 두 개의 사례가 있음을 인정하게 된다. 미국자료에서 나타난 두 개의 사례가 자산가격의 버블과 관련이 있다는 점이 본 장의 제목을 선택한 이유라고 할 수 있다. 오른편 그림은 한국자료를 보여주고 있다. 왼편 그림과 마찬가지로 푸른색실선은 가계순자산비율을 나타

---

88) <그림 12-1>의 두 그림에서 가구순자산비율은 국가지표체계의 홈페이지에 있는 미국과 한국의 가구처분가능소득대비 가구순자산비율을 다운로드 받아서 작성하였다.

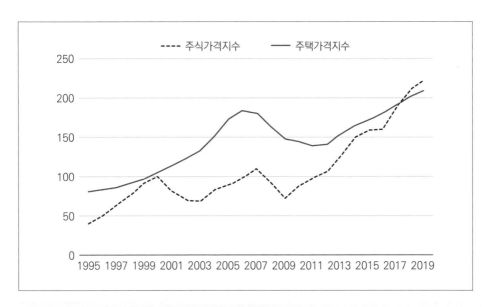

<그림 12-2> 미국 주택가격과 주가지수의 변화

내고, 검은색점선은 경제성장률을 나타낸다. 한국자료의 표본기간은 2008년 −
2019년의 기간이다. 자료획득의 문제로 오른편 그림의 표본기간은 왼편 그림
의 표본기간보다 짧다. 한국 경제성장률은 2008년과 2009년 급속하게 낮아지
는 모습을 보이지만 가계순자산비율이 같이 낮아지는 모습을 보이지는 않는다.
2010년 경제성장률이 급속한 반등을 보이는 시점에서 가계순자산비율이 미약
하게나마 증가하는 모습을 보이지만 눈으로 쉽게 구별할 수 있는 움직임을 찾
아보기는 어렵다. 따라서 적어도 2010년대 한국자료에서는 미국자료에서 나타나
는 「가계순자산비율과 경제성장률의 병행순환」의 사례는 보이지 않는다고 할
수 있다. 그러나 표본기간이 짧기 때문에 오른편 그림에 수록된 그래프가 한국
에는 미국과 달리 「가계순자산비율과 경제성장률의 병행순환」의 현상이 없다는
증거로 해석하기 어렵다는 점을 지적한다.

    <그림 12−2>에서는 1995년−2019년 기간 중 미국의 주택가격지수와 주식가
격지수를 보여주고 있다. 푸른색실선으로 표시되는 미국 주택가격지수는 (월별자료
로 제공되는) 「케이스−실러의 전국주택가격지수(Case−Shiller National Home
Price Index)」의 연도별 평균이다. 「케이스−실러의 전국주택가격지수」는 2000년

1월을 기준시점으로 설정하고 있다. 기준시점의 값은 100으로 표시되고, 다른 시점의 값은 그 시점의 실제 관측치를 기준시점의 원래 실제 관측치로 나눈 비율에 100을 곱한 수치로 표시된다. 검은색점선으로 표시되는 미국 주식가격지수는 (일일자료로 제공되는) 「윌셔 5000 주식가격지수(Whilshire 5000 Stock Price Index)」의 연도별 평균이다. 「윌셔 5000 주식가격지수」는 연도별 자료를 다운로드 받은 이후 저자가 2000년을 기준년도로 설정하여 작성하였다. 두 변수의 시계열자료는 모두 미국 세인트루이스 연방은행 홈페이지에 있는 데이터베이스로부터 다운로드를 받았음을 밝힌다.

<그림 12-2>가 함의하는 점을 간단히 요약하면 다음과 같다. (1) 1990년대 중반부터 2000년까지 주식가격지수는 두 배가 넘은 크기로 상승하여 2000년에 이르러서 정점을 기록한 이후 하락하는 모습을 보인다. 1990년대 후반 주식가격버블의 존재가능성을 시사한다. (2) 1990년대 중반부터 2006년까지 주택가격지수는 지속적으로 상승한다. 주식가격지수가 2003년에 들어 저점을 보이는 반면에, 주택가격지수는 그 이전 기간의 증가율과 비교하여 더 가파르게 증가한다. 2006년에 정점을 기록한 이후 2012년까지 하락한다. 2000년대 초반 주택가격버블의 존재가능성을 시사한다. <그림 12-1>과 <그림 12-2>에 수록된 그림이 함의하는 점을 결합하면 경제성장률과 GDP 대비 가계순자산비율이 병행하여 증가하는 기간 중 자산가격의 버블도 같이 진행되고 있었을 가능성을 생각하게 한다. 따라서 두 개의 그림은 자산가격버블의 거시경제적 측면이 존재한다는 것을 자료를 통해서 시사한다.

<그림 12-2>의 표본기간은 금융위기 이후 최근 COVID-19가 발생하기 이전까지의 기간을 포함하고 있다. 금융위기 이후 주택가격지수와 주식가격지수의 변화를 요약하면 다음과 같다. 주식가격지수의 경우 2009년 약 75의 값에서 2019년 약 220의 값을 기록하고 있다. 이런 주식가격지수의 증가세를 통해서 금융위기로 진행되면서 발생한 대불황의 저점에서 기록한 주식가격지수와 비교할 때 지난 10년 기간 동안 세 배에 달하는 주식가격지수의 증가가 있었다. 주택가격지수는 2011년에서 약 140의 값이고, 2019년에는 약 210의 값을 보인다. 앞에서 설명한 주식가격지수의 변화 추이와 비교할 때 주택가격지수의 증가하는 정

도가 상대적으로 작다고 할 수 있지만, 그럼에도 불구하고 지속적인 상승을 보이고 있다. <그림 12-1>의 표본기간도 <그림 12-2>와 마찬가지로 금융위기 이후의 기간을 포함하고 있다. 2011년-2019년 기간 중 경제성장률은 1퍼센트의 값을 중심으로 하여 각각의 년도에 약간 높거나 약간 낮게 실현되는 모습이 나타난다. 마치 1퍼센트의 경제성장률이 목표치이고, 실제로 달성된 경제성장률은 경제상황에 맞추어 목표성장률을 중심으로 플러스와 마이너스의 편차가 나타나는 모습을 보인다. 2010년대 전체 기간을 놓고 보면 경기불황의 발생이 없이 지속적으로 경제성장을 달성한 것으로 보인다. 2010년대에도 경제성장률의 기조적인 변화와 주식가격과 주택가격의 기조적인 변화는 대략적으로 같이 움직이는 모습이 나타난다는 것을 알 수 있다.

제1절   경제성장과 주식시장버블

경제구조의 변화를 발생시키는 생산성향상이 발생한 시기에 자주 자산가격버블이 같이 발생한다는 역사적 사실은 부인하기 어렵다. 특히 기관차의 발명으로 시작된 철도운송과 산업생산 및 일반생활의 전기사용 등과 같은 경제구조의 변화를 생산성향상의 사례들이라고 한다면, 급격한 경제성장이 달성되는 시기에 자산가격버블도 병행하여 발생할 가능성이 높다. 이런 현상을 어떻게 설명할 수 있는가? 기술혁신의 경제성장률 효과도 생애주기가 있다고 가정한다. 구체적으로 세 개의 단계로 구분한다. 첫째 단계는 「잠재적 태동기」이다. 새로운 기술의 위력을 알고 있더라도 실제 생산에 적용되기 위해 새로운 기계와 설비가 필요할 수 있다. 이런 기간을 잠재적 태동기로 정의할 수 있다. 잠재적 태동기에는 새로운 기술이 경제성장률에 미치는 효과는 미미할 수 있다. 따라서 잠재적 태동기는 기술혁신의 경제성장률 효과는 제로인 것으로 가정한다. 둘째 단계는 「확장기」이다. 기술혁신의 확장기는 기술혁신이 실제생산에 응용되기 시작한 최초시점부터 일정한 기간 동안 높은 경제성장률이 유지되는 기간을 말한다. 셋째 단계는 「성숙기」이다. 기술혁신의 성숙기는 새로운 기술이 이미 경제활동 전반에 걸쳐 사용되고 있기 때문에 경제성장률을 높이는 효과도 안정화되어 둘째 단계의 경제성장률보다 더 낮은 경제성장률이 지속적으로 유지되는 기간을 말한다.

증권시장에 참가하는 투자자를 두 그룹으로 구분한다. 투자자를 구분하는 기준은 다음과 같다. 모든 기술혁신의 경제성장률 효과가 확장기를 거쳐서 성숙기로 넘어가는 과정을 거친다는 점을 정확하게 이해하는 투자자와 그렇지 않은 투자자로 구분한다. 전자의 투자자들은 전문투자자, 후자의 투자자는 비전문거래자로 구분한다. 실제 상황은 앞에서 설명한 세 단계를 거치게 되지만, 비전문거래자들은 확장기의 경제성장률이 앞으로도 계속해서 영원히 유지될 것으로 믿는다. 이에 반하여 전문투자자들은 세 단계를 거친다는 사실을 정확히 알고 있다고 가정한다. 전문투자자일지라도 모든 상황정보를 정확히 가지고 있지 않다는 점이 중요한 역할을 한다. 두 그룹의 투자자들이 공통적으로 모르는 정보도 있다는 것이다. 두 그룹의 투자자 모두 기술혁신의 확장기에서 성숙기로 전환하는 시점을 정확하게 알지 못한다. 그러나 성숙기가 시작된 시점부터 확장기에서 성숙기로 전환되었다는 것을 암시하는 시그널이 일부 전문투자자에게만 점진적으로 알려지기 시작한다. 시그널을 감지한 전문투자자는 성숙기가 시작된 시점을 추정할 수는 있지만 정확하게 확신할 수는 없다. 마찬가지로 주식가격버블이 시작된 시점을 추정할 수는 있지만 정확하게 확신할 수는 없다.

버블이 시작된 시점을 정확하게 추정하는 작업이 왜 중요한 것인가? 그 이유는 버블의 붕괴조건 때문이다. 주식가격버블의 붕괴조건은 주식을 보유하고 있던 투자자들 중에서 많은 투자자들이 주식을 처분한다는 것이다. 소수의 투자자들이 주식을 처분한다고 해서 주식가격버블이 붕괴되는 것은 아니라는 것이다. 이런 주식가격버블의 붕괴조건으로 인하여 전문투자자가 버블이 진행 중이라는 사실을 알지라도 버블을 이용하여 금전적인 이득을 얻으려는 유인이 발생한다는 것이다. 다시 말하면, 전문투자자는 주식가격버블이 진행되고 있는 것을 알게 되는 시점에서 반드시 주식을 황급하게 처분할 필요가 없다. 최대한 버블을 이용하는 것은 버블이 붕괴되기 바로 직전에 주식을 처분하는 것이다. 이런 매도전략을 실행할 때 가장 높은 주식가격을 받고 판매하기 때문에 투자수익의 극대화를 달성하게 된다.

<그림 12-3>은 잠재GDP의 시간경로와 주식가격의 시간경로를 보여주고

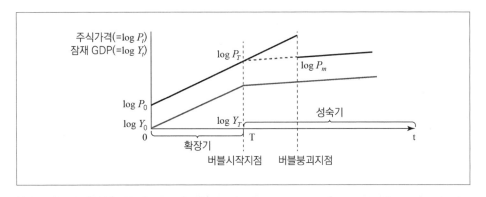

〈그림 12-3〉 잠재GDP의 시간경로와 버블이 있는 주식가격의 시간경로

있다. 수평축은 시간을 표시하고, 수직축은 주식가격과 잠재GDP를 표시한다. 수평축의 왼쪽 끝은 기술혁신이 실제로 잠재GDP에 영향을 미치기 시작하는 시점이다. 수평축의 왼쪽 끝에 있는 주식가격과 잠재GDP는 확장기가 시작되는 시점의 주식가격과 잠재GDP를 나타낸다. 푸른색실선은 시간이 지나면서 새로운 기술혁신이 잠재GDP에 미치는 효과가 어떻게 달라지는지를 보여주고 있다. 확장기가 시작되는 시점부터 잠재GDP는 지속적으로 증가한다. 확장기를 지나서 성숙기에 들어서면 푸른색실선의 기울기가 달라진다. 그 이유는 잠재GDP의 성장률이 확장기에서 성숙기보다 더 높기 때문이다.

아부르와 브루너마이어르가 2003년에 발표한 연구논문에서 제시한 모형을 반영하여 초기 단계에서는 근본가치의 상승속도에 맞추어 자산가격이 상승하지만 일정한 시간이 지난 이후 자산가격이 근본가치보다 더 빠른 속도로 상승하는 상황을 가정하고 있다.[89] <그림 12-3>은 주식의 근본가치(fundamental value)는 잠재GDP의 선형함수라는 것을 반영하여 주식가격의 시간경로를 보여주고 있다. 또한 주식가격버블은 주식의 시장가격에서 주식의 근본가치를 뺀 차이로 정의된다. 검은색실선은 시간이 지나면서 주식의 시장가격이 어떻게 변화하는지를 보여주고 있다. 확장기에서는 주식가격버블이 없기 때문에 주식가격을

---

89) 아부르(Dilip Abreu)와 브루너마이어르(Markus Brunnermeier)가 2003년 Econometrica(71권 1호, 173페이지부터 204페이지)에 출간한 논문의 제목은 「Bubbles and Crashes」이다.

나타내는 검은색실선과 잠재GDP를 나타내는 푸른색실선은 기울기가 같다. 성숙기가 시작되면서 검은색실선의 기울기와 푸른색실선의 기울기가 달라진다. 푸른색실선의 기울기는 낮아지는 반면에, 검은색실선의 기울기는 예전과 같다. 이는 주식의 시장가격이 근본가치와 달라지기 시작했다는 것을 의미한다. 푸른색점선은 성숙기 초반에 주식의 시장가격이 근본가치와 같은 상황을 나타낸다. 따라서 검은색실선과 푸른색점선의 차이는 버블을 나타낸다. 시간이 지날수록 버블의 크기가 증가하는 것을 보여주고 있다.

　<그림 12-3>에서 보여주고 있는 주식가격버블은 성숙기의 최초시점부터 시작하여 일정 기간 동안 진행된다. 주식가격버블이 발생하는 이유는 모든 사람들이 확장기에서 성숙기로 넘어가는 시점을 정확히 모르기 때문이다. 주식가격버블이 붕괴되는 이유는 주식가격버블이 진행되고 있다는 사실을 인지하게 되는 전문투자자의 규모가 일정수준을 넘으면 주식가격버블이 더 이상 진행되지 않을 것이라는 예상으로 인해 이들의 매도가 시작되기 때문이다. 버블붕괴시점은 많은 전문투자자들이 더 이상 주식가격의 상승세가 지속되지 않을 것이라고 예상하게 되어 대량 투매현상이 나타나는 시점이라고 할 수 있다. 버블의 시작시점은 외생적으로 결정되지만 버블의 붕괴시점은 내생적으로 결정된다. 주식가격버블이 오랜 시간에 걸쳐 진행되는지 아니면 짧은 시간 동안만 진행되는지의 여부는 전문투자자의 정보수집과 정보처리 능력에 따라 달라진다고 할 수 있다.

　어떠한 과정을 거쳐서 전문투자자가 버블의 존재를 인지하게 되는가? 다음의 세 가지 가정이 도입된다. (1) 각각의 시점에서 버블이 진행되고 있음을 처음으로 인지하는 전문투자자의 비중은 일정하다고 가정한다. (2) 버블이 발생한 이후 일정한 시간이 지나면 모든 전문투자자가 버블을 인지하는 것으로 가정한다. 버블이 발생한 이후 $[0, b]$의 시간 구간 안에 모든 전문투자자가 버블을 인지한다. (3) 각 시점에서 버블발생을 처음으로 인지하는 전문투자자의 크기는 균등분포를 따르는 것으로 가정하고, 그 규모는 $(1/b)$이다. 앞에서도 이미 설명한 바가 있지만 전문투자자들은 버블이 발생한 시점을 정확히 알지 못하고, 단지 발생한 사실만 알고 있다는 점을 지적한다.

　앞에서 설명한 버블의 인지과정을 기호를 사용하여 설명한다. 최초시점을 0

확장기가 끝나는 시점의 누적확률분포함수	$\Phi(T) = 1 - \exp(-\lambda T)$
확장기가 끝나는 시점의 확률밀도함수	$\phi(T) = \lambda\exp(-\lambda T)$
확장기가 끝나는 시점의 사후분포공식	$\phi(T \mid \tau - u < T \leq \tau) = \dfrac{\phi(T)}{\Phi(\tau) - \Phi(\tau - u)}$
버블시작시점의 사후분포	$\phi(T \mid \tau - u < T \leq \tau) = \dfrac{\lambda\exp(-\lambda T)}{\exp(-\lambda(\tau - u)) - \exp(-\lambda\tau)}$

주: λ는 양의 상수, T는 버블의 시작시점, $u(=T+b)$는 모든 전문투자자가 버블존재를 인지하는 시점, τ는 임의의 시점에서 전문투자자가 버블의 존재를 인지하는 시점이다.

시점으로 표시한다. 시간이 연속적으로 변화하고 있는 상황을 가정하고 있다. 시점을 나타내는 기호는 t의 소문자를 사용한다. <그림 12-3>의 수평축을 나타내는 변수는 t로 표시된다. 실제로 버블이 발생하는 시점은 대문자를 사용하여 T라고 표시한다. <그림 12-3>에서 수평축에 표시되어 있는 확장기를 기호로 표시하면 $t=0$부터 $t=T$에 이르는 구간이 된다. $t=T$에서 버블이 시작하는 동시에 버블의 존재를 인지하는 전문투자자도 나타난다. 모든 투자자가 버블이 발생하는 시점에서 버블의 존재를 인지하는 것이 아니라 버블의 존재를 인지하는 전문투자자의 비중이 서서히 늘어난다. $t=T+b$에서 모든 전문투자자가 버블의 존재를 인지하게 된다. 모든 전문투자자가 버블존재를 알기 이전에 버블존재를 인지하는 전문투자자의 선택을 설명하가 위해 새로운 기호인 τ를 정의한다. τ의 값은 $[T, T+b]$의 시간 구간에 속하는 임의의 점을 나타내는 것으로 정의한다.

임의의 $t=\tau$의 시점에서 버블의 존재를 인지하게 된 전문투자자는 어느 시점에서 버블이 시작되었는지는 알지 못하고, 자신이 버블의 존재를 인지한 시점만 정확히 아는 것으로 가정한다. 전문투자자의 정보처리과정을 구체적으로 설명하기 위해 앞에서 정의한 기호를 사용한다. 버블이 시작하는 시점의 누적분포함수는 <표 12-1>의 첫째 줄에 있는 지수함수의 형태로 가정한다. 첫째 줄에 있는 함수는 $T=0$에서 $\Phi(0)=0$의 값을 가지고, $T=\infty$에서 $\Phi(\infty)=1$의 값을 가진다. 따라서 버블이 시작하는 시점은 양수의 구간에서 정의되는 확률변수이고, 누적분포함수는 <표 12-1>의 첫째 줄에 있는 식으로 주어진다. 전문투자자는 버블이 시작되는 시점의 누적분포함수를 정확히 알고 있는 것으로 가정한다. 버블을 인지한 전문투자자에게 중요한 정보는 자신이 다른 전문투자자와 비교하여 상대적으로 빨리 버블의 존재를 인지한 것인지의 여부이다. 그 이유는 버블의 존재를 인지한 초기그룹에 속하게 되면 인지하는 시점에서 주식의 매도가 필요가 없고 어느 정도 더 기다렸다가 주식을 매도하는 것이 수익률을 높이는 결정이 되기 때문이다. 이런 전문투자자의 선택을 「버블 위를 탄다.」는 말로 표현할 수 있다.

전문투자자가 버블의 존재를 인지하는 시점에서 「버블을 탄다.」 또는 「버블을 타지 않고 매도한다.」로 구성된 두 개의 선택지 중에서 어느 것을 선택할 것인가? 전문투자자는 자신의 선택을 위해 먼저 버블이 언제 시작되었는지를 예측한다. 임의의 $t=T+\tau$시점에서 버블의 존재를 인지한 전문투자자는 자신이 최초로 인지한 사람이면 버블이 발생한 시점은 $t=T+\tau$이다. 자신이 마지막으로 인지한 사람이면 버블이 발생한 시점은 $t=T+\tau-u$이다. 앞에서 설명한 내용은 버블의 존재를 인지하여 새로 얻게 되는 정보이다. 새로운 정보를 반영하여 자신의 의사결정에 필요한 기존의 정보를 업데이트해야 한다. 어떻게 정보를 업데이트할 것인가? <표 12-1>의 세 번째 줄에 있는 절단된 분포의 공식을 사용한다. 버블이 존재한다는 사실을 알기 이전에 전문투자자가 버블의 시작시점에 관하여 알고 있는 정보는 사전분포에 반영된다. 사전분포는 모든 전문투자자에게 동일한 함수형태이다. 버블이 존재한다는 사실을 알게된 이후에 전문투자자가 버블의 시작시점에 관하여 알고 있는 정보는 사후분포에 반영된다.

전문투자자가 주식가격버블이 진행되고 있다는 것을 안다고 가정하자. 이제 전문투자자가 하는 일은 주식의 최적매도시점을 결정하는 일이다. 여기서 강조할 점은 주식가격버블이 진행되고 있다는 것을 인지하는 시점에서 바로 보유하고 있는 모든 주식을 매도하는 것이 투자수익극대화의 선택이 아닐 수 있다는 것이다. 오히려 이미 진행되고 있는 주식가격의 버블을 최대한으로 이용하는 것이 투자수익을 극대화하는 선택이 될 수가 있다. 어떻게 최적 매도시점을 결정할 것인가? 최적 매도시점을 찾는 문제를 해결하는 방식은 최적 매도시점에서 만족되어야 하는 예상이윤극대화조건을 찾는 것이다. 이를 위해 현재시점이 주식매도의 최적 매도시점이라고 하면 현재시점에서 어떠한 조건이 만족되는지를 구체적으로 설명한다.

현재시점의 다음시점에서 버블이 붕괴된다면 현재시점에서 주식을 매도해야 가장 높은 시장가격을 받고 주식을 매도하는 것이 된다. 주식을 매각하는 시점에서 예상수입은 (버블붕괴가 일어날 확률)×(버블의 크기)이다. (버블붕괴가 일어날 확률)을 곱하는 이유는 매도시점의 다음시점에서 버블붕괴가 발생해야 가장 최적의 시점이기 때문이다. 그러나 현재시점의 다음시점에서 버블이 붕괴되지 않고 버블이 지속될 수 있다는 점을 반영해야 한다. 이런 경우가 발생하면 현재시점에 매각하지 않고 다음시점까지 주식을 보유하는 것이 더 큰 이득을 제공한다. 따라서 현재시점에서 주식매도를 선택하는 것에 대한 기회비용이 발생한다. 예상기회비용을 계산하면 (버블붕괴가 일어나지 않을 확률)×(현재시점의 시장가격)×(가격상승률−이자율)이 된다. 마지막 항에서 가격상승률에서 이자율을 빼는 이유는 현재시점에서 주식매도를 선택할 때 발생하는 주식매도수익을 그대로 은행에 예금하면 이자소득이 발생하기 때문이다.[90]

이윤극대화의 조건을 설명하기 이전에 앞에서 설명한 변수들은 개별 전문투자자의 선택에 의존하지 않고 모두 시장에서 결정되는 변수라는 점을 지적한다. (한계예상수입＝한계예상비용)의 등식이 예상이윤극대화조건이다. 앞에서 설명한 두 조건을 반영하면 예상이윤극대화조건은 {(버블붕괴가 일어날 확률)×(버블의 크기)＝(버블붕괴가 일어나지 않을 확률)×(현재시점의 시장가격)×(가격상승률−이자율)}이다. 앞에서 설명한 등식을 보면 버블의 생존분석이 필요하다는 것을 알 수 있다. 버블이 생성되는 시점부터 붕괴되는 시점에 이르는 기간을 분석하는 것이다. 생물학에서 생명체의 생존기간을 확률적으로 분석하는 분야를

---

[90] 버블이 진행되고 있다는 사실을 인지하면 과거시점부터 주식을 보유하지 않더라도 공매도 또는 단기 채권의 발행으로 조달한 자금으로 주식을 매수하는 등의 투자전략을 선택하여 투자수입을 얻을 가능성이 발생한다. 본 절에서 설명한 등식이 성립하면 차익거래이득이 발생하지 않는다는 것을 본 장의 연습문제에서 다루고 있다.

생존분석(survival analysis)이라고 할 수 있다. 버블이 생물체는 아니지만, 앞에서 설명한 내용을 이해하면 버블의 생존기간을 확률적으로 분석하는데 생존분석의 기법이 적용될 가능성이 있다는 점을 이해할 수 있다.

본 장에서 사용하는 생존분석은 위험함수(hazard function)의 개념이다. 위험함수는 생애분포의 확률밀도함수를 생존함수로 나눈 비율로 정의된다. 위험함수의 개념을 버블생존분석(survival analysis)에 적용하기 위해 버블생애분포(lifetime distribution)와 버블생존함수(survival function)의 개념을 설명한다. 버블생존함수는 각각의 시점보다 더 길게 버블이 생존할 확률을 말한다. 시간이 지나면서 생존할 확률은 감소하는 것이 자연스러운 현상이기 때문에 생존함수는 시간이 지나면서 감소해야 한다. 버블생존함수와 대비되는 개념으로서 생애누적분포함수를 생각할 수 있다. 생애누적분포함수는 각각의 시점보다 더 작게 버블이 생존할 확률을 말한다. 각각의 시점에서 평가된 생존함수의 값과 생애분포함수의 값을 더하면 1이 되어야 한다는 것을 알 수 있다.

앞에서 위험함수는 생애분포의 확률밀도함수를 생존함수로 나눈 비율로 정의된다고 소개하였다. 위험함수를 말로 설명하면 현재시점까지 존재한다는 전제조건이 만족된 상태에서 앞으로 다가오는 매우 짧은 시간 안에 소멸될 확률을 말한다. 버블위험함수는 주식가격버블이 현재시점에서도 진행되고 있다는 전제조건이 만족된 상태에서 앞으로 다가오는 매우 짧은 시간 안에 버블이 소멸될 확률을 말한다. 버블생존분석에서 위험함수의 개념이 유용하게 이용되는 이유는 무엇인가? 그 이유는 전문투자자가 선택해야 할 최적 매도시점을 선택할 때 위험함수의 값과 버블의 크기는 트레이드-오프가 존재한다는 점을 고려해야하기 때문이다. 어떠한 트레이드-오프가 있는가? 버블의 붕괴가 일어나지 않았다는 전제조건이 충족되는 상황이 지속되는 동안에 시간이 지남에 따라 버블의 크기는 증가하지만, 위험함수의 값은 감소하는 경향이 있다는 것이다.

생존분석의 개념을 이용하기 위해 앞에서 이미 설명한 예상이윤극대화조건으로 돌아가기로 한다. 주식가격 중에서 버블이 차지하는 비중을 버블비율(bubble ratio)로 정의한다. 현재시점에서 최적 매도시점이라면 주식매도를 통해서 얻을 것으로 예상되는 주식 한 단위당 수입은 (위험함수×버블비율)이다. 주

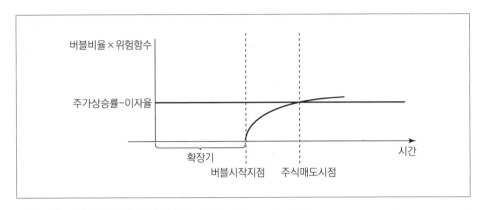

〈그림 12-4〉 주식매도시점의 결정

식 한 단위당 비용부분은 (버블붕괴가 없는 상황에서 발생할 주식가격상승률－
실질이자율)이다. 개념 위주의 단순분석을 위해서 다음과 같은 세 개의 가정을
도입한다. (1) 버블발생시점부터 버블붕괴시점까지 이르는 기간 동안 버블비율
은 계속해서 증가하는 것으로 가정한다. (2) 버블발생시점부터 버블붕괴시점까
지 이르는 기간 동안 버블위험함수의 값은 상수로 가정한다. (3) 버블붕괴가 없
는 상황에서 발생할 주식가격상승률과 실질이자율은 상수이다.

　<그림 12-4>에서는 앞에서 설명한 세 개의 가정이 반영된 최적매도시점
의 결정과정을 보여주고 있다. 최적매도시점은 검은색곡선과 검은색수평선이
교차하는 점에서 결정된다는 것을 보여주고 있다. 검은색수평선은 (버블붕괴가
없는 상황에서 발생할 주식가격상승률－실질이자율)의 그래프이다. 수평선은
양수의 값에서 고정되어 있기 때문에 붕괴가 없는 상황에서 발생하는 주식가격
상승률이 실질이자율보다 더 크다고 가정한다. 검은색곡선을 보면 버블이 발생
한 시점부터 시간이 지나면서 증가한다. 이처럼 검은색곡선이 증가하는 이유는
버블비율이 버블이 발생한 시점부터 버블이 붕괴되는 시점까지 지속적으로 증
가하기 때문이다. 버블비율이 시간의 증가함수가 되기 위해 어떠한 조건이 필
요한가? 버블이 존재하는 경우 주식가격상승률과 주식근본가치의 상승률이 모
두 상수로 고정되어 있다고 가정하면 버블비율은 시간의 증가함수가 된다.

　주식시장버블모형의 거시경제적인 함의는 무엇인가? 두 가지 항목으로 정리

할 수 있다. 첫째, 주식가격버블은 고성장 국면에서 저성장 국면으로 전환되는 시점에서 발생할 가능성이 높다. 둘째, 주식가격버블의 지속기간은 저금리기조가 진행되는 기간에 증가하는 경향이 있다.

제2절 ▶ 주택시장버블모형

본 장의 앞부분에서 소개한 미국경제의 자료들은 2000년대 전반에 나타난 주택가격의 급격한 상승이 2000년대 후반에 발생한 금융위기로 이어지고 있다는 것을 보여주고 있다. 일본경제에서도 1990년대 초반 소위 부동산버블이 붕괴되면서 장기침체가 나타난 사례는 이미 널리 알려져 있다. 앞에서 언급한 두 사례를 보면 주택가격버블의 거시경제적 측면이 강하게 있을 가능성을 부인하기는 어렵다. 이처럼 주택가격버블의 거시경제적 측면이 있다면 주택가격버블은 어떻게 진행되는지에 대하여 궁금할 수 있다. 실질적인 거시경제적 효과를 수반하는 주택가격버블이 진행된다면 모든 지역에서 균등하게 나타나는가? 여러 나라의 자료를 보면 주택가격버블이 발생한다고 할지라도 모든 지역에서 동일한 수준 내지는 적어도 상당히 유사한 수준으로 주택가격버블을 겪지 않을 가능성이 높다는 것이다.

최근 OECD국가들을 대상으로 주택가격의 변화를 조사한 보고서의 결과를 요약하면 다음과 같이 세 개의 항목으로 정리할 수 있다.[91] (1) OECD에 속하는 국가그룹 내에서 국가 간 실질적인 격차가 존재한다. (2) 한 국가 내에서 지역 간 실질적인 격차가 존재한다. (3) 가장 인구가 많은 도시의 주택가격을 다른 지역 주택가격으로 나눈 비율의 실질적인 증가가 있다. 이런 사실들은 우리나라에도 적용될 수 있다는 점을 생각할 수 있다. 한국에서도 유사한 상황이 진행되고 있는 것으로 볼 수 있다. 따라서 앞에서 소개한 실증적 사실에 맞추

---

91) OECD 홈페이지에 있는 「Statistical Insights: Location, location, location-House price developments across and within OECD countries」의 주요 내용을 세 개의 항목으로 요약하였다. <그림 12-5>는 보고서에 수록된 그림을 그대로 복사하여 보여주고 있다.

어 한국의 상황을 정리하면 다음과 같다. (1) 서로 다른 광역도시 간에 주택가격 상승률 차이가 있다. (2) 동일한 광역도시 안에서도 지역 간에 주택가격 상승률의 격차가 있다. (3) 도시와 전원지역 간 주택가격 상승률의 차이가 있다. (4) 도시중심에서 교외로 주택가격의 상승이 전파되는 모습을 보이는 다수의 사례들이 있다.

앞에서 설명한 버블모형을 주택가격버블의 분석에 적용할 수 있는가? 적용할 수 없다고 답하기는 어렵다. 주택가격상승률과 이자율 간의 차이가 커지면서 이미 진행되고 있는 주택가격버블의 존속기간이 증가할 수 있다는 점을 설명할 수 있는 장점이 있다. 그럼에도 불구하고 다음과 같은 우려를 제시할 수 있다. 앞에서 설명한 모형의 가정을 적용하기 위해 잠재성장률이 낮아지는 시점에서 주택가격버블의 발생을 가정해야 한다. 그러나 이런 가정은 다소 실제상황을 잘 반영한 것으로 보이지 않는다. 특히 주택가격버블의 발생은 주택시장의 수요와 공급여건을 반영할 수 있다는 점이 생략되는 문제점을 지적할 수 있다.

주택가격의 상승은 국민소득이 늘어나면서 다양한 연령층에서 고급화된 주택서비스의 수요가 확대되는 현상으로 인해 발생할 수 있다. 고급화된 주택서비스를 제공하는 주택을 건축한다는 것은 동일한 주택면적 대비 주택건설비용이 높아지는 것이 당연한 것으로 볼 수 있다. 이런 과정을 고려하면 경제성장에 의해서 국민소득규모가 증가하는 과정에서 주택이라는 자산이 가지고 있는 근본가치가 증가하는 상황이 같이 진행되는 측면이 존재한다고 볼 수 있다. 따라서 단순히 주택가격이 지속적으로 빠른 속도로 상승하는 현상이 나타나는 것을 근거로 주택가격버블이 있다고 단언하기 어려울 수 있다는 점을 생각할 수 있다.

<그림 12-5>에서는 12개 국가의 자료를 사용하여 작성한 거주인구최대도시 주택가격을 기타 전 지역의 주택가격으로 나눈 비율의 추이를 보여주고 있다. 이 그림에서 보여주고 있는 수치들은 12개 국가들에 대하여 모두 2005년을 동일하게 기준년도로 설정하여 작성한 상대가격지수의 값이다. 1995년부터 2019년까지 기간 중 모든 국가에서 상대가격비율은 증가하는 모습을 보이고 있다는 것을 알 수 있다. 이 그림의 함의를 정리하면 인구밀집지역과 다른 지역 간 주택가격 격차의 크기가 지속적으로 증가하고 있다는 것은 여러 국가에서

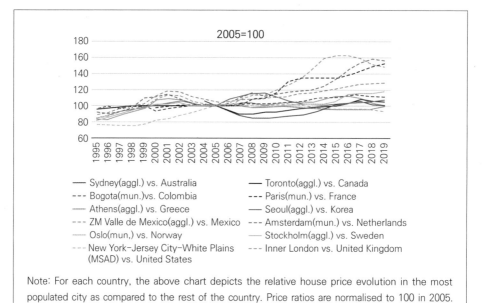

Note: For each country, the above chart depicts the relative house price evolution in the most populated city as compared to the rest of the country. Price ratios are normalised to 100 in 2005.
Source: OECD(2020). National and regional house price indices(database)

〈그림 12-5〉 국가별 (전 지역 대비) 거주인구최대도시의 주택가격 비율 추이

공통적으로 발생하는 현상이라는 것이다. 2019년에 이르면 영국, 네덜란드, 프랑스 등의 국가는 최대인구밀집지역의 주택가격이 다른 지역 주택가격보다 더 높은 정도가 2005년도의 격차를 기준으로 1.5에서 1.6배 정도 더 높아진 것으로 나타난다.

한국의 경우는 2009년에 120에 근접하는 수치를 보이다가 2010년대 들어서 감소하다가 후반에 만회하여 2019년에 약 110의 수치를 보이고 있다. 2009년에 측정된 지역 간 격차가 2019년에 측정된 지역 간 격차보다 더 크게 나타난다. 최근 서울 주택가격이 다른 지역에 비해 가파르게 상승한 사실에 비추어보면, <그림 12-5>에서 한국 상황을 보여주고 있는 수치들이 과소평가되어 있을 가능성이 제기될 수도 있다. 유사한 실증분석과 관련된 두 가지 포인트를 지적할 수 있다. 첫째 포인트는 서울과 다른 지역으로 구분한다면 수도권지역은 서울에 포함되지 않고 다른 지역으로 포함될 수 있다는 점을 지적할 수 있다. 이

경우 수도권지역의 주택가격상승이 서울지역의 주택가격상승보다 상대적으로 더 높았다면 <그림 12-5>와 같은 모습이 가능하다.

둘째 포인트는 우리나라의 평균적인 주택가격의 변화를 이해하기 위해 사용할 수 있는 주택가격지수와 관련된 이슈들을 간단히 정리한다. 먼저 한국감정원이 발표하는 두 개의 지수가 서로 다른 모습을 보이는 상황이 존재한다는 것이다. 이와 관련하여 일간지(조선일보, 2020년 9월)의 기사를 인용한다. 「17일 감정원에 따르면, 서울 아파트 '실거래가 지수'는 2013년 1월 74.5에서 올해 6월 139.6으로 87.4% 올랐다. 실거래가 지수는 실제 거래된 아파트의 매매가격만 집계한 통계다. 반면 감정원 직원들이 실거래가와 주변시세 등을 통해 산출하는 '매매가격 지수'는 2013년 1월 86.3에서 올해 6월 111.9로 29.7% 오르는 데 그쳤다. 실거래가 통계와 감정원 직원의 가공을 거친 통계가 3배 가까이 차이 나는 셈이다.」 이 기사에 의하면 어느 지수를 사용하는지에 따라서 주택가격변화에 관한 다른 해석의 가능성이 존재한다.

주택가격의 지역별 차이가 발생하는 이유를 「공간균형(spatial equilibrium)」의 개념을 사용하여 설명할 수 있다. 공간균형을 분석하는 모형에서는 재화와 용역의 소비뿐만 아니라 거주지역의 쾌적성도 소비자의 효용을 결정하는 변수가 되기 때문에 소비자들은 효용극대화를 통해서 자신의 거주지를 선택한다. 따라서 소비자의 지역 간 이동이 자유롭다고 가정하면 개별 거주지에 대한 진입자유를 가정한 것과 같은 효과가 발생하여 균형에서 소비자가 특정한 지역에서 거주하여 얻는 효용은 모든 지역과 동일하게 되기 때문에 일종의 「거주지역 무차별」의 상황이 된다는 결론을 얻을 수 있다. 동일한 맥락에서 이주비용이 무시할 정도로 낮다고 가정한 상태에서 개별 소비자 생애효용을 기준으로 평가하더라도 「거주지역 무차별」의 조건이 성립한다.

주택가격의 지역 간 격차에 관한 공간균형의 함의는 무엇인가? 공간균형에서는 지역 간 실질임금의 차이가 있다면 지역 간 주택가격의 차이도 발생할 수 있다. 소비자들의 지역 간 이동을 방해하는 제도적 요인이나 기술적 요인이 없다고 가정할 때 지역 간 소득격차와 지역 간 주택가격 격차가 동시에 발생할 수 있다는 것이다. 예를 들어, 주택가격이 상대적으로 높은 거주지가 제공하는 생애효용은 낮고, 고임금직업에 고용될 수 있는 기회가 상대적으로 많은 거주지가 제공하는 생애효용은 높다. 공간균형의 개념을 사용하면 동일한 수준의 주택을 놓고 비교할 때 주택가격이 상대적으로 높기 때문에 효용을 감소시키는 측면이 있을지라도 다른 장점들이 충분히 좋은 지역의 생애효용은 낮지 않기 때문에 소비자들이 자발적으로 주거를 선택할 수 있다는 것을 설명할 수 있다.

앞에서 설명한 공간균형의 개념을 사용하여 도시지역의 주택가격이 더 높은 이유를 설명할 수 있는가? 이 질문에 답하기 위해 먼저 임의의 소비자가 전원지역에서 거주할 것인지 또는 도시지역에서 거주할 것인지를 선택할 때 어떻게 결정을 내리는가를 생각해보기로 하자. 앞에서 설명한 공산균형의 개념에 따르면 도시지역의 주택가격이 상대적으로 높기 때문에 효용을 감소시키는 측면이 있을지라도 다른 장점들이 충분히 좋다면 도시거주의 생애효용이 낮지 않기 때문에 소비자들이 자발적으로 도시거주를 선택할 수 있다. 도시거주가 제공하는 장점은 무엇인가? 관련문헌에서 자주 언급되는 다음과 같은 세 가지 이유를 생각해볼 수 있다. (1) 전원지역보다 도시지역에서 고임금직업의 고용기회가 훨씬 많다. (2) 취업기회가 상대적으로 많은 도시지역에서 거주하는 것이 취업과 이직에 유리하다. (3) 전원지역보다 도시지역에서 다양한 문화시설의 접근성이 더 높다.

자산가격버블을 설명하는 많은 모형에서는 자산공급이 고정되어 있다는 가정을 부여하고 있다. 그러나 자산가격이 상승하면 자산공급이 증가할 수도 있음을 고려하는 모형이 현실적인 함의가 더 높은 분석 결과를 제시할 것으로 보인다. 주택공급이 비탄력적인 지역과 그렇지 않은 지역으로 나누어 분석할 수 있다. 건축물이 이미 포화상태인 지역에서 양질의 새로운 주택을 공급하기는 어려울 것이라고 생각해볼 수 있다. 이런 지역은 다른 지역에 비해 공급의 탄력성이 낮을 수 있기 때문이다. 주택가격버블은 주택공급이 비탄력적인 지역들에서 보다 공통적으로 발생하고, 더 길게 지속되는 경향이 있다. 주택공급이 비탄력적인 지역들에서 주택가격버블이 나타날 때 주택가격은 더욱 크게 상승하는 것으로 나타난다.

공급곡선은 어떻게 도출되는가? 이를 설명하기 위해 먼저 주택매매시장에 관한 몇 가지 가정을 소개한다. (1) 주택건축의 한계생산비용곡선은 신축주택의 수에 비례한다. 이는 한계생산비용이 산출량에 비례한다는 가정과 같은 맥락으로 이해할 수 있다. (2) 주택매매시장은 완전경쟁시장으로 가정한다. 따라서 신축주택가격은 한계생산비용과 같다. (3) 신축주택과 기존주택은 모두 동일한 수준의 주택서비스를 제공하는 것으로 가정한다. (4) 다른 지역으로 이동하는 소비자들이 거주하는 기존주택들이 주택매매시장에 공급되고, 전체 인구중에서 일정한 비율로 다른 지역으로 이동하는 것으로 가정한다. 그 결과 주택매매시장에 공급되는 기존주택매도물량은 주택가격에 관계없이 기존주택총량에 비례한다.[92]

앞에서 설명한 내용들을 정리하여 주택시장공급함수를 도출할 수 있다. 먼저 (주택시장총공급＝신축주택공급＋기존주택매도물량)의 등식이 성립한다는 점을 지적한다. 이 등식을 신축주택건축회사의 이윤극대화조건에 대입하면 바로 주택시장의 공급함수를 도출할 수 있다. 그 이유는 완전경쟁시장에서 이윤극대화의 조건은 (가격＝한계생산비용)이고, 한계생산비용은 신축주택공급에 비례하기 때문이다. 이런 과정을 거쳐서 도출되는 주택시장공급함수의 형태를 말로 정리하면 주택공급가격은 (주택시장총공급－기존주택매도물량)에 비례한다는 것이다. 양의 상수인 비례상수가 주택공급함수의 탄력성을 결정한다. 예를 들어, 비례상수의 값이 제로에 가까울수록 공급곡선의 형태는 수평선에 가까운 모습을 보인다.

주택수요곡선을 도출하기 위해 주택수요에 대해서도 「수요의 법칙」이 적용되는 것으로 가정한다. 「수요의 법칙」은 임의의 상품에 대하여 상품수요에 영향을 주는 다른 요인들이 변화하지 않고 그대로 있다는 가정이 성립할 때 상품가격이 상승(하락)하면 수요량이 감소(증가)한다는 것이다. 이런 수요의 법칙을 주택수요함수에 대해서도 적용한다. 일반적인 상품수요함수와 구분되는 다른 점이 있다면 주택의 자산가치가 주택수요함수에 반영된다는 것이다. 어떻게 주택

---

92) 글레이저(Ed Glaeser), 기요르코(Joseph Gyourko), 사이즈(Albert Saiz) 등이 2008년에 Journal of Urban Economics(64권, 198페이지부터 217페이지)에 출간한 논문인 「Housing Supply and Housing Bubbles」에 있는 주택시장모형의 기본가정과 동일한 가정을 채택하고 있음을 지적한다.

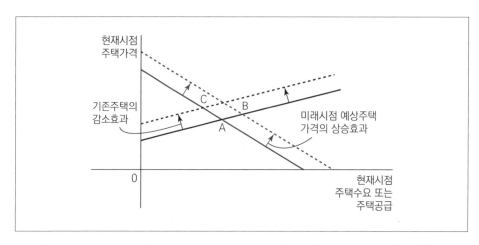

현재시점
주택가격

기존주택의
감소효과

미래시점 예상주택
가격의 상승효과

0

현재시점
주택수요 또는
주택공급

〈그림 12-6〉 **주택시장 균형**

의 자산가치가 주택수요에 영향을 미치는 과정을 반영할 것인가? 다음시점에서 주택가격이 높을 것으로 예상된다면 현재시점에서 주택을 매수하여 다음시점에 매도하는 투자전략의 예상수익이 높다고 판단하는 사람들이 증가할 것이다. 이런 점을 반영하여 현재시점의 주택가격이 동일한 수준일지라도 다음시점에서 주택가격에 대한 기댓값이 높을수록 현재시점의 주택수요는 더 큰 것으로 가정한다.

〈그림 12-6〉에서는 주택공급을 반영한 주택가격버블모형에서 주택시장의 균형을 보여주고 있다. 이 그림에서 수직축은 현재시점의 주택가격, 수평축은 현재시점의 주택수요 또는 주택공급을 나타낸다. 또한 주택시장수요곡선의 그래프는 우하향하는 직선, 주택시장공급의 그래프는 우상향하는 직선으로 표시되어 있다. 주택수요를 이동시키는 요인과 주택공급을 이동시키는 요인을 나타내고 있다. 최초 균형점은 A점으로 표시되어 있다. 첫 번째 경우는 미래시점의 주택가격이 상승할 것으로 예상하면 현재시점의 주택수요가 증가한다는 것이다. 〈그림 12-6〉에서는 미래시점의 주택가격이 상승할 것으로 예상하는 경우 주택수요곡선이 위로 이동하는 것을 볼 수 있다. 미래시점의 주택가격 상승이 공급곡선에 미치는 효과는 없기 때문에 수요곡선만 이동하는 것으로 나타난다. 이런 효과를 반영하여 균형점이 A점에서 B점으로 이동하면서 주택거래량이 증가

주택시장공급함수	$P = c_0 - c_1 H + c_2 S$
주택시장수요함수	$P = a_0 + a_1 P^e - a_2 D$
균형주택가격	$P = \dfrac{a_1 c_2}{a_2 + c_2} P^e - \dfrac{a_2 c_1}{a_2 + c_2} H + \dfrac{a_0 c_2 + c_0 a_2}{a_2 + c_2}$
주택근본가치의 결정조건	$P = P^e = P^F; \ H = H^F$
주택근본가치	$P^F = (a_2 + c_2 - a_1 c_2)^{-1}(a_0 c_2 + c_0 a_2 - a_2 c_1 H^F)$
주택가격버블	$B = \dfrac{a_1 c_2}{a_2 + c_2} B^e$
주택공급의 감소와 주택가격의 변화	$P^e = P^F - \dfrac{a_2 c_1}{a_2 + c_2}(H' - H^F)$ $P = P^F - \dfrac{a_1 a_2 c_1 c_2}{(a_2 + c_2)^2}(H' - H^F)$

주: 주택시장공급함수와 주택시장수요함수에 있는 모든 계수는 양수이다. P는 주택가격, H는 기존주
택총량, H'는 다음시점 기존주택총량, S는 주택시장공급, P^e는 예상주택가격, D는 주택수요를
나타낸다. 또한 P^F는 주택근본가치, H^F는 주택근본가치와 일치하는 기존주택총량, B는 주택가격
버블, B^e는 주택가격예상버블을 나타낸다.

고 주택가격도 상승한다.

두 번째 경우는 기존주택이 감소하면 주택공급이 감소한다는 것이다. 기존
주택은 이전시점에서 건축된 주택총량을 나타내기 때문에 기존주택의 총량을
현재시점에서 증가시키는 것은 불가능하다. 이미 오래 전에 건축된 주택이 일
정수준 이상의 주택서비스를 제공할 수 없다면 주택매매시장에서 거래될 수 없
다. 이런 주택은 주택스톡총량에서 감가상각처리하여 사라지는 것으로 가정할
수 있다. 또는 다른 지역으로 이동하는 주민의 비중이 감소하여 기존주택 중에
서 주택매매시장에 매물로 나온 주택스톡이 감소할 수 있다. 기존주택의 감소
효과는 주택공급곡선에만 영향을 미치는 것으로 가정하고 있기 때문에 공급곡
선만 위로 이동한다. 이런 효과를 반영하여 A점에서 C점으로 균형점이 이동하

면서 주택거래량이 감소하고 주택가격은 상승한다.

<표 12-2>에서는 주택시장의 공급함수와 수요함수를 수식으로 정리하고 있다. 본 장에서는 주택시장의 단순모형을 가정하고 있기 때문에 주택시장의 공급함수와 수요함수는 모두 선형함수로 가정하고 있다. 첫째 줄에 있는 식은 주택시장공급함수를 나타낸다. 둘째 줄에 있는 식은 주택시장수요함수를 나타낸다. (공급=수요)의 시장청산조건이 성립하면 첫째 줄에 있는 식을 둘째 줄에 있는 식에 대입하여 균형주택가격의 결정을 설명하는 식을 도출할 수 있다. 따라서 셋째 줄에 있는 식은 (수요=공급)의 청산조건을 부과하여 도출한 균형주택가격의 식이다. 이 식을 보면 균형주택가격은 미래시점의 예상균형주택가격과 현재시점의 기존주택스톡의 함수임을 알 수 있다. 이처럼 주택시장모형을 수식을 사용하여 정리하는 이유는 무엇인가? 그 이유는 균형주택가격의 식을 이용하여 주택가격버블이 어떻게 진행되는지를 구체적으로 설명할 수 있기 때문이다.

주택가격버블의 기간 간 변화를 분석하기 위해 주택가격버블을 정의해야 한다. 주택의 시장가격과 근본가치(fundamental value) 간의 괴리가 존재하면 주택가격버블이 존재하는 것으로 정의한다. 주택의 근본가치는 어떻게 정의할 것인가? 개별 소비자와 개별 주택이 일대일로 매칭된다고 가정한 후 임의의 주택이 앞으로 남아있는 생애기간 동안 각각의 시점에서 제공할 모든 주택서비스의 가치를 현재가치로 환산하여 합하면 주택의 근본가치를 계산할 수 있다. 이런 정의를 <표 12-2>에서 설명하고 있는 모형에 적용한다면 어떻게 적용하여 근본가치를 계산해야 하는지에 관한 애매한 점이 있다. 그 이유는 <표 12-2>에 있는 주택가격의 결정모형에서는 (시장수요=시장공급)의 청산조건이 반영되면서 주택서비스의 역할이 명확하게 나타나지 않기 때문이다.

만약 주택가격버블의 실용적인 정의를 원한다면, 실제 주택매매자료를 사용하여 주택가격버블의 여부를 판단할 수 있도록 해야 한다고 볼 수 있다. 이런 측면을 반영한다면 관측된 주택가격의 변화방향과 크기에 의존하여 주택가격버블을 정의할 수 있다. 예를 들면, 주택가격이 정해진 기간 동안 정해진 수준이 넘는 상승과 하락을 순차적으로 거치는 사례는 주택가격버블의 가능성을 나타낸다고 할 수 있다. 또한 버블의 일반적인 속성을 반영하여 정의할 수도 있다.

미래시점의 주택가격이 충분히 높아질 것으로 예상되기 때문에 현재시점의 주택가격이 높다고 할지라도 주택매매가 성사된다는 점을 지적할 수 있다. 이처럼 높은 수준의 예상주택가격이 현재시점의 균형에서 버블이 포함된 주택가격으로 주택매매가 성사되는 원인이라고 할 수 있다. 앞에서 소개한 두 개의 개념을 반영한 버블이 존재하지 않도록 하는 조건은 「거래가격의 안정성」과 「예상가격의 안정성」이다.

<표 12-2>에서 정리되어 있는 단순모형으로 돌아가서 앞에서 설명한 「거래가격의 안정성」과 「예상가격의 안정성」을 반영한다면 어떤 조건이 부과되어야 하는가? 불확실성이 없는 단순모형에서는 예상주택가격이 미래시점에서 그대로 실현된다는 점을 고려하여 현재시점의 주택가격과 미래시점의 예상주택가격은 모두 주택의 근본가치와 같다는 조건을 부과한다. 주택의 근본가치에는 적정한 수준의 주택공급이 안정적으로 유지되고 있는 상황에서 결정되는 주택시장의 균형가격이라는 점이 반영되어야 한다. 앞으로 주택공급총량이 매우 부족할 것으로 예상되는 상황에서 주택가격의 안정화는 기대하기 어렵다는 것이 현실경제에서도 일반적으로 적용되는 원칙이라고 볼 수 있기 때문이다. 따라서 주택의 근본가치가 균형가격이 되기 위해 필요한 조건으로서 시장참가자들은 기존주택스톡이 항상 적정한 수준에서 고정되어 있을 것으로 예상해야 한다는 조건이 부과된다. 이런 조건은 「주택공급의 안정성」을 보장하는 조건이라고 할 수 있다. 앞에서 설명한 조건들은 <표 12-2>의 넷째 줄에 수식으로 정리되어 있다.

주택의 근본가치는 앞에서 설명한 「거래가격의 안정성」, 「예상가격의 안정성」, 「주택공급의 안정성」 등의 조건이 만족되는 균형시장가격으로 정의된다. 균형시장가격을 계산하기 위해 <표 12-2>의 넷째 줄에 있는 조건을 셋째 줄에 있는 식에 부과해야 한다. 그 결과로 계산된 주택의 근본가치는 <표 12-2>의 다섯째 줄에 정리되어 있다. 주택가격버블은 주택가격에서 주택의 근본가치를 뺀 차이로 정의된다. <표 12-2>에서 보여주고 있는 주택시장모형에서는 주택가격버블이 어떻게 생성되는가? 여기서 강조하는 포인트는 다음시점에서 주택가격버블이 존재할 것으로 예상될 때 현재시점에서도 주택가격버블이 존재한다는 것이다. 이런 결과가 도출되는 이유는 무엇인가? 미래시점의 가격거품이 있

어서 주택가격이 높을지라도 주택매도가 가능할 것으로 예상해야 현재시점의 가격거품이 있다는 것을 알면서도 주택매수를 선택한다는 것이다. 이런 정의를 적용할 때 「주택공급의 안정성」이 보장되더라도 주택가격버블이 발생할 수 있다는 점을 지적한다.

현재시점의 버블과 다음시점의 버블은 어떻게 연결되는가? 버블의 기간 간 변화를 나타내는 식은 <표 12-2>의 여섯째 줄에 정리되어 있다. 이 식을 보면 예상버블이 제로일 때 현재시점의 버블도 제로가 된다는 것을 확인할 수 있다. <표 12-2>의 모형을 사용한 주택가격버블의 분석에서는 버블이 모두 양수인 상황만 다루기로 한다. 또한 주택수요함수에서 현재시점 주택가격의 미래시점 예상주택가격에 대한 반응계수가 1보다 작은 양수이라고 가정한다. 이런 가정이 도입되면 <표 12-2>의 여섯 째 줄에 있는 식에서 미래시점의 예상버블 앞에서 있는 계수는 1보다 작은 양수가 된다. 이는 미래시점에서 발생할 것으로 예상되는 버블의 크기가 현재시점의 버블보다 크다는 것이다. 미래시점의 주택가격이 충분히 높아질 것으로 예상되기 때문에 현재시점의 주택가격이 높다고 할지라도 주택매매가 성사된다는 주장이 성립한다는 것을 수식을 사용하여 확인할 수 있다. 따라서 본 장에서는 높은 수준의 예상주택가격이 현재시점의 균형에서 버블이 포함된 주택가격으로 주택매매가 성사되는 상황을 주택시장의 단순모형을 사용하여 보여주고 있다.

소비자의 예상주택가격을 정확히 측정하기 어렵기 때문에 어느 시기에 예상주택가격의 불안정성으로 인해 버블이 발생했는지를 실증적으로 입증하기는 어렵다. 이런 측면을 반영하여 현실 경제에서는 주택가격의 급격한 상승과 폭락이 발생한 시기를 주택가격버블의 사례로 인정하는 경향이 있다. 다음에서는 주택공급의 안정성이 위배되어 주택가격의 급격한 상승과 폭락이 나타날 수 있다는 점을 보인다. 구체적으로 설명하면 미래시점에서 주택공급이 주택수요보다 낮을 것으로 예상되면 예상주택가격도 충분히 높아질 수 있기 때문에 현재시점의 주택가격이 높다고 평가될지라도 주택을 매수하려는 소비자가 존재할 수 있다는 것이다. 이런 맥락에서 <표 12-2>의 일곱째 줄에 있는 두 개의 식은 기존주택스톡과 주택가격 간의 관계를 보여주고 있다. 첫째 식은 다음시점의 주택총량

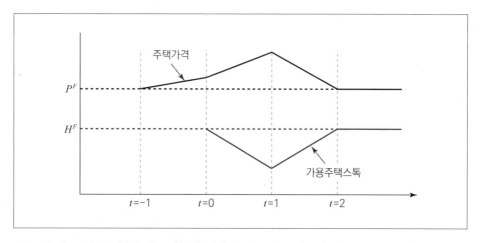

〈그림 12-7〉 주택공급과 주택가격의 기간 간 변화

초과공급이 다음 시점의 주택가격에 미칠 것으로 예상되는 효과를 나타낸다. 둘째 식은 첫째 식에서 가정한 상황이 다음시점의 예상주택가격에 미치는 효과를 반영한 현재시점의 주택가격을 나타낸다.

 <그림 12-7>에 있는 두 개의 그래프는 <표 12-2>의 일곱째 줄에 있는 두 개의 식이 함의하는 주택가격과 주택공급의 기간 간 변화를 보여주고 있다. 수평축은 시간을 나타낸다. 수평축에서 현재시점은 제로시점, 미래시점은 양의 정수, 과거시점은 음의 정수로 표시되어 있다. 현재시점에서 오른편으로 이동하면 미래시점으로 가는 것을 의미하고, 왼편으로 이동하면 과거시점으로 가는 것을 의미한다. 주택공급량에 영향을 미치는 가용주택스톡은 한 시점 이전에 결정된다. 예를 들어, 현재시점에서 결정된 가용주택스톡은 다음시점에서 주택매매시장에 매물로 나오는 중고주택의 크기를 결정한다. 가용주택스톡의 기간 간 변화는 푸른색실선으로 표시되어 있다. 푸른색실선을 보면 다음시점에서 감소하는 모습이 나타난다.

 현재시점이 제로시점으로 표시되기 때문에 <그림 12-7>의 그래프에서 푸른색 실선의 변화가 다음시점에서 발생한 것으로 표시된 것은 다음시점에서 발생할 주택공급에 대한 예측에 변화가 발생했다는 것을 의미한다. 검은색실선으로 표시되어 있는 주택의 기간 간 변화를 나타내는 그래프는 미래시점 주택시장

의 변화에 대한 현재시점의 예상에 미치는 효과는 현재시점의 주택가격에 반영된다는 것을 보여주고 있다. 앞에서 설명한 <그림 12-6>에서 미래시점의 예상주택가격이 변화하면 주택수요곡선이 이동함을 보여주고 있다. 예상주택가격이 상승하면 현재시점의 주택수요곡선이 위로 이동하면서 균형주택가격이 상승한다. 이런 결과는 <그림 12-7>에서 검은색실선의 값이 제로시점에서 주택의 근본가치보다 더 높아지는 것으로 나타난다.

다음시점에서 예상되는 주택시장의 변화를 어떻게 설명한 것인가? 일반 소비자는 <그림 12-6>에서 보여주고 있는 기존주택의 감소가 주택시장의 균형결정에 미치는 효과와 동일한 상황이 다음시점의 주택시장에서 발생할 것으로 예측한다. 따라서 예상주택가격은 주택의 근본가치보다 더 높게 상승한다. 주택의 근본가치와 일치하는 기존주택스톡과 비교하여 어느 정도로 괴리가 발생하는지에 따라서 예상주택가격과 주택의 근본가치 간 발생하는 괴리가 결정된다. <그림 12-7>의 검은색실선을 보면 예상주택가격이 현재시점의 주택가격보다 더 높게 나타난다. 따라서 예상주택가격과 주택의 근본가치의 차이가 현재시점의 주택가격과 주택의 근본가치의 차이보다 더 크다. 그 이유는 예상주택가격의 변화에 대한 현재시점 주택가격의 반응계수를 1보다 작은 양수로 가정하였기 때문이다.

결국 앞에서 설명한 주택시장모형이 주택가격버블에 대하여 함의하는 점을 요약하면 다음과 같다. (1) 주택가격버블은 다음시점에 주택시장에서 발생할 미래상황에 대한 소비자의 예상을 통해서 주택시장수요부문에서 발생한다. (2) 주택공급의 가격탄력성이 주택가격버블이 진행되고 있는 상황에서 버블증가율에 영향을 미친다는 것이다. 이런 분석결과에 따르면 주택공급이 주택가격변화에 무한히 신축적으로 반응한다면 주택가격버블은 발생할 수 없다는 것이다.

제3절   금융사이클과 실물경제의 경기순환

금융시장에서 결정되는 주요변수들이 주기적으로 겪는 순환적인 변동을 금융순환(financial cycle)이라고 정의할 수 있다. 주식시장과 주택시장의 버블은 비록 앞에서 서로 독립적으로 발생하는 사례로 분리하여 설명하였지만, 금융순환이 진행되는 과정에서 나타나는 여러 개의 서로 다른 현상 중의 일부로 볼 수도 있다. 현실경제에서 금융부문과 실물부문이 다양한 측면으로 서로 연계되어 있기 때문에 금융순환이 실물경제의 경기순환과 밀접하게 연결되어 진행될 가능성을 배제할 수 없다. 이런 맥락에서 본 절의 중점내용은 금융순환과 경기순환의 상호작용이다.

신용순환(credit cycle)의 개념과 거시경제적 효과에 대한 논의는 오래전부터 관련문헌에 다양한 형태로 나타난다.[93] 「신용(credit)」이라는 용어는 외부경제주체로부터 빌리는 자금을 의미한다. 전통적으로 신용의 주요 부분은 금융(중개)기관의 대출금이라고 할 수 있다. 신용순환의 경기순환효과를 주장하는 연구에서는 신용공급조건의 외생적인 변동은 실물경제의 경기순환에 실질적인 영향을 미칠 수 있다고 주장한다. 예를 들어, 은행의 기업대출조건이 기업에게 유리한 방향으로 조정되면 기업투자수요의 확대로 인한 GDP증가로 이어지는 상황을 생각해볼 수 있다.

다양한 방법론을 적용하여 신용순환과 경기순환의 관계에 관한 실증적인 분석이 실시될 수 있다. 그러나 분석기법에 관한 자세히 논의는 본 책의 범위를 넘는 것으로 간주된다. 따라서 관측된 자료 자체의 단순관계만을 사용하여 한국의 자료에서 나타나는 신용순환과 경기순환의 실증적인 관계를 생각해보기로 한다. 이런 맥락을 반영하여 <그림 12-8>에서는 거시경제학 교과서에 자주

---

93) 키요타키(Nobuhiro Kiyotaki)와 무어(John Moore)가 1997년 미국 시카고 대학의 경제학 학술지인 Journal of Political Economy(105권 2호, 211페이지부터 248페이지)에 게재한 논문의 제목은 「Credit Cycles」이다. 이 논문에서는 내구성이 있는 자산이 생산요소이면서 동시에 은행대출의 담보가 될 수 있다는 점을 반영하여 신용한도와 자산가격의 상호작용이 실물경제의 경기순환에 미치는 효과를 분석하고 있다.

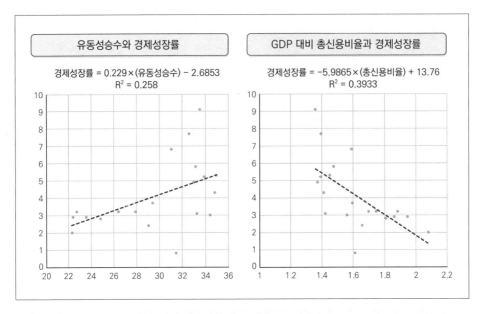

<그림 12-8> 거시금융변수와 경제성장률

등장하는 개념인 「신용창조(credit creation)」를 반영하는 지표와 거시경제의 변동을 대표하는 경제성장률의 관계를 간단히 살펴본다.[94] <그림 12-8>의 왼편 그림은 2000년부터 2019년까지의 기간 중 관측된 연도별 자료를 사용하여 유동성승수와 실질경제성장률의 관계를 산포도를 사용하여 보여주고 있다. 왼편 그림에서 수평축은 각 연도의 유동성승수, 수직축은 각 연도의 실질경제성장률이다. 왼편 그림에서 직선의 식은 선형함수 중에서 두 변수의 관계를 가장 잘 나타내는 선형함수의 식을 나타낸다고 해석할 수 있다. 이 선형함수의 그래프에 해당하는 푸른색점선은 두 변수가 서로 같은 방향으로 움직이는 경향이 있음을 보여주고 있다.

앞에서는 유동성승수의 자세한 정의를 설명하지 않고 단순히 신용창조의 크기를 나타내는 변수로 소개하였다. 다음에서는 유동성승수의 개념에 대하여 자세히 설명하기로 한다. 먼저 시중에서 유통되고 있는 통화량을 측정하기 위해

---

94) 한국은행 경제통계시스템의 데이터베이스에 있는 본원통화(평잔), 금융기관유동성(평잔), 명목 GDP 등의 자료를 다운로드 받아서 작성하였다.

사용되는 통화지표의 개념을 정리한다. 이를 위해 한국은행의 홈페이지에 있는 통화지표와 유동성지표의 정의를 소개한다. 두 개의 통화지표는 예금취급기관의 대차대조표에 있는 변수들을 사용하여 다음과 같이 작성된다. 협의통화(M1) = (시중에 유통되는 현금 + 결제성예금)이다. 광의통화(M2) = (M1 + 각종저축성예금 + 시장성금융상품 + 실적배당형금융상품 + 금융채와거주자예금)이다.

통화지표보다 포괄범위가 더 넓은 지표가 유동성지표이다. 금융기관유동성(Lf) = (M2 + 만기2년이상의 정기예적금 + 금융채 + 금전신탁 + 생명보험회사의 보험계약준비금 + 증권금융의 예수금)이다. 광의유동성(L) = (Lf + 기업 및 정부 등이 발행한 기업어음 + 회사채와국공채를 포함하는 유가증권)이다. 앞에서 설명한 통화지표와 유동성지표는 본원통화와 어떠한 관계가 있는지를 설명할 때 신용창조의 개념을 사용하여 설명한다. 신용창조(credit creation)는 일반적으로 은행이 예금과 대출업무를 반복적으로 취급하는 과정에서 예금통화를 만들어내는 현상을 말한다. 신용창조의 크기를 측정하기 위해 「통화승수」라는 척도가 사용된다. 통화승수는 예금통화를 본원통화로 나눈 비율을 말한다. 이런 맥락을 반영하여 유동성지수는 유동성지표를 본원통화로 나눈 비율로 정의한다. <그림 12-8>의 유동성승수는 금융기관유동성(Lf)을 본원통화로 나눈 비율이다.

오른편 그림은 금융기관유동성을 명목GDP로 나눈 비율과 경제성장률의 관계를 보여주고 있다. 금융기관유동성의 최적수준에 관한 명시적인 가이드라인을 제시하기는 어렵다. 국가의 경제규모에 따라 바람직한 금융기관유동성의 크기도 달라질 수 있다는 점을 반영하여 금융기관유동성을 명목GDP로 나눈 비율을 사용하여 금융기관유동성이 증가하거나 감소할 때 경제성장률과 어떠한 관계를 가지는지를 살펴볼 수 있다. 오른편 그림에서는 금융기관유동성을 명목GDP로 나눈 비율과 경제성장률은 서로 반대방향으로 움직이는 것을 보일 수 있다. 금융기관유동성이 과도하게 증가하는 상황에서 경제성장률이 상대적으로 하락하는 경향이 있다면 오른편 그림과 같은 형태의 그래프가 도출되는 것으로 해석할 수 있다. 이런 해석이 옳다면 과도한 금융시장유동성은 경기순환에 부정적인 효과를 제공한다는 주장을 부정하기 어려운 증거로 볼 수 있다.

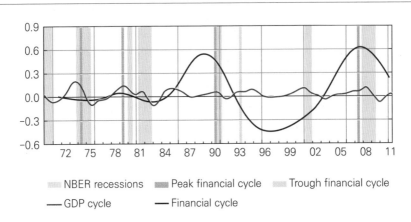

Orange and green bars indicate peaks and troughs of the financial cycle measured by the combined behaviour of the component series(credit, the credit to GDP ratio and house prices) using the turning-point method. The blue line traces the financial cycle measured as the average of the medium-term cycle in the component series using frequency-based filters. The red line traces the GDP cycle identified by the traditional shorter-term frequency filter used to measure the business cycle.

Source: Drehmann et al(2012).

〈그림 12-9〉 미국의 금융순환과 경기순환

　앞에서 설명한 해석과는 다른 이유로도 두 변수가 서로 반대방향으로 움직이는 결과가 나올 수도 있다는 점을 지적한다. 표본기간 중 한국의 경제성장률은 지속적으로 감소한다. 같은 기간 중 금융부문은 지속적으로 발전한 것을 반영하면 금융심화의 척도로 해석할 수 있는 통화지표 또는 유동성지표를 명목 GDP로 나눈 비율은 지속적으로 증가해야 한다. 따라서 두 변수의 추세적인 변화를 반영하여 음의 상관관계가 나타날 수 있다. 다른 이유는 시간이 흐르면서 중앙은행의 경기역행적인 통화정책이 강화되면 불황기에 유동성을 상대적으로 늘리려는 정책적 노력을 반영하여 두 변수가 음의 상관관계를 보일 수 있다.

　금융순환(financial cycle)은 비금융기관에게 제공된 신용총량(또는 GDP 대비 신용의 비율)과 (주택가격 및 주식가격 등을 포함하는) 자산가격의 공행운동을 의미한다. 단순한 공행운동이 아니라 「순환」이라는 단어가 붙어있기 때문에

「활황과 폭락(boom‑and‑bust)」의 패턴이 나타난다는 것을 강조한다. 순환주기는 5분기에서 32분기(8년)의 주기를 가지는 단기순환과 32분기(8년)에서 120분기(30년)의 주기를 가지는 중기순환 등으로 구분할 수 있다.[95] 보리오가 요약한 금융순환의 몇 가지 특성을 요약한다. (1) 신용과 자산가격이 서로 밀접하게 같은 방향으로 움직이는 경향이 있다. 신용과 자산가격의 공행은 단기적인 경향이 아니라 중장기적인 경향이다. (2) 금융순환의 주기가 전통적인 경기순환의 주기보다 더 길게 나타난다. 예를 들어, 경기순환의 전통적인 순환주기는 1년에서 8년의 기간이고, 금융순환의 평균적인 순환주기는 16년이다. (3) 금융순환의 정점은 금융위기와 밀접하게 연결되는 경향이 있다.

<그림 12‑9>에서는 보리오가 2012년 발표한 연구논문에 수록된 미국의 금융순환과 경기순환을 비교하는 그래프를 그대로 복사하여 보여주고 있다. 금융순환은 검은색곡선, GDP의 순환은 푸른색곡선으로 표시되어 있다. 표본기간 중에서 금융순환의 마지막 순환주기는 1988년 정점부터 2007년 정점까지의 기간으로 나타난다. 동일한 기간 중 푸른색곡선이 보이는 경기순환은 다수의 순환주기가 있음을 확인할 수 있다. 따라서 금융순환의 주기가 전통적인 경기순환의 주기보다 훨씬 길게 나타난다는 것을 확인할 수 있다. <그림 12‑9>에서 금융순환의 마지막 정점은 서브프라임 모기지사태가 발생한 2007년과 일치한다. 따라서 금융순환의 정점이 금융위기와 연결된다는 것도 확인할 수 있다.

---

95) 2012년에 발표된 국제결제은행의 연구논문에서 보리오(Claudio Borio)는 금융순환은 자산가치와 투자위험의 인지 사이에 발생하는 자기시행적인 상호작용(self‑enforcing interactions), 위험에 대한 태도, 자금조달제약 등이 제공하는 활황과 폭락의 순차적인 발생을 의미하는 것으로 밝히고 있다. <그림 12‑9>는 드레흐만(Drehmann), 보리오(Borio), 차차로니스(Tsatsaronis) 등이 2012년에 발표한 국제결제은행의 연구논문(No. 380)에 수록한 그림을 재인용하였기 때문에 드레흐만의 이름이 출처로 포함되었음을 밝힌다.

제12장 연습문제

01 「자산가격의 상승과 가계순자산의 증가가 동시에 발생하는 시기에는 거시경제의 호황기조가 진행되기 때문에 가계부채의 증가로 인한 자산가격의 상승이 발생하더라도 가계순자산의 증가를 유도할 수 있는 각종 거시경제정책을 적절하게 실시하는 것이 바람직하다.」 본 장의 내용을 이용하여 위의 주장을 평가하시오.

02 「잠재성장률이 확률적으로 변동하면서 하락하는 상황이 발생하고 저금리기조가 지속되면 주식시장에서 거품이 발생할 가능성이 높다.」 본 장의 내용을 이용하여 위의 주장을 평가하시오.

03 「저금리 기조가 지속되는 경제상황 속에서 기관투자자들은 주식을 매도하고, 개인투자자들은 주식을 매수하는 상황이 지속되면 주식시장에서 거품이 진행되고 있을 가능성이 높다.」 본 장의 내용을 이용하여 위의 주장을 평가하시오.

04 「주식시장과 주택시장에서 버블이 진행되고 있는 상황일지라도 적어도 약 30%의 투자자들이 버블이 진행되고 있다는 것을 믿지 않도록 할 수 있다면 앞으로도 계속해서 버블이 지속될 수 있다.」 본 장의 내용을 이용하여 위의 주장을 평가하시오.

05 수도권의 주택가격과 비수도권의 주택가격 차이를 본 장에 요약되어 있는 공간균형개념을 이용하여 설명하시오. 공간균형개념의 현실적 유용성에 대하여 평가하시오.

06 「수도권지역의 주택가격이 비수도권지역의 주택가격에 비해 큰 격차가 나타나는 현상은 우리나라의 특수한 여건이 반영되어 나타난 것이기 때문에 다른 나라에서는 관측되지 않는 현상이다.」 본 장의 내용을 이용하여 위의 주장을 평가하시오.

07 「미래시점의 주택공급에 대한 민간경제주체의 예상이 현재시점의 주택가격에 중요한 영향을 미친다. 주택공급과 관련된 다양한 규제가 상대적으로 강화된 지역의 주택가격이 다른 지역의 주택가격보다 상대적으로 더 높게 나타날 수 있다.」, 「고소득 거주민이 상대적으로 더 많은 지역에서 주택공급과 관련된 규제가 상대적으로 더 강화되어 고소득 거주민의 거주비중이 높은 지역의 주택가격이 상대적으로 더 높게 나타나는 경향이 있다.」 본 장의 내용을 이용하여 위의 주장을 평가하시오.

08 본 장의 주식시장버블모형을 사용하여 다음의 문제에 답하시오
  (1) 현재시점에서 공매도를 선택하는 투자자의 다음 시점에서 발생할 것으로 예상되는 수입을 수식을 사용하여 설명하시오.
  (2) 현재시점에서 단기채권을 발행하여 주식투자자금을 조달하여 주식을 매수하는 투자자의 다음시점에서 발생할 것으로 예상되는 수입을 수식을 사용하여 설명하시오.

(3) 위의 두 문제에서 설명한 두 개의 서로 다른 투자전략에서 현재시점의
비용이 서로 같음을 보이시오.

(4) 주식시장에 참가하는 모든 투자자는 예상수입을 극대화하는 투자전략
을 선택한다고 가정하시오. 차익거래이득이 존재하지 않는다는 제약이
만족되는 상황에서 성립되는 균형조건을 수식을 사용하여 설명하시오.

찾아보기

영문

저자약력

윤택

현재 서울대학교 경제학부 교수로 재직 중이다. 미국 시카고 대학에서 경제학 박사 학위를 받은 후 국민대학교 교수와 미국 FRB(연방준비제도 이사회)의 시니어 이코노미스트로 재직하였다.

- 교수, 2011.2-현재, 서울대학교
- Adjunct Professor, 2015.8 − 2015.12, Columbia University
- 부교수, 1996.9-2010.8, 국민대학교
- Adjunct Professor, 2008.1 − 2008.6, Georgetown University
- Visiting Professor, 2004.6 − 2005.4, University of Southern California
- Senior Economist, 2005.5 − 2011.1, Federal Reserve Board (미국 중앙은행)
- 부 연구위원, 1995.8 − 1996.8, 한국경제연구원

[학위·전공]
- 경제학 박사, 1994, University of Chicago
- 경제학 석사, 1988, 서울대학교
- 경제학 학사, 1983, 서울대학교

[대표 논문]
Optimal Monetary Policy with Relative Price Distortions, American Economic Review, Vol. 95, No. 1, pp. 89 − 109, 2005. 3.
Nominal Price Rigidity, Money Supply Endogeneity, and Business Cycles, Journal of Monetary Economics, Vol. 37, No. 2, pp. 245 − 379, 1996. 4.

[최근 저서]
『상태공간모형에 의거한 한국의 잠재 GDP추정』, DSGE 연구센터, 2016.
『정보의 역할을 고려한 거시경제모형』, 서울대학교 출판사, 2017(2018년 세종도서 학술부문 선정).
『설득의 경제학: 거시경제학적 접근』, 박영사, 2017.
『거시금융경제학』, 박영사, 2019(2020년 세종도서 학술부문 선정).

거시경제학

초판발행   2021년 9월 10일

지은이   윤 택
펴낸이   안종만·안상준

편 집   배근하
기획/마케팅   손준호
표지디자인   박현정
제 작   고철민·조영환

펴낸곳   (주) **박영사**
           서울특별시 금천구 가산디지털2로 53, 한라시그마밸리 210호(가산동)
           등록 1959. 3. 11. 제300-1959-1호(倫)
전 화   02)733-6771
f a x   02)736-4818
e-mail   pys@pybook.co.kr
homepage   www.pybook.co.kr
ISBN   979-11-303-1328-3 93320

정 가   25,000원